欧盟肉类质量安全管理法规解读及企业对欧注册指南

海关总署国际检验检疫标准与技术法规研究中心
青岛海关

编　著

中国海关出版社有限公司
·北京·

图书在版编目（CIP）数据

欧盟肉类质量安全管理法规解读及企业对欧注册指南/海关总署国际检验检疫标准与技术法规研究中心，青岛海关编著. —北京：中国海关出版社有限公司，2023.8

ISBN 978-7-5175-0703-1

Ⅰ.①欧… Ⅱ.①海… ②青… Ⅲ.①欧洲联盟—肉类—食品卫生法—法律解释 Ⅳ.①D950.216

中国国家版本馆 CIP 数据核字（2023）第 147282 号

欧盟肉类质量安全管理法规解读及企业对欧注册指南

OUMENG ROULEI ZHILIANG ANQUAN GUANLI FAGUI JIEDU JI QIYE DUI OU ZHUCE ZHINAN

作　　者：海关总署国际检验检疫标准与技术法规研究中心　青岛海关
责任编辑：夏淑婷
助理编辑：周　爽
出版发行：中国海关出版社有限公司
社　　址：北京市朝阳区东四环南路甲 1 号　　邮政编码：100023
编 辑 部：01065194242-7539（电话）
发 行 部：01065194221/4238/4246/4247（电话）　01065194233（传真）
社办书店：01065195616/5127（电话）　01065194262/63（邮购电话）
https://weidian.com/?userid=319526934（网址）
印　　刷：北京铭成印刷有限公司　　经　　销：新华书店
开　　本：787mm×1092mm　1/16
印　　张：32　　字　　数：982 千字
版　　次：2023 年 8 月第 1 版
印　　次：2023 年 8 月第 1 次印刷
书　　号：ISBN 978-7-5175-0703-1
定　　价：88.00 元

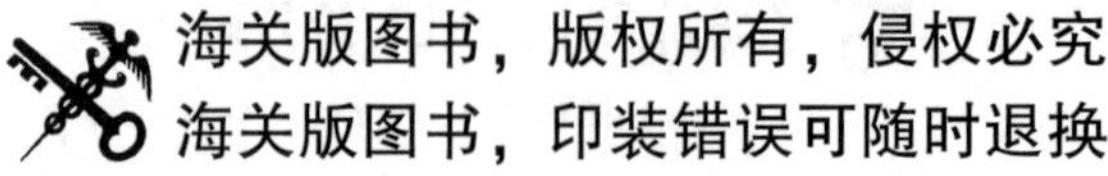

序　言

我国已成为全球最大的肉类产品进口国和生产国，欧盟是我国进口肉类产品的主要来源市场和出口肉类产品的主要出口市场，中欧肉类产品贸易对服务我国外交外贸大局，维护双方肉类行业产业链、供应链安全稳定具有重要意义。二十多年来，中欧肉类产品贸易虽然总体上稳步发展，但中欧在肉类法律法规标准要求、官方监管机制等方面存在一定差异。因此，跟踪研究欧盟肉类产品安全管理体系、解读有关法律法规，对保障中欧肉类产品贸易健康发展显得十分必要。

欧盟肉类产品质量安全管理体系是一套基于法律、指令、决议等法规，旨在规范肉类产品生产、加工、流通、消费等过程，保障肉类食品安全及卫生的管理体系。该体系是一个多层次复杂的管理体系，涉及的法律法规具有多变性，有的甚至一年修订多次，对我国进出口肉类产品贸易产生了诸多影响。同时，该体系也是一个完善的、较为先进的管理体系，在全球处于领先水平，深入研究该体系对我国肉类产品监管具有重要借鉴意义。

本书编者长期从事进出口肉类产品检验检疫监管工作，对欧盟等国外肉类产品有关法律法规具有较深入的研究，多次对接欧盟对我国肉类产品安全监管体系的官方检查，积累了大量的宝贵资料和经验，已出版多部有关著作。本书系统梳理了近几年欧盟肉类产品有关法律法规的新变化，对欧盟肉类产品安全管理体系进行了详细解读，并与我国肉类产品安全管理体系进行了对比，同时介绍了欧盟现场考察程序及关注重点等。

本书内容严谨、逻辑清晰，是一本实用性强、可操作性高的工具书，对我国肉类产品监管尤其是进出口监管具有较大的参考价值，对欧盟肉类产品进出口企业具有重要指导作用。本书非常适合海关、农业农村、市场监管、商务、法制等政府部门和进出口肉类企业使用，也可作为高校和科研机构相关专业的教学参考书。

2023.7

《欧盟肉类质量安全管理法规解读及企业对欧注册指南》编辑部

前言

为保护人类健康，促进肉类产品贸易发展，世界动物卫生组织（World Organizafion for Animal Health，WOAH[①]）和国际食品法典委员会（Codex Alimentarius Commission，CAC）等国际组织制定了动物疫病防护、动物屠宰加工、肉制品加工、官方监督管理和产品安全卫生等方面的标准和要求，世界各国根据本国实际不同程度采用了相关国际标准或更加严格的措施对肉类产品实施管理。

欧盟将肉类定义为所有的畜禽肉和野味肉，包括内脏、血液和肠衣等，同时根据肉类的生产加工程度，将肉类分为生鲜肉（Fresh meat）、调理肉（Meat preparation）和肉制品（Meat product）三大类。生鲜肉是指没有根本改变生肉特征的肉产品，包括经去骨、去皮、分割、绞制、冷藏、冷冻等加工处理的肉，如猪牛胴体、生鲜血制品、分割肉、动物内脏等。调理肉是指生鲜肉经过或不经过加工，使用调料或添加剂调制的肉产品，加工过程没有使肉纤维发生实质性改变，仍保持生鲜肉的特征。肉制品是指加工后切面不再呈现生鲜肉特征的产品，加工指改变生鲜肉特征的过程，包括加热、熏制、腌制、干制等过程。根据加工的程度，可进一步分为加工后消除风险达到食品安全要求可直接食用的肉制品和加工后未达到食品安全标准需经过热处理后食用的肉制品。

欧盟建立了完善的肉类产品质量安全管理体系。根据世界贸易组织（Word Trade Organization，WTO）的风险评估、风险管理和风险交流原则，欧盟开展了三方面的工作。一是成立了食品安全风险评估机构——食品安全局，为肉类产品管理的立法和执法提供技术支持；二是实行从“农场到餐桌”（From farm to fork）全过程监管，制定了初级生产、加工生产、产品安全卫生要求、官方监管等各环节的法律法规；三是为确保与消费者进行有效风险交流，制定了确保消费者知情权的标签和产品追溯等管理要求。

本书概述了欧盟食品安全法律法规体系，对其肉类安全管理体系[②]进行了专门解读，并与我国肉类相关法律法规进行了对比，分析了中欧肉类安全管理体系存在的差异。同时，介绍了欧盟对输欧肉类生产企业注册要求、现场考察

---

① 2022 年 5 月 31 日，世界动物卫生组织发布公告，将其英文缩写由原来的 OIE 更改为 WOAH。

② 本书涉及欧盟相关法规截至 2022 年年初。

程序及关注重点，为我国出口欧盟肉类生产企业注册及迎接检查提供参考。

在本书的编写过程中，得到了海关总署进出口食品安全局、国际检验检疫标准与技术法规研究中心及青岛海关的大力支持和指导，得到了济南、福州、呼和浩特等海关和华中农业大学专家、教授们的无私指导和帮助，还得到了进出口肉类企业的大力支持。在此一并表示衷心感谢！

由于时间和水平有限，书中若存在不当之处，敬请广大读者批评指正。

编者

2023 年 1 月于青岛

目 录

第一篇 欧盟食品安全法律法规概述

第一章 欧盟法律法规基本架构 …… 3
第二章 欧盟食品安全法律法规体系 …… 4
第一节 食品安全基本法 …… 4
第二节 初级生产管理法律法规 …… 6
第三节 产品质量安全法律法规 …… 8
第四节 官方监督法律法规 …… 11

第二篇 欧盟肉类法律法规解读

第一章 动物卫生管理 …… 15
第一节 概 述 …… 15
第二节 动物疫病名单制定标准 …… 16
第三节 动物疫病名单和分类管理 …… 17
第四节 动物疫病的分类管控 …… 20
第五节 动物疫病动态管理 …… 26
第六节 养殖场管理 …… 27
第七节 进口动物源性产品动物卫生要求 …… 28
第二章 动物饲料卫生管理 …… 31
第一节 饲料市场销售 …… 31
第二节 饲料卫生 …… 31
第三节 饲料添加剂 …… 31
第四节 加药饲料 …… 34
第五节 饲料中动物蛋白要求 …… 35
第三章 动物福利管理 …… 37
第一节 养殖环节 …… 37
第二节 运输环节 …… 38
第三节 屠宰环节 …… 38
第四章 食品卫生管理 …… 46
第一节 屠宰动物养殖场管理要求 …… 46
第二节 食品生产企业卫生基本要求 …… 47
第三节 动物源性食品特殊卫生要求 …… 50

第四节　动物源性食品标签标识管理要求 …… 55
第五节　欧盟 HACCP 指南 …… 55
第六节　微生物控制要求 …… 61
第七节　沙门氏菌的净化 …… 63
第五章　官方监管要求 …… 70
第一节　官方监管部门及职责 …… 70
第二节　官方兽医特殊要求 …… 73
第三节　动物源性食品官方监管要求 …… 76
第六章　动物源性食品官方残留监控 …… 81
第一节　残留监控计划法律依据 …… 81
第二节　残留监控计划基本要求 …… 82
第三节　残留监控的取样要求 …… 82
第四节　残留监控计划监测项目和样品分配 …… 83
第五节　残留监控限量 …… 85
第六节　检测实验室要求 …… 90
第七节　残留监控计划模板 …… 90
第七章　欧盟肉类产品进出口管理 …… 91
第一节　出口管理基本要求 …… 91
第二节　出口证书签发 …… 91
第三节　进口准入管理 …… 92
第四节　输欧肉类产品卫生证书要求 …… 93
第五节　中国获得欧盟准入的肉类产品 …… 99
第六节　欧盟对中国产品的特殊管理要求 …… 101
第七节　回顾性检查 …… 101
第八节　入境口岸管理 …… 101
第九节　复合食品进口特殊要求 …… 103

第三篇　中欧肉类质量安全管理体系比较

第一章　初级生产管理要求比较 …… 111
第一节　动物疫病管理 …… 111
第二节　禽流感和新城疫取样要求 …… 111
第三节　饲料卫生要求 …… 113
第四节　农兽药残留要求 …… 116
第二章　生产加工卫生要求比较 …… 131
第一节　概　述 …… 131
第二节　食品生产加工卫生 …… 131
第三章　中欧肉类产品标准比较 …… 134
第一节　微生物标准 …… 134
第二节　食品添加剂标准 …… 134

第三节　污染物标准 …… 147
第四节　电离辐射杀菌要求 …… 148
第五节　过敏原 …… 149

第四篇　欧盟肉类企业注册、现场考察程序及关注重点

第一章　欧盟肉类企业注册和现场考察程序 …… 153
第一节　欧盟肉类企业注册程序和要求 …… 153
第二节　欧盟对肉类企业现场考察的工作流程 …… 154
第二章　欧盟现场考察关注重点 …… 156
第一节　动物疫病防控 …… 156
第二节　残留监控 …… 158
第三节　食品安全监管体系 …… 159
第三章　欧盟现场考察情景模拟 …… 162
第一节　生猪屠宰企业考察情景模拟问答 …… 162
第二节　肠衣企业考察情景模拟问答 …… 163
第三节　兔肉生产企业考察情景模拟问答 …… 167
第四节　禽肉及蛋制品企业考察情景模拟问答 …… 170

附　录

附录 1　欧盟肉类食品监管主要法规 …… 175
附录 2　输欧盟肉类企业质量安全管理体系案例 …… 442

第一篇 欧盟食品安全法律法规概述

国家对社会事务的管理离不开立法和执法两个方面，欧盟作为政治联盟，同样通过立法和执法对食品安全实施管理。在食品安全管理方面，欧盟立法机构的主要职责是制定相关法律，规定包括肉类在内的管理要求。行政执法机构可以根据法律的授权在一定范围内制定行政法规和规章，同时通过行政执法活动确保相关法律法规得到有效实施。

第一章 欧盟法律法规基本架构

欧盟设立了两个立法机构，分别为欧洲议会（European Parliament）和欧盟理事会（Council of the European Union），分别代表不同的利益阶层。欧洲议会代表欧盟居民的利益，由欧盟居民直接选举组成，每五年举行一次选举。议会不以国家划分席位，议员席位由经选举产生的政党团体的人员担任。欧盟理事会也称“部长理事会”，由各成员方部长组成，代表各成员方利益行使立法权。

在食品安全管理方面，欧盟行政机构具体可分为三个层级：一是最高行政机构，即欧盟委员会（European Commission）；二是欧盟委员会下设的具体负责食品安全管理的部委级机构，即健康食品安全总司（DG Health and Food Safety，原称“健康和消费者保护总司”）；三是健康食品安全总司内设的司局级管理部门，健康、食品审核和分析司（原称食品兽医办公室）。

欧盟层面上的法律法规可分为两个层级：第一层是由立法机构通过的法律文件，称为“Legislative Act”，即法律；第二层是由欧盟委员会根据法律授权制定的法规，称为“Non-legislative Act”，即行政法规，主要包括实施条例（Delegated Act）和实施细则（Implementing Act）。实施条例是对法律的进一步说明和补充，实施细则是根据法律某项规定制定的具体执行要求。同时，在欧盟层面、成员方层面和协会组织层面分别制定了各种具有指导作用的指南和建议，指导企业或官方监管部门深入理解相关法律法规，确保相关工作符合法律法规要求。

欧盟法律法规主要有下列三种形式：规章（Regulation）、指令（Directive）、决议（Decision）。规章是直接适用于各成员方，无须转化为本国的法律法规；指令即各成员方需将指令的要求转化为本国的法律法规；决议是针对具体事项制定的法律法规，如制定输欧水产品的国家（地区）准入名单、针对具体国家（地区）出口欧盟动物源性产品的保护措施（例如：2002/994/EC《关于对从中国进口的动物源性产品的特定保护措施》）。

第二章
欧盟食品安全法律法规体系

与美国法律法规汇编（法典）不同，欧盟没有汇编成册的食品安全法律法规汇编或法典，而是遵循了“从农场到餐桌”的全过程管理理念，在初级生产（种植、养殖管理）、生产加工卫生、产品的安全卫生标准、官方监管等领域制定独立的法律法规。根据需要对法规进行不断修订，修订后的内容在一定的时限内融入原法规中。欧盟法规的编号主要包括制定的年份和序号，比如852/2004/EC《食品卫生要求》是于2004年制定的序号为852的法规。同时为了指导法律法规的有效实施，制定了一系列的指南和公告。

为了方便查询，欧盟在法规管理时，将该法规所有的修订法规、根据该法规制定的其他法规、涉及该法规的其他法规以及该法规的历次更新版本等都与原始版本建立了链接。

第一节　食品安全基本法

2002年，欧盟制定了食品安全基本法178/2002/EC《一般食品法》，规定了欧盟食品安全管理的基本原则和要求，以及食品安全管理的主要程序。食品安全基本法包括三项基本内容：一是制定食品安全法律法规时应遵循的基本原则和要求；二是成立了行使风险评估和科学研究职能的“食品安全局”；三是规定了与食品安全有关的快速预警机制、危机管理机制和应急处理机制三项工作机制。

一、制定食品安全法律法规时应遵循的原则

1. 遵守WTO/SPS规定的义务。如果有国际标准，应优先考虑采用国际标准；如果没有国际标准，或认为国际标准达不到预期的保护水平，则可以在风险评估的基础上制定相关管理要求；如果识别出了健康危害，但科学依据不够充分，可以制定临时实施的预防性措施，预防措施应与危害相适应，不能对贸易造成影响，在合理的时限内必须对预防措施实施评估。

2. 保护消费者利益，防止欺诈、误导消费者。

3. 透明度原则。

4. 从欧盟出口的食品或饲料应符合欧盟的食品安全法规要求，除非进口国另有要求或双边协议另有规定。

5. 积极参与国际标准的制定，促进等效性认可工作，关注发展中国家的贸易需求，确保国际标准不会对发展中国家形成不必要的障碍等。

二、制定食品安全法律法规基本要求

食品安全基本法规定了欧盟在制定其他食品安全法律法规时，应符合如下要求：

（一）食品安全要求

1. 只有安全的食品才能销售市场。

2. 如果食品危害健康或不适于人类消费，则该食品是不安全的。

3. 在确定食品是否安全时，应考虑在生产、加工和销售的各环节中食品的使用条件和标签信息等。

4. 在确定食品是否危害健康时，不仅考虑是否存在短期或长期危害，还需考虑对后代的影响、毒性的富集效果、特殊敏感消费群体等因素。

5. 在确定食品是否适于人类消费时，应考虑食品是否不符合预期用途、污染、腐烂、变质或腐败。

6. 如果食品中仅有部分批次不安全，应判定该批食品全部不安全，或经过全面评估确定其他部分是否安全。

7. 如果主管部门有理由怀疑食品存在安全问题，即使食品符合相关要求，也可以禁止该食品向市场销售或从市场召回。

（二）饲料安全要求

1. 只有安全的饲料才允许向市场销售或饲喂食用动物。

2. 如果饲料影响消费者或动物健康，或使相关食品存在安全问题，则该饲料应判定为不安全产品。

3. 如果饲料中仅有部分产品不符合安全要求，则该批饲料应判定为全部不符合安全要求，除非实施全面评估确定其他部分是否符合安全要求。

4. 如果主管部门有理由怀疑饲料存在安全问题，即使饲料符合相关要求，也可以禁止该饲料向市场销售或从市场召回。

（三）包装、标签和宣传

食品、饲料的包装、标签和宣传不能误导消费者。

（四）经营者义务

1. 生产、加工、销售等各环节经营者应确定食品或饲料符合相关法律法规的要求并采取措施验证是否符合相关要求。

2. 成员方主管部门应采取监管、执法和处罚等措施，确保生产、加工和销售等各环节符合食品饲料法律法规的相关要求。

3. 食品、饲料经营者如果有理由相信其进口、生产加工、销售的食品或饲料不符合食品安全要求，应立即启动召回程序并通知主管部门；如果相关产品已销售给消费者，应采取有效措施通知消费者召回原因；如果没有其他保护健康的措施，应从消费者处实施召回。食品、饲料经营者应配合主管部门采取措施避免或减少风险。

（五）追溯性

1. 在生产、加工和销售等各环节应建立追溯体系，确保食品、饲料、饲料原辅料等能够有效追溯。

2. 食品、饲料生产经营企业应能够有效追溯原辅料的供应商和产品的采购商。

3. 市场销售的食品、饲料标签中应有适用的追溯信息。

三、成立食品安全局

食品安全基本法中规定了欧盟在制定食品安全法律法规时应遵循世界贸易组织原则，在没有相应国际标准和欧盟认为国际标准不能达到适当的保护水平时，欧盟应在科学的风险评估基础上制定法律法规。为了有效展开风险评估，欧盟成立了独立的科学研究和风险评估机构，即欧洲食品安全局（European Food Safety Authority，EFSA，以下简称食品安全局）。食品安全局的职责主要是通过风险评估，为欧盟立法和执法提供科学依据。

四、三项与食品安全有关的工作机制

为了有效实施食品安全管理，欧盟规定了三项基本的工作机制。一是快速预警机制。

欧盟建立起欧盟食品和饲料快速预警系统（RASFF）和欧洲植物检疫预警系统（EUROPHYT），通过两个预警通报平台和系统，欧盟能够快速收集进出口风险信息，根据风险信息调整相应的管理措施。例如修改某类食品的管理模式、提高入境口岸的查验比例等。二是应急处置机制。应急处置一般应在10个工作日内进行确认、修订、取消或延期。三是危机管理机制。例如应对"毒鸡蛋"成立临时的危机管理部门，负责收集信息及与公众沟通。

在食品安全基本法的基础上，欧盟主要在控制生物性危害、化学性危害，确保消费者知情权，打击掺杂使假等方面制定了食品安全管理的一系列法律法规。

第二节　初级生产管理法律法规

初级生产管理主要指在养殖环节的管理要求，包括动物卫生、动物福利、动物饲料等管理要求。

一、动物卫生系列

（一）法律

2016年，欧盟制定了动物卫生管理的基本法，该法整合了分散在海量法律法规中的动物疫病管理要求，汇总成一部综合的动物疫病管理法律（EU）2016/429《动物卫生法》。

（二）法规

根据（EU）2016/429《动物卫生法》的授权，欧盟委员会制定了多部实施条例和实施细则。

实施条例包括：

1. （EU）2019/2035《陆生动物和相关孵化场所注册备案和追溯管理要求》。
2. （EU）2020/686《繁殖物质企业注册和追溯要求》。
3. （EU）2020/687《规定动物疫病的防控措施》。
4. （EU）2020/689《动物传染病监测、根除和无疫区要求》。
5. （EU）2020/691《水生动物养殖和运输要求》。
6. （EU）2020/692《动物、种用物质、动物源性产品进口管理规定》。
7. （EU）2020/990《水生动物及其产品欧盟市场流通动物卫生和证书要求》。
8. （EU）2020/2154《陆生动物产品欧盟市场流通动物卫生、证书和通报要求》。
9. （EU）2022/139《欧盟抗原、疫苗、诊断试剂库管理、储存和库存补充及生物安全和防护要求》。

实施细则包括：

1. （EU）2018/1882《动物疫病分类防控管理规定》。
2. （EU）2020/690《实施监测的动物疫病名单和实施生物安全无疫区管理的动物疫病名单》。
3. （EU）2020/999《繁殖物质企业注册及牛羊猪马繁殖物质追溯要求》。
4. （EU）2020/2002《动物疫病通报、报告、监测计划、根除计划和非疫区地检管理要求》。
5. （EU）2020/2236《输欧水生动物证书要求》。
6. （EU）2021/260《批准成员方控制水生动物疫病影响的措施》。

7. （EU）2021/520《部分陆生动物追溯要求》。

8. （EU）2021/403《输欧动物源性产品证书要求》。

9. （EU）2021/404《允许动物、生殖产品和动物源性产品进入欧盟的第三国、地区清单》。

10. （EU）2021/605《非洲猪瘟特殊控制措施》。

11. （EU）2021/1070《感染皮肤结节病毒特殊控制措施》。

12. （EU）2022/140《欧盟抗原、疫苗、诊断试剂盒要求》。

二、动物福利系列

98/58/EC《养殖动物保护措施》规定了动物福利的总体要求。同时，欧盟在养殖、运输和屠宰三个方面分别制定了具体的法规。

（一）养殖环节

1. 2008/120/EC《猪最低保护标准》。

2. 2008/119/EC《犊牛最低保护标准》。

3. 2007/43/EC《肉鸡养殖保护措施》。

4. 1999/74/EC《蛋鸡最低保护标准》。

5. ETS NO. 087《欧洲动物养殖保护公约》。

（二）运输环节

1/2005/EC《运输过程中的动物保护》。

（三）屠宰环节

1099/2009/EC《动物屠宰保护条例》。

三、动物饲料系列

（一）市场销售管理要求

欧盟制定了动物饲料管理基本法规767/2009/EC《关于饲料投放市场和使用的要求》，同时制定了一系列配套性法规，包括：

1. （EU）68/2013《饲料原料目录》。

2. 2011/25/EU《饲料原料、饲料添加剂、杀菌制品、兽药的区分指南》。

3. 2018/C 133/02《不用于人类消费的食品作为饲料使用的指南》。

4. （EU）2020/354《动物营养饲料名单》。

（二）饲料生产卫生要求

183/2005/EC《饲料卫生要求》

（三）饲料标准

1. （EC）1831/2003《动物饲料添加剂管理规范》。

2. 429/2008/EC《饲料添加剂申请、评估和批准细则》。

3. 饲料添加剂登记名录（数据库）。

4. 2019/4/EC《加药饲料生产、销售和使用规范》。

5. 2002/32/EC《饲料中有毒有害物质》。

6. 2008/38/EC《动物饲料特殊营养用途清单》。

7. 1829/2003/EC《转基因饲料和食品》。

8. 1830/2003/EC《转基因生物、转基因食品、饲料追溯和标识》。

（四）动物饲料的官方监管

152/2009/EC《饲料官方监管取样和检测》。

四、食源性疾病控制系列

沙门氏菌、布鲁氏菌、单增李斯特菌等可导致人畜共患病的致病菌可通过污染的食品传染给消费者。欧盟制定了 999/2001/EC《传染性海绵状脑病防控和清除法》管理控制 BSE（牛传染性海绵状脑病），制定了 853/2004/EC《动物源性食品生产企业特殊卫生要求》、2015/1375/EC 等法规，制定了囊虫、旋毛虫等寄生虫的管理措施。根据 2000 年食品安全白皮书要求和科学建议，欧盟从 2003 年开始制定的食源性疫病防控系列法规如下：

1. 2003/99/EC《人畜共患病及病原体监控》。
2. 2160/2003/EC《关于控制沙门氏菌和其他特定食源性人畜共患病病原体的规章》。
3. 1177/2006/EC《禽类沙门氏菌控制方法》。
4. 200/2010/EC《关于降低成年原种禽沙门氏菌血清型流行病率的规章》。
5. 517/2011/EC《降低产蛋原鸡中某些沙门氏菌血清型流行病率的规章》。
6. 200/2012/EC《关于减少肉鸡群中肠炎沙门氏菌和鼠伤寒沙门氏菌的规章》。
7. 1190/2012/EC《火鸡沙门氏菌控制目标》。
8. 2015/1375/EC《旋毛虫官方监管规范》。

五、不可食用动物副产品系列

不可食用动物副产品是指不用于人类消费的动物源性产品，主要包括：动物源性食品生产过程中产生的不可食用部分，如动物皮张、骨头、角、蹄、血、脂肪和内脏；非屠宰死亡动物的部位；动物产生的废弃物，如粪肥、蛋壳、毛、蜂蜡；不符合食用标准的肉、蛋、奶产品等。

欧盟将不可食用动物副产品划分为三类：类别 1 为高风险副产品；类别 2 为中风险副产品；类别 3 为低风险副产品。只有属于类别 3 的副产品才可用于动物饲料，属于类别 1 或类别 2 的副产品可用于生产肥料，应尽量减少污染物和致病菌，属于类别 1 风险较高的副产品可用于生产再生燃料。主要法律法规包括：

1. 1069/2009/EC《非人类消费动物副产品卫生要求》。
2. 142/2011/EC《1069 实施细则及免于口岸兽医检查的样品或物品》。

第三节　产品质量安全法律法规

一、农药残留

1. 1107/2009/EC《植物保护产品市场销售规范》，规定了农药投放市场前的申请、评估和批准等要求。

2. 2020/1740/EC《农药活性成分批准的延续程序》，规定了农药活性成分一般批准有效期为 15 年，到期前应按要求提交延续申请，延续期一般不超过 15 年。

3. 540/2011/EC《农药活性成分批准名单》，列出了批准的可以用于农药活性成分的物质名单。

4. 396/2005/EC《食品和饲料中农药最大残留限量》，规定了农药残留的限量要求。欧盟法规中规定的默认最低检测限值（LOD）为 0. 01mg/kg，所以对没有制定限量的农药一律采取默认限值 0. 01mg/kg。

396/2005/EC《食品和饮料中农药最大残留限量》，增加了 7 个附录，简化了农药残留最大限量值（MRLs）以及所适用的食品和饲料。具体如下：

附录Ⅰ列出了农药残留最大限量值（MRLs）所适用的食品和饲料目录。该附录是根据欧盟委员会条例 178/2006/EC，确定所适用的食品和饲料目录。该附录包括 315 种产品，如水果、蔬菜、调味料、谷物和动物产品等。

附录Ⅱ列出了所制定的农药最大残留限量值（MRLs）的清单。该清单包括 268 种农药的最大残留限量值（MRLs）。

附录Ⅲ列出了欧盟暂定农药最大残留限量值（MRLs）的清单。该清单包括 197 种农药的暂定残留标准。

附录Ⅳ列出了 138 种由于低风险而不需要制定最大残留限量值的农药。

附录Ⅴ列出了 24 种残留限量的默认标准。

附录Ⅵ将列出加工操作或加工食品和饲料对农残造成浓缩或稀释的具体参数值，该附录截至 2023 年 6 月仍是预留状态。

附录Ⅶ列出了作为熏蒸剂的农药清单。

二、兽药残留

在食品动物养殖过程中可能使用兽药来治疗或预防动物疫病，兽药残留可能通过食品危害消费者健康。欧洲药物局负责评估制定药物的残留限量，主管部门制定残留监控计划对兽药的非法或超范围使用实施监测。兽药残留相关的法律法规主要包括：

1.（EU）37/2010《动物源性食品中兽药残留限量》，规定了禁止对动物使用的兽药和制定了残留限量要求的兽药名单。

2. 96/22/EC《禁止在动物养殖中使用激素、甲状腺拮抗剂和 β-激动剂》规定了禁止在动物养殖中使用的激素类兽药。

3. 指令 96/23/EC《关于某些物质及其在动物体内和动物制品中残留的监控措施》，规定了官方的残留监控计划要求，同时规定向欧盟出口动物源性食品的国家（地区）应按要求向欧盟提供残留监控计划并获得批准。

4. 97/747/EC《奶、蛋、兔肉、蜂蜜残留监控取样频率》。

5.（EU）2021/808《执行 96/23/EC 时的检测方法、检测结果说明和取样要求》。

6. 2019/1871/EC《关于动物源性食品中发现禁用药物的行动参考值》，规定了氯霉素（Chloramphenicol）、硝基呋喃类（Nitorfurans）等禁用药物新的检测限值。

三、食品添加剂

1. 1331/2008/EC《食品添加剂、酶制剂、色素批准程序》。

2. 1332/2008/EC《食品酶制剂》。

3. 1333/2008/EC《食品添加剂》。

4. 1334/2008/EC《食品调味剂》。

5. 2065/2003/EC《食品中使用的烟熏调味剂》。

6. 1925/2006/EC《食品中添加维生素、矿物质的统一要求》。

欧盟针对食品添加剂建立了数据库。

四、环境污染物

1. 315/93/EEC《食品中污染物管理程序》。

2. 1881/2006/EC《食品中部分污染物的最高限量规定》。

3. 401/2006/EC《真菌毒素控制》，规定了真菌毒素的官方取样频率和方法。

4. 333/2007/EC《食品中铅、镉、汞、无机锡、3-MCPD 和苯并芘的控制》。

5. 2017/644/EC《某些食品中二噁英、多氯联苯的取样和检测方法》。

6. 1882/2006/EC《食品中硝酸盐的控制》。

五、食品接触物质

1. 1935/2004/EC《食品接触物质法规》。

2. 2023/2006/EC《食品接触物质良好生产规范》。

3. 10/2011/EC《塑料制品》。

4. 282/2008/EC《再生塑料制品》。

5. 2007/42/EC《再生纤维素薄膜》。

6. 84/500/EEC《陶瓷》。

7. 2018/213/EC《清漆、涂层双酚 A 使用要求》。

8. 1895/2005/EC《限制使用某类环氧树脂材料》。

9. 2019/794/EC《食品接触物质监控计划》。

六、食品辐照处理

欧盟规定，在一定的条件下，食品允许使用电离辐照处理。辐照后的食品或含有辐照成分的食品必须加贴标签，主要法律法包括：

1. 指令 1999/2/EC《成员方食品、食品成分辐射基本要求》。

2. 指令 1999/3/EC《欧盟允许电离辐射处理的食品和食品成分》。

欧盟允许使用电离辐照处理的产品包括水果、蔬菜（包括根茎类蔬菜）、粮谷类、调味料、水产、贝类、生鲜肉、禽肉、蛙腿、鲜奶、乳酪、阿拉伯胶、酪蛋白、蛋清、血液制品等。

七、食品微生物要求

2073/2005/EC《食品微生物标准》。

八、标签要求

为了便于查询不同食品的具体标签要求，欧盟建立了食品标签信息查询系统（FLIS），通过该系统可以查询不同类别食品的标签内容、要求释义和相应的法规依据等。法规 1169/2011/EC 规定了食品生产企业应向消费者提供的信息，包括营养信息，预包装食品过敏原的标注要求，饭店和咖啡馆等对非预包装食品标注过敏原信息的强制性要求，以及营养标签、生鲜肉来源地信息和网购食品标签要求等。食品标签法规主要包括：

1. （EU）1169/2011《向消费者提供食品信息》，该法规整合了两部指令：2000/13/EC《统一各成员方标签、标识和宣传法规》和 90/496/EEC《食品营养标签》。

2. （EU）1337/2013《贯彻实施 1169/2011，冰鲜及冷冻猪肉、羊肉和禽肉原产国（地）的标识要求》。

3. （EU）2018/775《食品主要成分来源地标注要求》。

九、膳食补充剂要求

1. 指令 2002/46/EC《统一各成员方膳食补充食品法规》。

2. 1925/2006/EC《食品中维生素、矿物质和其他物质的添加要求》。

3. （EU）307/2012《食品中添加维生素、矿物质和其他物质的评估要求》。

十、新资源食品

欧盟规定，新资源食品是1997年5月15日之前在欧盟没有消费历史的食品，包括使用新型加工工艺生产的食品、发展创新的食品或在欧盟以外传统消费的食品等。新资源食品必须获得欧盟评估和批准后才允许在欧盟市场销售。相关的法律法规包括：

1.（EU）2015/2283《新资源食品》，规定了欧盟在传统食品中没有使用的成分要求。

2.（EU）2017/2468《第三国或地区传统食品管理要求》。

3.（EU）2017/2469《申请新资源食品的管理要求》。

4.（EU）2017/2470《新资源食品名单》。

5.（EU）2018/456《确定是否属于新资源食品的咨询程序》。

第四节　官方监督法律法规

一、官方监督管理基本法

2017年，欧盟整合854/2004/EC《动物源性食品官方监管要求》、882/2004/EC《为确保食品、饲料安全法规、动物福利法规等有效实施采取的官方监管措施》，以及其他有关动物福利、植物卫生、转基因管理等法规，制定了官方监管的基本法（EU）2017/625《为确保食品安全相关法规有效实施采取的官方监管措施和其他管理活动》。

（EU）2017/625主要内容包括成员方食品安全主管部门要求和监管要求、欧盟层面的监督管理要求、参考实验室要求等。

（一）成员方主管部门要求

成员方指定主管部门，主管部门不限于一个，同时主管部门可以授权其他公共机构实施监管或从事其他官方监管活动。成员方必须确保各部门之间充分有效协调，并指定一个部门负责与欧盟及其他成员方的沟通交流。主管部门应有符合要求的人力资源、法律授权、监管程序、应急计划等，同时必须建立内部审核制度。主管部门的行政相对人必须有行政复议（申诉）的权利。

（二）成员方监管要求

主管部门在风险分析的基础上在适当的频率下实施官方监管，监管行为应在不影响有效性的前提下尽量减少行政成本和对企业经营的影响，监管内容包括对欺诈行为的监管。根据透明度原则，每年至少公布一次官方监管的有关情况，包括监管类型、监管数量和结果、不合格及处理情况等。同时，还可以公布对经营者的分类评级情况。

应根据书面的程序实施官方监管，每次监管应填写书面或电子的监管记录，内容包括监管目的、方法、结论，以及要求企业整改的内容等。

应在下列领域实施官方监管：动物的屠宰加工（实施宰前宰后检验）、食品饲料中残留监控、动物福利、植物卫生、转基因产品、植物保护产品（农药）、有机产品生产和标识、原产地地理标志保护、新资源产品、进口食品管理等。

新法规同时规定了成员方主管部门在签发证书时必须达到的管理要求，包括证书格式、内容等要求和官方签字人员要求等。

（三）参考实验室及参考中心

新法规梳理了882/2004/EC有关参考实验室的要求，重新规定了建立欧洲参考实验室的要求，以及各成员方参考实验室认定条件、职责和任务等。除参考实验室外，还规定了建立欧盟动物福利、食品链参考中心的要求，包括参考中心的条件、职责和任务等。

（四）欧盟与各成员方之间的协助与合作

各成员方应指定与欧盟的联络部门，欧盟对各成员方实施监督检查，确保各成员方统一实施欧盟法规，同时在需要时对成员方实施必要援助。成员方应指定一个主管部门协调和制定涉及所有食品安全主管部门的多年度国家监控计划（MANCP），每年 8 月 31 日前向欧盟提交监控计划的执行情况。

（五）欧盟层面的管理

欧盟制定实施跨年度的审核计划，对各成员方和向欧盟出口动物源性食品的第三国或地区实施现场审核，验证各成员方、第三国或地区食品安全管理体系是否能够持续符合欧盟要求。

针对需要实施注册管理的食品，欧盟实施准入管理，制定国家（地区）准入名单和企业准入名单。

（六）新电子管理系统

欧盟将包括质量追溯系统（TRACES）在内的多个电子管理系统，统一整合为新的信息管理系统（IMSOC）。

（七）工作指南

为了指导官方管理人员、企业深入理解和正确执行相关法律法规，欧盟在三个层面制定了指南文件：欧盟指南文件、各成员方指南文件、协会指南文件等。指南文件不能作为法律法规的依据，只能作为指导性材料。欧盟指南文件包括指导企业实施卫生管理和食品安全管理体系（HACCP 体系）的指南（2016/C 278/01）和复合食品（既含动物源性成分又含非动物源性成分的食品）管理指南等。

二、官方监管配套法规

根据官方监管基本法的授权，欧盟制定了一系列配套法规，主要包括：

1. （EU）2019/624《动物源性产品官方监管特殊要求》。
2. （EU）2019/625《动物源性产品进口条件》。
3. （EU）2021/405《动物源性产品允许进入欧盟的第三国或地区清单》。
4. （EU）2019/627《动物源性产品官方监管统一要求》。
5. （EU）2020/2235《输欧动物源性产品兽医卫生证书要求》。
6. （EU）2019/2130《动物及其产品口岸检验程序》。
7. （EU）2021/632《需实施口岸检查的动物和产品名单》。
8. （EU）2019/2129《进口动物源性食品的货物检查比例》。
9. 2002/994/EC《关于对从中国进口的动物源性产品的特定保护措施》。[①]

---

① 2023 年 5 月 22 日，欧盟委员会发布（EU）2023/1016 号决定，对该指令附件第 1 部分进行了修订。

第二篇 欧盟肉类法律法规解读

欧盟对肉类食品卫生安全实施“从农场到餐桌”的全过程管理，管理目标主要包括：控制肉类食品中生物性危害和化学性危害，保障消费者身体健康、营养和知情权，打击掺杂使假等。

生物性危害包括细菌、病毒、寄生虫、生物毒素等，其中某些危害已经严重影响公共卫生，例如朊病毒、沙门氏菌、单增李斯特菌、贝类毒素、牛传染性海绵状脑病等。在生物性危害控制方面，主要是制定了动物卫生、动物福利、饲料卫生、食品卫生、不可食用副产品、食品辐照、食源性疫病控制等一系列法律，同时根据相关法律授权制定了一系列实施条例和细则。

化学性危害包括农药残留、兽药残留、食品添加剂、环境污染物、食品接触物质等。在化学性危害的控制措施中，主要制定了农药残留、兽药残留、污染物残留、食品接触物质、食品添加剂、酶制剂、提取用溶剂、新资源食品成分等一系列法律，同时根据法律授权制定了一系列实施条例和细则。

消费者知情权包括对食品基本信息和营养成分的知情，包括保障消费者身体健康、营养和知情权方面。欧盟主要制定了食品补充剂、食品标签、维生素和矿物质添加、特殊群体食品要求等一系列法律，同时根据法律授权制定了一系列实施条例和细则。

在打击掺杂使假方面，欧盟建立起了打击食品造假工作平台，通过制定行动计划、信息共享和合作支持共同打击非传统食品安全问题。

本篇主要解读与肉类管理相关的动物卫生管理、饲料卫生管理、动物福利管理、食品卫生管理、官方监管、食品中化学物质管理、不可食用副产品管理、食品辐照管理和进出口管理九个方面。

第一章
动物卫生管理

2016 年 3 月，欧盟梳理整合了多部与动物疫病防控有关的法律法规，通过欧洲议会和欧盟理事会在法律层面上制定了（EU）2016/429《动物卫生法》，该法于 2021 年 4 月 21 日正式实施。同时，欧盟制定了（EU）2017/625，规范成员方主管部门监管确保动物卫生法律法规有效实施。

《动物卫生法》主要是为了防止动物疫病传播给其他动物或人类，针对圈养动物、野生动物和动物产品规定了动物疫病防控的原则和要求。内容主要包括：一是动物疫病分类管理，列明需要管控的动物疫病种类和相应的动物种类，根据风险实施不同的管理措施；二是规定了 A、B、C 类动物疫病防控、监测、根除要求和相应的管理措施；三是规定了管控动物疫病的生物安全措施，包括养殖企业备案和注册、疫病的监测和通报、动物及其产品的追溯管理等；四是规定了动物及其产品在欧盟内部市场流通和进口的相关要求；五是规定了发生动物疫情时的应急措施要求等。同时，为了进一步细化和实施该法，根据《动物卫生法》授权，欧盟委员会对疫病的分类管理，动物疫病的防控要求，动物疫病的通报、报告和根除计划的提报，疫情监测、根除计划的实施、无规定疫病非疫区的建立，企业备案注册和追溯管理，进口管理要求等方面制定了一系列实施条例和细则。

《动物卫生法》的新变化主要体现在：一是制定了明确的标准，确定需要实施管控措施的动物疫病名单和相应的动物类别名单，依据该标准欧盟制定了需要实施管控措施的新的动物疫病名单；二是规定了动物养殖人员和兽医人员在动物健康、生物安全措施、动物疫病早期检出和预防、动物疫病监测和动物健康检查等方面的基本义务；三是动物养殖、生产加工和动物繁殖材料储存等企业向主管部门申请备案以及相关的记录要求；四是动物疫病通报要求，经营者发现疑似发生规定动物疫病时应向主管部门通报，对于发生或疑似发生其他规定动物疫病、异常死亡率、不明原因生产率显著下降等情况，经营者应向主管部门通报；五是引入了新的欧盟动物疫病通报和报告系统，即动物疫病信息系统（ADIS）；六是扩展到野生动物新发疫病和规定疫病的防控和健康措施；七是作为养殖场监测要求的一部分，规定了兽医在养殖环节实施动物健康检查的要求。养殖场兽医临床检查是监测和防控体系的一部分，同时也是对主管部门监管的一种补充。养殖场经营者应要求实施兽医检查，兽医检查同样也可以给养殖场经营者提供相关的生物安全和动物健康建议。

欧盟《动物卫生法》在进口管理方面基本保留了原来的要求，但针对肠衣和复合食品的要求变化较大。由于制定了新的动物疫病名单，相应的管理要求也随之更新。

第一节 概 述

一、动物卫生管理目标

《动物卫生法》主要用于管理动物之间以及动物与人之间传播的动物疫病，包括欧盟已经存在的动物疫病、可能传入欧盟的动物疫病和新发动物疫病。有些动物疫病非常严重，同时对动物健康、人类健康和生物多样性产生了广泛的影响，欧盟优先对此类动物疫病实施管控。在《动物卫生法》中欧盟制定标准，根据标准确定需要管控的动物疫病名单。

二、基本要求

《动物卫生法》规定了正在流行或传播的动物疫病防控要求和未发生的动物疫病防控要求。

对于正在流行或传播的动物疫病，欧盟制定的管理要求主要包括通过监测和筛查及时发现和防控动物疫病、养殖企业应履行的义务和采取的生物安全措施、动物及其产品追溯要求、动物及其产品在欧盟内部市场流通和进口的管理要求，例如动物疫病检测和筛查、兽医卫生证书统一格式等。

对于尚未发生的动物疫病，欧盟制定了应急计划和疫苗库等管理要求。

三、应履行的义务

动物养殖经营者应履行的义务包括：了解动物卫生基本知识、采取生物安全措施、保护动物健康、对动物疫病实施监测、向主管部门通报疑似发生或发生的动物疫病、异常动物死亡率等情况，并配合主管部门做好相关防控工作，向主管部门提出备案或注册申请。

兽医在提高人们对动物健康、动物福利、人类健康三者之间的关系，以及对动物治疗产生耐药性的认知和了解等方面发挥着重要的作用。

第二节　动物疫病名单制定标准

欧盟在《动物卫生法》中规定了动物疫病名单的制定标准，只有符合标准的动物疫病才能被列入欧盟需防控的动物疫病名单中。判定标准主要包括需满足所有的标准项目和至少应满足一项的标准项目：

一、需满足所有的标准项目

判定标准包括：

1. 科学证据显示该动物疫病具有传染性。
2. 该疫病或相关的病媒生物容易感染相关动物，而且在欧盟存在该病媒生物的宿主。
3. 该疫病对动物健康产生不良影响，同时由于传染病学特征对公共卫生造成风险。
4. 该疫病有诊断方法和工具。
5. 欧盟具有针对该疫病行之有效的风险控制措施，包括疫病监测。

二、至少应满足一项的标准项目

判定标准包括：

1. 根据疫病的传染病学特性，该疫病对动物健康产生或可能产生严重影响，对公共卫生造成或可能造成显著的风险。
2. 该疫病病原对治疗产生了耐受性，严重威胁动物健康和公共卫生。
3. 该疫病对经济造成或可能造成严重的负面影响，影响欧盟的农业或水产养殖业发展。
4. 该疫病可能造成潜在危机或该疫病病原可被用于恐怖主义活动。
5. 该疫病对欧盟的环境包括生物多样性产生严重的负面影响。

第三节 动物疫病名单和分类管理

一、动物疫病名单

欧盟在《动物卫生法》中规定了三类动物疫病需实施防控：一是世界动物卫生组织规定的动物疫病；二是经风险评估后确定的动物疫病；三是未列在防控名单中，新发的存在风险的动物疫病。

（一）世界动物卫生组织规定的动物疫病

口蹄疫、猪瘟、非洲猪瘟、高致病性禽流感、非洲马瘟五种疫病。

（二）风险评估后规定的动物疫病

欧盟在食品安全局的协助下开展风险评估，制定和调整需实施管控的动物疫病名单（《动物卫生法》附件Ⅱ）。名单中包括畜禽、马、蜜蜂和水产动物疫病，其中畜禽动物疫病主要包括牛瘟、裂谷热、布鲁氏菌病、牛结核病、狂犬病、传染性海绵状脑病、蓝舌病、绦虫病、流行性出血热、炭疽、伊氏锥虫病、埃博拉、副结核病、日本脑炎、西尼罗热、Q热、牛结节性皮肤病、牛传染性胸膜肺炎、牛传染性鼻气管炎/传染性脓疱阴户阴道炎、牛病毒性腹泻、牛生殖道弯曲杆菌病、滴虫病、地方流行性牛白血病、绵羊痘和山羊痘、小反刍兽疫、山羊传染性胸膜肺炎、绵羊传染性附睾炎、鼻疽、伪狂犬病、猪繁殖与呼吸综合征、新城疫、禽支原体病、禽沙门氏菌病、低致病性禽流感、禽衣原体病等。

（三）新发动物疫病

欧盟根据成员方通报或世界动物卫生组织通报，随时关注可能新发动物疫病。

二、动物疫病的分类管理

根据《动物卫生法》的授权，欧盟委员会制定了（EU）2018/1882《动物疫病分类防控管理规定》，将需防控的动物疫病分为A、B、C、D、E五类。

A类：一般在欧盟境内未发生，如果发生需立即采取根除措施的动物疫病。

B类：所有欧盟成员方必须管控以实现在欧盟境内根除的动物疫病。

C类：在部分成员方内有发生，需控制并防止向非疫区成员方传播或制定了根除计划的动物疫病。

D类：需采取措施防止因进口或在成员方之间流通造成传播的动物疫病。

E类：需要在欧盟范围内实施监测的动物疫病。

在该实施条例附件中，欧盟规定了60余种动物疫病的防控类别、易感动物和病媒生物等内容。

（一）畜禽动物疫病分类

畜禽动物疫病分类见表2.1。

表2.1 畜禽动物疫病分类

动物疫病名称	疫病分类	涉及的动物种类	
		动物种类	媒介动物
口蹄疫	A+D+E	偶蹄目、长鼻目	
牛瘟	A+D+E	偶蹄目	

续表1

动物疫病名称	疫病分类	涉及的动物种类	
		动物种类	媒介动物
裂谷热	A+D+E	奇蹄目、叉角鹿科、牛科、骆驼科、鹿科、长颈鹿科、河马科、麝科、长鼻目	蚊科
布鲁氏菌病（牛、羊、猪）	B+D+E	牛属、野牛属、水牛属、绵羊属、山羊属	
	D+E	上一行所述动物以外的偶蹄动物	
	E	奇蹄目、食肉目、兔形目	
牛结核病（感染结核分枝杆菌）	B+D+E	牛属、野牛属、水牛属	
	D+E	上一行所述动物以外的偶蹄动物	
	E	陆生哺乳动物	
狂犬病	B+D+E	食肉目、牛科、猪科、马科、鹿科、骆驼科	
	E	翼手目	
多房棘球绦虫病	C+D+E	犬科	
蓝舌病	C+D+E	叉角羚科、牛科、鹿科、骆驼科、长颈鹿科、麝科、鼷鹿科	库蠓属
流行性出血热	D+E	叉角羚科、牛科、鹿科、骆驼科、长颈鹿科、麝科、鼷鹿科	库蠓属
炭疽	D+E	奇蹄目、偶蹄目、长鼻目	
伊氏锥虫病	D+E	马科、偶蹄目	双翅目虻科
副结核病	E	牛属、野牛属、水牛属、绵羊属、山羊属、骆驼科、鹿科	
日本脑炎	E	马科	蚊科
西尼罗热	E	马科、鸟纲	蚊科
Q 热	E	牛属、野牛属、水牛属、绵羊属、山羊属	
牛结节性皮肤病	A+D+E	牛属、野牛属、水牛属	吸血节肢动物
牛传染性胸膜肺炎	A+D+E	牛属、野牛属、水牛属、非洲水牛属	
牛传染性鼻气管炎/传染性脓疱阴户阴道炎	C+D+E	牛属、野牛属、水牛属	
	D+E	骆驼科、鹿科	
牛病毒性腹泻	C+D+E	牛属、野牛属、水牛属	
牛生殖道弯曲杆菌病	D+E	牛属、野牛属、水牛属	
滴虫病	D+E	牛属、野牛属、水牛属	
地方流行性牛白血病	C+D+E	牛属、野牛属、水牛属	
绵羊痘和山羊痘	A+D+E	山羊属、绵羊属	
小反刍兽疫	A+D+E	山羊属、绵羊属、骆驼科、鹿科	

续表2

动物疫病名称	疫病分类	涉及的动物种类	
		动物种类	媒介动物
山羊传染性胸膜肺炎	A+D+E	山羊属、绵羊属、瞪羚属	
绵羊传染性附睾炎	D+E	山羊属、绵羊属	
鼻疽	A+D+E	马科、山羊属、骆驼科	
猪瘟	A+D+E	猪科、貒猪科	
非洲猪瘟	A+D+E	猪科	纯绿蜱属
伪狂犬病	C+D+E	猪科	
猪繁殖与呼吸综合征	D+E	猪科	
高致病性禽流感	A+D+E	鸟纲	
新城疫	A+D+E	鸟纲	
禽支原体病	D+E	原鸡、普通火鸡	
禽沙门氏菌病	D+E	原鸡、普通火鸡、珍珠鸡、鹌鹑、环颈雉、灰山鹑、绿头鸭	
低致病性禽流感	D+E	鸟纲	
禽衣原体病	D+E	鹦鹉目	

（二）畜禽动物疫病分类汇总

A类：口蹄疫、牛瘟、裂谷热、牛结节性皮肤病、牛传染性胸膜肺炎、绵羊痘和山羊痘、小反刍兽疫、山羊传染性胸膜肺炎、非洲马瘟、马鼻疽、猪瘟、非洲猪瘟、高致病性禽流感、新城疫。

B类：布鲁氏菌病、牛结核病、狂犬病。

C类：多房棘球绦虫病、蓝舌病、牛传染性鼻气管炎/传染性脓疱阴户阴道炎、牛病毒性腹泻、地方流行性牛白血病、伪狂犬病。

D类：口蹄疫、牛瘟、裂谷热、布鲁氏菌病、牛结核病、狂犬病、多房棘球绦虫病、蓝舌病、流行性出血病、炭疽、伊氏锥虫病、埃博拉、牛结节性皮肤病、牛传染性胸膜肺炎、牛传染性鼻气管炎/传染性脓疱阴户阴道炎、牛病毒性腹泻、牛生殖道弯曲杆菌病、滴虫病、地方流行性牛白血病、绵羊痘和山羊痘、小反刍兽疫、山羊传染性胸膜肺炎、绵羊传染性附睾炎、非洲马瘟、马鼻疽、马病毒性动脉炎、马传染性贫血症、马媾疫、委内瑞拉脑脊髓炎、马传染性子宫炎、猪瘟、非洲猪瘟、伪狂犬病、猪繁殖与呼吸综合征、高致病性禽流感、新城疫、禽支原体病、禽沙门氏菌病、低致病性禽流感、禽衣原体病。

E类：口蹄疫、牛瘟、裂谷热、布鲁氏菌病、结核分枝杆菌病、狂犬病、多房棘球绦虫、蓝舌病、流行性出血病、炭疽、伊氏锥虫病、埃博拉、副结核、日本脑炎、西尼罗热、Q热、牛结节性皮肤病、牛传染性胸膜肺炎、牛传染性鼻气管炎/传染性脓疱阴户阴道炎、牛病毒性腹泻、牛生殖道弯曲杆菌病、滴虫病、地方流行性牛白血病、绵羊痘和山羊痘、小反刍兽疫、山羊传染性胸膜肺炎、绵羊传染性附睾炎、非洲马瘟、马鼻疽、马病毒性动脉炎、马传染性贫血症、马媾疫、委内瑞拉脑脊髓炎、马传染性子宫炎、马脑脊髓炎（东方型、西方型）、猪瘟、非洲猪瘟、伪狂犬病、猪繁殖与呼吸综合征、高致病性禽流感、新城疫、禽支原体病、禽沙门氏菌病、低致病性禽流感、禽衣原体病。

（三）应急和演练要求

欧盟要求针对 A 类、D 类和 E 类动物疫病和可能新发的动物疫病制定应急预案并进行演练，采取措施确保该类动物疫病能及早发现。

第四节　动物疫病的分类管控

根据《动物卫生法》授权，欧盟制定了（EU）2020/687《规定动物疫病的防控措施》，具体规定了发生 A 类、B 类和 C 类动物疫病时应采取的防控措施，包括监测周期、生物安全处理要求等。其中 A 类动物疫病的管控措施包括疑似发生疫情的管控措施、确认发生疫情的管控措施、疫区和受威胁区的管控措施、疫区和受威胁区养殖企业恢复养殖的要求等。

一、A 类动物疫病管控措施

（一）临床检验和实验室检测取样送样要求

1. 临床检验和实验室送检要求必须包括有 A 类疫病临床症状的动物、疑似因 A 类疫病死亡的动物、与疑似或确诊动物有流行病学关联的动物、实验室检测结果阳性或不确定性的动物。

2. 如果临床症状不明显或宰后检验症状不明显，应随机抽取数量足够的动物样本以便检出可能患有 A 类疫病的动物。

3. 临床检验和实验室取样送检时，除考虑疫病类型外，还应考虑取样目的、动物种类、动物数量、生产记录、追溯记录、动物健康记录、养殖场类型和养殖模式、接触病原体或病媒生物的可能性、动物免疫力状况、养殖历史状况等。

4. 取样数量除考虑动物疫病类型外，还应考虑养殖场预计的流行率、取样的置信水平（不能低于 95%）、国际标准和科学证据等。

5. 样品应加贴标签和追溯标识，随附送样单，送样单内容应包括样品来源养殖场、动物种类和年龄、动物临床检验信息（如果有）、临床症状或宰后检验发现的问题，以及其他相关信息。

6. 样品存放在防水和不易碎的容器中，温度和存放条件应避免影响样品质量。

7. 样品外包装除标注实验室地址外，还应明显加施“动物病理材料”“易腐易碎”“到实验室前不得打开”的标注。

8. 应通知实验室样品签收人样品预计到达实验室的时间。

（二）疑似发生 A 类疫病的管控措施

1. 企业应履行的职责和义务。

（1）隔离疑似病例。

（2）隔离可能传播疫病的相关物质包括垫料、肥料等，采取可行的措施防止昆虫、啮齿动物和其他动物接触。

（3）采取进一步的生物安全措施避免疫病传播。

（4）暂停养殖场相关动物的输出和输入。

（5）避免其他动物、物质、产品、人员或运输工具非必要地输出和输入。

（6）确保更新生产记录、动物健康记录和追溯记录。

（7）根据要求向主管部门提供相关信息。

（8）听从主管部门关于A类疫病其他相关指令。

2. 主管部门应履行的职责和义务。

（1）立即开展调查，确认是否发生A类疫病。

（2）官方兽医应开展临床检疫，取样送检。

（3）对养殖场实施监管。禁止养殖企业调出或调入相关动物、其他动物和可能传播A类疫病的产品和物质。隔离相关动物，避免与野生动物、其他动物或昆虫、啮齿类等病媒生物接触。禁止屠宰相关动物，主管部门批准的除外。禁止产品、物质、人员和运输工具等非必要地调入或调出。

（4）建立临时的控制区域。

（5）经风险评估后，只要符合规定的要求，主管部门可以允许相关动物、其他动物和可能传播A类疫病的产品和物质调出养殖企业。要求包括：采取必要生物安全措施，避免运输途中疫病传播；不能运往圈养同类动物的养殖企业；不能运往屠宰企业。

（6）如果经风险评估后批准涉及的动物和物质调出养殖企业，主管部门应要求目的地养殖企业采取与涉疫养殖企业相同的疫病控制措施。

（7）要求所有的死亡动物副产品应按照欧盟1069/2009/EC法规处理，杀灭病原体避免疫病传播。

（8）分析相关记录和信息，包括动物种类、数量、可能被污染的物品、可能藏匿病媒生物的位置、动物来源、调入和调出信息、生产信息、兽医检查信息等。

3. 确定建立临时管控区。

（1）确定临时管控区时应考虑的因素包括：涉疫养殖企业所处区域相关动物养殖密度大、与涉疫动物接触的动物或人员有流通或出入养殖企业的嫌疑、确诊疫病需要一定的时间、疑似病例的来源和感染途径不明确、疫病的类型（尤其是传播途径、传播速度和病情持久性等）。

（2）主管部门应在临时管控区内实施与涉疫养殖企业类似的管控措施。

（3）设置的临时管控区应一直维持到疫病排除或确认。

（三）确认发生A类疫病的管控措施

1. 企业应履行的职责和义务。

（1）立即现场扑杀相关动物，扑杀过程中和扑杀后应采取措施避免疫病传播。

（2）采取必要的生物安全措施避免疫病传播给未感染的动物（含野生动物）或人类。

（3）按照1069/2009/EC法规要求处理被扑杀动物的屠体或分割部位，避免疫病传播。

（4）应有效隔离并按照1069/2009/EC法规要求清洗消毒或其他有效的方式处理可能被污染的相关物质。

2. 主管部门应履行的职责和义务。

（1）监督动物副产品或其他物质按照1069/2009/EC法规要求运输出场。

（2）取样送检，实施流行病调查。

（3）风险评估后，采取适当的风险控制措施允许在养殖企业附近扑杀染疫动物或经紧急免疫接种后延缓扑杀。

（4）如果养殖场有不同批次的动物，只要其他批次动物与确诊染疫动物分别独立养殖，没有流行病学关联，由不同人员饲养，经风险评估后，主管部门可以批准不实施扑杀处理。

（5）根据流行病学调查结果，对圈养的其他种类动物或相关的野生动物取样送检，并经过风险评估后采取扑杀或其他风险控制措施。

（6）监督养殖企业采取防鼠防虫和清洗消毒措施，清洗消毒应按照该法附件Ⅳ规定的程序，使用适当的消毒剂确保杀灭病原体，并按要求记录。

（7）经流行病学调查，评估确定与染疫养殖企业有流行病学关联的企业或其他场所，包括运输工具，并采取与染疫养殖场所类似的管理措施。

（8）建立疫区（Protection zone）和受影响区（Surveillance zone），采取规定的相关措施。疫区和受影响区应以疫点为中心以规定的距离为半径设置，半径距离应符合表 2.2 的要求。

表 2.2　动物疫病控制区半径要求

疫病种类	疫区（单位：千米）	受威胁区（单位：千米）
口蹄疫	3	10
牛瘟	3	10
裂谷热	20	50
牛结节性皮肤病	20	50
牛传染性胸膜肺炎	0	3
绵羊痘和山羊痘	3	10
小反刍兽疫	3	10
山羊传染性胸膜肺炎	0	3
非洲马瘟	100	150
鼻疽	0	0
猪瘟	3	10
非洲猪瘟	3	10
高致病性禽流感	3	10
新城疫	3	10

经风险评估后主管部门可以不在发现疫情的孵化场、食品饲料加工厂、非食用动物副产品加工厂、边境检查站、动物集散中心或展览中心等场所周围设置疫区或受威胁区等管控区域。

（四）管控区管理要求

管控区包括疫区和受威胁区，主管部门应立即统计和更新管控区域内需要控制该疫病动物的养殖企业和养殖信息，包括动物种类、数量（或禽类的估计数量）等。为了防止疫病扩散，根据流行病学调查结果和相关科学依据，主管部门可以批准预防性扑杀管控区内的相关动物。主管部门应规定其他动物及其产品运输通过管控区域的条件，包括不得在管控区停留或装卸、优先选择高速公路运输或铁路运输、避免从相关养殖企业邻近区域通过等。出管控区的动物产品必须随附主管部门签发的符合规定的证书。抽检管控区样本，样本检测可用于确诊或排除疫病以外的其他目的。

疫区管控措施实施时间和疫区管控措施解除后，继续在疫区实施受威胁区管控措施的时间应至少符合表 2.3 的标准。

表 2.3　动物疫病管控时限要求

疫病种类	疫区设置最低时限（单位：天）	措施解除后，继续在疫区实施受威胁区管控措施的最低时限（单位：天）
口蹄疫	15	15
牛瘟	21	9
裂谷热	30	15
牛结节性皮肤病	28	17
牛传染性胸膜肺炎	45	不适用
绵羊痘和山羊痘	21	9
小反刍兽疫	21	9
山羊传染性胸膜肺炎	45	不适用
非洲马瘟	365	不适用
鼻疽	180	不适用
猪瘟	15	15
非洲猪瘟	15	15
高致病性禽流感	21	9
新城疫	21	9

受威胁区管控措施实施时间如表 2.4 所示。

表 2.4　受威胁区管控措施实施时限要求

疫病种类	受威胁区设置最低时限（单位：天）
口蹄疫	30
牛瘟	30
裂谷热	45
牛结节性皮肤病	45
牛传染性胸膜肺炎	45
绵羊痘和山羊痘	30
小反刍兽疫	30
山羊传染性胸膜肺炎	45

表2.4 续表

疫病种类	受威胁区设置最低时限（单位：天）
非洲马瘟	365
鼻疽	不适用
猪瘟	30
非洲猪瘟	30
高致病性禽流感	30
新城疫	30

动物疫病的监控时限如表2.5所示。

表2.5 动物疫病的监控时限要求

疫病种类	监控时限（单位：天）
口蹄疫	21
牛瘟	21
裂谷热	30
牛结节性皮肤病	28
牛传染性胸膜肺炎	45
绵羊痘和山羊痘	21
小反刍兽疫	21
山羊传染性胸膜肺炎	45
非洲马瘟	14
鼻疽	180
猪瘟	15
非洲猪瘟	15
高致病性禽流感	21
新城疫	21

1. 疫区疫病控制措施。

（1）企业将相关动物与其他动物和野生动物充分隔离。

（2）实施进一步的监测措施，识别疫病的扩散情况，包括向主管部门通报异常变化的病死率和生产数据等。

（3）必要时在养殖场所及其周边采取措施控制昆虫、啮齿动物和其他病媒生物。

（4）对场所出入口实施充分的消毒措施。

（5）对出入的运输工具和与动物接触的人员采取适当的生物安全措施避免疫病传播和扩散。

（6）为促进动物疫情的管控，记录来访人员并根据主管部门要求提交相关来访人员的登记记录，根据相关场所的运营模式，如果来访者不能与动物接触，可以不登记。

（7）官方兽医应对疫区内所有的相关企业至少开展一次现场检查，如果疫区半径超过3千米，可选取代表性的养殖场所实施现场检查，现场检查包括生产记录、健康记录和追溯记录的检查分析，验证企业预防措施的实施情况，对相关动物实施临床检查，必要时取样送检并记录相应的管理工作。

（8）法规（EU）2020/687附件Ⅵ规定了不能出入疫区的产品，附件Ⅶ规定了可以出入疫区的产品，同时规定了相应的处理措施（例如热处理或发酵等）。

（9）主管部门经风险评估后可以批准疫区内的相关动物在疫区、受威胁区或紧邻的区域内屠宰企业实施屠宰加工，运输工具应密封，屠宰前应向屠宰企业主管部门通报并在监管下实施；规定了雏鸡、肉、蛋、奶、繁殖材料等产品运输出疫区的具体要求。

2. 受威胁区疫病控制措施。

（1）立即采取与疫区类似的控制措施。

（2）官方兽医抽取相关企业实施现场检查。

（五）管控区恢复养殖和生产管理要求

只有满足下列要求的企业，主管部门才能批准恢复养殖或生产：

1. 完成动物疾病的监测周期、进行最终清洗消毒、对必要的昆虫、啮齿动物和其他病媒生物实施管控。

2. 动物不能来自受管控的地区，经实验室检测合格。

3. 官方兽医至少实施一次现场检查。

4. 养殖企业向主管部门通报异常变化的病死率和生产数据，只有经实验室检测合格的动物才能运输出场。

5. 屠宰企业、边境检查站、集散中心在按要求完成相关措施24小时后可恢复生产经营。

二、发生B类和C类动物疫病的管控措施

（一）非疫区疑似发生B类和C类动物疫病

欧盟（EU）2020/689《动物传染病监测、根除和无疫区要求》，规定了发生B类和C类动物疫病时的处理措施。如果发生布鲁氏菌病、牛结核病、地方流行性牛白血病、牛传染性鼻气管炎/传染性脓疱阴户阴道炎、伪狂犬病和牛病毒性腹泻时，应采取下列措施：

1. 主管部门开展流行病学调查，暂停非疫区状态。

2. 禁止外运相关动物，除非主管部门批准在指定屠宰场立即屠宰。

3. 隔离疑似患病的动物，禁止养殖企业输入相关动物，禁止输入和输出相关动物产品。

4. 主管部门可以对有流行病学关联的其他场所实施相关措施。

5. 如果野生动物疑似发生疫情，主管部门可以对可能被野生动物传染的养殖场所实施相关措施。

如果发生狂犬病，应实施下列措施：

1. 开展调查，确认是否发生狂犬病。

2. 在调查结束确认是否发生狂犬病前，禁止运输或屠宰疑似患病动物，避免传染其他动物或人类。

3. 采取合理的风险控制措施，减少狂犬病传染其他动物或人类的风险。

如果发生蓝舌病，应实施下列措施：

1. 开展调查，确认是否发生蓝舌病。

2. 禁止向外运输动物和相关的种用繁殖材料，除非主管部门批准立即屠宰。

3. 采取风险控制措施，避免或减少相关动物与病媒生物接触。

4. 主管部门可以对可能传染病媒生物的其他养殖场所实施相关管控措施。

（二）确认发生 B 类和 C 类动物疫病

如果确认发生布鲁氏菌病、牛结核病、地方流行性牛白血病、牛传染性鼻气管炎/传染性脓疱阴户阴道炎、伪狂犬病和牛病毒性腹泻时，应采取下列措施：

1. 取消非疫区状态，开展流行病学调查，并采取出现疑似病例时的管控措施，根据流行病学调查结果，调整监测措施。

2. 如果患病动物与野生动物有流行病学关联，可以对野生动物实施调查。

3. 开展流行病学调查要求的实验室检测以及恢复非疫区地位要求的实验室检测。

4. 在主管部门监督下对相关动物实施屠宰，也可以要求对相关动物实施扑杀处理。

5. 对相关动物产品、废弃物、饲料等实施管控，避免疫病传播和扩散。

6. 对污染部位、工器具、装卸区域等实施清洗消毒处理，主管部门应对消毒方案实施批准并监督消毒过程。

7. 主管部门要求制定实施风险控制措施，防止发生再次感染。

如果确认发生狂犬病，应采取下列措施：

1. 开展流行病学调查，包括识别感染的病毒毒株、感染来源和有流行病学关联的动物。

2. 如果动物与病例关联的时间发生在 3 个月以前，同时该动物没有出现临床症状，则可以排除该动物与病例具有关联性。

如果确认发生蓝舌病，应采取下列措施：

1. 确认暴发疫情，设立需要实施根除计划的区域。

2. 开展流行病学调查，禁止向外运输相关动物，除非主管部门批准立即实施屠宰，禁止向外运输相关动物的种用繁殖材料。

3. 采取相关的风险控制措施，避免或减少相关动物与病媒生物接触。

4. 对所有流行病学关联的动物和场所实施相应的管控措施。

5. 如果主管部门认为必要，可以要求牛、羊养殖企业对动物实施免疫接种，并对染疫养殖企业附近的动物实施调查和健康状况监控。

第五节　动物疫病动态管理

《动物卫生法》规定了发生动物疫病时的通报义务和针对疫病防控工作的定期报告义务，同时也规定了企业和主管部门制定实施监测计划和根除计划的要求，以及申请非疫区地区的要求。根据授权，欧盟委员会具体制定了（EU）2020/2002《动物疫病通报、报告、监测计划、根除计划和非疫区地位管理要求》，规定了暴发规定的动物疫病时，成员方通报和报告的程序及内容要求，同时规定了成员方提交监测计划和申请非疫区地位的程序及内容要求。（EU）2020/689《动物传染病监测、根除和无疫区要求》，规定了对动物疫病实施监测、根除、申请和保持非疫区地位的要求。

一、疫病通报和报告

欧盟规定如果发生了 E 类动物疫病，成员方应在 24 小时内向欧盟通报，在（EU）2020/2002 附件Ⅰ中规定了具体的需要通报的动物疫病名单，如果第二次发生上述动物疫病，必须在发生后每周的第一个工作日向欧盟通报。

成员方必须在每年的 4 月 30 日前报告 E 类疫病调查和防控情况以及根除计划的实施情况，并在根除计划完成后的 4 个月内提交最终报告。每年的 3 月 15 日前提交监测计划的实施情况。

二、疫病监测、根除计划、申请和维持非疫区地位

成员方根据（EU）2020/2002 规定的要求和程序向欧盟提交监测计划、根除计划和非疫区状态认可申请。

（一）动物疫病监测

1. 监测计划可作为根除计划的一部分、证明和维持非疫区地位的证据、疫病控制的一部分、批准养殖企业的依据等。

2. 监测的目标动物应包括与疫病相关的养殖动物，必要时还应包括相关的野生动物。为了及早发现，必要时还应监测其他动物。

3. 监测计划可以包括官方屠宰前后的检验、官方监管等，诊断检测的方法应符合法规规定的要求。

4. E 类动物疫病如果符合规定的条件应实施欧盟监测计划。根据《动物卫生法》授权，欧盟制定（EU）2020/690 实施细则，在附件Ⅰ中规定了在欧盟范围内实施监测的动物疫病为高致病性禽流感和低致病性禽流感。

（二）B 类和 C 类动物疫病根除

欧盟成员方可以制定 B 类疫病强制实施的根除计划，或 C 类疫病选择实施的根除计划，C 类疫病根除计划实施年限一般不超过 6 年。（EU）2020/689 法规规定了布鲁氏菌病、狂犬病、蓝舌病等具体的根除计划要求、用于批准非疫区地位的根除计划要求。

（三）非疫区地位的批准和维持

（EU）2020/689 法规规定了批准非疫区地位的要求，包括没有易感动物非疫区的批准要求、没有病原体非疫区的批准要求、没有病媒生物非疫区的批准要求、根据历史监测数据批准非疫区的要求、依据根除计划批准非疫区的要求。同时，规定了维持非疫区地位应实施的监测和生物安全要求，以及不符合非疫区标准时应取消非疫区地位的要求等。

第六节 养殖场管理

根据（EU）2016/429《动物卫生法》的规定，为防止动物疫病传播，根据风险大小，欧盟对于不同的养殖场所采取了备案和注册两种管理模式，同时制定实施了（EU）2019/2035《陆生动物和相关孵化场所注册备案和追溯管理要求》。该法规规定了根据风险大小不同场所的注册备案管理要求、企业的记录保持要求、主管部门的注册备案信息管理要求，以及不同动物的追溯管理要求，包括猪、牛、羊等大型动物应针对个体实施标识，禽类等小型动物应针对群体实施标识。

根据法规要求，动物运输企业应实施备案管理，实施注册管理的企业主要包括畜禽集散中心、孵化场、养蜂场、检疫场所等。

第七节　进口动物源性产品动物卫生要求

根据《动物卫生法》授权，欧盟委员会制定实施（EU）2020/692《动物、种用物质、动物源性产品进口管理规定》，分别针对活陆生动物、种用物质、动物源性产品、活水生动物在进口和转运方面规定了基本的动物卫生要求。欧盟只允许欧盟批准的国家（地区）和企业向欧盟出口动物、种用物质和动物源性产品。下面重点介绍进口动物源性产品的动物卫生要求。

一、出口方疫病管理要求

（一）疫病通报要求

根据要求向欧盟通报（EU）2020/692 附件Ⅰ规定的，在出口方疑似或确认发生的动物疫病，具体包括：

畜肉：口蹄疫、牛瘟、裂谷热、绵羊痘和山羊痘、小反刍兽疫、猪瘟和非洲猪瘟。

禽肉：高致病性禽流感、新城疫。

畜肉制品：口蹄疫、牛瘟、猪瘟和非洲猪瘟。

禽肉制品：高致病性禽流感、新城疫。

奶制品：口蹄疫、牛瘟。

（二）管理体系要求

出口方应建立相应的体系可及早检出新发动物疫病并确保泔水不能成为原料动物的疫病污染源。待屠宰动物处于健康状态，无规定的动物疫病，原料动物养殖场应在主管部门备案或注册，相关记录至少保留 3 年。兽医应定期对养殖场进行临床检查，检查频率应根据风险确定，检查的疫病应包括附件Ⅰ规定的相应动物疫病。

如果欧盟要求产品来自相关非疫区，出口方主管部门应提交相应的监测计划并由欧盟评估，并证明监测计划有效实施，必须符合欧盟针对出口方规定的特殊条件。

二、肉制品生产加工和出口欧盟要求

（一）肉制品的加工要求

根据风险类别，欧盟在针对不同产品制定的准入国家（地区）名单中，注明出口方应符合的加工方式或特殊条件。欧盟根据对产品风险的处理程度，将加工方式分为 A、B、C、D、D1、E、F 类。

A 类处理方式是指仅改变生肉特征而达不到消除风险的程度，动物卫生要求等同生鲜肉要求。

B 类处理方式是指处于密闭容器高温高压下的 F_0 值（标准灭菌时间）不低于 3。

C 类处理方式是指产品中心温度不低于 80 ℃。

D 类处理方式是指产品中心温度不低于 70 ℃，对于天然发酵火腿，发酵时间不少于 9 个月、水活度不高于 0.93、pH 值不高于 6。

D1 类处理方式是指产品中心温度不低于 70 ℃，至少保持 30 分钟。

E 类处理方式是指肉干产品，水活度不高于 0.93，pH 值不高于 6。

F 类处理方式是指产品中心温度不低于 65℃，加热时间使巴氏杀菌值不低于 40。

（二）肉制品出口欧盟要求

1. 肉制品的准入要求：肉制品准入名单分为经 A、B、C、D 类处理方式加工的肉制

品名单和肉干制品（Biltong/Jerky）名单。目前根据动物卫生要求，中国可以向欧盟出口经过B类处理方式加工的畜肉和D类处理方式加工的禽肉制品，不能出口肉干制品。但是欧盟要求进口动物源性食品必须同时符合动物卫生要求和公共卫生要求。

2. 原料要求：生产出口欧盟肉制品的企业在经欧盟批准后可以使用欧盟成员方或欧盟批准国家（地区）的原料肉。（EU）2021/404法规规定了允许向欧盟出口肉制品的国家（地区）名单，欧盟针对允许使用其他原料的国家（地区）在特殊条件栏中标注。生产出口欧盟肉制品的企业可以使用本国原料和进口原料，进口原料必须来自欧盟成员或者欧盟允许向其出口生鲜肉的国家（地区）。

三、肠衣生产加工要求

根据肠衣原料不同，为有效杀灭口蹄疫和非洲猪瘟等动物传染病，欧盟规定了5种肠衣加工要求：

肠衣加工要求1：在20℃及以上的环境中，使用干盐（氯化钠）或饱和盐水（水活度小于0.8）盐渍30天及以上（原料来源于牛、猪、羊）。

肠衣加工要求2：在20℃及以上的环境中，使用包含86.5%氯化钠、10.7%磷酸氢钠和2.8%磷酸钠的干盐或饱和盐水（水活度小于0.8）盐渍30天及以上（原料来源于牛、猪、羊）。

肠衣加工要求3：使用氯化钠盐渍30天（原料来源于牛、猪、羊以外的其他动物）。

肠衣加工要求4：漂白（原料来源于牛、猪、羊以外的其他动物）。

肠衣加工要求5：刮制后干制（原料来源于牛、猪、羊以外的其他动物）。

四、生鲜肉生产加工和出口欧盟要求

（一）有蹄类动物（畜肉）

1. 用于生产输欧生鲜肉的动物应来自输欧生鲜肉生产国（地区）或允许向欧盟出口鲜肉的其他国家（地区）。

2. 屠宰前24小时内实施宰前检疫，屠宰后及时由官方兽医实施宰后检验。

3. 有蹄类动物的鲜血不得向欧盟出口供人类消费使用。

4. 屠宰用动物可以来自欧盟成员方或允许向欧盟出口同类生鲜肉的其他国家（地区），同时屠宰动物在动物出口方的时间不少于3个月。

5. 生鲜肉出口方的屠宰动物在屠宰前必须在符合动物卫生要求的养殖场停留3个月，除非动物屠宰时不够3个月的年龄，屠宰动物在屠宰前40天内不得接触动物卫生水平低的动物。

6. 来源地至少12个月未发生口蹄疫、牛瘟、猪瘟和非洲猪瘟。

7. 生鲜肉来源地12个月内未免疫口蹄疫、牛瘟、猪瘟和非洲猪瘟，如果口蹄疫非疫区国家（地区）对A、O、C三个类型的口蹄疫实施免疫，主管部门应证明免疫是在主管部门监管下实施的，牛羊养殖场方圆25千米60天内未发生口蹄疫或牛瘟，其他动物养殖场方圆50千米90天内未发生口蹄疫或牛瘟，屠宰加工时去除主要淋巴结，在2℃以上环境，排酸熟化24小时，排酸熟化后pH值在6以下。

8. 动物屠宰前，动物来源养殖场方圆10千米30天内未发生口蹄疫、牛瘟、猪瘟和非洲猪瘟。

9. 动物屠宰前，屠宰场方圆10千米30天内未发生口蹄疫、牛瘟、猪瘟和非洲猪瘟。

（二）禽类鲜肉

1. 出口禽肉生产方要求。

（1）禽肉出口方应是高致病性禽流感非疫区，并制定实施了高致病性禽流感监测计划。监测计划应符合（EU）2020/692 实施条例附件Ⅱ或世界动物卫生组织规定的相关要求，同时在禽肉出口前，监测计划至少已运行 6 个月。

（2）如果针对高致病性禽流感实施免疫计划，应确保免疫计划和监测计划符合（EU）2020/692 实施条例附件Ⅷ规定的要求，如果免疫计划有变化应及时通报欧盟。

（3）禽肉出口方应为新城疫非疫区，如果实施免疫应确保疫苗标准和弱毒苗的使用符合（EU）2020/692 实施条例附件 XV 的要求。

（4）如果发生高致病性禽流感或新城疫，应在 24 小时内向欧盟通报并定期更新信息，同时将分离的病毒提交给欧盟参考实验室。

2. 养殖场要求。

养殖场与屠宰企业位于同一国家（地区），或在允许向欧盟出口鲜肉的其他国家（地区）。在禽类进行屠宰前 30 天，养殖场方圆 10 千米内未暴发高致病性禽流感和新城疫。

3. 活禽要求。

用于生产出口欧盟鲜禽肉的活禽除使用本国活禽外，还可以从欧盟批准的允许向欧盟出口鲜禽肉的其他国家或欧盟国家进口。一般活禽不免疫高致病性禽流感或新城疫，如果免疫了高致病性禽流感，应符合（EU）2020/692 实施条例附件Ⅷ的要求；如果免疫了新城疫，应符合（EU）2020/692 实施条例附件 XV 的要求。如果禽肉出口到未实施新城疫免疫的欧盟新城疫非疫区成员方，禽肉在屠宰前 30 天内不得接种活疫苗。

4. 屠宰场要求。

屠宰加工时，屠宰场所在区域没有因为动物疫情受到管制，同时在屠宰前至少 30 天内、方圆 10 千米内未暴发高致病性禽流感和新城疫。

5. 鲜禽肉出口。

欧盟在批准的国家（地区）名单相应栏目中注明特殊要求或条件，比如在特殊条件中标注 A，则表示允许接种高致病性禽流感疫苗；标注 B 则表示不禁止接种新城疫疫苗，疫苗应符合（EU）2020/692 实施条例附件 XV 的要求。2004 年 2 月 6 日，由于高致病性禽流感原因暂停中国向欧盟出口鲜禽肉。

第二章
动物饲料卫生管理

欧盟在动物饲料管理方面，分别针对饲料市场销售、饲料卫生、饲料添加剂和加药饲料等方面制定了法律法规，确保饲料中的兽药残留不会通过食用动物的肉产品对人类健康造成危害。

第一节 饲料市场销售

欧盟制定了767/2009/EC《关于饲料投放市场和使用的要求》，规定了饲料管理的基本要求，包括成分、标签等要求。同时为了有效实施饲料管理基本要求，制定了一系列配套法规：（EU）68/2013《饲料原料目录》附件B部分，规定了69种饲料加工方式，C部分规定了饲料原料目录，并规定在产品标签上正确标注加工方式和使用的原料；2011/25/EU《饲料原料、饲料添加剂、杀菌防虫产品、加药饲料区分指南》，规定了含普通饲料添加剂饲料、用于治疗用途的加药饲料和含防腐杀虫剂饲料的定义；2018/C133/02《不用于人类消费的食品作为饲料使用的指南》，规定了不再用于人类消费的食品作为饲料使用的要求。

第二节 饲料卫生

欧盟制定了183/2005/EC《饲料卫生要求》，规定了饲料生产企业备案或注册管理要求，同时规定了饲料生产企业应实施HACCP体系，在加工生产中符合附件规定的设施、设备和卫生加工要求。根据《饲料卫生要求》，生产饲料添加剂、生产含有添加剂的饲料和加药饲料的企业应实施注册管理，在注册前由主管部门进行现场审核，其他的饲料加工企业实施备案管理。

《饲料卫生要求》附件Ⅰ规定了初级生产企业应遵守的生产加工和卫生要求，附件Ⅱ规定了除初级生产企业外其他饲料生产企业应遵守的生产加工和卫生要求，附件Ⅲ规定了养殖场在饲养动物时应遵守的良好养殖规范。

第三节 饲料添加剂

欧盟将饲料添加剂分为五类：工艺性添加剂（Technological additives），包括防腐剂、抗氧化剂、乳化剂、稳定剂、酸度调节剂、青贮饲料使用的添加剂等；感观性添加剂（Sensory additives），包括色素、调味剂等；营养性添加剂（Nutritional additives），包括维生素、微量元素等；功能性添加剂（Zootechnical additives），包括促消化剂、肠道菌群稳定剂等；抗球虫药（Coccidiostats）和组织滴虫抑制剂（Histomonostats）。

饲料添加剂有两类批准模式：一是针对功能性添加剂、抗球虫药、组织滴虫抑制剂和含有转基因成分的添加剂，欧盟需要审批具体申请注册的添加剂持有人；二是针对工艺性、感观性和营养性的添加剂，欧盟仅批准产品成分，不针对具体申请人进行审批。两类批准的有效期均为 10 年，到期时可再申请延续 10 年。

一、饲料添加剂管理基本要求

欧盟制定了（EC）1831/2003《动物饲料添加剂管理规范》，规定了饲料添加剂的审批、生产、销售和使用管理要求。法规要求，饲料添加剂获得批准后，如果添加剂在使用上规定了特殊条件和禁忌要求，由持有人监督添加剂是否按照规定的特殊条件或禁忌要求使用，并向欧盟报告相关的监督情况。

饲料添加剂批准名单分为两个部分：第一部分是目前生效的名单；第二部分是即将失效的名单，如果企业没有在规定期限内提出延续申请，名单中的饲料添加剂的批准将失效。针对名单中的每种饲料添加剂欧盟均通过制定法规予以批准，在批准法规中具体规定了该添加剂的使用量、适用动物、使用方法和残留限量等内容，针对第 4 类功能性添加剂和第 5 类抗球虫药和组织滴虫抑制剂，以及含有转基因成分的添加剂，欧盟在批准名单中列明提出申请的添加剂持有人。其他饲料添加剂则不列明持有人名称。

二、欧盟取消授权的饲料添加剂名单

自 1997 年以来欧盟根据科技发展、添加剂安全性和其他行政管理的原因取消了不允许继续在饲料中使用的添加剂，包括乙氧乙胺苯甲酯（Ethopabate）、阿普西特（Arprinocide）、阿伏霉素（Avoparcin）、杆菌肽锌（Bacitracin Zinc）、卡巴氧（Carbadox）、二硝托胺（Dinitolmide）、地美硝唑（Dimetridazole）、异丙硝唑（Ipronidazole）、氯羟吡啶（Meticlopidol）、氯羟吡啶/苄氧喹甲酯（Meticlopidol/Mehtylbenzoquate）、硝呋索尔（Nifursol）、喹乙醇（Olaquindox）、洛硝达唑（Ronidazole）、螺旋霉素（Spiramycin）、磷酸泰乐菌素（Tylosin Phosphate）、维吉尼亚霉素（Virginiamycin）、戊糖乳杆菌（Lactobacillus pentosus）等。

三、饲料中残留物质限量要求

欧盟制定了 2002/32/EC《动物饲料中有害物质》，规定了重金属、真菌毒素、植物中存在的生物毒素、农药、环境污染物、植物类杂质等在动物饲料中的残留限量。鉴于生产过程存在交叉污染的情况，法规同时也规定了添加剂在未批准使用的饲料中交叉污染的残留限量。

抗球虫药和组织滴虫抑制剂作为饲料添加剂允许在某些动物饲料中使用，由于交叉污染可能导致其他动物饲料中也含有不应添加的抗球虫药和组织滴虫抑制剂，为了保护人类健康，欧盟制定了（EU）37/2010《动物源性食品中兽药残留限量》，规定了允许使用抗球虫药和组织滴虫抑制动物食用部位中的残留限量，同时制定了 124/2009/EC《饲料生产过程交叉污染导致不允许使用抗球虫药和组织滴虫抑制剂动物食用部位的残留限量》，规定了不允许使用抗球虫药和组织滴虫抑制剂动物食用部位的相关药物的残留限量，如表 2.6 所示。

表 2.6　动物组织中抗球虫药和组织滴虫抑制剂残留限量

兽药	食品	残留限量（ppb）
拉沙里霉素钠盐（Lasalocid sodium）	禽和牛以外的动物	
	奶	1
	肝	50
	肾	20
	其他	5
那拉霉素（Narasin）	肉鸡以外的动物	
	蛋	2
	奶	1
	肝	50
	其他	5
盐霉素钠盐（Salinomycin sodium）	肉鸡和肉兔以外的动物	
	蛋	3
	肝	5
	其他	2
莫能菌素钠盐（Monensin sodium）	肉鸡、火鸡、牛以外的动物	
	肝	8
	其他	2
赛杜霉素（Semduramicin）	肉鸡以外的动物	2
马杜霉素（Maduramicin）	肉鸡和火鸡以外的动物	
	蛋	12
	其他	2
氯苯胍（Robenidine）	肉鸡、火鸡、肉兔和种兔以外的动物	
	蛋	25
	肝、肾、皮和脂肪	50
	其他	5
地可喹酯（Decoquinate）	肉鸡、牛和羊（不包括奶用）以外的动物	20
常山酮（Halofuginone）	肉鸡、火鸡、牛（不包括奶用）以外的动物	
	蛋	6
	肝和肾	30
	奶	1
	其他	3

续表

兽药	食品	残留限量（ppb）
尼卡巴嗪（Nicarbazin）	肉鸡以外的动物	
	蛋	300
	奶	5
	肝	300
	肾	100
	其他	50
地克珠利（Diclazuril）	肉鸡、肉用火鸡、珍珠鸡、种兔、肉兔、反刍动物和猪以外的动物	
	蛋	2
	肝和肾	40
	其他	5

第四节　加药饲料

欧盟制定 2019/4/EC《加药饲料生产、销售和使用规范》，规定了加药饲料生产企业应符合的生产加工和卫生要求、标签要求、处方要求等。

一、基本要求

禁止使用抗生素作为促生长剂在饲料中添加，禁止使用抗菌剂作为预防性药物在饲料中添加，可以在饲料中添加预防性的抗寄生虫或提高免疫性等药物。必须根据兽医处方在饲料中添加药物，如果为了治疗疾病，在食用动物饲料中添加抗菌剂，兽医处方有效期为 5 天，其他药物兽医处方有效期为 3 周。使用了加药饲料的养殖场应保留相关记录，保存期至少为 5 年；生产加工使用部门应保留相关记录，保存期至少为 5 年。在生产加药饲料时应采取措施避免生产的加药饲料污染不允许加药的饲料。在 2023 年 1 月 28 日前欧盟委员会应根据法律授权制定法规规定下列兽药交叉污染其他饲料的残留限量，包括阿莫西林（Amoxicillin）、氨丙啉（Amprolium）、安普霉素（Apramycin）、金霉素（Chlorotetracycline）、粘菌素（Colistin）、多西环素（Doxycycline）、氟苯尼考（Florfenicol）、氟甲喹（Flumequine）、林肯霉素（Lincomycin）、新霉素（Neomycin）、奇霉素（Spectinomycin）、磺胺类药（Sulfonamides）、四环素（Tetracycline）、土霉素（Oxytetracycline）、噁喹酸（Oxolinic acid）、巴龙霉素（Paromomycin）、青霉素 V（Penicillin V）、泰妙菌素（Tiamulin）、甲砜霉素（Thiamphenicol）、替米考星（Tilmicosin）、甲氧苄啶（Trimethoprim）、泰乐菌素（Tylosin）、沃尼妙林（Valnemulin）、泰万菌素（Tylvalosin）等。

二、兽医处方要求

兽医开具的处方应包括下列内容：

1. 兽医姓名和详细的联系方式。

2. 签发日期、有效期、处方编号。

3. 养殖场负责人姓名、详细的联系方式、养殖场编号等。

4. 动物类别、数量、年龄和重量（必要时）。

5. 列明需治疗的疾病。如果是为了提高免疫力或预防寄生虫，列明需预防的疾病名称，药物不得有杀灭微生物的作用。

6. 如果为了预防个体动物、有限数量动物感染疾病或同群动物感染疾病而使用抗生素，或超批准范围使用兽药的，应注明具体原因。

7. 兽药名称、注册号、治疗作用活性物质名称。

8. 兽药在加药饲料中的含量。

9. 加药饲料数量。

10. 使用说明，包括疗程。

11. 加药饲料在动物日粮中的比例。

12. 停药期，即使停药期为零。

13. 必要的警示，确保谨慎使用抗生素。

14. 针对食用动物和毛皮动物，注明“处方不得重复使用”。

15. 加药饲料生产企业名称、地址、批次号或现场拌料的时间。

16. 加药饲料供应商签名或现场拌料人员签名。

第五节　饲料中动物蛋白要求

2021 年 8 月 17 日，欧盟委员会制定了（EU）2021/1372 法规，并于 2021 年 9 月 6 日生效。该法规对 999/2001/EC《传染性海绵状脑病防控和清除法》附件进行修订，取消了禁止使用动物蛋白饲喂非反刍养殖动物（不包括毛皮动物）的有关要求，并规定了动物蛋白的使用条件。

一、主要变化

主要变化包括：

1. 允许非反刍动物使用含非反刍动物蛋白的饲料，主要是禽使用含猪动物蛋白的饲料，猪使用含禽动物蛋白的饲料。

2. 不允许非反刍动物使用含同类动物蛋白的饲料（猪不能使用含猪蛋白的饲料，禽不能使用含禽蛋白的饲料）。

3. 允许猪和禽使用含昆虫蛋白的饲料。

4. 允许使用含反刍动物明胶和胶原蛋白的饲料。

二、修订依据

999/2001/EC 法规第 7（1）条规定，禁止使用动物蛋白饲喂反刍动物，第 7（2）条规定禁止使用动物蛋白饲喂非反刍动物。在 2010—2015 传染性海绵状脑病防控路线图（TSE Road Map，以下简称 TSE 防控路线图）中，根据科学建议和传染性海绵状脑病的流行状况，修订防控法规，包括对非反刍动物禁止使用动物蛋白的要求。

2007 年 1 月 24 日和 11 月 17 日，欧洲食品安全局（EFSA）生物危害工作组（BIOHAZ）发布科学建议，在自然条件下，养殖的非反刍动物中没有发现传染性海绵状脑病。2018 年 6 月 7 日，欧洲食品安全局修订了动物蛋白 BSE 风险定量分析法（QRA），根据新的定量风险分析法，BSE 传染性评估结果比 2011 年降至原来的四分之一，预计每年发生

BSE 的病例少于一例。2020 年 9 月 22 日，欧洲食品安全局发布非反刍养殖动物饲料含反刍动物明胶和胶原蛋白 BSE 风险科学建议，欧洲食品安全局认为通过已知的途径不感染 BSE 的可能性超过 99%。同时根据现行法律，由于在饲料中不允许使用含反刍动物明胶或胶原蛋白，每年近 10 万吨含反刍动物明胶或胶原蛋白的饲料需销毁，因此应取消禁止使用含反刍动物明胶或胶原蛋白饲料饲喂非反刍动物的禁令。1069/2009/EC 法规第 11 条，禁止使用含动物部位或成分的饲料饲喂同类的陆生动物。TSE 防控路线图认为 BSE 在非反刍动物之间传播的可能性可以忽略，因此可以使用含非反刍动物成分的饲料饲喂非反刍动物，但是不能饲喂同类的动物。

允许使用非反刍动物成分饲料饲喂非同类的非反刍动物，前提条件是应该有准确检测不同成分的检测方法。2015 年和 2018 年由欧盟参考实验室建立了检测饲料中猪和禽成分的检测方法（PCR 法）。2018 年 11 月 22 日，欧盟发布植物蛋白发展报告，强调欧盟需要减少对第三国或地区蛋白供应的依赖。从营养角度来讲，加工的动物蛋白是比较理想的饲料，重新批准非反刍动物食用含非反刍动物蛋白的饲料可以减少对第三国或地区蛋白供应的依赖，因此应批准猪使用含禽动物蛋白的饲料，以及禽类使用含猪动物蛋白的饲料①。

（EU）2017/893《修订 999/2001/EC 和 142/2011/EC 关于加工动物蛋白的规定》，批准水产品可以使用含昆虫蛋白的饲料。禽是食昆虫动物，猪是杂食动物，因此禽和猪可以与水产品一样按规定的条件使用含昆虫蛋白的饲料。

三、使用条件

使用条件包括：

1. 原料应来自欧盟备案或注册的企业，运输容器不能运输可能造成交叉污染的其他饲料。

2. 根据风险分析定期或不定期取样检测饲料中的动物蛋白成分，防止反刍动物蛋白混入饲料中。

3. 用于生产猪蛋白或含猪蛋白饲料的原料应来自不得屠宰反刍动物或禽类的屠宰或分割企业，或在主管部门批准后在严格防止交叉污染的前提下从事反刍动物或禽类屠宰，并根据风险分析定期或不定期检测反刍动物或禽肉蛋白成分，确保猪蛋白产品不被交叉污染；用于运输含猪蛋白的容器不能用于运输反刍动物或禽类蛋白，但是在主管部门批准的前提下，经严格清洗后可以用于运输其他动物蛋白，记录至少保存两年；生产含猪蛋白成分饲料的企业不应生产含禽蛋白成分的饲料，经主管部门批准在一定条件下可以生产其他饲料。

4. 用于生产禽蛋白或含禽蛋白饲料与生产含猪蛋白饲料要求相同。

5. 符合规定的标签要求。

6. 猪、禽蛋白成分检测方法应得到确认。

---

① 根据（EU）2021/1732 法规整理。

第三章 动物福利管理

欧盟在动物养殖环节、动物运输环节和动物屠宰环节分别制定了动物福利要求。其中，在动物养殖环节制定了需遵守的总体要求98/58/EC《养殖动物保护措施》，并针对肉鸡（2007/43/EC）、蛋鸡（1999/74/EC）、犊牛（2008/119/EC）、猪（2008/120/EC）四种动物分别制定了具体的养殖保护要求；在动物运输环节制定了1/2005/EC《运输过程中的动物保护》；在动物屠宰环节制定了1099/2009/EC《动物屠宰保护条例》。

第一节 养殖环节

一、养殖动物保护总体要求

总体要求包括：

1. 养殖人员数量充足，具备一定的知识和能力，福利问题一般每天至少检查一次，照明充足（固定或便携式）便于检查。

2. 记录治疗情况和死亡率，记录至少保存3年。

3. 养殖空间不能让动物遭受不必要的痛苦或损伤，养殖空间制作材料不能对动物造成伤害，动物接触的设备或限制装置应能被有效清洗和消毒。

4. 空气流通量、灰尘、温湿度和氨气浓度对动物不能造成伤害；光照时长应适宜；所有用于保证动物健康的机械或自动设备应每天至少检查一次；如果仅依靠人工通风，应配有失效报警装置和后备设备，防止设备出现问题。

5. 饲料投喂和饮水装置的设计和安装应避免污染饲料和饮水，减少动物间的争夺。

二、肉鸡养殖保护措施

（一）设施基本要求（养殖密度一般不能大于33千克/平方米）

1. 饮水设施的位置和维修保养应减少水的外溢。

2. 可以连续或定时供料，肉鸡在屠宰前停食不能超过12小时。

3. 应有垫料，垫料表面干燥且松脆。

4. 使用通风降低温度，避免环境温度过高，必要时使用加热装置去除潮气。

5. 尽量减少噪声，机械通风和机械供料也应尽量减少噪声。

6. 照度至少保持20勒克斯（在肉鸡眼的水平位置测量），至少照亮80%以上的适用区域，可根据兽医建议临时适度减少光照强度。

7. 从肉鸡放入饲养棚后一周之内开始直到屠宰前3天，应每天提供有规律的照明，每天至少有6个小时的黑暗时段，其中不间断的黑暗时段至少有4个小时，黑暗时段不包括照明昏暗时段。

8. 每天至少两次检查动物福利和健康，如果发现存在健康问题（行走困难、严重腹水、严重畸形）应立即淘汰或处理，必要时联系兽医。

9. 肉鸡出栏后，在新批次肉鸡入栏前应彻底清洗消毒与肉鸡接触的设施、建筑物等，更换垫料。

10. 记录入栏数量、面积、肉鸡种类、死亡数量（可能的死亡原因和淘汰数量）、出栏后剩余的数量，记录至少保存3年。

11. 10日龄内的鸡可以修剪鸡喙，可以在兽医监督下实施阉割。

（二）可加大养殖密度的设施要求（养殖密度不能大于39千克/平方米）

提前15天上报主管部门，根据要求提供包括下列内容的文件：

1. 描述了养殖面积的平面图。

2. 通风、冷却或加热系统，包括位置、通风计划、具体的目标空气量包括如风量、风速等。

3. 上料和饮水系统及位置。

4. 警报系统和后备设备。

5. 地面类型和垫料。

技术要求：

1. 氨气浓度不超过20ppm，二氧化碳浓度不超过3000ppm，在肉鸡头部水平位置进行测量。

2. 如果棚外阴凉位置温度超过30℃，则棚内温度不能高出外部温度3℃。

3. 如果棚外温度低于10℃，48小时内棚内平均相对湿度不能超过70%。

如果一个养殖棚至少连续7个监控周期累计每日死亡率低于1%+0.06%×屠宰日龄，可以再将养殖密度提高3千克/平方米。

第二节　运输环节

1/2005/EC《运输过程中的动物保护》有关要求：

1. 运输工具：避免对动物造成伤害、防止动物受恶劣天气的影响，清洗消毒、通风良好、地面防滑、防止上层动物尿或粪滴漏到下层动物身上、确保运输容器稳固。

2. 年龄和体形差距大的动物不能同笼运输，喂食每24小时1次，饮水每12小时1次。禽类运输空间要求如表2.7所示。

表2.7　禽类运输空间要求

禽类体重（单位：千克）	每千克需要的面积（单位：平方厘米）
<1.6	180~200
1.6~3	160
3~5	115
>5	105

第三节　屠宰环节

一、概述

1099/2009/EC法规规定了屠宰企业在屠宰动物时应遵循的动物福利要求。生产出口欧盟肉类产品的屠宰企业在屠宰加工过程中必须符合规定的动物福利要求。该法没有禁止当前使用的任何主要的致昏或致死方法，但是也要求尽可能使用该法规定的方法。尽管水浴致昏法对于禽类而言缺乏动物福利保护，但是仍允许在屠宰禽类时使用水浴致昏法。虽然二氧化碳致昏或致死缺乏动物福利保护，也同样允许在动物屠宰中使用，但是不能使用含量超过40%二氧化碳致昏或致死禽类。继续允许使用缺乏动物福利保护的致昏或致死方法主要是因为目前还没有其他可操作的替代方法。虽然有使用气体代替水浴致昏或致死禽类的方法，但是欧盟大部分企业为小型或中型屠宰企业，不适用这种气体致昏方法。

动物在待宰圈、被驱赶或搬运过程中应避免遭受不必要的痛苦和惊吓，应保持动物清洁，环境温度适宜，防止动物跌倒或滑倒。在圈养、驱赶或搬运时应避免对动物造成过度的限制或造成痛苦和惊吓，避免长时间缺水或断食，以及避免动物之间的相互伤害。

动物在屠宰时应先致昏或直接致死，死亡前不得使动物恢复意识或知觉。动物致昏操作人员或其他指定人员必须经常检查致昏情况，确保动物在死亡前失去意识或知觉。在考虑以往致昏检查结果和可能影响致昏效果因素的基础上，确定检查频率和需抽取的代表性样品。如果检查发现某动物致昏效果不良，操作人员应立即采取企业标准程序中规定的相应措施。

企业必须制定动物暂养、装卸、驱赶或搬运、保定、致昏、屠宰等标准操作程序。在制定致昏或致死标准操作程序时应参照设备生产企业说明书，确定主要的参数和致昏效果不良时对动物采取的紧急措施。动物驱赶或搬运、动物保定、动物致昏或致死、动物屠宰等操作人员应该接受培训并取得相应能力证书。相关操作人员应具备的能力如表2.8所示。

表2.8　动物屠宰相关人员能力要求

操作人员	具备的能力
动物驱赶或搬运人员、动物保定人员	了解动物习性、驱赶或搬运过程中动物可能遭受的痛苦或惊吓、保定设备的使用说明等
动物致昏或致死	了解致昏或致死的技术要求、设备使用说明、致昏或致死的后备方法、相关设备的维护保养等
动物致昏或致死效果评估	监控致昏或致死效果，了解效果不良时采取的后备措施

企业的保定和致昏或致死设备应有使用说明。在使用说明中应指明适用的动物种类、动物数量、设备有效运行的监控方法、维护保养和校准等方法。屠宰企业必须确保相关设备由有资格的人员进行维护和检查，维护保养记录至少保存一年以备主管部门检查。屠宰现场应配备致昏或致死的后备设备，确保在相关设备失灵时使用，也可以使用其他种类的后备设备和方法。

屠宰企业应制定实施监控程序。监控程序应至少包括下列内容：负责监控的人员、判定动物丧失意识或死亡的标志或迹象、判定动物丧失意识或死亡的标准、必须实施监控的情形和时间、监控时检查的动物数量、发现不符合时评估致昏或致死措施并查找原因适当改进、根据风险因素和工作模式确定检查频率。

屠宰企业必须配备由企业经营者直接领导的动物福利负责人，在标准操作程序中规定其职责，动物福利负责人应经过培训取得相关的证书，应填写提高动物福利采取相应措施的工作记录，记录至少保存一年。年屠宰量低于15万只兔或禽、1000只畜类动物的屠宰企业可以不配备动物福利负责人。可根据动物重量来换算动物数量，例如成年牛和马属动物等于1只、其他牛等于0.5只、活体重100千克以上的猪等于0.2只、其他的猪等于0.15只、成年羊等于0.1只、低于15千克的猪和羊等于0.05只。

二、动物圈舍要求

动物圈舍要求包括：

1. 在考虑到当地气候条件的前提下，设计、建造和维护通风设施持续保障动物福利符合要求。

2. 如果安装了机械通风系统，应安装警报和通风系统故障时使用的备用设施。

3. 圈舍的设计和建造应尽量减少伤害动物的风险，避免出现突然的噪声。

4. 圈舍、通道的设计和建造应能够保证动物自由活动及按要求的方向自由行进而不受到干扰或限制。

5. 猪或羊可以在通道中并排行进，但是通往保定设施的通道应只能允许一只动物通过。

6. 应在坡道两边设置护栏避免动物跌落。

7. 供水系统应能够确保所有动物可以在不受到伤害或行动限制的情况下随时喝到清洁的水。

8. 待宰圈与通往致昏设施的通道之间应地面平坦，两侧建造坚固护栏，避免动物拥堵或践踏。

9. 地面应防滑，避免动物跌倒或伤害脚部。

10. 如果屠宰企业采取室外暂养，应提供恶劣天气下的保护设施，否则不能在恶劣天气下室外暂养。如果没有天然水源，应配备供水设施。

三、致昏前限制动物活动的保定设施要求

主要包括：

1. 有利于对动物的致昏或屠宰。

2. 防止伤害或挫伤动物。

3. 限制动物活动时避免动物挣扎和鸣叫。

4. 使用气动致昏装置时，保定设施应确保牛的头部不能上下或左右活动。

四、电麻设备（不包括水浴电麻）要求

主要包括：

1. 电麻设备应配备相关参数显示和记录装置，装置位置应便于观察，在达不到电麻要求时能够发出可以看到和听到的警报声，相关记录至少保存一年。

2. 自动电麻设备应能够输出恒定的电流。

五、水浴电麻设备要求

主要包括：

1. 活禽吊挂传输线的设计和安装应确保活禽在吊挂传输过程中畅通无阻并不受其他干扰。

2. 活禽吊挂传输线的设计和安装应确保活鸡在电麻丧失意识前吊挂时间不超过一分钟，鸭、鹅、火鸡在电麻丧失意识前吊挂时间不超过两分钟。

3. 从吊挂到入浸烫池，吊挂的禽类应方便摘离屠宰线。

4. 吊挂钩的大小应适于禽类腿部吊挂，确保禽类与电流良好接触，减少禽类痛苦。

5. 水浴电麻设备应配备绝缘的吊挂禽类入池坡道，避免电麻池水从吊挂禽类入电麻池处溢出。

6. 水浴电麻设备应方便调节吊挂禽类浸入电麻池水的深度。

7. 水浴电麻设备的电极应贯通整个电麻池底部，吊挂钩在通过电麻池上方时应持续地与接有地线的电极接触。

8. 从吊挂开始一直到浸入电麻池，应配备接触禽类胸部使之安静的装置。

9. 禽类电麻后，如果因设备故障或生产线积压导致禽类停留在电麻池中，应能够对禽类实施放血处理。

10. 水浴电麻设备应配备显示和记录电麻参数的装置，记录至少保存一年。

六、猪、禽气体致昏设备要求

主要包括：

1. 气体致昏设备，包括传送带应适于使用气体对动物实施致昏处理，避免对动物造成伤害，在限制动物活动时应避免动物挣扎和鸣叫。

2. 应配备连续测量、显示和记录气体浓度和作用时间的装置，当气体浓度低于要求时可发出看得见和听得到的报警提示，报警提示装置的位置应便于观察，记录至少保存一年。

3. 达到最大生产能力时，昏迷躺倒的动物也不能叠压和堆积。

七、真空致昏设备要求

真空致昏设备应能够确保平缓地减少氧气以产生真空，并保持在最低的压力下。应配备能够持续测量、显示和记录绝对真空压力、作用时间、温度和湿度的装置，装置位置应便于操作者的观察，在压力出现偏差时应发出看得见和听得到的警报。

八、动物卸载、驱赶或搬运要求

主要包括：

1. 屠宰企业的动物福利负责人或其授权人员应检查每批动物的福利状况，发现需要处理的动物福利问题采取相应的措施。

2. 动物到达屠宰企业后应及时卸载和屠宰，兔类以外的其他哺乳动物如果不能卸载后及时屠宰，应在待宰圈暂养。暂养期间应提供饮水，暂养超过 12 小时的应适当喂食并提供适用的垫料，垫料能够确保尿液或粪便的排放或吸收。

3. 运输笼具应保持整洁有序，小心装卸和搬运，尤其是底部有透气孔或有弹性底部的笼具，卸载时不得抛、扔或踢笼具，如果有可能应水平机械装卸。

4. 如果运输笼具是逐层叠放，应采取措施限制上层动物的粪尿滴落到下层动物身上，确保运输笼具稳固和通风不受影响。

5. 动物送宰过程应稳定有序，避免从待宰圈急促驱赶或搬运动物。

6. 避免踢打动物和对动物敏感部位施加压力，造成动物不必要的痛苦。避免拉扯动物头、耳、角、腿、尾或使用导致动物痛苦的其他方式装卸、驱赶或搬运动物，兔类和禽类动物可以使用提拉腿部的方式装卸。不能使用带有尖头的工具驱赶动物，不能拧、压、折动物尾部或抓动物眼部。

7. 应尽量避免使用带电的驱赶工具，只有当成年猪、牛前方有移动空间但拒绝前行时才能使用这类工具。电击时，应电击动物的后部肌肉，一次电击的时间不能超过一秒，应在合适的间隔下电击，如果动物仍拒绝前行不得重复电击。

8. 不能通过捆绑角、鼻环或将动物腿部捆绑在一起的方式来束缚动物。如果需要使用绳子束缚动物时，束缚的方式应能够使动物在需要时躺倒、能够进食和饮水，避免出现缠绕伤害动物的情况，如发生伤害应能快速解脱。

9. 不得拖拉不能走动的动物至屠宰线，应就地屠宰。

10. 兔类以外的其他哺乳动物应有足够的空间站立、躺卧和转身。圈舍应能够防止动物逃脱和被天敌捕食。每个圈舍应标明到达的时间和圈养的数量，屠宰工作日应备好隔离圈舍便于随时使用。动物福利负责人或其他有资格的人员应定时检查圈养动物的情况和动物的健康状况。

九、限制动物活动的保定措施要求

主要包括：

1. 不能使用使牛倒置或其他非自然姿势的保定装置，保定装置应能够根据牛体形的大小调节并能够限制动物头部上下或左右活动。

2. 不能采用下列保定措施：吊挂尚未丧失意识的动物（不适用禽）、机械夹住或束缚动物腿部或脚部（不适用禽）、使用刀具切断脊髓、达不到电麻或致死效果的电击尤其是电流不通过脑部的电击。

十、放血

主要包括：

1. 如果由同一个人实施致昏、吊挂和放血操作，应按顺序对一个动物完成全部操作后再对下一个动物实施相关操作。

2. 对于仅是致昏的动物，放血时应同时切断两条颈动脉，只有确认动物丧失意识后才能根据其他目的对动物实施电刺激，只有确认动物死亡后才能对动物进一步实施浸烫或其他处理。

3. 如果不能确保有效切断两条颈动脉，禽类动物不得使用自动放血装置，如果发现自动放血装置失效，立即宰杀受影响的禽类。

十一、机械致昏、致死法

机械致昏、致死法相关要求如表 2. 9 所示。

表 2. 9　机械致昏、致死法相关要求

名称	方法描述	使用条件	主要参数	具体技术要求
收缩式穿透装置	使用可收缩的打击装置穿透和永久性破坏脑组织，仅用于致昏	所有动物	打击位置和方向；根据动物种类和大小确定打击速度、打击头的长度和直径；致昏和屠宰时间间隔	无

续表

名称	方法描述	使用条件	主要参数	具体技术要求
收缩式非穿透装置	使用可收缩的打击装置不穿透颅骨，严重破坏脑组织，仅用于致昏	反刍动物、禽、兔	打击位置和方向；根据动物种类和大小确定打击速度、打击头直径，打击力度；致昏和屠宰时间间隔	避免头骨骨折，反刍动物活体重量不超过10千克
击昏枪	使用子弹永久性破坏脑组织致昏或致死	所有动物	射击位置、击昏枪口径和火力、子弹类型	无
颈椎脱臼法	人工或机械拉、拧使颈部脱臼和脑部缺血	活体重量5千克以下的禽类	无	在屠宰企业仅能用于备用措施；每人每天最多处理70只动物
打击头部	精确打击头部，严重损伤脑组织	小猪、小羊、兔、活体重量5千克以下的禽	打击的力度和位置	

十二、电击致昏、致死法

电击致昏、致死法相关要求如表2.10所示。

表2.10　电击致昏、致死法相关要求

名称	方法描述	使用条件	主要参数	具体技术要求
头部电击法	使电流通过脑组织造成全身癫痫状，仅用于致昏	所有动物	电流、电压、电频、作用时间、致昏和屠宰的时间间隔、设备校准频率、电流优化、电极位置和接触面积	电极应跨过脑部；电流强度：6月龄以上的牛1.28安、6月龄以下的牛1.25安、羊1安、猪1.3安、鸡240毫安、火鸡400毫安。
头-身体电击法	使电流通过动物身体，造成心脏纤维性颤动或骤停，仅用于致昏	所有动物	电流、电压、电频、作用时间、致昏和屠宰的时间间隔、设备校准频率、电流优化、电极位置和接触面积	电流强度：羊1安、猪1.3安
水浴击昏法	使电流在水浴中通过整个身体，造成癫痫、心脏纤维性颤动或骤停，用于击昏，致死可使用小于或等于50赫兹	禽	电流、电压、电频、作用时间、致昏和屠宰的时间间隔、设备校准频率、电流优化、电极位置和接触面积、吊挂时减少动物痛苦、击昏前吊挂时间、每只动物的电击时间、水浴应浸至翅膀下缘、击昏和屠宰时间间隔（50赫兹）	必须悬挂双腿，电流作用时间至少4秒。 电流和电频要求： <200赫兹：鸡100毫安、鸭130毫安； 200~400赫兹：鸡150毫安； 400~1500赫兹：鸡200毫安

十三、受控气体致昏、致死法

受控气体致昏、致死法相关要求如表 2.11 所示。

表 2.11 受控气体致昏、致死法相关要求

名称	方法描述	使用条件	主要参数	具体技术要求
高浓度二氧化碳致昏法	使动物直接或逐步暴露于含40%以上二氧化碳的混合气体中，可以使用密闭的坑、通道、容器等 猪仅用于致昏	猪的屠宰，其他动物用于屠宰以外的其他目的	二氧化碳浓度、作用时间、致昏屠宰时间间隔、气体质量和温度	猪使用二氧化碳含量不低于80%的混合气体
两步二氧化碳致昏法	先暴露于含接近40%二氧化碳混合气体中，动物丧失意识后再暴露于更高浓度的二氧化碳气体中	禽	二氧化碳浓度、作用时间、气体质量和温度	无
二氧化碳和惰性气体致昏法	使动物直接或逐步暴露于含接近40%二氧化碳和惰性气体的混合气体中，可以使用密闭的坑、通道、容器等 如果混合气体至少含30%二氧化碳，作用时间少于7分钟，可使猪昏迷；作用时间少于3分钟，可使禽昏迷	猪、禽	二氧化碳浓度、作用时间、致昏屠宰时间间隔、气体质量和温度、氧气浓度	不能因低温或缺少湿度使动物兴奋或造成冻伤
惰性气体致昏法	使动物直接或逐步暴露于含氩或氮等惰性混合气体中，使动物缺氧，可以使用密闭的坑、通道、容器等。用于猪的致昏；如果暴露时间少于3分钟可用于禽的致昏	猪、禽	氧气浓度、作用时间、气体质量和温度、致昏屠宰时间间隔	无
低气压致昏法	使动物所处空间逐渐减压，氧气含量逐渐减少至5%以下	活体重量接近4千克的肉鸡	气压下降速度、作用时间、环境温度和湿度	第一阶段相当于从标准海平面大气压101080帕降至33331帕，时间不少于50秒； 第二阶段在210秒内标准海平面大气压降至21332帕； 调节时间和压力确保在一个循环中所有动物致昏或致死； 需每天进行漏气检测和压力表校准； 记录真空压力、作用时间、湿度和温度，记录至少保存一年

十四、欧洲食品安全局的建议

肉鸡水浴击昏法使用下列参数击昏有效率达 94%～96%：正弦交流电 101～150 毫安，50～200 赫兹；矩形波交流电 101～150 毫安，50～400 赫兹；脉冲直流电（负载率 1∶1；50%脉冲宽度）1～200 毫安，50～600 赫兹。使用 400 赫兹和 600 赫兹的正弦交流电击昏效果较差。

兔子头部电击法，欧洲食品安全局建议电流至少为 400 毫安。2019 年，欧盟根据企业的实际操作建议可以使用 100～117 伏，电流 140～400 毫安，电频 50 赫兹，作用时间1～3 秒。

水浴电击肉鸭应以致死为目的，鸭头应全部浸入水中，每只肉鸭电流至少 130 毫安（正弦交流电 50 赫兹），如果使用头部击昏法，建议电流至少 600 毫安（正弦交流电 50 赫兹）。

第四章
食品卫生管理

欧盟为了保障食品卫生安全，分别制定了食品经营者应该遵守的要求和官方主管部门为确保经营者守法而实施的监督管理要求。其中食品经营者应遵守的法律主要包括852/2004/EC《食品卫生要求》、853/2004/EC《动物源性食品生产企业特殊卫生要求》和2073/2005/EC《食品微生物标准》。

欧盟在852/2004/EC法规中规定，食品生产企业是食品安全第一责任人，企业应在实施良好卫生操作的基础上实施基于HACCP原理的程序，确保食品卫生。处理明胶和胶原蛋白生产原料的皮革鞣制企业和收集中心不需要符合该法要求。法规要求从农场到餐桌全过程相关企业应符合该法要求，其中在附件Ⅰ中规定了初级生产企业应符合的要求，附件Ⅱ规定了除初级生产企业外其他食品生产企业应符合的要求。食品生产企业应采取措施以符合规定的微生物、温度等技术标准和要求。

第一节　屠宰动物养殖场管理要求

根据欧盟食品卫生通用卫生要求，从初级生产到销售等各环节，相关企业应实施备案或注册管理。屠宰动物养殖场属于初级生产企业，根据要求需实施备案管理。852/2004/EC法规附件Ⅰ规定了养殖场相关的卫生管理要求，如下所列。

1. 采取措施控制空气、土壤、水、饲料、肥料、农药、兽药、杀菌剂等对产品造成的污染，同时做好对废弃物的储存和处理。

2. 采取措施确保动物健康、植物健康、动物福利等符合要求，不会对人类健康造成不良影响，包括采取措施监控人畜共患病和其他致病因子等。

3. 养殖企业应配备必要的生产设施，包括饲料的储存、加工、清洁、必要时清洁后消毒等设施。同时保持设备、工器具、容器、运输工具等清洁卫生，必要时清洁后进行消毒处理。

4. 确保出栏动物保持清洁，必要时确保养殖过程中动物保持清洁。

5. 使用饮用水或清洁水，采取措施防止污染。确保生产人员身体健康并接受过健康风险知识培训。

6. 避免其他动物和病虫害的污染。

7. 防止动物疾病通过食品传染人类，采取预防措施防止购进新动物补栏时传入动物疫病，养殖过程中发现动物疫病时应立即通知地方主管部门。按要求使用饲料添加剂和兽药制品。

8. 实施危害控制措施时应保留相关记录，养殖企业应至少包括饲料性质和来源、使用的兽药、治疗时间和停药期、发生可能影响食品安全的动物疾病、实验室检测结果、检查报告、兽医相关记录等的记录信息。

第二节　食品生产企业卫生基本要求

一、厂房和设施要求

主要包括：

1. 厂房和设施应保持清洁卫生并处于良好的维修状态。

2. 应提供充足的工作空间，便于开展维护保养、清洁和消毒等卫生操作，避免或减少空气中的污染物。

3. 避免污染物积聚、避免接触有毒有害物质、防止表面产生冷凝水和霉菌、防止污染物质掉落到加工的食品中。

4. 便于实施良好卫生操作，包括污染防止和病虫害控制。

5. 对有温度要求的车间提供温度控制设备和温度监控装置，必要时记录温度。

6. 配备数量充足排水良好的冲水式厕所，厕所门不能直接开向食品加工车间。

7. 配备数量充足、位置适当的洗手设施，洗手设施应配备冷热水、洗手消毒液和干手物质，必要时食品清洗设施应与洗手设施分离。

8. 提供适当和充分的自然或机械通风，如果使用机械通风，避免污染区的风流向清洁区。通风设施的滤网或其他需清洗的零部件应便于拆卸清洗。

9. 厕所、清洗间等卫生设施应配备充足的自然或机械通风。

10. 厂房应配备充足的自然或人工照明。

11. 排水设施应确保排水通畅、避免产生污染。如果排水沟为明沟或部分加盖篦子，应确保废水不能从污染区域流向清洁区域。

12. 必要时提供充足的人员更衣设施。不能在食品加工区域储存清洗消毒剂。

二、加工车间要求

主要包括：

1. 地面应使用不透水、不吸水、易清洗、无毒的材料铺设，维护良好，易于清洗、消毒和排水。

2. 墙面应使用不透水、不吸水、易清洗、无毒的材料，墙面应光滑，维护良好，易于清洗和消毒。

3. 顶棚、屋顶内表面（如果没有顶棚）、架空装置等的设计和安装应避免灰尘和污染物聚积，减少冷凝水和霉菌的形成，避免污染物掉落。

4. 窗户和其他开口的建造应避免污染物的聚积，直接对外的窗户应加装防虫纱窗，纱窗便于拆卸清洗，如果打开的窗户会造成污染，在生产期间应关闭和固定该窗户。

5. 门应使用光滑、不吸水的材料，便于清洗和消毒。

6. 设备表面尤其是与食品接触的设备表面应使用平滑、便于清洗、防腐、无毒的材料，同时保持良好的维护状态，易于清洗和消毒。

7. 提供充足的工器具和设备清洗、消毒、储存等设施，设施应使用防腐的材料，并提供充足的冷水和热水。

8. 必要时配备食品的清洗设施，清洗设施应配备充足的冷水和热水。

三、运输工具要求

主要包括：

1. 食品运输工具和容器应保持清洁、保持良好的维护状态、防止污染、在设计和制作上应易于清洗消毒。

2. 食品运输工具和容器不得运输可能污染食品的其他物品。

3. 食品运输工具和容器如果除运输食品外还运输其他物品，或同时运输不同的食品，应确保产品之间有效隔离。

4. 运输散装液态或固态食品的运输工具和容器应使用清晰的不易消退的方式，使用一种或多种欧盟成员方语言标明用于食品运输或标明“仅用于食品”字样。

5. 如果运输工具或容器已经运输了食品以外的其他物品，或运输了不同的食品，为减少交叉污染的风险在装载食品前应实施有效清洗。

6. 食品在运输工具和容器中应合理放置并采取保护措施尽量降低污染的风险。

7. 必要时运输工具和容器应配备温度控制和监控装置确保食品在规定的温度下运输。

四、设备要求

主要包括：

1. 所有与食品接触的物品、装置和设备应进行有效清洗和消毒，清洗和消毒的频率应能够避免污染的风险。应保持良好的维护状态和使用条件，设备使用的材料和制作应能够尽量降低污染的风险。设备的安装应能够便于清洗设备和周边环境。

2. 必要时设备应装备必要的控制装置以实现法规规定的要求。

3. 如果设备和容器需要使用防腐化学物质，应按照良好操作规范使用。

五、食品废弃物要求

1. 应从有食品的车间及时清除食品废弃物、不可食用副产品和其他废弃物品，避免聚积。

2. 应使用可关闭的容器放置废弃物，除非企业可以向主管部门证明其他类型的容器或排空系统是符合要求的。容器应维护良好，制作应便于清洗消毒。

3. 应提供适用的废弃物储存和处置设施，储存设施的设计和管理应能够确保设施保持清洁，必要时避免虫鼠害的滋生和藏匿。

4. 所有废弃物都应使用卫生环保的方式清除，不能成为直接或间接的污染源。

六、供水要求

主要包括：

1. 应提供充足的饮用水确保食品不被污染。整只水产品可以使用清洁水，活的双壳软体动物、棘皮动物、被囊动物、腹足纲动物可以使用清洁海水，清洁水可用于外部清洗。如果使用清洁水，供应设施和程序不能成为食品的污染源。

2. 用于消防、蒸汽和制冷的非饮用水应使用独立的、标识清晰的管道，不得与饮用水管道交叉或回流到饮用水管道。

3. 确保循环使用的生产加工用水不会产生污染的风险，应与饮用水有相同的标准，除非主管部门认为不会影响食品成品的安全性。

4. 与食品接触的冰或可能污染食品的冰应使用饮用水制作，冷却整只水产品的冰可以使用清洁水，应在避免污染的条件下生产和存放。

5. 与食品接触的蒸汽不得含有可能危害健康或污染食品的物质。

6. 使用密封容器加热食品时，确保冷却水不会成为食品的污染源。

七、人员卫生要求

主要包括：

1. 食品加工区域的工作人员应保持较高的个人卫生条件，穿着合适的、清洁的工作服。

2. 如果存在直接或间接污染的可能性，任何患有感染性伤口、皮肤感染、疮疤、腹泻等可能通过食品传播疾病的人员或携带者，不能处理食品或进入任何食品加工区域。如果发现患有上述疾病人员可能接触食品时，应立即向企业经营者报告病情、症状，以及可能的病因。

八、原辅料要求

主要包括：

1. 如果已知原辅料中存在或可能存在寄生虫、致病菌、有毒有害物质、腐败或杂质，即使经过后续的挑选整理和加工仍不能消除相应危害，食品生产企业不得接受该原辅料。

2. 原辅料应在适宜的条件下储存，避免腐败、变质或污染。

3. 食品在生产、加工和销售的各个环节都应做好防护避免污染，使食品适于消费而不会危害消费者健康。

4. 制定适当的虫鼠害防护程序和防止家养动物进入食品生产、加工或存放的区域，如果主管部门在特殊条件下允许家养动物进入相关区域，必须确保它不会造成污染。

5. 容易造成致病微生物繁殖或产生毒素的原料、辅料、半成品、成品，不能在可能导致产生健康危害的温度下存放。食品应始终处在符合要求的温度下，但是为了方便操作，只要不会产生危害健康的风险，可以在食品制备、运输、存放、展览或提供食品时短暂处于要求的温度之外。

6. 需要冷藏保存的食品，在热加工后或加工结束后（如果没有热加工处理）应及时冷却到不会造成健康风险的温度之下。

7. 食品解冻应尽量减少致病微生物的繁殖或毒素的产生，食品解冻过程中，所处的温度应确保不会产生危害健康的风险。如果解冻过程中产生的解冻水可能污染食品，应充分并及时地排出。解冻后，食品的加工处理应尽量降低致病微生物繁殖和毒素产生的风险。

8. 有害的、不可食用物质包括动物饲料应适当标识，在独立的、有效防护的容器中存放。

9. 生产、加工、存放过敏原物质的设备和容器不能用于生产、加工和存放不含过敏原的食品，如果使用应充分清洗并检查确保不含过敏原残渣。

九、包装物料要求

主要包括：

1. 内、外包装物料均不应成为食品的污染源。

2. 内包装物料的存放不能有被污染的风险。

3. 内外包装时应避免污染产品。使用金属罐或玻璃瓶时，应确保容器完整、无破裂并保持清洁卫生。

4. 重复使用的内外包装应易于清洗和消毒。

十、食品安全意识培养

主要包括：

1. 食品经营者应通过满足下列要求来培养企业的食品安全意识：管理者和所有员工承诺食品安全生产和销售；食品经营者有责任生产安全的食品并督导全体员工执行食品安全操作规范；对食品危害有深刻的认识，意识到食品安全和员工卫生的重要性；员工之间有公开透明的沟通交流，包括对偏差和预期的沟通；有充足的资源确保食品安全和加工卫生。

2. 管理者承诺包括：确保每项工作职责清晰；维持食品卫生体系的完整；保证监督管理有效实施和记录；确保人员的培训和监督；确保符合相关法规要求；考虑到科技和良好操作规范的不断发展，鼓励持续改进食品安全管理体系。

3. 食品安全意识培养应与企业的性质和规模相适应。

十一、人员培训

主要包括：

1. 食品经营者应确保食品加工人员在食品卫生方面接受与工作相应的监督、指导和培训；

2. 确保制定实施 HACCP 程序的人员接受 HACCP 原理的培训。

3. 确保符合法规规定的食品从业人员接受相应的培训。

第三节　动物源性食品特殊卫生要求

一、概述

生产动物源性食品的企业应遵守 852/2004/EC 法规规定的食品生产企业通用卫生要求和 853/2004/EC 法规规定的动物源性食品特殊卫生要求，如果生产的动物源性食品在该法附件中规定了具体卫生要求，相关企业必须首先到主管部门进行注册才能生产和销售相关动物源性食品。853/2004/EC 法规附件Ⅲ规定了需要实施注册管理的动物源性产品名单，包括畜肉、禽兔肉、野味肉、肉糜、生的调理肉、机械分离肉、肉制品、活的双壳软体动物、水产品、鲜奶及奶制品、蛋及蛋制品、青蛙腿肉及蜗牛、动物油脂及油渣，以及经处理的胃、膀胱和肠产品、动物明胶和胶原蛋白、生产明胶和胶原蛋白的原料等。注册管理一般需实施现场审核，现场审核不合格的给予 3~6 个月的有条件批准。肉类生产企业应符合食品生产企业基本卫生要求（852/2004/EC）、肉类生产企业特殊卫生要求（853/2004/EC）和 HACCP 体系要求。

向欧盟出口动物源性食品的国家（地区）必须获得欧盟批准，向欧盟出口动物源性食品的生产企业必须获得欧盟批准，用于生产生鲜肉制品、肉糜、调理肉制品、肉制品、机械分离肉制品等的原料肉必须来自欧盟批准的屠宰企业或分割企业。进口商必须确定复合食品中含有的动物源性成分必须来自欧盟批准的国家（地区）和企业。法规规定冷冻或冻藏不属于加工，因此冷冻或冷藏的生肉不属于加工肉产品，仍属于生鲜肉；调理肉制品（Meat preparation）由于加工的程度不能改变产品生肉的属性，仍属于生鲜肉产品；肉制品（Meat product）由于加工的程度已使生肉属性发生改变，属于熟制的肉产品。

二、屠宰企业基本要求

主要包括：

1. 屠宰企业应制定实施 HACCP 体系，确保识别每一只或每一批原料动物，接收的原料动物应随附符合要求的证明，动物健康、清洁卫生，不得来自因公共卫生或动物卫生原因采取限制流通或其他限制措施的地区，动物福利符合要求。

2. 屠宰企业必须要求原料动物随附规定的食品链信息，接收动物时检查食品链信息，对不符合要求的采取相应的措施。对于到达屠宰企业的动物应至少提前 24 小时提供食品链信息，经主管部门同意食品链信息也可以在动物到达屠宰企业 24 小时内或随动物一起送达屠宰企业，但为了屠宰企业便于安排生产，影响屠宰加工的相关信息应在动物到达屠宰企业前及时告知。

3. 食品链信息应至少包括以下内容：养殖场和动物健康状况、动物的治疗和兽药使用情况（包括用药时间和停药期）、影响肉类安全的动物疫病发生情况、疫病和残留监控相关的检测结果、对该养殖场动物过去实施的宰前宰后检疫相关报告、与疫病相关的生产数据、养殖场兽医姓名。如果屠宰企业已了解相关信息则不必提供。食品链信息没有必要逐字从养殖场记录中摘抄，可以通过数据交换系统和固定模板的声明的方式提供。

4. 食品经营者评估完食品链信息后应及时提交给官方兽医，发现可能影响宰前检疫的问题也应及时通知官方兽医。

三、冷冻动物源性食品适用要求

主要包括：

1. 生产日期：胴体、二分体和四分体的屠宰日期，野味的宰杀日期，水产品的捕捞日期，其他产品的加工日期（分割、加工、调理、绞制等）。

2. 食品生产企业在接收冷冻原料时应要求提供生产日期、冷冻日期（如果与生产日期不同）。如果原料中有不同的生产日期或冷冻日期，应提供最早批次的生产日期或冷冻日期。信息的提供形式由提供企业决定。

四、家畜屠宰具体要求

（一）屠宰企业设施要求

1. 应配备数量充足、卫生状况良好的动物暂养设施，暂养设施配备供水装置，必要时配备供料装置，废水排放不能影响食品安全。

2. 应配备带有独立排水设施可封闭的病畜或疑似病畜圈舍，圈舍位置应避免传染其他动物，除非主管部门允许不配备相关设施。

3. 圈舍的大小应满足动物福利要求，布局应便于开展宰前检疫。

4. 应配备独立的肠胃排空和清洗车间，主管部门可以根据具体情况允许在同一车间不同的时间段处理肠胃。

5. 确保在不同的区域实施以下的操作：

致昏和放血；浸烫、脱毛、刮毛和燎毛；掏脏和胴体修整；清洁肠胃的加工处理；其他副产品的处理，尤其是去皮的头部加工；副产品包装；产品发运。

此外，屠宰企业还应配备如下设施：

配备避免肉与地面、墙面和其他装置接触的设施；配备 82℃热水工器具消毒设施或其他有等效作用的设施；应配备处理未包装肉的人员洗手设施并避免污染的扩散（如非手动水龙头）；应配备可上锁的冷藏设施存放暂扣待检的肉以及存放判为不适于人类消费的肉；应配备活畜运输工具清洗消毒设施，如果附近有相关设施，在主管部门批准下可以不配备；应配备封闭的用于屠宰病畜或疑似病畜的设施，如果在正常屠宰加工完成后屠宰病畜或疑似病畜，可以不配备相关设施；应配备特定存放区域或位置，以便肠胃内容物在屠宰企业存放；应配备兽医专用的工作室。

（二）屠宰企业卫生要求

1. 运输途中死亡的动物不得屠宰加工供人类消费。

2. 因屠宰厂事故造成伤害的动物可以屠宰加工，经检验排除事故造成的伤害以外没有其他严重损伤的可以供人类消费。

3. 屠宰动物应保持清洁，标识清晰能够追溯来源。

4. 放血操作时应保证气管和食道的完整。

5. 去皮时应避免皮的外表面与胴体接触，与皮外表面接触的操作人员和设备不得与胴体接触。

6. 采取措施避免摘取内脏时消化道内容物外溢。

7. 去除乳房时避免乳液污染胴体。

8. 人类消费的胴体或其他部位应充分去皮，以下情况除外：猪、羊和牛犊的头，牛的口鼻部和嘴唇，牛羊蹄等，上述部位的去皮处理应避免污染。

9. 在猪的屠宰过程中如果不去皮，应及时去毛，尽量减少浸烫池水对胴体的污染。去毛过程仅能使用批准的添加剂，去毛后应使用饮用水充分冲洗。

10. 胴体禁止有可见的粪污，可见粪污应及时修割去除或使用其他等效的方法去除。

11. 胴体和内脏不得接触地面、工作台和墙面。

12. 在宰后检验完成前，从同一胴体分离的各部位应有效标识确保可追溯性，同时不得与其他胴体、内脏接触（包括已经宰后检验合格的胴体），只要没有病理变化可以立即废弃生殖器。

13. 应摘除肾脏的脂肪层，猪、牛和奇蹄动物也应该摘除肾包膜。

14. 在宰后检验完成前，如果多个动物的内脏或血液收集在同一个容器中，当其中一个或多个胴体判定为不适合人类消费时，该容器中所有的血液或内脏全部判为不合格产品。

15. 宰后检验完成后，牛、猪和奇蹄动物的扁桃体应摘除，不适合人类消费使用的动物副产品应及时从清洁区域清除。扣留待检的和判定为不适合人类消费的肉不得与合格的肉产品接触。除肾脏外，其他内脏应及时从胴体中全部摘除，除非主管部门批准。

16. 完成屠宰和宰后检验，应在符合要求的环境下储存肉产品。

17. 动物胃必须漂烫或清洗。如果用于生产凝乳酶，小牛的胃只需清空，小羊的胃不需要清空、漂烫或清洗。动物肠必须清空和清洗。

18. 头和蹄必须去皮或浸烫去毛，经主管部门批准，感观清洁的头和蹄可以运至其他批准的加工企业，去皮或浸烫去毛后加工生产成食品。

19. 如果屠宰企业没有屠宰病畜的专用设施，病畜在生产线上屠宰加工后，应在主管部门监督下充分清洗消毒后才能用于正常屠宰加工。

（三）分割企业要求

1. 分割加工时应区分不同的原料批次。

2. 包装的肉产品和未包装的肉产品应分别存放，存放的方式不能造成交叉污染。

3. 配备 82℃热水工器具消毒设施或其他具有等效作用的设施。

4. 应配备处理未包装肉类产品人员的洗手设施并避免污染的扩散（如非手动水龙

头）。

5. 可以在屠宰企业将胴体分割为二分体、四分体或六分体，进一步分割操作应在分割企业或分割车间实施。

6. 用于分割的肉产品应根据工作进度进入分割车间，避免积压。

7. 分割车间温度应维持在 12℃以下，确保在分割、剔骨、切片、切丁等操作期间，内脏温度不高于 3℃，肉温度不高于 7℃。如果屠宰车间与分割车间在同一厂区，胴体不需要达到 7℃后再剔骨分割，可以直接从屠宰车间进入分割车间实施剔骨分割或者在冷却车间暂存后再进入分割车间剔骨分割，分割后或包装后分割肉的温度必须降至 7℃以下。

五、家禽和家兔屠宰具体要求

（一）屠宰企业要求

1. 活动物的运输工具应使用耐腐蚀的材料，使用后或再次使用前应清洗消毒。

2. 应在封闭的车间或有覆盖物的空间接收和检验活动物。

3. 致昏、放血、去毛或去皮和浸烫、掏脏、修整、发货等操作应分别在独立的车间或区域实施。

4. 避免胴体与地面、墙面和设施、设备接触。

5. 屠宰生产线应确保屠宰加工有序实施，各环节不能造成交叉污染。

6. 工器具消毒设施应配备 82℃热水供应装置或具有其他等效措施。

7. 应配备处理未包装肉类产品人员的洗手设施并避免污染扩散，例如使用非手动水龙头。

8. 配备封闭的或可上锁的冷藏设施存放暂扣待检的肉产品和判为不合格的肉产品。

9. 应配备运输容器和运输工具的清洗、消毒设施。如果周边附近有主管部门批准的设施，可以不配备运输工具（车辆）的清洗消毒设施。

10. 应配备兽医专用的工作间或封闭的设施。

（二）屠宰卫生要求

1. 不得屠宰加工运输过程中死亡的动物。根据主管部门要求提供开展宰前检疫的适当条件。

2. 应及时对进入屠宰车间的动物实施屠宰加工。

3. 应及时实施致昏、放血、去毛或去皮、掏脏、修整等操作，操作时应避免污染胴体，尤其是在掏脏时应避免肠胃内容物溢出。

4. 根据主管部门要求提供适当条件开展宰后检验。

5. 宰后检验后应将不合格产品及时从清洁区域清除。

6. 暂扣待检、不合格产品和不可食用动物副产品不得与合格的肉产品接触。

7. 除肾脏外，胴体中残留的内脏应及时摘除，除非主管部门批准。

8. 检验后应及时将胴体降到 4℃以下，除非实施热分割。

9. 使用预冷池冷却时应采取预防措施防止胴体污染，考虑的因素应包括胴体重量、水温、水量、水流方向和冷却时间等。必要时至少每天清空预冷池，充分清洗和消毒一次。

10. 在主管部门批准和监督下，可以屠宰患病动物。在重新使用屠宰设施前，应充分清洗和消毒。

（三）分割企业要求

1. 确保分割操作有序实施，不会产生交叉污染。确保区分不同的生产批次。

2. 包装的和未包装的产品应分别存放，或者存放的方式不能造成交叉污染。

3. 工器具消毒设施应配备82℃热水供应装置或具有其他等效措施。

4. 应配备处理未包装肉类产品人员的洗手设施并避免污染扩散，例如使用非手动水龙头。

（四）分割卫生要求

1. 胴体应根据生产需要有序进入分割车间，避免积压和交叉污染。

2. 产品在剔骨、分割、切片、切丁、包装等过程中应确保产品温度在4℃以下，车间温度在12℃以下。

3. 如果屠宰车间和分割车间在同一厂区，胴体可在温度达到4℃之前，直接从屠宰车间或在冷却间稍作等待后进入分割车间加工。分割加工后或包装后，温度应及时降到4℃以下。

4. 包装的和未包装的肉产品应分别存放和运输，除非确保存放和运输方式不会造成交叉污染。

5. 如果禽肉胴体使用添加剂提高了含水量，则不得作为鲜肉出售，应视为调理肉制品用作深加工产品的原料。

六、肉糜、调理肉制品、机械分离肉具体要求

（一）生产企业要求

1. 确保生产加工按进度有序实施，不会产生交叉污染。确保区分不同的生产批次。

2. 包装的和未包装的肉产品应分别存放、分时间段存放或存放方式不会造成交叉污染。

3. 工器具消毒设施应配备82℃热水供应装置或具有其他等效措施。

4. 应配备处理未包装肉类产品人员的洗手设施并避免污染扩散，例如使用非手动水龙头。

（二）原料要求

1. 肉糜原料应符合生鲜肉的要求，应使用骨骼肌和脂肪组织固有的肌肉。

2. 原料不能使用修割的废弃肉、机械分离肉、含有碎骨片和皮的肉、除咬肌之外的头部肌肉、腹白线的非肌肉部分、腕骨和跗骨部位的刮制碎肉、横膈膜（摘除浆膜的除外）。

3. 调理肉制品原料包括生鲜肉、符合肉糜原料要求的肉、肉糜和机械分离肉（调理肉制品加热后可食用）。

4. 机械分离肉不能使用禽爪、禽颈皮和禽头、其他动物的头骨、足、尾、股骨、胫骨、腓骨、肱骨、桡骨和尺骨。

（三）生产加工卫生要求

1. 禽肉原料4℃以下，内脏3℃以下，其他肉7℃以下。

2. 肉糜和调理肉制品的冷冻原料应先剔骨再冷冻，应在一定的时限内储存。用于生产肉糜的冷藏肉应符合下列要求：禽屠宰后3天内，其他动物屠宰后6天内，真空包装牛肉屠宰后15天内。

3. 生产完成后肉糜冷却至2℃以下，调理肉制品冷却至4℃以下，或冷冻至中心温度

-18℃以下。

4. 在屠宰厂现场机械剔骨的，原料不应超过7天，其他情况下不超过5天，禽胴体不超过3天。

5. 机械剔骨后应立即冷却至2℃以下或冷冻至-18℃以下。

6. 经营者检测证明符合微生物要求的机械剔骨肉可以用于肉糜和肉制品生产，未证明符合微生物标准的机械剔骨肉只能用于生产熟制的肉制品。

7. 肉糜、调理肉制品和机械分离肉解冻后不得再次冷冻。

8. 肉糜、调理肉制品和机械分离肉包装上应标注熟制后食用。

七、肉制品具体要求

肉制品生产企业应确保不使用下列原料生产肉制品：生殖器官（不包括睾丸）、泌尿器官（不包括肾、膀胱）、喉软骨、气管、小叶外细支气管、眼睛和眼皮、外耳道、角，以及禽的头（不包括肉髯、鸡冠、耳、肉阜）、食道、嗉囊、肠等。

第四节　动物源性食品标签标识管理要求

欧盟规定动物源性食品在市场销售时必须加贴相应的标识，具体要求包括：

1. 动物源性食品出厂前必须加施标识。

2. 如果动物源性产品需要在其他企业去掉标识实施再加工，产品应加贴新的标识，新标识应标注再加工企业的注册编号。

3. 食品生产企业应制定追溯制度和程序，识别原料供应商和成品购买商。

4. 标识应清晰且不易擦除，描述内容清晰易懂。标识中应标注企业所在国家（地区）名称，可以是全称，也可以是两位缩写字母，同时必须标注企业注册编号。欧盟境内企业加贴的标识必须为椭圆形。

5. 根据产品的不同，可以在产品或内外包装上加施标识，可以在产品或内外包装的标签上加施，也可以在牢固的吊牌上加施。

6. 在分割肉或内脏的包装箱上，标识必须加施在标签上或直接印在外包装上，标签的加贴方式和标识印制方式必须确保打开包装箱时可破坏标签或标识。如果内包装起到与外包装相同的保护作用，标签也可以加贴在内包装上。

7. 对于深加工的大包装动物源性食品原料，标识可以加施在运输容器或包装的外表面。

8. 散装食品如果随附符合要求的证明或单据，没有必要加施标识。

9. 直接提供给最终消费者的动物源性食品，可以仅在外包装表面加施标识。

10. 如果标识直接印制在产品上，使用的颜料必须符合欧盟要求。

第五节　欧盟 HACCP 指南

欧盟发布了 2016/C 278/01 公告《食品安全管理体系实施要求：前提计划、HACCP 计划》，规定了 GMP 和 HACCP 的相关指南。

前面讲到，法规 852/2004/EC 规定了食品生产加工企业必须遵守的基本卫生要求，法规 853/2004/EC 规定了动物源性食品应遵守的特殊卫生要求。欧盟将这些要求称为前提计划（Prerequisite Program，PRP）。前提计划是指在实施 HACCP 计划前和实施过程中，采取的预防性措施和应达到的条件。在食品链的不同环节可以有不同的称谓，例如 GAP（良好农业规范）、GMP（良好操作规范）、GHP（良好卫生规范）、GVP（良好兽医规范）、GPP（良好生产规范）、GTP（良好交易规范）等，不合格产品的追溯和召回也属于前提计划的一部分。法规 852/2004/EC 还要求企业必须实施以风险分析为基础的食品安全管理体系，法规 178/2002/EC 规定了企业负有食品安全第一责任人义务，同时规定了追溯和召回的相关要求，这两部法规是企业实施 HACCP 体系的法律依据。

食品安全体系（FSMS）是一整套管理食品生产环境、生产加工过程，确保食品安全的有效工具，包括 GHP、GMP、HACCP 计划和程序、追溯和召回程序等。其中 GHP 主要指清洁卫生、消毒和个人卫生等与卫生有关的要求和程序，GMP 主要是指生产过程中正确添加原辅料、生产工艺符合温度要求等。因此，GHP 和 GMP 共同组成前提计划。在正确实施前提计划和 178/2002/EC 法规要求的追溯、召回和应急等要求的前提下，实施 HACCP 计划和程序（欧盟称为自检计划）。前提计划和自检计划共同组成食品安全体系。

一、前提计划应至少包括的内容

（一）基础设施要求（设施和设备）

1. 选址、周边环境、可能的污染源、供水、废水排放、供电、运输便利性、气候、防洪等。

2. 脏区和净区应严格物理区分或通过时间或严格清洗消毒来间隔，生产流程不应交叉，有温度要求的设施或设备应有效隔离。

3. 地面防水、防滑、防渗、易清洗、无裂缝，有适当高度的墙体。

4. 门光滑防渗，自动开关避免接触污染。

5. 食品生产和检验区域应照明充足，灯具易于清洗，装配防护罩避免灯管爆裂污染食品。

6. 配备原料、食品容器、包装物料储存设施，该区域可以同时存放其他辅料（如添加剂），不得存放其他有毒物质（如杀虫剂）。

7. 更衣室保持清洁有序，不能用作餐厅或吸烟室。应有效区分自用衣物、洁净工作服和脏工作服的存放区域。

8. 厕所不能敞口连通食品加工区域，应使用脚踏板或其他非手动装置，在适当位置放置洗手提示标识。

9. 在加工区域和厕所、更衣室之间适当位置设置洗手设施，配备清洗和消毒液、一次性毛巾。干手器只能在没有食品的房间装配，最好使用非手动水龙头。

10. 设备和监控记录装置（如温度计）应清洁卫生，设备不得对食品造成污染。

11. 避免通过设备交叉污染食品，例如冷凝水污染加工设备、设备聚积残渣、生熟食品加工工具和设备严格区分等。

12. 关键参数应配置数量充足的监控装置，如温度计。

（二）清洗消毒要求

1. 应规定好清洗消毒的范围、频率和程序。

2. 清洗消毒步骤应包括去除可见残渣→使用清洗剂清洗→冲洗→消毒→冲洗。

3. 低污染区和高污染区清洗设备的物质和方法应不同。

4. 清洗时应使用充足的热水。

5. 应该有清洗剂和消毒剂的技术信息，包括有效成分、接触时间和浓度等。

6. 通过感观检查和取样检测验证清洗消毒效果。

（三）虫鼠害控制（预防为主）

1. 外墙无裂缝或裂口，周边整洁干净便于清洁。

2. 窗户应设置防虫网。

3. 除非装卸，门应保持关闭状态。

4. 未使用的工具和房间应保持清洁。

5. 室内积水应及时清理。

6. 制定防虫鼠计划，在室内外放置数量充足、位置合适的诱饵和诱捕器，防控对象包括啮齿动物、爬虫和飞虫，及时清理诱捕虫鼠害避免污染食品，重复出现的问题应查找原因，杀虫剂的储存和使用应避免污染食品、包装物料和设备。

（四）维护保养和校准

1. 维护保养计划应包括设备故障时的应急程序和预防性更换密封圈、垫圈的说明。

2. 维护保养时注意操作卫生，避免超负荷运转设备造成故障，如冷却设备中放入过量需冷却食品等。

3. 校准监控装置（如温度计、称、流量计）在食品安全卫生管理中非常重要。

（五）生产环境污染物

1. 风险分析确定物理危害的管理频率（如玻璃、金属、塑料等）。

2. 制定出现玻璃、硬塑料和刀具等破损时的处理程序。

3. 由于可能与食品接触，在生产环境中只能使用食品接触面适用的清洁用物品，其他的清洁用物品只能在非生产期间使用。

4. 化学危害只能由经培训的专业人员处理，添加剂的称量应是自动的。

（六）过敏原

食品安全管理体系应包括过敏原管理，确定过敏原后可通过两种方式加以控制：

1. 通过供应商管理确保原料和辅料中无过敏原。

2. 通过使用不同的生产线、容器、储存设施和工作方式，以及增强员工的安全意识和卫生意识，在生产过程中避免可能含有过敏原的产品污染其他产品。

如果预防措施不能有效实施，应重新检查生产过程。

（七）废弃物管理

实施废弃物处理程序，处埋动物下脚料、污染的食品、化学废弃物、废弃的包装物料等，应记录处理责任人、收集程序、存放位置和清理出厂程序等。

（八）水和空气的控制

1. 除非使用饮用水，与食品接触的水应实施微生物和化学物质检测，并根据来源和用途确定检测频率。

2. 一般而言，动物源性食品应使用饮用水清洗。

3. 避免冷凝水的形成。

4. 通风系统保持清洁卫生，避免成为污染源。

5. 需要控制空气的高度清洁区，应考虑使用正压排气系统和适当的空气过滤系统。

（九）人员卫生与健康状况

1. 加工人员应意识到肠胃炎、肝炎和伤口造成的危害，出现相关疾病症状后应避免从事加工食品工作或经适当保护后从事加工食品工作，并应及时向管理人员报告健康问题。应特别注意临时加工人员，他们可能意识不到这种潜在的危害。

2. 至少在处理即食产品时应佩戴适用的手套，手套应定期更换，在戴手套前和脱手套后应洗手。

3. 应定期清洗消毒手部，至少在工作前、使用厕所后、休息后、处理完垃圾或原料后、咳嗽或打喷嚏后对手部进行清洗消毒。

4. 佩戴发网或胡须网，穿着清洁工作服，工作服口袋尽量少，不得佩戴手表或首饰。

5. 吃东西、饮水，以及吸烟应分别处于单独的区域并保持清洁。

6. 配备方便取用的急救箱。

7. 减少访客，访客应穿戴企业提供的防护服。

（十）原料要求

1. 不仅关注原料的供应，还应关注添加剂、加工助剂和包装物料和食品接触物的供应。

2. 在制定前提计划和 HACCP 计划时应规定详细的原料供应要求，包括规格要求（微生物指标）、卫生保证，或要求供应企业实施认可的质量管理体系。

3. 除了签订协议和审核供应商，很多情况都能反映供应商的可靠性，如提供的原料质量情况、遵守交货期限要求、随附信息准确、新鲜或保质期符合要求、运输工具清洁适用、运输人员和司机卫生意识高、运输温度正确、长期保持一定的满意度等。原料验收时应包含上述关注的情况。有必要考虑上次装载的货物，便于充分清洗避免交叉污染。

4. 储存条件应考虑供应商的说明，遵守“先进先出”或“优先使用快过期原料”原则，原料存放时要离地、离墙、离顶，便于从各角度检查。

（十一）储存环境的温度控制

1. 如需要，使用测量装置自动记录温度和湿度。

2. 最好有自动报警装置。

3. 减少温度的波动。

4. 冷却或加热的能力应与储存的数量相适应。

5. 应监控产品温度和运输温度。

6. 应定期验证储存温度。

（十二）工作指导说明

工作指导说明应简单明了，注重实用，可以包括立即清理碎玻璃并报告相关情况、不要让检查岗位空缺、及时将成品放入冷藏库、及时正确填写记录等。

二、HACCP 体系应用

（一）HACCP 体系的 7 大原则

1. 危害分析，识别出需预防、消除或减少至可接受水平的危害。

2. 关键控制点（CCP）识别，识别出可以预防、消除危害或减少至可接受水平的加工环节。

3. 建立关键限值，确定控制危害时可接受的临界值。

4. 建立和实施关键控制点有效的监控程序。

5. 建立纠偏措施。

6. 建立验证程序。

7. 建立与企业规模适应证明体系有效实施的文件和记录。

（二）体系建立流程

1. 产品描述：原料和辅料来源、产品成分、理化特性、加工工艺、包装和标签、储存运输条件、保质期、使用说明、适用的微生物或化学标准。

2. 识别产品的预期用途。

3. 建立和确认工艺流程图。

4. 危害分析。危害是食品中或加工环境中可能对食品质量安全造成不利影响的生物、化学或物理因子。从原料验收到成品销售全过程识别可能存在的危害，分析危害的风险程度。危害的风险程度根据危害发生的可能性和严重性综合判定，可分为1~7共7个等级。

可能性						
	大（High）	4	4	5	6	7
	存在（Real）	3	3	4	5	6
	小（Small）	2	2	3	4	5
	非常小（Very small）	1	1	2	3	4
			1	2	3	4
			有限的（Limited）	中等（Moderate）	严重（Serious）	非常严重（Very serious）

严重性

图 2.1　危害风险等级判定

可能性为1［非常小（Very small）］：

①理论上可能发生，以前从未发生过；

②后续有消除该危害的加工步骤（如巴氏杀菌、发酵等）；

③控制措施或危害的特征，如果控制措施失控，则无法完成生产加工或导致产品废弃（例如产品中色素浓度太高）；

④污染有限或仅为局部污染。

可能性为2［小（Small）］：

①即使前提计划执行不良或缺失，成品中存在的危害也非常有限；

②危害可以由前提计划控制，前提计划良好实施。

可能性为3［存在（Real）］：

如果控制措施失效或缺失不会造成系统性危害，相关批次中一定比例的成品可能存在危害。

可能性为4［大（High）］：

如果控制措施失效或缺失会造成系统性危害，相关批次中所有成品都存在该危害。

严重性为1［有限的（Limited）］：

①在食品安全上对消费者没有危害；

②危害不可能达到危害消费者的剂量。

严重性为2［中等（Moderate）］：

①没有严重的伤害或症状，或只有长时间接触剂量很高的危害才会有伤害；

②对健康只有短暂的不明显的影响。

严重性为 3［严重（Serious）］：

①对健康短暂或长期的影响，很少危及生命；

②危害有长期的影响，存在的剂量还不清楚。

严重性为 4［非常严重（Very serious）］：

①消费群体属于危险群体，危害可能危及生命；

②危害造成严重伤害，可能危及生命；

③永久性伤害。

5. 确定危害的关键控制点。

可以根据关键控制点判定树来确定关键控制点，根据风险等级来确定是否使用关键控制点来控制危害。

风险等级 1 和 2 的危害可以由前提计划（PRPs）控制。

风险等级 3 和 4 的危害可以由操作性前提计划（OPRPs）控制。

风险等级 5、6 和 7 的危害由关键控制点控制，如果没有可测量的关键限值可由操作性前提计划控制（例如控制过敏原）。

操作性前提计划和关键控制点一样，与生产加工有关，设定的限值可以是可测量的也可以是观察的，而关键控制点关键限量应是可测量的。操作性前提计划的例子如下所列。

原料接收：取样计划验证原料的安全卫生；

预防过敏原交叉污染：生产线清洗和使用三磷酸腺苷检查；

预防高清洁区食品污染：佩戴口罩，加强个人防护，每周检查手部清洗。

6. 建立关键限值。

关键限值应是可测量或可观测的参数，是确保食品安全的临界值。关键限值的来源包括法规要求和技术指南等，应经过确认并有明确具体的值。为了确保生产过程中危害不会超过关键限值，可以规定更加严格的操作限值（Target level）。

7. 建立监控程序。

监控程序必须规定监控人、监控频率和监控措施。监控程序可以是连续的也可以是间歇的，如果不能连续监控必须根据实际情况确定监控频率。监控记录应由监控人员和验证人员签字。

8. 建立纠偏措施。

纠偏措施包括执行纠偏的人员、采取的纠偏措施、受影响产品的处理和纠偏记录等。欧盟在前提计划中要求采取预防性措施，但采取预防性措施主要目的是避免生产环境、人员等污染产品。欧盟规定如果监控显示不断纠偏同一个问题，应对前提计划中的预防性措施、本环节的加工和关键控制点重新评估，避免相同问题重复出现。美国要求每次纠偏均采取预防性措施，防止问题再次发生。欧盟则规定当重复出现问题时需对之前采取的预防性措施进行重新评估。

9. 验证程序。

验证指确定 HACCP 体系是否能够正常运行的行动，包括在 HACCP 体系运行前的验证和体系运行中的验证。在运行前确定体系是否能够有效预防、消除或减少危害的活动也称为确认（Validation），确认也属于验证活动。

确认：在体系运行前或有重大更新时，验证证明在前提计划、生产加工和关键控制点正确执行的情况下，能够有效预防、消除或减少危害。

验证：定期实施，包括取样检测，现场检查等活动，证明体系能够达到预期目标。

监控：在生产环节连续实时收集信息，例如连续或间隔地记录温度。

案例 1　奶的巴氏杀菌

确认：在正式投入生产加工前，实验证明加工过程可以将奶加热至 72℃并持续 15 秒，可以有效杀灭立克次氏体。

监控：在生产加工过程中，系统的监控证明能够达到 72℃并持续 15 秒。

验证：定期或不定期检查杀菌容器的温度，抽检产品等证明生产加工和产品符合预期。

案例 2　干制香肠发酵

确认：使用预测模型或实验证明通过控制 pH 值、水活度、温度和时间防止单增李斯特菌的增殖。

监控：在生产过程中，监测产品的 pH 值、重量损耗、发酵时间和温度、发酵车间湿度等，抽检发酵环境中的单增李斯特菌。

验证：检测成品中的单增李斯特菌。

10. 文件和记录保持。

HACCP 程序应记录在 HACCP 计划表中，程序运行过程中保留相关记录。文件和记录应与生产工艺和规范相适应，文件和记录保留时间应适当，确保产品超过保质期后能够追溯和召回，确保企业和主管部门审核使用。

建议的文件包括：前提计划、操作说明、标准操作程序、监管说明、准备阶段的描述、危害分析、关键控制点识别、关键限值确定、验证活动、纠偏活动、HACCP 计划修订和其他支持性材料（如指南、科学依据等）。

建议的记录包括：监控记录、纠偏记录、验证记录。

第六节　微生物控制要求

一、生产过程消毒剂使用要求

（一）生产加工环境的消毒剂使用要求

欧盟制定了（EU）528/2012《生物杀灭剂的使用规定》，规定所有消毒剂在投放市场前都需要经欧盟食品安全局风险评估和欧盟委员会批准。该法规将消毒剂分为 10 类，其中，第 4 类是用于食品和饲料加工环境的消毒剂，第 5 类是用于饮用水的消毒剂。

（二）胴体消毒剂使用要求

欧盟规定动物屠宰过程中不得使用消毒剂处理胴体，除非经过风险评估后批准使用。欧盟制定了（EU）101/2013《关于使用乳酸减少牛胴体表面微生物污染的规章》，批准在牛的屠宰过程中，对牛胴体使用乳酸杀灭体表的微生物，乳酸浓度 2%～5%，水温不高于 55℃；制定了 2009/121/EC《禁止使用抗菌物质去除家禽胴体表面污染的决议》，否决了在禽类屠宰加工中使用包括氯制剂在内的抗菌剂消毒禽胴体；制定了（EU）2015/1474《关于使用循环热水去除动物胴体表面污染的规章》，批准使用循环热水消毒动物胴体，循环热水应符合饮用水中产气荚膜梭菌限量要求。

二、食品微生物标准

（一）基本要求

欧盟制定了2073/2005/EC《食品微生物标准》，规定了食品生产企业应遵循的食品微生物要求，主管部门应验证食品生产企业是否遵守该法规。同时，主管部门可以根据风险分析的要求或验证要求，取样检测其他的微生物、毒素或代谢物。该法规在附件Ⅰ中规定了在市场销售环节成品的微生物标准，在附件Ⅱ中规定了验证加工过程中微生物标准。

食品生产企业应确保生产加工过程卫生符合附件Ⅱ规定的微生物标准，用于销售的成品符合附件Ⅰ规定的微生物标准。

食品生产企业应独自或联合其他企业进行分析研究，确保销售的食品在保质期内符合该法规规定的微生物标准，尤其是利于单增李斯特菌增殖的即食食品生产企业。

食品生产企业可以参考附件Ⅰ规定的微生物标准，通过检测成品中的微生物来确认或验证良好操作规范和HACCP体系是否制定合理和运行良好。企业可以根据良好卫生规范、HACCP体系和食品用途等要求，合理确定取样监测频率，但是规定的频率至少符合附件Ⅰ规定的要求，只要不影响食品安全，也可以根据食品企业属性和规模调整取样频率。如果企业能够证明其HACCP体系有效运行，可以减少取样频率。如果企业能够向主管部门证明采取的取样程序具有与该法规规定的程序相同的效果，可以选取不同的取样位置和使用不同的趋势分析。在验证生产加工卫生方面可以选取不同的检测对象（基质）和限量监测不同的指示菌。如果根据欧盟EN/ISO 16140-2标准规定的程序或国际认可的程序确认，可以使用其他的检测方法。

生产利于单增李斯特菌增殖的即食食品企业应从加工环境和生产设备中取样，取样方法可参考ISO 18593。如果检测结果不符合成品的微生物标准，应根据178/2002/EC法规的规定对产品实施召回。如果产品还未处于零售环节，生产企业可以进一步处理该产品消除存在的危害，或在不对公共卫生或动物卫生产生影响的前提下改为他用，同时采取HACCP规定的其他纠偏措施查找不符合的原因，采取预防性措施防止问题再发生，包括修改HACCP程序或其他的卫生控制程序。如果加工卫生不符合要求应采取相应的纠偏措施改进卫生状况，不需要对产品实施处理。生产企业应分析检测结果的趋势，当发现有失控的趋势时应及时采取措施纠偏防止出现微生物风险。

（二）微生物标准（与肉类有关的标准）

欧盟制定了两类微生物标准：一个是验证产品是否安全的食品安全标准，见表2.12；另一个是验证加工过程卫生条件的加工卫生标准，见表2.13。不符合食品安全标准的产品属于不合格产品；不符合加工卫生标准的，应加强生产的卫生管理，确保生产符合卫生要求。

表2.12　食品安全标准

产品	检测项目	取样计划		限量要求		检测方法	适用环节
		n	c	m	M		
即食产品（单增李斯特菌易增殖）	单增李斯特菌	5	0	100cfu/g		EN/ISO 11290-2	市场销售
		5	0	未检出/25g		EN/ISO 11290-1	产品出厂前
生禽肉	伤寒和肠炎沙门氏菌	5	0	未检出/25g		EN/ISO 6579-1	市场销售

表 2.13　加工卫生标准

<table>
<tr><th rowspan="2">产品</th><th rowspan="2">检测项目</th><th colspan="2">取样计划</th><th colspan="2">限量要求</th><th rowspan="2">检测方法</th><th rowspan="2">适用环节</th><th rowspan="2">处理措施</th></tr>
<tr><th>n</th><th>c</th><th>m</th><th>M</th></tr>
<tr><td rowspan="2">肉鸡胴体</td><td>沙门氏菌属</td><td>50</td><td>5</td><td colspan="2">未检出/25g 禽颈混合样品</td><td>EN/ISO 6579-1</td><td rowspan="2">冷却后的胴体</td><td rowspan="2">提高屠宰卫生水平，评估生产管理、动物来源和养殖场生物安全措施</td></tr>
<tr><td>空肠弯曲菌</td><td>50</td><td>15</td><td colspan="2">1000cfu/g</td><td>EN/ISO 10272-2</td></tr>
<tr><td>生调理肉</td><td>大肠杆菌</td><td>5</td><td>2</td><td>500/g 或 cm^2</td><td>5000/g 或 cm^2</td><td>ISO 16649-1 或-2</td><td>加工结束后</td><td>提高加工卫生条件，加强原料选择</td></tr>
</table>

（三）禽胴体和禽分割肉取样规范

屠宰企业应抽取带有颈皮的禽胴体检测沙门氏菌和空肠弯曲菌。独立的分割企业应抽样检测沙门氏菌，取样时应优先考虑带有颈皮的胴体，同时在风险分析的基础上，样品覆盖带皮、不带皮或少量带皮的禽部位。

抽取胴体检测验证加工卫生状况时，应按下列要求取样：

1. 屠宰企业颈皮取样送同一个实验室检测沙门氏菌和空肠弯曲菌时，应在冷却后至少随机抽取 15 个胴体，每 3 个胴体混合成 1 个 26 克的样品，共形成 5 个 26 克的样品组。送样温度 1℃～8℃，取样后应在 48 小时内检测空肠弯曲菌。0 ℃的样品不能用于检测空肠弯曲菌。在实验室制备初始悬浊液时，样品应转到 234 毫升的常温缓冲蛋白胨液中，混合液应在均质器中处理约 1 分钟。为减少混合液泡沫，应尽量排除均质袋中的空气。将 10 毫升（约 1 克）的初始悬浊液转到无菌试管中，其中 1 毫升用于空肠弯曲菌的平板计数。剩余的 250 毫升（约 250 克）用于沙门氏菌的检测。

2. 屠宰企业颈皮取样送不同实验室检测沙门氏菌和空肠弯曲菌时，应在冷却后至少随机抽取 20 个胴体，每 4 个胴体混合成 1 个 35 克的样品，共形成 5 个 35 克的样品组。然后分成 5 个 25 克的样品用于检测沙门氏菌，5 个 10 克的样品用于检测空肠弯曲菌。样品应在 1℃～8℃的条件下寄送，取样后应在 48 小时内检测空肠弯曲菌。0℃的样品不能用于检测空肠弯曲菌。

禽分割肉检测取样，应符合下列要求：

应在同一批次产品中尽量选择带皮部分，随机抽取 5 个样品，每个样品 25 克。如果带皮样品不足，可取肌肉部分凑足样品数量，如果产品不带皮或带皮较少，应尽量选取肌肉表层部分取样。

（四）取样频率

每周至少取样一次，每周的取样日不固定以确保取样的随机性。取样检测沙门氏菌时，如果连续检测 30 周结果正常，取样频率可调至每两周取样一次。取样检测空肠弯曲菌时，如果连续检测 52 周结果正常，取样频率可调至每两周取样一次。

第七节　沙门氏菌的净化

为防止因消费食品导致消费者感染人畜共患病或食物中毒，1992 年欧盟制定了 92/

117/EEC《关于免受人畜共患病及其病原感染的预防食源性疾病措施的指令》，规定了人畜共患病的防控措施，其中在附件Ⅲ中规定了种鸡和饲料的沙门氏菌防控要求。2003 年欧盟制定了 2160/2003/EC《关于控制沙门氏菌和其他特定食源性人畜共患病病原体的规章》，规定在养殖环节对种鸡、蛋鸡、肉鸡、火鸡和猪等动物监测影响公共卫生的所有血清型沙门氏菌，也可以在屠宰环节对猪监测影响公共卫生的所有血清型沙门氏菌。

全面实施沙门氏菌控制计划以来，欧盟的沙门氏菌感染率已从 2004 年 15 个成员方 20 万病例减少到 2014 年 28 个成员方 9 万病例。同时从 2011 年 12 月 1 日起，欧盟规定生鲜禽肉应符合 2073/2005/EC《食品微生物标准》规定的屠宰过程中和上市销售中沙门氏菌限量要求，用于生产熟制产品的生鲜禽肉不需适用该要求。在 2160/2003/EC 法规中规定了成员方监控计划制定基本要求、沙门氏菌监控基本要求、种鸡特殊要求、蛋鸡特殊要求、生鲜鸡肉特殊要求等，同时欧盟针对种鸡、蛋鸡和肉鸡又分别制定了 200/2010/EC《关于降低成年原种禽沙门氏菌血清型流行率的规章》、517/2011/EC《降低产蛋原鸡中某些沙门氏菌血清型流行率的规章》和 200/2012/EC《关于减少肉鸡群中肠炎沙门氏菌和鼠伤寒沙门氏菌的规章》等法规，规定了相应的沙门氏菌控制目标和监控要求。

一、沙门氏菌监控基本要求（2160/2003/EC）

主要包括：

（一）沙门氏菌的监控频率

沙门氏菌的监控频率如表 2.14 所示。

表 2.14　沙门氏菌的监控频率

动物类别	取样对象	取样阶段
种鸡	未成年	日龄鸡
		4 周龄
		转入产蛋阶段前 2 周
	成年	产蛋阶段每 2 周
蛋鸡	未成年	日龄鸡
		转入产蛋阶段前 2 周
	成年	产蛋阶段每 15 周
肉鸡	肉鸡	送宰前
火鸡	火鸡	送宰前
种猪、商品猪	种猪、商品猪	送宰前或在屠宰厂抽检胴体

（二）种鸡特殊要求

种鸡检出肠炎沙门氏菌、伤寒沙门氏菌后的处理措施包括：

1. 销毁未孵化的种蛋，根据欧盟食品卫生法规要求，经过肠炎沙门氏菌和伤寒沙门氏菌杀灭处理后可以供人类消费。

2. 同群中所有的鸡包括日龄鸡都必须屠宰或销毁，尽量减少沙门氏菌的传播风险。应在符合欧盟食品卫生法规的条件下实施屠宰加工，如果生产的产品符合生鲜禽肉沙门氏菌限量要求，可以供人类消费使用。如果不用于人类消费，应按照（EC）2009/1069《关于非人类食用动物副产品及其制品的卫生规则》规定的非人类消费动物副产品卫生要求使用或处理。

3. 同群中用于孵化的种蛋应按照非人类消费动物副产品卫生要求销毁或处理。

（三）蛋鸡特殊要求

1. 只有根据欧盟法规制定实施了沙门氏菌监控计划的商业蛋鸡养殖企业生产的鸡蛋，才能供消费者直接食用。

2. 健康状况不明蛋鸡生产的、可能感染沙门氏菌的或可能成为传染源的鸡蛋，只有根据欧盟食品卫生要求经杀灭沙门氏菌处理后才可供人类消费。

3. 健康状况不明蛋鸡生产的、可能感染沙门氏菌的或可能成为传染源的鸡蛋，应根据鸡蛋市场销售标准归为（EC）557/2007《鸡蛋销售标准》法规第 2（4）条定义的 B 类鸡蛋，并按照该法第 10 条规定标识，清晰地与 A 类鸡蛋区分，在包装厂应采取有效措施避免对其他批次鸡蛋造成交叉污染。

4. 阳性同群鸡在屠宰或销毁时，应采取措施尽量减少人畜共患病传播的风险。屠宰应符合欧盟食品卫生法规规定的条件，如果生产的产品符合生鲜禽肉沙门氏菌限量要求，则可供人类消费。如果不可供人类消费，应按照（EC）2009/1069 法规规定的非人类消费动物副产品卫生要求处理。

5. 下列情况可判定为假阳性：

①经流行病学调查，蛋鸡群不是传染源。

②主管部门重新抽取样品检测后未发现阳性结果。可采取三种方式抽检：一是抽取 7 个蛋样品，同时分别抽取 25 克粪样品和尘土样品，全部样品检测为阴性；二是对 300 只鸡的粪便和输卵管进行微生物学调查；三是每个蛋鸡群以 4000 个蛋为基数，抽取 40 个鸡蛋进行微生物学调查。主管部门在取样检测时应验证是否使用了抗生素，影响检测结果。

（四）生鲜禽肉特殊要求

从 2011 年 12 月 1 日起，生鲜禽肉应符合 2073/2005/EC 法规规定的食品安全标准，即在市场销售环节抽取 5 个样品，每个样品 25 克，所有样品不得检出肠炎沙门氏菌和伤寒沙门氏菌。用于生产熟制禽肉的原料可以不适用该要求。

二、种鸡沙门氏菌控制要求（200/2010/EC）

欧盟规定 2010 年 1 月起，成年种鸡沙门氏菌阳性率不能超过 1%，需监控的沙门氏菌包括肠炎沙门氏菌、婴儿沙门氏菌、哈达尔沙门氏菌、鼠伤寒沙门氏菌（包括抗原结构为 1，4，[5]，12：i：的鼠伤寒沙门氏菌单相变异株）和维尔肖沙门氏菌。监控计划应涵盖所有的养殖群（至少包括 250 只种鸡），监控取样可以由企业实施并作为官方监控的一部分。

（一）监控取样频率

1. 企业取样频率：肉鸡种鸡或蛋鸡种鸡可以在产蛋环节或养殖环节取样，企业选择一个环节取样，但是欧盟内部市场交易的种鸡父母代应在养殖环节取样。取样频率为每两周一次，如果连续两年检测结果为阴性，主管部门可以将养殖场取样频率调整为每三周一次，如果检出阳性可重新调整为每两周一次。

2. 企业取样作为官方监控的一部分。

（1）孵化环节日常取样每 16 周一次；养殖环节取样 3 次，分别在种群转到孵化环节后 4 周内、产蛋期结束前 8 周内、两次取样以外的任何时间。如果在孵化环节检出沙门氏菌阳性，在养殖环节抽取样品实施确认检测。

（2）如果连续两年都达到沙门氏菌控制目标不超过 1%阳性率的企业，主管部门可以调整取样频率，生产周期内每年分别在养殖和孵化环节各取样一次，或在养殖环节取样两次，两次取样时间间隔不能太近。

如果企业取样作为官方监控的一部分，官方抽取的样品可以视为企业抽取的样品。

（二）取样方法

1. 孵化环节。

每次取样时，每个种鸡群至少抽取一个样品，如果孵化蛋超过 50000 枚，应抽取第二个样品。取样方法包括下列几种：

（1）随机抽取 5 个存在可见污染的孵化篮内衬或表面，混合成一个样品，抽取孵化篮的表面应不少于 1 平方米。如果一个养殖群的孵化蛋分布在多个孵化器中，应在全部孵化器中抽样，最多抽取 5 个孵化器。

（2）使用一个或多个湿润的取样棉拭子，清空孵化的雏鸡后从 5 个孵化篮中抽取样品，抽取面积至少相当于 900 平方厘米。或从最多 5 个孵化器中抽取雏鸡的绒毛，至少包括 5 个取样点（包括孵化器地板），确保每个种鸡群至少抽取一个样。

（3）从最多 5 个孵化器的 25 个孵化篮中，每篮抽取 10 克蛋壳，形成 250 克的初始样品，压碎混合成 25 克的检测样品。

如果一个种鸡群 80%的蛋已在抽样范围内，可以不抽取混装了其他种群蛋的孵化器。

2. 养殖环节。

企业自主取样时，样品应主要包括粪便，取样的数量应确保如果养殖群的阳性率为 1%，95%的可能性检出。为达到这个目标，取样应符合下列要求：

（1）随机从鸡舍中多个位置抽取新鲜粪便，每个样品重量不少于 1 克，将随机抽取的样品混合形成至少两个用于检测的样品，如表 2.15 所示。

表 2.15　种鸡数量及其样品数量

养殖群中的种鸡数量（单位：只）	需随机抽取粪便的种鸡数量（单位：只）
250～349	200
350～449	220
450～799	250
800～999	260
1000 及以上	300

（2）鞋套式拭子取样。

鞋套式拭子应能够充分吸收水分，表面使用稀释液充分浸润（0.8%氯化钠、0.1%无菌去离子水蛋白胨，无菌水或主管部门批准的其他稀释液）。穿戴鞋套式取样拭子后，通过在鸡舍中行走抽取样品，抽取范围应覆盖整个鸡舍，包括垫料和装有板条的区域。取样完成后小心摘掉鞋套拭子，避免拭子上黏附的物质掉落。使用 5 双鞋套式取样拭子，每双覆盖 20%的圈舍面积，最后混合成两个用于检测的样品。或者使用 1 个鞋套式拭子抽取整个圈舍，另外从圈舍中多个位置抽取尘土样品，抽取的面积至少 900 平方厘米。

（3）笼养种鸡取样。

据养殖笼具的类型，从粪便传输带、刮粪板或深坑中抽取自然混合的粪便，抽取两个用于检测的样品，每个样品至少 150 克。如果传输带或刮粪板上积累粪便不足，可使用 4 个或以上的取样拭子在传输带卸粪尽头抽取样品，每个拭子至少抽取 900 平方厘米的表面，取样拭子使用稀释液充分浸润（0.8%氯化钠、0.1%无菌去离子水蛋白胨，无菌水或主管部门批准的其他稀释液）。

（三）样品运送

样品在抽取后 24 小时内通过快递或邮寄的方式寄送到符合要求的实验室，如果 24 小时内不能寄送应冷藏保存。只要避免日晒和高温（25℃以上），样品可以在常温下运输。

从孵化篮内衬抽取的样品放在 1 升的蛋白胨缓冲液中运输。鞋套式拭子抽取的样品和尘土样品应放在 225 毫升的蛋白胨缓冲液中运输。粪便样品混合后应缩分为 25 克的送检样品，样品放在 225 毫升的蛋白胨缓冲液中运输。

三、蛋鸡沙门氏菌控制要求（517/2011/EC）

成年蛋鸡养殖群肠炎沙门氏菌和伤寒沙门氏菌阳性感染率的控制目标应符合下列要求：

1. 如果上年度阳性感染率低于 10%，则每年阳性感染率应至少降低 10%。
2. 如果上年度阳性感染率为 10%~20%，则每年阳性感染率应至少降低 20%。
3. 如果上年度阳性感染率为 20%~40%，则每年阳性感染率应至少降低 30%。
4. 如果上年度阳性感染率超过 40%，则每年阳性感染率应至少降低 40%。

或将最高阳性感染率降低至 2%以下。

（一）取样频率

蛋鸡抽样可分为企业自主取样和官方取样两种。

1. 企业自主取样。每 15 个周至少取样一次，首次取样应在鸡龄为 22~26 周龄之间实施。

2. 官方取样。1000 只蛋鸡以上的养殖场，每年至少抽检一个养殖群。上个养殖批次检出阳性的，在当前养殖批次鸡龄为 22~26 周龄之间取样；在调查暴发的食源性疾病时疑似感染沙门氏菌或主管部门认为必要时取样；在一个养殖群（批）中检出肠炎沙门氏菌或伤寒沙门氏菌时，抽检同一养殖场中其他所有养殖群（批）。

官方取样可以代替一次企业自主取样。

（二）取样方法

针对笼养的蛋鸡，在粪便传送带或刮粪板上抽取两个粪便样品，每个样品 150 克。如果没有粪便传送带，则在笼具下方的粪池中从 60 个取样点抽取两个粪便样品，每个样品 150 克。如果粪便不足，可使用 4 个以上的取样布在传送带卸粪尽头擦拭取样至少 900 平方厘米。在散养圈舍中取样时，使用两双浸润了适当稀释液的鞋套式取样拭子，通过在鸡舍中行走抽取样品，抽取范围应覆盖整个鸡舍，包括垫料和装有板条的区域。取样完成后小心摘掉鞋套拭子，避免拭子上黏附的物质掉落。如果采取多层散养，粪便由传输带运出，可以使用一双鞋套取样拭子在垫料上行走取样，另外使用取样布在粪便传送带上擦拭取样，合并成一个检测用样品。

（三）样品运输

样品在抽取后24小时内通过快递或邮寄的方式寄送到符合要求的实验室，如果24小时内不能寄送应冷藏保存。只要避免日晒和高温（25℃以上），样品可以在常温下运输。

两双鞋套式拭子抽取的样品和尘土样品应放在225毫升的蛋白胨缓冲液中运输。粪便样品混合后应缩分为25克的送检样品（或含25克初始样本的50毫升悬浊液），样品放在225毫升的蛋白胨缓冲液中运输。

四、肉鸡沙门氏菌控制要求（200/2012/EC）

200/2012/EC法规要求每年感染肠炎沙门氏菌和伤寒沙门氏菌的肉鸡养殖群应在1%及以下。为了确保符合上述要求，肉鸡养殖企业和官方主管部门应制定实施监测计划。欧盟同时制定了肉鸡养殖沙门氏菌防控指南，规定了养殖场应采取的生物安全防控措施、生产管理、监控取样、清洗消毒、活禽装运和记录保持等内容，其中在监控取样部分列出沙门氏菌的监控取样要求，包括企业自愿实施的和强制实施的取样要求。

（一）取样频率

1. 养殖场应对所有肉鸡养殖群在屠宰前3周内取样检测，在符合下列条件下，主管部门可以批准每轮只抽取一个养殖群检测。

（1）实施全进全出的养殖模式，统一养殖管理和统一供水、供料。

（2）至少在前六轮，企业对所有养殖群抽检了沙门氏菌属，其中主管部门至少对一轮的所有养殖群抽检了沙门氏菌属。

（3）所有的检测都为阴性。

2. 如果肉鸡养殖时间超过81天或符合有机养殖要求，主管部门可以批准屠宰前6周取样检测。

3. 主管部门每年对10%养殖规模超过5000只鸡的养殖场，每场至少抽检一个养殖群，同时主管部门可以根据风险分析或认为必要时实施抽检。主管部门的抽检可以代替养殖场的抽检。

（二）取样方法

1. 基本要求。

养殖场和主管部门应确保由经培训的人员抽取样品，取样人员将取样拭子套在鞋靴上，在养殖舍中行走取样，至少使用两套鞋套式取样拭子，一个养殖群的取样拭子可合并为一个样品。鞋套式取样拭子在使用前应使用下列物质湿润：

（1）最大修复稀释液（0.8%氯化钠，0.1%无菌蛋白胨水溶液）。

（2）灭菌水。

（3）国家参考实验室批准的其他稀释液。

（4）同稀释液一起高压灭菌。

湿润鞋套式拭子的方法可以是在穿戴前将浸润液倒入拭子内，也可以是将拭子在稀释液中搅动湿润。

取样时应确保养殖圈舍每个角落都能取到，每双鞋套式取样拭子应至少涵盖50%的圈舍面积。完成取样后应小心地将拭子从鞋靴上取下，避免拭子黏附的物质掉落。应翻转鞋套式拭子，将外部黏附物质翻到内部避免脱落，最后将样品放入取样袋或容器中并做好标识。主管部门在具体评估企业生物安全条件，养殖群规模和分布等流行病学要素的基础上，为确保样品的代表性可以决定增加取样数量。如果主管部门批准在圈舍中抽取100克尘土代替一双鞋套式拭子取样，在圈舍中多点取样时，取样面积应至少相当于 900 平方厘米。抽取的尘土应充分覆盖取样拭子。

2. 特殊要求。

（1）对于散养的鸡，只能在圈舍中取样。

（2）如果养殖群少于 100 只鸡，圈舍空间有限，取样人员不能使用鞋套式拭子在圈舍内通过行走踩踏的方式抽取样品，可以使用手持式棉拭子擦取污染有粪便的表面，或使用其他适用的抽取粪便的方法。

3. 官方取样。

主管部门应抽取验证样品，或检查相关记录，验证是否存在抗生素或其他抑制微生物增殖物质的影响，从而造成监测结论不准确。如果没有检出肠炎沙门氏菌和伤寒沙门氏菌，但是发现存在抗生素或微生物增殖抑制物质的影响，应该将该养殖群视为感染沙门氏菌的阳性群。

（三）样品运输要求

样品应及时通过快递或邮寄的方式寄送至符合要求的实验室，运输过程中应避免日晒和高温（25℃以上）。抽取样品后，如果不能在 24 小时内寄送，样品应冷藏保存。

第五章
官方监管要求

欧盟的官方监督管理法律主要是（EU）2017/625，根据该法授权分别制定了实施条例和细则，主要包括（EU）2019/624《动物源性产品官方监管特殊要求》、（EU）2019/625《动物源性产品进口条件》、（EU）2019/627《动物源性产品官方监管统一要求》、（EU）2020/2235《输欧动物源性产品兽医卫生证书要求》和（EU）2021/405《动物源性产品允许进入欧盟的第三国或地区清单》等。欧盟建立了欧洲食品安全局、参考实验室、动物福利参考中心、食品链参考中心，为制定管理要求和解决执法难题提供技术支撑。

第一节　官方监管部门及职责

欧盟要求成员方指定主管部门，主管部门不限于一个，同时主管部门可以授权其他公共机构实施监管或从事其他官方监管活动。成员方必须确保各部门之间保持充分有效的协调，并指定一个部门负责与欧盟及其他成员方的沟通交流。主管部门应有符合要求的人力资源、法律授权、监管程序、应急计划等，同时必须建立内部审核制度。主管部门的行政相对人必须有行政复议（申诉）的权利。

一、官方监管部门职责

验证食品企业的生产经营和进口食品是否符合下列要求：

1. 从初级生产、生产加工到市场销售等各环节的食品安全和健康要求，包括贸易公平竞争、保护消费者利益和知情权，以及食品接触材料的生产和使用等。

2. 转基因食品、饲料的生产要求。

3. 从初级生产、生产加工到市场销售等各环节的饲料安全要求，包括贸易公平竞争、保护消费者利益和知情权等。

4. 动物健康（卫生）要求。

5. 预防和减少非食用动物副产品及相关产品对人类和动物健康的风险。

6. 动物福利要求。

7. 植物病虫害防护措施。

8. 农药的市场销售和使用及可持续利用。

9. 有机产品的生产和标签要求。

10. 原产地保护和地理标志保护的使用，传统工艺食品生产的管理等。

11. 避免食品掺杂使假欺骗消费者。

二、监管要求和频率

监管要求和频率如下所列：

1. 监管要求为主管部门在风险分析的基础上在适当的频率下实施官方监管，监管内容包括对欺诈行为的监管，监管行为应在不影响有效性的前提下尽量减少行政成本和对企业经营的影响。根据透明度原则，每年至少公布一次官方监管的有关情况包括监管类型、监管数量和结果、不合格及处理情况等。同时可以公布对经营者的分类评级情况。

应根据书面的程序实施官方监管，每次监管应填写书面或电子的监管记录，内容包括监管目的、方法、结论和要求企业的整改等内容。

2. 监管领域包括动物源性食品的屠宰加工（实施宰前宰后检验）、食品饲料中残留监控、动物源性食品、动物福利、植物卫生、转基因产品、植物保护产品（农药）、有机产品生产和标识、原产地地理标志保护、新资源产品、进口食品管理等。

3. 制定多年度的监管计划，各成员方应指定牵头的主管部门，描述官方监管体系、各部门职责与沟通机制，制定并向欧盟委员会提交多年度的监管计划。

4. 成员方主管部门在签发证书时必须符合相关管理要求，包括证书要求和官方签字人员要求等。

三、产品溯源管理要求

根据 178/2002/EC 法规要求，食品、食用动物及食品成分在生产、加工和分销的所有环节都必须具有可追溯性。产品必须被适当标识，便于追溯。欧盟要求食品经营者能够分辨其所提供的商品从哪里来，卖到哪里去，并具备相应的系统或程序，该程序在应要求时可为主管部门提供其供货方及货物购买方的相关信息。为了保证产品的可追溯，欧盟指令（EU）2011/91 规定，所有的食品（除初级农产品、非预包装食品、包装物的最大面积小于10 平方厘米的预包装食品）都需要按照一定的规则标注产品批号。

为便于追溯，欧盟已经要求各成员方采用国际物品协会的“全球统一编码系统”（EAN. UCC，简称统一编码）。利用统一编码系统，可以掌握农产品、食品的全部必要信息，一旦发生威胁人类健康的突发性食品安全事件，可以立即追踪到储运、加工和生产的各个环节，直至农产品种植或饲养的源头。该系统自 20 世纪 70 年代在欧洲诞生以来，得到了成员方的广泛应用。

欧盟还制定了一系列配套的法律、法规和技术要求来确保农产品供应链上各个环节信息的真实、可靠。应用 EAN 商品条码技术后，蔬菜、水果等农产品销售商在供货时会多出一张条码，主要用于标识或水果的批次、种植过程、农田状况等信息。同一品种、同一生产条件、同一批次的产品使用同一个条码，专门用于产品追溯。拥有统一编码的蔬菜、水果，就相当于颁发了“身份证”，欧盟可根据这种“身份证”了解产品的上游供应链，跟踪产品的下游消费者，在必要时将农产品对消费者产生的不良影响降至最低，同时也可以最大限度减少企业的损失。

四、风险监控管理要求

欧盟食品安全审核和分析司（原食品兽医办公室，FVO）负责农、兽药和化学污染物残留监控行动。该机构负责制定年度残留监测计划，并与各成员方内相应机构联系，督促其制定本国残留监测计划和协作残留监测计划，公布残留监测结果。同时对第三国或地区残留监控情况进行核查验证。

欧盟自 1996 年起启动了共同体农药残留监控计划。该计划分为两个层面：欧盟层面和国家层面。欧盟层面监控计划是一个覆盖主要农兽药和农产品的周期滚动计划。以指令形式制定一个三年的食品监控计划，选取欧盟市场上常见的 30 种食品，监测 200 个左右农兽药项目。根据成员方消费量，通过二项式概率分布统计分析确定各成员方需要采集的最小样品量。国家层面计划根据欧盟层面计划的要求和各国的生产消费情况确定需要检测的产品和农药，一般也需覆盖多年。实施一年以上的监控计划必须每年提交监测报告，以提供在本区域和本国对监测结果处理的措施。如果在共同体内检出阳性样品，成员方的主管部门须及时获取所有必要信息，及时调查残留出现的原因，并采取相应的措施。如果从第三国或地区进口的食品检测呈阳性，会将所有食用制品的种类和有关批次通告欧盟委员会，并立即通知所涉及的边境检疫站。

欧盟对进口食品的监控涵盖在整体监控计划中，没有制定专门针对进口食品的监控计划。对于出口到欧盟的动物源产品及活动物，欧盟要求第三国或地区必须实施与欧盟等效的兽药及特定活性物质监控计划，并经检查核实。

五、风险预警管理要求

为加强风险信息的评估与交流，欧盟专门建立了 RASFF 系统。RASFF 是一个基于信息传递网络的预警体系，欧盟委员会对 RASFF 系统的管理负责（具体由欧委会健康和食品安全总司：DG SANCO 负责协调），欧洲食品安全局也是体系成员之一。在 RASFF 系统下，各个成员有义务对所发现的食品和饲料安全信息向 RASFF 通报。成员方如发现任何有关食品、饲料引发人类健康直接或间接风险的信息，应立即在快速预警系统下通知委员会，委员会将信息传达给各成员方。欧洲食品安全局可补充发布一些科学技术信息通知，以便于成员方采取的快速、适当风险管理活动。

对于各成员方所采取的下列措施都应向 RASFF 通报：

1. 为了保护人类健康而采取的任何措施和快速行动，如严格限制市场准入、强制撤出市场、食品或饲料的召回等。

2. 当对人体健康有严重风险，需要采取快速行动时，对经营者的任何建议或与其达成的任何协定，不论是自愿的还是强制的。这包括旨在阻止、限制市场准入、对市场准入提出特殊条件，或阻止、限制食品或饲料的最终用处、对其最终用途提出特殊条件。

3. 欧盟境内发生的，由于对人类健康产生直接或间接风险，而由边境的管理部门拒绝入境任何一批或一个集装箱的食品、饲料。发送通报信息的成员方，应同时提供其食品安全管理部门为何采取此类措施的详细说明，并在适当时候，后续通报其补充信息，特别是在通报的措施已更改或取消时。委员会应立即将获得的通报信息及补充信息传达给各成员方。

在欧盟境内，边境食品安全管理部门拒绝一批或一个集装箱货物入境时，委员会应立即通报欧盟的所有边境和作为原产地的第三国或地区。如果警示通报所涉及的产品已经对第三国或地区出口，委员会则有义务通知该方；当原产于某国的产品被通报时，委员会也要通知该方，以使其能采取措施避免再次重复同样的问题。

在 RASFF 系统中，欧盟每周发布警示通报和信息通报。为了在保持公开度和保护商业秘密之间寻求平衡，通报不公布相关贸易和公司的名称。这样操作并不会影响对消费者的保护，因为 RASFF 通报意味着已经采取或正在采取相应措施。但当对人类健康的保护要求更大的透明度时，欧盟会通过其正常渠道采取必要的行动。同时，欧盟还对上一年度的通报情况做系统、全面的分析，形成年度分析报告。

六、不合格产品召回管理要求

欧盟要求，如果经营者对其进口、生产、加工制造或营销的食品感到或有理由认为不合安全要求时，应立即着手从市场撤除，并通知有关部门。经营者应准确地通知消费者撤出的原因，在其他办法效果欠佳时，应从消费者处召回有关产品。从事零售、营销活动的经营者应在其相应行为范围内从市场上撤出不符合安全要求的食品，并应通过提供有关追溯信息，配合生产者、加工者、制造者和有关部门的措施为食品安全作贡献。

七、打击食品欺诈行为

食品的欺诈行为是指某些经营者在经济利益驱动下，为了获得不公平竞争优势，在损害消费者利益的前提下主观故意违反相关法规的犯罪行为。欧盟认为贸易电子化给食品欺诈行为提供了更多的机会，跨境贸易的发展更需要各成员方共同努力打击食品欺诈。在欧盟马肉风波后，欧洲议会 2013 年发布决议要求欧盟委员会加强对食品欺诈活动的打击力度。

欧盟建立起打击食品欺诈的工作网络，包括欧盟委员会、欧盟相关执法机构、欧盟相关司法机构等，工作网络确定了欧盟和各成员方指定的联络部。联合研究中心、食品安全局、食品链参考中心等作为技术支持机构提供食品科技知识，协助判定和区分食品欺诈和食品质量问题。建立起行政支持互助电子系统（AAC-FF 系统），便于各相关单位在确保信息安全的前提下开展信息共享，行政处罚和司法处罚等工作。同时该电子系统与包括 RASFF 系统在内的其他电子系统互联，加大了对进口食品和跨境食品的管理力度。

欧盟建议在欧盟委员会相关部门统一组织下，各成员方开展需不同部门协同参与的统一专项行动，包括信息分析、公安部门的犯罪调查和司法部门的审判等。

2013—2019 年，欧盟开展了五次专项行动，包括马肉冒充牛肉、蜂蜜掺假、水产品掺假、网购产品和调味料调查等。

八、审核管理要求

为了确保各成员方能够统一实施食品安全法律法规，欧盟委员会健康食品安全总司制定每年的审核工作计划，对成员方食品安全管理体系运行情况开展文件和现场审核，确保各成员方统一实施相关法律法规确保食品安全。为确保进口食品符合欧盟法规要求，欧盟制定年度审核计划，对动物源性食品出口方食品安全管理体系实施现场审核，并根据审核结果采取不同的管理措施，包括禁止向欧盟出口、调整口岸检查频率等。

第二节　官方兽医特殊要求

一、宰前检疫

对于禽兔以外的动物，官方辅助人员可以在官方兽医现场监督下，验证企业是否按要求检查食品链信息、检查动物标识、预筛选异常的活动物。发现异常后辅助人员立即通知官方兽医，由官方兽医对异常动物实施宰前检疫。官方兽医定期验证官方辅助人员是否能够有效履行职责。

对于所有的动物，如果在养殖场所已经实施了宰前检疫，官方辅助人员可以不在官方兽医现场监督下，开展宰前检疫相关活动，发现异常后立即通知官方兽医，由官方兽医对异常动物实施宰前检疫。官方兽医定期验证官方辅助人员是否能够有效履行职责。

上述要求不适用于急宰动物、可能患有影响人类健康疫病的动物、可能患有布鲁氏菌病或牛结核病的牛群或来自染有上述疫病养殖场的羊群。

二、宰后检验

禽兔年屠宰低于 15 万只的小规模屠宰企业经主管部门风险评估后，可以由官方辅助人员实施宰后检验，官方兽医可以不在现场监督。企业必须有充足的储存设施存放宰后检验发现异常的胴体，等候官方兽医实施检验。官方兽医每天至少到现场一次，并定期评估官方辅助人员是否能够有效履职。

三、企业审核

官方辅助人员可以在官方兽医不在现场监督的情况下，开展企业审核相关工作，比如收集卫生加工和 HACCP 体系运行的相关信息。

四、分割加工企业官方监管

主管部门可以在一定条件下指定其他人员负责分割加工厂的官方监管和审核。

五、官方兽医应具备的知识体系

主要包括：

1. 人类健康、动物健康、食品安全、动物福利、药物等国家（地区）和欧盟法律法规。

2. 农业政策、市场管理措施、出口退税、掺杂使假，以及国际相关要求，如 WTO/SPS 协议、食品法典委员会和动物卫生组织标准等。

3. 食品加工关键工艺和食品科技。

4. 良好操作规范和质量管理体系。

5. 良好种植（养殖）规范。

6. 食品卫生规范。

7. 风险分析原则、理念和方法。

8. HACCP 体系。

9. 审核和验证上述要求的符合性。

10. 食源性危害的预防和控制措施。

11. 感染或中毒人数的动态变化。

12. 流行病诊断。

13. 监控和监测体系。

14. 现代检测方法的原则和诊断应用。

15. 作为工作工具的信息和沟通技术。

16. 生物统计学的数据处理和应用。

17. 食源性疾病暴发原因调查。

18. 传染性海绵状脑病的相关知识。

19. 养殖、运输和屠宰环节的动物福利要求。

20. 食品生产的环境问题，包括废弃物管理。

21. 预防性措施和消费者关切。

22. 生产线工作人员的培训原则。

23. 动物副产品和衍生品的健康卫生要求。

24. 掺杂使假方面的知识。

六、官方辅助人员应具备的知识

官方辅助人员在养殖场监督管理方面应具备下列知识：

（一）理论部分

1. 养殖行业运行模式、生产方式、动物国际贸易标准。

2. 良好养殖规范。

3. 疫病基本知识，尤其是病毒、细菌和寄生虫等人畜共患病。

4. 疫病监控，兽医和疫苗使用、残留检测。

5. 卫生和健康检验。
6. 养殖和运输动物福利。
7. 环境要求，包括基本要求、建筑物要求和养殖场要求。
8. 相关法律法规和规章。
9. 消费者关注和质量控制。

（二）实践部分

1. 参观不同类别和不同养殖模式的养殖场。
2. 参观生产企业。
3. 观察动物装卸。
4. 实验室演示。
5. 兽医检查。
6. 记录。

官方辅助人员在屠宰场和分割加工厂监督管理中应具备下列知识：

（一）理论部分

1. 肉类工业运行模式、生产方式、食品和屠宰分割国际贸易标准。
2. 良好卫生操作基本知识，尤其是行业卫生要求，屠宰、分割和储存卫生，以及生产卫生等方面。
3. HACCP 基本知识和审核程序。
4. 动物卸载和屠宰时的动物福利要求。
5. 屠宰动物的解剖学和生理学知识。
6. 屠宰动物病理学知识。
7. 屠宰动物的病理解剖学知识。
8. 海绵状脑病及其他重大人畜共患病基本知识。
9. 屠宰、检验、加工、包装、运输基本程序和方法。
10. 微生物基本知识。
11. 宰前检疫、旋毛虫取样和分析、宰后检验。
12. 行政工作任务。
13. 相关法律法规规章要求。
14. 取样程序。
15. 掺杂使假方面的知识。

（二）实践部分

1. 动物识别。
2. 年龄检查和判断。
3. 屠宰动物的检验和评估。
4. 宰前检疫、宰后检验、旋毛虫取样和分析。
5. 检验典型部分识别动物种类。
6. 屠宰动物异常部分的识别和评判。
7. 卫生管理，包括良好卫生规范和 HACCP 体系的审核。
8. 记录宰前检疫结果、取样、追溯、食品链信息评估。

主管部门在分割加工企业指定人员应掌握的知识：

（一）理论部分

1. 肉类工业运行模式、生产方式、食品和分割技术国际贸易标准。

2. 良好卫生操作基本知识，尤其是行业卫生要求，分割和储存卫生，以及生产卫生等方面。

3. HACCP 基本知识和 HACCP 体系审核。

4. 海绵状脑病和其他重要人畜共患病相关知识。

5. 肉类加工、包装、运输程序和方法。

6. 微生物基本知识。

7. 行政工作任务。

8. 相关法律、法规、规章要求。

9. 取样程序。

10. 掺杂使假方面知识。

（二）实践方面

1. 屠宰动物的检验和评估。

2. 卫生管理，包括良好卫生规范和 HACCP 体系的审核。

3. 取样、肉类追溯和记录等。

第三节　动物源性食品官方监管要求

对于动物源性食品生产企业，欧盟官方监管主要包括两个方面：一方面是定期审核，审核验证企业食品安全管理体系运行是否符合要求；另一方面是日常监管，官方兽医驻厂实施具体的检查和检验工作。

一、定期审核

（一）审核的基本要求

1. 审核频率。

主管部门根据企业的风险来确定审核的频率和内容。评估企业风险时考虑的因素包括，人或动物的健康风险、动物福利、生产类型和产量、企业守法经营情况，企业食品安全管理体系的应用情况等。

2. 审核内容。

审核的内容包括良好卫生操作规范和 HACCP 体系的运行情况。

（1）良好卫生操作规范的审核：厂房设施设备的设计、维护和保养；班前、班中和班后卫生；人员卫生；卫生和工作程序的培训；虫鼠害防控；水质管理；温度控制；原辅料接收和成品出厂管理及随附的证明或单据。

（2）HACCP 体系运行审核：审核企业是否持续符合 HACCP 体系管理要求。

（3）通过审核确保企业符合下列要求：微生物要求；农、兽药残留限量要求；环境污染物要求和物理杂质要求等。

（4）审核企业包装标签标识是否符合 853/2004/EC 规定的要求。

（5）审核企业是否符合追溯和召回等要求。

3. 审核方式。

（1）现场检查操作人员是否符合卫生操作要求，可以现场考核相关人员验证其卫生操作能力。

（2）检查企业相关记录。

（3）必要时可以取样送实验室检测。

（4）记录检查的项目及发现的问题。

（二）屠宰企业审核特殊要求

审核屠宰企业是否持续符合企业制定的鲜肉收集、搬运、储存等程序，动物副产品的使用或处理程序，包括特殊风险物质的处理。审核企业是否按要求检查食品链信息，审核企业是否采取措施确定鲜肉不存在下列问题：

1. 没有病理变化或异常。

2. 没有粪污或其他可能危害消费者健康的污染物。

3. 没有特殊风险物质，符合 2073/2005/EC 规定的微生物要求。

二、屠宰加工企业日常监管

对生产生鲜肉的屠宰加工企业实施官方日常监管时，应结合定期审核的结果，重点监管审核时发现的问题。日常监管应包括下列主要内容：

（一）检查原料动物随附的证明或单据

1. 主管部门应告知养殖企业动物送屠宰厂时随附食品链信息中应包括的内容。

2. 主管部门应检查验证食品链信息是否准确可靠，在养殖和屠宰环节进行持续有效的交流，必要时屠宰企业向养殖企业反馈发现的问题。

3. 官方兽医应验证企业对食品链信息的检查和评估结果，在实施宰前宰后检验时参考企业的检查和评估结果以及养殖企业的其他信息，还需参考养殖环节兽医监管检查时签发的声明或证书。

（二）宰前检疫

1. 所有的动物在屠宰前都应经过宰前检疫，禽类可以从养殖群抽取代表性样品检疫，兔类可以从同一个养殖来源地抽取代表性样品检疫。

2. 动物到达屠宰场后 24 小时内实施宰前检疫，宰前检疫后 24 小时内屠宰。官方兽医可以随时要求实施额外的宰前检疫。

3. 通过宰前检疫检查是否符合动物健康和动物福利要求，是否存在可能影响消费者健康的病变或动物疫病，是否滥用禁用药或限用药等。

4. 宰前检疫还需验证企业是否履行义务，确保动物体表清洁卫生，减少屠宰过程交叉污染。

5. 官方兽医应逐只临床检验，企业辅助兽医剔除动物。

6. 如果在动物来源养殖场所已实施宰前检疫，屠宰场的官方兽医可以在必要时再次实施宰前检疫。

（三）宰后检验

1. 屠宰后应及时对胴体和内脏实施宰后检验。

2. 主管部门可以要求企业提供检验内脏的专用设施和充足的检验空间。

3. 主管部门应检验所有的体表、体腔和内脏，重点关注危害人类健康的人畜共患病。

4. 屠宰线的速度和检验人员数量应能够有效完成宰后检验。

5. 可以实施触检、剖检和实验室检测，验证是否有动物疫病。微生物、农兽药残留和环境污染物是否符合要求。触检和剖检时应尽量减少对胴体的污染。

6. 禽类宰后检验要求：

（1）所有的禽类都应实施宰后检验，可以在企业人员的辅助下实施。官方兽医或官方辅助兽医可以实施下列检验：每个养殖群抽取代表性样品检验内脏和体脏、随机抽取宰后检验判定为不合格的整只胴体或部位仔细检验、进一步调查有理由相信不适合人类消费的其他问题。

（2）主管部门在符合下列要求的前提下，可以允许仅抽取养殖群的代表性样品实施宰后检验，企业能够有效地剔除异常、污染或存在缺陷的胴体；企业实施 HACCP 体系，生产常年符合卫生管理要求；宰前检疫和食品链检查时没有发现可能影响人类或动物健康的情况。

7. 兔类宰后检验要求。

兔类宰后检验参照禽类宰后检验要求，来自同一养殖场所的当日屠宰用兔等同于禽类的一个养殖群。

（四）特殊风险物质控制和实验室检测

1. 特殊风险物质监管。

官方兽医应检查企业对 BSE、痒病等特殊风险物质的剔除和标记，检查企业操作确保风险物质在致昏、屠宰和剔除过程中不得污染产品。

2. 沙门氏菌监管。

主管部门应采取下列一种或多种措施验证企业是否符合沙门氏菌的控制要求。

（1）每年每个屠宰企业抽取 49 个样品检测沙门氏菌，如果全部检测结果为阴性，则在 95%置信率下，沙门氏菌阳性率不超过 6%。

（2）收集企业沙门氏菌监控样品和阳性样品信息。

（3）收集本国（地区）沙门氏菌监控计划抽取的样品和阳性样品信息。

如果企业多次不符合卫生加工沙门氏菌控制标准，主管部门应要求企业提交整改措施并监督企业整改。

3. 空肠弯曲菌监管。

主管部门应采取下列措施验证企业是否符合空肠弯曲菌的控制要求。

（1）每年每个屠宰企业抽取 49 个样品检测空肠弯曲菌。

（2）收集企业空肠弯曲菌监控样品和检测结果超过 1000 cfu/g 的样品信息。

（3）如果企业多次不符合卫生加工空肠弯曲菌控制标准，主管部门应要求企业提交整改措施并监督企业整改。

（五）动物福利检查

官方兽医应验证原料动物在运输途中是否符合 1/2005/EC 规定的运输过程动物福利要求，验证屠宰企业在屠宰动物时是否符合 1099/2009/EC 法规规定的屠宰动物福利要求。

（六）检验结果沟通及发现不符合项采取的措施

1. 官方兽医发现存在的动物疫病和动物福利问题后应通知屠宰企业经营者。如果问题出现在养殖环节，应填写规定格式的文件通知养殖场兽医、负责养殖环节宰前检疫的官方兽医、养殖场经营者、养殖场监管部门等。

2. 监管结果应输入规定的数据库。

3. 官方兽医在宰前宰后检验或其他监管过程中发现疑似（EU）2016/429 法规规定的

动物疫病时，应通知主管部门在各自的权限内采取措施防止动物疫病传播。

4. 官方兽医应确保企业在获得相关的食品链信息前不得屠宰加工，或允许屠宰加工，产品单独存放，在获取食品链信息前不得销售。如果食品链信息在动物到达屠宰场 24 小时后仍未提供，官方兽医应判该动物生产的肉产品不适合人类消费，如果动物未屠宰应与其他动物分别屠宰。

5. 如果食品链信息显示动物来自受限制区、兽药使用不符合要求或存在其他影响人类或动物健康的情况，官方兽医应监督企业不得接受该批动物，如果动物已经运抵屠宰场，则应与其他动物分别屠宰并判为不合格食品，必要时可以对养殖场实施检查。

6. 如果食品链信息有误导作用与实际不符，主管部门对养殖场或屠宰场经营者采取措施，采取措施产生的费用由当事人承担。

7. 官方兽医应验证企业是否确保接收的动物都有适用的标识，无法确定标识的动物应分别屠宰并判为不适合人类消费。必要时可以对养殖场实施检查。

8. 官方兽医应确保动物在屠宰前清洁卫生避免在屠宰过程中交叉污染胴体。

9. 官方兽医应确保患有传染病临床症状或过度瘦弱的动物不得用于人类消费，应与其他动物分别屠宰。

10. 官方兽医应推迟屠宰疑似患有影响人类健康疫病的动物，对活动物实施详细的宰前检疫，同时为有助于诊断可在宰后检验时取样检测。

11. 官方兽医应确保不符合兽药残留限量的动物按照 96/23/EC 规定的要求处理。

12. 在实施特定动物疫病或人畜共患病控制计划时，如布鲁氏菌病、牛结核病或沙门氏菌控制计划，官方兽医应规定在其监督权限下动物的处理条件，主管部门规定动物的屠宰条件，屠宰过程应尽可能减少对其他动物或动物产品的污染。如果屠宰线故障，官方兽医可以允许动物转到其他屠宰场处理。

13. 官方兽医检查发现企业不符合屠宰过程的动物福利要求时，应验证企业是否按要求立即采取必要的纠正和预防措施。官方兽医根据问题性质及其严重性采取适度的措施包括指导纠正、减慢或停止生产等。如果需要，可以将动物福利问题通报给其他主管部门。

14. 官方兽医发现企业不符合运输过程中动物福利要求时，应采取相关法规规定的必要措施。

15. 官方辅助人员发现动物福利问题时应立即通知官方兽医，紧急情况下在官方兽医到达现场之前可以采取相应的管理措施。

16. 官方兽医可以判定下列情况的生鲜肉为不适合人类消费：

（1）使用没有经过宰前宰后检验动物生产的生鲜肉。

（2）使用死亡、死胎、动物腹中未出生、不足 7 日龄的动物生产的生鲜肉。

（3）放血部位修割肉。

（4）宰后检验发现器官或部位等出现局部牛结核病灶的应将胴体判为不合格，如果仅在器官或部位的淋巴结发现病灶的，可以仅将相关的器官、部位和淋巴结剔除。发现急性布鲁氏菌病灶的应判胴体不合格，如果动物布鲁氏菌病检测阳性，即使没有病灶也要废弃乳房、生殖器和血液。

（5）使用患有全身性疾病动物生产的生鲜肉，如全身性败血症、毒血症等。

（6）不符合致病菌标准的生鲜肉。

（7）感染寄生虫的鲜肉，如果不是全身性囊虫病，未感染部位经冷冻处理后可以食用。

（8）农兽药、环境污染物残留限量不符合要求的生鲜肉。

（9）来自重金属超标地区超过两年龄动物的肝和肾。

（10）在屠宰加工过程中，非法使用消毒剂处理的胴体。

（11）非法辐照的鲜肉，包括紫外线照射。

（12）含有物理杂质的生鲜肉。

（13）病理变化感观异常的肉，尤其是明显的性器官气味或放血不良。

（14）使用异常瘦弱动物生产的鲜肉。

（15）含有特殊风险物质的鲜肉。

（16）严重污染的生鲜肉，例如粪污。

（17）使用屠宰过程中感染或污染的动物生产的可能影响人类或动物健康的生鲜肉。

（18）官方兽医分析认为不适合人类消费的生鲜肉。

17. 胴体体表和体腔内发现污染，企业未及时实施纠正或监管人员认为不能保证加工卫生时，主管部门可以要求企业立即采取纠偏措施包括降低生产线速度。主管部门可以提高检查频率直到认为企业可以保证加工卫生。

18. 主管部门可以规定急宰动物生鲜肉的使用条件，禽肉可经热处理杀灭沙门氏菌后食用。

（七）兽医检疫合格章的使用

1. 检疫章在家畜中使用，不在兔类胴体中使用。

2. 检疫章在胴体体表可以使用印章或烙印的形式加盖，如果是胴体分割成二分体、四分体或六分体，每一部分都应加施检疫章。

3. 检疫章应为椭圆形，至少6.5厘米宽、4.5厘米高，字符至少0.8厘米高，数字至少1厘米高。未成年家畜使用的检疫章及内容规格尺寸可以适当缩小，印油应是欧盟批准的食品级色素。信息包括国家或地区名称或代号、企业注册号，还可以包括实施检疫官方兽医的信息。

第六章

动物源性食品官方残留监控

欧盟规定了食品中添加剂的使用要求，食品中农药、兽药、环境污染物限量要求和与食品接触物质的要求等。同时规定，主管部门应制定实施残留监控计划，对动物源性食品中的残留物质实施监测。本章重点介绍向欧盟出口动物源性食品的国家或地区应遵循的欧盟残留监控计划要求。

第一节　残留监控计划法律依据

在制定实施残留监控计划方面，欧盟制定了一系列法律法规，主要包括养殖动物用药管理要求、残留监控计划制定实施要求、取样送检要求、实验室检测要求和不合格结果追溯管理要求等。具体包括：

1. 指令 96/23/EC《关于某些物质及其在动物体内和动物制品中残留的监控措施》，该指令被（EU）2017/625 法规废除，但规定监控项目和频率等内容的附件Ⅰ、Ⅱ、Ⅲ、Ⅳ，在 2022 年 12 月 14 日前继续生效。

2. 指令 96/22/EC《禁止在动物养殖中使用激素、甲状腺拮抗剂和 β-激动剂》，规定禁止以任何目的在养殖动物中使用二苯乙烯类（Stilbenes）、甲状腺拮抗剂（Thyrostats）、雌二醇（Estradiol）等激素类药物。禁止类固醇（Steroid）和 β-激动剂（β-agonist）用于促生长作用。如果出口方使用了类固醇和 β-激动剂作为促生长剂，必须确保出口欧盟的动物及其产品不能使用，并分别制定残留监控计划，只有获得欧盟批准才能向欧盟出口不使用类固醇和 β-激动剂的动物及其产品。

3. 指令 97/747/EC《奶、蛋、兔肉、蜂蜜残留监控取样频率》，规定了部分产品的取样数量和频率。

4. 法规（EU）2021/808《执行 96/23/EC 时的检测方法、检测结果说明和取样要求》，规定了取样、检测方法、检测报告的要求。

5. 法规（EU）2019/6《兽药管理规章》规定了禁止在养殖业中使用的人用药物以及以促生长为目的的抗菌药。

6. 法规（EU）2018/470《动物源性食品中最大残留限量》，规定了使用其他动物批准用药治疗后，最高残留限量的要求。

7. 指令 470/2009/EC《确定动物源性食品中药理活性物质残留限量的程序》，规定了确定动物源性食品中兽药残留限量的程序。

8. 法规（EU）2019/1871《关于动物源性食品中发现禁用药物的行动参考值》，规定了禁用药物执行限量的要求。

9. 法规（EU）2017/644《某些食品中二噁英、多氯联苯的取样和检测方法》，规定了二噁英、多氯联苯取样方法和检测方法。

10. 指令 152/2009/EC《饲料官方监管取样和检测》，规定了官方监管饲料的取样和检测方法。

11. 指令 401/2006/EC《真菌毒素控制》，规定了食品中真菌毒毒的取样和检测方法。

第二节　残留监控计划基本要求

向欧盟出口动物源性食品的国家（地区）应向欧盟提交符合欧盟要求的残留监控计划，或提交参考 CAC 标准 CAC/GL71-2009《食品动物兽药使用国家（地区）食品安全管理体系制定和实施指南》制定的残留监控计划，出口方必须在每年的 3 月 31 日前向欧盟提交本年度残留监控计划和上年度残留监控报告。初次提交的监控计划必须包括下列内容：

1. 主管部门详细的组织机构，包括计划制定和协调实施部门的详细信息和人力物力资源等。

2. 兽药批准和使用的法律法规，特别是批准或禁止使用激素和 β-激动剂作为促生长剂的法律法规。如果批准使用激素和 β-激动剂作为促生长剂，必须制定出口欧盟动物及其产品不得使用相关激素作为促生长剂的管理体系，包括参与该体系的具体要求、批准和认证程序、记录保持要求、标识和追溯要求等。

3. 批准的实验室清单及其认可的检测范围。

4. 确认实验室检测方法可用于检测目的。

5. 不合格结果及处理措施。

第三节　残留监控的取样要求

一、取样基数要求

欧盟规定，残留监控计划的取样不是随机取样，应是针对性取样以提高检出不合格的概率。向欧盟出口动物及其制品的国家（地区）在制定残留监控计划时，取样基数可以使用全国（地区）总的生产数据，或使用仅向欧盟出口的生产数据。

欧盟列举了三种情况：一是所有的养殖场动物均可用于生产向欧盟出口的产品，生产企业大部分可以向欧盟出口，取样基数应使用全国（地区）总的生产数据。二是仅有部分养殖场动物可用于生产向欧盟出口的产品，出口方制定实施了专门的出口管理体系，取样基数可限制在用于生产出口欧盟动物源性产品的养殖场动物。三是仅有非常有限的企业可以向欧盟出口，原料动物可以来自所有的养殖场，取样基数可以采用允许向欧盟出口动物源性产品生产企业年度总产量，既包括出口欧盟的产品总量，也包括出口其他国家（地区）或国内销售的产品总量。

二、取样数量要求

96/23/EC 指令附件Ⅳ和 97/747/EC 决议附件规定了残留监控计划取样数量要求。下表列举了针对中国可以出口欧盟的动物源性产品，制定实施残留监控计划时应抽取的样品数量，如表 2.16 所示。

表 2.16　动物源性产品样品监测数量计算表

动物种类	产品	取样监测频率
禽	肉	年产量（屠体重量）：1 个/200 吨
	蛋	根据食用蛋产品年生产量，1 个/1000 吨，最低 200 个样品
兔	肉	年产量（屠体重量）3000 吨以内的 10 个/300 吨，超过 3000 吨的，每 300 吨增加 1 个样品。
养殖有鳍鱼/甲壳类	肉	年生产量（屠体重量），1 个/100 吨
蜜蜂	蜂蜜	年生产量 3000 吨以内的 10 个/300 吨，超过 3000 吨的，每 300 吨增加 1 个样品。
—	肠衣	1 个/300 吨，如果低于 1500 吨至少 5 个样品。

三、取样方法和样品检测要求

欧盟规定了在执行残留监控计划时应遵循的一系列取样方法和要求，并规定每个样品可以检测同一类兽药中的一种或多种兽药。取样方法和要求主要依据包括：

1. 法规（EU）2021/808《执行 96/23/EC 时的检测方法、检测结果说明和取样要求》附件Ⅱ，规定了残留监控的取样程序、取样单的内容、样品处理要求等内容。

2. 指令 2002/63/EC《食品中农药残留监控取样方法》，规定了农药残留监控的具体取样要求。

3. 指令 401/2006/EC《真菌毒素控制》，规定了食品中真菌毒素监测取样的具体要求。

4. 法规（EU）2017/644《某些食品中二噁英、多氯联苯的取样和检测方法》，规定了食品中二噁英、多氯联苯（PCBs）等环境污染物监测样品的具体要求。

四、取样环节

根据兽药的使用可以在不同的生产环节取样，例如监测禁用兽药孔雀石绿（Malachite green），应在养殖环节抽取未成熟鱼的样本，这样更有可能检出。监测限用兽药时，可以在出栏环节抽取样本，检测结果可以更好地说明是否遵守了停药期的规定。无论在哪个环节取样，必须确保不合格检出后，能够追溯到养殖场。

第四节　残留监控计划监测项目和样品分配

一、残留监控计划监测项目

欧盟在 96/23/EC 附件中规定了应该监测的项目，监测项目分为 A、B 两类。A 类主要是禁用物质，细分为 A1～A6 六个小类。B 类主要是在（EU）37/2010《动物源性食品中兽药残留限量》中规定了残留限量的物质，也包括有机氯和有机磷农药、重金属污染物等。具体分类如下：

1. A 类物质（具有合成代谢作用及未批准的物质）。

A1：二苯乙烯类化合物及其衍生物、盐和酯。

A2：抗甲状腺药。

A3：类固醇。

A4：二羟基苯甲酸内酯（Resorcy licucidlactones），如玉米赤霉醇。

A5：β-兴奋剂类。

A6：（EU）37/2010 法规附件规定的禁用药：马兜铃属植物（Arstolochiasspp）及其制剂、氯霉素、氯丙嗪（Cholrprornazine）、秋水仙碱（Colchicine）、氨苯砜（Dapsone）、二甲硝唑、甲硝哒唑、硝基呋喃、洛硝哒唑（Ronidazole）。

2. B 类物质（兽药和污染物）。

B1：抗菌物质，如磺胺类药物、喹诺酮类药物。

B2：其他兽药：

a. 驱蠕虫药。

b. 抗球虫药，如硝基咪唑类。

c. 氨基甲酸酯和拟除虫菊酯。

d. 镇静剂。

e. 非类固醇类抗炎药。

f. 其他药物活性物质，如卡巴氧、喹乙醇。

B3：其他物质和环境污染物：

a. 有机氯，如 PCBs。

b. 有机磷。

c. 化学元素。

d. 真菌毒素。

e. 染料，如孔雀石绿、结晶紫及其隐性代谢物。

f. 其他。

欧盟同时也在其他法规中禁止使用孔雀石绿处理水产品，禁止在饲料中添加卡巴氧、喹乙醇、硝呋索尔等物质。如果出口方允许使用上述物质，必须采取措施确保输欧盟产品中不得使用上述物质。

欧盟列出了 A 类和 B 类包含的 875 种物质清单。出口方可以参考制定相关的残留监控计划。

二、监测样品分配

（一）监测要求

1. A 类物质。

向欧盟出口动物源性产品的国家（地区）必须监控所有的 A 类物质。

2. B 类物质。

出口方应该监测在畜牧生产系统中可能使用或滥用的物质，应证明选择监测项目的合理性。如果监控计划中没有监测某些项目，应随附能够合理证明不选择该项目的书面材料，书面证明材料包括：每种食品动物批准治疗使用的兽药目录和类别，例如抗生素、驱蠕虫药等；证明不需要监测具体 B 类物质的历史监测数据；物质的毒理学数据或最好是风险评估，在食品动物中的使用方式，产生有害残留的可能性和消费者暴露于该危害中的相关风险。

（二）样品的分配

1. 禽肉。

50%的样品用于 A 类监测项目，其中 20%的样品在养殖环节抽取，A1~A6 每个小类至少使用 5%的样品，剩余的样品根据实际情况合理分配。

50%的样品用于 B 类监测项目，其中 30%用于监测 B1 分类物质，30%用于监测 B2 分类物质，10%用于监测 B3 分类物质，剩余的根据实际情况合理分配。

2. 养殖水产品（有鳍鱼）。

1/3 的样品用于 A 类物质监测，全部在养殖环节抽取，如果海上养殖取样难度大可以抽取饲料取代鱼的样品。

2/3 的样品用于 B 类物质监测，最好在养殖环节抽取，可以在加工厂或批发环节抽取，如果在养殖环节以外抽取样品必须确保样品可以追溯到养殖场。

如果在养殖环节取样，必须至少覆盖 10%的养殖场。

3. 鸡蛋。

可以在养殖环节或包装环节取样，每个样品至少 12 个蛋，其中至少 30%的样品在包装环节抽取。70%的样品用于检测 A6、B1 和 B2（b）分类的物质，每类至少检测一种物质。其余 30%样品根据实际情况确定，但必须包括 B3（a）分类的物质。

4. 兔肉。

可以在养殖环节或屠宰场抽取样品，可能需要在养殖环节抽取水和饲料样品监测兽药的非法使用。30%的样品用于监测 A 类物质，其中 70%用于监测 A6 分类物质，剩余的监测其他 A 类物质。70%的样品用于监测 B 类物质，其中 30%用于监测 B1 分类物质，30%用于监测 B2 分类物质，10%用于监测 B3 分类物质，剩余的根据实际情况分配。

5. 肠衣。

肠衣所有的样品仅用于监测（EU）37/2010 的表 2 列明的禁用药物。

6. 蜂蜜。

欧盟针对蜂蜜制定了非常有限的残留限量，例如氟胺氰菊酯（Fluvalinate）和双甲脒（Amitraz），欧盟没有批准治疗蜜蜂的抗菌药物，因此也没有制定蜂蜜中的抗菌药物残留限量。很多国家都批准使用抗菌药物治疗蜜蜂，如果输欧盟蜂蜜中检出抗菌药物残留将被销毁或退运。出口方必须确保检测方法灵敏。

7. 复合食品。

既含植物源性成分又含加工的动物源性成分的食品称为复合食品。复合食品中的加工动物源性成分必须是欧盟批准的，即出口方相应残留监控计划必须经欧盟批准。如果出口方从欧盟成员方或其他批准的国家（地区）进口复合食品中的动物源性成分，则出口方应向欧盟提交申请说明动物源性成分来源，欧盟将在（EU）2011/163 法规中标注，标注后申请方才能向欧盟出口含有相应动物源性成分的复合食品。

第五节 残留监控限量

一、残留限量基本要求

（一）兽药残留限量标准

（EU）37/2010 表 1 规定了限用兽药的最大残留限量，表 2 规定了禁用兽药名单。

（二）农药残留限量标准

396/2005/EC 规定了农药的最大残留限量。

（三）污染物残留限量标准

1881/2006/EC 规定了污染物的最大残留限量。

（四）饲料添加剂限量标准

欧盟将抗球虫药和组织滴虫抑制剂归类为“饲料添加剂”，欧盟批准作为饲料添加剂的抗球虫药和组织滴虫抑制剂可在数据库中查询。

作为饲料添加剂的抗球虫药和组织滴虫抑制剂残留限量可以在数据库列明的批准法规中查询。有的抗球虫药和组织滴虫抑制剂批准为兽药使用，这种药物残留限量可以在（EU）37/2010 法规中查询。

由于饲料生产中可能存在交叉污染，抗球虫药和组织滴虫抑制剂可能对其他不使用该类药物的动物产生交叉污染，124/2009/EC 法规规定了不使用抗球虫药和组织滴虫抑制剂动物可能的残留限量。

二、禁用兽药残留限量要求

（一）禁止所有动物使用兽药的限量要求

包括氯霉素、硝基呋喃、孔雀石绿等在内的禁用药物没有制定残留限量，但是规定了如果超出某一限值将视为检出阳性，该限值称为执行限值（RPAs），超出该限值的产品不得市场销售，检出低于该限值的产品可以市场销售。但是由于该类药物为禁用药，即使检出的限量低于行动参考值，产品可以市场销售，各成员方也必须采取后续的跟踪处理措施。欧盟规定的部分禁用药物行动参考值见表 2. 17。

表 2. 17　欧盟禁用药检测要求变化对比

2002/657/EC（2022 年 11 月 27 日前有效）			（EU）2019/1871（2022 年 11 月 28 日起有效）		
物质名称	检测基质	RPAs	物质名称	检测基质	RPAs
氯霉素	动物源性食品	0. 3ug/kg	氯霉素	动物源性食品	0. 15ug/kg
硝基呋喃及其代谢物（呋喃唑酮、呋喃他酮、呋喃妥因、呋喃西林）	动物源性食品	1ug/kg	硝基呋喃及其代谢物（呋喃唑酮、呋喃他酮、呋喃妥因、呋喃西林、硝呋索尔）	动物源性食品	0. 5ug/kg
孔雀石绿和隐性孔雀石绿总和	动物源性食品	2ug/kg	孔雀石绿和隐性孔雀石绿总和	动物源性食品	0. 5ug/kg

注：由于小龙虾中天然存在的呋喃西林代谢物（SEM）超过行动参考值，因此只有呋喃唑酮、呋喃他酮、呋喃妥因、硝基索尔的代谢物全部超过行动参考值，才能说明非法使用了硝基呋喃类药物，SEM 的检测值超过 0. 5ug/kg 不能证明小龙虾非法使用了呋喃西林。

同时欧盟推荐了部分禁用药的检测低限，如表 2. 18 所示。

表 2.18　欧盟部分禁用物质检测基质及基检测低限

类别	监控物质		检测基质	检测低限
A1. 二苯乙烯类	己烯雌酚、双烯雌酚、己烷雌酚、苯雌酚		尿	0. 5ppb 己烯雌酚
				1ppb 其他
			肝	1ppb
			肉（包括鱼）	1ppb
A2. 甲状腺拮抗剂	硫脲嘧啶、甲基硫脲嘧啶、内硫氧嘧啶、甲巯咪唑、苄硫脲嘧啶、巯基苯并咪唑		尿、甲状腺	10ppb
A3. 类固醇类(Sterids)	检测物质	标记物（代谢物）	检测基质	检测低限
	去氢睾酮	17β 去氢睾酮葡萄糖苷酸(小牛)	尿	1ppb
			肝	2ppb
			肉	1ppb
		17α 去氢睾酮（牛、羊、马）	尿	0. 5ppb
			肝	2ppb
			肉	1ppb
	17β-19-去甲睾酮	17α-19-去甲睾酮	尿	0. 5ppb
			肝	2ppb
			肉	1ppb
	雌激素		尿	0. 5ppb
			肝	2ppb
			肉	1ppb
	17β-雌（甾）二醇		血浆/血清	0. 1pb
			肉	1ppb
	17β-雌（甾）二醇酯		毛发	20ppb
			血浆/血清	0. 1ppb
	17β-睾酮		血清	公<6 月：10ppb
				公 6~18 月：30ppb
				母<18 月：0. 5ppb
	17β-睾酮酯		毛发	10ppb
			血清	0. 1ppb
	甲基睾酮、甲基-1-睾酮		尿	0. 5ppb
			肝	2ppb
			肉	1ppb
	氯睾酮	17α 氯睾酮	尿	0. 5ppb
			肝	2ppb
			肉	1ppb

续表1

类别	监控物质		检测基质	检测低限
A3. 类固醇类（Sterids）	17β 去甲雄三烯醇酮	17α 去甲雄三烯醇酮	尿	0.5ppb
			肝	2ppb
			肉	1ppb
			毛发	10ppb
	司坦唑醇	16β 羟基司坦唑醇	尿	0.5ppb
			肝	2ppb
			毛发（司坦唑醇）	10ppb
			肉	1ppb
	地塞米松		尿	0.5ppb
			肉、肝	批准使用后制定 MRL
	甲地孕酮	甲地孕酮（醋酸酯）	肾脂肪	5ppb
			肉	1ppb
	甲烯雌醇	甲烯雌醇（醋酸酯）	肾脂肪	5ppb
			肉	1ppb
	氯地孕酮	氯地孕酮（醋酸酯）	肾脂肪	2ppb
			肉	1ppb
	甲孕酮	甲孕酮（醋酸酯）	肾脂肪	1ppb
			肉	1ppb
A4. 二羟基苯甲酸内酯	玉米赤霉醇	β-玉米赤霉醇	尿	1ppb
			肝	2ppb
			肉	1ppb
	玉米烯酮、α-玉米赤霉烯醇、β-玉米赤霉烯醇		尿	2ppb
			肝	2ppb
	克仑特罗：MRL（仅适用于牛和马）、0.1ppb 肉、0.05ppb 牛奶、0.5ppb 肝肾 溴布特罗：盐酸溴氯布特罗、西马特罗、西布特罗、克仑潘特、克伦丙罗、羟甲基克伦特罗、马布特罗、马贲特罗、妥洛特罗		尿、肝、肺、肉、肾、粪、血清、饮水	0.1ppb
			视网膜、毛发（初筛）	1ppb
	卡布特罗、克仑塞罗、异克舒令、莱克多巴胺、羟苄羟麻黄碱、沙丁胺醇、特布他林、齐帕特罗		尿、肝、肺、肉、肾、粪、血清、饮水	0.5ppb
			视网膜、毛发（初筛）	5ppb

续表2

<table>
<tr><th>类别</th><th colspan="2">监控物质</th><th>检测基质</th><th>检测低限</th></tr>
<tr><td rowspan="3">A4. 二羟基苯甲酸内酯</td><td colspan="2" rowspan="2">非诺特罗、沙美特罗</td><td>尿、肝、肺、肉、肾、粪、血清、饮用水</td><td>1ppb</td></tr>
<tr><td>视网膜、毛发（初筛）</td><td>5ppb</td></tr>
<tr><td colspan="2">上述所有项目</td><td>饲料</td><td>50ppb</td></tr>
<tr><td rowspan="6">A6.</td><td rowspan="2">硝基咪唑类：洛硝哒唑、二甲硝咪唑、甲硝哒唑
其他5个硝基咪唑类</td><td rowspan="2">羟基代谢物</td><td>禽：血浆、血清、视网膜、蛋猪（和其他动物）：血浆、血清、视网膜、肉养殖水产品：肉奶、饮用水</td><td>1ppb</td></tr>
<tr><td>饲料</td><td>50ppb</td></tr>
<tr><td colspan="2">氯霉素</td><td>肉、蛋、奶、养殖水产品、尿</td><td>0. 15ppb</td></tr>
<tr><td>硝基呋喃类</td><td>呋喃唑酮、呋喃它酮、呋喃妥因、呋喃西林、硝基索尔代谢物</td><td>肉、蛋、奶、养殖水产品</td><td>0. 5ppb</td></tr>
<tr><td colspan="2">氨苯砜</td><td>肉、奶</td><td>5ppb</td></tr>
<tr><td colspan="2">氯丙嗪</td><td>肾</td><td>5ppb</td></tr>
<tr><td rowspan="2">B2（e）非甾体抗炎药</td><td colspan="2">保泰松、羟基保泰松</td><td rowspan="2">肉、奶、肾、肝、血浆</td><td>5ppb</td></tr>
<tr><td colspan="2">布洛芬、萘普生、甲芬那酸、尼氟酸、氟芬那酸</td><td>10ppb</td></tr>
<tr><td rowspan="3">其他</td><td colspan="2">孔雀石绿（含隐性）、结晶紫（含隐性）、亮绿（含隐性）</td><td>鱼肉</td><td>0. 5ppb</td></tr>
<tr><td>卡巴氧</td><td>QCA（喹恶啉-2-羧酸）、DCBX（脱氧卡巴氧）</td><td rowspan="2">肉、肝</td><td rowspan="2">5ppb</td></tr>
<tr><td>喹乙醇</td><td>MQCA（3-甲基喹恶啉-2-羟酸）</td></tr>
<tr><td rowspan="3">A6</td><td colspan="2">氯霉素</td><td rowspan="3">蜂蜜</td><td>0. 15ppb</td></tr>
<tr><td colspan="2">硝基咪唑类</td><td>1ppb</td></tr>
<tr><td colspan="2">硝基呋喃类</td><td>0. 5ppb</td></tr>
<tr><td rowspan="5">B1</td><td colspan="2">四环素族</td><td rowspan="5">蜂蜜</td><td>10ppb</td></tr>
<tr><td colspan="2">磺胺类</td><td>10ppb</td></tr>
<tr><td colspan="2">链霉素</td><td>20ppb</td></tr>
<tr><td rowspan="2">大环内酯类</td><td>红霉素</td><td>20ppb</td></tr>
<tr><td>泰乐菌素</td><td>10ppb</td></tr>
</table>

（二）超范围使用兽药的残留限量标准

根据2001/82/EC第11条规定，虽然某类动物没有被批准使用某类兽药，但是相关兽药批准在其他动物中使用。当需要时，兽医可以通过处方用药的方式在该动物中使用其他动物批准的兽药，处方应至少保存5年备查。为了保护消费者健康，欧盟规定在规定的检测低限下不得检出相应残留，同时规定检测低限应是根据（EU）2018/470法规推论的该兽药在其他基质中最高残留限量的1/10。

第六节　检测实验室要求

欧盟制定了（EU）2021/808法规，规定了残留监控实验室确认、初筛和验证等检测方法的要求。欧盟规定出口方的检测实验室可以采用（EU）2021/808法规，CAC指南，国际纯粹和应用化学联合会的指南中规定的确认、初筛和验证方法。无论采用哪种方法，检测实验室必须有书面材料证明检测方法符合要求和稳定可靠。检测实验室应制定实施质量保证体系，确保检测方法持续符合要求。检测实验室应根据ISO/IEC 17025实施认可，每种检测方法应在认可范围，认可范围可以是固定的或灵活的。

第七节　残留监控计划模板

为了协助和指导向欧盟出口动物源性食品的国家（地区）制定残留监控计划，确保监控计划符合欧盟法规要求，欧盟制定和发布了系列指导文件。主要包括：

1. 为了有效评估出口方提交的残留监控计划，欧盟制定了残留监控计划评估表，要求出口方完整填写相关信息。

2. 欧盟制定了畜、禽、蛋、肠衣等产品应该监控的项目，其中，标注“E”的项目是必须监控的。标注“HD”的项目，欧盟成员方必须监控，其他出口方可以选择监控也可以选择不监控，如果选择不监控则必须提交相关的证明材料，证明不监控的合理性。

3. 欧盟制定了样品取样数量和频率的说明材料，介绍了96/23/EC和97/747/EC法规附件规定的样品数量计算方法。

4. 欧盟制定了残留监控计划表模板，样品数量根据填入的生产数据自动计算。有效协助出口方制定实施符合欧盟要求的残留监控计划。

第七章 欧盟肉类产品进出口管理

第一节 出口管理基本要求

欧盟针对出口食品包括肉类产品没有制定专门的法律法规，在2002/178/EC食品安全基本法中，欧盟规定了出口食品应符合的基本要求，即出口食品应符合欧盟法规要求，如果进口方主管部门要求或在进口方法律法规、标准、规范或管理程序中有相应的管理规定，出口食品应按照进口方要求生产加工。符合进口方要求但不符合欧盟要求的出口食品不能在欧盟市场销售。如果成员方与进口方签订了双边协议，应符合双边协议的要求。

在出口企业管理方面，欧盟在852/2004/EC法规中规定，出口食品企业应符合欧盟规定的食品生产企业通用卫生要求和动物源性食品特殊卫生要求，企业应建立以风险防控为基础的HACCP管理体系，同时根据要求实施备案或注册管理。

第二节 出口证书签发

欧盟没有制定专门的出口证书签发法律法规，在（EU）2017/625欧盟食品安全官方监管基本法中，规定了出口证书的签发要求和其他要求。

出口证书的签发应符合下列要求：

1. 出口证书必须由官方主管部门签发。

2. 官方主管部门应指定和授权官方签字人员，并确保签字人员公平公正、与企业没有利益关系，同时经过有效培训，了解证书中规定的法律法规内容，有能力评估生产加工和产品是否符合相关法律法规要求。

3. 官方证书签字人员应了解证书证明的事实和数据，可以通过签字人员自己的监管活动获取，也可以从主管部门签发的其他证明或证书中获取。

4. 如果监管工作由官方主管部门授权的其他人员实施，监管人员了解证书中证明的事实和数据，官方证书签字人员应能够验证该事实和数据的准确性。

5. 如果根据企业自检自控体系和官方定期监管的结果签发证书，官方签字人员应确信符合证书的签发条件。

6. 主管部门应采取必要的措施避免签发错误的或误导的证书，避免证书的滥用。

出口证书其他要求：

1. 证书应有唯一的编号。

2. 不能在空白或内容不完整的证书上签字。

3. 使用签字人员认识的欧盟成员方一种或多种官方语言签发。

4. 证书内容真实准确。

5. 证书中体现签字人员身份和签字日期。

第三节 进口准入管理

欧盟负责进出口食品安全管理的部门是欧盟委员会下设的卫生和食品安全总司。根据（EU）2016/429《动物卫生法》和（EU）2017/625 法规要求，欧盟对风险程度较高的食品采取市场准入的管理模式。

欧盟规定向欧盟出口动物源性产品的国家在生产动物源性食品时都必须满足三方面的要求：一是欧盟动物卫生（健康）要求；二是公共卫生（健康）要求；三是残留监控要求。欧盟分别针对动物卫生（健康）要求、公共卫生（健康）要求和残留监控要求制定了允许向欧盟出口动物源性食品的国家（地区）名单。大部分动物源性食品只有同时满足上述三方面要求才能向欧盟出口，动物卫生和残留风险小的动物源性食品（例如明胶、胶原蛋白，以及软骨素、氨基葡萄糖、氨基酸等高度精炼的动物源性食品）需满足欧盟公共卫生要求即可向欧盟出口。

（EU）2020/2235 法规进一步规定了动物源性食品进口证书的签发要求。

1. 证书中的签字笔迹、印章、证明内容应使用不同的颜色。

2. 如果证书的证明内容有不同的选项，与该批货物无关的声明或证明内容必须划掉并由签字人员签字确认和加盖印章，或从证书中全部删除。

3. 如果证书由多页组成，则每页都不可分割，共同构成完整的整体，每页都应注明“第×页，共×页”。证书每页均应有证书编号、签字人员签字和印章。

4. 证书应在货物脱离主管部门控制前签发。

5. 进口证书应使用欧盟官方用语，或入境口岸成员方的官方用语拟制。经入境口岸成员方官方主管部门批准，可以使用欧盟其他的官方用语拟制证书，但应随附有效的翻译件。

一、动物卫生准入

（EU）2016/429《动物卫生法》第 230 条规定欧盟应制定符合欧盟动物卫生要求，允许向欧盟出口动物源性产品的国家（地区）名单，并授权欧盟委员会制定相应的实施条例或实施细则。根据授权欧盟委员会制定了（EU）2020/692 实施条例，规定了动物、动物繁殖材料、动物源性产品出口欧盟的规范和要求，同时制定了（EU）2021/404 实施细则，制定了符合欧盟动物卫生要求，允许向欧盟出口动物、动物繁殖材料和动物源性产品的国家（地区）名单。

二、公共卫生准入

（EU）2017/625 第 127 条规定欧盟应制定符合欧盟公共卫生要求，允许向欧盟出口动物源性产品的国家（地区）名单，欧盟委员会根据授权制定了（EU）2019/625 实施条例，规定了向欧盟出口动物源性产品的要求，同时制定了（EU）2021/405 实施细则，制定了符合欧盟公共卫生要求，允许向欧盟出口人类消费动物源性产品的第三国或地区名单，同时规定了大部分动物源性产品应符合欧盟残留监控计划要求。

三、残留监控准入

欧盟要求动物源性产品出口方应向欧盟提供残留监控计划，获得批准后才能向欧盟出口相应的产品，欧盟制定（EU）2011/163 法规列出了残留监控计划获得批准的第三国或地区和产品类别，并根据（EU）2019/2130 法规要求对进口的动物源性产品实施残留监控。

市场准入管理主要包括确定需要实施国家（地区）准入管理的产品范围、确定需要实施企业注册的产品范围、制定国家准入（地区）名单、制定注册企业名单、制定证书模板、针对不同出口方制定特殊要求等。

四、需实施准入的产品名单

（EU）2019/625《动物源性产品进口条件》规定了需要实施市场准入的食品类别和相关的要求。欧盟2658/87/EC法规规定了欧盟管理产品的CN编码，该编码与协调制度编码（HS编码）的前6位保持一致。

1. 需要国家（地区）准入的食品种类。

CN编码系统第2、3、4、5、15、16章，协调制度编码（HS编码）系统1702、1806、2102、2103、2105、2106、2202、2301、2822、2932、3001、3002、3501、3502、3503、3504、3507、3913、4101、4102、4103、4110和9602项下的食品，以及CN编码0106 49 00项下的活昆虫等。

2. 需要企业注册的食品种类。

欧盟法规853/2004/EC附件Ⅲ列明的食品种类，主要包括：畜肉；禽兔肉；野味肉；肉糜；生的调理肉；机械分离肉；肉制品；活双壳软体动物；水产品；鲜奶及奶制品；蛋及蛋制品；青蛙腿肉及蜗牛；动物油脂及油渣；经处理的胃；膀胱和肠产品；动物明胶和胶原蛋白；生产明胶和胶原蛋白的原料等，以及CN编码系统第2、3、4、5、15、16章，协调制度编码（HS编码）系统2102、2103、2105、2106、2202、2301、2822、2932、3001、3002、3501、3502、3503、3504、3507、3913、4101、4102、4103和4110项下的食品。欧盟同时规定初级生产、运输、常温冷库和高度精炼产品（如软骨素、壳聚糖、氨基葡萄糖等）不需要实施企业注册管理。

欧盟规定了原料生产企业需欧盟注册的食品种类，主要包括鲜肉、肉糜、调理肉制品、机械分离肉和出口欧盟的明胶、胶原蛋白生产原料。

CN编码系统0301、0302、0303、0304、0305、0306、0307、0308、1504、1516、1603、1604、1605或2106项下的水产品，加工船、冷库、冷冻运输船需欧盟注册。

协调制度编码（HS编码）系统1601、1602、1603、1604、1605、1901、1902、1905、2004、2005、2103、2104、2105、2106项下复合食品中动物源性成分应来自欧盟注册的企业。

第四节　输欧肉类产品卫生证书要求

2016年，欧盟在动物卫生管理方面整合了一系列法规，形成了动物传染病管理统一法规（EU）2016/429，法规要求动物及其产品在流通和进口时应随附证明相关动物及其产品符合动物卫生（健康）要求的卫生证书。2017年，欧盟整合了分散在一系列法规中的官方监管要求，形成了统一的官方监管法规（EU）2017/625，法规制定了统一的官方监管要求，确保动物及其产品符合欧盟动物卫生（健康）要求和公共卫生（健康）要求，同时要求动物及其产品在流通和进口时应随附证明相关动物及其产品符合动物卫生（健康）要求和公共卫生（健康）要求的卫生证书。2019年，欧盟制定了（EU）2019/628法规，整合了分散在一系列法规中的相关动物及其产品卫生证书模板。

由于欧盟法规持续更新变化，卫生证书模板中引用的部分法规被（EU）2016/429 法规废除，为了使法规清晰，避免不必要的重复，2020 年，欧盟废除了（EU）2019/628 法规，制定了（EU）2020/2235 法规，制定了不同动物源性食品出口欧盟时应遵循的动物卫生证书模板。由于证书模板中存在明显的错误和遗漏，同时欧盟制定了规定国家（地区）准入名单的实施细则，原证书模板中的引用条款也相应发生改变，欧盟制定了（EU）2021/1471 法规对证书模板相关内容实施调整。

2021 年，欧盟调整了牛传染性海绵状脑病的管理法规 999/2001/EC 中的相关内容，因此动物卫生证书模板中与牛传染性海绵状脑病要求相关的内容应作相应调整。2022 年欧盟制定了（EU）2022/36 法规再次对（EU）2020/2235 法规实施调整，调整的内容主要涉及与牛传染性海绵状脑病管理相关的要求，包括控制了 BSE 国家（地区）从 BSE 不确定国家进口动物的要求、使用野生或养殖鹿科动物生产肉制品的要求等。

根据欧盟法规要求，中国可以向欧盟出口的肉产品包括鲜兔肉、肠衣、禽肉制品和符合准入要求的复合食品等，适用的证书模板为第 23 章养殖兔肉证书模板、第 27 章肠衣证书模板、第 26 章经过消除动物卫生风险处理的肉制品证书模板和第 50 章复合食品证书模板。其中肉制品包括两个证书模板，第 25 章肉制品模板适用于没有经过消除动物卫生风险处理的肉制品，第 26 章肉制品模板适用于经过消除动物卫生风险处理的肉制品。根据欧盟法规规定，中国出口的禽肉制品应使用 D 类的热加工处理方式消除动物卫生风险。

（一）基本要求

动物卫生证书应由官方兽医签发，签字、印章和证书内容应使用不同的颜色。证书中动物卫生要求与货物无关的内容应划掉，并由签字兽医在划掉的内容处签字或盖章，或者将与该批货物无关的证明内容从证书中删除。证书每页均应标注“第×页，共×页”、证书编号、官方兽医签字和官方印章。

证书应在货物脱离官方兽医监管前签发，证书的签发应至少使用一种入境口岸成员方的官方用语，如果使用了其他官方用语应随附能够证明真实性的翻译件。

证书丢失、损坏或出现一般性错误可以重新签发证书，重发的证书不得更改货物基本信息和证明信息，重发证书应使用新的编号和签发日期同时标明原证书编号和签发日期，并明确声明本证书替代原证书。如果证书签发后仅是收货人、运输工具和入境口岸发生变化，入境口岸主管部门应避免要求重新签发证书，入境货物责任人提供相关的变更信息即可。

（二）输欧禽肉制品证书模板

1. 证书基本信息。

证书基本信息如表 2. 19 所示。

表 2.19　输欧禽肉制品证书

<table>
<tr><td colspan="3">P. R. CHINA</td><td colspan="2">Animal health/official certificate to the EU</td></tr>
<tr><td rowspan="12">Part Ⅰ: Details of dispatched consignment</td><td colspan="2" rowspan="3">I. 1　Consignor/Exporter 出口商
Name 名称：
Address 地址：
Country 出口国（地区）：
ISO country code 国家（地区）代码：</td><td>I. 2 Certificate reference
证书编号</td><td>I. 2a　IMSOC reference
电子证书编号（如果不通过系统提交电子证书，可不填写）</td></tr>
<tr><td>I. 3　Central　Competent Authority 中央主管部门</td><td rowspan="2">QR Code 电子证书二维码</td></tr>
<tr><td>I. 4 Local Competent Authority 地方主管部门</td></tr>
<tr><td colspan="2">I. 5　Consignee/Importer 进口商
Name 名称：
Address 地址：
Country 目的国（地区）：
ISO country code 国家（地区）代码：</td><td colspan="2">I. 6　Operator responsible for the consignment
欧盟入境申报责任人，可以是进口商。在欧盟市场销售的可以选择性填写，转运或有要求时必填。
Name 名称：
Address 地址：
Country 欧盟成员方：
ISO country code 国家（地区）代码：</td></tr>
<tr><td colspan="2">I. 7　Country of origin 来源国（地区）：
ISO country code 国家（地区）代码：</td><td colspan="2">I. 9　Country of destination 目的国（地区）：
ISO country code 国家（地区）代码</td></tr>
<tr><td colspan="2">I. 8　Region of origin：来源地区（区域化管理）
Code 代码：</td><td colspan="2">I. 10 Region ofdestination 目的地区（同 I. 8）：
Code 代码：</td></tr>
<tr><td colspan="2">I. 11　Place of dispatch 发运地
Name 名称：
Registration/Approval No 企业注册号：
Address 地址：
Country 国家（地区）：
ISO country code 国家（地区）代码：</td><td colspan="2">I. 12　Place of destination 卸货地
Name 名称：
Registration/Approval No 注册号：
Address 地址：
Country 国家（地区）：
ISO country code 国家（地区）代码：</td></tr>
<tr><td colspan="2">I. 13　Place of loading 出口装运地（港口）：</td><td colspan="2">I. 14　Date and time of departure 装运时间：</td></tr>
<tr><td colspan="2" rowspan="2">I. 15　Means of transport 运输工具
□Aircraft 空运　□Vessel 海运
□Railway 铁路　□Road vehicle 公路
Identification 航次/班次：</td><td colspan="2">I. 16　Entry Border Control Post 入境口岸：</td></tr>
<tr><td colspan="2">I. 17　Accompanying documents 随附证明
Type 种类（如许可证）：
Code 编号：
Country 国家（地区）：
ISO country code 国家（地区）代码：
Commercial document 商业单据：
Reference 编号：</td></tr>
<tr><td>I. 18　Transport conditions 运输条件</td><td>□Ambient 常温</td><td>□Chilled 冷藏</td><td>□Frozen 冷冻</td></tr>
<tr><td colspan="4">I. 19　Container number/Seal number 集装箱/铅封编号
Container No 集装箱号：　Seal No 铅封号：</td></tr>
</table>

续表

<table>
<tr><th colspan="4">P. R. CHINA</th><th>Animal health/official certificate to the EU</th></tr>
<tr><td rowspan="7">Part Ⅰ: Details of dispatched consignment</td><td colspan="4">I. 20 Certified as or for 用途</td></tr>
<tr><td colspan="4">□ Products for human consumption 人类消费</td></tr>
<tr><td colspan="3" rowspan="2">I. 21 □ for transit 转运
Third country 第三国（地区）:
ISO country code 国家（地区）代码:</td><td>I. 22 □For internal market 欧盟市场</td></tr>
<tr><td>I. 23</td></tr>
<tr><td colspan="2">I. 24 Total number of packages 包装数量</td><td>I. 25 Total quantity 总重量</td><td>I. 26 Total net weight/gross weight (kg) 毛/净重</td></tr>
<tr><td colspan="4">I. 27 Description of consignment 货物描述
CN code 税则编码 Species 动物种类（科学名称或欧盟法规定义的名称）
Cold store 冷库编号 Identification mark 欧盟标识 Type of packaging 包装种类 Net weight 净重
Slaughterhouse 屠宰厂编号 Treatment type 加工方式（在 ABCDE 类中选择） Nature of commodity 产品属性（肉制品） Number of packages 包装数量 Batch No 批次号
□ Final consumer 最终消费者使用 Date of collection/production 生产日期 Manufacturing plant 加工企业 Approval or registration number of plant/establishment/centre 企业注册编号</td></tr>
</table>

2. 证书证明部分。

证书证明部分如表 2.20 所示。

表 2.20 输欧禽肉制品证书证明

Ⅱ. 1. Public health attestation 公共卫生证明

本签字人声明：我了解欧盟 999/2001/EC、178/2002/EC、852/2004/EC、853/2004/EC 和（EU）2017/625 等法规要求，在此证明上述肉制品，包括炼制动物油脂、肉提取物质、胃肠制品（不包括肠衣）等按照上述法规要求生产，尤其是符合下列要求：

Ⅱ. 1. 1 生产企业是欧盟注册的企业，按照欧盟基本卫生要求生产，根据 852/2004/EC 法规第 5 条规定制定实施了 HACCP 体系，并定期接受官方审核；

Ⅱ. 1. 2 生产肉制品的养殖动物经宰前宰后检验合格，或野生动物经宰后检验合格；

Ⅱ. 1. 3 原料符合 853/2004/EC 附件Ⅲ，第 I~VI 部分规定的要求；

Ⅱ. 1. 4 不适用于禽肉制品。

Ⅱ. 1. 5 产品标识符合 853/2004/EC 附件Ⅱ第 I 部分规定的要求；

Ⅱ. 1. 6 产品外包装标签上的产品标识应能够表明肉制品的原料来自欧盟注册的屠宰厂和分割厂；

Ⅱ. 1. 7 产品符合 2073/2005/EC 规定的产品微生物要求；

Ⅱ. 1. 8 根据指令 96/23/EC 指令第 29 条，出口方提交了相关动物和产品的残留监控计划，获得批准的残留监控计划在（EU）2011/163 决议中列明；

Ⅱ. 1. 9 产品符合 396/2005/EC 规定的农药最高残留限量和 1881/2006/EC 规定的污染物最高残留限量。

续表

Ⅱ.1.10　运输工具和肉制品的装运条件符合欧盟规定的卫生要求； Ⅱ.1.11—Ⅱ.1.14　不适用禽肉制品。 Ⅱ.2　Animal health attestation 动物卫生证明 本证书第Ⅰ部分描述的肉制品符合下列要求：Ⅱ.2.1.　产品在编号为：________的地区生产和装运，在签发证书时欧盟批准该地区向欧盟出口肉制品，用于生产肉制品的动物种类和允许向欧盟出口肉制品的地区编号在（EU）2021/404 法规附件ⅩⅤ第 1 部分表格中列明； Ⅱ.2.2　肉制品仅含代号为________的一种肉（禽肉代号为 POU），经________的方式加工处理（欧盟允许中国使用 D 加工方式加工处理输欧禽肉），在（EU）2021/404 附件ⅩⅤ第 1 部分中批准了肉制品的生产和装运地区，以及相应的加工方式。原料动物来自肉制品生产国家或地区、允许向欧盟出口生鲜肉的国家或地区、欧盟成员方。 如果用于生产肉制品的生鲜禽肉来自欧盟批准的有高致病性禽流感或新城疫病例的国家或地区，热处理方式至少为 D 类处理方式（即中心温度至少达到 70℃）。 如果肉制品含有不同的动物肉，原料肉混合后加工处理的，应采取（EU）2021/404 针对不同肉规定的最严格方式加工处理，如果原料肉加工处理后再混合，则分别根据（EU）2021/404 针对相应动物肉规定的方式加工处理。原料动物可来自肉制品生产国家或地区、允许向欧盟出口生鲜肉的国家或地区、欧盟成员方。 Ⅱ.2.3　提供生产肉制品动物的养殖场所不能因动物健康问题或发生（EU）2020/692 附件Ⅰ规定的动物疫病，被主管部门采取管控措施，养殖场所方圆 10 千米范围内在过去的 30 天内没有发生过上述动物疫病。或过去的 30 天内该地区野生动物没有发生相关的动物疫病。 Ⅱ.2.4　产品加工后到包装前应采取卫生处理方式，避免产生引起动物健康风险的交叉污染。 Ⅱ.2.5　如果目的地是不实施免疫的新城疫非疫区，生产肉制品的活禽在屠宰前 30 天不得接种活疫苗。 Ⅱ.3　Animal welfare attestation 动物福利证明 本签字官方兽医在此证明，用于生产上述肉制品的动物在屠宰过程中符合欧盟关于动物在屠宰时的动物福利要求，或等效的要求。

（三）输欧兔肉证书模板

1. 证书基本信息同禽肉制品证书模板。

2. 证书证明部分。

证书证明部分如表 2.21 所示。

表 2.21　输欧兔肉证书证明

Ⅱ.1　Public health attestation 公共卫生证明 本签字人声明：我了解欧盟 178/2002/EC、852/2004/EC、853/2004/EC、（EU）2017/625、（EU）2019/624 和（EU）2019/627 等法规要求，在此证明本批养殖兔肉按照上述法规要求生产，尤其是符合下列要求： （a）生产企业是欧盟注册的企业，按照欧盟基本卫生要求生产，根据 852/2004/EC 法规第 5 条规定制定实施了 HACCP 体系，并定期接受官方审核； （b）兔肉的生产、储存、运输符合 853/2004/EC 附件Ⅲ，第Ⅱ部分规定的要求； （c）根据（EU）2019/627 法规第 8~14、26、37、38 条款和（EU）2019/624 第 3、5~8 条款要求，经宰前宰后检验，兔肉适合人类消费使用； （d）根据 853/2004/EC 附件Ⅱ第Ⅰ部分规定，兔肉外包装加施了欧盟标识；

续表

(e) 根据 96/23/EU 第 29 条规定提交的残留监控计划包括兔类动物及其产品，同时出口方兔类动物及其产品在（EU）2011/163 法规中列明； (f) 兔肉符合欧盟 396/2005/EC 规定的农药最高残留限量。 Ⅱ.2 Identification 标识 兔肉的标识能够确保产品追溯到养殖来源。 Ⅱ.3 Animal welfare attestation 动物福利证明 本签字人证明：活兔在屠宰过程中符合欧盟规定的屠宰过程动物保护要求或等效的要求。

（四）输欧肠衣证书模版

1. 证书基本信息与禽肉制品证书模版相同。

2. 证书证明部分。

证书证明部分如表 2.22 所示。

表 2.22　输欧肠衣证书证明

Ⅱ.1 Public health attestation 公共卫生证明 本签字人声明：我了解欧盟 999/2001/EC、178/2002/EC、852/2004/EC、853/2004/EC 和（EU）2017/625 等法规要求，在此证明肠衣按照上述法规要求生产，尤其是符合下列要求： Ⅱ.1.1 生产企业是欧盟注册的企业，按照欧盟基本卫生要求生产，根据 852/2004/EC 法规第 5 条规定制定实施了 HACCP 体系，并定期接受官方审核； Ⅱ.1.2 用于生产肠衣的动物经宰前宰后检验合格； Ⅱ.1.3 肠衣生产符合 853/2004/EC 附件Ⅲ，第Ⅷ部分规定的要求； Ⅱ.1.4 肠衣根据 853/2004/EC 附件Ⅱ第Ⅰ部分规定的要求加施了欧盟标识； Ⅱ.1.5 根据指令 96/23/EC 第 29 条，出口方提交了包含肠衣的残留监控计划，获得批准的残留监控计划在（EU）2011/163 决议中列明； Ⅱ.1.6 运输工具和肠衣的装运条件符合欧盟规定的卫生要求； Ⅱ.1.7 牛、羊肠衣应符合下列有关 BSE（牛传染性海绵状脑病）的管理要求： 1. 忽略 BSE 风险的国家（地区）：根据 2007/453/EC 法规，出口方属于忽略 BSE 风险的国家（地区），用于生产肠衣的动物在该国（地区）出生、饲养和屠宰。 2. BSE 风险受控的国家（地区）： (1) 牛肠衣不能包含 999/2001/EC 附件Ⅴ第 1（a）（Ⅲ）条定义的风险物质； (2) 动物的致昏和屠宰不能使用破坏脑组织导致污染风险物质的方式实施； (3) 活牛来自忽略 BSE 风险，没有本土病例的国家（地区）； (4) 活牛来自忽略 BSE 风险的国家（地区），如果至少有 1 例本土病例，活牛应在禁止饲喂肉骨粉和脂渣的禁令实施后出生，不能含有或使用 999/2001/EC 附件Ⅴ第 1（a）（Ⅲ）条定义的风险物质生产肠衣； (5) 活牛来自 BSE 风险受控的国家（地区），动物的致昏和屠宰不能使用破坏脑组织导致污染风险物质的方式实施，不能包含或使用 999/2001/EC 附件Ⅴ第 1（a）（Ⅲ）条定义的风险物质生产肠衣； (6) 活牛来自 BSE 风险不确定的国家（地区），动物的致昏和屠宰不能使用破坏脑组织导致污染风险物质的方式实施，动物不得饲喂世界动物卫生组织在陆生动物卫生法中定义的肉骨粉或脂渣，不能包含或使用 999/2001/EC 附件Ⅴ第 1（a）（Ⅲ）条定义的风险物质生产肠衣；

续表

3. BSE 风险不确定的国家（地区）： （1）牛肠衣不能包含 999/2001/EC 附件Ⅴ第 1（a）（Ⅲ）条定义的风险物质； （2）动物的致昏和屠宰不能使用破坏脑组织导致污染风险物质的方式实施； （3）动物不得饲喂世界动物卫生组织在陆生动物卫生法中定义的肉骨粉或脂渣； （4）活牛来自忽略 BSE 风险，没有本土病例的国家（地区）； （5）活牛来自忽略 BSE 风险的国家（地区），如果至少有 1 例本土病例，活牛应在禁止饲喂肉骨粉和脂渣的禁令实施后出生，不能含有或使用 999/2001/EC 附件Ⅴ第 1（a）（Ⅲ）条定义的风险物质生产肠衣。 Ⅱ.2 Animal health attestation 动物卫生证明 本官方签字兽医证明： Ⅱ.2.1 肠衣在编号为：________的地区生产和装运，在签发证书时欧盟批准该地区向欧盟出口相关的动物肠衣，用于生产肠衣的动物种类和允许向欧盟出口肠衣的地区编号在（EU）2021/404 附件ⅩⅥ第 1 部分表格中列明； Ⅱ.2.2 使用牛羊膀胱或原肠生产肠衣的出口方，应该是欧盟批准向欧盟出口生鲜牛羊肉的国家（地区），并在（EU）2021/404 附件Ⅷ第 1 部分列出，同时在第 5 栏中没有规定其他限制条件。 使用牛、羊、猪膀胱或原肠生产肠衣时，应符合下列加工要求： 在 20℃或以上温度条件下，使用氯化钠或饱和盐水（aw<0.8）连续盐渍 30 天或以上；或 在 20℃或以上温度条件下，使用含有磷酸盐的干盐或饱和盐水（aw<0.8）连续盐渍 30 天或以上，根据重量比例盐中含氯化钠 86.5%、磷酸氢钠 10.7%、磷酸钠 2.8%。 使用牛、羊、猪以外其他动物膀胱或原肠生产肠衣时，应符合下列加工要求： 使用氯化钠盐渍 30 天；或 漂白；或 刮制后干制处理。 Ⅱ.2.3 从加工到包装应采取措施防止交叉污染，避免产生动物健康风险。

第五节 中国获得欧盟准入的肉类产品

一、符合欧盟动物卫生准入要求的中国肉类产品［（EU）2021/404］

（一）生鲜禽肉

生鲜禽肉出口欧盟的准入条件如表 2.23 所示。

表 2.23 生鲜禽肉出口欧盟的准入条件

国家名称	地区	产品	特殊条件	其他保证	暂停时间	恢复时间
中国	山东 CN-1	生鲜禽肉（不包括平胸鸟）	因发生高致病性禽流感暂停进口	可以免疫新城疫，前提条件是：免疫措施和出口禽肉均符合欧盟 2020/692 实施条例规定的相关要求。	2004.2.6	—

（二）畜禽肉制品（不含肉干制品）

畜禽肉制品（不含肉干制品）出口欧盟的准入条件如表 2.24 所示。

表 2.24　畜禽肉制品（不含肉干制品）出口欧盟的准入条件

国家名称	地区	牛	羊	猪	养殖野味（不包括猪）	养殖野味（猪）	野味（不包括猪）	野味（猪）	禽（不包括平胸鸟）	平胸鸟	野味禽	特殊条件
中国	其他地区 CN-0	B	B	B	B	B	B	B	B	B	B	不能使用进口原料
	山东 CN-1	B	B	B	B	B	B	B	D	B	B	

表中：

B：密闭容器高温高压处于是 F_0 值不低于 3。

D：产品中心温度不低于 70 ℃，对于天然发酵火腿，发酵时间不少于 9 个月，水活度不高于 0.93，pH 值不高于 6。

（三）肠衣

中国可以向欧盟出口使用畜禽原料生产的肠衣，加工应符合 2020/692 实施条例规定的要求。

二、符合欧盟公共卫生准许要求的中国肉类产品（2021/405 法规）

（一）生鲜肉

1. 禽肉：中国禽肉残留监控计划已经获得欧盟批准，但是因高致病性禽流感问题，生鲜禽肉至今不能向欧盟出口。

2. 兔肉：中国可以向欧盟出口使用养殖兔生产的生鲜兔肉。

（二）肉制品（不包括肉干制品）

1. 畜肉：虽然畜肉制品经过 B 类加工模式（罐头生产工艺）可以满足欧盟动物卫生要求，但是由于中国畜肉残留监控计划未符合欧盟标准，因此至今不能向欧盟出口畜肉制品。

2. 禽肉：由于中国禽肉残留监控计划已符合欧盟标准，因此根据欧盟动物卫生要求，全国地区均可向欧盟出口使用 B 类加工模式（罐头生产工艺）生产的禽肉制品，只有山东省可以向欧盟出口使用 D 类加工模式（产品中心温度不低于 70 ℃）生产的禽肉制品。

3. 兔肉：由于中国可以向欧盟出口生鲜兔肉，根据（EU）2020/692 实施条例第 148 条规定，中国也可以向欧盟出口未经熟制加工处理的兔肉调理制品。

（三）肠衣

中国肠衣符合欧盟动物卫生要求，残留监控计划也得到欧盟批准，可以向欧盟出口使用畜禽原料生产的肠衣。

（四）青蛙腿肉及蜗牛

根据（EU）2020/405 法规规定，中国可以向欧盟出口青蛙腿肉和蜗牛。

三、欧盟批准的残留监控计划（2011/163/EU 法规）

欧盟批准出口方提交的残留监控计划并在 2011/163/EU 法规中公布，中国提交并获批准的残留监控计划中，动物产品种类包括：禽产品、兔产品、养殖水产品、蛋和蛋产品、肠衣、蜂蜜。

四、准入的企业名单。

欧盟法规 853/2004/EC 附件Ⅲ列明的食品种类需要实施欧盟企业注册管理，但是不包括高度精炼产品（如软骨素、氨基葡萄糖、壳聚糖、透明质酸等），实施企业注册的产品种类主要包括畜肉、禽兔肉、野味肉、肉糜、生的调理肉、机械分离肉、肉制品、活双壳软体动物、水产品、鲜奶及奶制品、蛋及蛋制品、青蛙腿肉及蜗牛、动物油脂及油渣、经处理的胃、膀胱和肠产品、动物明胶和胶原蛋白、生产明胶和胶原蛋白的原料等。欧盟在官方网站上公布允许向欧盟出口相关动物源性食品的注册企业名单。

第六节　欧盟对中国产品的特殊管理要求

2002/994/EC《关于对从中国进口的动物源性产品的特定保护措施》规定中国产的养殖水产品、虾、小龙虾、兔肉、禽肉制品、蛋及蛋制品、蜂蜜、蜂王浆、蜂胶、花粉和肠衣在出口前主管部门必须检测氯霉素、硝基呋喃及其代谢物。养殖水产品还需检测孔雀石绿、结晶紫及其代谢物。

综上所述，中国可以向欧盟出口的动物源性食品包括蛋制品（不包括鲜蛋）、冷冻兔肉、肉制品［禽肉和兔肉制品，禽肉制品应按照（EU）2020/692 规定的 D 类加工方式生产，兔肉制品没有规定特殊加工要求］、肠衣、水产品（不包括双壳软体动物、棘皮动物、尾索动物和海洋腹足动物）、青蛙腿、蜗牛、明胶、胶原蛋白、用于生产明胶和胶原蛋白的水产原料、蜂蜜、高度精炼产品（如软骨素、壳聚糖、透明质酸等）。需要实施生产企业欧盟注册的产品包括冷冻禽兔肉（其中生禽肉仅用于生产加工肉制品）、肉制品（其中禽肉制品仅限中国山东地区）、水产品、肠衣、蛋制品、明胶和胶原蛋白七类产品。

第七节　回顾性检查

健康食品安全总司内设的司局级管理部门——健康、食品审核和分析司负责制定年度的检查计划，根据工作计划对出口方动物疫病官方管理体系、肉类食品安全官方管理体系和残留监控计划的制定和实施情况实施现场回顾性检查，检查的目的主要是验证出口方相关官方监管体系是否与欧盟监管体系等效，是否能够确保出口欧盟的肉类产品符合欧盟的法规要求，回顾性检查时除了对官方管理体系实施验证，同时对出口欧盟肉类产品生产企业实施现场检查，通过对企业的检查来验证出口方官方监管体系的有效性。根据检查中发现问题的情况，欧盟将适时调整对相关肉类产品的进口管理要求，或暂停向欧盟出口相关肉类产品。

第八节　入境口岸管理

欧盟制定了（EU）2021/632《需实施口岸检查的动物和产品名单》，规定了需要实施入境口岸兽医卫生检查的产品名单和海关税则编码，其中还规定了不需要实施口岸兽医检查的含有动物源性成分的复合食品名单。

一、进口检查基本程序

欧盟制定了（EU）2019/2130《动物及其产品口岸检验程序》，规定了包括肉类产品在内的货物进口检查基本程序。进口货物检查包括文件审核、货证信息核对、实货检验三种措施。

（一）文件审核

欧盟批批检查进口肉类产品随附的官方兽医卫生证书、官方证明和其他的证明文件。确保相关证书由出口方主管部门签发，证书内容和格式符合欧盟要求，确保进口商填报的信息与证书内容相符。

（二）货证信息核对

如果没有抽中实货检验，仅需核对集装箱编号和铅封号，确保货证相符。如果抽中实货检验，应抽取整批货物的1%，至少抽取两件且最多抽取10件核对货物信息是否与证书相符，如果需要也可以抽取更多件货物或整批货物实施进一步的检查。必要时可以卸载部分或全部货物实施货证信息核对。

（三）实货检验

根据法定的频率欧盟对进口肉类实施实货检验，验证运输条件是否符合要求、运输温度是否符合要求、运输包装是否清洁完整、标签中的保质期和其他内容是否符合要求，同时通过感官检验、简单理化检验和实验室送检等方式验证货物是否符合预期用途，是否在运输过程中改变性质。实施感官检验和简单理化检验时，每批货物应抽取整批货物1%的样品，至少抽取两件且最多抽取10件货物实施检验，必要时可抽取更多的样品。应抽取整批货物代表性样品实施简单理化检验和实验室送检。欧盟制定了进口食品监控计划，根据监控计划抽取进口食品的送检样品。如果货物对公共卫生和动物卫生没有直接的危害，在检测结果出来前，货物可以先放行。

检验完毕后应重新封闭取样口并加盖官方印章，如果法规要求，可重新加施铅封。相关证书应至少保存3年。

二、口岸检查频率

欧盟制定了（EU）2019/2129《进口动物源性食品的货物检查比例》，规定了对进口动物源性食品的口岸抽检比例，抽检后实施实货检验，并根据进口食品监控计划确定是否抽样送实验室检测。如果出口方某类产品在12个月内检出的不合格数量超过全部不合格平均数量的30%，则将实货检验频率提高到下一个更高的等次，如果实货检验频率为30%，则将频率提高到50%。经检验进口货物无不符合问题，或在12月内不合格问题低于全部不合格平均数量的30%时，可恢复原抽检比例，如表2.25所示。

表2.25　进口肉类产品货证信息核对和实货检验比例

风险类别	产品种类	信息核对	实货检验
Ⅰ	活动物	100%	100%
Ⅱ	1. 肉糜、机械分离肉、调理肉 2. 禽肉 3. 兔肉、野味肉及其制品	100%	30%

续表

风险类别	产品种类	信息核对	实货检验
Ⅲ	1. 肉制品 2. 炼制脂肪、脂渣 3. 禽肉制品 4. 复合食品 5. 蛙腿和蜗牛 6. 人类食用的昆虫	100%	15%
Ⅳ	1. 明胶和胶原蛋白 2. 肠衣	100%	5%
Ⅴ	1. 高度精炼产品（如软骨素、氨基葡萄糖等）	100%	1%

三、口岸强化监管要求

欧盟制定了法规（EU）2019/1873《动物源性食品口岸强化监管程序》，规定如果入境口岸发现进口动物源性食品存在问题可以向欧盟通报，经欧盟评估批准后实施强化监管措施。实施强化监管时，入境口岸对同一生产企业实施批批检验，如果发现3批货物存在同样的问题导致强化监管，欧盟将通报生产企业所在出口方的主管部门，要求实施调查，查找问题发生的原因，采取有效措施防止问题再次发生，并将调查和问题整改情况通报欧盟。

成员方主管部门可以通知欧盟和其他成员方终止强化监管的原因并恢复正常监管，满足下列条件时应终止强化监管：一是连续10批检验合格；二是连续10批进口检验的数量是导致强化监管进口相关货物数量的10倍，或净重300吨以上。如果欧盟要求出口方主管部门实施调查和整改措施，在满足下列条件时应终止强化监管：一是连续30批检验合格；二是出口方主管部门采取了满意的整改计划。

第九节　复合食品进口特殊要求

欧盟将食品分为三大类，即动物源性食品、非动物源性食品和复合食品，针对不同的食品规定了不同的管理模式和要求。欧盟关于复合食品的监管规则（EU）2019/625于2021年4月21日生效。相较旧的监管规则，向欧盟出口复合食品的监管规则发生了很大变化。本部分主要解读六方面问题：一是复合食品的定义及复合食品与含植物源性成分的动物源性食品之间的区别；二是复合食品生产企业欧盟注册管理要求；三是复合食品中动物源性成分管理要求；四是复合食品生产方要求；五是输欧复合食品证书和口岸管理要求；六是出口欧盟复合食品生产企业应关注的重点。

一、复合食品简介

复合食品指既含有植物源性成分又含有加工的动物源性成分的食品，无论动物源性成分比例占多少。判定是否属于复合食品的关键点：一是食品中动物源性成分是否经过加工处理，如果没有经过加工则属于未经加工的动物源性食品，加工过程可以在动物源性成分供应企业完成，也可以在复合食品加工企业完成。例如含有肉馅的包子属于复合食品，其中动物源性成分（肉馅）的熟制过程是在包子加工企业（复合食品生产企业）完成的。二是食品中植物源性成分的作用，如果植物源性成分的作用是给动物源性成分增加某种特色，处于从属地位，则产品属于加工的动物源性食品（例如熟制的牛排或鱼排添加香草或其他调味的植物源性产品），只有植物源性成分与动物源性成分相互独立才属于复合食品，例如比萨、馅饼等。

新的监管规则摒弃了以往根据复合食品中动物来源成分含量比重对复合食品进行分类管理的做法，取而代之的是以该食品中所含的动物成分可能危害动物健康、公共健康的风险，以及该食品运输、储存温度要求等进行综合评估，从而将复合食品分为"需冷藏保存的复合食品""常温保存含肉成分的复合食品""常温保存不含肉成分的复合食品"三类。容易与复合食品混淆的产品主要包括：

1. 未加工的动物源性食品（含植物源性成分）。食品中含有未加工的动物源性成分仍属于动物源性食品，例如含有植物源性成分的肉串、添加坚果的蜂蜜等。

2. 加工的动物源性产品（添加了植物源性成分）。添加的植物源性成分是为了增加动物源性食品的特色，是生产该动物源性食品不可缺少的环节。例如在奶酪中添加香草、在酸奶中添加水果。添加的植物源性成分是为了增加动物源性食品的特色，因此均属于奶制品，而不属于复合食品。香肠中添加蒜粒或黄豆仍属于肉制品，增加各种水果的冰激凌仍属于奶制品。

3. 多种动物源性混合的食品。鱼丸中含有作为增稠剂的蛋清、使用酸奶、奶、油和香料腌制的肉串、含有蛋清的鱼糜等。

二、复合食品生产企业欧盟注册管理要求

根据复合食品中动物源性成分的加工方式，复合食品生产企业分为不需要欧盟注册和需要欧盟注册两种情况。

（一）不需欧盟注册

根据欧盟法规要求，复合食品的动物源性成分必须来自欧盟注册的企业，动物源性成分的生产加工应符合 853/2004/EC《动物源性食品生产企业特殊卫生要求》，复合食品生产企业不需要实施注册，生产加工符合 852/2004/EC《食品卫生要求》规定的食品生产企业通用要求即可。

（二）需要欧盟注册

如果动物源性原料供应商仅提供生的原料，动物源性成分的加工过程在复合食品生产企业进行，则复合食品生产企业应实施注册管理，生产加工应符合 853/2004/EC《动物源性食品生产企业特殊卫生要求》。

例如，某生产肉包子的企业（复合食品生产企业）希望向欧盟出口，如果该企业采购的肉馅是经过熟制加工的，则包子生产企业不需要在欧盟注册，只需确保生产熟制肉馅的企业是欧盟允许的注册企业即可，如果包子生产企业采购的原料肉为生的，需要在本企业熟制，则包子生产企业必须在欧盟注册。

三、复合食品中动物源性成分要求

（EU）2019/625 法规第 12 条规定下列 CN 编码［欧盟关税编号，前 6 位与协调制度编码（HS 编码）相同］项下的复合食品中，加工的动物源性成分必须来自欧盟批准的生产企业，具体包括 1517、1518、1601 00、1602、1603 00、1604、1605、1702、1704、1806、1901、1902、1904、1905、2001、2004、2005、2101、2103、2104、2105 00、

2106、2202、2208。

同时为了符合欧盟动物卫生要求，动物源性成分应符合（EU）2020/692《动物、种用物质、动物源性产品进口管理规定》规定的加工处理要求。

四、复合食品生产方要求

欧盟对三类复合食品生产方有不同的管理要求，其中对生产需冷藏保存复合食品和常温保存含肉成分复合食品的国家（地区），欧盟要求该国（地区）必须是经欧盟批准的允许向欧盟出口复合食品中所含加工动物源性成分的国家（地区）。对于生产常温保存不含肉成分复合食品的国家（地区），如果动物源性成分是明胶、胶原蛋白或高度精炼产品，复合食品生产方应是欧盟批准的允许向欧盟出口明胶等产品的国家（地区）；如果动物源性成分是奶制品、蛋制品或水产品等，复合食品生产方可以是批准向欧盟出口肉制品、水产品、奶制品或蛋制品任意一种产品的国家（地区），例如允许向欧盟出口肉制品的国家（地区），即使不允许向欧盟出口蛋制品，仍可以向欧盟出口常温保存的含蛋复合食品。

对于复合食品中的所有动物源性成分，复合食品生产方必须有欧盟批准的残留监控计划，如果复合食品生产方不是欧盟批准的相关动物源性成分出口方，而是从其他欧盟批准的国家（地区）或欧盟成员方采购相关动物源性成分，复合食品生产方应向欧盟提出书面申请，欧盟在（EU）2011/163 法规中标注。

五、输欧复合食品证书和口岸兽医检查要求

需冷藏保存的复合食品和常温保存含肉成分的复合食品在出口时应提供由主管部门签发兽医卫生证书，证书模板符合（EU）2020/2235《输欧动物源性产品兽医卫生证书要求》第 50 章要求。常温保存的不含肉成分复合食品不需签发兽医卫生证书，由欧盟进口商填写上述法规附件Ⅴ规定的声明。

需冷藏的复合食品和常温含肉成分复合食品都需要实施口岸兽医卫生检查，（EU）2021/630 法规附件规定了不需实施口岸检查的常温不含肉成分复合食品名单，该类产品在目的地、企业储存库或销售前环节实施检查。具体产品 CN 编码包括 1704、ex 180620、ex 18063100、ex 180632、ex 18069011、ex 18069019、ex 18069031、ex 18069039、ex 18069050、ex 18069090，ex 190219、ex 190230、ex 190240，ex 190510、ex 190520、ex 190531、ex 190532、ex 190540、ex 190590、ex 20019065、ex 20057000、ex 1604、2101、ex 2104、ex 2106、ex 220870。

六、出口企业需关注的重点

新规定实施后，输欧复合食品生产企业应高度重视下列要求：

1. 复合食品中的所有动物源性成分必须来自欧盟批准的生产企业，来源包括欧盟成员方和其他符合要求的第三国或地区；

2. 针对复合食品中的所有动物源性成分，复合食品生产方都应有相应的残留监控计划，获得欧盟批准后在（EU）2011/163 法规中标注。如果使用其他国家（地区）动物源性成分，需在该法规中注明。

3. 根据欧盟法规相关条款正确判断是否属于复合食品和需要口岸检查的复合食品，根据要求正确出具兽医卫生证书或企业声明。

七、复合食品示例

复合食品的示例如表 2. 26 所示。

表 2.26　复合食品判断依据及相应入境管理要求

图片	CN 编码	产品名称及描述	产品类别及入境管理要求
	16025031	名称：盐腌牛肉（Corned beef） 配料：熟牛肉（72%）、牛肉（24%）、盐、糖、水、防腐剂（亚硝酸钠-E250）	类别：肉制品 判断依据：植物源性成分起到调节风味的作用 欧盟入境管理要求：实施口岸兽医检查，提交兽医证书，来自批准的国家（地区）和企业，肉制品的处理应符合（EU）2020/692 规定的要求
	16025095	名称：牛肉罐头（Canned minced beef） 配料：牛肉（75%）、水、洋葱、小麦粉、番茄浓汤、牛肉精、盐、玉米粉、糖、天然色素（普通焦糖）、天然洋葱调味料、麦芽糊精、白椒	类别：肉制品 判断依据：植物源性成分只是起到调节肉制品风味的作用 欧盟入境管理要求：实施口岸兽医检查，提交兽医证书，来自批准的国家（地区）和企业，肉制品加工处理符合（EU）2020/692 规定的要求
	190220	名称：牛肉千层面（Beef Lasagne） 配料：碎牛肉、蔬菜、意大利面、调味酱（含奶和奶酪） 其他说明：成品熟制	类别：复合食品 判断依据：1. 动物源性成分经过加工；2. 植物源性成分不依附动物源性成分而独立存在 欧盟入境管理要求：实施口岸兽医检查（依据：含有肉制品的复合食品需实施口岸兽医检查），兽医证书应符合（EU）2020/2235 规定的模板要求
	1602 如果肉成分高于 20%； 2106 如果肉成分低于 20%。	名称：青豆牛肉罐头 （Canned chili with beans） 配料：水、牛肉、青豆、浓缩番茄酱、2%以下玉米粉、大豆蛋白（豆粉、焦糖色素）、盐、辣椒粉、调味剂、糖、淀粉、香料、青椒、洋葱、墨西哥胡椒 其他说明：成品熟制	类别：复合食品 判断依据：1. 动物源性成分经过加工；2. 植物源性成分不依附动物源性成分而独立存在 欧盟入境管理要求：实施口岸兽医检查（依据：含有肉制品的复合食品需实施口岸兽医检查），兽医证书应符合（EU）2020/2235 规定的模板 其他要求：由于生产罐头时动物源性成分（牛肉）是生的，热处理过程是在罐头加工过程中实现的，因此该复合食品必须来自欧盟批准的国家（地区）和生产企业，加工处理符合（EU）2020/692 规定的要求

续表1

图片	CN 编码	产品名称及描述	产品类别及入境管理要求
	160232	名称：冷冻鸡肉卷（Chicken en croute，frozen） 配料：42%熟制鸡肉、松饼、9%芒果、糖、2%小白菜、棕榈油、香料 其他说明：由生鸡肉卷松饼中烘焙而成	类别：复合食品 判断依据：1. 动物源性成分经过加工；2. 植物源性成分不依附动物源性成分而独立存在 欧盟入境管理要求：实施口岸兽医检查（依据：含有肉制品的复合食品需口岸兽医检查），证书符合（EU）2020/2235法规规定的模板要求 其他要求：生产复合食品时，如果鸡肉原料为熟制的，复合食品生产企业不需要在欧盟注册，如果原料为生的，熟制过程在复合食品企业进行，则该复合食品生产企业应在欧盟注册
	1602 如果肉含量超过20%； 2106 如果肉含量低于20%	名称：牛肉汉堡（Hamburger） 配料：面包、牛肉、奶酪、番茄、沙拉酱	类别：复合食品 判断依据：1. 动物源性成分经过加工；2. 植物源性成分不依附动物源性成分而独立存在 欧盟入境管理要求：实施口岸兽医检查（依据：含有肉制品的复合食品需要口岸兽医检查），证书符合（EU）2020/2235法规规定的模板要求 其他要求：生产复合食品时，如果牛肉原料为熟制的，复合食品生产企业不需要在欧盟注册，如果原料为生的，熟制过程在复合食品企业进行，则该复合食品生产企业应在欧盟注册
	16030010	名称：鸡汤粉（Granulated chicken bouillon） 配料：食品添加剂（味精、核苷酸调味料、调味料、维生素 B_2）、盐、鸡肉、蛋、咖喱粉（含姜黄粉）、细香葱、大蒜、白糊精 其他说明：常温保存	类别：复合食品 判断依据：1. 动物源性成分经过加工；2. 植物源性成分不依附动物源性成分而独立存在 欧盟入境管理要求：不实施口岸兽医检查（依据：1. 只含肉粉，不含成型的肉；2. 来自可以向欧盟出口鸡肉的国家（地区），鸡肉原料来自欧盟注册的企业

续表2

图片	CN 编码	产品名称及描述	产品类别及入境管理要求
	1602	名称：肉串（Tandoori-Yakitori-skewer） 配料：腌肉，腌料包括酸奶、奶、盐、香料、橄榄油 其他说明：产品经烤制、烟熏和冷冻	类别：肉制品 判断依据：腌料中的植物源性成分起调节产品风味的作用 欧盟入境管理要求：实施口岸兽医检查，肉制品兽医证书 其他要求：由进口商确保其中的奶成分来自批准的国家（地区）和企业
	190190	名称：煎蛋用的粉剂（Powder product for omelette） 配料：奶蛋白、蛋清粉、蛋粉（20%）、盐、香料、香草（0.5%）、色素、香辛料、抗结剂 其他说明：添加香草为了增加特殊味道	类别：混合的动物源性产品（奶制品和蛋制品） 判断依据：添加的植物源性成分是起到调节风味作用 欧盟入境管理要求：口岸兽医检查，奶、蛋兽医证书，来自批准的国家（地区）和企业
	1602，如果肉含量超过20% 2106，如果肉含量低于20%	名称：肉沙拉（Meat salad） 配料：肉肠、蛋、洋葱、酸菜、西芹、调料（蛋黄酱类）	类别：复合食品 判断依据：1. 动物源性成分经过加工；2. 植物源性成分不依附动物源性成分而独立存在 欧盟入境管理要求：口岸兽医检查，符合（EU）2020/2235 规定的兽医证书模板，来源方允许向欧盟出口肉和蛋制品

第三篇 中欧肉类质量安全管理体系比较

中国和欧盟在食品安全管理体系方面既存在共同点也存在差异。

欧盟各成员方食品安全管理体系各不相同，农产品、食品由不同部门管理。食品安全主管部门可以授权有资格的机构参与食品安全管理，主管部门定期对其实施考核，确保能够持续符合资格条件。被授权单位仅能行使对企业的监管职能，不能实施执法处理活动。欧盟根据从农场到餐桌的全过程管理原则，从种植、养殖、运输、到加工生产、零售，包括饲料、农兽药、有机食品和转基因等，实施全方位的管理。官方监管措施包括对企业的备案、注册、监管、取样监测等。

中欧之间在食品安全监管体系方面存在较多相似之处，例如在整个食品链中均采取多部门管理，官方监管的措施和内容基本相同。不同之处主要表现在两个方面。一是进出口食品企业的管理。欧盟没有区分进出口企业，只是规定了出口企业应符合进口国家（地区）的要求；中国进出口企业和内销企业分别由两个不同的部门监管。二是部门间协调。欧盟各成员方指定一个监管部门作为联络机构，负责与欧盟联系和协调各主管部门的监管工作，制定提交跨部门和跨年度的监管计划。此外，欧盟在法规中规定了各部门的协作措施，并监督各成员方主管部门的监管和协作效果。

在法律法规体系方面，中欧立法原则基本相同，均根据 SPS 协议要求，在风险评估的基础上，制定能够达到本国保护水平的法律法规和管理要求。立法层级和程序基本相同，均分为法律和法规等不同层级。食品安全法律法规涵盖内容基本相同，包括种植、养殖、动物运输、生产加工、产品安全卫生标准、官方监管、残留监控、农兽药管理、添加剂、有机食品、转基因等。中欧法律法规的不同之处主要表现在两个方面。一是法律文件的管理模式不同，欧盟制定法律后建立起电子档案，根据索引可方便地查找所有的修订文件和法律的更新版本。二是完善程度不同，欧盟采用了较完善的保护水平，因此制定的标准要求形成了技术壁垒，例如动物福利要求、农兽药残留限量、环境污染物质残留限量、食品添加剂和饲料添加剂要求等。

下面，重点比较中国和欧盟在肉类质量安全管理体系方面的异同。

第一章 初级生产管理要求比较

第一节 动物疫病管理

为防范动物传染病、寄生虫病传入，保护中国畜牧业及渔业生产安全、动物源性食品安全和公共卫生安全，根据《中华人民共和国动物防疫法》《中华人民共和国进出境动植物检疫法》等法律法规，中国农业农村部会同海关总署组织修订了《中华人民共和国进境动物检疫疫病名录》（以下简称《名录》），并在风险评估的基础上对《名录》实施动态调整。2020 年 1 月 15 日，农业农村部、海关总署联合发布第 256 号公告，公布了 16 种一类传染病、寄生虫病和 154 种二类传染病、寄生虫病。2022 年 1 月 30 日，联合发布第 521 号公告，将牛结节性皮肤病由一类动物传染病调整为二类动物传染病。中国在与出口方签订进口肉类双边议定书时，一般规定出口方不应发生的一类传染病名单，如果发生了规定的一类传染病，应立即停止向中国出口肉类产品。同时规定，提供活动物养殖场周边在过去 12 个月内不应发生的二类传染病名单，如果发生了规定的二类传染病，应立即停止相关地区向中国出口肉类产品。

欧盟根据动物卫生法的授权，制定了（EU）2018/1882《动物疫病分类防控管理规定》，将 60 余种动物疫病按防控要求分为 A、B、C、D、E 五类。A 类是一般在欧盟境内未发生，如果发生需立即采取根除措施的动物疫病；B 类是所有欧盟成员方必须管控以实现在欧盟境内根除的动物疫病；C 类是在部分成员方内有发生，需控制并防止向无疫区成员方或制定了根除计划成员方传播的动物疫病；D 类是需采取措施防止因进口或在成员方之间流通造成传播的动物疫病；E 类是需要在欧盟范围内实施监测的动物疫病。

第二节 禽流感和新城疫取样要求

2020 年欧盟制定了（EU）2020/689《动物传染病监测、根除和无疫区要求》法规，要求官方对动物疫病的取样和诊断应符合欧盟参考实验室或世界动物卫生组织制定的要求。

一、世界动物卫生组织取样要求

从活禽抽取的样品应包括气管棉拭子（或口咽棉拭子）和泄殖腔棉拭子，泄殖腔棉拭子应涂有可见的粪物质。为了避免伤害动物，抽取小型禽类棉拭子样品时应使用小的或用于人类婴儿取样的拭子，或直接抽取新鲜粪便样品。同类的样品可以放在同一个取样管，即气管棉拭子可以放在同一个取样管，泄殖腔棉拭子可以放在同一个取样管。一般而言 5 个棉拭子可以放在同一个取样管中，如果确认不影响检测的敏感度，可以放置 5 个以上的棉拭子。取样棉拭子的类型也有可以影响检测的灵敏性，应选择对检测结果影响小的取样拭子，可以选择铁或塑料制成的细杆取样棉签。

样品应放置在 pH 7.0~7.4，含有抗生素或含有蛋白质和抗生素溶液的磷酸缓冲生理盐水中。根据当地条件可以使用不同的抗生素，动物组织、气管棉拭子或咽拭子可以使用青霉素（2000units 每毫升）、链霉素（2 毫克/毫升）、庆大霉素（50 微克/毫克）和制霉菌素（1000units 每毫升），粪或泄殖腔拭子应使用 5 倍浓度的相应抗生素。添加抗生素后非常重要的步骤就是将 pH 值重新调节至 7.0～7.4。建议棉拭子运输溶液中添加蛋白质使病毒稳定，例如脑心组织浸液（5%牛血清，0.5%牛白蛋白）。如果希望控制嗜衣原体属，还应添加 0.05～0.1 毫克/毫升的土霉素。粪便样品应在抗生素溶液中制备为 10%～20%的悬浊液，室温下培养1～2小时后应及时处理悬浊液，如果不能及时处理样品应在 4℃以下存放，最多存放 4 天。长期存放时样品应存放在－80℃以下，运输时使用干冰（≤－50℃），不能重复冷冻和解冻。

二、欧盟参考实验室取样要求

（一）病毒检测样品数量要求

至少 5 个病死禽（如果有）或至少 20 个气管/口咽棉拭子和 20 个泄殖腔棉拭子样品。如果有病死禽必须抽取病死禽的样品，泄殖腔棉拭子样品应涂有 1 克的粪便，如果不能抽取活禽的泄殖腔棉拭子样品，可以抽取新鲜粪便作为替代样品。一般从口腔抽取的气管/口咽部棉拭子样品，如果了解病毒的生长特性，根据动物品种和病毒在呼吸系统或肠道的生长特点，主管部门可以选择抽取气管/口咽棉拭子或泄殖腔棉拭子样品，而不是同时抽取气管/口咽棉拭子和泄殖腔棉拭子样品。

（二）血清检测样品数量要求

至少抽取 20 个血样用于血清检测，取样时应重点抽取患病的或病后恢复的活禽。主管部门可以决定有无必要针对全群抽取规定的样品数量，或可针对部分批次抽取规定的样品数量。

（三）样品要求

棉拭子样品应放置在缓冲液中，同品种和相同流行病条件下的动物，5 个批次样品可以混合，如果在规定的时间对数量较多的动物实施检测（例如应急监测计划），可以将 10 个样品混合。粪便样品应在缓冲液中制备成 10%～20%的悬浊液。

（四）样品运输要求

棉拭子样品应立即使用冰或冰袋冷却并送实验室检测。如果不能保证 24 小时内样品送到实验室检测，应立即冷冻和保存样品，并使用干冰运输样品。另外棉拭子应放置在 4℃的含有抗生素或特殊病毒运输液的介质中运输，如果没有，棉拭子应放回原取样管中送实验室检测。很多因素可以影响样品的存放和运输，因此应选择适用的方式运输样品。

三、中国海关禽流感和新城疫取样要求

（一）样品

对同一采样个体同时采集泄殖腔和咽喉棉拭子作为一个样品，或禽静脉血。如有病死禽，应重点采集病死禽样品。有关保存和运送方法按照世界动物卫生组织的规定执行。

（二）采样量

每个饲养场采集泄殖腔和咽喉棉拭子不少于 30 个样品，禽血样不少于 120 个样品。

（三）采样方法

1. 咽喉拭子和泄殖腔拭子采集方法。

咽喉拭子的采集：将灭菌的干棉拭子插入口腔至咽的后部，轻轻擦拭并慢慢旋转将拭子拔出，将棉拭子的样品端放入盛有灭菌的 2mL 0.01mol/L pH 7.2 的 PBS（内含青霉素

10000iu/mL，链霉素 10000iu/mL）管内。

泄殖腔拭子的采集：将灭菌的干棉拭子插入肛门并旋转，使粪便沾在棉拭子上。将泄殖腔棉拭子的样品端放入上述盛有咽喉拭子的管内，做好标记。

2. 禽血样采集方法。

无菌采集静脉血 2 毫升，放入灭菌管中，做好标记。

第三节　饲料卫生要求

欧盟 2011/25/EU《饲料原料、饲料添加剂、杀菌防虫产品、加药饲料区分指南》，规定了含普通饲料添加剂饲料、用于治疗用途的加药饲料和含防腐杀虫剂饲料的定义；中国将饲料杀菌防虫剂、微生物制剂、药物添加剂均作为饲料添加剂管理。

欧盟制定了 183/2005/EC《饲料卫生要求》，规定了饲料生产企业备案或注册管理要求，同时规定了饲料生产企业应实施 HACCP 管理体系；中国未对饲料生产企业强制实施 HACCP 管理，按照欧盟法规规定，海关要求出口欧盟饲料和宠物食品生产企业，以及供应欧盟肉类的动物所使用饲料来源生产企业实施 HACCP 管理。

欧盟制定了 96/22/EC《禁止在动物养殖中使用激素、甲状腺拮抗剂和 β-激动剂》、指令 96/23/EC《关于某些物质及其在动物体内和动物制品中残留的监控措施》、（EU）37/2010《动物源性食品中兽药残留限量》法规，规定了欧盟允许和禁止使用的兽药以及允许用药的最高残留限量，同时根据企业申请列出了允许在饲料中使用的抗球虫和组织滴虫兽药名单，根据风险评估和有效期取消了原本允许在饲料中添加的多种兽药。

中国农业农村部针对兽药管理发布了多部公告，包括第 176 号《禁止在饲料和动物饮用水中使用的药物品种目录》、第 1519 号《禁止在饲料和动物饮用水中使用的物质》、第 250 号《食品动物中禁止使用的药物及其他化合物清单》、第 2292 号《禁止在食品动物中使用洛美沙星等 4 种原料药的各种盐、脂及其各种制剂》。

一、饲料中禁止添加的兽药

（一）欧盟禁止在饲料中添加的兽药

乙氧乙胺苯甲酯、阿普西特、阿伏霉素、杆菌肽锌、卡巴氧、二硝托胺、地美硝唑、异丙硝唑、氯羟吡啶、氯羟吡啶/苄氧喹甲酯、硝呋索尔、喹乙醇、洛硝达唑、螺旋霉素、磷酸泰乐菌素、维吉尼亚霉素、戊糖乳杆菌等。

（二）中国禁止在饲料和动物饮用水中添加的兽药

2001 年，中国农业农村部公告第 176 号规定了禁止在饲料和动物饮用水中使用的药物品种目录，包括盐酸克仑特罗（Clenbuterol Hydrochloride）、沙丁胺醇（Salbutamol）、硫酸沙丁胺醇（Salbutamol Sulfate）、莱克多巴胺（Ractopamine）、盐酸多巴胺（Dopamine Hydrochloride）、西马特罗（Cimaterol）、硫酸特布他林（Terbutaline Sulfate）、己烯雌酚（Diethylstibestrol）、雌二醇、戊酸雌二醇（Estradiol Valerate）、苯甲酸雌二醇（Estradiol Benzoate）、氯烯雌醚（Chlorotrianisene）、炔诺醇（Ethinylestradiol）、炔诺醚（Quinestrol）、醋酸氯地孕酮（Chlormadinone acetate）、左炔诺孕酮（Levonorgestrel）、炔诺酮（Norethisterone）、绒毛膜促性腺激素（绒促性素）（Chorionic Gonadotrophin）、促卵泡生长激素（尿促性素主要含卵泡刺激 FSHT 和黄体生成素 LH）（Menotropins）、碘化酪蛋白（Iodinated Casein）、苯丙酸诺龙及苯丙酸诺龙注射液、（盐酸）氯丙嗪（Chlorpromazine

Hydrochloride)、盐酸异丙嗪(Promethazine Hydrochloride)、安定(地西泮)(Diazepam)、苯巴比妥(Phenobarbital)、苯巴比妥钠(Phenobarbital Sodium)、巴比妥(Barbital)、异戊巴比妥(Amobarbital)、异戊巴比妥钠(Amobarbital Sodium)、利血平(Reserpine)、艾司唑仑(Estazolam)、甲丙氨脂(Meprobamate)、咪达唑仑(Midazolam)、硝西泮(Nitrazepam)、奥沙西泮(Oxazepam)、匹莫林(Pemoline)、三唑仑(Triazolam)、唑吡旦(Zolpidem)、其他国家或地区管制的精神药品和各种抗生素滤渣。

2010年，中国农业农村部第1519号公告规定了禁止在饲料和动物饮用水中添加的物质名单，包括苯乙醇胺A(Phenylethanolamine A)、班布特罗(Bambuterol)、盐酸齐帕特罗(Zilpaterol Hydrochloride)、盐酸氯丙那林(Clorprenaline Hydrochloride)、马布特罗(Mabuterol)、西布特罗(Cimbuterol)、溴布特罗(Brombuterol)、酒石酸阿福特罗(Arformoterol Tartrate)、富马酸福莫特罗(Formoterol Fumatrate)、盐酸可乐定(Clonidine Hydrochloride)、盐酸赛庚啶(Cyproheptadine Hydrochloride)。

二、抗球虫药在饲料中的使用

球虫是侵害禽类和兔类的主要原虫，欧盟主要规定了两种预防和治疗方式：一个是将抗球虫药物作为饲料添加剂，在饲料添加剂登记数据库中规定了抗球虫药物在饲料中的添加比例、使用条件和在动物组织中的最高残留限量；另一个是作为兽药治疗球虫病，欧盟在(EU) 37/2010《动物源性食品中兽药残留限量》中规定了治疗球虫病的兽药名单及在动物组织中的最高残留限量。

中国在饲料药物添加剂使用规范（农业农村部公告）中规定了允许在饲料中添加的抗球虫药名单，在《食品安全国家标准　食品中兽药最高残留限量》(GB 31650—2019)中规定了动物组织中抗球虫药的最高残留限量。

中欧抗球虫药饲料添加剂名单及在动物组织中残留限量对比见表3.1。

表3.1　中欧抗球虫药饲料添加剂名单及在动物组织中残留限量对比

兽药名称	欧盟		中国	
	用途	最高残留限量	用途	最高残留限量
莫能菌素钠	肉鸡	8ug/kg（肝） 8ug/kg（肾） 8ug/kg（肌肉） 25ug/kg（皮+脂）	肉鸡	10ug/kg（肝） 10ug/kg（肾） 10ug/kg（肌肉） 100ug/kg（脂肪）
盐酸氯苯胍	肉鸡	800ug/kg（肝） 350ug/kg（肾） 200ug/kg（肌肉） 1200ug/kg（皮+脂）	肉鸡	100ug/kg（肝） 100ug/kg（肾） 100ug/kg（肌肉） 200ug/kg（皮+脂）
	肉兔	400ug/kg（肝） 200ug/kg（肾） 200ug/kg（肌肉） 400ug/kg（皮+脂）	—	—

续表1

兽药名称	欧盟		中国	
	用途	最高残留限量	用途	最高残留限量
氢溴酸常山酮	肉鸡	规定了使用量，未规定残留限量	肉鸡	130ug/kg（肝） 100ug/kg（肌肉） 200ug/kg（皮+脂）
甲基盐霉素	肉鸡	50ug/kg 所有组织	肉鸡	50ug/kg（肝） 15ug/kg（肾） 15ug/kg（肌肉） 50ug/kg（皮+脂）
盐霉素钠	肉鸡	150ug/kg（肝） 40ug/kg（肾） 15ug/kg（肌肉） 150ug/kg（皮+脂）	肉鸡	1800ug/kg（肝） 600ug/kg（肌肉） 1200ug/kg（皮+脂）
地克珠利	肉鸡	1500ug/kg（肝） 1000ug/kg（肾） 500ug/kg（肌肉） 500ug/kg（皮+脂）	肉鸡	3000ug/kg（肝） 2000ug/kg（肾） 500ug/kg（肌肉） 1000ug/kg（皮+脂）
	肉兔	2500ug/kg（肝） 1000ug/kg（肾） 150ug/kg（肌肉） 300ug/kg（皮+脂）	肉兔	3000ug/kg（肝） 2000ug/kg（肾） 500ug/kg（肌肉） 1000ug/kg（脂肪）
尼巴卡嗪	肉鸡	15000ug/kg（肝） 6000ug/kg（肾） 4000ug/kg（肌肉） 4000ug/kg（皮+脂）	肉鸡	200ug/kg（肝） 200ug/kg（肾） 200ug/kg（肌肉） 200ug/kg（皮+脂）
赛杜霉素钠	肉鸡	规定了使用量，未规定残留限量	肉鸡	400ug/kg（肝） 130ug/kg（肌肉）
盐酸丙氨咻	肉鸡	规定了使用量，未规定残留限量	肉鸡	1000ug/kg（肝） 1000ug/kg（肾） 500ug/kg（肌肉）
癸氧喹酯（Decoquinate）	肉鸡	规定了使用量，未规定残留限量	—	—
二硝托胺	—	—	肉鸡	6000ug/kg（肝） 6000ug/kg（肾） 3000ug/kg（肌肉） 2000ug/kg（脂肪）

续表2

兽药名称	欧盟		中国	
	用途	最高残留限量	用途	最高残留限量
马杜霉素铵	—	—	肉鸡	720ug/kg（肝） 480ug/kg（皮） 240ug/kg（肌肉） 480ug/kg（脂肪）
乙氧酰胺苯甲酯	—	—	肉鸡	1500ug/kg（肝） 1500ug/kg（肾） 500ug/kg（肌肉）
拉沙洛西钠	—	—	肉鸡	400ug/kg（肝） 1200ug/kg（皮+脂）
	—	—	肉兔	700ug/kg（肝）
氯羟吡啶	—	—	肉鸡	15000ug/kg（肝） 15000ug/kg（肾） 5000ug/kg（肌肉）
	—	—	肉兔	未规定
海南霉素钠	—	—	肉鸡	未规定
磺胺喹噁啉	—	—	肉鸡	100ug/kg（肝） 100ug/kg（肾） 100ug/kg（肌肉） 100ug/kg（脂肪）
二甲氧苄啶	—	—	肉鸡	未规定
地美硝唑	—	—	肉鸡（组织滴虫病）	不得检出
磺胺氯吡嗪钠	—	—	肉鸡	100ug/kg（肝） 100ug/kg（肾） 100ug/kg（肌肉） 100ug/kg（脂肪）
	—	—	肉兔	100ug/kg（肝） 100ug/kg（肾） 100ug/kg（肌肉） 100ug/kg（脂肪）

注：表中“—”表示暂未制定限量，后同。

第四节　农兽药残留要求

欧盟制定了396/2005/EC《食品和饲料中农药最大残留限量》和农药残留查询数据库，规定了约507种农药在动物组织中的最大残留限量。中国在《食品安全国家标准　食品中农药最大残留限量》(GB 2763—2021) 中规定了约 108 种农药在动物组织中的最大残留限量。

欧盟制定了 (EU) 37/2010《动物源性食品中兽药残留限量》法规，法规附件分两部分，表 1 规定了 139 种兽药的最高残留限量和 519 种不需要制定残留限量的兽药，表 2 规定了 9 种禁用兽药。中国在《食品安全国家标准　食品中兽药最高残留限量》(GB 31650—2019)、《食品安全国家标准　食品中 41 种兽药最大残留限量》(GB 31650. 1—2022) 中规定了动物源性食品中兽药的最高残留限量。

表 3. 2 为欧盟与中国禁用药物或化合物对比。

表 3. 2　中欧禁用药物或化合物对比

药物或化合物名称	欧盟	中国
马兜铃属植物及其制剂	所有食品动物禁用	未禁用
氯霉素	所有食品动物禁用	所有食品动物禁用
氯丙嗪	所有食品动物禁用	禁止饲料和饮水中添加
甲喹酮	市场未流通（未批准或无企业申请）	所有食品动物禁用
秋水仙碱	所有食品动物禁用	市场未流通（未批准或已退出）
氨苯砜	所有食品动物禁用	所有食品动物禁用
地美硝唑	所有食品动物禁用	允许猪和鸡饲料添加
洛硝哒唑	所有食品动物禁用	所有食品动物禁用
甲硝咪唑（Metronidazole）	所有食品动物禁用	所有食品动物禁用
替硝唑（Tinidazole）	市场未流通（未批准或无企业申请）	所有食品动物禁用
硝基呋喃类	所有食品动物禁用	所有食品动物禁用
抗甲状腺类药物（Antithyroidagent）	所有食品动物禁用	出口食用动物禁用
二苯乙烯类及其衍生物、盐和酯	所有食品动物禁用	所有食品动物禁用
雌甾二醇（Oestradiol 17β）及其酯类衍生物	所有食品动物禁用	允许用于治疗，不得在食品动物中检出
类固醇类	所有食品动物禁用	所有食品动物禁用
二羟基苯甲酸内酯	所有食品动物禁用	所有食品动物禁用
β-兴奋剂类	所有食品动物禁用	所有食品动物禁用
乙氧乙胺苯甲酯	禁止饲料中添加	允许鸡饲料添加
阿普西特	禁止饲料中添加	禁止饲料中添加
阿伏霉素	禁止饲料中添加	禁止饲料中添加
杆菌肽锌	禁止饲料中添加	禁止饲料中添加
卡巴氧	禁止饲料中添加	所有食品动物禁用
二硝托胺	禁止饲料中添加	允许鸡饲料添加

续表1

药物或化合物名称	欧盟	中国
异丙硝唑	禁止饲料中添加	禁止饲料中添加
氯羟吡啶/苄氧喹甲酯	禁止饲料中添加	均允许鸡饲料添加
硝呋索尔	禁止饲料中添加	禁止饲料中添加
喹乙醇	禁止饲料中添加	禁止饲料中添加
螺旋霉素	禁止饲料中添加	禁止饲料中添加
磷酸泰乐菌素	禁止饲料中添加	禁止饲料中添加
维吉尼亚霉素	禁止饲料中添加	禁止饲料中添加
戊糖乳杆菌	禁止饲料中添加	禁止饲料中添加
三氯甲烷（Chloroform）	所有食品动物禁用	禁止饲料中添加
安定（地西泮）	市场未流通（未批准或无企业申请）	禁止饲料和饮水中添加
盐酸异丙嗪	市场未流通（未批准或无企业申请）	禁止饲料和饮水中添加
其他国家或地区管制的精神药品和各种抗生素滤渣	市场未流通（未批准或无企业申请）	禁止饲料和饮水中添加
碘化酪蛋白	市场未流通（未批准或无企业申请）	禁止饲料和饮水中添加
盐酸赛庚啶	市场未流通（未批准或无企业申请）	禁止饲料和饮水中添加
盐酸可乐定	市场未流通（未批准或无企业申请）	禁止饲料和饮水中添加
酒石酸锑钾（Antimony potassium tartrate）	市场未流通（未批准或无企业申请）	所有食品动物禁用
汞制剂：氯化亚汞（甘汞）（Calomel）、醋酸汞（Mercurous acetate）、硝酸亚汞（Mercurous nitrate）、吡啶基醋酸汞（Pyridyl mercurous acetate）	市场未流通（未批准或无企业申请）	所有食品动物禁用
呋喃丹（克百威）（Carbofuran）	市场未流通（未批准或无企业申请）	所有食品动物禁用
毒杀芬（氯化烯）（Camahechlor）	市场未流通（未批准或无企业申请）	所有食品动物禁用
杀虫脒（克死螨）（Chlordimeform）	市场未流通（未批准或无企业申请）	所有食品动物禁用
林丹（Lindane）	市场未流通（未批准或无企业申请）	所有食品动物禁用
孔雀石绿	市场未流通（未批准或无企业申请）	所有食品动物禁用
硝呋烯腙（Nitrovin）	市场未流通（未批准或无企业申请）	所有食品动物禁用
五氯酚酸钠（Pentachlorophenol sodium）	市场未流通（未批准或无企业申请）	所有食品动物禁用
硝基酚钠（Sodium nitrophenolate）	市场未流通（未批准或无企业申请）	所有食品动物禁用
锥虫砷胺（Tryparsamile）	市场未流通（未批准或无企业申请）	所有食品动物禁用
万古霉素（Vancomycin）及其盐、酯	市场未流通（未批准或无企业申请）	所有食品动物禁用

续表2

药物或化合物名称	欧盟	中国
洛美沙星（Lomefloxacin）	市场未流通（未批准或无企业申请）	所有食品动物禁用
培氟沙星（Pefloxacin）	市场未流通（未批准或无企业申请）	所有食品动物禁用
氧氟沙星（Ofloxacin）	市场未流通（未批准或无企业申请）	所有食品动物禁用
诺氟沙星（Norfloxacin）	市场未流通（未批准或无企业申请）	所有食品动物禁用

表 3.3 为中欧兔肉和禽肉兽药残留最高限量对比。

表 3.3　中欧兔肉和禽肉兽药残留最高限量对比

兽药名称	欧盟		中国	
	用途	最高残留限量	用途	最高残留限量
阿莫西林	所有食品动物	50ug/kg（肌肉） 50ug/kg（脂肪） 50ug/kg（肝） 50ug/kg（肾） 4ug/kg（奶）	所有食品动物	50ug/kg（肌肉） 50ug/kg（脂肪） 50ug/kg（肝） 50ug/kg（肾） 4ug/kg（奶）
阿苯达唑 (Albendazole)	—	—	所有食品动物	100ug/kg（肌肉） 100ug/kg（脂肪） 5000ug/kg（肝） 5000ug/kg（肾） 100ug/kg（奶）
氨苄西林 (Ampicillin)	所有食品动物	50ug/kg（肌肉） 50ug/kg（脂肪） 50ug/kg（肝） 50ug/kg（肾） 4ug/kg（奶）	所有食品动物	50ug/kg（肌肉） 50ug/kg（脂肪） 50ug/kg（肝） 50ug/kg（肾） 4ug/kg（奶）
氨丙啉			鸡	500ug/kg（肌肉） 1000ug/kg（肝） 1000ug/kg（肾） 4000ug/kg（蛋）
氨苯胂酸/洛克沙胂 (Arsanilic acid/Roxarsone)	—	—	鸡	500ug/kg（肌肉） 500ug/kg（副产品） 500ug/kg（蛋）

续表1

兽药名称	欧盟		中国	
	用途	最高残留限量	用途	最高残留限量
阿维拉霉素(Avilamycin)	禽	50ug/kg(肌肉) 100ug/kg(脂肪) 300ug/kg(肝) 200ug/kg(肾)	鸡	200ug/kg(肌肉) 200ug/kg(皮+脂) 300ug/kg(肝) 200ug/kg(肾)
	兔	50ug/kg(肌肉) 100ug/kg(脂肪) 300ug/kg(肝) 200ug/kg(肾)	兔	200ug/kg(肌肉) 200ug/kg(脂肪) 300ug/kg(肝) 200ug/kg(肾)
水杨酸铝(Aluminum salicylate)	兔	200ug/kg(肌肉) 500ug/kg(脂肪) 1500ug/kg(肝) 1500ug/kg(肾)	—	—
安普霉素(Apramycin)	鸡	无须制定	—	—
	兔	无须制定	—	—
杆菌泰(Bacitracin)	兔	150ug/kg(肌肉) 150ug/kg(脂肪) 150ug/kg(肝) 150ug/kg(肾)	禽	500ug/kg(可食组织)
双氢链霉素(Dihydro streptomycin)	兔	500ug/kg(肌肉) 500ug/kg(脂肪) 500ug/kg(肝) 1000ug/kg(肾)	鸡	600ug/kg(肌肉) 600ug/kg(脂肪) 600ug/kg(肝) 1000ug/kg(肾)
爱普菌素(Eprinomectin)	兔	50ug/kg(肌肉) 250ug/kg(脂肪) 1500ug/kg(肝) 300ug/kg(肾)	—	—
美洛昔康(Meloxicam)	兔	20ug/kg(肌肉) 65ug/kg(肝) 65ug/kg(肾)	—	—
链霉素(Streptomycin)	兔	500ug/kg(肌肉) 500ug/kg(脂肪) 500ug/kg(肝) 1000ug/kg(肾)	鸡	600ug/kg(肌肉) 600ug/kg(脂肪) 600ug/kg(肝) 1000ug/kg(肾)
沃尼妙林	兔	50ug/kg(肌肉) 500ug/kg(肝) 100ug/kg(肾)	—	—

续表2

兽药名称	欧盟		中国	
	用途	最高残留限量	用途	最高残留限量
苄甲青霉素 (Benzylpenicillin)	所有动物	50ug/kg（肌肉） 50ug/kg（脂肪） 50ug/kg（肝） 50ug/kg（肾） 4ug/kg（奶）	禽	50ug/kg（肌肉） 50ug/kg（肝） 50ug/kg（肾）
氯羟吡啶	—	—	鸡	5000ug/kg（肌肉） 15000ug/kg（肝） 15000ug/kg（肾）
金霉素	所有动物	100ug/kg（肌肉） 300ug/kg（肝） 600ug/kg（肾） 100ug/kg（奶） 200ug/kg（蛋）	禽	200ug/kg（肌肉） 600ug/kg（肝） 1200ug/kg（肾）
氯唑西林 (Cloxacillin)	所有动物	300ug/kg（肌肉） 300ug/kg（脂肪） 300ug/kg（肝） 300ug/kg（肾） 30ug/kg（奶）	所有食品动物	300ug/kg（肌肉） 300ug/kg（脂肪） 300ug/kg（肝） 300ug/kg（肾） 30ug/kg（奶）
粘菌素	所有动物	150ug/kg（肌肉） 150ug/kg（脂肪） 150ug/kg（肝） 200ug/kg（肾） 50ug/kg（奶） 300ug/kg（蛋）	兔	150ug/kg（肌肉） 150ug/kg（脂肪） 150ug/kg（肝） 200ug/kg（肾）
			鸡	150ug/kg（肌肉） 150ug/kg（皮+脂） 150ug/kg（肝） 200ug/kg（肾）
环丙氨嗪 (Cyromazine)	—	—	禽	50ug/kg（肌肉） 50ug/kg（脂肪） 50ug/kg（副产品）
癸氧喹酯	—	—	鸡	1000ug/kg（肌肉） 2000ug/kg（可食组织）
溴氰菊酯 (Deltamethrin)	—	—	鸡	30ug/kg（肌肉） 500ug/kg（皮+脂） 50ug/kg（肝） 50ug/kg（肾） 30ug/kg（蛋）

续表3

兽药名称	欧盟		中国	
	用途	最高残留限量	用途	最高残留限量
越霉素 A (Destomycin A)	—	—	鸡	2000ug/kg（可食组织）
达氟沙星 (Danofloxacin)	禽	200ug/kg（肌肉） 100ug/kg（脂肪） 400ug/kg（肝） 400ug/kg（肾）	禽	200ug/kg（肌肉） 100ug/kg（脂肪） 400ug/kg（肝） 400ug/kg（肾）
	其他动物	100ug/kg（肌肉） 50ug/kg（脂肪） 200ug/kg（肝） 200ug/kg（肾）	—	—
地克珠利	禽	1500ug/kg（肝） 1000ug/kg（肾） 500ug/kg（肌肉） 500ug/kg（皮+脂）	禽	3000ug/kg（肝） 2000ug/kg（肾） 500ug/kg（肌肉） 1000ug/kg（皮+脂）
	兔	2500ug/kg（肝） 1000ug/kg（肾） 150ug/kg（肌肉） 300ug/kg（皮+脂）	兔	3000ug/kg（肝） 2000ug/kg（肾） 500ug/kg（肌肉） 1000ug/kg（脂肪）
双氯青霉素 (Dicloxacillin)	所有动物	300ug/kg（肌肉） 300ug/kg（脂肪） 300ug/kg（肝） 300ug/kg（肾） 30ug/kg（奶）	—	—
二氟沙星 (Difloxacin)	禽	300ug/kg（肌肉） 400ug/kg（皮+脂） 1900ug/kg（肝） 600ug/kg（肾）	禽	300ug/kg（肌肉） 400ug/kg（皮+脂） 1900ug/kg（肝） 600ug/kg（肾）
	其他动物	300ug/kg（肌肉） 100ug/kg（脂肪） 800ug/kg（肝） 600ug/kg（肾）	其他动物	300ug/kg（肌肉） 100ug/kg（脂肪） 800ug/kg（肝） 600ug/kg（肾）
二硝托胺	—	—	鸡	3000ug/kg（肌肉） 2000ug/kg（脂肪） 6000ug/kg（肝） 6000ug/kg（肾）

续表4

兽药名称	欧盟		中国	
	用途	最高残留限量	用途	最高残留限量
多西环素(Doxycycline)	所有动物	100ug/kg（肌肉） 300ug/kg（脂肪） 300ug/kg（肝） 600ug/kg（肾）	禽	100ug/kg（肌肉） 300ug/kg（皮+脂） 300ug/kg（肝） 600ug/kg（肾）
恩诺沙星(Enrofloxacin)	禽	100ug/kg（肌肉） 100ug/kg（皮+脂） 200ug/kg（肝） 300ug/kg（肾）	禽	100ug/kg（肌肉） 100ug/kg（皮+脂） 200ug/kg（肝） 300ug/kg（肾）
	兔	100ug/kg（肌肉） 100ug/kg（脂肪） 200ug/kg（肝） 300ug/kg（肾）	兔	100ug/kg（肌肉） 100ug/kg（脂肪） 200ug/kg（肝） 300ug/kg（肾）
红霉素(Erythromycin)	所有动物	200ug/kg（肌肉） 200ug/kg（脂肪） 200ug/kg（肝） 200ug/kg（肾） 40ug/kg（奶） 150ug/kg（蛋）	鸡	100ug/kg（肌肉） 100ug/kg（脂肪） 100ug/kg（肝） 100ug/kg（肾）
			其他动物	200ug/kg（肌肉） 200ug/kg（脂肪） 200ug/kg（肝） 200ug/kg（肾） 40ug/kg（奶） 150ug/kg（蛋）
乙氧酰胺苯甲酯(Ethopabate)	—	—	鸡	500ug/kg（肌肉） 1500ug/kg（肝） 1500ug/kg（肾）
芬苯哒唑(Fenbendazole)	所有动物	50ug/kg（肌肉） 50ug/kg（脂肪） 500ug/kg（肝） 50ug/kg（肾） 10ug/kg（奶） 1300ug/kg（蛋）	禽	50ug/kg（肌肉） 50ug/kg（皮+脂） 500ug/kg（肝） 50ug/kg（肾） 1300ug/kg（蛋）
倍硫磷(Fenthion)	—	—	禽	100ug/kg（肌肉） 100ug/kg（脂肪） 100ug/kg（副产品）

续表5

兽药名称	欧盟		中国	
	用途	最高残留限量	用途	最高残留限量
氟苯尼考	禽	100ug/kg（肌肉） 200ug/kg（皮+脂） 2500ug/kg（肝） 750ug/kg（肾）	禽	100ug/kg（肌肉） 200ug/kg（皮+脂） 2500ug/kg（肝） 750ug/kg（肾）
	兔	100ug/kg（肌肉） 200ug/kg（脂肪） 2000ug/kg（肝） 300ug/kg（肾）	其他动物	100ug/kg（肌肉） 200ug/kg（脂肪） 2000ug/kg（肝） 300ug/kg（肾）
氟苯达唑 （Flubendazole）	禽	50ug/kg（肌肉） 50ug/kg（皮+脂） 400ug/kg（肝） 300ug/kg（肾） 400ug/kg（蛋）	禽	200ug/kg（肌肉） 500ug/kg（肝） 400ug/kg（蛋）
氟甲喹 （Flumequine）	禽	400ug/kg（肌肉） 250ug/kg（皮+脂） 800ug/kg（肝） 1000ug/kg（肾）	鸡	500ug/kg（肌肉） 1000ug/kg（皮+脂） 500ug/kg（肝） 3000ug/kg（肾）
	兔	200ug/kg（肌肉） 250ug/kg（脂肪） 500ug/kg（肝） 1000ug/kg（肾）	—	—
氟胺氰菊酯	—	—	所有食品动物	10ug/kg（肌肉） 10ug/kg（脂肪） 10ug/kg（副产品）
氟雷拉纳 （Fluralaner）	禽	65ug/kg（肌肉） 650ug/kg（皮+脂） 650ug/kg（肝） 420ug/kg（肾）	—	—
卡那霉素 （Kanamycin）	所有食品动物	100ug/kg（肌肉） 100ug/kg（脂肪） 600ug/kg（肝） 2500ug/kg（肾） 150ug/kg（奶）	所有食品动物	100ug/kg（肌肉） 100ug/kg（皮+脂） 600ug/kg（肝） 2500ug/kg（肾） 150ug/kg（奶）
吉他霉素 （Kitasamycin）	—	—	禽	200ug/kg（肌肉） 200ug/kg（肝） 200ug/kg（肾） 200ug/kg（可食下水）

续表6

兽药名称	欧盟		中国	
	用途	最高残留限量	用途	最高残留限量
拉沙洛西（Lasalocid）	禽	60ug/kg（肌肉） 300ug/kg（皮+脂） 300ug/kg（肝） 150ug/kg（肾）	鸡	1200ug/kg（皮+脂） 400ug/kg（肝）
			兔	700ug/kg（肝）
左旋咪唑（Levamisole）	禽	10ug/kg（肌肉） 10ug/kg（脂肪） 100ug/kg（肝） 10ug/kg（肾）	禽	10ug/kg（肌肉） 10ug/kg（脂） 100ug/kg（肝） 10ug/kg（肾）
林可霉素（Lincomycin）	所有动物	100ug/kg（肌肉） 50ug/kg（脂肪） 500ug/kg（肝） 1500ug/kg（肾） 150ug/kg（奶） 50ug/kg（蛋）	禽	200ug/kg（肌肉） 100ug/kg（脂肪） 500ug/kg（肝） 500ug/kg（肾）
马度米星铵（Maduramicin ammonium）	—	—	鸡	240ug/kg（肌肉） 480ug/kg（脂肪） 480ug/kg（皮） 720ug/kg（肝）
马拉硫磷（Malathion）	—	—	禽	4000ug/kg（肌肉） 4000ug/kg（脂肪） 4000ug/kg（副产品）
氯苯胍	—	—	鸡	200ug/kg（皮+脂） 100ug/kg（其他可食组织）
盐霉素（Salinomycin）	—	—	鸡	600ug/kg（肌肉） 1200ug/kg（皮+脂） 1800ug/kg（肝）
新霉素	所有食品动物	500ug/kg（肌肉） 500ug/kg（脂肪） 5500ug/kg（肝） 9000ug/kg（肾） 1500ug/kg（奶） 500ug/kg（蛋）	所有食品动物	500ug/kg（肌肉） 500ug/kg（脂肪） 5500ug/kg（肝） 9000ug/kg（肾） 1500ug/kg（奶） 500ug/kg（蛋）
尼卡巴嗪	—	—	鸡	200ug/kg（肌肉） 200ug/kg（皮+脂） 200ug/kg（肝） 200ug/kg（肾）

续表7

兽药名称	欧盟		中国	
	用途	最高残留限量	用途	最高残留限量
赛杜霉素	—	—	鸡	130ug/kg（肌肉） 400ug/kg（肝）
苯唑西林 (Oxacillin)	所有食品动物	300ug/kg（肌肉） 300ug/kg（脂肪） 300ug/kg（肝） 300ug/kg（肾） 30ug/kg（奶）	所有食品动物	300ug/kg（肌肉） 300ug/kg（脂肪） 300ug/kg（肝） 300ug/kg（肾） 30ug/kg（奶）
青霉素V （苄氧甲基青霉素）	禽	25ug/kg（肌肉） 25ug/kg（皮+脂） 25ug/kg（肝） 25ug/kg（肾）	—	—
噁喹酸 (Oxolinic acid)	所有动物	100ug/kg（肌肉） 50ug/kg（脂肪） 150ug/kg（肝） 150ug/kg（肾）	鸡	100ug/kg（肌肉） 50ug/kg（脂肪） 150ug/kg（肝） 150ug/kg（肾）
土霉素	所有动物	100ug/kg（肌肉） 300ug/kg（肝） 600ug/kg（肾） 100ug/kg（奶） 200ug/kg（蛋）	禽	200ug/kg（肌肉） 600ug/kg（肝） 1200ug/kg（肾）
巴龙霉素	所有动物	500ug/kg（肌肉） 1500ug/kg（肝） 1500ug/kg（肾） 200ug/kg（蛋）	—	—
喷沙西林 (Penethamate)	所有哺乳动物	50ug/kg（肌肉） 50ug/kg（脂肪） 50ug/kg（肝） 50ug/kg（肾） 4ug/kg（奶）	—	—
辛硫磷 (Phoxim)	所有动物	25ug/kg（肌肉） 550ug/kg（脂肪） 50ug/kg（肝） 30ug/kg（肾） 60ug/kg（蛋）	—	—

续表8

兽药名称	欧盟		中国	
	用途	最高残留限量	用途	最高残留限量
大观霉素（Spectinomycin）	牛以外的动物	300ug/kg（肌肉） 500ug/kg（脂肪） 1000ug/kg（肝） 5000ug/kg（肾） 200ug/kg（奶）	鸡	500ug/kg（肌肉） 2000ug/kg（脂肪） 2000ug/kg（肝） 5000ug/kg（肾）
磺胺类	所有食品动物	100ug/kg（肌肉） 100ug/kg（脂肪） 100ug/kg（肝） 100ug/kg（肾）	所有食品动物	100ug/kg（肌肉） 100ug/kg（脂肪） 100ug/kg（肝） 100ug/kg（肾）
四环素	所有动物	100ug/kg（肌肉） 300ug/kg（肝） 600ug/kg（肾） 100ug/kg（奶） 200ug/kg（蛋）	禽	200ug/kg（肌肉） 600ug/kg（肝） 1200ug/kg（肾）
甲砜霉素	所有动物	50ug/kg（肌肉） 50ug/kg（脂肪） 50ug/kg（肝） 50ug/kg（肾） 50ug/kg（奶）	禽	50ug/kg（肌肉） 50ug/kg（皮+脂） 50ug/kg（肝） 50ug/kg（肾）
替米考星	禽	75ug/kg（肌肉） 75ug/kg（皮+脂） 1000ug/kg（肝） 250ug/kg（肾）	鸡	150ug/kg（肌肉） 250ug/kg（皮+脂） 2400ug/kg（肝） 600ug/kg（肾）
	禽以外的动物	50ug/kg（肌肉） 50ug/kg（脂肪） 1000ug/kg（肝） 1000ug/kg（肾） 50ug/kg（奶）	—	—
托曲珠利（Toltrazuril）	禽	100ug/kg（肌肉） 200ug/kg（皮+脂） 600ug/kg（肝） 400ug/kg（肾）	禽	100ug/kg（肌肉） 200ug/kg（皮+脂） 600ug/kg（肝） 400ug/kg（肾）
	哺乳动物	100ug/kg（肌肉） 150ug/kg（脂肪） 500ug/kg（肝） 250ug/kg（肾）	哺乳动物	100ug/kg（肌肉） 150ug/kg（脂肪） 500ug/kg（肝） 250ug/kg（肾）

续表9

兽药名称	欧盟		中国	
	用途	最高残留限量	用途	最高残留限量
培氟沙星	—	市场未流通（未批准或无企业申请）	所有动物	2ug/kg（肌肉） 2ug/kg（脂肪） 2ug/kg（肝） 2ug/kg（肾）
氧氟沙星	—	市场未流通（未批准或无企业申请）	所有动物	2ug/kg（肌肉） 2ug/kg（脂肪） 2ug/kg（肝） 2ug/kg（肾）
诺氟沙星	—	市场未流通（未批准或无企业申请）	所有动物	2ug/kg（肌肉） 2ug/kg（脂肪） 2ug/kg（肝） 2ug/kg（肾）
洛美沙星	—	市场未流通（未批准或无企业申请）	所有动物	2ug/kg（肌肉） 2ug/kg（脂肪） 2ug/kg（肝） 2ug/kg（肾）
沙拉沙星（Sarafloxacin）	鸡	10ug/kg（皮+脂） 100ug/kg（肝）	鸡	10ug/kg（肌肉） 20ug/kg（脂肪） 80ug/kg（肝） 80ug/kg（肾）
螺旋霉素	鸡	200ug/kg（肌肉） 300ug/kg（皮+脂） 400ug/kg（肝）	鸡	200ug/kg（肌肉） 300ug/kg（脂肪） 600ug/kg（肝） 800ug/kg（肾）
甲氧苄啶	马以外的动物	50ug/kg（肌肉） 50ug/kg（脂肪） 50ug/kg（肝） 50ug/kg（肾） 50ug/kg（奶）	禽	50ug/kg（肌肉） 50ug/kg（皮+脂） 50ug/kg（肝） 50ug/kg（肾）
泰乐菌素	所有动物	100ug/kg（肌肉） 100ug/kg（脂肪） 100ug/kg（肝） 100ug/kg（肾） 50ug/kg（奶） 200ug/kg（蛋）	鸡	100ug/kg（肌肉） 100ug/kg（脂肪） 100ug/kg（肝） 100ug/kg（肾）

续表10

兽药名称	欧盟		中国	
	用途	最高残留限量	用途	最高残留限量
泰妙菌素	鸡	100ug/kg（肌肉） 100ug/kg（皮+脂） 1000ug/kg（肝）	鸡	100ug/kg（肌肉） 100ug/kg（皮+脂） 1000ug/kg（肝）
	兔	100ug/kg（肌肉） 500ug/kg（肝）	兔	100ug/kg（肌肉） 500ug/kg（肝）
泰万菌素	禽	50ug/kg（皮+脂） 50ug/kg（肝）	禽	50ug/kg（皮+脂） 50ug/kg（肝）
莫能菌素 (Monensin)	—	—	鸡	10ug/kg（肌肉） 100ug/kg（脂肪） 10ug/kg（肝） 10ug/kg（肾）
甲基盐霉素 (Narasin)	—	—	鸡	15ug/kg（肌肉） 50ug/kg（皮+脂） 50ug/kg（肝） 15ug/kg（肾）
头孢噻呋 (Leftionfur)	所有哺乳动物	1000ug/kg（肌肉） 2000ug/kg（脂肪） 2000ug/kg（肝） 6000ug/kg（肾） 100ug/kg（奶）	—	—
多拉菌素 (Doramectin)	所有哺乳动物	40ug/kg（肌肉） 150ug/kg（脂肪） 100ug/kg（肝） 60ug/kg（肾）	—	—
庆大霉素 (Gentamicin)	所有哺乳动物	50ug/kg（肌肉） 50ug/kg（脂肪） 200ug/kg（肝） 750ug/kg（肾） 100ug/kg（奶）	鸡	100ug/kg（可食组织）
常山酮	—	—	鸡	100ug/kg（肌肉） 200ug/kg（皮+脂） 130ug/kg（肝）
阿维菌素	所有哺乳动物	30ug/kg（肌肉） 100ug/kg（脂肪） 100ug/kg（肝） 30ug/kg（肾）	—	—

续表11

兽药名称	欧盟		中国	
	用途	最高残留限量	用途	最高残留限量
维吉尼亚霉素	禽	10ug/kg（肌肉） 30ug/kg（皮+脂） 10ug/kg（肝） 60ug/kg（肾）	禽	100ug/kg（肌肉） 400ug/kg（皮+脂） 300ug/kg（肝） 400ug/kg（肾）

第二章
生产加工卫生要求比较

第一节 概 述

在生产加工卫生要求方面，欧盟制定了852/2004/EC《食品卫生要求》、853/2004/EC《动物源性食品生产企业特殊卫生规范》、（EU）2017/625《为确保食品安全相关法规有效实施采取的官方监管措施和其他管理活动》、2016/C 278/01 公告《食品安全管理体系实施要求：前提计划、HACCP 计划》等法规要求，规定了所有食品生产企业应该遵循的通用生产加工卫生要求，包括企业选址、厂区厂房、设施设备、人员卫生、原辅料、加工卫生、管理体系等；规定了动物源性食品应遵循的特殊卫生要求，包括产品标识的使用、屠宰加工设施和卫生要求等；规定了 HACCP 计划的实施要求，在 HACCP 管理方面，欧盟要求对风险因子赋予不同的分值，根据分值大小来决定关键控制点。

同时，欧盟还制定了（EU）2019/627《动物源性产品官方监管统一要求》、1099/2009/EC《动物屠宰保护条例》、2073/2005/EC《食品微生物标准》、（EU）2015/1375《猪旋毛虫检验要求》、178/2002/EC《产品追溯和召回》、2065/2003/EC《食品中使用的烟熏剂》、1321/2013/EC《烟熏剂批准名单》等具体的管理要求。

中国在《食品安全国家标准 食品生产通用卫生规范》（GB 14881—2013）中规定了所有食品加工企业都应遵循的生产加工卫生要求。主要包括下列要求：选址及厂区环境、厂房和车间、设施与设备、卫生管理、食品原料，食品添加剂和食品相关产品、生产过程的食品安全控制、检验、食品的储存和运输、产品召回管理、培训、管理制度和人员、记录和文件管理。同时，《食品安全国家标准 畜禽屠宰加工卫生规范》（GB 12694—2016）规定了屠宰企业应遵循的生产加工特殊卫生要求。其中除规定了通用要求外，还规定了宰前检疫、宰后检验、无害化处理、残留监控、同步检验、实验室检测等特殊要求。

此外，中国在《畜禽肉冷链运输管理技术规范》（GB/T 28640—2012）中规定了牛、猪、禽在致昏后 45 分钟内进入冷却间，羊在致昏后 1 个小时内进入冷却间，中心温度在规定的时间内达到0℃ ~7℃。而欧盟法规没有具体规定时间，仅规定及时屠宰、分割、去骨和储存。

第二节 食品生产加工卫生

中欧在食品生产加工卫生方面均依据国际食品法典委员会（CAC）相关规范制定了类似的基本要求，同时也根据生产实际制定了不同的具体要求，主要表现在以下几个方面。

一、动物屠宰分类

欧盟在屠宰分割设施和卫生要求方面分别规定了有蹄动物和禽类的要求，同时规定了兔类屠宰加工参照禽类要求执行。中国畜禽屠宰加工卫生规范没有明确规定兔类屠宰加工需要参照哪类要求执行。

二、消毒剂使用要求

欧盟风险评估后制定法规规定，食品加工企业可使用次氯酸钠、次氯酸钙等含氯制剂来为加工环境和食品接触面消毒，牛胴体可以使用乳酸消毒，其他动物可以使用循环热水消毒，禽类胴体不得使用消毒剂消毒等。中国没有具体规定胴体是否允许使用消毒剂消毒的标准或规范，一般出口肉类屠宰企业均按照进口方的要求对胴体实施消毒，例如美国允许使用二氧化氯消毒禽胴体，因此中国输美禽肉屠宰加工企业要按照美国要求在胴体预冷池中加入符合要求的含氯消毒剂，而输欧禽肉屠宰加工企业不得在预冷池中使用任何消毒剂。

三、温度要求

欧盟在禽兔屠宰加工要求中规定，只要屠宰和分割在同一建筑内，胴体可以不经冷却直接分割，或根据生产进度在冷却室短暂停留后分割，分割后禽兔肉温度应降到4℃以下。中国在屠宰卫生规范中规定按照工艺要求，屠宰后胴体和食用副产品需要进行预冷的，应立即预冷。冷却后，畜肉的中心温度应保持在7℃以下，禽肉中心温度应保持在4℃以下，内脏产品中心温度应保持在3℃以下。此外，并未规定兔肉是参照畜肉还是参照禽肉来执行相应的温度要求。

四、微生物监控要求

欧盟制定微生物标准，规定了动物在屠宰过程和上市销售的产品应遵循的微生物要求。例如肉禽在屠宰过程中主要监控沙门氏菌属和空肠弯曲杆菌属，成品主要检测伤寒沙门氏菌和肠炎沙门氏菌。中国在《食品安全国家标准　食品生产通用卫生规范》（GB 14881—2013）中规定了食品生产企业应监测食品加工环境、食品接触面和过程产品的微生物，建议监测菌落总数、大肠菌群等卫生指示微生物，必要时监控致病菌，并结合生产实际情况确定监控指标限值。

五、生产用水要求

欧盟98/83/EC《欧盟饮用水质质指令》规定了生产用水应符合饮用水要求，规定了需监控的微生物和理化项目。中国《生活饮用水卫生标准》（GB 5749—2022）和欧盟规定了类似的目标和监控指标。欧盟减少了需要各成员方强制监控的污染物项目，强调要求成员方根据本地条件监控可能的相关危害。

中欧在生产用水指标上存在的差异见表3.4。

表3.4　中欧生产用水指标对比

主要指标	98/83/EC	GB 5749—2022
耗氧量（COD）mg/L	无	水源限制，原水耗氧量＞6mg/L时为5
石油类 mg/L	无	0.3
pH值	无	6.5<x<8.5
总有机碳 mg/L	无异常变化	5
溶解性总固体 mg/L	无	1000
总硬度（以碳酸钙计）mg/L	FQ	450

续表

主要指标	98/83/EC		GB 5749—2022	
钡 mg/L	无		0.7	
铍 mg/L	无		0.002	
硼 mg/L	1		0.5	
铜 mg/L	2		1	
钼 mg/L	无		0.07	
银 mg/L	无		0.05	
铊 mg/L	无		0.0001	
锌 mg/L	无		1	
亚氯酸盐 mg/L	无		0.7	
氯化氰 mg/L	无		0.07	
亚硝酸盐 mg/L	无		0.7	
二氯一溴甲烷	无		0.06	
一氯二溴甲烷	无		0.1	
二氯甲烷	无		0.02	
氟化物	1.5		1	
硝酸盐 mg/L	50		10，地下水 20	
大肠杆菌	不得检出/250ml		不得检出/100ml	
肠球菌	不得检出/250ml		不得检出/100ml	
绿脓杆菌	不得检出/250ml		不得检出/100ml	
贾第鞭毛虫（个/10L）	无		<1	
隐孢子虫（个/10L）	无		<1	
二氯乙酸 mg/L	无		0.05	
三氯乙酸 mg/L	无		0.1	
三卤甲烷（三氯甲烷、一氯二溴甲烷、二氯一溴甲烷、三溴甲烷总和）	无		该类化合物中各种化合物的实测浓度与其各自限值的比值之和不超过 1	
三氯乙烷 mg/L	无		2	
三氯甲烷 mg/L	0.1		0.06	
挥发酚类 mg/L	无		0.002	
放射性指标	氚	100Bq/l	总 α 放射性	0.5Bq/l
	总指示剂量	0.1mSv/年	总 β 放射性	1Bq/l

第三章

中欧肉类产品标准比较

欧盟以法规的形式规定了肉类产品应符合的微生物、农兽药残留、污染物、食品添加剂、电离辐射等要求。中国也制定了相应的食品安全国家标准。欧盟规定动物检疫合格章使用的印油颜色应该符合食品添加剂的要求，根据食品添加剂法规要求欧盟允许用于印油的色素包括阿洛拉红（AC）、亮蓝（FCF）和棕（HT）。其他允许使用的食品添加剂和使用要求，可以具体查询欧盟食品添加剂数据库和中国《食品安全国家标准　食品添加剂使用标准》（GB 2760—2014）食品添加剂使用标准，但存在一些差异。

第一节　微生物标准

欧盟制定了2073/2005/EC《食品微生物标准》，规定了30种食品中相关致病菌的限量，制定了肉制品、奶制品、蛋制品、水产品和果蔬制品五类产品的加工过程卫生标准，并规定了每类产品验证加工过程卫生的指示菌种类和限量，以及超出指示菌限量应改善相关加工环节的卫生状况。同时，欧盟制定了2160/2003/EC《关于控制沙门氏菌及其他食源性人畜共患病病原体的规章》，对禽和猪从养殖环节开始实施沙门氏菌监控。

欧盟规定了在肉鸡屠宰加工过程中监控胴体的沙门氏菌属和空肠弯曲杆菌属，没有规定兔类的屠宰加工过程微生物监控要求。对于生鲜禽肉检测伤寒沙门氏菌和肠炎沙门氏菌，禽肉糜或调理禽肉制品检测沙门氏菌，熟制的肉制品检测单增生李斯特菌。

中国制定了《食品安全国家标准　预包装食品中致病菌限量》（GB 29921—2021），针对11类食品规定了致病菌的限量，规定了肉制品中需要检测的致病菌，包括单增生李斯特菌、沙门氏菌、金黄色葡萄球菌、致泻大肠埃希氏菌等，对于生鲜肉没有规定检测相关的致病菌。

中国在《食品安全国家标准　食品生产通用卫生规范》（GB 14881—2013）附录中，规定了食品加工过程的微生物监控指南，以及对食品接触面、加工环境和加工过程产品的微生物监控建议的取样地点、指示菌种类、监控频率和建议的限值等。《食品安全国家标准　熟肉制品》（GB 2726—2016）、《鲜、冻禽产品》（GB 16869—2005）、《分割鲜、冻猪瘦肉》（GB/T 9959. 2—2008）、《鲜、冻胴体羊肉》（GB/T 9961—2008）等标准也规定了各种肉类产品中的微生物要求。

第二节　食品添加剂标准

欧盟1333/2008/EC《食品添加剂》法规中规定了欧盟允许使用的食品添加剂清单和使用要求。中国在《食品安全国家标准　食品添加剂使用标准》（GB 2760—2014）中规定了我国食品添加剂的清单和使用要求。

中欧肉类产品食品添加剂使用标准汇总对比见表3. 5。

表 3.5　中欧食品添加剂要求对比

添加剂名称	欧盟		中国	
	用途	最高使用限量	用途	最高使用限量
诱惑红	鲜肉检疫印章	适量	西式火腿	25mg/kg
	调理肉制品	25mg/kg	肉灌肠类	15mg/kg
	热处理肉制品	25mg/kg	肉制品的可食用动物肠衣类	50mg/kg
	肠衣	适量	—	—
专利蓝	肠衣	适量	—	—
亮蓝	鲜肉检疫印章	适量	—	—
	肠衣	适量	—	—
靛蓝	肠衣	适量	—	—
丽丝胺绿	肠衣	适量	—	
棕（HT）	鲜肉检疫印章	适量	—	—
	肠衣	适量	—	—
亮黑	肠衣	适量	—	—
胡萝卜素醛	肠衣	适量	—	—
叶黄素	肠衣	适量	—	—
姜黄素	非热处理的肉制品	20mg/kg 仅用于香肠适量，仅用于肉干	—	—
	热处理肉制品	20mg/kg 仅用于香肠、肉饼等	—	—
	肠衣	适量	—	—
核黄素	非热处理肉制品	适量	—	—
	肠衣	适量	—	—
喹啉黄	肠衣	10mg/kg	—	—
叶绿素及叶绿素铜络盐	肠衣	适量	—	—
柠檬黄	肠衣	适量	—	—
胭脂红、胭脂红酸、虫红	调理肉制品	100mg/kg 仅用于早餐肠	—	—
	热处理肉制品	100mg/kg 仅用于香肠、肉饼等	熟肉制品	500mg/kg
	肠衣	适量	肉制品的可食用动物肠衣类	25mg/kg
偶氮玉红、淡红	肠衣	适量		
日落黄/柑橘黄	非热处理肉制品	15mg/kg，香肠类	所有肉制品	柑橘黄，适量
	肠衣	35mg/kg		

续表1

添加剂名称	欧盟		中国	
	用途	最高使用限量	用途	最高使用限量
焦糖	肉制品（调理肉、热处理、非热处理）、肠衣	适量仅用于香肠、肉饼等	调理肉制品	焦糖色（普通法）适量
植物炭黑	肠衣	适量	—	—
丽春红	非热处理肉制品	50mg/kg	—	—
	肠衣	55mg/kg	—	—
胡萝卜素	非热处理肉制品	20mg/kg，香肠	所有肉制品	适量，天然胡萝卜素
	热处理肉制品	20mg/kg，香肠、肉饼等	熟肉制品	20mg/kg
	肠衣	适量	肉制品的可食用动物肠衣类	5000mg/kg
花生衣红	—	—	肉灌肠类	400mg/kg
胭脂树橙	调理肉制品	20mg/kg 仅用于早餐肠	西式火腿、肉灌肠类	25mg/kg
	非热处理肉制品	20mg/kg 仅用于西班牙肠、肉干等		
	热处理肉制品	20mg/kg 仅用于香肠、肉饼等		
	肠衣	50mg/kg		
降胭脂树橙	调理肉制品	20mg/kg 仅用于早餐肠	—	—
	非热处理肉制品	20mg/kg 仅用于西班牙肠、肉干等	—	—
	热处理肉制品	20mg/kg 仅用于香肠、肉饼等	—	—
	肠衣	50mg/kg	—	—
番茄红素	肠衣	30mg/kg	—	—
	肉干表面装饰	500mg/kg	—	—
红花黄	—	—	腌腊肉制品类	500mg/kg
高粱红	—	—	所有肉制品	适量
红曲黄色素	—	—	熟肉制品	适量
红曲米、红曲红	—	—	腌腊肉制品类、熟肉制品	适量
辣椒提取物、辣椒红	非热处理肉制品	10mg/kg 仅用于香肠	腌腊肉制品	适量
	热处理肉制品	10mg/kg 仅用于香肠、肉饼等	熟肉制品	适量
	调理肉制品	10mg/kg 仅用于各种肠	调理肉制品	100mg/kg
	肠衣	适量	—	—
辣椒橙	—	—	熟肉制品	适量
甜菜红	非热处理肉制品	适量，香肠	所有肉制品	适量
	热处理肉制品	适量，香肠、肉饼等		
	调理肉制品	适量，各种肠		
	肠衣	适量		
花青素苷	肠衣	适量	—	—

续表2

<table>
<tr><th rowspan="2">添加剂名称</th><th colspan="2">欧盟</th><th colspan="2">中国</th></tr>
<tr><th>用途</th><th>最高使用限量</th><th>用途</th><th>最高使用限量</th></tr>
<tr><td>氧化铁和氢氧化铁</td><td>肠衣</td><td>适量</td><td>—</td><td>—</td></tr>
<tr><td>二氧化硫-亚硫酸盐</td><td>调理肉制品</td><td>450mg/kg 仅适用于各种肠，二氧化硫含量不能超过 10mg/kg</td><td>—</td><td>—</td></tr>
<tr><td>月桂酰精氨酸乙酯</td><td>热处理肉制品</td><td>160mg/kg，不包括乳化香肠、烟熏香肠和肝酱</td><td>—</td><td>—</td></tr>
<tr><td rowspan="13">亚硝酸盐</td><td>非热处理的肉制品</td><td>150mg/kg</td><td rowspan="3">腌腊肉制品类、酱卤肉制品类、熏、烧、烤肉类、油炸肉类、西式火腿类、肉灌肠类、发酵肉制品类、肉罐头类</td><td rowspan="3">150mg/kg</td></tr>
<tr><td rowspan="3">传统干腌、熏制肉制品</td><td>180mg/kg，仅用于干制、熏制 8～12 天后 70℃ 加热，或熏制后 14～30 天发酵的产品</td></tr>
<tr><td>50mg/kg，仅用于熟化后 14～35 天腌制的产品</td></tr>
<tr><td>50mg/kg，仅用于腌制 2 天后水煮 3 小时的产品</td><td>—</td><td>—</td></tr>
<tr><td rowspan="2">热处理肉制品</td><td>150mg/kg 熟制肉制品</td><td>—</td><td>—</td></tr>
<tr><td>100mg/kg 肉罐头</td><td>—</td><td>—</td></tr>
<tr><td rowspan="7">传统湿腌肉制品</td><td>175mg/kg，仅用于注射腌制液后继续在腌制液中腌制 3～10 天的培根肉制品</td><td>—</td><td>—</td></tr>
<tr><td>100mg/kg，仅用十注射腌制液后继续在腌制液中腌制 3～10 天的后腿肉制品</td><td>—</td><td>—</td></tr>
<tr><td>175mg/kg，腌制液 3～5 天，水活度高不热处理的肉制品</td><td>—</td><td>—</td></tr>
<tr><td>50mg/kg，腌制液至少 4 天，预煮的肉制品。</td><td>—</td><td>—</td></tr>
<tr><td>150mg/kg，注射腌制液后继续在腌制液中 14～21 天，再冷熏 4～5 周的肉制品</td><td>—</td><td>—</td></tr>
<tr><td>150mg/kg，在 5℃～7℃ 腌制液中 4～5 天，22℃ 成熟 24～40 小时，可能在 20℃～25℃ 烟熏 24 小时，12℃～14℃ 存放 3～6 周</td><td>—</td><td>—</td></tr>
<tr><td>50mg/kg，根据肉块大小，每千克最多腌制 2 天</td><td>—</td><td>—</td></tr>
</table>

续表3

添加剂名称	欧盟		中国	
	用途	最高使用限量	用途	最高使用限量
硝酸盐	非热处理肉制品	150mg/kg	腌腊肉制品类、酱卤肉制品类、熏、烧、烤肉类、油炸肉类、西式火腿、肉灌肠类、发酵肉制品类	500mg/kg
	传统湿腌肉制品	250mg/kg，仅用于注射腌制液后继续在腌制液中腌制3~10天的培根肉制品		
		250mg/kg，仅用于注射腌制液后继续在腌制液中腌制3~10天的后腿肉制品		
		250mg/kg，腌制液3~5天，水活度高不热处理的肉制品	—	—
		10mg/kg，腌制液至少4天，预煮的肉制品	—	—
		300mg/kg，注射腌制液后继续在腌制液中14~21天，再冷熏4~5周的肉制品	—	—
		250mg/kg，在5℃~7℃腌制液中4~5天，22℃成熟24~40小时，可能在20℃~25℃烟熏24小时，12℃~14℃存放3~6周。	—	—
		250mg/kg，根据肉块大小，每千克最多腌制2天	—	—
	传统干腌肉制品	250mg/kg，干腌后熟化至少4天的培根制品	—	—
		250mg/kg，干腌后熟化至少4天的后腿制品	—	—
		250mg/kg，干腌至少稳定10天后，熟化45天以上	—	—
		250mg/kg，干腌10~15天，稳定30~45天后熟化至少2个月	—	—
		250mg/kg，干腌3天，盐渍1周后+1天/千克，熟化45天至18个月	—	—
		250mg/kg，根据肉块大小腌制10~14天后熟化	—	—

续表4

添加剂名称	欧盟		中国	
	用途	最高使用限量	用途	最高使用限量
硝酸盐	其他传统腌制肉制品	250mg/kg，在18℃~22℃或10℃~12℃范围内发酵后至少熟化3周，产品水/脂率<1.7	—	—
		250mg/kg，熟化至少30天西班牙肠制品	—	—
		300mg/kg，熟化至少4周，水/脂率<1.7的肠制品	—	—
		10mg/kg，注射腌制液2天后，沸水煮3小时的牛肉冻	—	—
		250mg/kg，干腌后根据肉块重量湿腌14~35天，再熟化处理	—	—
乙酸	调理肉制品	适量	所有肉制品	适量
乙酸钾	调理肉制品	适量	—	—
乙酸钠	调理肉制品	适量	预制肉制品、熟肉制品	3000mg/kg 双乙酸钠
脱氢乙酸及其钠盐	—	—	预制肉制品、熟肉制品	500mg/kg
乙酸钙	调理肉制品	适量	—	—
乳酸	调理肉制品	适量	—	—
山梨酸、山梨酸钾、苯甲酸及其盐、对羟基苯甲酸	非热处理肉制品	适量，干肉制品表面处理	—	—
	热处理肉制品	适量，干肉制品表面处理	—	—
山梨酸-山梨酸钾	热处理肉制品	1000mg/kg，肉冻	熟肉制品	75mg/kg
	胶原蛋白肠衣	适量，水活度>0.6	肉灌肠类	1500mg/kg
维生素C	调理肉制品	适量	所有肉制品	适量
	热处理肉制品	适量，鹅肝酱及其制品	—	—
抗坏血酸钠	调理肉制品	适量	所有肉制品	适量
	热处理肉制品	适量，鹅肝酱及其制品		
抗坏血酸钙	调理肉制品	适量	所有肉制品	适量
酪蛋白酸钠	—	—	所有肉制品	适量
乳酸盐	调理肉制品	适量	所有肉制品	适量
柠檬酸及其盐	调理肉制品	适量	所有肉制品	适量

续表5

添加剂名称	欧盟		中国	
	用途	最高使用限量	用途	最高使用限量
磷酸、磷酸盐、多聚磷酸盐等	热处理肉制品	5000mg/kg，不包括鹅肝酱及其制品	预制肉制品、熟肉制品	5000mg/kg
	肠衣	4000mg/kg，使肉肠发亮		
磷酸钠	天然肠衣	12600mg/kg	—	—
依地酸钙钠	热处理肉制品	250mg/kg，鹅肝酱及其制品	—	—
海藻酸钠	调理肉制品、非热处理的肉制品	适量	—	—
海藻酸钾	调理肉制品、非热处理的肉制品	适量	—	—
海藻酸铵	调理肉制品、非热处理的肉制品	适量	—	—
海藻酸钙	调理肉制品、非热处理的肉制品	适量	—	—
加工的麒麟菜	调理肉制品、非热处理的肉制品	适量	—	—
卡拉胶	调理肉制品、非热处理的肉制品	适量	所有肉制品	适量
决明胶	热处理肉制品	1500mg/kg	肉灌肠类	1500mg/kg
角豆胶	调理肉制品、非热处理的肉制品	适量	—	—
亚麻籽胶	—	—	熟肉制品	5000mg/kg
瓜尔胶	调理肉制品、非热处理的肉制品	适量	所有肉制品	适量
沙蒿胶	—	—	预制肉制品、西式火腿、肉灌肠类	500mg/kg
可得然胶	—	—	熟肉制品	适量
黄芪胶	调理肉制品、非热处理的肉制品	适量	—	—
黄原胶	调理肉制品、非热处理的肉制品	适量	所有肉制品	适量
壳聚糖	—	—	西式火腿、肉灌肠类	6000mg/kg

续表6

添加剂名称	欧盟		中国	
	用途	最高使用限量	用途	最高使用限量
滑石（云母）	调理肉制品 非热处理肉制品 热处理肉制品	适量，仅用于香肠的表面处理	—	—
蔗糖甘油酯	热处理肉制品	5000mg/kg，不包括鹅肝酱及其制品	—	—
硬脂酰乳酸盐（钙、钠）	热处理肉制品	4000mg/kg，肉制品罐头	肉灌肠类	2000mg/kg
乙酰化二淀粉磷酸酯	调理肉制品	适量	—	—
羟丙基二淀粉磷酸酯	调理肉制品	适量	—	—
纳他霉素	热处理肉制品 非热处理肉制品	1mg/kg，干制香肠表面处理。	酱卤肉制品类、熏肉类、烧肉类、烤肉类、油炸肉类、西式火腿类、肉灌肠类、发酵肉制品类	300mg/kg
乳酸链球菌素	—	—	预制肉制品、熟肉制品	500mg/kg
没食子酸丙酯、二丁基羟基甲苯、特丁基对苯二酚、丁基羟基茴香醚	非热处理肉制品	200mg/kg，脱水肉制品	腌腊肉制品类	丁基羟基茴香醚 200mg/kg
	—	—		特丁基对苯二酚 200mg/kg
	热处理肉制品	200mg/kg，脱水肉制品		二丁基羟基甲苯 200mg/kg
				没食子酸丙酯 100mg/kg
异抗坏血酸	热处理肉制品	500mg/kg，腌制的肉制品	—	—
	非热处理肉制品	500mg/kg，腌制的肉制品	—	—
异抗坏血酸钠	热处理肉制品	500mg/kg，腌制的肉制品	所有肉制品	适量
	非热处理肉制品	500mg/kg，腌制的肉制品		

续表7

添加剂名称	欧盟		中国	
	用途	最高使用限量	用途	最高使用限量
迷迭香提取物	非热处理肉制品	15mg/kg，脂肪含量不超过10%的肉，不包括干香肠	预制肉制品、酱卤肉制品、熏、烧、烤肉类、油炸肉类、西式火腿、肉灌肠类、发酵肉制品类	300mg/kg
		150mg/kg，脂肪含量超过10%的肉，不包括干香肠		
		150mg/kg，脱水肉制品		
		100mg/kg，干香肠		
	热处理肉制品	150mg/kg，脂肪含量超过10%的肉，不包括干香肠		
		150mg/kg，脱水肉制品		
		15mg/kg，脂肪含量不超过10%的肉，不包括干香肠		
		100mg/kg，干香肠		
新橙皮苷二氢查尔酮	热处理肉制品	5mg/kg，增味剂，不包括鹅肝酱及制品	—	—
	非热处理肉制品	5mg/kg，增味剂	—	—
二氧化碳	肉制品（热或非热处理）	适量	—	—
魔芋粉	肉制品（热或非热处理）、肠衣	10000mg/kg	—	—
谷氨酸及其盐	肉制品（热或非热处理）、肠衣	10000mg/kg	所有肉制品	适量
鸟苷酸及其盐	肉制品（热或非热处理）、肠衣	500mg/kg	所有肉制品	适量
肌苷酸及其盐	肉制品（热或非热处理）、肠衣	500mg/kg	所有肉制品	适量
5′-呈味核苷酸盐	肉制品（热或非热处理）、肠衣	500mg/kg	所有肉制品	适量
碳酸钠	调理肉制品	适量	所有肉制品	适量，碳酸盐
碳酸钙	肉制品（热或非热处理）、肠衣	适量		
苹果酸及其盐	肉制品（热或非热处理）、肠衣	适量	所有肉制品	适量
维生素E	肉制品（热或非热处理）、肠衣	适量	—	—

续表8

添加剂名称	欧盟		中国	
	用途	最高使用限量	用途	最高使用限量
卵磷脂	肉制品（热或非热处理）、肠衣	适量	—	—
磷脂	—	—	所有肉制品	适量
酒石酸及其盐	肉制品（热或非热处理）、肠衣	适量	预制肉制品、熟肉制品	10000mg/kg 双乙酰酒石酸单双甘油酯
海藻酸及其盐	肉制品（热或非热处理）、肠衣	适量	所有肉制品	适量
琼脂	肉制品（热或非热处理）、肠衣	适量	所有肉制品	适量
刺云实胶	肉制品（热或非热处理）、肠衣	适量	预制肉制品、熟肉制品	
槐豆胶	—	—	所有肉制品	适量
结冷胶	肉制品（热或非热处理）、肠衣	适量	所有肉制品	适量
聚丙烯酸钠	—	—	所有肉制品	适量
山梨糖醇	肉制品（热或非热处理）、肠衣	适量	—	—
甘露醇	肉制品（热或非热处理）、肠衣	适量	—	—
甘油	肉制品（热或非热处理）、肠衣	适量	所有肉制品	适量
果胶	肉制品（热或非热处理）、肠衣	适量	所有肉制品	适量
明胶	—	—	所有肉制品	适量
阿拉伯胶	—	—	所有肉制品	适量
纤维素	肉制品（热或非热处理）、肠衣	适量	所有肉制品	适量，甲基纤维素、羧甲基纤维素钠、微晶纤维素
单，双甘油脂肪酸酯	肉制品（热或非热处理）、肠衣	适量	所有肉制品	适量
盐酸及其盐	肉制品（热或非热处理）、肠衣	适量	所有肉制品	适量，氯化钾

续表9

添加剂名称	欧盟		中国	
	用途	最高使用限量	用途	最高使用限量
硫酸及其盐	肉制品（热或非热处理）、肠衣	适量	腌腊肉制品	5000mg/kg 硫酸钙
			肉灌肠类	3000mg/kg 硫酸钙
碱（氢氧化物）	肉制品（热或非热处理）、肠衣	适量	—	—
氧化物（钙、镁）	肉制品（热或非热处理）、肠衣	适量	—	—
葡萄糖酸盐	肉制品（热或非热处理）、肠衣	适量	所有肉制品	适量
罗汉果甜苷	—	—	所有肉制品	适量
甘氨酸及钠盐	肉制品（热或非热处理）、肠衣	适量	预制肉制品、熟肉制品	3000mg/kg
L-半胱氨酸	肉制品（热或非热处理）、肠衣	适量	—	—
ε-聚赖氨酸	—	—	熟肉制品	250mg/kg
ε-聚赖氨酸盐酸盐	—	—	肉及肉制品	300mg/kg
氩	肉制品（热或非热处理）、肠衣	适量	—	—
氦	肉制品（热或非热处理）、肠衣	适量	—	—
氮	肉制品（热或非热处理）、肠衣	适量	—	—
一氧化二氮	肉制品（热或非热处理）、肠衣	适量	—	—
氧	肉制品（热或非热处理）、肠衣	适量	—	—
氢	肉制品（热或非热处理）、肠衣	适量	—	—
异麦芽糖醇	肉制品（热或非热处理）、肠衣	适量	—	—

续表10

添加剂名称	欧盟		中国	
	用途	最高使用限量	用途	最高使用限量
麦芽糖醇	肉制品（热或非热处理）、肠衣	适量	—	—
乳糖醇	肉制品（热或非热处理）、肠衣	适量	所有肉制品	适量
半乳甘露聚糖	—	—	所有肉制品	适量
木糖醇	肉制品（热或非热处理）、肠衣	适量	所有肉制品	适量
赤藓糖醇	肉制品（热或非热处理）、肠衣	适量	所有肉制品	适量
转化酶	肉制品（热或非热处理）、肠衣	适量	—	—
聚葡萄糖	肉制品（热或非热处理）、肠衣	适量	肉灌肠类	适量
氧化淀粉	肉制品（热或非热处理）、肠衣	适量	所有肉制品	适量
酸处理淀粉	—	—	所有肉制品	适量
醋酸酯淀粉	—	—	所有肉制品	适量
磷酸淀粉	肉制品（热或非热处理）、肠衣	适量	所有肉制品	适量，磷酸酯双淀粉
羟丙基淀粉	肉制品（热或非热处理）、肠衣	适量	所有肉制品	适量，羟丙基淀粉、氧化羟丙基淀粉
乙酰化淀粉、乙酰化氧化淀粉、乙酰化二淀粉磷酸酯、乙酰化双淀粉己二酸酯	肉制品（热或非热处理）、肠衣	适量	所有肉制品	适量，乙酰化二淀粉磷酸酯、乙酰化双淀粉己二酸酯
乙酰化单，双甘油脂肪酸酯	—	—	所有肉制品	适量

续表11

添加剂名称	欧盟		中国	
	用途	最高使用限量	用途	最高使用限量
辛烯基琥珀酸淀粉钠	肉制品（热或非热处理）、肠衣	适量	所有肉制品	适量
纤维素凝胶	肉制品（热或非热处理）、肠衣	适量	—	—
β-环状糊精	所有肉制品	适量	预制肉制品、熟肉制品	1000mg/kg
α-环状糊精	—	—	所有肉制品	适量
γ-环状糊精	—	—	所有肉制品	适量
改性大豆磷脂	—	—	所有肉制品	适量
茶多酚	—	—	酱卤肉制品、熏肉类、烧肉类、烤肉类、油炸肉类、西式火腿、肉灌肠类、发酵肉制品	300mg/kg
			腌腊肉制品	400mg/kg
赤藓红及其铝色淀	—	—	肉灌肠类、肉罐头类	15mg/kg
单辛酸甘油酯	—	—	肉灌肠类	500mg/kg
富马酸一钠	—	—	肉制品	适量
甘草酸铵	—	—	肉罐头类	适量
甘草抗氧化物	—	—	腌腊肉制品类、酱卤肉制品、熏肉类、烧肉类、烤肉类、油炸肉类、肉灌肠类、发酵肉制品类	200mg/kg
植酸	—	—	腌腊肉制品类、酱卤肉制品类、熏肉类、烧肉类、烤肉类、油炸肉类、西式火腿、肉灌肠类、发酵肉制品类	200mg/kg

续表12

添加剂名称	欧盟		中国	
	用途	最高使用限量	用途	最高使用限量
竹叶抗氧化物	—	—	腌腊肉制品类、酱卤肉制品类、熏肉类、烧肉类、烤肉类、油炸肉类、西式火腿、肉灌肠类、发酵肉制品类	500mg/kg

第三节　污染物标准

欧盟1881/2006/EC《食品中部分污染物的最高限量规定》法规针对187种食品规定了10类污染物的最高残留限量，包括亚硝酸盐、真菌毒素、重金属（铅、镉、汞、锡、无机砷）、三氯丙醇和环氧丙醇、二噁英和多氯联苯、多环芳香烃、三聚氰胺、植物内毒素、高氯酸盐、全氟烷基物质。

中国制定了《食品安全国家标准　食品中污染物限量》（GB 2762—2017），针对168种食品规定了6类污染物的最高残留限量，包括重金属（铅、镉、汞、锡、砷、铬、镍）、亚硝酸盐和硝酸盐、苯并芘、N-二甲基亚硝胺、多氯联苯、3-氯-1,2-丙二醇。中国还制定了《食品安全国家标准　食品中真菌毒素限量》（GB 2761—2017），针对38种食品规定了真菌毒素的最高残留限量。

中国在《食品安全国家标准　食品中污染物限量》（GB 2762—2017）中规定了包括肉制品在内的食品中铅、镉、汞、砷、锡、镍苯并芘、二甲基亚硝胺等的残留限量，欧盟在1881/2006/EC《食品中部分污染物的最高限量规定》中同样规定了类似限量，其中欧盟未制定汞、砷、镍在肉制品中的最高限量。欧盟在食品添加剂管理要求中规定了亚硝酸盐和硝酸盐在肉制品中的添加量为150mg/kg，没有规定产物亚硝胺的残留量。

中欧肉类产品中污染物最高残留限量对比见表3.6。

表3.6　中欧肉类产品中污染物最高残留限量对比

污染物名称	欧盟		中国	
	适用产品	最高残留限量	适用产品	最高残留限量
铅	禽	0.1mg/kg（肌肉） 0.1mg/kg（内脏）	畜禽	0.2mg/kg（肌肉） 0.5mg/kg（内脏）
镉	禽	0.05mg/kg（肌肉） 0.5mg/kg（肝） 1.0mg/kg（肾）	畜禽	0.1mg/kg（肌肉） 0.5mg/kg（肝） 1.0mg/kg（肾）
总汞	—	—	肉及肉制品	0.05mg/kg
总砷	—	—	肉及肉制品	0.5mg/kg
铬	—	—	肉及肉制品	1.0mg/kg

续表

污染物名称	欧盟		中国	
	适用产品	最高残留限量	适用产品	最高残留限量
二噁英和多氯联苯	禽脂肪	1.75pg/g（二噁英总和） 3.0pg/g（二噁英和类二噁英PCBs总和） 40ng/g（PCB 28、PCB 52、PCB 101、PCB 138、PCB 153、PCB 180总和）	—	—
	禽肝	0.3pg/g（二噁英总和） 0.5pg/g（二噁英和类二噁英PCBs总和） 3.0ng/g（PCB 28、PCB 52、PCB 101、PCB 138、PCB 153、PCB 180总和）	—	—
	禽脂肪	1.75pg/g（二噁英总和） 3.0pg/g（二噁英和类二噁英PCBs总和） 40ng/g（PCB 28、PCB 52、PCB 101、PCB 138、PCB 153、PCB 180总和）	—	—
多环芳香烃	烟熏肉及制品	2.0ug/kg（苯并芘） 12ug/kg（苯并芘、苯并蒽、苯并［b］荧蒽和䓛的总和）	熏、烧、烤肉	5.0ug/kg（苯并芘）
N-二甲基亚硝胺	—	—	肉及肉制品	3.0ug/kg

第四节 电离辐射杀菌要求

欧盟与中国肉类产品电离辐射杀菌要求如表3.7所示。

表3.7 欧盟与中国肉类产品电离辐射剂量要求对比

产品	允许的最大吸收剂量（单位：千戈瑞）							
	比利时	捷克	法国	意大利	荷兰	波兰	英国	中国
鸡肉	—	7	—	—	7	—	—	—
禽	5	5	5	—	—	—	—	—
家禽（鹅、鸭、鸽子、鹌鹑、火鸡等）	7	7	—	—	—	—	7	—
机械分离禽肉	5	5	5	—	—	—	—	—
禽内脏	5	5	5	—	—	—	—	—
熟畜禽肉	—	—	—	—	—	—	—	<8
冷冻肉类	—	—	—	—	—	—	—	<2.5

第五节　过敏原

欧盟制定的（EU）1169/2011《向消费者提供食品信息》法规，规定了食品标签的相关要求，在附件Ⅱ中规定了需要标注的过敏原信息。根据该法规定，欧盟过敏原主要包括下列物质：

1. 含有麸质的谷物。包括小麦、人麦、黑麦、燕麦等及其制品。不包括小麦葡萄糖浆、小麦麦芽糊精、大麦葡萄糖浆、生产蒸馏酒精（包括粮食乙醇）的谷物。

2. 甲壳纲动物及其制品。

3. 蛋类及其制品。

4. 鱼类及其制品，不包括作为维生素或类胡萝卜素制剂载体的鱼明胶、作为啤酒和白酒澄清剂的鱼明胶或鱼胶。

5. 花生及其制品。

6. 大豆及其制品，不包括充分提炼的大豆油和油脂、大豆源维生素 E（包括醋酸维生素 E、琥珀酸维生素 E）、大豆源植物油、大豆源植物甾烷醇酯等。

7. 奶及其制品（包括乳糖），不包括用于生产蒸馏酒精（包括粮食乙醇）的乳清、乳糖醇。

8. 坚果，如杏仁、榛子、核桃、腰果、美洲山核桃、巴西栗、开心果、澳洲坚果（通常称夏威夷果）等及其制品，不包括用于生产蒸馏酒精（包括粮食乙醇）的坚果。

9. 芹菜及其制品。

10. 芥末及其制品。

11. 芝麻及其制品。

12. 含量超过 10mg/kg 或 10mg/L 的二氧化硫和亚硫酸盐，以二氧化硫总量计。

13. 羽扇豆及其制品。

14. 软体动物及其制品。

中国主要的过敏原包括：

1. 含有麸质的谷物及其制品。
2. 鱼类及其制品。
3. 甲壳纲动物及其制品。
4. 蛋类及其制品。
5. 花生及其制品。
6. 大豆及其制品。
7. 乳及乳制品（包括乳糖）。
8. 坚果及其制品。

第四篇 欧盟肉类企业注册、现场考察程序及关注重点

第一章

欧盟肉类企业注册和现场考察程序

第一节　欧盟肉类企业注册程序和要求

欧盟在853/2004/EC《动物源性食品生产企业特殊卫生要求》法规附件Ⅲ列明的食品种类需要实施欧盟企业注册管理，但是不包括高度精炼产品（如软骨素、氨基葡萄糖、壳聚糖、透明质酸等），实施企业注册的产品种类主要包括畜肉、禽兔肉、野味肉、肉糜、生的调理肉、机械分离肉、肉制品、活双壳软体动物、水产品、鲜奶及奶制品、蛋及蛋制品、青蛙腿肉及蜗牛、动物油脂及油渣、经处理的胃、膀胱和肠产品、动物明胶和胶原蛋白、生产明胶和胶原蛋白的原料等。欧盟在官方网站上公布允许向欧盟出口相关动物源性食品的注册企业名单。

一、可以申请出口欧盟的肉产品种类

中国向欧盟提交了兔和禽的残留监控计划，没有提交包括猪、牛、羊等在内的其他畜类的残留监控计划，因此可以向欧盟提出出口申请的肉类仅包括禽肉和兔肉产品。

禽类产品包括生禽肉（仅作生产输欧肉制品的原料用）、熟制禽肉（仅限于中国山东地区）、禽肉罐头（全国）。

兔类产品包括生兔肉、兔肉制品（没有规定具体处理要求）

二、出口欧盟注册申请应关注的要点

主要包括：

1. 根据中国对欧盟的承诺，中国建立专门的禽兔肉出口管理系统（欧盟称为 Export Oriented System，EOS）。由出口欧盟禽兔屠宰加工企业负责养殖场的备案申请和管理，确保统一供应种兔/禽苗、统一防疫消毒、统一供应饲料、统一供应药物、统一屠宰加工的“五统一”有效实施，同时中国承诺养殖过程不实施禽流感和新城疫免疫。

在饲料管理环节，欧盟将抗球虫药和组织滴虫抑制剂作为饲料添加剂管理，因此欧盟允许在饲料中添加批准的抗球虫药和组织滴虫抑制剂。欧盟不允许为预防疾病或促进生长在饲料中添加抗生素。

2. 输欧禽兔肉和肉制品生产企业应实施 HACCP 管理体系。

3. 中国禽兔屠宰企业应关注欧盟动物福利要求，欧盟没有在养殖和运输环节针对兔类制定专门的法规要求，可参考禽类的养殖和运输要求。同时应由农业农村部负责宰前、宰后检验，可以由经培训合格的辅助人员协助完成。

4. 由于高致病性禽流感问题，中国暂时不能向欧盟出口生鲜禽肉和禽肉调理制品。

5. 向禽、兔肉制品生产企业提供原料肉的屠宰生产企业应获得欧盟注册。

6. 禽兔屠宰企业和肉制品加工企业应符合（EU）2020/692 规定的动物卫生要求，包括热加工温度要求，其中禽肉加热温度包括两种：中心温度 70℃以上，罐头产品 F_0 值不小于 3，其中仅有中国山东地区的熟制禽肉生产企业可以使用中心温度 70℃以上的热处理方式，全国均可向欧盟出口禽肉罐头产品。兔肉制品加热温度不做具体规定。

7. 生鲜禽兔肉和肉制品的生产加工应符合 852/2004/EC 附件Ⅱ规定的食品生产企业通用卫生标准和 853/2004/EC 附件Ⅲ规定的出口欧盟特殊卫生要求。产品符合 2073/2005/EC 规定的微生物要求。

8. 产品符合 853/2004/EC 附件Ⅱ规定的标签要求。

9. 生鲜禽兔肉和肉制品出口前应符合欧盟 2002/994/EC 要求，出口前进行氯霉素、硝基呋喃及其代谢物的兽药残留检测。

三、注册申请程序

（一）企业申请

1. 登录互联网+海关系统。

申请企业可以通过系统主页，依次点击企业管理和稽查、更多、出口食品生产企业备案核准，进入中国出口食品生产企业备案管理系统。

2. 填写申请信息。

申请企业打开中国出口食品生产企业备案管理系统，登录后从主页面“对外推荐注册”选项中点选“对外推荐”，根据系统提供的格式填写和提交企业申请信息。

（二）对外推荐

1. 现场审核。

根据需要，海关派出专家组，按照欧盟要求对企业实施现场审核，审核合格的推荐对欧盟注册。

2. 向欧盟推荐。

根据中欧双方确定的频率，海关定期分批次向欧盟提交经审核符合欧盟要求的企业名单。

（三）欧盟批准名单

欧盟针对提交的企业名单，审核后在官网上定期公布。只有经欧盟批准的企业才能生产出口欧盟的肉类产品。

第二节　欧盟对肉类企业现场考察的工作流程

欧盟法规要求向欧盟出口肉类制品国家或地区的食品安全管理体系应与欧盟食品安全管理体系等效。欧盟对出口方实施等效性评估，包括体系文件的评估和现场审核评估。评估的内容包括法律法规体系、主管部门组织架构和职责、主管部门监管能力、实验室检测能力和企业质量管理体系运行情况等。自 1998 年以来，欧盟原食品兽医办公室（FVO）先后 18 次来我国对动物疫病防控（禽流感、新城疫）、残留监控计划制定和实施、肉类生产企业官方监管（禽肉、兔肉和肠衣）等实施现场审核。

一、发布检查计划

欧盟每年在官方网站上发布年度检查计划，按照计划安排，开展检查工作。

二、发放预审问卷

正式检查前，需完成欧盟官方的预审问卷，一般涉及统计信息、法律、主管机关三方面内容。以 2017 年对出口欧盟的肠衣、禽肉制品、蛋制品，以及兔肉产品这些动物源食品的控制体系进行评估为例。第一项是统计信息，需提供 2015 年度、2016 年度上述产品出口欧盟的全国生产总量、出口量排名前十的生产企业代号和出口重量。第二项是法律法规，需提交一份适应于欧盟法律的相关的法律法规，如欧盟 98/83/EC《欧盟饮用水水质指令》，对标中国《生活饮用水卫生标准》（GB 5749—2022）。第三项是主管部门详细列明组织架构、主管部门职责、人员培训、官方控制程序、官方抽检情况、实验室检测情况和出证程序。预审问卷应在指定日期完成，反馈时需随附法律法规标准清单及内容。

三、发放检查计划书

确定检查日期后，欧盟发放检查计划书，内容包括检查目的、检查的法律基础、检查范围、检查准备和组织、检查期间采用的语言、保密性要求、检查报告的程序和分配、启动会议日程。预审问卷中不明确内容，也会在检查计划书中载明并要求主管机关补充报送。

四、海关总署层面见面会

要求主管机关准备会议报告，包括但不限于以下内容。一是每种商品残留物监测的规划过程：中央和省级工作任务、下达方式和时间安排，以及监测计划的分配方法。二是针对每一种强制性残留物组别、有待检测的物质选择风险标准，以及用于采集样本的企业选择过程。三是不合格情况下执行后续调查的程序、书面说明，以及主管机关的执法权力。四是中央主管机关在协调和监督执行残留物监测计划方面起到的作用。六是主管机关和相关实验室之间的信息传递过程。七是不合规程序，包括法律依据和措施。八是针对检查计划，欧盟检查组关心的其他问题。

五、现场考察过程

一是召开见面会，确认企业名称、地址、注册号，听取企业基本情况介绍和质量管理体系介绍。二是实地查看现场。按照熟区—生区或净区—脏区的顺序进行检查。检查过程中，禽肉制品加工企业重点关注 HACCP 关键点控制、化学药品管理、卫生控制、仓储等。禽肉屠宰车间重点关注 HACCP 关键点控制、宰前宰后检查、动物福利等。三是检查文件。通过翻阅体系文件，对照企业生产记录确认企业质量管理体系运行情况。同时企业需提供自检自控情况，包括微生物监控、农兽药残监控和水质监测报告。在检查文件时，欧盟检察官强调官方监管重要性，要求官方（监管部门）提供疫病监测记录、动物检疫合格证明、官方班前驻厂检查记录、官方日常监管记录等，并询问官方出证程序。四是问题反馈。检察官将检查发现的问题现场反馈官方和企业。

六、海关总署层面反馈会

反馈检查过程中发现的问题。分站检查中出现的不符合项如企业整改完毕，可在此时提交检查组。检查组认可后将不再记录该问题。

七、最终检查报告

欧盟反馈最终检查报告，根据检查报告完成后续工作，并提交证明材料。

第二章
欧盟现场考察关注重点

作者根据近年来欧盟对我国肉类管理体系的考察结果，汇总了欧盟考察关注重点，并提出相应的迎检流程。

第一节 动物疫病防控

欧盟（EU）2020/692 法规第 141 条规定了向欧盟出口生鲜禽肉的要求，出口方是高致病性禽流感非疫区并制定实施高致病性禽流感的监测计划，监测计划应符合世界动物卫生组织要求或欧盟（EU）2020/692 法规附件Ⅱ的要求，出口方如果实施禽流感疫苗接种，应符合欧盟（EU）2020/692 法规附件Ⅷ的要求。

出口方应是新城疫非疫区，如果使用新城疫疫苗，应符合欧盟（EU）2020/692 法规附件 XV 的要求。出口方应及时向欧盟通报更新的疫苗接种计划和检出的毒株。

欧盟在对中国高致病性禽流感和新城疫的防控实施现场检查后发现中国在高致病性禽流感和新城疫防控工作中，动物疫病监测和疫苗使用与欧盟要求存在差异，因此中国自 2004 年 2 月 6 日起暂不能向欧盟出口生鲜禽肉，只有中国山东地区的企业使用 70℃热加工的禽肉和全国所有地区禽肉罐头（F_0 值大于 3）可以出口欧盟。

欧盟现场考察中重点关注动物疫病主管部门的组织架构、职责，对动物疫病的界定，疫病防控措施，监测计划的制定和实施，疫苗的使用，诊断实验室的能力等。

一、欧盟关注并发现的问题

（一）禽流感病例界定

中国法规定义的高致病性和低致病性禽流感与欧盟定义大部分等效，但是定义和相关的执行条款没有考虑国际标准中规定的需通报的禽流感概念，主要表现在无症状感染病例没有通报给世界动物卫生组织或欧盟。因此，欧盟关注禽流感监测是否包括常表现为无症状感染的水禽类（例如鸭）。

（二）主管部门职责

1. 主管部门应及时向欧盟提供疫病状况的全面报告，包括精确、详细的禽流感疫苗接种和监控信息。另外，主管部门应定期向欧盟提供禽流感状况的更新信息，包括暴发低致病性禽流感时采取的处理措施、疫苗接种和监控等。

2. 主管部门应加强与欧盟相关部门在一类和二类病发生情况的沟通。

3. 中方农业农村部和海关两个主管部门应加强合作和沟通，同时应提高系统内部信息传递的有效性。

4. 实验室应统一检测或诊断方法，开展比对实验，加强与世界动物卫生组织和欧盟参考实验室的沟通和交流。

5. 加强监督禽流感监控计划的有效实施，确保取样频率和检测方法统一，监测范围应包括迁徙水禽，对监测结果开展分析并持续优化监控计划。

6. 主管部门加强对输欧禽肉养殖场禽流感的监控力度，即使检出低致病性禽流感的血清转换，也不能用于生产出口欧盟的禽肉。

7. 签发出口证书时依据活禽随附的健康证明，签发动物健康证明的农业农村部兽医应能够准确了解动物健康状况，同时签发出口证书的检验检疫机构兽医也应能够有效验证动物健康证明。

（三）禽流感监控计划实施

1. 在疫病监测和强制接种免疫水平监测指南中应详细说明相关工作的合理性和背景知识，便于执行人员理解方案目的，在取样时更具有针对性。在疫病监测中应关注早期发现可能存在的疫病，例如现场兽医应对死亡率变化或饲料、饮水消耗量减少等问题保持高度警惕，上述变化可能是疫病暴发的前兆。应收集和完善疫病监测数据和分析材料，通过内部的检查和督导确认疫病监测体系是否正确实施。

2. 实验室应提高内部质量管理和病毒检测能力。

3. 禽流感或新城疫确诊后监测区的划定与欧盟有差异，欧盟规定疫点方圆 10 千米范围内为监测区，而中国规定疫点方圆 8 千米范围内为监测区（包括疫区和受威胁区）。

二、中国相应的管理要求

主要包括：

1. 2002 年 8 月 22 日原国家质量监督检验检疫总局制定颁布了《进出境肉类产品检验检疫管理办法》（国质检第 26 号令），首次规定所有出口肉类养殖场必须经检验检疫机构备案，严格实施“五统一”管理模式（即统一供应禽苗/仔兔、统一防疫消毒、统一供应饲料、统一使用药物、统一收购屠宰）。2011 年《进出口肉类产品检验检疫监督管理办法》（国质检第 136 号令）取代原国质检第 26 号令。2018 年机构改革后，海关总署制定颁布《中华人民共和国进出口食品安全管理办法》（海关总署第 249 号令）取代了上述规章。

检验检疫机构（海关）备案的养殖场一般由三类兽医实施监管：一是相关的屠宰企业兽医；二是农牧管理部门兽医；三是检验检疫机构（海关）兽医。兽医根据规定对养殖场实施监管，欧盟检查时农牧管理部门兽医答复称，每周对养殖场实施监管，动物出栏前两天实施宰前检疫。

2. 《出口禽肉及其制品检验检疫要求》（国质检食［2003］212 号）规定，禽类养殖场方圆 50 千米范围内在过去 6 个月内没有暴发禽流感，过去 3 个月内方圆 10 千米范围内没有暴发新城疫。备案养殖场不得使用禁用药、疫苗、兴奋剂和激素等，宰前 14 天不使用任何药物，宰前 30 天不得使用新城疫活疫苗，严禁使用禽流感疫苗。检验检疫兽医在养殖周期内至少监管一次，鸡、火鸡、鹌鹑等在出栏前一周内检疫一次，抽取 30 个拭子（喉咽部和泄殖腔）或 120 个血样；鸭、鹅等在出栏前 3~5 天检疫一次，抽取 30 个拭子或 120 个血样或 30 个肾样品。2015 年 6 月 23 日《出口禽肉及其制品检验检疫要求》作废。

3. 《出口禽肉及其制品检验检疫要求》作废后没有新的公告替代，2017 年原国家质量监督检验检疫总局发布了相关通知，修改了对养殖场的监管频率和疫病的取样监测频率，规定每个养殖场每年至少监管一次，每个养殖场每年至少监测取样一次。疫病监测中去除了鸭、鹅等动物的肾脏样品。

4. 农牧管理部门每年监测禽流感两次，每个养殖场取 0.5%，由于暴发禽流感，除检验检疫备案的用于提供生产出口肉类的养殖场外（中国山东地区出口养殖场不接种高致病性禽流感疫苗)，其他养殖场强制免疫禽流感。

5. 迎接欧盟检查的建议。

(1) 梳理、学习和理解动物疫病监测和养殖场监管的法律法规依据，了解对养殖场的监管频率和内容，了解禽流感和新城疫的监测频率，熟悉取样要求、样品保存和寄送要求等。

(2) 加强与农牧管理部门的沟通，签字兽医确保在签发兽医卫生证书时了解养殖场及其周边规定范围内的疫病状况。

(3) 加强疫病监管部门与欧盟相关机构的沟通，及时通报更新的疫病状况和检出的病毒种类，提高相关实验室的检测能力确保符合世界动物卫生组织或欧盟要求。

第二节　残留监控

从 2001 年开始，中国逐渐完善了兽药管理和残留监控的法律框架，逐步完善了残留监控计划的制定、实施、监管、阳性调查和实验室检测能力。中国的残留监控计划分别由农业农村部和海关总署制定，为了符合欧盟要求，中国建立起了 EOS (Export Oriented System) 系统，即出口管理系统，出口肉类的屠宰场和提供活动物的养殖场由海关总署统一备案和监管，因此农业农村部负责制定实施适用于国内市场的残留监控计划，海关总署负责制定实施适用于出口动物源性食品的残留监控计划。欧盟在残留监控审核时主要关注残留监控计划的制定、实施、监管、阳性调查、实验室检测能力、兽药和加药饲料管理等内容。根据欧盟的审核，欧盟关注的重点和中国存在的问题主要包括下列方面:

一、残留监控计划的制定

(一) 取样数量依据

欧盟规定残留监控计划的取样数量应依据欧盟注册企业可用于出口欧盟的上年度总产量，或根据用于生产出口欧盟肉制品的养殖动物数量推算的总产量，包括实际出口欧盟的数量和已生产还未出口欧盟的数量。

(二) 检测范围

欧盟要求监控计划涵盖的范围应包括批准使用的并在市场中有销售的兽药，欧盟审核发现中国批准的兽药清单、部分禁用药执行限量和允许用药最高残留限量与欧盟存在差异，残留监控计划中没有包括动物饲料中添加的药物添加剂，例如饲料中批准使用欧盟禁止使用的兽药，包括氨苯砜、喹乙醇和甲硝咪唑等 (2018 年审核结果)，而残留监控计划未涵盖相关饲料添加药物。

二、残留监控计划的实施

欧盟审核认为中国残留监控计划能够按计划正常实施，同时主要存在两个问题：一是集中取样，未将样品均匀分布全年；二是没有针对无出口业务的欧盟批准企业实施取样。

三、实验室检测能力

欧盟审核认为中国实验室检测能力和程序符合要求，但在检测方法的确认和验证方面需进一步完善。

四、应对措施

主要包括：

1. 充分理解欧盟残留监控计划法律法规和中国相关的法律法规依据，在制定监控计划时严格按照欧盟规定计算取样数量，计划涵盖欧盟规定的物质类别、国内市场上普遍使用的兽药、中国允许使用而欧盟未制定残留限量的兽药等。

2. 分配样品时应涵盖所有欧盟注册的企业，包括无实际出口业务的欧盟注册企业。取样时间应合理分配在全年，不能集中取样。对监控计划的执行进程实施监控，确保计划按要求实施，对残留监控计划执行人员的工作开展督导，确保监控计划、阳性调查等工作有效实施。

3. 严格按欧盟（EU）2021/808 法规要求的方法对检测方法实施确认和验证，确保实验室检测能力符合欧盟要求。

4. 根据欧盟（EU）2019/1871 法规，合理确定禁用药的检测最低限量。

5. 针对在某种动物产品中没有制定残留限量而在其他产品中规定了残留限量的兽药，应针对该产品制定检测最低限量，确保没有制定限量的产品中不含该类兽药残留。制定时应参考（EU）2018/470 法规和欧盟针对具体检测基质确定检测最低限量的实验室指南。

第三节　食品安全监管体系

为了确保符合欧盟要求，欧盟法规要求向欧盟出口肉类食品的国家（地区），食品安全管理体系应与欧盟肉类食品安全管理体系等效。根据法规要求，欧盟对出口方的食品安全管理体系实施评估，包括文件评估和现场审核评估，确保出口方官方监管体系和企业加工生产符合欧盟要求。在审核过程中主要关注法律依据、主管部门组织架构和职能、企业注册和对欧推荐程序、主管部门对企业的监督管理、官方实验室能力、官方出证程序、欧盟通报调查等方面。

一、欧盟在评估主管部门企业监管能力时发现的问题

欧盟在评估主管部门对企业监督管理能力方面，主要关注官方监管方式、监管内容和频率、出口肉类生产加工企业的基本卫生条件、屠宰场宰前宰后检验检疫和动物福利、HACCP 体系的制定和实施、企业自检自控取样监测、追溯体系、欧盟标签使用情况、官方取样监测等。同时，欧盟通过现场检查企业质量管理体系运行情况，验证官方主管部门的监管能力。欧盟现场考察评估时关注的重点环节和发现的问题主要包括下列方面：

1. 肉类生产企业基本卫生条件，包括设施设备维护保养、设施设备的设计、卫生加工等。

（1）设施设备维护保养问题。

检查过程中发现的维护保养问题主要包括生产设备设施和食品接触面表面不符合卫生要求、防虫防鼠设施不符合要求、通风设施维护不良易产生冷凝水、冷库维护保养不良、库内积霜较多等。

（2）设施设备设计问题。

问题主要包括排水管没有连接到排水系统中；制冰机设计不良不便于清洗消毒和卫生检查；工器具清洗消毒间空间不足，没有充足的空间分别存放未清洗和已清洗的工器具，易产生交叉污染；速冻库和冷藏库墙壁使用的材料不符合要求，不易清洗消毒等。

（3）卫生加工问题。

问题主要包括斩拌机未拆开清洗消毒，仅清洗外部，内部部件锈蚀并有残余的肉渣；动物运输容器清洗消毒不良；冰的制备和存放不符合卫生要求；放血刀具消毒设施水量不

足；掏脏环节产生迸溅，易污染胴体；生产过程中使用酒精消毒操作台，易交叉污染产品；分割间内产品温度高于4℃；进口肠衣原料桶盖损坏，桶外表面较脏；带皮去头和前腿时，翻卷的皮易污染产品；掏脏时操作不当污染胴体；宰后检验环节洗手池数量不足；产品与塑料帘或其他表面接触，易发生交叉污染等。

2. 在宰前宰后检验方面。

在兔肉屠宰企业，如果宰后检验由辅助人员实施，官方兽医应每日抽检代表性样品，同时对每个屠宰批次随机抽样实施细致的检验，现场没有证据证明官方兽医开展了上述工作。

3. 动物福利发现的问题。

问题主要包括欧盟检查发现企业在卸载活禽吊挂屠宰线过程中不符合动物福利要求；活禽吊挂屠宰线与活禽运输容器传送带距离不足，导致清空的容器在传输过程中持续碰撞已吊挂的活禽；禽类和兔子电麻不足，放血时动物仍存在意识等。

4. HACCP 体系制定和实施。

欧盟审核认为 HACCP 体系制定和实施的主体为企业，而宰前宰后检验属于官方兽医的职责，因此不宜设定为关键控制点。有企业在纠偏措施中规定加强宰后检验，由于宰后检验属于官方兽医行为不宜作为企业的纠偏措施。此外，金属探测关键控制点监控措施和验证措施存在混淆的情况。

5. 官方取样。

主管部门抽取成品检测单增李斯特菌，验证成品的符合性。欧盟规定应从同一个生产批次中抽取 5 个样品检测。现场审核时发现官方从不同的批次中抽取了 5 个样品，不符合欧盟要求。

6. 追溯体系。

欧盟现场考察时发现使用进口肠衣原料的企业追溯体系较完善能够追溯到原料来源，而使用国产原料生产输欧肠衣的企业追溯体系存在缺陷，仅能追溯到上一个环节，即提供半成品的供应商，而无法追溯到屠宰厂，无法确保是否经过官方宰前宰后检验检疫。

7. 欧盟标签。

欧盟规定动物源性产品出厂前应加贴欧盟标识，因此进口肠衣原料桶应加贴符合要求的欧盟标识，现场审核时发现部分原料桶上欧盟标识缺失，同时在入境口岸检验环节也不了解进口时原料桶上是否贴有欧盟标识。

8. 实验室检测能力。

如果实验室检测方法与欧盟规定的检测方法不同，应根据欧盟规定的方法对检测方法实施确认。

9. 官方出证。

由于宰前宰后检验由农业农村部的兽医实施，而签字兽医是检验检疫机构（海关）人员，官方签字人员应了解宰前宰后检验检疫情况后才能签发兽医卫生证书；根据欧盟规定肠衣应盐渍 30 天以上，兽医卫生证书的签字人员应验证盐渍时间是否符合要求；官方签字人员应了解拟制证书的语言和证书证明的内容；只能在签发完兽医卫生证书后才允许货物脱离监管。

二、迎检流程关注重点

主要包括：

1. 梳理、学习和了解官方监管相关的法律法规依据，监管方式、内容和频率，做好相关的监管记录。

2. 督促企业按照要求做好设施设备的维护保养、卫生加工、动物福利、HACCP 体系的运行、微生物监控等工作。

3. 主管部门理顺职责分工，做好信息沟通和配合工作，确保兽医卫生证书签字人员在签发证书前能够充分了解证书中证明的内容，如宰前宰后情况、动物疫病发生情况、残留监控情况等。

4. 检测实验室应使用欧盟法规（EU）2021/808 规定的方法确认和验证检测方法的有效性。

5. 应制定中英文对照的欧盟兽医卫生证书模板，确保签字人员充分了解兽医卫生证书内容。

第三章
欧盟现场考察情景模拟

第一节　生猪屠宰企业考察情景模拟问答

场景一　现场检查前会议室交流

问：工厂员工有多少？每天多少生产班次，每班次工作时长多少？

答：工厂共有 780 人。每天 1 个生产班次，每班次 8 小时。

问：工厂的屠宰能力如何？

答：这套生产线是欧洲进口的，设计的屠宰能力是 650 头/时，实际生产屠宰 400 头/时。

问：哪些环节有动物卫生监督部门的官方人员参与？

答：我们驻派官方兽医驻场监管企业屠宰全过程。

问：驻派了多少人？简单介绍下监管过程。

答：15 名官方兽医。活猪进场前，检查检疫证是否符合规范，还要检查猪群的健康状况。进待宰圈后，每隔两个小时官方兽医入待宰圈检查一次，查看猪是否健康。进入屠宰环节，官方兽医在流水线上有不同的岗位设置，并进行相应的检查，包括头蹄、胴体、旋毛虫检查、体表、红白内脏检查、复检、滚印等，不同岗位都由专人负责检查。等下进车间的生产线就能清晰地看到我们的官方兽医进行相应的操作。所有的检查结束后，最后检疫合格的动物产品才能由官方兽医开具检疫合格证明。

问：请问生猪屠宰结束之后，在猪身上盖章吗？

答：在检疫合格的猪胴体身上盖合格验讫章。

答：实际上我们盖两个章，一个是官方兽医盖的检疫合格章，另一个是企业盖的检验合格章。

问：生产的肉运出屠宰场时是否要有检疫合格证？

答：是的，每一批都有。

问：如果运输动物及动物产品的货车在路上被交警拦下来没有检疫证，是不是有问题？

答：是的，凭动物及动物产品检疫证运输。

问：屠宰场接收生猪时，是否要求对方出具相关证明？

答：是的，生猪进场时我们要求对方出具动物产地检疫合格证明的。并查验对方出具的产地检疫证明。

问：你刚才介绍的流程和欧盟的流程是接近的。我们去看下生产线。

场景二　屠宰车间现场检查

答：我们本次参观是从净区往脏区走，这是我们出厂企业品控盖章的地方，每一头猪有唯一条形码。(地点：品控品质检查盖章点)

问：农业部门和企业盖章人员有区别的？

答：有的，一眼就能看出来。

问：如何区分农业局人员和企业人员？

答：衣服颜色不同，农业局穿白色的，公司品控穿粉红色的。

问：能否看一下企业印章？

答：可以。

问：官方兽医盖的印章能看一下吗？

答：可以。

问：这个屠宰场是否在官方兽医盖的检疫合格章上面体现？

答：不体现，在公司检验合格章上面体现。

答：出具的检疫票上也有证明。

问：这个是做什么？（地点：头蹄检验点）

答：头蹄检验。

（问人员对屠宰场流水线的设施设备及胴体、内脏进行拍摄，并试消毒水温。）

问：你们发现胴体不合格时怎么办？

答：先停线，通过轨道将不合格胴体单独放置，通知官方兽医确认，官方兽医确认有疑似病后进行无害化处理。

问：这个池子是做什么的？（地点：猪悬挂点）

答：这个池子我们一般情况是会加冰水，使猪快速冷却降温。

问：怎么才能快速降温呢？

答：猪的胸前会开孔，水会进去。

场景三　现场检查后会议室交流

问：你们的猪肉都是卖给一个企业的吗？

答：不是，猪肉也有卖给个人（零售）。

问：官方兽医在什么情况下可以决定是否符合人们去消费。如果说不能进行消费的话是基于什么样的一个情况，不能进行消费的话会做出什么样的处理？

答：检出动物疫病的会立即销毁，企业检出品质不合格的，会在官方兽医的监管下进行无害化处理，不会流出屠宰场。只有盖了官方兽医、企业两个印章的合格动物产品才能销售。

问：官方兽医在进行动物疫病检查的时候，如果发现产品有问题，并且进行销毁的时候，是否有相关的记录及相关原因？

答：都有记录。

答：国家对屠宰检疫管理有两个规程，一个是屠宰检疫规程，官方兽医按照这个规程执行，一个是品质检验规程，是企业的品质检验员按照这个规程操作。这两个规章对每一种不合格的情况都有具体的说明。品质检验和检疫不合格的产品都有相应的记录，且无害化处理过程都在官方兽医的监管下进行。

第二节　肠衣企业考察情景模拟问答

场景一　现场检查前会议室交流

问：本考察希望在这里取得的结果在中国是具有代表性的是看主管部门对出口欧盟的

肠衣是如何管控的？

答：企业介绍包括企业资质、工艺流程、食品安全管理体系介绍，重点对溯源体系进行阐述，整个溯源链条包括原料验收入库、原料投放、加工生产环节跟踪、成品入库、成品发运这几个环节，展示溯源体系，展示原料验收记录。

答：检验的质检员会核对是否来自合格供方、是否有检疫证、感官检验是否合格。

问：验收记录会对证书进行核对，是什么证书？

答：动物检疫证明。

问：原料批号中能展示供应商的信息吗？

答：可以。

问：180223 是日期吗？

答：是装桶日期。

问：完成日期？

答：是的。

问：请打开工厂平面图。

答：为便于现场检查，现对公司平面图进行介绍。有两个加工车间，两个成品库（国产、进口原料），两个半成品库，建议先看楼下的车间，然后看对面的第二车间，然后看原料库和验收间，最后看成品库，最后再回到会议室，这只是个建议，谢谢。

问：这对我们的现场检查会很有帮助。

场景二　肠衣加工车间现场检查

（进加工车间，开始现场检查，看到写有加工原料批号的公示牌。）

问：请问今天加工的是不是同一批原料？如果不是在同一批的，是不是在加工完一批后再加工第二批？

答：是的。

问：在操作台上发现一个标识卡，这是什么标识卡？

答：这是今天加工原料的批号标识卡，追溯用的。

问：这上面的编号是公司内部的吗？

答：是的。

（考察人员拿卡片到公示牌上核对，发现一致，做出肯定回答。继续在操作台边观看员工操作。）

问：将肠衣筐一层层摞起来，是不是为了加大压力？

答：是的。

问：有没有考虑过使用机械获得更大的压力，这样可以更快、产品的质量更好？

答：压力不能太大，产品太干了也不好，要保持一定的湿润。

问：正在盐渍的是哪一批的产品？

答：产品上有标识卡，上面有批号。

（考察人员检查标识卡，发现和公示牌上的一致。查看成品桶上标签。）

问：为什么有 7 月 4 日和 7 月 5 日两个标签？

答：是两天的产品装在一个桶里了。

问：工作人员是否可以从成品传递口这里出去？

答：不行，这只是传递成品的。

问：桶是从哪里进来的？

答：指向桶传递口。

问：干净的桶是从这个传递口进来，那用脏了的桶和篮筐从哪里出去呢？

答：这里不会有脏桶，用过的篮筐都送到工器具消毒间去清洗消毒。

进入工器具消毒间：

问：消毒剂存放在哪里？

答：车间外的有毒有害物品储存库。

问：你们这里有没有供内销的肠衣加工车间？

答：没有。

问：那我们去看一下国产原料的仓库。

（往国产原料仓库出发，路过厂区内固定在地面的冷藏集装箱。）

问：这些集装箱在使用吗？

答：这只是在仓库来不及检验的情况下暂时存储用的。

问：是正常的集装箱吗？

答：当然是的。

问：这些集装箱通电吗？

答：是的。

问：现在里面有产品吗？

答：没有。

问：这个集装箱有温控吗？有温度记录设备吗？

答：有温度记录设备的，制冷到-19℃，但是今天没有通电，所以不显示。

到集装箱背面去查看温度控制记录设备，走到国产原料冷库，对里外多个桶的标签拍照，

问：是不是每一个仓库上都有温度计？

答：是的。

问：一桶原料的重量是多少？

答：140 千克。

（打开原料桶并观察。）

问：装原料的桶清空后在哪里清洗？

答：我们只是做消毒，然后全部出售。

问：别人买过去会不会用来装肠衣？

答：即使用来装肠衣，也是要在清洗达到相应的卫生要求之后。

（走到进口原料仓库。）

问：包装上的标签是原来的还是更换的？

答：更换成自己的标签了。

（检查两年内的主管部门监管记录，确认检查的时间。）

问：备案证书有效期到后，是否要重新申请？

答：到期之前就要重新申请。

问：2017 年的记录上写的有效期是到 2018 年，怎么回事？

答：2018 年到期并重新换证了，新发布的备案管理规定也将有效期从 4 年变成了

5年。

问：备案证书2018年1月就失效的，是否提前申请了换证？

答：是的。

问：对企业的换证是什么时候申请的？

答：通常是失效前三个月提前申请，这是2017的规定，2018年的规定是提前一个月。

问：换证的时候，会不会对企业进行一次检查？

答：可以只进行文件的审核。

问：除了文件审核，会采用第三方的检查结果吗？

答：会采用第三方的认证检查结果。

问：总结一下，企业换证时，可以不对企业进行检查，依据平时的检查和第三方的检查结果。

答：是的，前提是企业的管理体系没有发生过变化，没有发生质量问题。

问：好的。定期检查发现了什么不符合项？

答：介绍发现的不符合项。

问：我们检查中有没有关键控制点的检查？

答：有，关键控制点是原料验收。

问：企业在进原料时进行核对，主管部门怎么确认企业的检查是有效的？

答：会核对验证，随机抽取一批进行追溯，验证原料的验收记录。

问：在检查的时候有没有发现过有问题的文件？

答：是追溯文件吗？

问：比如原料来源地错误等。

答：目前没有发现过。

问：记录没有填写的地方，是指没有问题吗？

答：写了符合要求的，才表示没有问题。

问：这样的检查要多久？

答：基本一整天。

问：看一下原料验收的记录。

问：这个是什么日期？

(指着记录上的日期。)

答：是审核日期。

问：验收的40箱，是我们刚才在原料库中看到的那种箱吗？

答：是的。

问：你们有几个关键控制点？

答：就原料验收一个。

(问询了几个日期的含义。)

问：有没有进料的清单？

答：没有汇总表，只有分批的记录表。

问：请提供把国产原料和进口原料的验收的记录。

(查阅原料验收记录，询问各栏目的含义。)

问：每天的加工量是多少？
答：国产原料每天产 6000 把约 40 桶。
问：进口的原料呢？
答：约 60000 根，产量约 60 桶。
问：检疫证明上盖章的农业监督所是农业农村部下属的机构吗？
答：是的。
问：检疫证上的这个电话是哪里的？
答：屠宰场的。
问：这是屠宰场出来的货物，不是半成品肠衣？
答：是屠宰场发往半成品肠衣加工厂的检疫证。

第三节　兔肉生产企业考察情景模拟问答

问：我们此行的主要目的是以企业为载体，核查中国主管部门对输欧源性动物产品的药物残留的监管情况。关注重点是药物残留监控。企业介绍情况时需要从养殖环节开始讲，养殖场如何管理，是否用药？需提供养殖记录。需要了解养殖场兽药采购流程，是否有处方，处方谁开具？是否是由集团统一管理。对饲料问题也很关注，是否在生产饲料过程中添加药物？毛兔到加工厂是否随附相关资料文件证明无药物残留，企业是否自检？同时会向官方主管部门验证。

（介绍企业环节略。）

问：刚才的介绍环节提到企业共 6 个出口养殖场？
答：对。
问：每个养殖场规模多大？
答：不一样，最大的是 6 场，年出栏 195 万兔子，最小的是 11 场，年出栏 17 万兔子。
问：共 6 个出口养殖场什么会有 11 场？
答：不是按照顺序排的，并且之前有的备案养殖场取消了。
问：这 6 个出口养殖场全是企业自属的备案场吗？都在同一地区？
答：是的。
问：人工授精过程是否进行干预发情？什么方法？
答：加光，离乳等物理方式，没有化学干预。
问：肉兔在养殖场的生产周期是多少天？
答：70 天左右。
问：肉兔在养殖过程中用什么药物？
答：消毒药物，疫苗，维生素。
问：什么疫苗？
答：治疗兔病毒性出血症的疫苗。
问：消毒是指哪里？
答：兔舍环境，工具等的消毒。
问：有治疗抗球虫病的措施吗？
答：每年 8 月份左右的夏秋高温季节在水中添加地克珠利。

问：冬天或者春天不添加地克珠利吗？

答：不添加。

问：如果发现兔子出现疾病问题，采取什么措施？兽医怎么诊断？用什么药？

答：主管兽医介绍，目前主要是零星的消化道疾病。

问：是否有疾病的处理体系？假如出现疾病如何处理？

答：每个场有驻场兽医，出现情况先做初步判断，然后向巡回兽医及主管兽医汇报。

问：主管兽医一般在哪里办公？

答：一般在总部，每月巡回检查一次，每个养殖场都有驻场兽医。

问：驻场兽医发现必须用药的情况怎么办？

答：驻场兽医提供处方，主管兽医审核并签批处方然后使用。

问：请提供主管兽医签批的处方样本，养殖日志尤其是地克珠利的使用记录。

问：养殖场是否有药品库？总部有没有药品库？

答：养殖场有药品库，总部没有。

问：是否有兽药购买记录？

答：有。

问：想看一下去年的药品采购记录。

答：好的，稍后提供。

问：毛兔生长期间用几种饲料？是否有预混料？

答：4 种饲料，全部有预混料（添加微量元素）。

问：饲料预混料里面是否添加药物？

答：没有。

问：毛兔结束 70 天生长期出栏时，养殖场是否有文件证明无药物残留？

答：毛兔从养殖场送到屠宰场时，需要随车附带饲养日志，检验检疫证明，企业诚信声明。

问：首先，请企业准备 3 个养殖场出栏的养殖记录，其中包含使用地克珠利的养殖场。其次，请准备最近出栏的 3 批养殖记录、检疫证、诚信声明。接着，请准备过去两年的处方记录。最后，请准备一种兽药购买记录。

问：取样的具体位置在哪里？

答：兔肝兔肾在屠宰检疫后，兔肉在分割车间取样。

问：检疫证上写的是什么东西？是否体现了没有药物残留这项内容？

答：检疫证明主要是无疾病的证明，无药物残留这项内容主要体现在企业的诚信声明上。动物检疫是对兔四种疫病情况检疫和动物卫生情况检疫。药物残留是企业的饲养日志、诚信声明上有体现。

问：企业是否有自检体系对药物残留进行监控？

答：有《食品安全监控计划》，硝基呋喃代谢物，氯霉素每 4 个月一次，磺胺类及沙星类半年一次，地克珠利半年一次。

问：硝基呋喃代谢物，氯霉素类每次取几个样？

答：每个养殖场一个样。

问：过去 3 年样品中检测到硝基呋喃及氯霉素吗？

答：没有。

问：下面的问题是问主管部门的，同时请企业准备刚才提到的资料（出栏毛兔随附的3份文件，过去两年的处方记录，提供某一个厂的兽药购买记录）。

问：主管部门在2017—2018年从这家企业取了多少样？

答：针对药物残留，2017年取41个样，从2018年至今年年中取了10个样。

问：在什么地方取样？

答：屠宰场的生产线上。

问：企业一天一个批次？一个批次来自同一个养殖场还是不同养殖场？

答：大部分一天一个批次。

问：那就意味着有时候一天不同批次，如何保证取样准确性？

答：同一天如果两个不同养殖场，生产过程中会有间隔，加工厂会做好标记。

问：你能准确区分吗？

答：是的，取样时有编号。

问：今年第一柜样品什么时候取的？

答：1月2日。

问：检测项目有哪些？

答：磺胺类，硝基呋喃，氯霉素等。

问：2017年，2018年取样结果有阳性出现吗？

答：没有。

问：请告知取样，送检，出结果流程。

答：取样当天完成，第2天送实验室，大约10个工作日实验室反馈结果。

问：请畜牧部门告知取样情况。

答：在加工厂和饲料厂取样。每年加工厂10~20个样品，饲料厂两个样品。

问：对《动物检疫合格证明》逐条翻译。

问：《动物检疫合格证明》开具的数量1225只，这批毛兔出栏多少只？

答：1225只是一车毛兔的检疫数量，一车一检疫证，此批毛兔共出栏8900只（饲养日志）。

问：查看饲养日志，饲养数量10016只，转群数量9491只，这两个数量是什么关联？

答：10016只是这批毛兔的起初数量，在饲养过程中，每天有死亡，待饲喂到36日龄转群时，这批毛兔存活数量是9491只。

问：饲养日志上有一栏休药期，记录饲喂复合维生素，休药期是32天，复合维生素休药期法规规定是32天？

答：饲养日志上的休药期是根据2017年欧盟考察提出的建议增加的。复合维生素休药期法规没有规定，记录上的32天是我们停喂复合维生素的日期至这批毛兔出栏日期共32天。

问：查看2017年9月7日饲养日志，地克珠利的休药期填写了37天。

答：法规规定地克珠利休药期5天，休药期应填写“5”。

问：查看处方单。

答：提供一年的月度兔瘟疫苗处方单。

问：兔瘟疫苗不是处方药，我们不关注。请提供地克珠利的处方单。

问：查看2017年8月6日地克珠利处方单。地克珠利处方单上体现了地克珠利的休药期 5 天（9.3），批号是 20160401。

问：9.3 是什么意思？

答：地克珠利休药期 5 天，到 9 月 3 日休药期结束。

问：20160401 是什么意思？

答：地克珠利的批号。

问：如何采购药品？

答：养殖场提出计划，兽医签批，采购部执行，产品直接入养殖场库房，驻场兽医验收。

问：请提供药品采购台账。

答：我们目前只有经过审批的申请单，每个场一份，采购没有单独做，每个养殖场有。

第四节　禽肉及蛋制品企业考察情景模拟问答

问：我们这次的核查主要是核查中国兽医体系。请您介绍下企业的情况，尤其是针对动物源性的原料控制情况。

答：我们企业是在官方监控下的通过出口备案的食品加工企业。

问：跟您确认一下，您的鸡蛋都是来自一家养殖场吗？

答：是的。

问：也有自己的鸡蛋采集厂的吗？

答：是的。

问：所以说蛋在送到您的工厂之前，在采集厂就已经清洗过了，是吗？

答：是的。

问：跟您再确认一下公司从养殖到鸡蛋收集都是企业自己的吗？

答：是的。

问：想跟您了解一下肉鸡在养殖过程中用药的情况，不知道在座的有了解的吗？

答：有的。

问：这个企业刚好能让我们同时了解禽肉和蛋的生产，您能不能简要地讲一下在肉鸡的养殖过程中用药或者通过加在饲料中用药品的情况。

答：我们的兽药是经过集团采购事业线专家组审核通过后进入用药清单，在饲料中是不加药品的，现场使用的话是根据鸡群具体情况进行使用。

问：如果需要用药的话，给药路径是什么呢，通过水吗？

答：是的。

问：不会对整个鸡群进行抗球虫的预防性用药吧？

答：没有。

问：如果在农场出现寄生虫的话，你们会怎么控制？

答：到现在为止没有出现寄生虫的情况，主要是控制肠道和肠炎类问题。

问：养殖场使用的主要抗生素类型有哪些？

答：阿莫西林、青霉素、安普霉素和红霉素。

问：在养殖场你们怎么保证已经用药的鸡休药期结束后再送往屠宰场？

答：用药处方有做出的用药规定和要求。

问：我理解处方上有用药的标准，但在实际操作方面有没有控制流程来确保遵守处方？

答：检核现场记录。

问：我也注意到介绍中说咱们有自己的实验室，检测能力也是非常惊人的，想确认一下屠宰场的取样频率是多少？

答：按照每个鸡舍抽取样品。

问：会进行兽药残留的检测吗？

答：是的。

问：那是不是可以理解为每一批屠宰场的鸡都会进行兽药残留的检测？

答：是的。

问：那接下来说一下蛋鸡吧，我们理解的是蛋鸡是没有进行用药治疗的，对吗？

答：是的。

问：对于蛋鸡鸡舍的卫生保障会怎么处理。比如防鼠、防寄生虫方面有什么防护措施？

答：我们是跟专业的防鼠公司合作进行灭鼠和监测。

问：那了解一下，对于害虫的防范你们有采用什么措施吗？主要是采用物理预防，还是采用化学预防？

答：物理预防，我们是采用全封闭鸡舍、全封闭的厂区。

问：想问下您这个养殖场蛋鸡存栏量是多少？

答：我们一共是300万只蛋鸡存栏规模。

问：就一个养殖场吗？

答：一个养殖场，18个鸡舍。

问：怎么进行养殖呢？是笼养吗？

答：是的。

问：因为您说到在产蛋期是完全不用药的，我想了解这个产蛋期有多长？

答：72周到80周。

问：你们对于沙门氏菌方面有什么预防措施或者是卫生措施？请跟我们讲一下。

答：做好环境控制，保持环境卫生，对老鼠、蛇，以及鸟类等要采取措施彻底控制。

问：现在已经有沙门氏菌的疫苗，我理解的是蛋鸡在进入鸡舍之前是已经做过疫苗的吗？

答：没有，因为我们控制的父母代是阴性，雏鸡也是阴性，所以我们全程的检查也为阴性。

问：在上一批的鸡里面没有出现过沙门氏菌这种情况吗？

答：是的。

问：在产蛋期过了之后这些蛋鸡会怎么处理？

答：淘汰。

问：是送到屠宰场直接宰杀吗？

答：是的。

问：淘汰的手段是什么？

答：由公司签订协议的屠宰场统一进行处理。

问：您这边核对养殖场合格的列表，能否提供一下，请找出来。

答：好的。

问：您把肉鸡和饲料都介绍一下。

答：肉鸡是在屠宰场抽检。今年已经抽检 14 个样品。饲料是在公司饲料厂抽检，今年抽了一批。如果需要看的话我们可以提供采样单和检测报告。

问：那请主管部门介绍一下今年到目前来说对于残留的监控在该企业取了多少样？

答：13 个。

问：全是在肉里取的吗？

答：鸡肝，鸡肉，鸡肾。

问：您之前在这家企业检出过不合格项吗？

答：目前没有。

问：刚才介绍时说饲料里是不加药的，为什么还要抽检呢？

答：这是他们自己管理的，但是作为官方我是要监控的。

附录

附录 1
欧盟肉类食品监管主要法规

欧盟委员会（EU）2020/692 号实施条例[①]

2020 年 1 月 30 日

补充欧洲议会与欧盟理事会（EU）2016/429 法规，制定某些动物、繁殖材料和动物源性产品货物入境欧盟以及入境后运输和处理的规则

（本文涉及欧洲经济区）

（《欧盟官方公报》L 系列第 174 期，2020 年 6 月 3 日，第 379 页）

经下列文件修订：

官方公报

	编号	页数	日期
欧盟委员会（EU）2021/1703 授权法规（2021 年 7 月 13 日）	L 系列第 339 期	29	2021 年 9 月 24 日
欧盟委员会（EU）2021/1705 授权法规（2021 年 7 月 14 日）	L 系列第 339 期	40	2021 年 9 月 24 日

欧盟委员会（EU）2020/692 号实施条例

2020 年 1 月 30 日

补充欧洲议会与欧盟理事会（EU）2016/429 法规，制定某些动物、繁殖材料和动物源性产品货物入境欧盟以及入境后运输和处理的规则

（本文涉及欧洲经济区）

第一部分　通　则

第 1 编　主题、范围和定义

第 1 条　主题和范围

1. 本法规规定了关于来自第三国或地区或其区域或生物安全隔离区（就水产养殖动物而言）的某些物种和类别的动物、繁殖材料和动物源性产品货物入境欧盟的动物卫生要

---

① 本文本纯属文档工具，不具有法律效力。相关法案的权威版本，包括其序言，为在《欧盟官方公报》中发布并在 EUR-Lex 中提供的版本。

求。本法规还规定了关于这些货物入境欧盟后的运输和处理规则。

2. 第一部分规定了下列内容：

（a）第3条和第4条规定了成员方主管部门允许第二部分至第六部分涵盖种类和类别的动物、繁殖材料和动物源性产品的货物进入欧盟的义务；

（b）第5条规定了第二部分至第六部分涵盖的动物、繁殖材料和动物源性产品入境欧盟，以及入境后运输和处理中，经营商应履行的义务；

（c）第6条至第10条规定了上述（a）和（b）点提到的货物在入境时和入境后运输、处理时应符合的一般动物卫生要求以及豁免要求，适用于第二部分至第六部分涵盖的所有种类和类别的动物、繁殖材料和动物源性产品。

3. 第二部分第1编规定了陆生动物入境欧盟、入境后运输和处理应符合的一般动物卫生要求以及豁免要求。

除此之外，规定了对动物卫生的具体要求，这些要求也适用于所有这些种类和类别的陆生动物，特别是：

（a）规定的养殖有蹄类动物（第2编）；

（b）家禽和圈养鸟类，目的地成员方主管部门批准的为实施物种保护而进口的圈养鸟类除外（第3编）；

（c）蜜蜂（西方蜜蜂）和熊蜂（熊蜂属）（第4编）；

（d）狗、猫和雪貂（第5编）。

4. 第三部分规定了下列陆生动物繁殖材料入境欧盟、入境后运输和处理应符合的一般动物卫生要求以及豁免要求：

（a）牛类动物、猪类动物、绵羊类动物、山羊类动物和马类动物（第1编）；

（b）家禽和圈养鸟类（第2编）；

（c）（a）和（b）点所列以外的动物（第3编）。

5. 第四部分规定了使用下列动物生产的动物源性产品入境欧盟、入境后运输和处理应符合的一般动物卫生要求，以及豁免要求：

（a）规定的饲养和野生有蹄类动物；

（b）家禽；

（c）禽类野味。

6. 第五部分规定了下列水生动物及其产品入境欧盟、入境后运输和处理应符合的动物卫生要求，以及豁免要求，不包括人类可以直接食用的水产制品、野生水生动物和从捕捞船上岸直接用于人类食用的野生水产制品。

（a）所列的属于无颌总纲，以及软骨鱼纲、肉鳍鱼纲和辐鳍鱼纲的鱼；

（b）所列的属于软体动物门的水生软体动物；

（c）所列的属于甲壳纲门的水生甲壳动物；

（d）附件XXIX中所列易患水生疫病的水生动物，某些成员方已根据（EU）2016/429法规第226条的规定，针对此类动物采取了措施，限制所列疫病以外疫病的影响。

7. 第六部分规定了在欧盟过境、某些种类和类别的动物、繁殖材料和动物源性产品退回欧盟的一般规则、以及某些放宽和附加要求。

8. 第七部分规定了过渡及最终条款。

第 2 条　定义

本法规适用（EU）2018/1882 实施细则和 853/2004/EC 法规附件 I 中的定义，如果上述法规包含了本法定义的术语，适用本法规定的定义。

此外，下列定义也应适用：

（1）“批准的第三国或地区或其区域”是指列入批准名单的第三国或地区或其区域，或养殖水产品的生物安全区域。根据（EU）2016/429 法规第 230（1）条规定制定的实施细则规定，准入名单中的第三国或地区或其区域规定种类的动物、繁殖材料和动物源性产品允许向欧盟出口。

（2）“名单”是指根据（EU）2016/429 法规第 230（1）条规定制定的实施细则，批准向欧盟出口特定动物、繁殖材料和动物源性产品的第三国、第三国领域或区域、养殖水产生物安全区的名单。

（3）“运输工具”是指道路或铁路车辆、船只和飞机。

（4）“运输容器”是指用于运输动物、繁殖材料或动物源性产品的，不是运输工具本身的箱子、盒子、容器或其他刚性结构物体。

（5）“牛属动物”是指属于野牛属、牛属（包括牛属、野牛属、旋角牛属、牦牛属亚属）和水牛属（包括倭水牛属亚属）的有蹄类动物，以及这些物种杂交的后代。

（6）“绵羊类动物”是指羊亚科的有蹄类动物及其杂交后代。

（7）“山羊类动物”指山羊属的有蹄类动物及其杂交后代。

（8）“猪类动物”，就动物进口而言，猪类动物指（EU）2016/429 法规附件Ⅲ列出的猪科有蹄类动物，就繁殖材料进口而言，是指欧亚野猪（*Sus scrofa*）种的猪类动物。

（9）“马类动物”是指马属的一种奇蹄动物（包括马、驴和斑马）及其杂交后代。

（10）“骆驼类动物”是指（EU）2016/429 法规附件Ⅲ所列的属于骆驼科的有蹄类动物。

（11）“鹿类动物”是指（EU）2016/429 法规附件Ⅲ中列出的属于鹿科的有蹄类动物。

（12）“注册的马类动物”是指：

（a）根据欧盟（EU）2016/1012 法规第 4 条或第 34 条认证的育种协会或育种体制定了育种书，进入或有资质进入该育种书主要部分的培育的纯种马属或者驴属动物；

（b）直接在为竞赛或比赛管理马匹的国际协会或组织注册，或者通过其国家或地区联合会或分支机构注册的饲养的马属动物（注册马匹）。

（13）“准备屠宰的动物”是指直接运输到屠宰场或集中后运往屠宰场的饲养陆生动物。

（14）“未发生需报告的疾病”是指饲养的相关种类动物或动物群体未发生确诊病例，所有疑似病例均已排除。

（15）“动物卫生分组”是指针对规定的马类动物疾病，动物健康风险相同，在出口欧盟马类动物时需要采取特定的风险管理措施和健康保障措施的同类国家或地区。

（16）“禽群”是指饲养在同一场所或同一圈舍内，并构成单一流行病学单位的所有健康状况相同的家禽或圈养禽类；在圈养家禽中，其范围包括共享同一空域的所有禽类。

（17）“种禽”是指 3 日龄（72 小时）及以上用于繁殖的家禽。

（18）“商品禽”是指 3 日龄（72 小时）及以上的，用于生产肉、蛋或其他产品或补充野味禽而饲养的家禽。

（19）“日龄雏鸡”是指出生不足3日龄（72小时）的家禽。

（20）“蜜蜂”是指意大利蜂种的动物。

（21）“熊蜂”是指属于熊蜂属的动物。

（22）“狗”是指饲养的犬科动物。

（23）“猫”是指饲养的斑猫动物。

（24）“雪貂”是指饲养的地中海雪貂动物。

（25）“注册编号”是指主管部门指定的编号。

（26）“无特定病原蛋”是指欧洲药典中所述“无特定病原鸡群”下的孵化蛋，仅用于诊断、研究或制药用途。

（27）“精液、卵母细胞或胚胎货物”或“繁殖材料货物”是指签发了一份动物卫生证书，由一家批准的繁殖材料生产企业出口的一定数量的精液、卵母细胞、体内衍生胚胎或体外生产胚胎。

（28）“精液”是指一种或多种动物的精液，无论是原本状态，还是经过制备或稀释的。

（29）“卵母细胞”是指卵细胞生成的单倍体阶段，包括次级卵母细胞和卵子。

（30）“胚胎”是指动物发育的最初阶段，可以被移植到受体母畜。

（31）“注册的繁殖材料生产企业”是指精液采集中心、胚胎采集小组、胚胎生产小组、繁殖材料生产企业或繁殖材料储存中心。

（32）“中心兽医”是指负责在本法规规定的精液采集中心、动物繁殖材料生产企业或繁殖材料储存中心开展活动的兽医。

（33）“小组兽医”是指按照本法规的规定，负责在胚胎采集小组或胚胎生产小组所开展活动的兽医。

（34）“检疫场所”是指主管部门授权的，用于在牛类动物、猪类动物、羊类动物或山羊类动物进入精液采集中心之前至少隔离28天的设施。

（35）“精液采集中心”是指经主管部门批准的，用于采集、加工、储存和运输牛类动物、猪类动物、羊类动物或山羊类动物或马类动物的精液，以进入欧盟的生殖产品的机构。

（36）“胚胎采集小组”是指由主管部门批准的，由一组专业人员或专业结构组成的生殖产品机构，负责采集、加工、储存和运输计划入境欧盟的体内衍生胚胎。

（37）“胚胎生产小组”是指由主管部门批准的一组专业人员或专业结构组成的生殖产品机构，负责计划入境欧盟的卵母细胞的采集、加工、储存和运输，以及计划入境欧盟的胚胎的体外生产（如储存精液适用的话）、加工、储存和运输。

（38）“动物繁殖材料生产企业”是指主管部门批准的，用于加工繁殖材料的企业，包括对计划入境欧盟的动物精液进行性别分类（如适用）和储存计划入境欧盟的一种或多种精液、卵母细胞或胚胎，或任何这些动物及其生殖产品的组合。

（39）“繁殖材料储存中心”是指经主管部门批准，储存拟入境欧盟的一个或多个物种的精液、卵母细胞或胚胎，或这些生殖产品或物种的任何组合的繁殖材料场所。

（40）“肉”是指适合人类食用的有蹄类动物、家禽和禽类野味的所有部分，包括动物血。

（41）“生鲜肉”是指除冷藏、冷冻或速冻外未经过任何加工处理的肉类、碎肉和预制肉，包括真空包装或气调包装的肉类。

（42）“有蹄类动物的胴体”是指被屠宰或宰杀的有蹄类动物在下列工序后的整个身体：

（a）动物屠宰时，放血。

（b）掏脏。

（c）从腕关节和跗关节处切除四肢。

（d）切除尾部、乳房、头部和外皮（猪除外）。

（43）“下水”是指除有蹄类动物的胴体以外的生鲜肉，即使它仍与胴体自然相连。

（44）“肉制品”是指对肉类进行加工或对此类经过加工的产品进行深加工以使其切面不再具有生鲜肉特征的加工品，包括处理过的胃、膀胱、肠、炼制动物脂肪、肉膏。

（45）“肠衣”是指清洗后经过组织刮除、脱脂和洗涤处理，并经盐渍或干燥的膀胱和肠。

（46）“初乳”是指饲养动物产后3~5天内乳腺分泌的富含抗体和矿物质的液体，在生乳产生之前分泌。

（47）“初乳制品”是指对初乳进行加工或对此类经过加工的产品进行深加工产生的加工品。

（48）“活鱼运输船”是指欧盟委员会（EU）2020/990实施条例①第2条第2点所定义的“活鱼运输船”。

（49）“IMSOC”是指（EU）2017/625法规②第131条中规定的官方监管信息管理系统。

第2编 动物进入欧盟的一般健康要求，以及动物、繁殖材料和动物源性产品入境欧盟后的流通和处理

第3条 成员方主管部门的义务

在下列条件下，主管部门应允许第二部分至第六部分所涵盖种类和类别的动物、繁殖材料和动物源性产品的货物入境欧盟，并根据（EU）2017/625法规第47（1）条的规定对货物进行官方监管：

（a）货物来自：

---

① 2020年4月28日欧盟委员会（EU）2020/990实施条例，补充了欧洲议会和欧盟理事会（EU）2016/429号法规，涉及水生动物和来自水生动物的动物源性产品在欧盟内流动的动物卫生和认证要求（《欧盟官方公报》L系列第221期，2020年7月10日，第42页）。

② 2017年3月15日欧洲议会和欧盟理事会（EU）2017/625关于官方控制和其他官方活动的法规，旨在确保食品和饲料法、动物健康和福利规则、植物检疫和植物保护产品的适用。该法规修订了欧洲议会和欧盟理事会法规（EC）999/2001、（EC）396/2005、（EC）1069/2009，（EC）1107/2009、（EU）1151/2012、（EU）652/2014、（EU）2016/429和（EU）2016/2031，以及欧盟理事会法规（EC）1/2005和（EC）1099/2009，欧盟理事会指令98/58/EC、1999/74/EC、2007/43/EC、2008/119/EC和2008/120/EC，并废除了欧洲议会和欧盟理事会法规（EC）854/2004和（EC）882/2004，欧盟理事会指令89/608/EEC、89/662/EEC、90/425/EEC、91/496/EEC、96/23/EC、96/93/EC和97/78/EC，以及欧盟理事会92/438/EEC号决定（官方控制法规）（《欧盟官方公报》L系列第95期，2017年4月7日，第1页）。

（ⅰ）就陆生动物、繁殖材料和动物源性产品而言，为特定种类和类别的动物、繁殖材料和动物源性产品批准的第三国或地区或其区域。

（ⅱ）就水生动物而言，为特定种类和类别的动物和动物源性产品批准的第三国或地区或其区域，就水产养殖动物而言，批准的第三国或地区或其区域和生物安全隔离区。

（b）来源的第三国或地区主管部门已证明货物符合：

（ⅰ）本条、第 4 条和第 6 条至第 10 条规定的，入境欧盟的动物、繁殖材料和动物源性产品的一般动物卫生要求。

（ⅱ）第二部分至第六部分规定的，适用于特定动物种类和类别的和有预期用途的动物、繁殖材料和动物源性产品的动物卫生要求。

（c）货物附有下列文件，根据这些文件，来源的第三国或地区主管部门已为（b）点中提到的动物卫生要求提供了必要的保证：

（ⅰ）由来源的第三国或地区的官方兽医签发的动物卫生证书，该证书具体针对特定种类和类别的动物、生殖产品和动物源性产品及其预期用途。

（ⅱ）本法规要求的声明和其他文件。

就活动物和种蛋而言，（c）（ⅰ）点提到的动物卫生证书必须在货物抵达边境检疫站前 10 天内签发；但是，在海运的情况下，该期限可根据海上旅程持续的时间来调整。

第 4 条　货物签发证书的日期

1. 属于本法规管辖范围内的动物、动物繁殖材料和动物源性产品在入境欧盟时，证书的签发日期不能早于欧盟批准第三国或地区或其区域，或水产养殖动物的生物安全隔离区划，允许向欧盟出口特定种类和类别的动物、繁殖材料和动物源性产品的日期。

2. 在特定种类和类别的动物、孵化蛋或动物源性产品不符合进入欧盟的动物卫生要求时，不允许来自第三国或地区或其区域的特定种类和类别的动物、孵化蛋或动物源性产品进入欧盟，除非欧盟在名单中为所列的第三国或地区或其区域对特定种类和类别的动物、孵化蛋或动物产品规定了具体条件。

第 5 条　经营商的义务

1. 出于官方控制的目的，负责本法规范围内的动物、繁殖材料和动物源性产品进入欧盟的经营商，应按照欧盟（EU）2017/625 法规第 47（1）条的规定，向欧盟主管部门提交这些货物，并应确保此类货物符合以下要求：

（a）第 3 条和第 4 条，以及第 6 条至第 10 条规定的动物、繁殖材料和动物源性产品入境欧盟的一般动物卫生要求。

（b）第二部分至第六部分规定的，适用于特定种类和类型的动物、繁殖材料和动物源性产品及其预期用途的动物卫生要求。

2. 负责将本法规范围内的动物、繁殖材料和动物源性产品从欧盟入境口岸运输到目的地的经营商，以及在这些货物入境欧盟后，负责处理这些货物的经营商，应确保这些货物：

（a）主管部门根据第 3 条允许其进入欧盟。

（b）遵守第二部分至第六部分规定的特定种类和类别的动物、繁殖材料和动物源性产品在入境欧盟后，运输和处理中的动物卫生要求。

（c）没有更改来源的第三国或地区或其区域主管部门在证书中规定的产品用途。

第 6 条 来源的第三国或地区立法和动物卫生管理体系

1. 只有在下列情况下，才能允许第三国或地区或其区域向欧盟出口动物、繁殖材料和动物源性产品等货物：

（a）根据法律规定，发生与出口欧盟动物、繁殖材料或动物源性产品相关的，附件 I 规定的动物疫病确诊病例或疑似病例时，应向主管部门通报并报告疫病处理的进展情况。

（b）有检测新型疾病的系统。

（c）建立管理体系，确保使用泔水饲养动物不会造成下列动物感染附件 I 所列的疾病：

（ⅰ）出口欧盟的动物。

或者

（ⅱ）用于采集出口欧盟繁殖材料的种用动物。

再或者

（ⅲ）用于生产出口欧盟动物源性产品的原料动物。

2. 出口欧盟的动物、动物繁殖材料和动物源性产品在来源的第三国或地区或其区域应是允许合法销售和交易的。

第 7 条 动物、动物繁殖材料和动物源性产品健康状况一般要求

1. 只有符合下列条件的动物，才允许在欧盟入境：

（a）不是来源的第三国或地区根据其监管计划，为消除动物疫病，包括附件 I 列明的动物疫病或新出现的动物疫病，而准备扑杀的动物。

（b）在装运出口欧盟时，未出现传染病症状。

（c）出口动物的企业，没有因下列原因被官方采取限制措施：

（ⅰ）出于动物健康的原因。

（ⅱ）水产养殖动物，因为动物健康问题或不明原因，发生异常死亡。

2. 在采集出口欧盟繁殖材料时，动物只有符合下列条件，才能允许相关繁殖材料在欧盟入境：

（a）没有表现出传染病的症状。

（b）动物养殖场所没有因动物健康原因，被官方采取限制措施，包括对发生附件 I 列明的动物疫病和新出现动物疫病采取的限制措施。

3. 用于生产动物源性产品的动物只有符合下列条件，相关产品才能够在欧盟入境：

（a）陆生动物在下列环节没有发现传染病症状：

（ⅰ）用于生产生鲜肉和肉制品，进行屠宰或宰杀时。

或者

（ⅱ）收集牛奶或鸡蛋时。

（b）用于生产动物源性产品的水生动物在屠宰或原料集中时没有表现出传染病症状。

（c）没有根据官方疾病消除计划，宰杀或屠宰软体动物和甲壳类动物。

（d）在下列时间，动物存放的场所没有因为动物健康原因，受到官方采取的限制措施，包括发生附件 I 所列相关疾病和新型疾病时采取的限制措施。

（ⅰ）生产生鲜肉、肉制品或水生动物源性产品时宰杀或屠宰动物时。

或者

（ⅱ）收集牛奶或鸡蛋时。

第 8 条　动物来源企业一般要求

除第二部分至第五部分规定的具体要求外，只有动物的来源企业符合下列要求，相关的动物、繁殖材料和动物源性产品才允许进入欧盟：

（a）必须在来源的第三国或地区主管部门登记，并被指定一个唯一的备案号。

（b）在本法规规定的条件和要求下，必须由来源的第三国或地区主管部门批准，并被指定唯一注册号。

（c）必须在来源的第三国或地区主管部门的控制之下。

（d）必须有一个系统用来维护和保存至少近 3 年的记录，其中至少包含以下信息：

（ⅰ）养殖的动物品类、类别、数量，以及相关标识。

（ⅱ）动物的出栏和补栏情况。

（ⅲ）动物的死亡率。

（e）必须定期接受兽医的动物卫生检查，以检测疾病发生的迹象并提供相关信息，包括附件Ⅰ所列与特定品种和类别的动物、繁殖材料或动物源性产品有关的疫病，以及新出现的疫病。

此类动物卫生检查的频率应与有关场所构成的风险成比例。

第 9 条　取样、实验室检测和其他检测

只有在已进行了本法规要求的取样、实验室检测和其他检测后，动物、繁殖材料和动物源性产品的货物，才允许进入欧盟：

（a）由下列主管部门采集或控制的样品：

（ⅰ）需要在进入欧盟前取样和检测的，由来源的第三国或地区抽取。

或者

（ⅱ）进入欧盟后需要取样和检测的，由欧盟目的地成员方抽取。

（b）取样依据和程序：

（ⅰ）欧盟委员会（EU）2020/689 实施条例和欧盟委员会（EU）2020/688 实施条例①规定的相关程序和方法。

或者

（ⅱ）欧盟委员会（EU）2020/686 实施条例②附件Ⅱ中规定的，牛、猪、绵羊、山羊和马类动物繁殖材料取样程序和方法。

或者

（ⅲ）本法规所述的程序（如有特别需要）。

（c）由根据（EU）2017/625 法规第 37 条指定的官方实验室实施检测。

第 10 条　原产地的非疫区要求和特殊条件

1. 只有来源的第三国或地区主管部门证明来源的第三国或地区或其区域，或动物、

---

① 2019 年 12 月 17 日欧洲议会和欧盟理事会（EU）2020/688 实施条例，补充欧洲议会和欧盟理事会（EU）2016/429 法规，涉及在欧盟内部运输陆生动物和孵化蛋的卫生要求（见《欧盟官方公报》第 140 页）。

② 2019 年 12 月 17 日欧盟委员会（EU）2020/686 实施条例，补充欧洲议会和欧盟理事会（EU）2016/429 法规，涉及批准生殖产品机构以及某些饲养的陆生动物的生殖产品在欧盟境内流动的可追溯性和动物卫生要求（见《欧盟官方公报》第 1 页）。

繁殖材料和动物源性产品来源场所无特定动物疫病，相关的动物、繁殖材料和动物源性产品才允许进入欧盟：

（a）根据（EU）2020/689 实施条例。

或者

（b）对于不属于（EU）2020/689 实施条例范围内的疾病，按照本法规中规定的具体规则和来源的第三国或地区实施的疾病监测计划，该计划必须：

（ⅰ）提交给委员会进行评估，并至少包含附件Ⅱ中提到的信息。

（ⅱ）经委员会评估，根据以下内容为无疾病提供必要的保障：

——（EU）2016/429 法规第 24 条、第 25 条、第 26 条和第 27 条规定的疾病监测规则。

——欧盟委员会（EU）2020/689 实施条例第二部分第 1 章第 1 节和第 2 节以及第 10 条规定的监测设计补充规则和疾病确认及病例定义规则。

（ⅲ）在足够的时间内予以充分实施和适当监督。

2. 就水产养殖动物及其动物源性产品而言，如果要求原产地生物安全隔离区无特定疾病，则只有在原产地主管部门根据第 1 条的（a）和（b）款证明无疾病时，此类商品才允许进入欧盟。

3. 如果本法规规定了与来源的第三国或地区无特定疾病相关的特殊条件：

（a）则来源的第三国或地区主管部门必须事先保证符合相关要求。

（b）欧盟应在准入名单中对所列第三国或地区或其区域或隔离区，以及特定动物物种与类别、繁殖材料和动物源性产品明确规定此类具体条件。

第二部分　第 3 条和第 5 条所述的养殖陆生动物进入欧盟的动物卫生要求

第 1 编　养殖陆生动物的一般动物卫生要求

第 11 条　养殖陆生动物所需的停留期

除狗、猫和雪貂外，只有在符合以下要求的情况下，养殖陆生动物才能进入欧盟：

（a）这些动物在装载发运欧盟之前，应在连续的时间内在出口方停留，停留期符合本法附件Ⅲ的规定：

（ⅰ）表 1 规定了有蹄类动物、蜜蜂和熊蜂的停留期。

（ⅱ）表 2 规定了家禽和圈养鸟类的停留期。

（b）动物：

（ⅰ）在附件Ⅲ表 1 第二栏和附件Ⅲ表 2 第三栏规定的期限内，持续在来源的第三国或地区或其区域停留。

（ⅱ）持续在来源的养殖场所停留，在附件Ⅲ表 1 第三栏和附件Ⅲ表 2 第四栏规定的期限间，养殖场所没有引入动物。

（ⅲ）在附件Ⅲ表 1 第四栏和附件Ⅲ表 2 第五栏规定的期限间，没有接触过健康水平较低的动物。

第 12 条　注册用于竞赛、比赛和文化活动的马匹停留期的例外要求

1. 除用于屠宰的马类动物外，如果马类动物在装载发运欧盟之前，在附件Ⅲ表 1 第二列中所示的期限间，除在来源的第三国或地区或其区域停留外，还在下列国家或地区停留，则可以放宽第 11 条第（b）（ⅰ）点规定的要求，视为符合附件Ⅲ表 1 规定的停留期：

（a）欧盟成员方。

或者

（b）欧盟允许向其出口注册马匹的其他第三国或地区或其区域，从注册马匹暂时停留的第三国或地区或其区域进口后再向欧盟输出时，依据的动物卫生要求应该至少与欧盟直接从暂时停留的第三国或地区或其区域进口参加竞赛或比赛注册马匹时依据的动物卫生要求同样严格。

2. 作为第 11 条第（b）（ⅱ）点规定的例外情况，用于竞赛、比赛和文化马术活动的注册马匹，如果在来源的第三国（地区）或中间国（地区）饲养时的养殖场不是动物装运出口欧盟时所在的场所，只要该养殖场符合下列要求，应视为符合附件Ⅲ表 1 第三栏规定的停留期要求：

（a）在第三国或地区的官方兽医监督下。

（b）没有因动物健康（卫生）原因，受到官方限制措施的约束，包括与附件Ⅰ所述相关疾病和相关新兴疾病相关的限制。

（c）符合第 23 条规定的动物卫生要求。

3. 此外，作为第 11 条第（b）（ⅱ）点规定的例外情况，用于竞赛、比赛和文化马术活动的注册马匹，如果与从另一个第三国或地区或其区域引入或从本国的其他区域引入的马类动物有过接触，应被允许进入欧盟，前提是：

（a）来源的第三国或地区在引入可能与相关马类动物接触的马类动物时，动物卫生要求应至少与欧盟进口相关动物卫生要求同样严格。

（b）与其他动物直接接触的可能性仅限于竞赛、比赛或文化马术活动，以及相关的训练、热身和赛前活动期间。

第 13 条　在运往欧盟之前对陆生动物进行检查

1. 陆生动物，只有在发往欧盟前 24 小时内经来源的第三国或地区或其区域的官方兽医进行临床检查（用于检测是否存在发病迹象，包括附件Ⅰ中所列的相关疾病和新出现疾病）后，才允许进入欧盟。

对于家禽（日龄雏鸡除外）和圈养禽类，检查还应涵盖拟运往欧盟的动物的原产禽群。

2. 作为本条第 1 款规定的例外，对于注册的马类动物，提及的检查可在装运至欧盟前 48 小时内或运至欧盟前的最后一个工作日进行。

3. 作为本条第 1 款规定的例外，对于狗、猫和雪貂等，提及的检查可在装运至欧盟前 48 小时内进行。

第 14 条　陆生动物运往欧盟的一般规则

1. 陆生动物，只有在原产地装箱运往欧盟到抵达欧盟期间未与以下其他陆生动物接触，才允许进入欧盟：

（a）不打算进入欧盟的同一物种陆生动物。

（b）易感染规定疫病的，不向欧盟出口的其他种类陆生动物。

（c）健康水平较低的陆生动物。

2. 第1款所述货物，在空运、海运、铁路、公路或徒步运输时，在动物入境欧盟前，不能途经欧盟未批准向其出口特定种类动物及未批准相关动物在欧盟预期用途的第三国或地区或其区域，或不能在该国家或区域卸货或转运。

3. 当通过海上运输时，即使是部分海运，第1款所述的货物在抵达欧盟时，只有在随附的动物卫生证书上附上船长签发的包含下列信息的附加声明，动物才能进入：

（a）在第三国或地区或其区域的启运港。

（b）欧盟的到达港。

（c）停靠港，船舶停靠在第三国或地区或其区域以外的港口。

（d）在前往欧盟的过程中，确认符合以下要求：

（ⅰ）动物留在船上。

（ⅱ）动物在船上没有接触过健康水平较低的动物。

第15条　出现技术问题或不可预见事故时，在未批准的第三国或地区转运除马类动物以外陆生动物的放宽要求

1. 下列情况可放宽执行第14（2）条的规定，只有在转运是由于在通过海运或空运将动物运至欧盟的过程中出现技术问题或其他意外事故导致物流问题而造成的情况下，为继续将货物运至欧盟入境口岸，主管部门才可以授权从原始运输工具转运到另一种运输工具上的陆生动物（不包括马类动物）进入欧盟，以便在没有批准向欧盟出口相关动物的第三国或地区或其区域内继续运输，但前提是：

（a）动物货物进入欧盟须经目的地成员方的主管部门授权，并在适用时经任何过境成员方的主管部门授权，直至其抵达欧盟的目的地。

（b）在整个转运过程中，由第三国或地区的官方兽医监督，以确保：

（ⅰ）落实有关动物疫病的有效防护措施。

（ⅱ）已采取有效措施，以避免准备进入欧盟的动物与任何其他动物之间的直接和间接接触。

（ⅲ）在运往欧盟的运输工具中，未添加来自未列入允许特定种类动物进入欧盟的第三国或地区或其区域的饲料、水或垫料。

（ⅳ）动物货物在符合第17条规定，且不离开港口或机场边界的情况下，以尽可能快的速度直接转移到船只或飞机上，以便继续前往欧盟。

（c）动物货物附有转移发生地第三国或地区主管部门的声明，提供关于转移操作的必要信息，并证明已采取相关措施以符合（b）点规定的要求。

2. 第1款规定的例外情况不适用于蜜蜂和熊蜂。

第16条　在未批准的第三国或地区转运马类动物的放宽要求

下列情况可放宽执行第14（2）条规定的要求，如果在将马类动物运输至欧盟期间，在未批准向欧盟出口特定种类和类别动物的第三国或地区或其区域，将马类动物转运至另一种运输工具，则这些货物只有在符合以下要求的情况下才允许进入欧盟：

（a）托运的动物通过海运或空运抵达欧盟。

（b）将该批托运的动物直接从原运输工具直接转运至其他运输工具，以便继续运输。

（c）在转运作业期间：

（ⅰ）提供了针对相关动物疫病的有效保护，且马类动物未与健康状况较差的马类动物接触。

（ⅱ）在官方兽医的直接监督下，将托运的动物直接并尽快转运到用于继续航行的船舶或飞机上，该船舶或飞机必须符合第 17 条规定的要求，不得离开港口或机场的边界。

（d）官方兽医必须证明货物符合本条（a）（b）和（c）点规定的要求。

第 17 条　陆生动物运输工具的一般要求

1. 只有在运输工具符合以下条件时，饲养陆生动物才允许进入欧盟：

（a）按照下述要求制造：

（ⅰ）动物无法逃脱或掉落。

（ⅱ）饲养动物的空间可以用肉眼检查。

（ⅲ）防止或尽量减少动物粪便、垃圾或饲料的溢出。

（ⅳ）对于家禽和圈养禽类，防止或尽量减少羽毛脱落。

（b）使用来源的第三国或地区主管部门批准的消毒剂清洁和消毒，并在每次装运拟进入欧盟的动物之前立即干燥或使其干燥。

2. 第 1 款不适用于运输拟进入欧盟的蜜蜂和熊蜂。

第 18 条　关于运输陆生动物到欧盟的容器要求

只有采用以下容器将养殖陆生动物装运至欧盟时，养殖陆生动物才允许进入欧盟：

（a）符合第 17（1）条（a）点的要求。

（b）只包含来自同一场所的相同物种和类别的动物。

（c）或者是：

（ⅰ）新的并设计成特定用途的一次性容器，在首次使用后须销毁。

或者

（ⅱ）在装运拟进入欧盟的动物前清洁、消毒、干燥或允许进行干燥。

第 19 条　陆生动物入境后的流通和处理

1. 进入欧盟后，陆生动物应立即直接运送至：

（a）欧盟的目的地场所，至少按第二部分至第五部分相关具体条款的要求保存一段时间；

（b）欧盟的目的地屠宰场，如果拟供屠宰，必须在抵达欧盟后 5 天内屠宰。

2. 如果来自第三国或地区或其区域的陆生动物的目的地是欧盟的屠宰场、获批的检疫场所或封闭场所，则应根据欧盟委员会（EU）2019/1666 实施条例[①]第 2 条和 3 条监管货物运送至和抵达目的地的过程。

3. 第 1 款和第 2 款不适用于来自第三国或地区或其区域的注册马类动物进入欧盟，也不适用于注册马匹临时出口后的再入境。

---

① 2019 年 6 月 24 日欧盟委员会（EU）2019/1666 实施条例，补充欧洲议会和欧盟理事会（EU）2017/625 法规，涉及监控某些货物从抵达边境管制站到欧盟目的地场所的运输和抵达的条件（《欧盟官方公报》L 系列第 255 期，2019 年 10 月 4 日，第 1 页）。

第 2 编　有蹄类动物的动物卫生要求

第 1 章　有蹄类动物的特定动物卫生要求

第 20 条　向欧盟运送有蹄类动物

1. 只有当有蹄类动物从其原产地场所发往欧盟，且不经过任何其他场所时，才允许此类货物进入欧盟。

2. 下列情况可放宽执行第 1 款规定的要求，如果来自不同养殖场所的有蹄类动物在来源的第三国或地区或其区域统一集中后再装载发运到欧盟，在符合下列条件的前提下，可允许进入欧盟：

（a）有蹄类动物属于以下物种和类别之一：

（ⅰ）牛、绵羊、山羊或野猪。

或者

（ⅱ）供屠宰的马。

（b）在符合以下条件的场所集中：

（ⅰ）经第三国或地区的主管部门批准的，按照至少与欧盟委员会（EU）2019/2035 号实施条例[①]第 5 条中规定的要求同样严格的要求对有蹄类动物实施集中和管理。

（ⅱ）第三国或地区主管部门根据上述目将企业列入名单，包括欧盟委员会（EU）2019/2035 号实施条例第 21 条规定的信息。

（ⅲ）以下记录保持更新并至少保存 3 年：

——动物的原产地；

——到达和离开集散中心的日期；

——动物的识别码；

——动物原产地场所的注册号；

——向该中心运送或从该中心接收有蹄类动物的运输商和运输工具的注册号。

（ⅳ）符合第 8 条和第 23（1）条规定的要求。

（c）在集散中心进行集散作业的时间不超过 6 天；如果本法规要求取样，则该时间段应视为运往至欧盟前检测取样时间段的一部分。

（d）有蹄类动物必须在原产地场所起运之日起 10 天内抵达欧盟。

第 21 条　有蹄类动物的标识

1. 除马类动物外的有蹄类动物，只有在动物货物在从原产地场所运出之前，通过有形的识别手段，并以可见、易读和不可抹去的方式识别，才允许进入欧盟：

（a）证明该动物与所附的动物卫生证明书有明确联系的动物识别码。

（b）符合 ISO 3166 的出口方（地区）代码，格式为两个字母代码。

2. 托运的马类动物，只有在托运动物至少通过下列一种方法在从原产地场所运送之前被单独鉴定后，才允许进入欧盟：

（a）可注射应答器或耳标，带可见、易读和不可抹去的方式识别：

---

① 2019 年 6 月 28 日欧盟委员会第 2019/2035 实施条例，补充欧洲议会和欧盟理事会（EU）2016/429 法规，涉及饲养陆生动物和养殖场的场所规则，以及某些饲养的陆生动物及孵化蛋的可追溯性（《欧盟官方公报》L 系列第 314 期，2019 年 12 月 5 日，第 115 页）。

（ⅰ）证明该动物与所附的动物卫生证明书有明确联系的动物识别码。

（ⅱ）出口方 ISO 3166 两位数或三码数字国家（地区）代码。

（b）对于除用于屠宰的马类动物以外的马类动物，最迟在进入欧盟的认证时签发的识别文件，该文件：

（ⅰ）对动物进行标记和描述，包括可选的识别方法，以便在动物和所附的识别文件之间建立明确的联系。

（ⅱ）如果本代码不符合（a）点规范，则包含由植入式可注射应答器发出的单个代码的信息。

3. 作为第 1 款规定的例外，如果拟定目的地为封闭场所的有蹄类动物通过可注射应答器或替代识别方式单独识别，确保动物及其随附的入境文件之间存在明确联系，则可允许此类动物进入欧盟。

4. 如果采用不符合 ISO 11784 和 ISO 11785 的电子标识符识别有蹄类动物，则负责有蹄类动物进入欧盟的经营商应提供读取装置，以便随时查验动物身份。

第 22 条　有蹄类动物来源的第三国或地区或其区域

1. 马类动物以外的有蹄类动物，只有来自无附件Ⅳ第 A 部分第 1 点项下表中所述 A 类疾病的第三国或地区或其区域（在表中规定期间内），才允许进入欧盟。

2. 马类动物，只有来自符合以下条件的第三国或地区或其区域，才允许进入欧盟：

（a）在附件Ⅳ第 A 部分第 2 点项下表中规定期间，无表中所列疾病。

（b）在所述期间，未报告附件Ⅳ第 A 部分第 3 点项下表中所列疾病。

3. 对于附件Ⅳ第 B 部分所列疾病，第 1 款和第 2 款中提及的期限可根据相关具体条件予以缩短。

4. 有蹄类动物，只有来自未按照以下条款进行附件Ⅳ第 C 部分所述 A 类疾病疫苗接种的第三国或地区或其区域，才允许进入欧盟：

（a）该附件第 1 条（就马类动物以外的有蹄类动物而言）。

（b）该附件第 2 条（就马类动物而言）。

5. 关于结核分枝杆菌复合群（M. bovis，M. caprae，M. tuberculosis）感染，只有当托运动物满足以下情况之一，牛类动物的货物才允许进入欧盟：

（a）来源于非免疫无相关疫病的第三国或地区或其区域。

或者

（b）符合附件Ⅴ第 1 条中规定的要求。

6. 关于流产布鲁氏菌、羊布鲁氏菌和猪布鲁氏菌感染，只有在下列情况下，牛、绵羊、山羊动物的货物才允许进入欧盟：

（a）来源于非免疫无相关疫病的第三国或地区或其区域。

或者

（b）符合附件Ⅴ第 2 条规定的要求。

7. 关于蓝舌病病毒（血清型 1–24）感染，只有满足以下条件时，有蹄类动物货物才允许进入欧盟：

（a）产自第三国或地区或其区域，在发往欧盟之日的前两年内无该疾病。

或者

（b）符合附件Ⅵ第 A 部分中规定的特殊条件之一。

8. 关于牛地方流行性白血病，只有在下列情况下，牛属动物运输才允许进入欧盟：

(a) 来源于无该疾病的第三国或地区或其区域。

或者

(b) 符合附件Ⅵ第B部分中规定的特殊条件。

9. 拟进入成员方或其区域的有蹄类动物运输，必须是无疾病状态，或具有附件Ⅶ(其中列出了有蹄类动物的种类) 所述C类疾病的批准的根除计划，只有在符合下列条件时，才允许进入欧盟：

(a) 来源于无相关种类动物疫病的第三国或地区或其区域。

或者

(b) 符合该附件中规定的相关额外要求。

第23条　有蹄类动物来源企业

1. 只有在以下情况下，才允许有蹄类动物运输进入欧盟：

(a) 来源场所，包括邻国领地（如适用），在附件Ⅷ表格中列出的地区和时期内，未报告欧盟针对有蹄类动物规定的任何疫病：

(ⅰ) 附件Ⅷ第1条和第2条，关于除马类动物外的有蹄类动物。

或者

(ⅱ) 附件Ⅷ第3条和第4条，关于马类动物；

(b) 在（a）点所述期间，有蹄类动物未与健康水平较低的动物接触。

2. 关于结核分枝杆菌复合群（M. bovis，M. caprae，M. tuberculosis）感染，只有在托运动物的原产地场所符合附件Ⅸ第1点规定的相关要求的情况下，才允许牛、绵羊、山羊、骆驼和鹿科动物的货物进入欧盟。

3. 关于感染流产布鲁氏菌、羊布鲁氏菌和猪布鲁氏菌，牛、绵羊、山羊、猪、骆驼和鹿类动物，只有在其原产地符合附件Ⅸ第2点规定的相关要求时，才允许进入欧盟。

第24条　有蹄类动物货物

1. 只有在动物货物符合以下要求时，才允许有蹄类动物货物进入欧盟：

(a) 未接种以下条款所列表格中的A类疾病疫苗：

(ⅰ) 附件Ⅳ第C部分第1条（就马类动物以外的有蹄类动物而言）。

或者

(ⅱ) 附件Ⅳ第C部分第2条（就马类动物而言）。

(b) 在从原产地发货到抵达欧盟期间，不得在任何不符合以下条款所列表格中规定要求的地点卸货：

(ⅰ) 附件Ⅷ第1条和第2条（就马类动物以外的有蹄类动物而言）。

或者

(ⅱ) 附件Ⅷ第3条和第4条（就马类动物而言）。

2. 关于结核分枝杆菌复合群（M. bovis，M. caprae，M. tuberculosis）感染，以及流产布鲁氏菌（Brucella abortus）、羊布鲁氏菌（B. melitensis）、猪布鲁氏菌（B. suis）感染，只有在托运动物未接种这些疫病的疫苗的情况下，才允许所列物种的有蹄类动物货物进入欧盟。

3. 关于蓝舌病病毒（血清型1-24）感染，列出的有蹄类动物物种，只有在运输日期前60天内未接种过针对该疾病的活疫苗的情况下，才允许进入欧盟。

4. 拟进入成员方、其无病区或其对附件Ⅶ（列有有蹄类动物种类）中提到的C类疾病有批准的根除计划的有蹄类动物货物，只有在该货物中的动物没有接种过这些疾病的疫苗时，才允许进入欧盟。

5. 除第1款规定的要求外，未阉割的雄性绵羊类动物和西猫科有蹄类动物，只有在符合附件X中规定的布鲁氏菌感染相关具体要求的情况下，才允许进入欧盟。

6. 除第1款规定的要求外，马类动物，只有符合附件Ⅺ第2条所列的具体条件，才允许进入欧盟，具体取决于根据附件Ⅺ第1条确定的动物卫生分组（名单中已向第三国或地区或其区域指定动物卫生分组）。

第25条　屠宰用有蹄类动物的例外和附加要求

作为第22条第5款和第6款规定的例外，不符合这些要求的上述款项中所述有蹄类动物允许进入欧盟，前提是此类动物仅供屠宰。

第26条　有蹄类动物进入欧盟后的流通和处理

有蹄类动物（马类动物除外）在进入欧盟后，应在目的地场所至少停留30天，自抵达该场所之日起计算，运去屠宰的情况除外。

第2章　用于封闭场所的有蹄类动物进入欧盟的特殊规则

第27条　动物卫生要求不适用于封闭场所的有蹄类动物

第11条、第22条、第23条、第24条和第26条不适用于根据第28条至第34条规定的条件进入欧盟的有蹄类动物，马类动物除外。

第28条　用于封闭场所的有蹄类动物入境的特殊规则

1. 仅供封闭场所使用的有蹄类动物货物，只有在动物货物符合下列要求时，才允许进入欧盟：

（a）其必须来自根据第29条起草的、列入允许有蹄类动物进入欧盟的封闭场所名单内的封闭场所。

（b）必须是直接从原产地的封闭场所运送到欧盟的封闭场所。

2. 目的地成员方的主管部门应在对第1款所述的每批有蹄类动物货物进入欧盟可能带来的潜在风险进行评估并取得有利结果后，对该批货物的入境给予特定授权。

3. 第1款所述的每批有蹄类动物经过目的地成员方以外的成员方进入欧盟和运输，应仅在获得这些成员方主管部门授权的情况下进行。

只有在途经的成员方主管部门根据欧盟目的地成员方向其提交的信息进行风险评估并取得有利结果时，才应给予授权。

4. 第1款所述货物目的地成员方，应在植物、动物、食品和饲料常务委员会的框架内通知委员会和其他成员方，并在有蹄类动物可能通过其他成员方入境之前，以及在有蹄类动物抵达其领地之前，需直接通知欧盟入境口岸有蹄类动物的情况并根据第1款和第2款给予的授权。

第29条　第三国或地区有蹄类动物原产地的封闭场所清单

1. 成员方可制定一份第三国或地区的封闭场所名单，允许有蹄类动物进入其领地。

该清单应具体说明允许从第三国或地区的每个封闭场所进入成员方领地的有蹄类动物物种。

2. 成员方可在第1款规定的封闭场所名单中列入已经列入其他成员方此类名单的封闭场所。

除本条第一款规定的情况外，在基于以下条件进行的全面评估并取得有利结果后，成员方应仅将第三国或地区的封闭场所列入第 1 款规定的封闭场所名单：

（a）封闭场所应符合第 30 条规定的来源的第三国或地区主管部门批准的要求。

（b）来源的第三国或地区主管部门必须提供足够的信息，以保证封闭场所符合第 30 条规定的关于封闭场所批准的要求。

3. 成员方应及时更新第 1 款规定的封闭场所清单，尤其应考虑到第 30 条所指的来源的第三国或地区主管部门或另一成员方主管部门批准的任何暂停或撤销。

4. 成员方应在其网站上公布第 1 款规定的清单。

第 30 条　针对第 29 条，第三国或地区有蹄类动物封闭场所的条件

成员方只能将位于第三国或地区的、经第三国或地区主管部门批准的并符合下列要求的封闭场所列入第 29 条规定的封闭场所名单：

（a）必须明确划定界限，必须控制动物和人类进入动物设施。

（b）必须有足够的捕捞、围捕和隔离动物的方法，并对新进入的动物有可用和充分的检疫设施和批准的标准操作程序。

（c）动物养殖区必须符合适当的标准，其建造方式如下：

（ⅰ）防止与封闭场所外的动物接触，并易于进行检查和任何必要的处理。

（ⅱ）地板、墙壁和所有其他材料或设备易于清洁和消毒。

（d）关于疾病监测和控制措施：

（ⅰ）必须实施适当的疾病监测计划，该计划必须包括针对人畜共患病的控制措施，并根据封闭场所中存在的动物的数量和种类，以及封闭场所内和周围针对所列疾病和新兴疾病的流行病学情况进行更新。

（ⅱ）怀疑有蹄类动物被所列疾病或新发疾病的病原体感染或污染的，必须接受临床检查、实验室检测或宰后检验。

（ⅲ）必须酌情对易感染的有蹄类动物进行疫苗接种和治疗，以预防传染性疾病。

（e）必须至少保存最近 3 年的记录，其中应注明：

（ⅰ）封闭场所内每种有蹄类动物的数量和身份（即估计的年龄、性别、物种和个体识别，如适用）。

（ⅱ）到达或离开封闭场所的有蹄类动物的数量和身份（即估计年龄、性别、物种和个体识别，如适用），以及关于这些动物的原产地或目的地、运输工具和健康状况的信息。

（ⅲ）第（d）（ⅰ）点规定的疾病监控方案的实施和结果。

（ⅳ）第（d）（ⅱ）点规定的临床检查、实验室检验和宰后检验结果。

（ⅴ）第（d）（ⅲ）点规定的疫苗接种和治疗详情。

（ⅵ）来源的第三国或地区主管部门就任何隔离或检疫期间所作的观察作出的指示（如有）。

（f）必须确保处理因疾病死亡或被安乐死的有蹄类动物的尸体。

（g）必须通过合同或其他法律文书确保机构兽医的服务，该兽医应负责：

（ⅰ）监督场所活动和符合本条规定的批准条件。

（ⅱ）至少每年审查第（d）（ⅰ）点所述疾病监控方案。

（h）作为第 9（c）条规定的例外情况，其中有：

（ⅰ）与第三国或地区主管部门批准的实验室进行宰后检验的安排。

或者

（ⅱ）在场所兽医的授权下进行宰后检验的一个或多个适当场所。

第 31 条　第三国或地区列入清单和有蹄类动物来源的封闭场所列入清单的例外要求

1. 作为第 3（1）条和第 28（1）条要求的例外情况，来自第三国或地区内不符合这些要求的场所的有蹄类动物货物，如果仅供用于封闭场所并满足以下条件，应被允许进入欧盟：

（a）不可预见的情况使得无法遵守这些要求。

（b）这些货物符合第 32 条规定的条件。

2. 第 1 款所述货物目的地成员方，应在植物、动物、食品和饲料常务委员会的框架内通知委员会和成员方，并在有蹄类动物可能通过其他成员方入境之前，以及在有蹄类动物抵达其领地之前，需直接通知欧盟入境口岸有蹄类动物的情况并根据第 1 款给予的授权。

第 32 条　根据第 31 条规定的例外，打算作为封闭场所的有蹄类动物原产地场所应满足的附加要求

目的地成员方的主管部门应仅根据第 31 条的规定，对符合以下额外条件的有蹄类动物的货物授权例外：

（a）所有人或代表该所有人的自然人事先向目的地成员方主管部门申请第 31 条规定的特定例外，目的地成员方在进行风险评估，且该风险评估表明引入此类有蹄类动物不会给欧盟带来动物卫生风险后，授予该授权。

（b）在主管部门的监督下，有蹄类动物已经在来源的第三国或地区按照第 33 条和第 34 条规定的具体动物卫生要求的必要期限内进行检疫：

（ⅰ）在有蹄类动物来源的第三国或地区主管部门批准的地方。

（ⅱ）按照（a）点所述授权所规定的安排，必须至少提供与第 28（2）至（4）条，以及第 33 和 34 条所规定的相同的保证。

（c）有蹄类动物必须在进入欧盟之日起至少 6 个月内，在目的地封闭场所进行检疫，在此期间，目的地成员方的主管部门可以采取（EU）2017/625 号法规第 138（2）条规定的行动，特别是其中（a）（d）和（k）点规定的行动。

第 33 条　有蹄类动物原产地封闭场所针对规定疫病的动物卫生要求

拟运至欧盟境内封闭场所的有蹄类动物，只有在原产地封闭场所符合以下关于规定疫病的要求的情况下，才允许进入欧盟：

（a）就有蹄类动物原产地封闭场所而言，未在附件Ⅻ第 A 部分项下表中规定的关于规定疫病的期限内报告任何表中规定的疫病。

（b）就封闭场所内和周围区域，未在附件Ⅻ第 B 部分项下表中规定的关于规定疫病的期限内报告任何表中规定的疫病。

第 34 条　有蹄类动物货物关于规定疫病的动物卫生要求

拟运至欧盟境内封闭场所的有蹄类动物，只有符合以下额外动物卫生要求，才允许进入欧盟：

（a）在原产地封闭场所的停留期必须达到连续 6 个月，或者如果动物年龄小于 6 个月，则必须自出生起就在该场所饲养。

（b）在以下期间，不得与健康状况较差的动物接触：

（ⅰ）运往欧盟之日前 30 天，如果动物年龄小于 30 天，指现存时间。

（ⅱ）从获批原产地封闭场所运至发货地点（发往欧盟）期间。

（c）对于附件Ⅻ第 C 部分项下表中所列疾病，此类动物必须：

（ⅰ）来自无上述表中所列相关疾病的第三国或地区或其区域。

或者

（ⅱ）符合附件Ⅻ第 D 部分规定的相关额外要求。

（d）必须尚未接种附件Ⅻ第 E 部分项下表中所列的疫苗。

（e）如果此类动物已接种炭疽和狂犬病疫苗，则来源的第三国或地区主管部门必须提供关于接种日期、使用的疫苗和为显示保护性免疫反应而可能进行的试验的信息。

（f）在运往欧盟之日前 40 天内，必须对此类动物进行至少两次内部和外部寄生虫治疗。

如果（c）（ⅱ）点中提及的具体担保包括封闭场所中病媒防护设施的检疫期，则该设施必须符合附件Ⅻ第 F 部分中规定的要求。

第 35 条　入境后用于封闭场所的有蹄类动物的流通和处理

第 27 条所述来自第三国或地区封闭场所的有蹄类动物在进入欧盟后，必须在运往欧盟另一封闭场所之日前至少 6 个月内饲养在目的地封闭场所内，但从欧盟出口或运至屠宰的除外。

第 3 编　家禽和圈养鸟类的动物卫生要求

第 1 章　家禽的特定动物卫生要求

第 1 节　家禽所有品种和类别的动物卫生要求

第 36 条　第三国或地区或其区域向欧盟出口的进口家禽

1. 只有在来源的第三国或地区主管部门根据第 2 款提供担保的情况下，才允许下列货物进入欧盟：

（a）从其他国家或地区或其区域进口的家禽；

（b）从其他国家或地区或其区域进口的父母代禽生产的日龄雏鸡；

2. 第 1 款所述动物，只有在来源国或地区的主管部门提供以下担保时，才允许进入欧盟：

（a）该款所述家禽和父母代禽群是从此类货物允许进入欧盟的名单中的第三国或地区或其领地或区域进口的。

（b）第 1 款所述家禽和父母代禽群是根据动物卫生要求（至少与适用于直接进入欧盟的动物的要求一样严格）进口到第三国或地区或其区域的。

第 37 条　向欧盟出口家禽的第三国或地区或其区域的要求

只有来自符合下列要求的第三国或地区或其区域的家禽货物才能允许进入欧盟：

（a）在向欧盟运送货物之日前至少 6 个月，该国已制定高致病性禽流感疾病监测计划，且该监测计划符合以下任一规定的要求：

（ⅰ）符合附件Ⅱ的要求。

或者

（ⅱ）符合世界动物卫生组织《陆生动物卫生法典》相关章节的要求。

（b）根据第 38 条，认为不存在高致病性禽流感。

（c）在接种高致病性禽流感疫苗时，来源的第三国或地区主管部门已保证：

（ⅰ）疫苗接种计划符合附件Ⅷ规定的要求。

（ⅱ）除附件Ⅱ规定的要求外，本条（a）点中提到的监测计划符合附件Ⅷ第 2 点规定的要求。

（ⅲ）承诺将第三国或地区或其区域的疫苗接种计划的任何变更通知委员会。

（d）其中：

（ⅰ）根据第 39 条，如果是平胸鸟类以外的家禽，认为没有感染新城疫病毒。

（ⅱ）如果是平胸鸟类：

——根据第 39 条，认为没有感染新城疫病毒；

或者

——根据第 39 条视为感染新城疫病毒，但来源的第三国或地区主管部门已保证遵守附件ⅩⅣ针对新城疫感染作相关隔离、监测与测试规定。

（e）如果进行了针对新城疫病毒感染的疫苗接种，第三国或地区主管部门应保证：

（ⅰ）所用疫苗符合附件ⅩⅤ第 1 条规定的新城疫病毒感染疫苗的一般和特定标准。

或者

（ⅱ）所用疫苗符合附件ⅩⅤ第 1 条中规定的针对新城疫病毒感染的疫苗的一般标准，以及家禽符合附件ⅩⅤ第 2 条中对来自第三国或地区或其区域的家禽和孵化蛋规定的动物卫生要求，其中用于针对新城疫病病毒感染的疫苗不符合附件ⅩⅤ第 1 点中规定的特定标准。

（f）承诺，在暴发高致病性禽流感或新城疫病毒感染后，向欧盟委员会提交下列资料：

（ⅰ）在确认初期暴发高致病性禽流感或感染新城疫毒后 24 小时内的疾病情况信息。

（ⅱ）疾病情况的定期更新信息。

（g）已承诺向欧盟禽流感和新城疫参比实验室提交高致病性禽流感和新城疫病毒感染初期暴发的病毒分离株。

第 38 条　无高致病性禽流感的第三国或地区或其区域

1. 来源的第三国或地区或其区域向欧盟委员会提供以下保证时，应被视为不存在高致病性禽流感：

（a）根据第 37 条（a）点的规定，在官方兽医签发出口欧盟货物随附证书日期之前至少 6 个月内，实施了高致病性禽流感监测计划。

（b）在官方兽医签发出口欧盟货物随附证书日期前至少 12 个月内，该第三国或地区或其区域的家禽中未暴发高致病性禽流感。

2. 如第 1 款所述，在先前认定为无疫病的第三国或地区或其区域暴发高致病性禽流感后，该第三国或地区或其区域应在满足以下条件的情况下，再次认定为无高致病性禽流感：

（a）已实施扑杀政策，以控制高致病性禽流感。

（b）对所有曾受感染的场所进行了充分的清洁和消毒。

（c）在（a）点和（b）点所述的扑杀政策和清洁消毒完成后的至少 3 个月内，第三国或地区的主管部门实施了监测计划，考虑到与发生的疫情相关的特定流行病学情况，通过对风险禽群进行随机代表性抽样，以证明未发生感染，结果为阴性。

第 39 条　无新城疫的第三国或地区或其区域

1. 在官方兽医签发出口欧盟随附证书日期前至少 12 个月内，第三国或地区或其区域的家禽中未暴发新城疫病毒感染，则该第三国或地区或其区域应被视为无新城疫病毒感染。

2. 如第 1 款所述，在以前没有新城疫病毒的第三国或地区或其区域暴发新城疫病毒感染，该第三国或地区或其区域应再次被视为没有新城疫病毒感染，前提是符合下列条件：

（a）为控制该疾病，已实施了一项扑杀政策。

（b）对所有曾受感染的场所进行了充分的清洁和消毒。

（c）在（a）点和（b）点所述的扑杀政策和清洁消毒完成后至少 3 个月内，第三国或地区主管部门已通过加强调查，包括与疫情有关的实验室检测，证明在第三国或地区或其区域没有该疫病。

第 40 条　家禽来源场所

1. 种用禽和生产用禽货物，只有在动物货物来自第三国或地区主管部门根据至少与（EU）2019/2035 号实施条例第 8 条规定一样严格的要求批准的场所时，才允许进入欧盟，以及：

（a）批准未被暂停或撤销。

（b）在出口欧盟装运发货前至少 30 天内，方圆 10 千米范围内（包括邻国领地，如适用），未暴发高致病性禽流感或感染新城疫病毒。

（c）在出口欧盟装运发货前至少 21 天内，未报告低致病性禽流感病毒感染的确诊病例。

2. 用于屠宰的家禽来自以下场所时，才允许其进入欧盟：

（a）在出口欧盟装运发货前至少 30 天内，方圆 10 千米范围内（包括邻国领地，如适用），未暴发高致病性禽流感或感染新城疫病毒。

（b）在出口欧盟装运发货前至少 21 天内，未报告低致病性禽流感病毒感染的确诊病例。

3. 只有在日龄雏鸡货物满足以下条件时，才允许日龄鸡货物进入欧盟：

（a）已在第三国或地区主管部门根据至少与（EU）2019/2035 号实施条例第 7 条规定一样严格的要求批准的场所中孵化，且：

（ⅰ）批准未被暂停或撤销。

（ⅱ）在出口欧盟装运发货前至少 30 天内，方圆 10 千米范围内（包括邻国领地，如适用），未暴发高致病性禽流感或感染新城疫病毒。

（b）来自第三国或地区主管部门根据至少与（EU）2019/2035 号实施条例第 8 条规定一样严格的要求批准的场所饲养的禽群，且：

（ⅰ）在将孵化日龄雏鸡的孵化蛋送往孵化场时，尚未暂停或撤销对该孵化蛋的批准。

（ⅱ）在收集孵化日龄雏鸡的孵化蛋之日前至少 21 天内，未报告低致病性禽流感病毒感染的确诊病例。

第 41 条　运输家禽的容器的具体预防措施

家禽货物只有在集装箱运输且除第 18 条的要求外，还符合以下要求时，才允许进入欧盟：

（a）根据来源的第三国或地区主管部门的指示封闭，以避免内容物被替换的可能性。

（b）载有附件XVI所列特定禽物种和类别的信息。

（c）对于日龄雏鸡来说，它们是一次性的、干净的，并且是第一次使用。

第 42 条　家禽出口非免疫无新城疫病毒感染的欧盟成员方

1. 拟出口非免疫无新城疫病毒感染欧盟成员方的种禽和商品禽货物，仅当动物货物符合以下要求时，才允许进入欧盟：

（a）没有接种预防新城疫病毒感染的疫苗。

（b）在货物发往欧盟装运日期前至少 14 天内，在官方兽医的监督下，在原产地场所或检疫场所中对其进行了隔离，其中：

（ⅰ）在货物装载日期前至少 21 天内，未对家禽接种新城疫疫苗。

（ⅱ）在（ⅰ）点所述的期间内，没有该批货物以外的禽类进入该场所。

（ⅲ）没有进行疫苗接种。

（c）在装货运往欧盟前至少 14 天内，对血液样本进行了新城疫病毒抗体检测的血清学试验，它们的检测结果为阴性，使在 5%的患病率下检测感染的置信度为 95%。

2. 拟出口非免疫无新城疫病毒感染欧盟成员方的用于屠宰的家禽，只有当动物来自以下禽群时，才允许进入欧盟：

（a）在货物装运至欧盟之日前至少 14 天内，未接种新城疫病毒感染疫苗且检测呈阴性，对血液样本进行血清学检测，以检测新城疫病毒抗体，使在 5%的患病率下检测感染的置信度为 95%。

或者

（b）在货物装运至欧盟之日前至少 30 天内，接种了新城疫疫苗，但未接种活疫苗，并在该日期前 14 天，从至少 60 只禽鸟的泄殖腔拭子或粪便样本中随机抽样，进行了新城疫病毒感染的病毒分离测试，检测呈阴性。

3. 只有在以下情况下，拟运往非免疫无新城疫病毒感染欧盟成员方的日龄雏鸡货物，才允许进入欧盟：

（a）没有接种预防鸡新城疫病毒感染的疫苗。

（b）来自符合以下条件之一的禽群的孵化蛋：

（ⅰ）没有接种预防鸡新城疫病毒感染的疫苗。

或者

（ⅱ）已经用灭活疫苗接种了鸡新城疫病毒疫苗。

或者

（ⅲ）至少在收集孵化蛋前 60 天使用活疫苗接种疫苗预防感染新城疫病毒。

（c）来自孵化场，孵化场工作方法确保拟入境欧盟的日龄雏鸡的蛋与不符合（b）点规定的蛋在完全不同的时间和地点孵化。

第 2 节　种禽和商品禽的特定动物卫生要求

第 43 条　种用平胸鸟类和商品用平胸鸟类的识别

只有在通过颈部标签或可注射应答器单独识别动物货物的情况下，才允许种用平胸鸟类和商品用平胸鸟类货物进入欧盟：

（a）符合 ISO 3166 的来源的第三国或地区代码（两个字母格式）。

（b）符合 ISO 11784 和 ISO 11785。

第 44 条 种禽和商品禽货物原产地禽群的特定动物卫生要求

只有当动物货物来自符合以下要求的禽群时，才允许种用和商品用家禽货物进入欧盟：

(a) 这些禽群没有接种高致病性禽流感疫苗。

(b) 如果禽群已接种预防新城疫病毒感染的疫苗：

(ⅰ) 来源的第三国或地区主管部门已提供保证，保证所用疫苗符合：

——附件ⅩⅤ第 1 条中规定的预防新城疫病毒感染疫苗的一般和具体标准；

或者

——附件ⅩⅤ第 1 条中规定的针对新城疫病毒感染的疫苗的一般标准，以及符合附件ⅩⅤ第 2 条中规定的动物卫生要求的家禽和来自第三国或地区或其区域的孵化蛋，其中用于针对新城疫病毒感染的疫苗不符合附件ⅩⅤ第 1 条中规定的特定标准。

(ⅱ) 必须针对货物提供附件ⅩⅤ第 4 条中规定的信息。

(c) 这些禽群已经接受了符合（EU）2019/2035 实施条例附件Ⅱ规定要求的疾病监测计划，并且没有被发现感染，或者有任何理由怀疑感染下列病原体：

(ⅰ) 如果是原鸡，则为鸡白痢沙门氏菌（*Salmonella Pullorum*）、鸡沙门氏菌（*S. Gallinarum*）和鸡毒支原体（*Mcoplasma galliscepticum*）。

(ⅱ) 亚利桑那沙门氏菌［血清群 O：18（k）］、鸡白痢沙门氏菌、鸡沙门氏菌、火鸡支原体与鸡败血支原体（普通火鸡）。

(ⅲ) 如果是蓝珠鸡、鹌鹑、雉鸡、灰山鹑、钻水鸭，则为鸡白痢沙门氏菌和鸡沙门氏菌。

(d) 禽群饲养在场所内，如果确认禽群在运往欧盟的装货之日前最后 12 个月期间感染了鸡白痢沙门氏菌、鸡沙门氏菌和鸡亚利桑那菌（*S. arizonae*），则该场所已采取以下措施：

(ⅰ) 受感染的禽群已被屠宰或宰杀和销毁。

(ⅱ) 在屠宰或宰杀第（ⅰ）点所述受感染的禽群后，该场所已清洁和消毒。

(ⅲ) 在进行第（ⅱ）点所述的清洁和消毒后，根据（c）点所述的疫病监测计划，在间隔至少 21 天进行的两次测试中，场所内所有禽群的鸡白痢沙门氏菌、鸡沙门氏菌和鸡亚利桑那菌感染的测试结果呈阴性。

(e) 禽群饲养的场所，如确认禽支原体病（鸡毒支原体和黑粪支原体），在将货物装载运送至欧盟之前的最近 12 个月内，采取了以下措施：

满足下述任何一项

(ⅰ) 根据第（c）点所述的疾病监测计划对整个禽群进行两次检测，受感染的禽群的禽支原体病（鸡毒支原体和黑粪支原体）检测结果为阴性，间隔至少 60 天。

或者

(ⅱ) 感染禽群已被屠宰或宰杀并销毁，场所已清洁并消毒，且之后已按照第（c）点所述疫情监测方案对场所禽群进行两次禽支原体病（鸡败血支原体与火鸡支原体）检测，两次检测至少间隔 21 天，检测结果均为阴性。

第 3 节 屠宰用家禽的特定动物卫生要求

第 45 条 屠宰用家禽货物原产地禽群的特定动物卫生要求

仅当拟屠宰的家禽货物动物来自符合以下要求的禽群时，才允许其进入欧盟：

(a) 它们没有接种高致病性禽流感疫苗。

(b) 如果它们已经接种了预防新城疫病毒感染的疫苗：

(ⅰ) 来源的第三国或地区主管部门已提供以下保证：

——所使用的疫苗符合附件XV第1条中规定的预防新城疫病毒感染疫苗的一般和具体标准；

或者

——所用疫苗符合附件XV第1条中规定的针对新城疫病毒感染的疫苗的一般标准，以及符合附件XV第2条中规定的动物卫生要求的家禽和来自第三国或地区或其区域的孵化蛋，其中用于针对新城疫病毒感染的疫苗不符合附件XV第1条中规定的特定标准。

(ⅱ) 必须为每批货物提供附件XV第4条中规定的信息。

第4节 日龄雏鸡的特定动物卫生要求

第46条 日龄雏鸡货物原产地禽群的特定动物卫生要求

只有当动物货物来自符合下列要求的禽群时，才允许日龄雏鸡货物进入欧盟：

(a) 如果这些禽群已经接种了高致病性禽流感疫苗，则动物来源的第三国或地区已经提供了保证，保证它们遵守附件Ⅷ中规定的疫苗接种计划和额外监测的最低要求。

(b) 如果禽群已接种预防新城疫病毒感染的疫苗：

(ⅰ) 动物来源的第三国或地区主管部门已提供保证，保证所用疫苗符合。

——附件XV第1条中规定的预防新城疫病毒感染疫苗的一般和具体标准；

或者

——附件XV第1条中规定的针对新城疫病毒感染的公认疫苗的一般标准，以及日龄雏鸡的家禽和孵化蛋，符合附件XV第2条中针对源自第三国或地区的家禽和孵化蛋规定的动物卫生要求，用于预防新城疫病毒感染的疫苗不符合附件XV第1条规定的具体标准。

(ⅱ) 必须为每批货物提供附件XV第4条中规定的信息。

(c) 这些禽群已经接受了疾病监测计划，该计划符合（EU）2019/2035授权法规附件Ⅱ中规定的要求，并且没有被发现感染，或者有任何理由怀疑感染下列病原体：

(ⅰ) 如果是原鸡，则为鸡白痢沙门氏菌、鸡沙门氏菌和鸡毒支原体。

(ⅱ) 亚利桑那沙门氏菌［血清群O：18（k）］、鸡白痢沙门氏菌、鸡沙门氏菌、火鸡支原体与鸡败血支原体（普通火鸡）。

(ⅲ) 如果是蓝珠鸡，鹌鹑，雉鸡，灰山鹑，钻水鸭，则为鸡白痢沙门氏菌和鸡沙门氏菌。

(d) 禽群饲养在场所内，如果确认禽群在运往欧盟的装货之日前最后12个月期间感染了鸡白痢沙门氏菌、鸡沙门氏菌和鸡亚利桑那菌，则该场所已采取以下措施：

(ⅰ) 受感染的禽群已被屠宰或宰杀和销毁。

(ⅱ) 在屠宰或宰杀（ⅰ）点所述受感染的禽群后，该场所已清洁和消毒。

(ⅲ) 在进行（ⅱ）点所述的清洁和消毒后，根据（c）点所述的疫病监测计划，鸡沙门氏菌和鸡亚利桑那菌，场所内所有禽群的鸡白痢沙门氏菌、鸡沙门氏菌和鸡亚利桑那菌感染的测试结果呈阴性。

(e) 禽群饲养的场所，如确认禽支原体病（鸡毒支原体和黑粪支原体），在将货物装载运送至欧盟之前的最近12个月内，采取了以下措施：

满足下述任何一项

（ⅰ）根据（c）点所述的疾病监测计划对整个禽群进行两次检测，受感染的禽群的禽支原体病（鸡毒支原体和黑粪支原体）检测结果为阴性，间隔至少60天。

（ⅱ）感染禽群已被屠宰或宰杀并销毁，场所已清洁并消毒，且之后已按照（c）点所述疫情监测方案对场所禽群进行两次禽支原体病（鸡败血支原体与火鸡支原体）检测，两次检测至少间隔21天，检测结果均为阴性。

第47条　日龄雏鸡货物原产地孵化蛋的特定动物卫生要求

只有当日龄雏鸡动物来自以下孵化蛋时，才允许其进入欧盟：

（a）遵守第三部分第2编中规定的进入欧盟的动物卫生要求。

（b）在送往孵化场之前，已按照主管部门的指示对孵化蛋进行标记。

（c）已按照主管部门的指示进行消毒。

（d）在运输至孵化场或在孵化场期间，未接触健康状况较低的家禽或孵化蛋、圈养禽类或野生禽类。

第48条　日龄雏鸡的特定动物卫生要求

只有在日龄雏鸡货物未接种禽流感疫苗的情况下，日龄雏鸡货物才允许进入欧盟。

第5节　20只以下家禽的特定动物卫生要求

第49条　不超过20只家禽货物的例外规定和具体要求，平胸鸟类除外

作为第14（3）条、第40条、第43条至第48条的例外情况，应允许含有不到20只除平胸鸟类外的家禽货物入境欧盟，前提是此类货物要符合以下要求：

（a）家禽来自以下场所：

（ⅰ）在将货物装运至欧盟之前至少21天内，或在从中孵化日龄雏鸡的孵化蛋收集日期之前，未报告低致病性禽流感病毒感染的确诊病例。

（ⅱ）在场所方圆10千米范围内，包括在适当情况下，邻近国领地内，在货物装载至欧盟之前至少30天内，没有发生高致病性禽流感或鸡新城疫病毒感染。

（b）家禽，或如是一日龄雏鸡，一日龄雏鸡原产地禽群在货物装载日期前已在原产地场所至少间隔离21天，以便运送至欧盟。

（c）关于高致病性禽流感疫苗接种：

（ⅰ）未接种高致病性禽流感疫苗的家禽。

（ⅱ）除日龄雏鸡外，家禽来源禽群未接种高致病性禽流感疫苗。

（ⅲ）如果日龄雏鸡母群已接种高致病性禽流感疫苗，则来源的第三国或地区提供保证，确保符合附件Ⅷ所列疫苗接种计划和额外监测的最低要求。

（d）如果家禽或日龄雏鸡母群已接种新城疫病毒感染疫苗：

（ⅰ）动物来源的第三国或地区主管部门已提供保证，保证所用疫苗符合：

——附件XV第1点中规定的预防新城疫病毒感染疫苗的一般和具体标准；

或者

——附件XV第1点中规定的针对新城疫病毒感染的疫苗的一般标准，以及符合附件XV第2条中规定的动物卫生要求的家禽和来自第三国或地区或其区域的孵化蛋，其中用于针对新城疫病毒感染的疫苗不符合附件XV第1条中规定的特定标准。

（ⅱ）必须为每批货物提供附件XV第4条中规定的信息。

（e）在按照附件XⅦ规定的在入境欧盟前对少于20只，除平胸鸟类的家禽外，及少于20个孵化蛋的托运货物进行测试的要求，发现家禽或（如果是一日龄雏鸡）一日龄雏鸡的原产地禽群未被下列病原体感染或有任何理由怀疑被其感染：

（ⅰ）如果是原鸡，则为鸡白痢沙门氏菌、鸡沙门氏菌和鸡毒支原体。

（ⅱ）亚利桑那沙门氏菌［血清群 O：18（k）］、鸡白痢沙门氏菌、鸡沙门氏菌、火鸡支原体与鸡败血支原体（普通火鸡）。

（ⅲ）如果是蓝珠鸡，鹌鹑，雉鸡，灰山鹑，钻水鸭，则为鸡白痢沙门氏菌和鸡沙门氏菌。

（f）日龄雏鸡来自孵化蛋，孵化前已按照来源的第三国或地区主管部门的指示进行消毒。

第 6 节　进入欧盟后家禽流通和处理的具体动物卫生要求

第 50 条　家禽货物进入欧盟后目的地场所经营商的义务

1. 动物到达目的地企业后，除用于补充野味禽的商品禽外，目的地场所经营商应连续暂养从第三国或地区进口的种用家禽、商品用家禽和日龄雏禽，养殖时间至少符合下列要求：

（a）6 周。

或者

（b）如果 6 周内屠宰，则养殖到屠宰的时间。

2. 对于除平胸鸟类外的家禽，第 1（a）点规定的 6 周期限可缩短至 3 周，但前提是应经营商的要求，按第 51（b）条进行的取样和试验结果良好。

3. 目的地场所经营商应确保第 1 款所述的家禽在不迟于该款规定的相关期限届满之日由官方兽医在目的地场所进行临床检验。

4. 在第 1 款规定的期限内，经营商应将从第三国或地区或其区域入境欧盟的家禽与其他禽类分开饲养。

5. 第 1 款所述的家禽与目的地场所的其他家禽放在同一群中，第 1 款（a）和（b）点所述的期限应从目的地场所最后一只禽鸟的引入日期开始计算，在该期限届满之前，所有禽只不得离开禽群。

第 51 条　主管部门在家禽进入欧盟后抽样和检验方面的义务

目的地成员方主管部门应确保：

（a）在第 50（1）条规定的期间内，从第三国或地区或其区域入境欧盟的种禽、商品用禽，日龄雏禽，不包括补充野味禽的商品禽，在目的地场所在规定的养殖期结束前接受官方兽医进行的临床检查，并在必要时进行抽样检测，以监测其健康状况。

（b）如果是除平胸鸟类外的家禽，并且当经营商根据第 50（2）条提出要求时，应按照附件ⅩⅧ对除平胸鸟类外的家禽进行取样和测试。

第 52 条　主管部门对从感染新城疫病毒的第三国或地区或其区域进口的平胸鸟类取样和检测义务

目的地成员方主管部门应确保在第 50（1）条规定的期间内，确保从感染新城疫病毒的第三国或地区或其区域进口的种用平胸鸟类、商品用平胸鸟类和日龄雏禽实施下列检测：

（a）主管部门对每只平胸鸟类的泄殖腔拭子或粪便样本进行新城疫病毒检测试验。

（b）非免疫无新城疫病毒感染的欧盟成员方对从感染了新城疫病毒的第三国或地区或其区域进口的平胸鸟类货物，除了按（a）点所述要求检测，还应对每只平胸鸟类进行新城疫病毒血清学检测。

（c）解除隔离前，在（a）和（b）点规定的检测中，所有平胸鸟类的结果均应为阴性。

第 2 章 圈养鸟类的特殊动物卫生要求

第 1 节 圈养鸟类的动物卫生要求

第 53 条 关于圈养鸟类识别的要求

圈养鸟类只有使用唯一的，带有标记的腿环或可注射应答器进行标识，才能允许进入欧盟，标识至少包含以下信息：

（a）符合 ISO 3166 的第三国或地区代码（两个字母格式）。

（b）唯一序列号。

第 54 条 圈养鸟类运输容器的具体预防措施

圈养鸟类货物只有在容器中运输才允许进入欧盟，除满足第 18 条规定的有关容器要求外，运输容器还应符合以下要求：

（a）根据来源的第三国或地区主管部门的指示封闭，以避免内容物被替换的可能性。

（b）载有附件ⅩⅥ所列特定禽类物种和类别的信息。

（c）第一次使用。

第 55 条 关于圈养鸟类货物来源场所的要求

只有当圈养鸟类货物来自符合以下要求的场所时，才允许进入欧盟：

（a）动物来源的第三国或地区根据第 56 条规定的特定动物要求批准的场所，且批准状态未被暂停或撤销。

（b）已由动物来源的第三国或地区主管部门指定唯一批准编号，并已通知欧盟委员会。

（c）动物来源场所名称和批准编号已在欧盟委员会制定的企业名单上公布。

（d）在该场所方圆 10 千米范围内，包括在适当的情况下，任何邻国的领土内，在装载运往欧盟之日前至少 30 天内，未暴发高致病性禽流感或鸡新城疫病毒感染。

（e）如果是鹦鹉科，或者：

（ⅰ）在装载运往欧盟之日前至少 60 天内，该场所尚未确认出现禽衣原体病，如果在装载运往欧盟之日前至少 6 个月内，该场所确认出现禽衣原体病，则应采取以下措施：

——被感染的禽类和可能被感染的禽类已经接受了治疗；

——治疗完成后，发现它们对禽衣原体病的实验室检测呈阴性；

——治疗完成后，该场所已进行了清洁和消毒；

——自完成第三批订货中所述的清洁和消毒起，至少已过去 60 天；或者

（ⅱ）这些动物在装运发往欧盟之前的 45 天内一直受兽医监督，接受了禽衣原体病治疗。

第 56 条 关于批准、维持批准以及暂停、撤销或重新批准圈养鸟类货物来源场所的具体动物卫生要求

1. 只有在圈养鸟类货物来自第 55 条所述的来源第三国或地区主管部门批准的场所并符合附件ⅩⅨ中规定的以下要求时，才允许圈养鸟类货物进入欧盟：

（a）第 1 点，生物安全措施。

（b）第 2 点，设施与设备。

（c）第 3 点，记录保存。

（d）第 4 点，人员。

（e）第 5 点，卫生（健康）状况。

2. 只有在动物货物来自第三国或地区主管部门官方兽医监管的场所时，才允许圈养鸟类货物进入欧盟，该兽医应：

（a）确保本条规定的条件得到满足。

（b）每年至少检查一次场所设施。

（c）审核该场所企业兽医的工作和年度疾病监测计划的执行情况。

（d）确认动物临床、宰后和实验室检测结果未显示高致病性禽流感、鸡新城疫病毒感染或禽衣原体病。

3. 如果圈养鸟类场所不再符合第 1 款和第 2 款规定的条件，或者用途发生变化，不再专门用于圈养鸟类，则应暂停或撤销对该场所的批准。

4. 当来源的第三国或地区主管部门收到疑似高致病性禽流感、鸡新城疫病毒感染或禽衣原体病的通报时，应暂停对圈养禽类场所的批准，直至可疑情况被正式排除。在发出可疑通报后，应按照（EU）2020/687 实施条例的要求，采取必要措施确认或排除可疑情况，并避免疫病传播。

5. 如果场所批准被暂停或撤销，只要满足以下条件，该场所才能再次获得批准：

（a）疾病和传染源已经根除。

（b）对先前被感染的场所进行了充分清洁和消毒。

（c）场所满足第 1 款规定的条件。

6. 只有当动物的来源国或地区已承诺向欧盟委员会通报针对场所的所有批准、暂停、撤销或重新批准的情况，才允许圈养鸟类货物进入欧盟。

第 57 条　圈养鸟类的特殊动物卫生要求

圈养鸟类必须符合下列要求，方可进入欧盟：

（a）没有接种高致病性禽流感疫苗。

（b）如果已接种预防新城疫病毒的疫苗，动物来源的第三国或地区主管部门保证所使用的疫苗符合附件XV第 1 点所规定的新城疫病毒疫苗的一般和具体标准。

（c）在装运发往欧盟之日前 7 天至 14 天内，接受了高致病性禽流感和鸡新城疫病毒检测试验，且结果均为阴性。

第 58 条　圈养鸟类货物出口非免疫无新城疫病毒感染欧盟成员方的要求

对于出口非免疫无新城疫病毒感染的欧盟成员方的鸡形目圈养鸟类动物，只有在动物满足以下条件的情况下，才允许进入欧盟：

（a）未接种预防新城疫病毒感染的疫苗。

（b）将货物装载运往欧盟之日前在官方兽医的监督下，在动物来源场所或来源的第三国或地区的检疫场所至少隔离 14 天，其中：

（ⅰ）在货物发运前的 21 天内，禽类未接种过预防新城疫病毒感染的疫苗。

（ⅱ）在此期间，没有除本批货物外的其他禽类进入该场所。

（ⅲ）该场所未开展疫苗接种。

（c）在装运发往欧盟之日前 14 天内，对血液样本进行血清学检测，以检测是否存在鸡新城疫病毒抗体，检测结果为均阴性，使在5%的患病率下检测感染的置信度为95%。

第2节　圈养鸟类进入欧盟后流通和处理的特殊动物卫生要求

第59条　圈养鸟类进入欧盟后的流通要求

在圈养鸟类进入欧盟后，应立即将圈养鸟类货物直接运输到根据（EU）2019/2035实施条例第14条批准的检疫场所，具体如下：

（a）从欧盟入境口岸到检疫场所的总行程不得超过9小时。

（b）用于将货物运输到检疫场所的车辆必须由主管部门密封，以防止货物被替换的可能性。

第60条　圈养鸟类货物进入欧盟后检疫场所经营商的义务

第59条所称圈养鸟类检疫场所的经营商应：

（a）将圈养鸟类检疫隔离至少30天。

（b）如果在检验、取样和检测程序中使用哨兵动物，确保：

（ⅰ）检疫场所各检疫单位至少使用10只哨兵动物。

（ⅱ）至少3周龄，且仅可一次用于这些目的。

（ⅲ）在腿部使用绑带的方式或其他不可消除的方式识别哨兵动物。

（ⅳ）未接种疫苗，并在检疫开始之日前14天内，高致病性禽流感和新城疫病毒感染血清学检测呈阴性。

（ⅴ）在圈养鸟类放入普通环境之前，哨兵动物应在批准的检疫场所接受检疫，同时应尽可能接近检疫中的圈养鸟类，以确保哨兵鸟与检疫中圈养鸟类的排泄物可密切接触。

（c）只有在官方兽医的书面授权下，才能将圈养鸟类解除隔离。

第61条　圈养鸟类货物进入欧盟后主管部门的义务

圈养鸟类到达第59条所指的检疫场所后，主管部门应：

（a）至少在检疫期开始和结束时，检查检疫条件，包括致死率记录检查和圈养鸟类的临床检查。

（b）根据附件XX中规定的检查、取样和测试程序，对圈养鸟类进行高致病性禽流感和新城疫病毒感染检测。

第3节　圈养鸟类进入欧盟、入境后流通和处理的动物卫生例外要求

第62条　圈养鸟类进入欧盟的动物卫生例外要求

1. 作为第3条至第10条规定要求的例外情况，除第3条的（a）和（ⅰ）点、第11条至第19条、第53条至第61条外，不符合这些要求的圈养鸟类货物，如果来自根据等效的担保措施下，专门为圈养鸟类入境欧盟而批准的第三国或地区，则应允许其进入欧盟。

2. 作为第11条、第54条至第58条规定要求的例外情况，赛鸽货物从通常饲养赛鸽的第三国或地区或其区域进入欧盟，打算立即放飞并期望飞回该第三国或地区或其区域，但赛鸽货物不符合上述要求，如符合下列要求，应允许其进入欧盟：

（a）目的地成员方已根据（EU）2016/429法规第230（2）条，确定赛鸽可从该第三国或地区或其区域进入目的地成员方领土。

（b）赛鸽来自已登记的机构，在装载运往欧盟之日之前至少30天内，在其方圆10千米范围内，（包括邻国领土，如适用），没有暴发高致病性禽流感或感染新城疫病毒。

（c）没有接种高致病性禽流感疫苗。

（d）已接种预防新城疫病毒感染的疫苗，并且来源的第三国或地区主管部门已提供保证，确保所用疫苗符合附件XV第1条中规定的预防新城疫病毒疫苗的一般和具体标准。

（e）来源场所已接种疫苗预防新城疫病毒感染。

3. 作为第59、60和61条规定要求的例外情况，对于不得直接运输至根据（EU）2019/2035实施条例第14条批准的检疫场所的赛鸽，如果赛鸽符合以下条件，欧盟成员方的主管部门可授权赛鸽进入欧盟：

（a）符合第2款规定，从通常饲养赛鸽的第三国或地区或其区域进入欧盟。

（b）在主管部门的控制下立即放飞，预计将飞回来源的第三国或地区。

第4编　蜜蜂和熊蜂的动物卫生要求

第1章　蜜蜂和熊蜂的一般动物卫生要求

第63条　经授权的蜜蜂种类

只有下列种类的蜜蜂才允许其进入欧盟：

（a）蜂王。

（b）熊蜂。

第64条　将蜜蜂和熊蜂运送至欧盟

只有蜂王和熊蜂符合以下要求时，才允许进入欧盟：

（a）用于向欧盟运送蜜蜂和熊蜂的包装材料和蜂箱必须：

（ⅰ）是新的。

（ⅱ）未接触过任何蜜蜂和蜂巢。

（ⅲ）采取了所有预防措施，以防止它们受到引起蜜蜂或熊蜂疾病的病原体的污染。

（b）蜜蜂和熊蜂的饲料不得含引起其疾病的病原体。

（c）包装材料和随附产品在发往欧盟之前必须经过目视检查，以确保它们不会对动物卫生造成风险，并且不包含：

（ⅰ）以蜜蜂为例，不含任何一个生命阶段的蜂巢小甲虫（Aethina tumida）和小蜂螨。

（ⅱ）以熊蜂为例，不含任何一个生命阶段的蜂巢小甲虫。

第2章　蜂王的特殊动物卫生要求

第65条　蜂王原产地养蜂场

只有当货物蜜蜂来自位于下列地区的养蜂场时，才允许蜂王货物进入欧盟：

（a）方圆至少100千米，包括邻近第三国或地区的领土（如适当）：

（ⅰ）未报告蜂巢小甲虫或小蜂螨感染。

（ⅱ）未因怀疑、确诊或暴发（ⅰ）中所述的疾病而受到限制。

（b）方圆至少3千米，包括邻近第三国或地区的领土（如适当）：

（ⅰ）在装载运往欧盟之前至少30天内，未报告美洲幼虫腐臭病。

（ⅱ）在第（ⅰ）点所述期间，未因怀疑或确认美洲幼虫腐臭病而受到限制。

（ⅲ）如果在第（ⅰ）点所述期间之前已有一例美洲幼虫腐臭病确诊病例，则第三国或地区或原产地主管部门随后会对所有蜂巢进行检查，并对所有受感染的蜂巢进行处理，随后将在该疾病最后记录病例之日起30天内进行检查，结果良好。

第66条 蜂王原产地蜂巢

只有在货物蜜蜂来自蜂巢且该蜂巢的蜂巢样本在装载运往欧盟之日前30天内已经过美洲幼虫腐臭病检测且结果为阴性时，才允许其入境欧盟。

第67条 蜂王货物

只有当蜂王货物装在密闭蜂箱里且每只蜂箱里有一只蜂王和最多有20只工蜂的情况下，才允许其进入欧盟。

第68条 对运往某些成员方或地区的蜂王的有关大蜂螨病感染的额外保证

运往无大蜂螨病感染的成员方或地区的蜂王货物，只有在符合下列要求的情况下，才允许其进入欧盟：

（a）货物蜜蜂必须来自无大蜂螨病感染的第三国或地区或其领土。

（b）在第三国或地区或原产地，在装载运往欧盟之前的30天内，未报告有大蜂螨病感染。

（c）已经采取一切预防措施，避免货物在装载和运往欧盟期间感染大蜂螨病。

第3章 熊蜂的特殊动物卫生要求

第69条 熊蜂原产地场所

只有当熊蜂货物满足以下条件时，才允许托运熊蜂进入欧盟：

（a）在一个与环境隔离的熊蜂生产场所中培育并保存，该场所：

（ⅰ）具有确保熊蜂在防飞虫建筑内生产的设施。

（ⅱ）具有设施和设备，确保在整个生产过程中，将熊蜂进一步隔离在单独的流行病学单元中，并将每个蜂群隔离在建筑物内的密闭容器中。

（ⅲ）在熊蜂的整个生产过程中，设施内花粉的储存和处理与熊蜂隔离，直至其被喂给熊蜂。

（ⅳ）具有标准的操作程序，以防止蜂巢小甲虫进入该场所，并定期调查该场所内是否有蜂巢小甲虫。

（b）在（a）点所述的场所内，熊蜂必须来自未检测到蜂巢小甲虫感染的流行病学单位。

第70条 熊蜂货物

只有当这些货物以密闭容器运往欧盟，且每个容器含有一个由最多200只成年熊蜂组成的蜂群，无论是否有蜂王的情况下，熊蜂货物才允许进入欧盟。

第4章 蜂王和熊蜂入境后处理的特殊动物卫生要求

第71条 蜂王和熊蜂进入后的处理

1. 在其入境欧盟后，不得将蜂王引入当地蜂群，除非经主管部门批准并在主管部门的直接监督下（在适当情况下），根据第2款将其从运输蜂箱转移到新的蜂箱。

2. 转移到第1款所述的新蜂箱后，运输蜂箱、工蜂和其他第三原产地蜂王的随同材料必须提交给官方实验室进行检查，以排除蜂巢小甲虫，包括卵和幼虫，以及小蜂螨的任何迹象。

3. 接收熊蜂的经营商应销毁来自第三国或地区的容器和包装材料，但可以将其保存在其入境欧盟的容器内，直至蜂群寿命结束。

第 72 条　成员方或地区主管部门的具体义务

蜜蜂或熊蜂货物目的地成员方或地区主管部门应：

（a）监督第 71（1）条所述的从运输蜂箱到新蜂箱的转移。

（b）确保经营商提交第 71（2）条所述的材料。

（c）确保第 71（2）条所述的官方实验室已作出安排，在该条款规定的实验室检查后销毁蜂箱、工蜂和材料。

第 5 编　狗、猫和雪貂进入欧盟的动物卫生要求

第 73 条　将狗、猫和雪貂运送至欧盟

1. 只有当狗、猫和雪貂的货物从其原产地场所发往欧盟，且不经过任何其他场所时，才允许此类货物进入欧盟。

2. 作为第 1 款的例外情况，如果货物动物在来源国或地区集中后出口欧盟，则可允许来自多个原产地场所的狗、猫和雪貂的货物进入欧盟，但须符合以下条件：

（a）在符合以下条件的场所进行集中：

（ⅰ）来源的第三国或地区的主管部门按照至少与（EU）2019/2035 实施条例第 10 条中规定的要求一样严格的条件批准了狗、猫和雪貂的集中场所。

（ⅱ）具有由第三国或地区主管部门分配的唯一批准编号。

（ⅲ）来源的第三国或地区主管部门纳入管理名单，包括欧盟委员会（EU）2019/2035 实施条例第 21 条规定的信息。

（ⅳ）以下记录保持更新，保存期至少为 3 年：

——动物的原产地；

——到达和离开集散中心的日期；

——动物的识别码；

——动物原产地场所的注册号；

——向该中心运送或从该中心收集狗、猫和雪貂货物的运输商和运输工具的注册号。

（b）在集散中心进行集散作业的时间不超过 6 天；如果本法规要求取样，则该时间段应视为运往至欧盟前检测取样时间段的一部分。

（c）这些动物必须在原产地场所起运之日起 10 天内抵达欧盟。

第 74 条　狗、猫和雪貂的识别

1. 每只狗、猫和雪貂均可依据（EU）2019/2035 实施条例附件Ⅲ第（e）点所列的可注射应答器进行单独识别，并且由兽医植入，符合（EU）576/2013 法规附件Ⅱ所述的技术要求，方可允许入境欧盟。

2. 如果第 1 款所述的植入式可注射应答器不符合该款所述技术规范，负责货物入境欧盟的经营商应提供读取装置，以便随时验证动物的个体身份。

第 75 条　狗、猫和雪貂的来源国或地区

只有当狗、猫和雪貂货物动物的来源国或地区制定和有效实施了预防和控制狂犬病病毒感染的管理规定，包括从其他国家或地区进口这些动物的管理要求，最大限度地降低狗、猫和雪貂感染风险，才能允许其进入欧盟。

第 76 条　狗、猫和雪貂

1. 只有在货物动物符合下列要求的情况下，才允许狗、猫和雪貂货物进入欧盟：

（a）已经接种了符合下列条件的预防狂犬病病毒感染的疫苗：

（ⅰ）接种疫苗时，动物必须至少有 12 周龄。

（ⅱ）疫苗必须符合欧洲议会和欧盟理事会（EU）576/2013 法规①附件Ⅲ中规定的要求。

（ⅲ）在向欧盟发运的当天，自完成初次接种预防狂犬病病毒感染的疫苗后，必须至少已经过去 21 天。

（ⅳ）第 3（1）（c）（ⅰ）条所述的动物卫生证明必须随附经认证的疫苗接种详情副本。

（b）根据附件ⅩⅪ第 1 条，它们必须经过有效的狂犬病抗体滴定检测。

2. 作为第 1（b）款的例外情况，来自欧盟委员会（EU）577/2013 执行法规②所列名单中的第三国或地区或其区域的狗、猫和雪貂，应被允许入境欧盟，而无须接受滴定狂犬病抗体检测。

3. 如果货物动物已按照附件ⅩⅪ第 2 章的规定进行了抗感染处理，则应允许犬类货物入境无多房棘球绦虫疾病的成员方或具有经批准的根除该疾病感染计划的成员方。

第 77 条　运往封闭或检疫场所的狗、猫和雪貂的放宽要求

作为第 76 条的例外情况，不符合狂犬病疫苗接种要求和多房棘球绦虫感染要求的狗、猫和雪貂货物应被允许进入欧盟，前提是此类货物旨在直接进入：

（a）封闭的场所。

或者

（b）目的地成员方批准的检疫场所。

第 78 条　运往封闭或检疫场所的狗、猫和雪貂入境欧盟后的流通和处理

1. 运往欧盟封闭场所的狗、猫和雪貂货物应在其入境欧盟之日起至少 60 天内保存在目的地封闭场所内。

2. 第 77（b）条所指的拟直接进入经批准的检疫场所的狗、猫和雪貂货物，应保存在该场所，期限为：

（a）如果不符合第 76（1）条规定的预防狂犬病病毒感染疫苗接种要求，则自到达之日起不少于 6 个月。

或者

（b）如果狗不符合第 76（3）条规定的多房棘球蚴感染要求，根据附件ⅩⅪ第 2 点对多房棘球绦虫感染进行处理后 24 小时。

---

① 2013 年 6 月 12 日欧洲议会和欧盟理事会关于宠物动物非商业性运输的（EU）576/2013 法规，废除 998/2003/EC 法规（《欧盟官方公报》L 系列第 178 期，2013 年 6 月 28 日，第 1 页）。

② 2013 年 6 月 28 日欧盟委员会（EU）577/2013 执行法规，涉及狗、猫和雪貂非商业性运输的识别文件范本，制定第三国或地区名单，以及证明符合欧洲议会和欧盟理事会（EU）576/2013 法规规定的某些条件的声明格式、布局和语言要求（《欧盟官方公报》L 系列第 178 期，2013 年 6 月 28 日，第 109 页）。

第三部分 第3条和第5条规定的繁殖材料入境欧盟的动物卫生要求

第1编 有蹄类动物繁殖材料的动物卫生要求

第1章 有蹄类动物繁殖材料的一般动物卫生要求

第79条 来源的国家或国家属地及其地区

牛、猪、绵羊、山羊和马等动物的精液、卵母细胞和胚胎货物，如果是从符合第22条规定的动物卫生要求的第三国或地区的动物身上所采集的，才允许入境欧盟。

第80条 供体动物的停留期

用于提供精液、卵母细胞和胚胎等繁殖材料的牛、猪、绵羊、山羊和马等动物应符合下列要求，相关繁殖材料才允许入境欧盟：

(a) 在采集日期之前，动物居留在批准向欧盟出口相关繁殖材料的第三国或地区或其区域：

(ⅰ) 如果是牛类、绵羊类及山羊类动物，停留期最少6个月。

(ⅱ) 如果是猪类及马类动物，停留期最少3个月。

(b) 在首次收集繁殖材料之日前至少30天内和在收集期间：

(ⅰ) 养殖场所没有位于因发生牛、猪、绵羊、山羊和马等动物A类疾病或发生与牛、猪、绵羊、山羊和马等动物相关的新发疾病而受到管制的地区。

(ⅱ) 养殖场所没有报告与牛、猪、绵羊、山羊或马等动物相关的D类疾病。

(ⅲ) 未接触来自位于（ⅰ）中所述限制区内的场所或来自（ⅱ）中所述的场所的动物。

(ⅳ) 未用于自然繁殖。

第81条 供体动物的识别

只有从根据第21条规定标识的动物身上采集的牛、猪、绵羊、山羊和马等动物的精液、卵母细胞和胚胎等繁殖材料货物才允许入境欧盟。

第82条 繁殖材料生产企业

1. 只有在欧盟批准的国家或地区中，从欧盟批准的繁殖材料生产企业生产的牛、猪、绵羊、山羊和马等动物精液、卵母细胞和胚胎货物，才允许入境欧盟。

2. 只有第1款规定的，符合欧盟（EU）2020/686实施条例附件Ⅰ中规定的下列要求的，经欧盟批准的企业生产的繁殖材料才允许入境欧盟：

(a) 该附件第1部分，关于精液采集中心。

(b) 该附件第2部分，关于胚胎采集组。

(c) 该附件第3部分，关于胚胎生产组。

(d) 该附件第4部分，关于繁殖材料加工场所。

(e) 该附件第5部分，关于繁殖材料存放中心。

第83条 繁殖材料

牛、猪、绵羊、山羊和马等动物的精液、卵母细胞和胚胎货物，只有在这些繁殖材料符合以下要求时，才允许入境欧盟：

(a) 其标记方式应便于确定以下信息：

(ⅰ) 采集或生产繁殖材料的日期。

（ⅱ）供体动物的种类和身份。

（ⅲ）采集或生产、加工和储存繁殖材料企业的唯一批准号。

（ⅳ）任何其他相关信息。

（b）满足第（EU）2020/686 实施条例附件Ⅲ中规定的采集、生产、加工和储存的动物卫生要求。

第 84 条　繁殖材料的运输

1. 只有在下列情况下，牛、猪、绵羊、山羊和马等动物的精液、卵母细胞和胚胎货物，才允许入境欧盟：

（a）被放置在符合下列要求的容器中：

（ⅰ）在由中心或工作组兽医或官方兽医负责的经批准的繁殖材料企业发货之前，对其进行密封和编号。

（ⅱ）在使用前对其进行清洁、消毒或灭菌，或为一次性容器。

（ⅲ）加入新的，未使用的低温剂。

（b）（a）点中所述的容器中只能放置一类动物的一种繁殖材料。

2. 作为第 1 款（b）点的例外情况，经营商可将同一物种的精液、卵母细胞和胚胎置于一个容器中，但前提是：

（a）放置繁殖材料的吸管或其他包装牢固密封。

（b）不同类型的繁殖材料通过物理隔室或放置在二级保护袋中彼此分离。

3. 作为第 1 款（b）点的例外情况，经营商可将绵羊和山羊的精液、卵母细胞和胚胎置于一个容器中。

第 85 条　精液运输的额外要求

从一个以上供体动物身上采集并放入单一吸管或其他包装用于入境欧盟的牛、猪、绵羊和山羊的精液货物，只有在下列情况下，才允许入境欧盟：

（a）精液从采集精液的单个精液采集中心采集并派发。

（b）有关于处理精液的适当程序，以确保其符合第 83 条（a）点的标记要求。

第 85a 条　发往欧盟前对托运的繁殖材料进行检验

托运的牛、猪、绵羊、山羊和马类动物的精液、卵母细胞和胚胎，只有在这些货物在向欧盟发货前 72 小时内，由出口方或地区的官方兽医进行如下目视检查和文件检查的情况下，才能获准进入欧盟：

（a）对运输集装箱进行目视检查，核实是否符合第 84 条规定的要求。

（b）对中心或工作组兽医所呈交的资料进行书面检查，以确保：

（ⅰ）需要核证的资料有按照下列规定备存的记录，作为佐证：

——（EU）2020/686 实施条例第 8（1）（a）条，以及

——本法规第 8 条（d）点。

（ⅱ）根据第 83 条（a）点，在吸管或其他包装上使用的标记与动物卫生证书和运输容器上的编号相符。

（ⅲ）第三部分第 1 编所提及的动物卫生要求已得到满足。

第 2 章　牛类动物繁殖材料的特殊动物卫生要求

第 86 条　牛类供体动物来源场所

牛类动物的精液、卵母细胞和胚胎货物，只有在从符合以下要求的场所的动物身上采

集，并且这些动物以前从未处于健康状况较差的任何场所中饲养的情况下，才允许入境欧盟：

（a）符合第 23 条的要求。

（b）如果供体动物的精液在进入检疫场所之前，没有下列疾病：

（ⅰ）结核分枝杆菌复合群感染。

（ⅱ）流产布鲁氏菌、羊布鲁氏菌、猪布鲁氏菌感染。

（ⅲ）地方流行性牛白血病。

（ⅳ）牛传染性鼻气管炎/传染性脓疱阴户阴道炎。

第 87 条　牛类供体动物来源场所的例外要求

1. 作为第 86（b）（ⅲ）条的例外情况，如果供体动物来自有地方流行性牛白血病的场所，只有符合下列要求的前提下，供体牛类动物精液才允许入境欧盟：

（a）年龄小于 2 岁，并且生育后的母畜中进行了地方流行性牛白血病血清学检测，结果为阴性。

（b）年龄已满 2 岁，并且接受了地方性流行性牛白血病的血清学检测，结果为阴性。

2. 作为第 86（b）（ⅲ）条的例外情况，如果供体动物来自有地方性流行性牛白血病的场所，并且负责该来源场所的官方兽医已证明至少在过去 3 年内在该场所没有发生地方性流行性牛白血病的临床病例，则应允许牛类动物卵母细胞和胚胎货物入境欧盟。

3. 作为第 86（b）（ⅳ）条的例外情况，如果供体动物来自有传染性牛鼻气管炎/传染性脓疱阴户阴道炎的场所，则应允许牛类动物的精液、卵母细胞和胚胎货物入境欧盟，前提是：

（a）就精液而言，动物已经接受了（EU）2020/686 实施条例附件Ⅱ第 1 部分第一章第 1（b）（ⅳ）点所要求的检测，且结果为阴性。

（b）就卵母细胞或胚胎而言，负责来源场所的官方兽医已经证明，至少在过去的 12 个月内，没有发生牛传染性鼻气管炎/传染性脓疱性阴户道炎的临床病例。

第 88 条　牛类供体动物的特殊动物卫生要求

只有当精液、卵母细胞或胚胎是从符合（EU）2020/686 实施条例附件Ⅱ第 1 部分和第 5 部分第一、二和三章中规定的动物卫生要求的供体牛类动物身上采集的，才允许精液、卵母细胞或胚胎货物入境欧盟。

第 3 章　猪类动物繁殖材料的特殊动物卫生要求

第 89 条　猪类供体动物来源场所

1. 猪类动物的精液、卵母细胞和胚胎货物，只有在来自以下场所的动物身上采集的情况下，才允许入境欧盟：

（a）符合第 23 条中规定的要求。

（b）对于精液供体动物在进入检疫场所之前的情况，该场所至少在过去的 12 个月内未检测到伪狂犬病病毒感染的临床、血清学、病毒学或病理学证据。

2. 只有猪类动物精液货物从符合以下条件的动物身上采集，才允许进入欧盟：

（a）根据（EU）2020/686 实施条例附件Ⅱ第 5 部分第四章中规定的要求，在进入检疫场所之前，来自未感染流产布鲁氏菌、羊布鲁氏菌和猪布鲁氏菌的场所。

（b）保存在检疫场所，在进入当日之前至少 3 个月，该场所未感染流产布鲁氏菌、羊布鲁氏菌及猪布鲁氏菌。

（c）保存在精液采集中心，在进入当日之前至少 30 天和紧邻采集当日之前至少 30 天，无伪狂犬病病毒感染的临床、血清学、病毒学或病理学证据的报告。

（d）自出生以来或在进入检疫场所当日之前至少 3 个月，保存在没有动物接种猪繁殖与呼吸综合征病毒感染疫苗的场所且在此期间未检测到猪繁殖与呼吸综合征病毒感染。

第 90 条　猪类供体动物的特殊动物卫生要求

只有当精液、卵母细胞或胚胎货物是从符合以下条件的猪类供体动物身上采集时，才允许进入欧盟：

（a）符合第（EU）2020/686 实施条例附件Ⅱ第 2 部分和第 5 部分第一、二、三和四章中规定的特定动物卫生要求。

（b）未接种猪繁殖与呼吸综合征病毒感染疫苗。

第 4 章　绵羊和山羊类动物繁殖材料的特殊动物卫生要求

第 91 条　绵羊和山羊类供体动物来源场所

托运的绵羊和山羊类动物的精液、卵母细胞和胚胎，取自从未感染流产布鲁氏菌、羊布鲁氏菌和猪布鲁氏菌的场所的供体动物，且供体动物以前从未在动物卫生状况较差的场所中停留过，方可入境欧盟。

第 92 条　绵羊和山羊类供体动物的特殊动物卫生要求

绵羊和山羊类动物的精液、卵母细胞或胚胎，只有在从满足（EU）2020/686 实施条例附件Ⅱ第 3 部分和第 5 部分第一章、第二章和第三章规定的特定动物卫生要求的供体动物身上采集的情况下，才允许精液、卵母细胞或胚胎货物入境欧盟。

第 5 章　马类动物繁殖材料的特殊动物卫生要求

第 93 条　马类供体动物来源场所

马类动物的精液、卵母细胞和胚胎货物，只有是从符合第 23 条规定的要求的场所的供体动物身上采集的，才允许入境欧盟。

第 94 条　马类供体动物的特殊动物卫生要求

只有当这些繁殖材料的供体动物符合本法规第 24（1）条中的（a）（ⅱ）和（b）（ⅱ）点和第 24（6）条规定的要求，以及（EU）2020/686 实施条例附件Ⅱ第 4 部分中规定的额外特定动物卫生要求时，才允许马类动物的精液、卵母细胞或胚胎货物入境欧盟。

第 6 章　运往封闭场所的有蹄类动物繁殖材料特殊规则

第 95 条　运往欧盟封闭场所的繁殖材料

从第 29 条所列第三国或地区的封闭场所发往欧盟的封闭场所的牛、猪、绵羊、山羊和马类动物的精液、卵母细胞和胚胎货物，只有在符合以下要求的情况下，才允许进入欧盟：

（a）目的地成员方主管部门对这些繁殖材料进入欧盟的相关风险进行了评估。

（b）这些繁殖材料的供体动物来自第三国或地区或其区域的封闭场所，该场所被列入根据第 29 条建立的封闭场所清单中，允许有蹄类动物进入欧盟。

（c）繁殖材料将运往欧盟的一个封闭场所，该场所根据（EU）2016/429 法规第 95 条获得批准。

（d）繁殖材料直接运送至（c）点所指密闭经营场所。

第 96 条　封闭场所供体动物的特殊动物卫生要求

第 95 条所述繁殖材料货物，只有在从符合以下要求的供体动物中采集的情况下，才允许进入欧盟：

（a）供体动物的来源场所不是位于因暴发 A 类疾病或与牛、猪、绵羊、山羊或马类动物相关新发疾病而建立的限制区域内，也未接触过来自受限制区域场所的动物。

（b）供体动物来自在精液、卵母细胞或胚胎采集日期前至少 30 天内未报告与牛、猪、绵羊、山羊或马类动物相关的 D 类疾病的场所。

（c）供体动物在拟进入欧盟的精液、卵母细胞或胚胎的采集日期之前与采集期间，在原产地的单一封闭场所中停留至少 30 天。

（d）供体动物由负责在封闭场所开展活动的企业兽医进行临床检查，并在精液、卵母细胞或胚胎采集当天没有出现疾病症状。

（e）在首次采集拟进入欧盟的精液、卵母细胞或胚胎之日前至少 30 天内以及在采集期间，尽可能不使用供体动物进行自然繁殖。

（f）供体动物根据第 21 条进行识别。

第 97 条　封闭场所获取的繁殖材料要求

只有在满足下列条件的情况下，第 95 条所述的繁殖材料货物才允许进入欧盟：

（a）根据第 83 条（a）点规定的信息要求进行了标记。

（b）根据第 84 条和第 85 条规定的要求运输。

第 2 编　家禽和圈养鸟类孵化蛋的动物卫生要求

第 1 章　孵化蛋的动物卫生要求

第 98 条　停留期限

孵化蛋货物允许进入欧盟，前提是在孵化蛋装运发往欧盟之前，孵化蛋的来源种禽已经完成了附件XXII中规定的连续停留期，同时在此停留期间，来源种禽群符合下列要求：

（a）持续在来源的第三国或地区养殖。

（b）养殖该种禽的来源场所，在装载孵化蛋之前没有引入其他动物。

（c）没有接触过健康状况较差的家禽或孵化蛋，也没有接触过圈养禽类或野生禽类。

第 99 条　孵化蛋在运往欧盟过程中的处理

只有在孵化蛋符合下列要求的情况下，才允许此类繁殖材料进入欧盟：

（a）出口欧盟的孵化蛋，从来源场所装运到抵达欧盟期间，不得与不出口欧盟或健康水平较低的家禽、圈养鸟类或孵化蛋接触。

（b）通过陆运、海运或空运在未列入特定种类和类别动物和孵化蛋入境欧盟名单的第三国或地区或其区域转运时，孵化蛋不得在该国或地区运输、卸载或转移到其他运输工具。

第 100 条　在水路或航空运输工具发生事故时，对孵化蛋转运的例外和额外要求

作为第 99 条（b）点的例外情况，在未列入孵化蛋入境欧盟名单的第三国或地区或其区域，将孵化蛋从发运运输工具转运到另一运输工具上继续运输的货物，只有在通过海运或空运向欧盟运输孵化蛋的过程中，由于出现技术问题或另一不可预见的事件导致物流问题的事件而发生转运的情况下，才允许进入欧盟，以完成运输至欧盟入境点，前提是：

（a）孵化蛋由目的地成员方主管部门授权进入欧盟，并在适用的情况下，由过境成员方批准，直至其到达欧盟的目的地。

(b) 转运在整个过程中由官方兽医或主管的海关官员监督：

(ⅰ) 采取了有效措施，避免拟进入欧盟的孵化蛋与任何其他孵化蛋或动物发生任何直接或间接接触。

(ⅱ) 孵化蛋被直接且尽可能快地转移到符合第 102 条 (a) 点规定要求的船舶或飞机上，以便继续前往欧盟，而不离开港口或机场的场所。

(c) 孵化蛋附有转移发生地第三国或地区主管部门的声明，提供关于转移操作的必要信息，并证明已采取相关措施以符合本条 (b) 点规定的要求。

第 101 条 通过船舶运输孵化蛋

1. 通过船舶运输的孵化蛋货物，即使是部分行程，只有该类繁殖材料符合以下要求的情况下，才允许进入欧盟：

(a) 孵化蛋：

(ⅰ) 在整个运输期间，一直在船上。

(ⅱ) 在船上期间未接触健康水平较低的禽类或其他孵化蛋。

(b) 根据 (a) 点运输的孵化蛋必须附有声明，提供以下信息：

(ⅰ) 来源的第三国或地区的启运港。

(ⅱ) 欧盟的到达港。

(ⅲ) 如果船只停靠在第三国或货物的原产地或其地区以外的港口，注明停靠港。

(ⅳ) 孵化蛋在运输期间符合 (a) 点和本点 (ⅰ)、(ⅱ) 和 (ⅲ) 中规定的要求。

2. 负责孵化蛋货物的经营商应确保第 1 款中规定的声明随附动物卫生证书上，并由船长在船舶到达当天在到达港签字。

第 102 条 孵化蛋运输工具和容器的预防措施

只有在孵化蛋符合下列要求的情况下，才允许该类繁殖材料进入欧盟：

(a) 孵化蛋必须采用符合以下条件的运输工具运输：

(ⅰ) 其结构应确保孵化蛋不会掉落。

(ⅱ) 其设计便于进行清洁和消毒。

(ⅲ) 已用来源的第三国或地区主管部门授权的消毒剂清洁和消毒，并在每次装载拟进入欧盟的孵化蛋之前立即干燥或允许干燥。

(b) 孵化蛋必须使用符合下列要求的容器运输：

(ⅰ) (a) 点的要求。

(ⅱ) 它们只装有来自同一场所的相同物种、类别和类型的孵化蛋。

(ⅲ) 它们根据第三国 (地区) 或原产地主管部门的指示封闭，以避免内容物被替换的可能性。

(ⅳ) 它们：

——根据来源的第三国或地区主管部门的指示，在装载前进行清洁和消毒；

或者

——是一次性的，干净的，首次使用。

(ⅴ) 它们载有附件ⅩⅥ中规定的孵化蛋的特定物种和类别的信息。

第 103 条 孵化蛋进入的流通和处理

孵化蛋进入欧盟后，包括运输商在内的经营商应确保孵化蛋货物：

（a）是从入境点直接运输到其在欧盟的目的地。

（b）符合本编第 5 章和第 7 章中针对孵化蛋的特定物种和类别规定的在欧盟内流通和进入欧盟后处理的要求。

第 2 章　家禽孵化蛋的具体动物卫生要求

第 104 条　来源的第三国或地区或其区域进口家禽生产的孵化蛋

来源的第三国或地区或其区域使用从其他国家或地区或其区域进口的家禽生产的孵化蛋，只有在主管部门提供以下保证后方允许入境欧盟：

（a）孵化蛋种禽群从欧盟允许向其出口种禽并列入名单的第三国或地区或其区域进口。

（b）上述第三国或地区或其区域进口孵化蛋种禽群时，至少应按照与种禽直接入境欧盟的动物卫生要求类似的严格要求实施。

第 105 条　孵化蛋的来源第三国或地区或其区域

只有当家禽孵化蛋来自符合以下要求的第三国或地区或其区域时，孵化蛋才允许入境欧盟：

（a）在向欧盟运送货物之日前至少 6 个月，该国或地区已制定高致病性禽流感疾病监测计划，且该监测计划符合以下任一规定的要求：

（ⅰ）本法规附件Ⅱ。

或者

（ⅱ）世界动物卫生组织《陆生动物卫生法典》相关章节。

（b）根据第 38 条认定不存在高致病性禽流感。

（c）如果已接种高致病性禽流感疫苗，其来源的第三国或地区主管部门已作出以下保证：

（ⅰ）疫苗接种计划符合附件Ⅷ规定的要求。

（ⅱ）附件Ⅱ附中规定的要求外，本条第（a）点中提到的监测计划符合附件Ⅷ第 2 点中规定的要求。

（ⅲ）承诺将第三国或地区或其区域的疫苗接种计划的任何变更通知委员会。

（d）其他：

（ⅰ）根据第 39 条，非平胸鸟类家禽孵化蛋原产地应为无新城疫病毒感染。

（ⅱ）平胸鸟类所产孵化蛋：

——根据第 39 条视为无感染新城疫病毒感染；

或者

——根据第 39 条感染了新城疫病毒，但来源的第三国或地区主管部门已保证遵守附件ⅪⅤ针对新城疫感染作相关隔离、监测与测试规定。

（e）如果已接种新城疫病毒疫苗，来源的第三国或地区主管部门已作出以下保证：

（ⅰ）所用疫苗符合附件ⅩⅤ第 1 点规定的新城疫病毒感染疫苗的一般和特定标准。

或者

（ⅱ）所用疫苗符合附件ⅩⅤ第 1 点中规定的针对新城疫病毒感染的疫苗的一般标准，以及符合附件ⅩⅤ第 2 点中规定的动物卫生要求的家禽和来自第三国或地区或其区域的孵化蛋，其中用于针对新城疫病毒感染的疫苗不符合附件ⅩⅤ第 1 点中规定的特定标准。

（f）承诺，在暴发高致病性禽流感或新城疫病毒感染后，向欧盟委员会提交下列资料：

（ⅰ）在确认初期暴发高致病性禽流感或感染新城疫病毒后 24 小时内的疾病情况信息。

（ⅱ）定期更新疫情发展。

（g）已承诺向欧盟禽流感和新城疫参考实验室提交高致病性禽流感和新城疫病毒感染初期暴发的病毒分离株。

第 106 条　孵化蛋来源场所

欧盟仅允许产来自以下经营场所的家禽孵化蛋入境：

（a）来源的第三国或地区主管部门批准的养殖场，审批要求至少与（EU）2019/2035 实施条例第 7 条等效，且：

（ⅰ）批准未被暂停或撤销。

（ⅱ）在孵化蛋装运发往欧盟之日前至少 30 天内，养殖场方圆 10 千米范围内（适当情况下包括邻国领土）没有暴发过高致病性禽流感或出现新城疫病毒感染。

（ⅲ）经营场所已获得由来源的第三国或地区主管部门指定的唯一批准号。

（b）家禽饲养于来源的第三国或地区主管部门批准的经营场所，且审批要求至少与（EU）2019/2035 实施条例第 8 条等效，且：

（ⅰ）批准未被暂停或撤销。

（ⅱ）在孵化蛋装运发往欧盟之日前至少 30 天内，经营场所方圆 10 千米范围内（适当情况下包括邻国领土）没有暴发过高致病性禽流感或出现新城疫病毒感染。

（ⅲ）在孵化蛋装运发往欧盟之日前至少 21 天内，经营场所没有报告低致病性禽流感感染确诊病例。

第 107 条　孵化蛋禽群

仅当孵化蛋禽群符合以下要求时，欧盟方允许孵化蛋入境：

（a）家禽已接种高致病性禽流感疫苗，且来源的第三国或地区也已保证遵守附件Ⅷ对接种方案与额外监测的最低要求。

（b）家禽已接种新城疫病毒疫苗：

（ⅰ）来源的第三国或地区主管部门已保证所用疫苗符合以下规定：

——附件ⅩⅤ第 1 点对预防新城疫病毒感染疫苗的一般与具体标准，或

——附件ⅩⅤ第 1 点中规定的针对新城疫病毒感染的公认疫苗的一般标准，以及日龄雏禽的家禽和孵化蛋，符合附件ⅩⅤ第 2 条中针对源自第二国或地区的家禽和孵化蛋规定的动物卫生要求，用于预防新城疫病毒感染的疫苗不符合附件ⅩⅤ第 1 条规定的具体标准。

（ⅱ）必须为每批货物提供附件ⅩⅤ第 4 条中规定的信息。

（c）主管部门已按照（EU）2019/2035 实施条例附件Ⅱ的要求对家禽进行疫情监测，且未发现或疑似感染任何以下致病菌：

（ⅰ）如果是原鸡，则为鸡白痢沙门菌、鸡沙门菌和鸡毒支原体。

（ⅱ）亚利桑那沙门氏菌［血清群 O：18（k）］、鸡白痢沙门氏菌、鸡沙门氏菌、火鸡支原体与鸡败血支原体（普通火鸡）。

（ⅲ）如果是蓝珠鸡、鹌鹑、雉鸡、灰山鹑、钻水鸭，则为鸡白痢沙门氏菌和鸡沙门氏菌。

（d）在采集蛋类运往欧盟之日前最后 12 个月期间，如果确认感染鸡白痢沙门氏菌、

鸡沙门氏菌和鸡亚利桑那菌，则该场所已采取以下措施：

（ⅰ）受感染的禽群已被屠宰或宰杀和销毁。

（ⅱ）在屠宰或宰杀第（ⅰ）点所述受感染的禽群后，该场所已清洁和消毒。

（ⅲ）在进行（ⅱ）点所述的清洁和消毒后，根据（c）点所述的疫病监测计划，鸡沙门氏菌和鸡亚利桑那菌，场所内所有禽群的鸡白痢沙门氏菌、鸡沙门氏菌和鸡亚利桑那菌感染的测试结果呈阴性。

（e）如果家禽在孵化蛋装运发往欧盟之日前12个月内确认感染禽支原体病（鸡败血支原体与火鸡支原体），则家禽养殖场所须已采取以下任一措施：

（ⅰ）根据（c）点所述的疾病监测计划对整个禽群进行两次检测，受感染的禽群的禽支原体病（鸡毒支原体和黑粪支原体）检测结果为阴性，两次检测间隔至少60天。

或者

（ⅱ）感染家禽已被屠宰或宰杀并销毁，养殖场所已清洁并消毒，且之后已按照（c）点所述疫情监测方案对家禽进行两次禽支原体病（鸡败血支原体与火鸡支原体）检测，两次检测至少间隔21天，检测结果均为阴性。

（f）符合以下任一条件：

（ⅰ）来源的第三国或地区或其区域的官方兽医官已在孵化蛋装运发往欧盟前72小时内对家禽进行临床检验，目的是检测附件Ⅰ所列相关疾病与新发疾病的发病迹象，检验结果显示未出现上述疾病发病症状或疑似感染症状。

或者

（ⅱ）

——由官方兽医在来源的第三国或地区或其区域进行每月临床检查，最近一次是在向欧盟发运的孵化蛋装货前31天内进行的，目的是检测发病迹象，包括附件Ⅰ所列的相关疾病和新型疾病，检查显示无疾病症状或怀疑存在任何这些疾病的理由；

——在孵化蛋装运发往欧盟前72小时内，由来源的第三国或地区或其区域的官方兽医对目前的健康状况进行评估，按照经营者提供的最新资料，对场所内保存的卫生和生产记录进行书面检查，目的是检测发病迹象，包括新型疾病和附件Ⅰ所述的相关列明疾病。

第108条　孵化蛋货物

欧盟仅允许符合以下要求的家禽孵化蛋入境：

（a）如果孵化蛋已接种高致病性禽流感疫苗，来源的第三国或地区已保证遵守附件Ⅷ对接种方案与额外监测的最低要求。

（b）如果孵化蛋已接种预防感染新城疫病毒的疫苗：

（ⅰ）来源的第三国或地区主管部门已保证所用疫苗符合附件XV第1条对新城疫病毒疫苗所作一般标准与具体标准。

（ⅱ）必须针对货物提供附件XV第4条中规定的信息。

（c）孵化蛋标记必须符合以下规定：

（ⅰ）使用彩色墨水。

（ⅱ）非平胸鸟类家禽所产孵化蛋须加盖印章，标明第106条所指原产地场所的唯一批准号。

（ⅲ）平胸鸟类所产孵化蛋则加盖印章，标明来源的第三国或地区的ISO代码及第106条所指原产地场所的唯一批准号。

(d) 孵化蛋必须按照来源的第三国或地区主管部门指示进行消毒。

第 109 条　孵化蛋入境非免疫无新城疫病毒感染的欧盟成员方

只有符合下列要求的孵化蛋才能向非免疫无新城疫病毒感染的欧盟成员方出口：

(a) 没有接种预防感染新城疫病毒的疫苗。

(b) 孵化蛋种禽应符合以下任一要求：

(ⅰ) 没有接种预防城疫病毒感染的疫苗。

或者

(ⅱ) 它们已经接种了预防感染新城疫病毒的灭活疫苗。

再或者

(ⅲ) 如果种禽接种预防感染新城疫病毒的活疫苗，不能在孵化蛋采集前 60 天内接种。

第 3 章　20 枚以下非平胸鸟类家禽所产孵化蛋的具体动物卫生要求

第 110 条　20 枚以下非平胸鸟类家禽所产孵化蛋的例外与特殊要求

作为第 101 条、第 106 条、第 107 条和第 108 条的例外情况，20 枚以下非平胸鸟类家禽所产孵化蛋如符合以下要求，可允许入境欧盟：

(a) 孵化蛋原产经营场所：

(ⅰ) 已在来源的第三国或地区主管部门登记。

(ⅱ) 孵化蛋采集之日前 21 天内未报告低致病性禽流感确诊病例。

(ⅲ) 孵化蛋采集之日前至少 30 天内，方圆 10 千米范围内（适当情况下包括邻国领土）没有暴发过高致病性禽流感或出现新城疫病毒感染。

(b) 关于高致病性禽流感疫苗接种：

(ⅰ) 孵化蛋未接种高致病性禽流感疫苗。

(ⅱ) 如果种禽已接种高致病性禽流感疫苗，来源的第三国或地区也已保证遵守附件Ⅷ对接种方案与额外监测的最低要求。

(c) 关于预防感染新城疫病毒疫苗接种，孵化蛋未接种预防感染新城疫病毒的疫苗但种禽已接种预防感染新城疫病毒的疫苗：

(ⅰ) 来源的第三国或地区主管部门已提供保证，保证所用疫苗符合：

——附件ⅩⅤ第 1 点中规定的预防新城疫病毒感染疫苗的一般和具体标准；

或者

——所接种疫苗符合附件ⅩⅤ第 1 点对认可新城疫病毒疫苗的 般标准，孵化蛋符合附件ⅩⅤ第 2 点对家禽与孵化蛋（来自所用新城疫病毒疫苗不符合附件ⅩⅤ第 1 点具体规定的第三国或地区或其区域）的动物卫生要求。

(ⅱ) 必须针对货物提供附件ⅩⅤ第 4 点中规定的信息。

(d) 来源的第三国或地区或其区域的官方兽医官已在孵化蛋装运发往欧盟前 24 小时内对家禽进行临床检验，目的是检测附件Ⅰ所列相关疾病与新兴疾病的发病迹象，检验结果显示未出现上述疾病发病症状或疑似感染上述疾病。

(e) 孵化蛋禽群：

(ⅰ) 已于孵化蛋采集前在原产地场所至少隔离 21 天。

(ⅱ) 已根据附件ⅩⅦ对 20 只以下非平胸鸟类家禽及 20 枚以下非平胸鸟类家禽所产孵化蛋入境欧盟前的检验要求进行检验，未发现感染或疑似感染以下致病菌：

——鸡白痢沙门氏菌、鸡沙门氏菌与鸡败血支原体（原鸡）；

——亚利桑那沙门氏菌［血清群 O：18（k）］、鸡白痢沙门氏菌、鸡沙门氏菌、火鸡支原体与鸡败血支原体（普通火鸡）；

——如果是蓝珠鸡、鹌鹑、雉鸡、灰山鹑、钻水鸭，则为鸡白痢沙门氏菌和鸡沙门氏菌。

（f）孵化蛋必须按照来源的第三国或地区主管部门的指示消毒。

第 4 章　无特定病原体蛋的具体动物卫生要求

第 111 条　无特定病原体蛋的例外和特殊要求

作为第 98 条停留期及第 105 至 110 条与第 112 至 114 条具体动物卫生要求的例外，不符合上述条款的无特定病原体蛋，如满足以下动物卫生要求，则可允许入境欧盟：

（a）孵化蛋禽群：

（ⅰ）未感染《欧洲药典》中规定的特定病原体，且针对上述病原体的所有检测与临床检查结果均良好，包括孵化蛋收集运往欧盟之日前 30 天内针对高致病性禽流感、新城疫病毒感染与低致病性禽流感的检测结果均为阴性。

（ⅱ）已按照《欧洲药典》所述，每周至少进行一次临床检查，且未发现任何疾病症状或疑似发病迹象。

（ⅲ）在孵化蛋收集运往欧盟之日前至少连续 6 周一直饲养在符合下列条件的场所：

——符合《欧洲药典》中规定的条件；

——由来源的第三国或地区主管部门按照至少相当于第（EU）2019/2035 实施条例第 8 条规定的要求批准，并且没有中止或撤销批准。

（ⅳ）在孵化蛋收集运往欧盟之日前至少 6 周未接触不符合本条规定的家禽或野生禽类。

（b）已用彩色墨水标记来源的第三国或地区的 ISO 代码以及原产地场所的唯一批准号。

（c）已按照来源的第三国或地区主管部门的指示进行消毒。

第 5 章　进入欧盟后流通和处理家禽孵化蛋及其所孵化家禽的具体动物卫生要求

第 112 条　经营商对入境欧盟后流通与处理家禽孵化蛋及其所孵化家禽所应承担的义务

1. 目的地场所经营商应将从第三国或地区或其区域进口至欧盟的家禽孵化蛋放置于以下任一种孵化设备：

（a）与其他孵化蛋隔离的独立孵化器，包括独立孵化箱。

或者

（b）已放置其他孵化蛋的孵化器，包括孵化箱。

2. 如第 1 款所指，经营商应确保将该款所指孵化蛋孵化出的育种用家禽与生产用家禽在以下场所连续饲养一段时间：

（a）自孵化之日起在孵化场至少饲养 3 周。

或者

（b）家禽自孵化之日起在被送同一成员方或其他成员方场所至少饲养 3 周。

3. 在第 2 款所指期限内，经营商应将从入境欧盟的孵化蛋孵化出的家禽与其他家禽分开饲养。

4. 如果从原产地入境欧盟的孵化蛋所孵化出的育种用家禽与生产用家禽被引入已饲养其他家禽的场所或围场，则第 2 款所指相关期限应从最后一只家禽引入上述场所或围场之日起计，且任何家禽不得在该期限结束之日前运离上述场所或围场。

5. 如果从原产地入境欧盟的家禽孵化蛋被放入已在孵化其他孵化蛋的孵化器（包括孵化箱）：

（a）则第 2 款至第 4 款规定适用于同一孵化器（包括孵化箱）内其他孵化蛋孵化出的全部家禽，与从来源的第三国或地区或其区域入境欧盟的孵化蛋所孵化家禽要求一致。

（b）且第 2 款所指相关期限应从原产地入境欧盟的最后一枚孵化蛋孵化之日起计。

第 113 条 进入欧盟后的取样和测试

目的地成员方主管部门应确保，从原产地第三国或地区或其区域入境欧盟的孵化蛋所孵化出的育种用家禽与生产用家禽，于第 112（2）条所指相关期限届满之日前在目的地经营场所接受地方兽医官的临床检查，并在必要时进行抽样检测，以监测上述家禽的健康状况。

第 114 条 主管部门对进口自存在鸡新城疫病毒感染的第三国或地区或其区域的孵化蛋所孵化平胸鸟类进行取样和测试的义务

目的地成员方主管部门应确保在第 112（2）条的规定期限内，进口自存在鸡新城疫病毒感染的第三国或地区或其区域的孵化蛋所孵化的平胸鸟类符合以下要求：

（a）主管部门对每只平胸鸟类的泄殖腔拭子或粪便样本进行新城疫病毒检测。

（b）未感染鸡新城疫病毒也未接种疫苗的平胸鸟类如需发往成员方，除需符合（a）点规定要求外，还应接受主管部门对每只平胸鸟类进行新城疫病毒的血清学检测。

（c）解除隔离前，在（a）和（b）点规定的检测中，所有平胸鸟类的结果均应为阴性。

第 6 章 圈养鸟类孵化蛋的具体动物卫生要求

第 115 条 孵化蛋货物

仅当圈养禽类符合第 55 条至第 58 条所述入境欧盟要求时，其所产孵化蛋方允许入境欧盟。

第 7 章 进入欧盟后流通与处理圈养鸟类孵化蛋及其所孵化圈养鸟类的具体动物卫生要求

第 116 条 进入欧盟后，圈养鸟类孵化蛋及其所孵化的圈养鸟类的处理

目的地经营场所经营商：

（a）应将从第三国或地区或其区域进口至欧盟的圈养鸟类孵化蛋安置在与其他孵化蛋相隔离的孵化器（包括孵化箱）。

（b）应确保根据第 59 条至第 61 条的规定，将第 115 条所指圈养鸟类孵化蛋孵化出的圈养鸟类饲养在已经批准的检疫场所。

第3编　运往封闭场所除有蹄类动物繁殖材料以及家禽和圈养鸟类孵化蛋以外的繁殖材料动物卫生要求

第117条　来自封闭场所除第1（4）条（a）点与（b）点外的动物繁殖材料入境欧盟的要求

来自根据第29条规定批准和列入名单封闭场所的，除第1（4）条（a）点与（b）点规定动物外的其他动物精液、卵母细胞与胚胎，如果满足以下要求，可以入境欧盟发往欧盟境内的封闭场所：

（a）目的地成员方主管部门已对上述繁殖材料入境可能给欧盟带来的风险进行评估。

（b）上述繁殖材料的供体动物来自欧盟授权其特定物种与动物种类入境的第三国或地区或其区域。

（c）上述繁殖材料的供体动物来自原产第三国或地区或其区域的封闭场所，且该场所根据第29条规定经欧盟批准和列入名单，允许向欧盟出口规定的动物。

（d）繁殖材料将运往欧盟的一个封闭场所，该场所根据（EU）2016/429法规第95条获得批准。

（e）繁殖材料直接运送至（c）点所述的封闭场所。

第118条　供体动物的具体动物卫生要求

第117条所指精液、卵母细胞与胚胎仅在其供体动物符合以下要求时方允许入境欧盟：

（a）供体动物养殖场所没有位于因暴发过A类疾病或与所饲养陆生动物品种相关的新发疾病采取管制的区域内，供体动物也未接触过上述管制区域内场所饲养的动物。

（b）供体动物养殖场所至少未在此前30天内报告过与所饲养陆生动物品种相关的D类疾病。

（c）供体动物在采集发往欧盟的精液、卵母细胞或胚胎前至少30天一直饲养在同一封闭经营场所。

（d）供体动物已在采集精液、卵母细胞或胚胎当日由养殖场负责封闭场所活动的兽医进行临床检查，且未发现病症。

（e）在首次采集发往欧盟的精液、卵母细胞或胚胎之日或采集过程前至少30天内，尽量保证供体动物不用于自然繁殖。

（f）已根据封闭场所规定进行认定和登记。

第119条　繁殖材料的要求

第117条所指精液、卵母细胞与胚胎仅在符合以下要求时方允许入境欧盟：

（a）它们的标记方式可以很容易地确定以下信息：

（ⅰ）这些生殖产品的采集或生产日期。

（ⅱ）物种，（必要时亚种）供体动物识别。

（ⅲ）封闭场所的唯一批准号，包括批准方的ISO 3166-1α-2代码。

（ⅳ）任何其他相关信息。

（b）运输容器需符合以下要求：

（ⅰ）从封闭场所发运前由负责封闭场所运营的兽医进行密封和编号。

（ⅱ）使用前已清洁并消毒或灭菌，或为一次性容器。

（ⅲ）已加入未曾用于其他产品的低温剂。

第 119a 条　发往欧盟前对托运的繁殖材料进行检验

第 117 条所述的精液、卵母细胞和胚胎货物，只有在发往欧盟之前的 72 小时内，由来源的第三国或地区或其区域的官方兽医进行如下目视检查和文件检查，才能获准进入欧盟：

（a）对运输容器进行目视检查，核实是否符合第 119 条规定的要求。

（b）对封闭场所企业兽医呈交的数据进行书面检查，以确保：

（ⅰ）须证明的信息在封闭场所留存的记录中有佐证。

（ⅱ）按照第 119 条（a）点在吸管或其他包装上所作的标记，与动物卫生证书及其运输容器上的编号相符。

（ⅲ）满足第三部分第 3 编所述的动物卫生要求。

第四部分　第 3 条与第 5 条所指动物源性产品进入欧盟的动物卫生要求

第 1 编　动物源性产品进入欧盟的一般动物卫生要求

第 120 条　生产日期的时间限制

在以下时间段生产的动物源性产品不允许入境欧盟：

（a）欧盟对从原产地进口此类产品实施动物卫生限制措施。

（b）欧盟批准从原产地进口此类产品处于暂停状态。

第 121 条　动物源产品的处理要求

1. 非生鲜类动物源性产品仅在按照本部分第 3 编至第 6 编的要求进行处理后方允许入境欧盟。

本款所指的处理应符合下列要求：

（a）欧盟在国家（地区）准入名单中针对第三国或地区或其区域及具体的动物源性产品制定了具体的处理要求。

（b）适用于欧盟允许其特定种类动物与动物源性产品种类入境的第三国或地区或其区域。

（c）根据以下要求加以应用：

（ⅰ）附件ⅩⅩⅥ规定的肉类产品消除风险的加工处理要求。

（ⅱ）附件ⅩⅩⅦ规定的乳制品消除风险的加工处理要求。

（ⅲ）附件ⅩⅩⅧ规定的蛋制品消除风险的加工处理要求。

2. 按照第 1 款要求完成处理后，动物源性产品必须妥善包装，防止交叉污染，以免造成动物卫生风险。

第 122 条　动物源性产品运输工具的要求

只有运输工具的设计、建造与维护能够确保动物源性产品的卫生（健康）状况不会在从原产地运往欧盟途中受到影响，运输的动物源性产品才允许入境欧盟。

第 123 条　向欧盟出口动物源性产品

出口欧盟的动物源性产品只能与不符合本法规规定的相关欧盟动物卫生入境要求的动物或动物源性产品分开运输，才允许入境欧盟。

第 2 编　生鲜肉产品进入欧盟的动物卫生要求

第 1 章　鲜肉的一般动物卫生要求

第 124 条　生鲜肉原产地饲养动物送往屠宰场

除现场宰杀的养殖野味生鲜肉外，只有使用符合下列要求的动物生产的生鲜肉才允许入境欧盟：

（a）动物养殖场所位置符合下列要求：

（ⅰ）养殖场与屠宰场位于同一国家或地区或其区域。

或者

（ⅱ）养殖场位于欧盟允许向其出口相关动物生鲜肉的其他国家或地区或其区域。

（b）饲养动物被直接从养殖场所送到屠宰场。

（c）在运往（a）点所述的屠宰场期间，饲养动物：

（ⅰ）未经过欧盟没有批准向其出口相关动物生鲜肉的国家或地区或其区域。

（ⅱ）没有接触过健康状况较低的动物。

（d）用于将饲养动物运输到（a）点中提到的屠宰场的运输工具和容器，需要符合第 17 条和第 18 条中规定的要求。

第 125 条　就地宰杀的野生动物或者养殖野味动物的胴体运送

对于就地宰杀的野生动物或者养殖野味动物生鲜肉而言，只有生产鲜肉的胴体符合下列要求，才允许相关的生鲜肉入境欧盟：

（a）胴体直接从屠宰地运送到位于欧盟批准的同一国家或地区或其区域的野味处理场所。

（b）在运输至（a）点中提到的野味处理场所的过程中，胴体：

（ⅰ）未经过欧盟没有批准向其出口相关动物生鲜肉的国家或地区或其区域。

（ⅱ）没有接触过健康状况较差的动物或胴体。

（c）将胴体运输到（a）点中提到的野味处理场所的运输工具和容器，需要符合以下要求：

（ⅰ）在将胴体装运到野味处理场所之前，使用来源的第三国或地区主管部门授权的消毒剂对其进行清洁和消毒。

（ⅱ）其结构应确保在运输期间，胴体健康状况不受损害。

第 126 条　宰前和宰后检验

只有饲养动物和野生动物经过下列检验，相关的生鲜肉产品才能允许入境欧盟：

（a）饲养动物：

（ⅰ）在屠宰前 24 小时内实施宰前检验。

（ⅱ）在它们被宰杀或屠杀后，立即进行宰后检验。

（b）就野生动物而言，宰杀后应立即进行宰后检验。

本条所指的检验必须由来源的第三国或地区的官方兽医进行，以排除附件 I 所指相关疾病和新发疾病的存在。

第 127 条　在宰杀或屠宰过程中对原料动物的处理

只有原料动物在宰杀或屠宰过程中没有接触过健康状况较差的动物，才允许使用该动物生产的生鲜肉产品货物入境欧盟。

第 128 条 生鲜肉产品在生产企业的处理和加工

在屠宰、分割及下列环节的整个过程中，必须严格将鲜肉产品与不符合第 124 条至第 146 条规定的入境欧盟的相关动物卫生要求的生鲜肉分开：

(a) 储存和装运出口欧盟前的包装环节。

或者

(b) 就未包装的生鲜肉而言，抵达欧盟前的整个运输过程。

第 2 章 有蹄类动物生鲜肉的动物卫生要求

第 1 节 饲养和野生有蹄类动物生鲜肉的一般动物卫生要求

第 129 条 生产生鲜肉的有蹄动物种类

只有下列有蹄类动物的鲜肉产品才允许进入欧盟：

(a) 就养殖有蹄类动物而言，是指所有种类的有蹄类动物。

(b) 就野生有蹄类动物和养殖野味有蹄类动物而言，除牛类动物、羊类动物、山羊类动物和家猪类动物外的所有有蹄类动物。

第 130 条 禁止动物新鲜血液入境

禁止供人类食用的有蹄类动物新鲜血液入境欧盟。

第 2 节 养殖有蹄类动物生鲜肉的特殊动物卫生要求

第 131 条 用于生产鲜肉的有蹄类原料动物在屠宰或宰杀前的停留期要求

1. 用于生产出口欧盟生鲜肉产品的有蹄类动物，如果是从下列国家或地区进口，则无须遵守屠宰或宰杀日前的停留期要求：

(a) 欧盟批准向其出口相同动物生鲜肉产品的其他国家或地区，同时在屠宰前，用于生产出口欧盟生鲜肉产品的养殖动物在该国或地区至少养殖或停留了 3 个月。

或者

(b) 欧盟成员方。

2. 如果出口欧盟的生鲜肉产品使用第 1 款规定以外的有蹄类动物，必须在屠宰或宰杀之日前，遵守附件ⅩⅧ规定的连续停留期限，条件是：

(a) 停留在来源的第三国或地区。

(b) 停留在来源的场所。

(c) 没有接触过健康状况较差的有蹄类动物。

第 132 条 生产鲜肉的饲养动物需直接送往屠宰场的例外要求

不符合第 124 (b) 条规定要求的生鲜肉产品，如果用于生产该类产品的牛、绵羊或山羊符合下列要求，才允许相关的生鲜肉产品入境欧盟：

(a) 有蹄类动物在离开来源场所后，在到达屠宰场之前，经过符合第 20 (b) 条要求的动物集散场所。

(b) 来源的第三国或地区主管部门提供了额外的保证，以确保有蹄类动物在离开原产地到抵达屠宰场期间，动物卫生状况不受损害。

(c) 欧盟对第 (b) 点中提到的第三国或地区或其区域，在准入名单中批准符合例外要求。

第 133 条 养殖有蹄类动物鲜肉来源的第三国或地区或其区域

1. 只有当生鲜肉产品来源的第三国或地区或其区域，针对相关动物在附件ⅩⅩⅣ第 A 部分表中规定的最低时限范围内，没有发生相关的动物疫病，才能允许该养殖有蹄类动物生鲜肉产品入境欧盟。

在符合附件XXIV第B部分规定的特殊条件的前提下，可缩短上述条款针对相关动物疫病规定的最低时限；欧盟必须在准入名单中，针对第三国或地区或其区域具体规定相关产品应符合的特殊条件。

2. 只有当动物鲜肉产品货物来源的第三国或地区或其区域，按照附件XXV第A部分表格要求，没有针对第1款所述动物疫病接种疫苗，才允许有蹄类动物鲜肉产品货物入境欧盟。

3. 作为对第2款规定的例外情况，在主管部门确保符合附件XXV第B部分第1（b）点或第3.1（a）点规定的特殊条件下，已经接种了口蹄疫疫苗，欧盟必须在准入名单中针对第三国或地区或其区域和相关的动物具体指明允许符合特殊条件。

第134条　用于生产鲜肉的养殖有蹄类动物来源场所

1. 如果生鲜肉产品使用的养殖有蹄类动物来自符合下列要求的场所，生鲜肉产品应允许入境欧盟。

（a）在相关有蹄类动物屠宰前30天内，动物来源场所方圆10千米范围内，在适当的情况下包括邻国领土，没有报告发生附件XXIV第A部分所列的相关动物疫病。

或者

（b）如果欧盟在准入名单中指明了来源的第三国或地区或其区域根据附件XXV第B部分第1（b）点或第3.1（a）点规定，在有蹄类动物屠宰前12个月内可以接种口蹄疫疫苗，有蹄动物的来源场所应符合主管部门规定的特殊条件。

2. 允许入境欧盟的养殖有蹄类动物生鲜肉产品，应使用来自符合下列要求场所的养殖有蹄类动物：

（a）根据附件XXV第A部分规定，没有对养殖有蹄类动物接种疫苗。

或者

（b）位于符合附件XXIV第B部分第1点规定的特殊条件的第三国或地区或其区域。欧盟委员会必须在准入名单中指明第三国或地区或其区域应符合的特殊条件。

第135条　养殖野猪生鲜肉产品的特殊要求

只有野猪在出生后就与野生动物分开并单独饲养，才允许使用野猪生产的鲜肉产品入境欧盟。

第136条　养殖有蹄类动物鲜肉来源企业

只有生产养殖有蹄类动物生鲜肉产品的屠宰场或野味处理场，在屠宰或宰杀日之前30天内，方圆10千米范围内（包括邻国领土，如适用），未报告过附件XXIV第A部分中规定的相关疫病，才允许生产的相关鲜肉产品入境欧盟。

第3节　野生有蹄类动物生鲜肉的特殊动物卫生要求

第137条　野生有蹄类动物生鲜肉的原产地

只有当野生有蹄类动物生鲜肉来自满足第133条提出的动物卫生要求的第三国或地区或其区域时，才允许有蹄类动物生鲜肉货物入境欧盟。

第138条　生鲜肉来源的野生有蹄类动物

只有当野生动物的生鲜肉来自满足下列要求的动物时，才允许下列生鲜肉进入欧盟：

（a）宰杀野生有蹄类动物的地点应距离欧盟未批准向欧盟出口相关野生有蹄类动物的

国家或地区或其区域边境至少20千米。

（b）动物宰杀的地点，在宰杀前60天内以及方圆20千米范围内，未报告附件XXIV第A部分所述的动物疫病。

第139条　野生有蹄类动物生鲜肉生产企业

只有生产野生有蹄类动物鲜肉的野味处理场所，在宰杀前30天内，方圆10千米范围内（包括邻国领土，如适用），未报告发生过附件XXIV第A部分中规定的相关动物疫病，相关野生有蹄类动物生鲜肉产品才允许入境欧盟。

第3章　家禽和野禽鲜肉的动物卫生要求

第1节　家禽鲜肉的特殊动物卫生要求

第140条　家禽停留期

只有当生鲜肉货物来自满足下列要求的家禽时，才允许家禽鲜肉货物进入欧盟：

（a）自孵化起到被屠宰之前，一直饲养在生产家禽鲜肉的国家或地区。

或者

（b）按照不低于本法规相关要求的动物卫生要求，作为日龄雏鸡、种禽、生产用禽或屠宰用家禽从这些商品可以出口欧盟的第三国或地区或其区域，或者成员方进口。

第141条　家禽鲜肉来源的第三国或地区或其区域

只有当货物鲜肉来自符合下列要求的第三国或地区或其区域时，才允许家禽鲜肉货物进入欧盟：

（a）在向欧盟运送货物之日前至少6个月，该国已制定高致病性禽流感疾病监测计划，且该监测计划符合以下任一规定的要求：

（ⅰ）附件Ⅱ。

或者

（ⅱ）世界动物卫生组织《陆生动物卫生法典》相关章节。

（b）根据第38条，认为不存在高致病性禽流感。

（c）在接种高致病性禽流感疫苗时，第三国或地区主管部门保证：

（ⅰ）疫苗接种计划符合附件Ⅷ规定的要求。

（ⅱ）除附件Ⅱ中规定的要求外，本条（a）点中提到的监测计划符合附件Ⅷ第2点中规定的要求。

（ⅲ）承诺将第三国或地区或其区域的疫苗接种计划的任何变更通知委员会。

（d）其他：

（ⅰ）根据第39条，如果是平胸鸟类以外的家禽生鲜肉，认为没有感染新城疫病毒。

（ⅱ）如果是平胸鸟类的生鲜肉，那么：

——根据第39条，认为未感染新城疫病毒；

或者

——根据第39条，不能认为没有感染新城疫病毒，但来源的第三国或地区主管部门已保证遵守附件XIV针对感染新城病所作相关隔离、监测与测试规定。

（e）如果进行了预防新城疫病毒感染的疫苗接种，来源的第三国或地区的主管部门应保证：

（ⅰ）所用疫苗符合附件XV第1点规定的预防新城疫病毒感染疫苗的一般和特定

标准。

或者

（ⅱ）所用疫苗符合附件ⅩⅤ第 1 点规定的预防新城疫病毒感染疫苗的一般标准，如果在第三国或地区或其区域使用的预防新城疫疫苗不符合附件ⅩⅤ第 1 点规定特殊标准，用于生产鲜肉的家禽应符合附件ⅩⅤ第 3 点规定的动物卫生要求。

（f）承诺，在暴发高致病性禽流感或新城疫病毒感染后，向欧盟委员会提交下列资料：

（ⅰ）在确认初期暴发高致病性禽流感或感染新城疫病毒后 24 小时内的疾病情况信息。

（ⅱ）定期更新疫情发展情况。

（g）已承诺向欧盟禽流感和新城疫参考实验室提交高致病性禽流感和新城疫病毒感染初期暴发的病毒分离株。

第 142 条　家禽的来源场所

只有生产生鲜肉产品的家禽来自符合下列要求的场所时，家禽鲜肉货物才允许进入欧盟：

（a）在屠宰之日前至少 30 天内，家禽来源场所方圆 10 千米范围内（包括邻国领土，如适用），未暴发高致病性禽流感或感染新城疫病毒。

（b）如果平胸鸟类生鲜肉来自感染了新城疫病毒的第三国或地区或其区域，但是该地符合附件ⅩⅣ第 3 条（b）和（c）点针对已经感染新城疫病毒的第三国或地区或其区域的平胸鸟类、平胸鸟类孵化蛋和鲜肉提出的动物卫生安全要求。

第 143 条　生产生鲜肉的家禽

1. 只有当托运的生鲜肉来自从未接种过高致病性禽流感疫苗或预防新感染城疫病毒疫苗的家禽，或者符合下列要求时，才允许家禽生鲜肉货物进入欧盟：

（a）家禽已接种高致病性禽流感疫苗，且来源的第三国或地区也已保证遵守附件Ⅷ对接种方案与额外监测的最低要求。

（b）家禽已接种预防感染新城疫病毒疫苗：

（ⅰ）来源的第三国或地区主管部门已保证所用疫苗符合以下规定：

——附件ⅩⅤ第 1 条对预防新城疫病毒感染疫苗的一般与特殊标准；

或者

——附件ⅩⅤ第 1 条规定的预防新城疫病毒感染疫苗的一般标准，如果在第三国或地区或其区域使用的预防新城疫疫苗不符合附件ⅩⅤ第 1 条规定特殊标准，用于生产生鲜肉的家禽应符合附件ⅩⅤ第 3 条规定的动物卫生要求。

（ⅱ）必须针对货物提供附件ⅩⅤ第 4 条中规定的信息。

2. 如果目的地为非免疫无新城疫病毒感染的欧盟成员方或地区，只有用于生产生鲜肉产品的家禽在屠宰前 30 天内未接种过新城疫活疫苗时，生产的相关鲜肉产品才允许入境欧盟。

第 144 条　家禽鲜肉生产企业

只有当家禽鲜肉货物来自符合下列规定的屠宰场时，才允许其进入欧盟：

（a）屠宰时，未因暴发高致病性禽流感或新城疫病毒而受到限制，或者出于动物卫生（健康）原因受到官方限制。

(b) 在屠宰之日前至少 30 天内，在该屠宰场方圆 10 千米范围内（包括邻国领土，如适用），未暴发高致病性禽流感或感染新城疫病毒。

第 2 节 野味禽生鲜肉的特殊动物卫生要求

第 145 条 野味禽生鲜肉来源国或地区

只有当野味禽新生鲜肉类货物来自符合下列要求的第三国或地区或其区域时，才允许其进入欧盟：

(a) 在向欧盟发送货物之日前至少 6 个月，已制定了高致病性禽流感疾病监测计划，且该监测计划符合以下任一方面的要求：

(ⅰ) 附件Ⅱ。

或者

(ⅱ) 世界动物卫生组织《陆生动物卫生法典》相关章节。

(b) 在宰杀前至少 30 天内，由于暴发高致病性禽流感或新城疫病毒感染，没有动物卫生限制。

第 146 条 野味禽生鲜肉来源场所

只有当生鲜肉货物来自符合下列规定的野味处理场所时，猎禽野味生鲜肉货物才能进入欧盟：

(a) 在加工时，未因暴发高致病性禽流感或新城疫病毒感染受限制，或未因动物卫生原因受官方限制。

(b) 在接收胴体之日前至少 30 天内，在野味处理场所方圆 10 千米范围内（包括邻国领土，如适用），没有暴发过高致病性禽流感或新城疫病毒感染。

第 3 编 肉制品和肠衣进入欧盟的动物卫生要求

第 147 条 肉制品的处理

只有当肉制品货物根据第 148 条或第 149 条要求按照第 121 条规定处理时，肉制品货物才能进入欧盟。

第 148 条 未实施风险消除处理的肉制品

只有在下列条件下，未按照附件XXVI要求实施风险消除处理的肉制品才能入境欧盟：

(a) 向欧盟出口未实施风险消除处理肉制品的第三国或地区或其区域，应被欧盟列入允许向欧盟出口相关动物生鲜肉产品的国家或地区，且此类生鲜肉产品进入欧盟不需要符合第四部分第 1 编第 1 章和第 2 章的特定条件。

(b) 用于加工肉制品的鲜肉符合生鲜肉入境欧盟的所有要求，因此有资格进入欧盟，并且来自：

(ⅰ) 加工肉制品的第三国或地区或其区域。

(ⅱ) 相关种类动物生鲜肉可以入境欧盟的其他国家或地区或其区域。

(ⅲ) 欧盟成员方。

第 149 条 实施风险消除处理的肉制品

1. 对于不满足第 148 条所列要求的肉制品，只有在经过欧盟根据第 121 条在名单中特别针对来源的第三国或地区或其区域提出的附件XXVI规定的风险消除处理后，才允许进入欧盟，其中用于加工肉制品的生鲜肉来自：

(a) 加工肉制品的第三国或地区或其区域。

（b）欧盟批准向其出口相关动物鲜肉的其他国家或地区或其区域。

（c）欧盟成员方。

2. 如果生产的肉制品必须根据附件XXVI规定的 B 类加工模式消除风险后，才能够入境欧盟，生产肉制品的生鲜肉原料应来自下列来源：

（a）生鲜肉原料来自肉制品生产国以外的其他国家或地区或其区域。

（b）生鲜肉原料的来源国或地区或其区域，是欧盟批准的允许向欧盟出口相关肉制品的国家或地区，欧盟根据第 121 条规定，在准入名单中指明第三国或地区或其区域对相关肉制品应实施的消除风险的处理方式。

3. 如果生产的禽肉制品必须根据附件XXVI规定的 D 类加工方式消除风险后，才能够入境欧盟，生产禽肉制品的生鲜肉原料应来自下列来源：

（a）欧盟批准允许向其出口生鲜禽肉产品的国家或地区或其区域，并列在准入名单中。

（b）生鲜禽肉来源国或地区曾暴发过一次高致病性禽流感或新城疫病毒感染疫情或出现过一次阳性案例。

4. 向欧盟出口加工肉制品的国家或地区或其区域使用多种动物的生鲜肉加工生产肉制品的，只有在满足下列要求的情况下，才允许入境欧盟：

（a）如果不同品种的生鲜肉混合后再生产加工为最终产品，应根据第 121 条欧盟在准入名单中对出口方家或地区或其区域指定的最严格的风险消除处理方式对含有不同动物生鲜肉的产品实施加工处理。

或者

（b）如果肉制品中各肉类成分分别生产加工后，再混合成最终产品，应根据第 121 条欧盟在准入名单中对出口方家或地区或其区域指定的风险消除处理方式分别对不同品种的生鲜肉产品实施加工处理。

5. 使用从其他国家或地区进口的不同种类生鲜肉原料加工生产肉制品的国家或地区，只有按照第 1 款或第 2 款规定采取了相应的风险消除处理措施，相关肉制品才能入境欧盟。

第 150 条　用于生产生鲜肉的动物来源场所

用于生产肉制品生鲜肉原料的动物，在向欧盟装载发运该肉制品之前的 30 天内，只有来自方圆 10 千米范围内（包括邻国领土，如适用），未报告发生附件 I 规定的与肉类产品来源动物有关疫病的场所，相关的肉制品才能允许入境欧盟，如果生鲜肉使用野生动物生产，野生动物来源地也应符合上述要求。

第 151 条　出口至非免疫无新城疫病毒感染的欧盟成员方

对于拟出口至非免疫无新城疫病毒感染的欧盟成员方或其领土的禽肉制品货物，只有使用在屠宰前 30 天内，没有为了预防新城疫病毒感染，接种活疫苗的家禽生产的肉制品，才能进入欧盟。

第 152 条　肠衣入境欧盟的具体要求

不符合第 148 条要求的肠衣，只有接受了附件XXVI第 2 部分规定的风险消除处理后，才能进入欧盟：

（a）“肠衣 1”或“肠衣 2”规定的加工处理方式适用于使用牛类动物、绵羊类动物、山羊类动物或饲养的猪类动物的膀胱和肠生产加工肠衣。

（b）“肠衣 3”“肠衣 4”或“肠衣 5”规定的加工处理方式适用于使用（a）点规定动物以外的其他动物的膀胱和肠生产加工肠衣。

第 4 编 奶、奶制品、初乳及初乳制品进入欧盟的动物卫生要求

第 1 章 生奶、初乳及初乳制品的特定动物卫生要求

第 153 条 生奶、初乳及初乳制品的来源方

只有当生奶、初乳或初乳制品等货物来自挤奶日之前至少 12 月内没有发生口蹄疫疾病且没有感染牛瘟病毒，且没有接种过此类疫苗的第三国或地区或其区域，才能进入欧盟。

第 154 条 生奶、初乳及初乳制品的来源动物

1. 只有使用牛、绵羊、山羊、水牛或单峰骆驼等动物生产的生奶、初乳或初乳制品，才能进入欧盟。

2. 只有在取奶之日前，相关动物在出口方家或地区至少连续停留 3 个月，使用相关动物生产的生奶、初乳或初乳制品才能入境欧盟。

3. 如果用于生产出口欧盟生奶、初乳或初乳制品的动物是出口方从下列国家或地区进口的，则不需要遵守第 2 款规定的停留期：

（a）欧盟批准允许向欧盟出口生奶、初乳或初乳制品的国家或地区，在取奶之日前动物至少在该国家或地区连续停留 3 个月。

或者

（b）欧盟成员方。

第 2 章 奶制品的特定动物卫生要求

第 155 条 奶制品的处理

只有当奶制品货物已经按照第 156 条或第 157 条的要求接受过处理后，才能进入欧盟。

第 156 条 未实施风险消除处理的奶制品

欧盟允许向其出口生奶的国家或地区或其区域，可以向欧盟出口未实施风险消除处理的奶制品，同时奶制品应符合下列要求：

（a）用于加工的原料奶来自普通牛、家养绵羊、山羊、水牛或单峰骆驼等动物。

（b）用于加工奶制品的原料奶符合第 3 条至第 10 条规定的入境欧盟的一般要求，以及第 153 条和第 154 条规定的原料奶入境欧盟的具体要求，因此该原料奶也可以向欧盟出，原料奶的来源包括以下：

（ⅰ）奶制品生产国家或地区或其区域的奶原料，即本国的原料奶。

（ⅱ）奶制品生产国家或地区或其区域以外的，欧盟允许向其出口生奶的其他国家或地区或其区域。

或者

（ⅲ）欧盟成员方。

第 157 条 实施风险消除处理的奶制品

1. 不符合第 156 条规定的奶制品，在下列情况下，只有使用了附件XXVII第一栏规定的一种风险消除处理方式加工处理后，才能入境欧盟：

（a）使用普通牛、家养绵羊、山羊、水牛或单峰骆驼等动物的生奶生产加工的奶制品。

（b）生产奶制品的国家或地区或其区域，在挤奶日期前至少 12 个月内，发生过口蹄疫疾病且未感染牛瘟病毒，或者在此期间接种过相关疫苗。

2. 使用第 1（a）款规定动物以外的其他动物生奶加工生产奶制品时，只有使用附件XXⅧ表格 B 栏规定的一种风险消除处理方式加工生产，相关奶制品才能进入欧盟。

3. 如果使用多种动物的生奶或奶制品生产加工奶制品，只有根据下列要求生产加工的奶制品才能进入欧盟：

（a）如果在生产加工前混合原料生奶，然后再加工成最终产品，应使用针对每种动物奶规定的最严格风险消除处理方式生产加工。

或者

（b）如果奶原料生产加工后再混合成最终产品，应使用针对每种动物奶规定的风险消除处理方式分别加工生产。

第 5 编　禽蛋及其制品入境欧盟的动物卫生要求

第 1 章　禽蛋的特定动物卫生要求

第 158 条　禽蛋的来源国或地区或其区域

只有来自制定实施了高致病性禽流感监测计划的国家或地区或其区域的禽蛋，才能入境欧盟，同时制定的高致病性禽流感应符合下列要求：

（a）附件Ⅱ。

或者

（b）世界动物卫生组织《陆生动物卫生法典》相关章节。

第 159 条　禽蛋来源场所

只有来源场所符合下列要求的禽蛋才能入境欧盟：

（a）在收集禽蛋之日前 30 天内，直至签发入境欧盟的证书之日，未暴发高致病性禽流感或感染新城疫病毒。

（b）在该场所方圆 10 千米范围内（包括邻国领土，如适用），在收集蛋类之日前 30 天内，直至签发入境欧盟的证书之日，未暴发高致病性禽流感或感染新城疫病毒。

第 2 章　蛋制品的特殊动物卫生要求

第 160 条　蛋制品的来源国家或其领地或地区

只有来自制定实施了高致病性禽流感监测计划的国家或地区或其区域的蛋制品，才能入境欧盟，同时制定的高致病性禽流感应符合下列要求：

（a）附件Ⅱ。

或者

（b）世界动物卫生组织《陆生动物卫生法典》相关章节。

第 161 条　原料蛋的来源场所

禽蛋制品只有使用了来源于符合下列要求场所的原料蛋生产加工，才能进入欧盟：

（a）在收集原料蛋之前 30 天内，该场所未暴发高致病性禽流感和感染新城疫病毒。

（b）在该场所方圆 10 千米范围内（包括邻国领土，如适用）：

（ⅰ）在收集蛋类之前至少30天内未暴发高致病性禽流感。

或者

（ⅱ）在收集蛋类之前30天内暴发过高致病性禽流感，该蛋制品已使用了附件XXⅧ第1点规定的一种蛋制品风险消除处理方式生产加工。

（c）在该场所方圆10千米范围内（包括邻国领土，如适用）：

（ⅰ）在收集蛋类之前至少30天内未暴发新城疫病毒感染。

或者

（ⅱ）在收集蛋类和蛋制品之前30天内暴发过新城疫病毒感染，该蛋制品已接受了附件XXⅧ第2点规定的一种蛋制品风险消除处理方式生产加工。

第6编　复合食品中加工动物源性产品入境欧盟的动物卫生要求

第162条　含有肉制品、奶制品、初乳制品和/或蛋制品的复合食品

1. 生产下列复合食品的国家或地区或其区域，只有当欧盟允许该国家或地区向欧盟出口复合食品中所含动物源性成分，该国家或地区生产的复合食品才能入境欧盟：

（a）含有肉制品的复合产品。

（b）含有奶制品和/或蛋制品的冷藏储存复合食品（货架不稳定食品）。

（c）含有初乳制品的复合食品。

2. 第1款规定的复合食品货物，只有当所含的加工动物源性成分符合下列要求，才能入境欧盟：

（a）复合食品所含的加工动物源性成分符合：

（ⅰ）本法规第1部分规定的动物源性产品进入欧盟应符合的一般动物卫生要求。

（ⅱ）本部分第3编至第5编规定的具体动物源性产品进入欧盟应符合的动物卫生要求。

（b）复合食品所含的加工动物源性成分来源包括：

（ⅰ）生产复合食品国家或地区的本土原料。

（ⅱ）欧盟成员方。

或者

（ⅲ）如果生产复合食品的国家或地区或其区域是欧盟允许向其出口第148条和第156条规定的不需要实施特定风险消除处理的动物源性食品的国家或地区，则用于生产复合食品的动物源性成分可以来自欧盟允许向其出口上述不需要实施特定风险消除处理动物源性食品的其他国家或地区或其区域。

第163条　常温储存复合食品的具体要求

作为第3条（c）和（ⅰ）点的例外情况，不含肉制品（明胶和胶原蛋白除外）或初乳制品，且经处理在环境温度下耐储存的复合食品货物，如含有以下成分，在随附第2款规定声明的情况下，应允许进入欧盟：

（a）符合下列条件之一的奶制品：

（ⅰ）来自以下来源的，未实施附件XXⅦ规定的风险消除处理措施的奶制品：

——欧盟成员方；或者

——欧盟允许向其出口第156条规定的未实施特定风险消除处理的奶制品的国家或地区或其区域，如果奶制品来源方和复合食品生产方不是同一国家（地区），生产复合食品的国家或地区或其区域也应该是欧盟允许向其出口未实施特定风险消除处理的奶制品的国家或地区。

（ⅱ）实施了附件ⅩⅩⅦ的A栏或B栏对相关动物生奶规定的风险消除处理措施，奶制品的来源国或地区或其区域应该是欧盟允许向其出口第157条规定的经过特定风险消除处理的奶制品的国家或地区，如果奶制品来源方和复合食品生产方不是同一国家（地区），生产复合食品的国家或地区或其区域也应该是欧盟允许向其出口实施特定风险消除处理的奶制品的国家或地区。

（ⅲ）如果奶制品不符合（ⅰ）或（ⅱ）点规定，或是奶制品来自欧盟没有批准向其出口奶制品，但是根据本法规要求可以向欧盟出口其他动物源性产品的国家或地区或其区域，不论是哪种动物生奶都经过了至少与附件ⅩⅩⅦB栏规定的风险消除处理方式等效的措施实施加工处理。

（b）实施了与附件ⅩⅩⅧ规定的风险消除处理方式等效的处理措施生产加工的蛋制品。

2. 第1款所述声明：

（a）只有在复合食品的最终目的地在欧盟的情况下，才应随同复合食品提交。

（b）须由负责复合食品入境欧盟的经营者签发，证明托运的复合食品符合第1款所规定的要求。

3. 作为第3条（a）和（ⅰ）点的例外规定，对于常温保存的复合食品，复合食品中含有的本条第1款第（a）（ⅲ）点规定的奶制品和蛋制品，可以源自欧盟没有允许向其出口相关奶制品和蛋制品的国家或地区或其区域，但是欧盟允许该国家或地区向其出口下列动物源性产品：

（a）肉制品、奶制品或蛋制品。

或者

（b）符合（EU）2017/625法规要求的水产品。

第7编　供个人使用的动物源性产品进入欧盟的特别规则

第164条　个人使用婴儿配方奶粉、婴儿食品和特殊食品进入欧盟的动物卫生要求例外情况和额外要求

作为第一部分第3条至第10条和第120条至第163条规定的例外情况，含有不符合上述要求动物源性产品的婴儿配方奶粉、婴儿食品和用于医疗目的特殊食品，只有符合下列规定时，才能进入欧盟：

（a）供个人使用。

（b）总量不超过每人2千克。

（c）打开前不需要冷藏。

（d）是直接销售给最终消费者的包装完好的自主品牌产品。

（e）保持包装完好，除非在当前正在使用的情况下。

第165条　对源自某些第三国或地区或其区域的供个人使用的动物源性产品的动物卫生要求的例外情况

1. 作为第一部分第3条至第10条规定要求，不包括第3条（a）和（ⅰ）点，以及第120条至第163条规定的例外情况，对于不符合上述要求的动物源性产品，只要是用于个人使用，或来自与欧盟签署了农业贸易协议，允许向欧盟出口特定数量的供个人使用动

物源性的国家或地区或其区域，可以进入欧盟。

2. 随个人带入欧盟的产品总量不得超过准入名单中欧盟针对第三国或地区规定的最大数量。

第五部分　第 3 条及第 5 条规定的允许出口欧盟水生动物及其动物源性产品进入欧盟的动物卫生要求，以及其入境后的运输与处理

第 1 编　第 1（6）条列明的水生动物及其产品进入欧盟一般动物卫生要求

第 166 条　发货前对水生动物进行检查

对于第 172 条（d）、（e）和（f）点所列动物之外的水生动物，只有在向欧盟发货前 72 小时内，来源的第三国或地区或其区域内的官方兽医针对这些水生动物开展了以检测疾病病症和异常死亡率为目的的临床检查后，这些水生动物才能进入欧盟。

第 167 条　水生动物装运出口欧盟

只有当水生动物货物满足下列要求时，才能进入欧盟：

（a）直接从原产地发送至欧盟。

（b）当通过空运、海运、铁路运输或公路运输时，货物在欧盟没有批准允许向其出口相关水生动物的第三国或地区或其区域，没有从集装箱中卸载，没有更换运输用水。

（c）没有在危及其健康状况的条件下运输它们，特别是：

（ⅰ）在相关情况下，必须在不会改变其健康状况的水中进行装载和运输。

（ⅱ）运输工具和集装箱的建造方式必须确保在运输过程中不会危及水生动物的健康。

（ⅲ）装载水生动物运往欧盟之前，必须按照协议和来源的第三国或地区主管部门批准的产品，对集装箱和活鱼运输船进行清洁和消毒，以确保在运输过程中不会危及水生动物的健康。

（d）从在原产地装载到抵达欧盟期间，不得将出口欧盟的水生动物和健康状况较差或不出口欧盟的水生动物在同一水体、集装箱或活鱼运输船中运输。

（e）如果必须在欧盟允许向其出口特定水生动物的第三国或地区或其区域更换运输用水，不能危及运输中水生动物的健康状况，且只能在下列地点换水：

（ⅰ）如果是陆上运输，只能在换水地所在的第三国或地区主管部门批准的换水点。

（ⅱ）如果用活鱼运输船运输，如果从始发地到欧盟目的地运输途中有水产养殖企业，应在与任何水产养殖场所距离至少为 10 千米的地方换水。

第 168 条　用船只运输水生动物

向欧盟运输水生动物时，包括在某一段使用船只或活鱼运输船进行运输时，只有根据第 167 条托运的水生动物附有声明，该声明附在动物卫生证书后，且船只抵达目的港当天船长在该声明上签字的情况下，该水生动物才能进入欧盟。其中声明内容包括：

（a）第三国或地区的启运港。

（b）欧盟的到达港。

（c）船只停靠在来源的第三国或地区或其区域以外的停靠港。

（d）在从第三国或地区的启运港到抵达欧盟到达港的整个过程中，确认水生动物货物满足第 167 条规定的相关要求。

第 169 条　具体的运输和标签要求

1. 只有当水生动物货物容器外部有清晰的标签，或者用活鱼运输船运输，在货物清单中记录，标签或货物清单记录应标明该批货物动物卫生证书，相关水生动物货物才能进入欧盟。

2. 第 1 款中提及的清晰标签还应至少包含以下信息：

（a）装运货物的容器数量。

（b）每个容器中装运的水生动物名称。

（c）每个容器中装运的每种水生动物数量。

（d）其预期目的。

3. 使用水生动物生产的水生动物制品在出口欧盟时应符合下列要求：

（a）必须在容器外部贴上清晰易读的标签，标签标明此批货物的证书。

（b）（a）点中提及的清晰标签还必须包含以下相关说明：

（ⅰ）在欧盟境内深加工后供人类食用的鱼类。

（ⅱ）在欧盟境内深加工后供人类食用的软体动物。

（ⅲ）在欧盟境内深加工后供人类食用的甲壳类动物。

第 170 条　来源的第三国或地区或其区域或生物安全隔离区以及来源场所的要求

1. 只有当水生动物以及使用水生动物生产的动物源性产品，不包括活水生动物，来自满足下列要求的第三国或地区或其区域或生物安全隔离区时，才能进入欧盟：

（a）不得存在下列疾病：

（ⅰ）水生动物甲类疾病或乙类疾病。

（ⅱ）相关的丙类疾病，如果水生动物及其动物源性产品出口至没有相关动物疫病或实施了经批准的特定疾病根除计划的欧盟成员方或地区或生物安全区。

（ⅲ）丙类疾病，如果水生动物放归到野外。

（ⅳ）如果目的地成员方已采取本法规第 176 条所述的官方措施，则附件XXIX所列的水生动物物种也必须来自不存在该附件所述疾病的第三国或地区或其区域或生物安全隔离区域。

（b）如果向欧盟出口的名单中列明的水生动物是来源的第三国或地区或其区域或生物安全隔离区域从其他国家或地区进口的，则应该从没有发生（a）点所述动物疫病的第三国或地区或其区域或生物安全隔离区域进口。

（c）来源的第三国或地区没有针对名单列明的水生动物接种预防甲类疾病、乙类疾病或相关丙类疫病的疫苗。

2. 只有当水产养殖动物和采用水产养殖动物生产的动物源性产品，不包括活水产养殖动物，来自符合下列规定的场所时，才能进入欧盟：

（a）根据不低于（EU）2016/429 法规第四部分第 2 编第 1 章第 1 节的要求，实施备案。

或者

（b）根据不低于（EU）2016/429 法规第四部分第 2 编第 1 章第 2 节以及欧盟委员会

（EU）2020/691 实施条例①第二部分第一编规定的要求，实施批准或注册。

第 171 条 传播疫病的媒介物种

1. 只有在附件XXX规定的情况下，才能将（EU）2018/1882 实施细则附件中表格第 4 栏所列的水生动物物种视为这些疾病的传播媒介。

2. 当（EU）2018/1882 实施细则附件中表格第 4 栏所列的水生动物物种（不包括活水生动物）的动物源性产品进入欧盟时，不应将其视为该附件所列疾病的传播媒介。

第 172 条 针对批准的水生动物某些水生动物的例外情况

作为第 170（1）条规定的例外情况，该条规定的要求不应适用于下列类型的水生动物：

（a）运往食品加工企业的水生动物，在食品加工企业中水生动物经过消除疫病风险的加工处理生产成人类消费食用的产品。

（b）用于研究目的的水生动物，这些水生动物被运往目的地成员方主管部门批准用于该研究的封闭场所。

（c）除本条（b）点所述以外的野生水生动物，前提是它们已经在下列地方的主管部门批准的专门检疫场所接受了检疫：

（ⅰ）来源地。

或者

（ⅱ）欧盟。

（d）根据 853/2004/EC 法规包装并贴有标签的供人类食用的软体动物或甲壳类动物，且这些动物返回水生环境后无法存活。

（e）根据 853/2004/EC 法规包装并贴有标签的供人类食用的软体动物或甲壳类动物，且这些动物将进行进一步加工，且在加工场所立即加工不临时存储。

（f）计划供人类食用且无须进一步加工的活双壳贝类软体动物或甲壳类动物，前提是按照 853/2004/EC 法规对它们进行零售包装。

第 173 条 用水生动物（不包括活水生动物）制成的某些动物源性产品的例外情况

作为第 170（1）条规定的例外情况，该条提出的要求不适用于用水生动物（不包括活水生动物）制成的下列动物源性产品：

（a）运往食品加工企业的动物源性产品，不包括活水生动物，在食品加工企业经过消除疫病风险的处理措施加工生产成供人类消费食用的产品。

（b）在欧盟深加工后供人食用的鱼，在运往欧盟前已被宰杀并取出内脏。

第 174 条 进入欧盟后对水生动物和采用水生动物（不包括活水生动物）制成的动物源性产品的处理

1. 进入欧盟后，水生动物和采用水生动物（不包括活水生动物）制成的动物源性产品必须：

（a）被直接运输到欧盟目的地。

（b）被妥善处理，以确保天然水域不受污染。

2. 除非获得欧盟成员方主管部门的批准，否则经营商不得将已经进入欧盟的水生动

---

① 2020 年 1 月 30 日欧盟委员会（EU）2020/691 实施条例，补充欧洲议会和欧盟理事会（EU）2016/429 法规，涉及水生动物养殖场和水生动物运输商规则（见《欧盟官方公报》第 345 页）。

物和采用水生动物（不包括活水生动物）制成的动物源性产品放归或浸没在欧盟境内天然水域。

3. 只有在向自然水域中放归或浸没不会危及该地点水生动物的卫生状况的情况下，欧盟成员方的主管部门才能授予本条第 2 款规定的授权，并且在所有情况下，放归野外的行为均应符合第 170（1）（a）（ⅲ）条规定的要求。

4. 经营商应适当处理来自水生动物货物的运输水，以防污染欧盟境内的自然水域。

第 2 编　限制某些未列疫病影响的动物卫生要求

第 175 条　针对根据（EU）2016/429 法规第 226（3）条批准，成员方采取官方控制措施的疫病，减少该类疫病影响的额外动物卫生要求

1. 根据（EU）2016/429 法规第 226（3）条批准，针对该法规第 9（1）（d）条所列疾病以外的其他疾病采取了官方措施的成员方主管部门，应采取措施，通过对本法规附件XXIX表格第 2 栏所列物种，来自水生动物和来自水生动物（活水生动物除外）的动物源性产品的托运货物入境实施额外的动物卫生要求，防止这些疾病的传入。

2. 只有货物来源方没有针对第 1 款所述的疫病接种疫苗时，第 1 款所述的主管部门才能允许易感该类疫病的水生动物入境其成员方。

3. 第 1 款所述的主管部门应确保向欧盟出口的第 2 款所述水生动物，如果是来源的第三国或地区从其他国家或地区进口后再向欧盟出口的，水生动物的来源国或地区或其区域或生物安全隔离区应无相关疫病发生。

4. 第 172 条和第 173 条规定的要求放宽的条款，应适用于第 2 款所述的水生动物，以及来自水生动物的动物源性产品，且这些水生动物及其动物源性产品将被运往已针对本条第 1 款所述疫病采取官方措施的成员方。

5. 本条第 2 款所述的水生动物及其产品进入欧盟后的处理应符合第 174 条规定的条件。

第六部分　第 3 条和第 5 条规定的欧盟过境和退运产品的特殊要求

第 176 条　通过欧盟过境的要求

1. 属于本法规范围内，并非来自欧盟但需要经过欧盟过境，并计划运往欧盟以外目的地的动物、繁殖材料和动物源性产品货物，只有符合以下情况之一才允许经过欧盟过境：

（a）这些货物符合第一部分至第五部分规定的特定动物、繁殖材料和动物源性产品入境欧盟的所有相关要求。

或者

（b）符合欧盟针对特定动物、繁殖材料或动物源性产品对准入的第三国或地区或其区域规定的特殊条件，以降低此类运输可能造成的任何动物卫生风险。

2. 适用于本法规的，欧盟出口后经过其他国家或地区或其区域过境后退回欧盟的动物、繁殖材料和动物源性产品货物，只有在符合第一部分至第五部分规定的关于特定类别动物、繁殖材料或动物源性产品入境欧盟的所有相关要求的情况下，才能允许重新进入欧盟，除非这些货物符合以下任一情况：

（a）第 177 条至第 182 条规定的额外要求。

或者

(b) 欧盟在准入名单中对货物过境的欧盟准入的第三国或地区或其区域以及特定动物、繁殖材料和动物源性产品特别规定的特殊条件，以降低此类运输可能造成的任何动物卫生风险。

3. 欧盟应在考虑下列因素的前提下，在风险评估的基础上，规定相关来源的第三国或地区或其区域应符合的，第1(b)款和第2(b)款提到的特殊条件：

(a)(EU) 2016/429法规第230条规定的标准。

(b) 计划过境的特定品种和类别的动物、繁殖材料和动物源性产品以及相关的动物卫生风险。

(c) 地理约束条件。

(d) 既定的贸易路线。

(e) 其他相关因素。

第177条 对来自欧盟，且在暂时出口至第三国或地区或其区域参加比赛、竞赛或马术文化活动后返回欧盟的已登记马匹入境的额外要求

1. 从欧盟成员方暂时出口到允许向欧盟出口马类动物的其他国家或地区或其区域的已登记马匹货物，在满足下列额外要求的前提下，才允许进入欧盟：

(a) 这些马匹在欧盟以外地区停留，停留的时间根据不同目的遵守欧盟委员会相关规定，总体时间不超过90天。

(b) 除了竞赛、比赛或文化活动，以及相关活动(包括训练、热身和展出)期间，这些马匹一直被隔离在第三国或地区或其区域内。

(c) 如果马匹从第三国或地区或其区域退回欧盟之前，又在其他国家或地区停留，停留的国家或地区应与该国具有相同的卫生条件，在附件Ⅺ第B部分规定了不同国家或地区根据卫生条件分组的特定要求，马匹在退回欧盟前返回相关第三国或地区或其区域时，应与马匹直接退回欧盟时遵守同样严格的条件。

2. 作为第1(c)款的例外，在已登记马匹暂时出口至属于不同卫生条件的第三国或地区或其区域后，只有专门参加过指定高级比赛或竞赛的已登记马匹可以获准入境欧盟。

第178条 对来自欧盟并在遭受第三国或地区拒绝入境后返回欧盟的有蹄类动物、家禽和水生动物入境的特殊要求

1. 对于来自欧盟并在遭受第三国或地区主管部门拒绝入境后返回欧盟的有蹄类动物、家禽和水生动物货物，只有在满足下列要求的情况时，才能允许重新进入欧盟：

(a) 拒绝的第三国或地区是指，就被返回的物种及类别的动物被列为可入境欧盟的第三国或地区或其区域。

(b)(a)点所列的动物，未经过除(a)点所述外的第三国或地区或其区域过境。

(c) 运输动物的同时还附有下列文件：

(ⅰ) 成员方主管部门出具的动物卫生证书原件，或在官方监管信息管理系统提交的该证书的电子版本，或原产地主管部门提供的官方动物卫生证书的认证副本。

(ⅱ) 以下文件之一：

——第三国或地区的主管部门或其他公共当局的官方声明，说明了拒绝的理由，并确认已符合(d)点的要求(如适用)；

或者

——如果是原始封条完好无损的密封货物，则应提供负责货物的经营商的声明，确认已经按照第 d（ⅱ）点和第 d（ⅲ）点的要求进行运输。

（ⅲ）原产地主管部门的声明，表明其同意接收货物并注明货物的返回目的地。

（d）如果已在第三国或地区或其区域卸货，则第三国或地区的主管部门应证明以下情况：

（ⅰ）在其授权和监督下，动物被直接卸载到第三国或地区的边境管制站场所内适合隔离和临时处理的设施。

（ⅱ）已采取有效措施，以避免托运动物与任何其他动物发生直接或间接接触。

（ⅲ）必要时，已针对相关动物疫病的病媒采取有效的防护。

2. 应根据（EU）2019/1666 实施条例第 2 条和第 3 条对货物的运输和抵达目的地进行监控。

第 179 条　对来自欧盟并在遭受第三国或地区拒绝入境后返回欧盟的动物（有蹄类动物、家禽和水生动物除外）入境的特殊要求

1. 对于来自欧盟并在遭受第三国或地区主管部门拒绝入境后返回欧盟的动物（有蹄类动物、家禽和水生动物除外）货物，只有在附有下列文件的情况下，才允许这些货物重新进入欧盟：

（a）原出口方主管部门出具的动物卫生证书原件，或在官方监管的信息管理系统提交的该证书的电子版本，或原出口主管部门提供的官方动物卫生证书的认证副本。

（b）以下文件之一：

（ⅰ）第三国或地区的主管部门或其他公共当局的官方声明，说明拒绝的理由。

或者

（ⅱ）对于密封货物或未开封的容器，则需要提供负责货物的经营商出具的声明，说明拒绝的理由。

（c）原出口方主管部门的声明，表明其同意接收货物并注明货物的返回目的地。

2. 应根据（EU）2019/1666 实施条例第 2 条和第 3 条对货物的运输和抵达目的地进行监控。

第 180 条　对来自欧盟，并在第三国或地区拒绝入境后返回欧盟的繁殖材料和已包装动物源性产品入境的特殊要求

1. 对于来自欧盟并在遭受第三国或地区主管部门拒绝入境后返回欧盟的繁殖材料和已包装动物源性产品货物，只有在满足下列要求的情况下，才允许这些货物重新进入欧盟：

（a）如果繁殖材料保留在原始容器中，且动物源性产品的包装完好无损。

（b）繁殖材料和动物源性产品附有：

（ⅰ）原出口方主管部门出具的动物卫生证书原件，或在官方监管的信息管理系统提交的该证书的电子版本，或原出口方主管部门提供的官方动物卫生证书的认证副本。

（ⅱ）说明拒绝的原因，在第三国或地区卸货、存储和再次装载的地点和时间（若适用），以及确认已符合（c）点要求的下列文件之一：

——第三国或地区的主管部门或其他公共当局的声明；

或者

——如果容器的原始封条完好无损，则提供由负责货物的经营商出具的声明。

(ⅲ) 成员方主管部门的声明，表明其同意接收货物并注明货物的返回目的地。

(c) 如果 (a) 和 (b) 点所述的繁殖材料或动物源性产品已在第三国或地区进行卸货，则第三国或地区的主管部门应证明以下情况：

(ⅰ) 除卸货、储存和重新装载外，繁殖材料或动物源性产品未经过其他任何处理。

(ⅱ) 已采取有效措施，避免在卸货、储存和重新装载过程中，存放繁殖材料的容器或动物源性产品的包装被所列疫病的病原体污染。

2. 应根据 (EU) 2019/1666 实施条例第 2 条和第 3 条对货物的运输和抵达目的地进行监控。

第 181 条　对来自欧盟，并在遭受欧盟准入的第三国或地区拒绝入境后返回欧盟的未包装或散装动物源性产品入境的特殊要求

1. 对于来自欧盟并在遭受所列第三国或地区主管部门拒绝入境后返回欧盟的未包装或散装动物源性产品货物，只有在满足下列要求的情况下，才允许这些货物重新进入欧盟：

(a) 拒绝的第三国或地区就返回欧盟的特定物种和类别的动物源性产品，被列为可进入欧盟的第三国或地区。

(b) 动物源性产品附有：

(ⅰ) 原出口方主管部门出具的动物卫生证书原件，或在官方监管的信息管理系统提交的该证书的电子版本，或原出口方主管部门提供的官方证书的认证副本。

(ⅱ) 以下文件之一：

——第三国或地区的主管部门或其他公共当局的官方声明，说明了拒绝的理由，确认运输货物的车辆或容器上的封条仅为官方目的而打开，且货物仅在为官方目的所需的最小范围内进行了处理，尤其是货物未进行卸货，且车辆和容器在完成后立即重新密封；

或者

——对于密封的货物，则需要提供由负责货物的经营商出具的声明，说明拒绝的理由。

(ⅲ) 成员方主管部门的声明，表明其同意接收货物并注明货物的返回目的地。

2. 应根据 (EU) 2019/1666 实施条例第 2 条和第 3 条对货物的运输和抵达目的地进行监控。

第 182 条　对来自欧盟，并在遭受欧盟非准入第三国拒绝入境后返回欧盟的未包装或散装动物源性产品入境的特殊要求

1. 对于来自欧盟并遭受欧盟未允许向欧盟出口相关动物源性产品的第三国或地区主管部门拒绝入境后返回欧盟的未包装或散装动物源性产品货物，只有在满足下列要求的情况下，才允许这些货物重新进入欧盟：

(a) 货物用完好无损的原始封条密封。

(b) 动物源性产品附有：

(ⅰ) 原出口方主管部门出具的动物卫生证书原件，或在官方监管的信息管理系统提交的该证书的电子版本，或原出口方主管部门提供的官方动物卫生证书的认证副本。

(ⅱ) 以下文件之一：

——第三国或地区的主管部门或其他公共当局的官方声明，说明拒绝的理由；

或者

——负责货物的经营商的声明，说明拒绝的理由。

（ⅲ）成员方主管部门的声明，表明其同意接收货物并注明货物的返回目的地。

2. 应根据（EU）2019/1666 实施条例第 2 条和第 3 条对货物的运输和抵达目的地进行监控。

第七部分　过渡及最终条款

第 182a 条　过渡措施

1.（EU）2016/429 法规第 270（2）条第 6、7、8 和 12 点所述的，根据欧盟理事会指令 88/407/EEC①、指令 89/556/EEC②、指令 90/429/EEC③ 和指令 92/65/EEC④，在 2021 年 4 月 21 日前获得批准的精液采集中心、精液贮存中心、胚胎采集小组和胚胎生产小组，应视作本法规第 82（1）条所述的经批准的繁殖材料场所。

在所有其他方面，应遵守本法规第 82（2）条、（EU）2016/429 法规第 233 条的规则。

2. 2021 年 4 月 21 日前收集、生产、加工和储存的精液、卵母细胞和胚胎货物允许进入欧盟，但前提条件是，在繁殖材料的收集、生产、加工和储存、供体动物的动物卫生要求以及对供体动物和繁殖材料进行的实验室检测和其他试验方面，分别满足指令 88/407/EEC、指令 89/556/EEC、指令 90/429/EEC 和指令 92/65/EEC 对供体物种的要求。

3. 在 2021 年 4 月 21 日前，根据分别适用于供体动物物种的指令 88/407/EEC、指令 89/556/EEC、指令 90/429/EEC 和指令 92/65/EEC，对放置、贮存和运输精液、卵母细胞或胚胎的细管和其他包装物进行标记，不论是否分离成个别剂量，应视为已根据本法规 83 条第（a）点进行了标记。

第 183 条　废除

下列法案自 2021 年 4 月 21 日起废除：

——欧盟委员会（EU）206/2010 法规；

——欧盟委员会（EU）139/2013 执行法规；

——欧盟委员会（EU）605/2010 法规；

——欧盟委员会（EC）798/2008 法规；

——欧盟委员会 2007/777/EC 决议；

——欧盟委员会（EC）119/2009 法规；

——欧盟委员会（EU）28/2012 法规；

——欧盟委员会（EU）2016/759 执行法规。

---

① 1988 年 6 月 14 日欧盟理事会指令 88/407/EEC，规定在欧盟境内交易和进口牛种家畜精液适用的动物卫生要求（《欧盟官方公报》L 系列第 194 期，1988 年 7 月 22 日，第 10 页）。

② 1989 年 9 月 25 日欧盟理事会指令 89/556/EEC，规定在欧盟境内交易和从第三国或地区进口牛种家畜胚胎适用的动物卫生条件（《欧盟官方公报》L 系列第 302 期，1989 年 10 月 19 日，第 1 页）。

③ 1990 年 6 月 26 日欧盟理事会指令 90/429/EEC，规定在欧盟境内交易和进口猪种家畜精液适用的动物卫生要求（《欧盟官方公报》L 系列第 224 期，1990 年 8 月 18 日，第 62 页）。

④ 1992 年 7 月 13 日欧盟理事会指令 92/65/EEC，规定不受指令 90/425/EEC 附件所述特定欧盟规则中动物卫生要求约束的动物、精液、卵和胚胎在共同体内交易及向共同体进口应遵循的动物卫生要求（《欧盟官方公报》L 系列第 268 期，1992 年 9 月 14 日，第 54 页）。

第 184 条　生效和适用

本法规应在《欧盟官方公报》上公布后次日生效。

本法规自 2021 年 4 月 21 日起适用。

本法规整体具有约束力，直接适用于所有成员方。

附件 I　在出口方或地区或领土需要通报和报告的疫病清单

1. 陆生动物

针对（EU）2018/1882 实施细则附件中列出的陆生动物，在（EU）2016/429 法规第 5 条以及该法规附件Ⅱ中列出的所有相关动物疫病。

2. 繁殖材料

2.1　有蹄类动物

——口蹄疫；

——流产布鲁氏菌、羊布鲁氏菌和猪布鲁氏菌感染；

——结核分枝杆菌复合群感染；

——蓝舌病病毒（血清型 1-24）感染；

——流行性出血病病毒感染；

——牛传染性鼻气管炎/传染性脓疱阴户阴道炎；

——牛病毒性腹泻；

——牛生殖道弯曲杆菌病；

——滴虫病；

——牛地方流行性白血病；

——绵羊附睾炎；

——马动脉炎病毒感染；

——马传染性贫血病；

——马传染性子宫炎；

——经典型猪瘟；

——伪狂犬病病毒感染；

——猪繁殖与呼吸综合征病毒感染。

2.2　家禽和圈养鸟类

针对在（EU）2018/1882 实施细则附件中列出的，允许向欧盟出口繁殖材料的相关家禽和圈养鸟类，在（EU）2016/429 法规第 5 条以及该法规附件Ⅱ中列出的所有相关动物疫病。

3. 采用有蹄类动物、家禽和野生禽类生产的动物源性产品

3.1　有蹄类动物的鲜肉

——口蹄疫；

——牛瘟病毒感染；

——裂谷热病毒感染；

——绵羊痘和山羊痘；

——小反刍兽疫；

——经典型猪瘟；

——非洲猪瘟。

3.2　家禽和野生禽类的鲜肉

——高致病性禽流感；

——鸡新城疫病毒感染。

3.3　有蹄类动物的肉制品

——口蹄疫；

——牛瘟病毒感染；

——经典型猪瘟；

——非洲猪瘟。

3.4　家禽和野生禽类的肉制品

——高致病性禽流感；

——鸡新城疫病毒感染。

3.5　生奶、初乳、奶制品和初乳制品

——口蹄疫；

——牛瘟病毒感染。

4. 水生动物和采用水生动物制成的动物源性产品

——流行性造血器官坏死；

——病毒性出血性败血症；

——传染性造血器官坏死病；

——感染高度多态区域（HPR）缺失型传染性鲑鱼贫血症病毒；

——锦鲤疱疹病毒；

——马可尼小囊虫感染；

——海水派琴虫感染；

——牡蛎包纳米虫（Bonamia ostreae）感染；

——杀蛎包拉米虫（Bonamia exitiosa）感染；

——折光马尔太虫（Marteilia refringens）感染；

——陶拉综合征；

——黄头病毒感染；

——白斑综合征病毒感染。

附件Ⅱ　疫病监测计划应至少包括的信息

（参见第10条规定）

提交的疫病监测计划必须至少包括下列信息：

（a）开始执行监测计划之前，有关该疫病的流行病学情况的描述，以及该疫病的流行病学演变数据。

（b）该监测计划的目标动物种群、流行病学单位和适用区域。

（c）对以下内容的描述：

（ⅰ）主管部门的组织机构。

（ⅱ）如何监督该监测计划的实施。

（ⅲ）计划实施过程中采取的官方控制措施。

（ⅳ）所有相关经营商、动物卫生专业人员、兽医、动物卫生实验室和其他相关自然人或法人的职责和作用。

(d) 有关实施监测计划的地理区域和行政区域的描述和划分。

(e) 衡量计划进度的指标。

(f) 要使用的诊断方法、待测样本的数量、检测频次和采样模式。

(g) 设计基于风险的目标监测计划时考虑的风险因素。

附件Ⅲ

表1 关于有蹄类动物、蜜蜂和熊蜂入境欧盟前的停留期的要求

动物种类和类别	第11(b)(ⅰ)条规定的在来源的第三国或地区或其区域的最短停留期	第11(b)(ⅱ)条规定的在来源场所的最短停留期	第11(b)(ⅲ)条规定的不与卫生状况较差的动物接触的最短时间
牛类、绵羊类、山羊类和猪类动物	6个月,如果动物出生未满6个月,从出生开始	40天,如果动物年龄小于40天,从出生开始	30天,如果动物年龄小于30天,指自出生没有与相关动物接触
用于屠宰的牛类、绵羊类、山羊类和猪类动物	3个月,如果动物出生未满3个月,从出生开始	40天,如果动物年龄小于40天,从出生开始	30天,如果动物年龄小于30天,指自出生没有与相关动物接触
非供屠宰的马类动物	40天,如果动物年龄小于40天,从出生开始,或从马匹离开欧盟进入该国(地区)开始	30天(在非洲马瘟风险地区,该期限应为40天),如果动物年龄小于30天(40天),从出生开始,或马匹离开欧盟到该场所开始	15天
注册马匹	40天,如果动物出生未满40天,从出生开始,或马匹离开欧盟或其他批准的国家或地区进入该国(地区)开始	30天(非洲马瘟风险地区适用40天),如果动物出生未满30天(非洲马瘟风险地区适用40天),从出生开始,或马匹离开欧盟或其他批准的国家(地区)到该场所开始	15天
为参加比赛、竞赛或马术文化活动而暂时出口后再次入境的已登记马匹	对于特定的竞赛、比赛或文化马术活动,该期限最长可达30天或90天	无规定	在整个暂时出口期间
拟供屠宰的马类动物	90天	30天(非洲马瘟风险地区适用40天)	30天(非洲马瘟风险地区适用40天)
牛类、绵羊类、山羊类、猪类和马类动物以外的有蹄类动物	6个月,如果动物出生未满6个月,从出生开始	40天,如果动物年龄小于40天,从出生开始	6个月,如果动物出生未满6个月,从出生开始
蜜蜂和熊蜂	从孵化开始	从孵化开始	从孵化开始

表 2　关于家禽和圈养鸟类进入欧盟前停留期的要求

禽类类别	该停留期适用于	第 11（b）（ⅰ）条规定的在来源的第三国或地区或其区域的最短停留期	第 11（b）（ⅱ）条规定的在来源场所的最短停留期	第 11（b）（ⅲ）条规定的不与卫生状况较差的动物接触的最短时间
育种用家禽	AC	3 个月，如果动物年龄小于 3 个月，从孵化后开始	6 周，如果动物年龄小于 6 周，从孵化后开始	6 周，如果动物年龄小于 6 周，从孵化后开始
用于生产食用肉类和蛋类及其他产品的生产性家禽	AC	3 个月，如果动物小于 3 个月龄，从孵化后开始	6 周，如果动物年龄小于 6 周，从孵化后开始	如果动物年龄小于 6 周，则为 6 周或从孵化后
用于补充野生禽类供应的生产性家禽	AC	6 周，如果动物年龄小于 6 周，从孵化后开始	30 天或从孵化后开始	30 天或从孵化后开始
用于屠宰的家禽	AC	6 周，如果动物年龄小于 6 周，从孵化后开始	30 天或从孵化后	30 天或从孵化后
日龄雏鸡	AC	从孵化开始	从孵化开始	从孵化开始
	FO	孵化日龄雏鸡的蛋采集之日前 3 个月	孵化日龄雏鸡的蛋采集之日前 6 周	—
不到 20 只的育种用家禽、生产性家禽和供屠宰的家禽，但不包括平胸鸟类	AC	3 个月，如果动物小于 3 个月龄，从孵化后开始	3 周，如果动物年龄小于 3 周，从孵化后开始	3 周，如果动物年龄小于 3 周，从孵化后开始
不到 20 只的日龄雏鸡，但不包括平胸鸟类	AC	从孵化开始	从孵化开始	从孵化开始
	FO	3 个月	3 周	收集孵化日龄雏鸡的种蛋之前 3 周
圈养禽类	AC	NA	3 周或从孵化后开始	3 周，如果动物年龄小于 3 周，从孵化后开始

注：AC 表示托运的动物。

FO 表示来源禽群。

NA 表示不适用。

附件Ⅳ

第 A 部分

1. 第22（1）条规定的有蹄类动物（不包括马类动物）来源的第三国或地区或其区域，无下列动物疫病的最低时限：

动物疫病	动物类别						
	1. 牛类动物	2. 绵羊类动物	3. 山羊类动物	4. 猪类动物	5. 骆驼类动物	6. 鹿科类物	7. 第1、2、3、4、5、6栏所述以外的有蹄类动物（*）
口蹄疫	24个月（**）	24个月（**）	24个月（**）	24个月（**）	24个月（**）	24个月（**）	24个月（**）
牛瘟病毒感染	12个月	12个月	12个月	12个月	12个月	12个月	12个月
裂谷热病毒感染	12个月	12个月	12个月	NA	12个月	12个月	12个月
丝状支原体丝状亚种SC型感染（牛传染性胸膜肺炎）	12个月	NA	NA	NA	NA	NA	12个月
小反刍兽疫病毒感染	NA	12个月	12个月	NA	12个月	12个月	NA
绵羊痘和山羊痘	NA	12个月	12个月	NA	NA	NA	NA
羊传染性胸膜肺炎	NA	12个月	12个月	NA	NA	NA	12个月
非洲猪瘟	NA	NA	NA	12个月	NA	NA	NA
经典型猪瘟	NA	NA	NA	12个月（**）	NA	NA	12个月
牛结节性皮肤病	12个月	NA	NA	NA	NA	NA	NA

注：（*）根据欧盟委员会（EU）2018/1882实施细则附件，仅适用于所列物种。

（**）或根据第22（3）条规定的第B部分，第三国或地区主管部门规定的特定条件。

NA表示不适用。

2. 第22（2）（a）条规定的马类动物来源的第三国或地区或其区域，无下列疫病的最低时限：

非洲马瘟	24个月

3. 根据第22（2）（b）条，在来源的第三国或地区或其区域未报告马类动物疫病的最低时限：

委内瑞拉马脑脊髓炎	24个月
鼻疽伯克霍尔德氏菌感染（马鼻疽）	36个月（＊＊）
马媾疫	24个月（＊＊）
苏拉病（伊氏锥虫）	24个月（＊＊）

注：（＊＊）根据第22（3）条规定，第三国或地区主管部门根据B部分规定确保符合特定条件

第B部分

根据第22（3）条规定，如果动物来源的第三国或地区或其区域无疫区的时间达不到本附件第A部分表格规定的要求，动物来源的第三国或地区的主管部门应确保符合以下特定条件：

口蹄疫	提供补充信息，确定动物来源的第三国或地区或其区域开始视为没有口蹄疫的时间。
古典猪瘟	（a）提供补充信息，确定动物来源的第三国或地区或其区域开始视为没有古典猪瘟的时间； （b）拟入境欧盟的动物在运往欧盟之日前30天内进行的古典猪瘟检测试验的结果为阴性。
鼻疽伯克霍尔德氏菌感染（马鼻疽）	（a）在出口欧盟之日前至少6个月内，来源场所未报告该疫病； （b）委员会已认可在来源场所针对育种用马类动物开展的监测计划，以证明在6个月期间没有感染该疫病。
马媾疫	（a）在出口欧盟之日前至少6个月内，来源场所未报告该疫病； （b）委员会已认可为证明来源场所在6个月内未发生感染而开展的监测计划。
苏拉病（伊氏锥虫）	（a）在出口欧盟之日前至少6个月内，来源场所未报告该疫病； （b）委员会已认可为证明来源场所在6个月内未发生感染而开展的监测计划。

第 C 部分

1. 第 22（4）（a）条所述的有蹄类动物（不包括马类动物）在来源的第三国或地区或区域未接种疫苗的要求：

动物疫病	动物类别						
	1. 牛类动物	2. 绵羊类动物	3. 山羊类动物	4. 猪类动物	5. 骆驼类动物	6. 鹿科类物	7. 第 1、2、3、4、5、6（*）栏所述以外的有蹄类动物
口蹄疫	NV/NVA	NV/NVA	NV/NVA	NV/NVA	NV/NVA	NV/NVA	NV/NVA
牛瘟病毒感染	NV/NVA	NV/NVA	NV/NVA	NV/NVA	NV/NVA	NV/NVA	NV/NVA
裂谷热病毒	NV/NVA	NV/NVA	NV/NVA	NA	NV/NVA	NV/NVA	NV/NVA
丝状支原体丝状亚种 SC 型感染（牛传染性胸膜肺炎）	NV/NVA	NA	NA	NA	NA	NA	NV/NVA
小反刍兽疫病毒感染	NA	NV/NVA	NV/NVA	NA	NV/NVA	NV/NVA	NA
绵羊痘和山羊痘	NA	NV/NVA	NV/NVA	NA	NA	NA	NA
羊传染性胸膜肺炎	NA	NV/NVA	NV/NVA	NA	NA	NA	NV/NVA
古典猪瘟	NA	NA	NA	NV/NVA	NA	NA	NA
牛结节性皮肤病	NVA	NA	NA	NA	NA	NA	NA

注：（*）根据欧盟委员会（EU）2018/1882 实施细则附件，仅适用于所列物种。

NV 表示在运往欧盟之日前至少 12 个月内，未在第三国或地区或其区域进行疫苗接种，且已接种疫苗的动物也未进入该第三国或地区或其区域。

NVA 表示出口欧盟的动物没有接种疫苗。

NA 表示不适用。

2. 第 22（4）（b）条所述的动物来源的第三国或地区或其区域的马类动物未接种疫苗的要求：

非洲马瘟	在运往欧盟之日前至少 12 个月内，未在动物来源的第三国或地区或其区域进行过系统性的疫苗接种，且在运往欧盟之日前至少 40 天内，马类动物未接种疫苗。
委内瑞拉马脑脊髓炎	在运往欧盟之日前至少 60 天，马类动物没有接种疫苗。

附件Ⅴ

向欧盟出口动物的第三国或地区或其区域无下列动物疫病的入境要求，包括结核分枝杆菌复合群感染和流产布鲁氏菌、羊布鲁氏菌、猪布鲁氏菌感染等。

1. 结核分枝杆菌复合群感染［参见第22（5）条规定］。

1.1　牛类动物

如果牛类动物并非来自对牛类动物的结核分枝杆菌复合群处于无疫状态的第三国或地区或其区域，则这些牛类动物必须符合以下要求之一：

（a）在运往欧盟之日前30天内，这些牛类动物已接受了使用（EU）2020/688实施条例附件Ⅰ第2部分为结核分枝杆菌复合群感染所规定的诊断方法之一进行的试验，结果为阴性。

或者

（b）年龄小于6周。

2. 流产布鲁氏菌、羊布鲁氏菌和猪布鲁氏菌感染［参见第22（6）条规定］。

2.1　牛类动物

如果牛类动物并非来自就流产布鲁氏菌、羊布鲁氏菌和猪布鲁氏菌处于无疫状态的第三国或地区或其区域，且未对牛类动物接种疫苗，则这些动物必须满足下列要求之一：

（a）在运往欧盟之日前30天内，已采取（EU）2020/688实施条例附件Ⅰ第1部分规定的一种诊断方法，采集了动物样本并测试其是否感染了流产布鲁氏菌、羊布鲁氏菌、猪布鲁氏菌，结果为阴性。如果是产后雌性动物，则应在分娩后至少30天采集样本进行上述检测。

或者

（b）它们的年龄小于12个月。

再或者

（c）已被阉割。

2.2　绵羊类和山羊类动物

如果绵羊类和山羊类动物并非来自就流产布鲁氏菌、羊布鲁氏菌和猪布鲁氏菌处于无疫状态的第三国或地区或其区域，且未对绵羊类和山羊类动物接种疫苗，则这些动物必须满足下列要求之一：

（a）在运往欧盟之日前30天内，已采取（EU）2020/688实施条例附件Ⅰ第1部分规定的一种诊断方法，采集了动物样本并测试其是否感染了流产布鲁氏菌、羊布鲁氏菌、猪布鲁氏菌，结果为阴性。如果是产后雌性动物，则应在分娩后至少30天采集样本进行上述检测。

或者

（b）它们的年龄小于6个月。

再或者

（c）已被阉割。

附件Ⅵ

第 A 部分　向欧盟出口有蹄类动物的第三国或地区或其区域在出口前两年内没有感染蓝舌病病毒（血清型 1-24）的入境欧盟特殊条件（参见第 22（7）条规定）

如果准入的有蹄类动物并非来自无蓝舌病病毒（血清型 1-24）感染的第三国或领土或其区域，则这些动物必须来自至少符合下列要求之一的第三国或地区或其区域：

（a）根据（EU）2020/689 实施条例的规定，出口欧盟的有蹄类动物在季节性感染蓝舌病病毒（血清型 1-24）的国家或地区或其区域饲养的时间应符合下列要求：

（ⅰ）运往欧盟之日前至少 60 天。

或者

（ⅱ）如果该季节性感染蓝舌病病毒（血清型 1-24）的国家或地区从其他国家或地区进口动物再复出口欧盟，在进口后至少 28 天抽取样品开展血清学检测，结果为阴性，同时在出口欧盟前至少在该国家或地区饲养 28 天。

再或者

（ⅲ）如果该季节性感染蓝舌病病毒（血清型 1-24）的国家或地区从其他国家或地区进口动物再复出口欧盟，在进口后至少 14 天抽取样品进行聚合酶链反应（PCR）检测，结果为阴性；同时在出口欧盟前至少在该国家或地区饲养至少 14 天。

（b）动物来源于根据（EU）2020/689 实施条例附件第Ⅱ部分第 1 章的第 1 节、第 2 节规定制定实施了疫病监测计划的第三国或地区或其区域，同时动物来源国或地区针对过去两年以来报告的所有血清型的蓝舌病病毒（血清型 1-24）都接种了疫苗，这些动物仍在疫苗规范中保证的免疫期内，并且这些动物至少满足下列要求之一：

（ⅰ）这些动物在运往欧盟之日前已接种疫苗超过 60 天。

或者

（ⅱ）这些动物已接种了灭活疫苗，同时在疫苗规范规定的免疫保护开始后至少 14 天对其采集了样本，并对这些样本开展了聚合酶链反应检测，结果为阴性。

（c）动物来源于根据（EU）2020/689 实施条例附件第Ⅱ部分第 1 章的第 1、2 节规定制定实施了疫病监测计划的第三国或地区或其区域，同时这些动物已经接受了血清学检测，能够检测出该第三国或地区或其区域过去两年中报告的所有蓝舌病病毒（血清型 1-24）的特异性抗体，并且：

（ⅰ）必须对运输之日前至少 60 天采集的样本开展血清学检测。

或者

（ⅱ）必须对运输之日前至少 30 天采集的样本开展血清学检测，同时在运往欧盟之日前 14 天内应采集动物样本，并对这些样本进行聚合酶链反应检测，检测结果为阴性。

第 B 部分　向欧盟出口牛类动物的第三国或地区或其区域无地方流行性白血病的入境欧盟特殊条件［参见第 22（8）条规定］

如果牛类动物并非来自牛地方流行性白血病非疫区的国家或地区或其区域，则这些动物必须来自出口欧盟前 24 个月内没有报告发生该疫病的场所，同时：

（a）如果动物的年龄超过 24 个月，则采用（EU）2020/688 实施条例附件Ⅰ中第 4 部分规定的一种诊断方法，对动物的下列样本之一已进行了牛地方流行性白血病实验室检查，且结果为阴性：

——当这些动物与同一场所的其他牛类动物隔离时，至少每隔 4 个月采集两次的样本。

或者

——运往欧盟前最后 30 天采集的样本。场所中年龄 24 个月以上的所有牛类动物会在运往欧盟之日前的最后 12 个月，至少每隔 4 个月采集两次样本，并采取采用（EU）2020/688 实施条例附件Ⅰ第 4 部分规定的一种诊断方法，针对这些样本开展牛地方流行性白血病实验室检查，且结果为阴性。

（b）如果出口动物年龄小于 24 个月，则在运往欧盟之日前的最后 12 个月内，针对母畜至少每隔 4 个月采集两次样本，并采取（EU）2020/688 实施条例附件Ⅰ第 4 部分规定的诊断方法，已对这些样本开展牛地方流行性白血病的实验室检查，且结果为阴性。

附件Ⅶ　有蹄类动物入境欧盟关于 C 类疫病的额外要求［参见第 22（9）条规定］

1. 牛传染性鼻气管炎/传染性脓疱阴户阴道炎

1.1　牛类动物

这些动物必须未接种过疫苗，且必须在运往欧盟之日前至少进行检疫 30 天，并已接受血清学检测，以检测全 BoHV-1 抗体。必须使用（EU）2020/688 实施条例附件Ⅰ第 5 部分规定的诊断方法，且结果必须为阴性。此外，必须针对运往欧盟前 15 天内在来源场所采集的样本开展该检测。

1.2　骆驼类和鹿类动物

预期运往处于无疫状态，或拥有已批准的牛类动物牛传染性鼻气管炎/传染性脓疱阴户道炎根除计划的成员方或其区域的骆驼类和鹿科动物，其来源场所必须是在运往欧盟前的最后 30 天内，与托运动物同物种的动物未报告出现牛传染性鼻气管炎/传染性脓疱阴户道炎的场所。

2. 牛病毒性腹泻

这些动物尚未接种牛病毒性腹泻疫苗，且必须采用（EU）2020/688 实施条例附件Ⅰ第 6 部分规定的诊断方法对这些动物开展测试，以检测牛病毒性腹泻病毒抗原或基因组，检测结果须为阴性，并满足以下情况之一：

（a）在发货前这些动物已在经批准的检疫场所中停留了至少 21 天，如果是怀孕的母畜，应在检疫开始后的 21 天内已采集样本，并已采用（EU）2020/688 实施条例附件Ⅰ第 6 部分规定的诊断方法对其进行了旨在检测牛病毒性腹泻病毒抗体的血清学检测，检测结果须为阴性。

或者

（b）在发货前针对这些动物采集了样本，或者在当前妊娠前的受精之前针对怀孕的母畜采集了样本，并采用（EU）2020/688 实施条例附件Ⅰ第 6 部分规定的诊断方法，针对这些样本开展了旨在检测牛病毒性腹泻病毒抗体的血清学检测，检测结果须为阳性。

3. 伪狂犬病病毒感染

这些动物尚未接种伪狂犬病病毒疫苗，并且必须：

（a）已经在经批准的检疫场所停留了至少 30 天。

（b）至少每隔 30 天采集两次样本，并在向欧盟发货前的 15 天内采集了最后一次样本，同时采用（EU）2020/688 实施条例附件Ⅰ第 7 部分规定的诊断方法，开展了旨在检测伪狂犬病病毒抗体的血清学检测，检测结果须为阴性。

附件Ⅷ 有蹄类动物来源场所的动物卫生要求

1. 根据第23（1）（a）（ⅰ）条规定，在有蹄类动物（不包括马类动物）装运出口欧盟前，来源场所及其周边无相关疫病的最小范围和最短时限：

动物疫病	动物类别						
	1. 牛类动物	2. 绵羊类动物	3. 山羊类动物	4. 猪类动物	5. 骆驼类动物	6. 鹿科类物	7. 第1、2、3、4、5、6栏所述以外的有蹄类动物（＊）
口蹄疫	10千米/30天	10千米/30天	10千米/30天	10千米/30天	10千米/30天	10千米/30天	10千米/30天
牛瘟病毒感染	10千米/30天	10千米/30天	10千米/30天	10千米/30天	10千米/30天	10千米/30天	10千米/30天
裂谷热病毒感染	10千米/30天	10千米/30天	10千米/30天	NA	10千米/30天	10千米/30天	10千米/30天
丝状支原体丝状亚种SC型感染（牛传染性胸膜肺炎）	10千米/30天	NA	NA	NA	NA	NA	10千米/30天
小反刍兽疫病毒感染	NA	10千米/30天	10千米/30天	NA	10千米/30天	10千米/30天	NA
绵羊痘和山羊痘	NA	10千米/30天	10千米/30天	NA	NA	NA	NA
羊传染性胸膜肺炎	NA	10千米/30天	10千米/30天	NA	NA	NA	10千米/30天
非洲猪瘟	NA	NA	NA	10千米/30天	NA	NA	NA
古典猪瘟	NA	NA	NA	10千米/30天	NA	NA	NA
牛结节性皮肤病	10千米/30天	NA	NA	NA	NA	NA	NA
流行性出血病病毒感染	150千米/2年（＊＊）	150千米/2年（＊＊）	150千米/2年（＊＊）	NA	150千米/2年（＊＊）	150千米/2年（＊＊）	150千米/2年（＊＊）

注：（＊）根据欧盟委员会（EU）2018/1882实施细则附件，仅适用于所列物种；

（＊＊）不适用于来自列入准入名单获准出口欧盟的，确认为无疫病或季节性无疫病的第三国或地区或其区域的有蹄类动物。

NA表示不适用。

2. 根据第23（1）（a）（ⅰ）条规定，有蹄类动物（不包括马类动物）来源场所无相关疫病的最短时限：

<table>
<tr><th rowspan="2">动物疫病</th><th colspan="7">动物类别</th></tr>
<tr><th>1. 牛类动物</th><th>2. 绵羊类动物</th><th>3. 山羊类动物</th><th>4. 猪类动物</th><th>5. 骆驼类动物</th><th>6. 鹿科类物</th><th>7. 第1、2、3、4栏所述以外的有蹄类动物5，6（*）</th></tr>
<tr><td>鼻疽伯克霍尔德氏菌（马鼻疽）</td><td colspan="2">NA</td><td>6个月</td><td>NA</td><td>与马类动物相同［第（4）点］</td><td colspan="2">NA</td></tr>
<tr><td>狂犬病</td><td colspan="7">30天</td></tr>
<tr><td>苏拉病（伊氏锥虫）</td><td>30天（**）</td><td>30天（**）</td><td>30天（**）</td><td>NA</td><td>30天（**）</td><td>30天（**）</td><td>30天（**）</td></tr>
<tr><td>炭疽</td><td colspan="7">15天</td></tr>
<tr><td>伪狂犬病病毒感染</td><td colspan="3">NA</td><td>30天</td><td colspan="3">NA</td></tr>
</table>

注：（*）根据欧盟委员会（EU）2018/1882实施细则附件，仅适用于所列物种；

（**）如果运往欧盟之日前的两年内，在来源场所报告了该疫病，则在最后一次暴发之后，受影响的场所必须受到限制，直到：

（a）从场所移除染疫的动物；

（b）根据（EU）2020/688实施条例附件Ⅰ第3部分所述，在将场所中受感染的动物移除后至少6个月内，针对剩余动物采集了样本，并开展了苏拉病（伊氏锥虫）测试，测试结果为阴性。

NA表示不适用。

3. 根据第23（1）（a）（ⅱ）条规定，马类动物来源场所及其周围未报告或暴发马传染性贫血病例的最小范围和最短期限：

动物疫病	范围	期限	在场所暴发该疫病时需要满足的要求
马传染性贫血病	200米	3个月	隔离所有马类动物，直到在屠宰染疫动物后每隔3个月采集两次样本，并开展旨在检测马传染性贫血病的血清学检测，检测结果为阴性。

4. 根据第23（1）（a）（ⅱ）条，马类动物来源场所未报告或暴发某些疫病的最短期限：

动物疫病	期限	在场所曾经暴发过该疫病的情况下需要满足的要求
鼻疽伯克霍尔德氏菌感染（马鼻疽）	6个月	如果运往欧盟之日前3年内该场所报告发生了感染，则在最后一次暴发后，该场所应受到主管部门的运输限制，直到： ——染疫动物已经被扑杀和销毁； ——根据《OIE陆生动物诊断试验与疫苗手册》（2015年版）第2.5.11章第3.1点所述，在扑杀和销毁染疫动物并对场所进行清洁和消毒之后的至少6个月内，针对剩余动物采集了样本，并开展了检测，且检测结果为阴性。
委内瑞拉马脑脊髓炎	6个月	如果它们来自第三国或地区或其区域内的场所，且在运往欧盟之日前两年内当地报告了委内瑞拉马脑脊髓炎病例，那么它们满足（ⅰ）点以及（ⅱ）点或（ⅲ）点提出的条件： （ⅰ）在发货前至少21天内，这些动物在临床上一直处于健康状态，对于第（ⅱ）点或第（ⅲ）点中所述的任何出现体温上升（每天测量）的动物，采用（EU）2020/688号实施条例附件Ⅰ第10（1）部分第（a）点中规定的诊断方法，开展委内瑞拉马脑脊髓炎诊断检测，且检测结果为阴性。 （ⅱ）对动物进行至少21天的检疫，防止其受到昆虫病媒的侵扰；或者： ——已经接种了委内瑞拉马脑脊髓炎疫苗，完成了初级疗程，并且在发货之日前60天到12个月内，按照制造商的建议再次接种了疫苗； 或者 ——已经接受了委内瑞拉马脑脊髓炎检测，该检测采用了（EU）2020/688实施条例附件Ⅰ第10（1）部分第（b）点规定的诊断方法，检测结果为阴性，并且所用的样本是开始检疫后14天内采集的样本。 （ⅲ）这些动物接受了： ——委内瑞拉马脑脊髓炎检测，该检测采用了（EU）2020/688实施条例附件Ⅰ第10（1）部分（b）点规定的诊断方法，抗体滴定度未增加，并且该检测所用样本是每隔21天采集两次的配对样本，其中第二次采样是在出发前10天内进行的； ——委内瑞拉马脑脊髓炎病毒基因组检测，该检测采用了（EU）2020/688实施条例附件Ⅰ第10（2）部分规定的诊断方法，检测结果为阴性，该检测是针对出发前48小时内采集的样本进行的，并且在采样后直到出发前，一直对这些动物采取了保护措施，避免其受到昆虫病媒的侵扰。
马媾疫	6个月	如果运往欧盟之日前两年内报告在场所内发生了感染，那么在最后一次暴发后，该场所将受到主管部门的运输限制，直到： ——染疫动物已被扑杀、销毁或宰杀，或者染疫的所有雄性马类动物已被阉割； ——场所中其余的马类动物（不包括前一项中所述的与雌性马类动物分开饲养的被阉割雄性马类动物）均接受了马媾疫检测，该检测采用了（EU）2020/688实施条例附件Ⅰ第8部分规定的诊断方法，检测结果为阴性，且该检测所用的样本是第一项所述措施完成后至少6个月采集的样本。

续表

动物疫病	期限	在场所曾经暴发过该疫病的情况下需要满足的要求
苏拉病（伊氏锥虫）	6个月	如果在发往欧盟之日前两年内报告在该场所发生了感染，那么该场所将受到主管部门的运输限制，直到： ——从场所移除染疫的动物； ——在最后一批染疫的动物从场所移除后至少6个月，对剩余动物采集样本，并采用（EU）2020/688实施条例附件Ⅰ第3部分规定的诊断方法开展苏拉病（伊氏锥虫）检测，检测结果为阴性。
马传染性贫血病	90天	如果运往欧盟之日前12个月内报告在场所内发生了感染，那么在最后一次暴发后，该场所将受到主管部门的运输限制，直到： ——染疫动物已经被扑杀、销毁或宰杀； ——场所其余的动物接受了马传染性贫血病检测，该检测采用了（EU）2020/688实施条例附件Ⅰ第9部分规定的诊断方法，检测结果为阴性，且该检测所用的样本是第一项所述措施完成后以及对场所进行清洁和消毒后，至少每隔3个月采集两次的样本。
狂犬病	30天	—
炭疽	15天	—

附件Ⅸ

1. 结核分枝杆菌复合群感染［参见第23（2）条规定］。

<table>
<tr><th>物种</th><th>关于原产地场所的要求</th></tr>
<tr><td>牛类动物</td><td>牛类动物处于无疫状态。</td></tr>
<tr><td>绵羊类动物</td><td>在运往欧盟前的最后42天内，该场所没有报告结核分枝杆菌群感染病例。</td></tr>
<tr><td>山羊类动物</td><td rowspan="3">根据（EU）2020/688实施条例附件Ⅱ第1部分第1点和第2点中规定的程序，在运往欧盟前至少12个月内，在该场所中针对相关动物开展了结核分枝杆菌群感染监测，且这些动物与场所饲养的托运动物属于同一物种。在此期间：
（a）该场所只引进了采用本款所规定措施、并且与来自本场所的动物货物属同一物种的动物。
（b）如果与本场所饲养的动物属于同一物种的动物感染了结核分枝杆菌群，则根据（EU）2020/688实施条例附件Ⅱ第1（3）部分采取适当措施。</td></tr>
<tr><td>骆驼类动物</td></tr>
<tr><td>鹿科动物</td></tr>
</table>

2. 流产布鲁氏菌、羊布鲁氏菌和猪布鲁氏菌感染［参见第23（3）条规定］。

物种	关于原产地场所的要求
牛类动物	该场所在牛类动物未接种疫苗的情况下处于无疫状态。
绵羊类动物	该场所在绵羊类动物和山羊类动物未接种疫苗的情况下处于无疫状态。
山羊类动物	该场所在绵羊类动物和山羊类动物未接种疫苗的情况下处于无疫状态。

续表

物种	关于原产地场所的要求
猪类动物	在运往欧盟前最后 42 天内，该场所没有报告流产布鲁氏菌、羊布鲁氏菌和猪布鲁氏菌感染病例，且在运往欧盟前最后 12 个月内： (a) 已根据需要在该场所采取了生物安全和风险缓解措施（包括提供居住条件和饲养系统），以防止所列物种的野生动物将流产布鲁氏菌、羊布鲁氏菌和猪布鲁氏菌传播给该场所饲养的猪类动物，并且只引进了来自采取生物安全措施场所的猪类动物； 或者 (b) 已经根据（EU）2020/688 实施条例附件Ⅲ的规定，对场所饲养的猪类动物开展了流产布鲁氏菌、羊布鲁氏菌和猪布鲁氏菌感染监测，且在此期间： ——该场所只引进了来自采取生物安全措施的场所，或来自采取（a）点或（b）点所规定检测措施的场所的猪类动物； ——如果场所中饲养的猪类动物报告感染了流产布鲁氏菌、羊布鲁氏菌和猪布鲁氏菌，则根据（EU）2020/688 实施条例附件Ⅱ第 1（3）部分的规定采取适当措施。
骆驼类动物	在运往欧盟前的最后 42 天内，未报告出现骆驼类动物感染流产布鲁氏菌、羊布鲁氏菌、猪布鲁氏菌的病例，且这些动物接受了感染流产布鲁氏菌、羊布鲁氏菌和猪布鲁氏菌的检测，检测采用了（EU）2020/688 实施条例附件Ⅰ第 1 部分规定的诊断方法，检测结果为阴性，且该检测所用的样本是运往欧盟前最后 30 天采集的样本；对于产后雌性动物，所用的样本是分娩后至少 30 天采集的样本。
鹿科动物	在运往欧盟前最后 42 天内，未报告鹿科动物感染流产布鲁氏菌、羊布鲁氏菌和猪布鲁氏菌的病例。

附件Ⅹ　在感染第 24（5）条所述布鲁氏菌的情况下，某些有蹄类动物的物种和类别入境欧盟的特定要求

1. 绵羊类动物

未阉割的雄性绵羊类动物（拟在欧盟境内屠宰的除外）必须符合以下要求：

(a) 这些动物必须在场所内持续驻留至少 60 天，且在运往欧盟之日前 12 个月内，该场所未报告过羊布鲁氏菌（传染性附睾炎）感染病例。

(b) 在运往欧盟之日前 30 天内，这些动物接受了羊布鲁氏菌（传染性附睾炎）血清学检测，检测结果为阴性。

2. 西猯科有蹄类动物

在运往欧盟之日前 30 天内，必须采用（EU）2020/688 实施条例附件Ⅰ第 1 部分第 2 点规定的诊断方法，针对西猯科（*Tayassuidae*）有蹄类动物进行了猪布鲁氏菌检测，检测结果为阴性。

附件Ⅺ　第24（6）条规定的马类动物特殊要求

1. 根据动物卫生状况，第三国或地区或其区域划入的动物卫生分组

动物卫生分组	需要满足特定要求的疫病
A	马传染性贫血病
B	马传染性贫血病、马鼻疽、马媾疫
C	马传染性贫血病、委内瑞拉马脑脊髓炎
D	马传染性贫血病、马鼻疽、马媾疫、委内瑞拉马脑脊髓炎、苏拉病
E	马传染性贫血病、马鼻疽、马媾疫、非洲马瘟、苏拉病
F	马传染性贫血病、马媾疫、非洲马瘟
G	马传染性贫血病、马鼻疽、马媾疫、苏拉病

2. 特定要求

2.1　非洲马瘟的特定要求

马类动物必须符合下列某一点中规定的要求。

（a）在运往欧盟前，这些动物已在病媒防护设施中至少隔离了30天，并且在这些动物进入病媒防护设施之日后28天内以及发货之日前10天内，对这些动物采集了血样，同时开展了非洲马瘟血清学和病原体鉴定检测，每次检测结果均为阴性。

（b）在运往欧盟之日前，这些动物已在病媒防护设施中至少隔离了40天并且接受了血清学检测，以检测是否存在非洲马瘟病毒抗体，抗体滴定度未显著增加，且检测所用样本是间隔至少21天采集两次的血样，其中首个样本是在动物进入病媒防护设施后至少7天采集的。

（c）这些动物在发货前已在病媒防护设施中至少隔离了14天，并接受了非洲马瘟病毒的病原体鉴定检测，检测结果为阴性，且检测所用的样本是动物进入病媒防护设施之日后14天内至发货前72小时内采集的血样。

（d）有文件证据表明，这些动物在进入病媒防护设施前至少40天已经接种了非洲马瘟疫苗并完成了初级疗程，且根据制造商的指示再次接种了源种群中所有血清型非洲马瘟病毒的许可疫苗，并且这些动物已经在病媒防护设施内至少隔离了40天。

（e）在运往欧盟之日前，这些动物已在病媒防护设施中隔离了至少30天，并在同一天在同一实验室内接受了检测非洲马瘟病毒抗体的血清学检测，且该检测是针对在病媒防护设施隔离期间，分别在第21天和第30天，采集两次血液样本进行的。其中第二份样本必须在发货之日前10天内采集，每次检测的结果须为阴性，或者第二份样本的非洲马瘟病毒病原体鉴定测试结果为阴性。

2.2　委内瑞拉马脑脊髓炎的特定要求

马类动物必须至少符合下列要求之一：

（a）这些动物已经接种了委内瑞拉马脑脊髓炎疫苗，完成了初级疗程，并根据制造商的建议，在运往欧盟之日前60天内且不超过12个月的期间内再次接种疫苗。同时在运往欧盟之日前，这些动物在病媒防护检疫设施停留了至少21天，在此期间，这些动物在临床上保持健康状态，且每天的体温保持在正常生理范围内。

在每日体温检测中出现体温升高的同一场所内任何其他马类动物，已接受委内瑞拉马脑脊髓炎病毒分离的血液检测，且检测结果为阴性。

（b）动物未接种委内瑞拉马脑脊髓炎疫苗，并已在病媒防护检疫区至少饲养了 21 天，且此期间动物在临床上保持健康，每日监测体温一直维持在正常生理范围内。在检疫期间，对这些动物进行了委内瑞拉马脑脊髓炎的诊断测试，结果为阴性，该测试是对在动物进入病媒防护检疫区之日后不少于 14 天内采集的样本进行的；这些动物在发货之前一直免受病媒昆虫的侵害。

在每日体温检测中出现体温升高的同一场所内任何其他马类动物，已接受委内瑞拉马脑脊髓炎病毒分离的血液检测，且检测结果为阴性。

（c）动物已接受委内瑞拉马脑脊髓炎血凝抑制试验，结果显示抗体滴定度未增加，两次试验由同一实验室于同一天进行，所用样本是间隔 21 天进行两次采样的样本，且第二次采样于发货之日前 10 天内进行；已接受用于检测委内瑞拉马脑脊髓炎病毒基因组的 RT-PCR（逆转录聚合酶链反应）试验，试验结果为阴性，试验样本于发货前 48 小时内采集；并自 RT-PCR 采样起至装载发货期间，通过对动物使用已经批准的驱虫剂与杀虫剂并对马厩与运输工具进行杀虫，保护动物免受病媒侵扰。

2.3 感染鼻疽伯克霍尔德氏菌（马鼻疽）的特定要求

马类动物必须已按照《OIE 陆生动物诊断试验与疫苗手册》（2015 年版）第 2.5.11 章第 3.1 点的规定，进行了马鼻疽补体结合试验。试验所用的血液样本必须在运往欧盟之日前 30 天内采集，血清稀释度为 1∶5，试验结果须为阴性。

2.4 马媾疫的特定要求

马类动物必须已按照《OIE 陆生动物诊断试验与疫苗手册》（2013 年版）第 2.5.3 章第 3.1 点的规定，进行了马媾疫补体结合试验。试验所用的血液样本必须在运往欧盟之日前 30 天内采集，血清稀释度为 1∶5，且试验结果须为阴性。此外，受试动物在采样之日前后至少 30 天内不得用于繁殖。

2.5 苏拉病（伊氏锥虫）的特定要求

马类动物必须已按照《OIE 陆生动物诊断试验与疫苗手册》（2012 年版）第 2.1.21 章第 2.3 点的规定，进行了锥虫病卡片凝集试验（CATT）。试验所用的血液样本必须在运往欧盟之日前 30 天内采集，血清稀释度为 1∶4，试验结果须为阴性。

2.6 马传染性贫血病的特定要求

马类动物必须已按照《OIE 陆生动物诊断试验与疫苗手册》（2013 年版）第 2.5.6 章第 2.1 点和第 2.2 点的规定，进行了琼脂凝胶免疫扩散试验（AGID）或马传染性贫血病的酶联免疫吸附试验（ELISA）。试验所用的血液样本必须在运往欧盟之日前不超过 90 天的时间内采集，试验结果须为阴性。

附件Ⅻ 拟运往封闭场所的有蹄类动物

第A部分

拟运往欧盟境内封闭场所的有蹄类动物的来源封闭场所无疫病报告的最短期限如下：

动物疫病	动物类别						
	1. 牛类动物	2. 绵羊类动物	3. 山羊类动物	4. 猪类动物	5. 骆驼类动物	6. 鹿科类物	7. 第1、2、3、4、5、6栏所述以外的有蹄类动物（*）
口蹄疫	6个月	6个月	6个月	6个月	6个月	6个月	6个月
裂谷热病毒感染	6个月	6个月	6个月	NA	6个月	6个月	6个月
丝状支原体丝状亚种SC型感染（牛传染性胸膜肺炎）	6个月	NA	NA	NA	NA	NA	6个月
小反刍兽疫病毒感染	NA	6个月	6个月	NA	6个月	6个月	NA
绵羊痘和山羊痘	NA	6个月	6个月	NA	NA	NA	NA
羊传染性胸膜肺炎	NA	6个月	6个月	NA	NA	NA	6个月
非洲猪瘟	NA	NA	NA	6m	NA	NA	NA
古典猪瘟	NA	NA	NA	6m	NA	NA	NA
牛结节性皮肤病	6m	NA	NA	NA	NA	NA	NA
鼻疽伯克霍尔德氏菌感染（马鼻疽）	NA	NA	6个月	NA	6个月	NA	NA
流产布鲁氏菌、羊布鲁氏菌和猪布鲁氏菌感染	6个月	6个月	6个月	6个月	6个月	6个月	6个月
结核分枝杆菌复合群感染	6个月	6个月	6个月	6个月	6个月	6个月	6个月
狂犬病	6个月	6个月	6个月	6个月	6个月	6个月	6个月

续表

动物疫病	动物类别						
	1. 牛类动物	2. 绵羊类动物	3. 山羊类动物	4. 猪类动物	5. 骆驼类动物	6. 鹿科类物	7. 第1、2、3、4、5、6栏所述以外的有蹄类动物（*）
苏拉病（伊氏锥虫）	30天	30天	30天	NA	180天	30天	30天
炭疽	30天	30天	30天	30天	30天	30天	30天
蓝舌病病毒（血清型1－24）感染	6个月	6个月	6个月	NA	6个月	6个月	6个月
伪狂犬病病毒感染	NA	NA	NA	12个月	NA	NA	NA

注：（*）根据欧盟委员会（EU）2018/1882实施细则附件，仅适用于所列物种；
NA表示不适用。

第B部分

拟运往欧盟境内封闭场所的有蹄类动物的来源封闭场所周围区域无疫病报告的最小范围和最短期限：

动物疫病	动物类别						
	1. 牛类动物	2. 绵羊类动物	3. 山羊类动物	4. 猪类动物	5. 骆驼类动物	6. 鹿科类物	7. 第1、2、3、4、5、6栏所述以外的有蹄类动物（*）
口蹄疫	10千米/30天	10千米/30天	10千米/30天	10千米/30天	10千米/30天	10千米/30天	10千米/30天
裂谷热病毒感染	150千米/30天	150千米/30天	150千米/30天	NA	150千米/30天	150千米/30天	150千米/30天
丝状支原体丝状亚种*SC*型感染（牛传染性胸膜肺炎）	10千米/30天	NA	NA	NA	NA	NA	10千米/30天
小反刍兽疫病毒感染	NA	10千米/30天	10千米/30天	NA	10千米/30天	10千米/30天	NA
绵羊痘和山羊痘	NA	10千米/30天	10千米/30天	NA	NA	NA	NA

续表

动物疫病	动物类别						
	1. 牛类动物	2. 绵羊类动物	3. 山羊类动物	4. 猪类动物	5. 骆驼类动物	6. 鹿科类物	7. 第1、2、3、4、5、6栏所述以外的有蹄类动物（*）
羊传染性胸膜肺炎	NA	10千米/30天	10千米/30天	NA	NA	NA	10千米/30天
非洲猪瘟	NA	NA	NA	10千米/12个月	NA	NA	NA
经典型猪瘟	NA	NA	NA	10千米/12个月	NA	NA	NA
牛结节性皮肤病	150千米/30天	NA	NA	NA	NA	NA	NA
蓝舌病病毒(血清型1-24)感染	150千米/30天	150千米/30天	150千米/30天	NA	150千米/30天	150千米/30天	150千米/30天
流行性出血病病毒感染	150千米/30天	150千米/30天	150千米/30天	NA	150千米/30天	150千米/30天	150千米/30天
伪狂犬病病毒感染	NA	NA	NA	5千米/12个月（**）	NA	NA	NA

注：（*）根据欧盟委员会（EU）2018/1882实施细则附件，仅适用于所列物种；
（**）此外，必须在运往欧盟前30天进行病毒学与血清学检测，以排除疫病的存在；
NA表示不适用。

第C部分

拟运往欧盟境内封闭场所的有蹄类动物的来源封闭场所所在的第三国或地区或其区域处于无疫状态的最短期限：

动物疫病	动物类别						
	1. 牛类动物	2. 绵羊类动物	3. 山羊类动物	4. 猪类动物	5. 骆驼类动物	6. 鹿科类物	7. 第1、2、3、4、5、6栏所述以外的有蹄类动物（*）
口蹄疫	12个月（**）	12个月（**）	12个月（**）	12个月（**）	12个月（**）	12个月（**）	12个月（**）
牛瘟病毒感染	12个月	12个月	12个月	12个月	12个月	12个月	12个月

续表

动物疫病	动物类别						
	1. 牛类动物	2. 绵羊类动物	3. 山羊类动物	4. 猪类动物	5. 骆驼类动物	6. 鹿科类物	7. 第1、2、3、4、5、6栏所述以外的有蹄类动物（*）
裂谷热病毒感染	48个月（**）	48个月（**）	48个月（**）	NA	48个月（**）	48个月（**）	48个月（**）
非洲猪瘟	NA	NA	NA	12个月（**）	NA	NA	NA
经典型猪瘟	NA	NA	NA	12个月（**）	NA	NA	NA
流产布鲁氏菌、羊布鲁氏菌和猪布鲁氏菌感染	12个月（**）	12个月（**）	12个月（**）	12个月（**）	12个月（**）	12个月（**）	12个月（**）
蓝舌病病毒(血清型1-24)感染	24个月（**）	24个月（**）	24个月（**）	NA	24个月（**）	24个月（**）	24个月（**）
流行性出血病病毒感染	24个月（**）	24个月（**）	24个月（**）	NA	24个月（**）	24个月（**）	24个月（**）

注：（*）根据欧盟委员会（EU）2018/1882实施细则的附件，仅适用于所列物种；
（**）或由第三国或地区的主管部门根据第D部分提供其他保证；
NA表示不适用。

第D部分

由第三国或地区主管部门为某些列明的疫病提供的其他保证：

口蹄疫	（a）动物必须已按照《OIE陆生动物诊断试验与疫苗手册》针对国际贸易的规定检测之一进行口蹄疫病毒感染的血清学检测，且检测结果为阴性，检测样本必须于运往欧盟之日前10天内采集。 （b）对于牛科（*Bovidae*）、鹿科（*Cervidae*）与象科（*Elephas spp*）动物，按照《OIE陆生动物诊断试验与疫苗手册》规定的程序，进行口蹄疫病毒探查试验，且结果为阴性。试验必须符合以下要求： （ⅰ）除非洲水牛（*Syncerus caffer*）外的物种须于运往欧盟之日前10天内进行检测。 （ⅱ）非洲水牛（*Syncerus caffer*）必须进行两次检测，至少间隔15天，且第二次检测必须于运往欧盟之日前10天内进行。

续表

<table>
<tr><td>裂谷热病毒感染</td><td>（a）动物必须符合以下要求：
（ⅰ）必须于运往欧盟之日前在经批准封闭场所中的病媒防护设施内检疫至少 30 天。
（ⅱ）运往欧盟之日前至少 30 天内未出现感染裂谷热病毒的发病症状。
（ⅲ）在（ⅰ）点所述病媒防护设施间运输和装载运往欧盟期间保护得当，免受病媒侵扰。
（b）动物已根据《OIE 陆生动物诊断试验与疫苗手册》接受了两次检测裂谷热病毒感染的病毒中性试验，结果均为阴性。第一次采样于检疫开始之日进行，第二次采样至少间隔 42 天并于运往欧盟前 10 天内进行。</td></tr>
<tr><td>非洲猪瘟</td><td rowspan="2">动物已根据《OIE 陆生动物诊断试验与疫苗手册》针对国际贸易的规定试验要求接受过检测非洲猪瘟与经典型猪瘟的病毒学和血清学检测，检测样本于运往欧盟之日前 30 天内采集。</td></tr>
<tr><td>古典猪瘟</td></tr>
<tr><td>流产布鲁氏菌、羊布鲁氏菌和猪布鲁氏菌感染</td><td>动物必须：
（a）已接受《OIE 陆生动物诊断试验与疫苗手册》针对国际贸易的规定检测，且检测样本于运往欧盟之日前 30 天采集。
或者
（b）任何年龄的已阉割雄畜。</td></tr>
<tr><td>蓝舌病病毒（血清型 1-24）感染</td><td rowspan="2">动物必须符合以下任一点要求：
（a）在运往欧盟之日前至少已在封闭场所的病媒防护设施中检疫 30 天，并已根据《OIE 陆生动物诊断试验与疫苗手册》在进入封闭场所至少 28 天后接受过蓝舌病病毒（血清型 1-24）感染与流行性出血病病毒感染的血清学检测，且结果为阴性。
（b）在运往欧盟之日前至少已在经批准封闭场所的病媒防护设施中检疫 30 天，并已根据《OIE 陆生动物诊断试验与疫苗手册》在进入封闭场所至少 14 天后接受过蓝舌病病毒（血清型 1-24）感染与流行性出血病病毒感染的聚合酶链反应检测，且结果为阴性。
（c）来自季节性无疫地区，并已根据《OIE 陆生动物诊断试验与疫苗手册》在此无疫期间接受过蓝舌病病毒（血清型 1-24）感染与流行性出血病病毒感染的血清学检测，检测样本在动物进入封闭场所至少 28 天后采集，且检测结果为阴性。
（d）来自季节性无疫地区，并已根据《OIE 陆生动物诊断试验与疫苗手册》在此无疫期间已接受蓝舌病病毒（血清型 1-24）感染与流行性出血病病毒感染的聚合酶链反应检测，检测样本在动物进入经批准的封闭场所至少 14 天后采集，且检测结果为阴性。</td></tr>
<tr><td>流行性出血热病毒感染</td></tr>
</table>

第 E 部分

针对拟运往封闭场所的有蹄类动物和来源的第三国或地区或其区域未接种疫苗预防某些疫病的要求：

动物疫病	动物类别						
	1. 牛类动物	2. 绵羊类动物	3. 山羊类动物	4. 猪类动物	5. 骆驼类动物	6. 鹿科类物	7. 第 1、2、3、4、5、6 栏所述以外的有蹄类动物（*）
口蹄疫	NVA	NVA	NVA	NVA	NVA	NVA	NVA
裂谷热病毒感染	NVA（**）	NVA（**）	NVA（**）	NA	NVA（**）	NVA（**）	NVA（**）
经典型猪瘟	NA	NA	NA	NVA	NA	NA	NA
流产布鲁氏菌、羊布鲁氏菌和猪布鲁氏菌感染	NVA（**）	NVA（**）	NVA（**）	NVA（**）	NVA（**）	NVA（**）	NVA（**）
伪狂犬病病毒感染	NA	NA	NA	NVA	NA	NA	NA

注：（*）仅适用于根据欧盟委员会（EU）2018/1882 实施细则所列的物种；

（**）或由第三国或地区的主管部门根据本附件第 D 部分提供其他保证；

NVA 表示拟运往欧盟的有蹄类动物没有接种疫苗；

NA 表示不适用。

第 F 部分

针对第三国或地区封闭场所内病媒防护设施的要求。

如果本附件第 D 部分有要求，则第三国或地区封闭场所的病媒防护设施必须符合以下要求：

（a）出入口设有适当物理屏障。

（b）病媒防护设施的开口处安装规格适当的筛网屏蔽病媒，并按照制造商说明定期使用已经批准的杀虫剂浸渍。

（c）必须对病媒防护设施内部及周围进行病媒监测与防控。

（d）必须采取措施限制或消除病媒防护设施附近的病媒繁殖点。

（e）必须制定标准操作程序，包括备用系统与警报系统的描述，以规范病媒防护设施的运作以及动物从该设施前往运往欧盟的装货地点的运输。

附件Ⅷ 在第三国或地区或其区域实施高致病性禽流感疫苗接种计划与额外监测的最低要求

1. 在第三国或地区或其区域实施疫苗接种计划的最低要求

第三国或地区提交的高致病性禽流感疫苗接种计划必须至少包括以下信息：

（1）疫苗接种战略目标、选定的禽类种群与地区。

（2）疫病的流行病学演变数据，包括此前家禽或野生禽类中暴发的数据。

（3）描述决定接种疫苗的原因。

（4）基于以下内容的风险评估：

——第三国或地区或其区域内暴发的高致病性禽流感；

——邻国（地区）暴发的高致病性禽流感；

——其他风险因素，如特定区域、家禽养殖模式或家禽或圈养鸟类的种类等。

（5）进行疫苗接种的地理区域。

（6）疫苗接种区域内的养殖场所数量。

（7）如果与（6）中的数量不同，进行疫苗接种的养殖场所数量。

（8）进行疫苗接种的地理区域内家禽或圈养鸟类的种类和类别。

（9）（7）所述场所内家禽或圈养鸟类的大致数量。

（10）疫苗特性、授权和质量控制概述。

（11）本国境内禽流感疫苗的处理、储存、供应、分发与销售。

（12）区分染疫动物与已接种动物（DIVA）战略的实施。

（13）预计疫苗接种活动的持续时间。

（14）已接种家禽与来自已接种家禽或圈养鸟类的禽产品的流通规定与限制。

（15）进行疫苗接种或位于疫苗接种区域内的场所进行的临床试验与实验室测试，例如接种有效性与运输前检测。

（16）记录保存方式。

2. 接种高致病性禽流感疫苗的第三国或地区或其区域实施的额外监测

如果在第三国或地区或其区域内实施了疫苗接种，所有进行高致病性禽流感疫苗接种的场所都必须开展实验室检测，并向欧盟委员会提交除附件Ⅱ所述信息外的以下信息：

（1）该地区内各类已接种的场所数量。

（2）各类家禽待抽样的已接种的场所数量。

（3）鸟类哨兵动物使用情况（即各流行病学单位使用的哨兵鸟类的种类和数量）。

（4）各场所和/或流行病学单位取样数量。

（5）疫苗功效的数据。

附件XIV 来源于存在新城疫病毒感染的第三国或地区或其区域的平胸鸟类及其孵化蛋与生鲜肉的动物卫生要求

1. 来源于存在新城疫病毒感染的第三国或地区或其区域的育种用平胸鸟类、生产用平胸鸟类和屠宰用平胸鸟类必须符合以下要求：

（a）在入境欧盟的货物发货之日前至少 21 天内处于官方监测状态。

（b）在（a）点所述期间一直在来源的第三国或地区或其区域主管部门批准的设施内完全隔离，未与其他禽类直接或间接接触。

（c）已接受新城疫病毒感染的病毒检测试验。

（d）其来源禽群已根据基于统计的抽样计划进行了新城疫病毒感染的监测，且该抽样计划在入境欧盟的货物发货之日前至少 6 个月内的结果均为阴性。

2. 来源于存在新城疫病毒感染的第三国或地区或其区域胸鸟类的日龄雏鸡与孵化蛋必须来自以下禽群：

（a）在拟入境欧盟的孵化蛋或来自拟入境欧盟日龄雏鸡的孵化蛋的产蛋之日前至少 30 天内在官方监测下处于隔离状态。

（b）已接受新城疫病毒感染的病毒检测试验。

（c）已根据基于统计的抽样计划进行了鸡新城疫病毒感染的监测，且该抽样计划在入境欧盟货物的发货之日前至少 6 个月内的结果均为阴性。

（d）在拟入境欧盟的孵化蛋或来自拟入境欧盟日龄雏鸡的孵化蛋的产蛋期间和产蛋之日前 30 天内，未与不满足（a）点和（b）点保证的家禽接触。

3. 来源于存在新城疫病毒感染的第三国或地区或其区域的平胸鸟类生鲜肉必须符合以下要求：

（a）去骨去皮。

（b）其来源平胸鸟类自屠宰之日前至少 3 个月一直饲养于符合以下要求的场所：

（ⅰ）屠宰之日前 6 个月内未暴发新城疫病毒感染或高致病性禽流感。

（ⅱ）屠宰之日前至少 3 个月内，场所内平胸鸟类饲养场地 10 千米范围内（适当情况下包含邻近成员方或第三国或地区）未暴发高致病性禽流感或新城疫病毒感染。

（ⅲ）已根据基于统计的抽样计划进行了新城疫病毒感染的监测，且该抽样计划在屠宰之日前至少 6 个月内的结果均为阴性。

（c）已接受（b）（ⅲ）点所述的监测：

（ⅰ）如平胸鸟类未接种鸡新城疫病毒感染的疫苗，则接受血清学检测。

（ⅱ）如平胸鸟类已接种鸡新城疫病毒感染的疫苗，则接受气管拭子检测。

（d）其来源平胸鸟类在屠宰之日前 30 天内如果已接种了预防新城疫病毒感染的疫苗，其接种的疫苗必须符合附件XV第 1 部分规定的特定标准。

4. 第 1（c）款与第 2（b）款规定的病毒检测试验必须按以下要求进行：

（a）自平胸鸟类开始隔离之日前 7 到 10 天内进行。

（b）检测每只鸟的泄殖腔拭子或粪便样本。

5. 第 1（c）款与第 2（b）款规定的病毒检测试验结果必须表明，未发现脑内致病性指数（ICPI）大于 0.4 的禽副粘病毒 1 型分离株。此外，货物中的所有禽类必须在下述时间前取得合格结果：

（a）育种用平胸鸟类、生产用平胸鸟类或供屠宰的平胸鸟类离开第 1（b）款所述的设施运往欧盟。

（b）日龄雏鸡从孵化场运往欧盟。

（c）孵化蛋装运发往欧盟。

附件XV　预防新城疫病毒感染疫苗的标准和来源于接种新城疫疫苗的第三国或地区或其区域的家禽、孵化蛋与家禽鲜肉的要求

1. 预防新城疫病毒感染疫苗的标准

1.1　一般标准

(a) 疫苗必须符合世界动物卫生组织《OIE 陆生动物诊断试验与疫苗手册》有关新城疫一章中制定的标准。

(b) 疫苗必须由有关第三国或地区主管部门登记后，才允许分发与使用。对于此类登记，申请人必须向有关第三国或地区主管部门提交完整文件，其中需包括关于疫苗功效与无害性的资料。如果是进口疫苗，第三国或地区的主管部门可根据疫苗生产国主管部门已核查的资料进行批准，只要其核查过程是按照世界动物卫生组织标准进行的。

(c) 除 (a) 点与 (b) 点规定的要求外，疫苗的进口或生产与销售必须由有关第三国或地区主管部门管控。

(d) 在允许分发疫苗前，每批疫苗都必须针对无害性实施检测，尤其是针对弱毒化处理或灭活处理的检测和外来杂质以及有效性的检测。检测必须在第三国或地区的主管部门管制之下进行。

1.2　具体标准

新城疫病毒弱毒活疫苗必须由新城疫病毒毒株制备，其中病毒原株已经测试且其 ICPI 符合以下标准：

(a) 如在 ICPI 试验中，每只家禽注射剂量不少于 10^7 EID_{50}，则 ICPI 须小于 0.4。

或者

(b) 如在 ICPI 试验中，每只家禽注射剂量不少于 10^8 EID_{50}，则 ICPI 须小于 0.5。

2. 来源于接种的新城疫病毒疫苗不符合第 1 点所述具体要求的第三国或地区或其区域的家禽与孵化蛋的动物卫生要求

来源于已接种预防新城疫病毒感染疫苗的第三国或地区或其区域，但接种的疫苗不符合第 1.2 点所述具体要求的家禽与孵化蛋必须符合以下要求：

(a) 在装运发往欧盟之日前至少 12 个月内，家禽、日龄雏鸡来源禽群与孵化蛋来源禽群没有接种上述疫苗。

(b) 家禽与孵化蛋的来源禽群必须于货物装运发往欧盟之日前 2 周内接受新城疫病毒感染的病毒分离试验，如果是孵化蛋，则必须于蛋类采集之日前 2 周内接受该试验。病毒分离试验必须在官方实验室进行，泄殖腔拭子样本从各禽群至少随机挑选 60 只禽类进行采集，且未发现 ICPI 高于 0.4 的禽副粘病毒。

(c) 在 (b) 点规定的两周期限内，家禽（日龄雏鸡除外）、日龄雏鸡来源禽群与孵化蛋来源禽群必须在来源场所接受官方监测隔离。

(d) 家禽（日龄雏鸡除外）、日龄雏鸡来源禽群与孵化蛋来源禽群不得接触不符合 (a) 点与 (b) 点要求的家禽：

(ⅰ) 家禽在装运发往欧盟之日前 60 天内不得接触。

(ⅱ) 孵化蛋来源禽群在孵化蛋采集之日前 60 天内不得接触；

(e) 日龄雏鸡与孵化日龄雏鸡的孵化蛋在孵化场或运往孵化场途中不得接触不符合 (a) 点与 (b) 点要求的家禽或孵化蛋。

3. 来源于接种不符合第 1 点所述具体要求新城疫病毒疫苗的第三国或地区或其区域的

家禽鲜肉的动物卫生要求

来源于接种新城疫病毒疫苗不符合第1.2点所述具体要求的第三国或地区或其区域的家禽生鲜肉，其来源家禽必须符合以下卫生要求：

（a）屠宰之日前30天内，家禽未接种由致病性高于弱毒株的新城疫感染病毒原株制备的弱毒活疫苗。

（b）屠宰当日，家禽已接受由官方实验室进行的新城疫病毒分离试验，泄殖腔拭子样本从各相关禽群至少随机挑选60只家禽采集，且未发现ICPI高于0.4的禽副粘病毒。

（c）屠宰之日前30天内，家禽未接触不符合（a）点与（b）点所列要求的家禽。

4. 当家禽来源禽群、孵化蛋来源禽群与孵化蛋已接种预防感染新城疫病毒疫苗时应提供的信息

如果家禽来源禽群、孵化蛋来源禽群与孵化蛋已接种预防感染新城疫病毒的疫苗，则发货时必须提供以下信息：

（a）禽群的标识。

（b）家禽年龄。

（c）接种日期。

（d）所用病毒株的名称和类型。

（e）疫苗批次号。

（f）疫苗名称。

（g）疫苗制造商。

附件XVI　家禽、圈养鸟类与孵化蛋装运容器标示信息的要求

1. 运输育种用家禽与生产用家禽的容器必须标示以下信息：

（a）来源的第三国或地区名称与ISO代码。

（b）所运家禽种类。

（c）所运家禽数量。

（d）拟用于生产的类别和类型。

（e）来源场所的名称、地址与批准号。

（f）目的地欧盟成员方名称。

2. 运输拟屠宰家禽的容器必须标示以下信息：

（a）来源的第三国或地区名称与ISO代码。

（b）所运家禽种类。

（c）所运家禽数量。

（d）拟用于生产的类别和类型。

（e）来源场所的名称、地址与注册号。

（f）目的地欧盟成员方名称。

3. 运输日龄雏鸡的容器必须标示以下信息：

（a）来源的第三国或地区名称与ISO代码。

（b）所运家禽种类。

（c）所运家禽数量。

（d）拟用于生产的类别和类型。

（e）日龄雏鸡来源场所的名称、地址和批准号。

（f）日龄雏鸡来源禽群的来源场所的批准号。

（g）目的地欧盟成员方名称。

4. 运输圈养鸟类的容器必须标示以下信息：

（a）来源的第三国或地区名称与ISO代码。

（b）所运家禽数量。

（c）来源场所的名称、地址与批准号。

（d）容器特定的识别号。

（e）目的地欧盟成员方名称。

5. 运输家禽孵化蛋的容器必须标示以下信息：

（a）注明“孵化”。

（b）来源的第三国或地区名称与ISO代码。

（c）所运家禽种类。

（d）孵化蛋数量。

（e）拟用于生产的类别和类型。

（f）孵化蛋来源场所的名称、地址和批准号。

（g）孵化蛋来源禽群的来源场所批准号，如与（f）点不同。

（h）目的地欧盟成员方名称。

6. 运输不含特定病原体（SPF）禽蛋的容器必须标示以下信息：

（a）注明“SPF禽蛋仅用于诊断、研究或制药”。

（b）来源的第三国或地区名称与ISO代码。

（c）孵化蛋数量。

（d）来源场所的名称、地址与批准号。

（e）目的地欧盟成员方名称。

7. 运输圈养禽类孵化蛋的容器必须标示以下信息：

（a）来源的第三国或地区名称与ISO代码。

（b）孵化蛋数量。

（c）来源场所的名称、地址与批准号。

（d）容器特定的识别号。

（e）目的地欧盟成员方名称。

附件XVII 对20只以下非平胸鸟类家禽及20枚以下非平胸鸟类家禽孵化蛋进入欧盟前的检测要求

20只以下非平胸鸟类家禽及20枚以下非平胸鸟类家禽孵化蛋必须在第49（e）条与第110（e）（ii）条规定的各项疾病检测中呈阴性，具体要求如下：

（a）非平胸鸟类育种用家禽、生产用家禽与拟屠宰家禽必须在装运发往欧盟之日前30天内接受血清学试验和/或细菌学试验，且结果必须为阴性。

（b）非平胸鸟类家禽孵化蛋与非平胸鸟类日龄雏鸡的来源禽群必须在装运发往欧盟之日前90天内接受血清学试验和/或细菌学试验（5%患病率、95%置信度），且结果必须为阴性。

（c）如果家禽已接种任何血清型沙门氏菌或支原体病毒疫苗，则只需接受细菌学试验，但确认方法必须能够区分活疫苗株和野毒株。

附件XVIII　非平胸鸟类家禽进入欧盟后的取样和测试

1. 从第三国或地区或其区域入境欧盟的非平胸鸟类育种用家禽、生产用家禽与日龄雏鸡应由官方兽医进行采样用于病毒学检查。样本采集必须符合以下要求：

（a）采样时间为家禽运至欧盟境内目的地经营场所之日后第 7 至 15 天之间，且泄殖腔拭子采样水平须达到如果存在 5%患病率，则有 95%的置信度检出。

（b）抽取的样本用于检测下列疫病：

（ⅰ）高致病性禽流感。

（ⅱ）新城疫病毒感染。

2. 可以抽取混合样本用于检测，最多 5 只禽类的样本混合成一个检测样本。

附件XIX　批准圈养鸟类来源场所的动物卫生要求

1. 按照第 56 条规定，与生物安全措施有关的动物卫生要求如下：

（a）只有来自其他已经批准的经营场所的圈养鸟类方可引入经营场所。

（b）在第三国或地区主管部门批准的前提下，可以从未批准的场所引进圈养鸟类，引进的圈养鸟类在与企业原有鸟群混合饲养前，应根据第三国或地区或其区域主管部门的指导下至少隔离 30 天。

2. 按照第 56 条规定，与经营场所设施设备有关的动物卫生要求如下：

（a）经营场所必须明确划定界线，并与周围环境分开。

（b）经营场所必须制定抓捕、限制与隔离圈养禽类的适当方法，并针对来自未经批准的经营场所的圈养禽类，设有已经批准的检疫设施且已制定相关程序。

（c）经营场所必须制定适当流程或现场设置设施设备，以妥善处理死于疾病或被安乐死的禽类尸体。

3. 按照第 56 条规定，与记录保存有关的动物卫生要求如下：

（a）经营场所的经营商必须及时更新以下信息记录：

（ⅰ）经营场所内各类动物标识（即年龄、性别、动物种类、如可行单只动物的识别编号）和数量。

（ⅱ）调入或调离经营场所的动物标识（即年龄、性别、动物种类、如可行单只动物的识别编号）和数量以及来源或目的地、运抵或运离经营场所的运输工具与动物卫生状况。

（ⅲ）血液检测或其他任何诊断结果。

（ⅳ）患病病例及在适当情况下接受的治疗。

（ⅴ）经营场所内死亡动物尸检结果，包括死胎。

（ⅵ）在任何隔离或检疫期间的观察结果。

（b）负责经营场所的经营商必须自批准之日起保存（a）点所述各项记录且至少保存 10 年。

4. 按照第 56 条规定，与人员有关的动物卫生要求如下：

（a）经营场所经营者必须具备所需的专业知识与能力。

（b）经营场所经营商必须雇佣第三国或地区主管部门批准并受其管理的兽医并与其签订雇佣合同或其他法律文书，该兽医应承担以下职责：

（ⅰ）确保根据所在第三国或地区疾病形势制定的疫病监测与防控措施得到主管部门

的批准并在企业有效实施；此类措施必须包括：

——年度疾病监测计划，包括对动物适当开展人畜共患病防治；

——对疑似感染动物进行临床与实验室检测及宰后检验；

——根据《陆生动物卫生法典》与《OIE 陆生动物诊断试验与疫苗手册》，适时对易感动物进行疫苗接种。

（ⅱ）确保及时向第三国或地区主管部门报告任何可疑死亡或出现可能是高致病性禽流感、禽衣原体病或新城疫病毒感染等其他疫病的任何症状。

（ⅲ）确保进入经营场所的动物在必要时已根据第 1（b）点的要求与第三国或地区主管部门的指示（如有）进行隔离。

5. 按照第 56 条规定，与健康状况相关的动物卫生要求如下：

（a）养殖场所应无高致病性禽流感、新城疫病毒感染和禽衣原体病；为了使养殖场所可以宣称无上述动物疫病，第三国或地区的主管部门应评估在提出申请之日前至少保存了 3 年的动物卫生状况记录，以及对其中动物进行的临床试验和实验室测试的结果。新建成的养殖场所，主管部门可以根据对养殖场所动物进行的临床检验和实验室测试结果进行批准。

（b）负责经营场所的经营商必须与实验室达成宰后检验合作，或拥有一个或多个适合宰后检验的场所，以便有资格的人员在第三国或地区主管部门批准的执业兽医授权下进行宰后检验。

附件XX　圈养鸟类高致病性禽流感与新城疫的检查、取样和检测程序

1. 应使用下列程序检疫哨兵鸟或在不使用哨兵鸟时，检疫圈养的鸟类：

（a）如有使用哨兵鸟：

（ⅰ）所有哨兵鸟必须在隔离开始之日起至少 21 天后以及隔离结束之日前至少 3 天采集血液样本进行血清学检测。

（ⅱ）如果（ⅰ）点所指哨兵鸟血液样本的血清学检测结果呈阳性或不确定：

——则进口禽类必须接受病毒学检测；

——至少从 60 只家禽采集泄殖腔拭子（或粪便）与气管或口咽拭子样本，如该批货物少于 60 只，则全部家禽均须接受样本采集。

（b）如未使用哨兵鸟：

——进口禽类必须进行病毒学检测（如不适合进行血清学检测）；

——必须在隔离期第 7 至 15 天从至少 60 只家禽采集气管或口咽或泄殖腔拭子（或粪便）样本，如该批货物少于 60 只，则全部家禽均须接受样本采集。

2. 除第 1 点规定的检测项目外，还必须采集以下样本进行病毒学检测：

（a）如有可能，从临床患病禽类或哨兵鸟身上采集泄殖腔拭子（或粪便）与气管或口咽拭子样本。

（b）尽快在以下禽类死亡后从其肠内容物、大脑、气管、肺、肝脏、脾脏、肾脏及其他明显感染器官采集样本：

（ⅰ）死亡的哨兵鸟与入境隔离时或隔离期间死亡的全部禽类。

或者

（ⅱ）由小型禽类组成的大宗货物出现高致死率，则采样数量至少应为死亡禽类的 10%。

3. 病毒学检查每次最多可将5只家禽样本混合形成一个检测样本，样本混合时，粪便样本必须与其他器官和组织样本分开。

附件XXI　对拟进入欧盟的犬、猫与雪貂的具体要求

1. 狂犬病抗体滴定测试要求：

(a) 测试样本必须在当前疫苗接种有效期内由主管部门授权的兽医于初次接种之日起至少30天后至证书颁发之日前3个月内采集。

(b) 测得的狂犬病毒中和抗体滴定度必须等于或大于0.5IU/mL。

(c) 必须由官方实验室就测试结果出具正式报告加以证明，且报告副本须随附动物卫生证与动物一起入境欧盟。

(d) 狂犬病中和抗体滴定测试结果理想，且已在 (a) 点所指首针疫苗有效期及该系列后续各针疫苗有效期内重新接种狂犬疫苗的动物，无须重新接种。

2. 治疗多房棘球绦虫感染

入境欧盟前，犬类必须按如下要求治疗多房棘球蚴感染：

(a) 治疗必须使用已经批准的兽药产品，其中必须含有合适剂量的吡喹酮或药理活性物质，这两种成分单独或组合使用已证实可减轻多房棘球绦虫成虫及幼虫对寄主物种的肠道负担。

(b) 该药必须由兽医在犬只抵达欧盟前48小时至前24小时之间投喂。

(c) 以下治疗细节必须由主治兽医在第3 (1) (c) (ⅰ) 条所指动物卫生证书中加以证明：

(ⅰ) 犬、猫或雪貂的晶片或文身字母数字码。

(ⅱ) 治疗多房棘球绦虫感染的药品名称。

(ⅲ) 产品制造商名称。

(ⅳ) 治疗日期和时间。

(ⅴ) 主治兽医姓名、印章和签名。

附件XXII　关于孵化蛋入境欧盟前的停留期要求

孵化蛋类别	最短停留期适用于	第98 (a) 条规定在来源的第三国或地区或其区域的最短停留期	第98 (b) 条规定在来源场所的最短停留期	第98 (c) 条规定的未接触卫生状况较低的家禽或孵化蛋、圈养鸟类或野生禽类的最短期限
家禽孵化蛋	来源禽群	3个月	6周	6周
20枚以下非平胸鸟类家禽孵化蛋	来源禽群	3个月	3周	3周

附件XXIII　用于生产鲜肉的有蹄类动物屠宰或宰杀前的停留期要求

1. 根据第131 (2) (a) 条的规定，有蹄类动物在被屠宰或宰杀之日前必须在来源的第三国或地区或其区域停留的期限为：

(a) 自屠宰或宰杀之日前至少3个月。

或者

（b）如果有蹄类动物不足 3 月龄，则可少于 3 个月。

2. 根据第 131（2）条（b）和（c）的规定，如果饲养的有蹄类动物符合以下要求，则必须在屠宰或宰杀之日前至少 40 天内未接触健康状况较低的有蹄类动物：

（a）来自适用附件XXIV第 B 部分所列一项或多项特定条件的第三国或地区或其区域。

（b）属于第 132 条规定的例外情况。

附件XXIV　动物源性产品来源的第三国或地区无疫期要求

第 A 部分

根据第 133（1）条规定，动物源性产品来源的第三国或地区没有下列疫病的最短期限（以月为单位）。

动物疫病	动物类别						
	1. 牛类动物	2. 绵羊类动物	3. 山羊类动物	4. 猪类动物	5. 骆驼类动物	6. 鹿科类物	7. 第 1、2、3、4、5、6（＊）栏所述以外的有蹄类动物
口蹄疫	12 个月（＊＊）	12 个月（＊＊）	12 个月（＊＊）	12 个月（＊＊）	12 个月（＊＊）	12 个月（＊＊）	12 个月（＊＊）
牛瘟病毒感染	12 个月	12 个月	12 个月	12 个月	12 个月	12 个月	12 个月
非洲猪瘟	NA	NA	NA	12 个月	NA	NA	NA
古典猪瘟	NA	NA	NA	12 个月（＊＊）	NA	NA	NA

注：（＊）根据欧盟委员会（EU）2018/1882 实施细则附件，仅适用于列明的动物种类；

（＊＊）如果第三国或地区主管部门根据第 B 部分制定了特定条件，这一期限可相应缩短；

NA 表示不适用。

第 B 部分

作为第 133（1）条的例外情况，无相关疫病时间未达到 12 个月的第三国或地区主管部门符合的特定条件：

<table>
<tr><td>口蹄疫</td><td rowspan="2">能够确定第三国或地区或其区域无相关动物疫病开始时间的补充信息。</td></tr>
<tr><td>古典猪瘟</td></tr>
</table>

附件XXV 用于生产生鲜肉的动物在第三国或地区或其区域及来源场所的疫苗接种要求

第 A 部分

用于生产生鲜肉的有蹄类动物在第三国或地区或其区域及来源场所不接种疫苗的动物卫生要求：

动物疫病	动物类别						
	1. 牛类动物	2. 绵羊类动物	3. 山羊类动物	4. 猪类动物	5. 骆驼类动物	6. 鹿科类动物	7. 第1、2、3、4、5、6（＊）栏所述以外的有蹄类动物
口蹄疫	NV/NVE（＊＊）	NV/NVE（＊＊）	NV/NVE（＊＊）	NV/NVE	NV/NVE（＊＊）	NV/NVE（＊＊）	NV/NVE（＊＊）
牛瘟病毒感染	NV/NVE（＊＊）	NV/NVE（＊＊）	NV/NVE（＊＊）	NV/NVE	NV/NVE（＊＊）	NV/NVE（＊＊）	NV/NVE（＊＊）
非洲猪瘟	NA	NA	NA	NV/NVE	NA	NA	NA
经典型猪瘟	NA	NA	NA	NV/NVE	NA	NA	NA

注：（＊）根据欧盟委员会（EU）2018/1882 实施细则附件，仅适用于列明的动物种类；

（＊＊）或第三国或地区主管部门根据第 B 部分要求提供特定的条件；

NV 表示发往欧盟之日前至少 12 个月内，第三国或地区或其区域未进行疫苗接种且未进口接种过疫苗的动物；

NVE 表示用于生产生鲜肉的有蹄类动物来源场所没有已接种疫苗的动物；

NA 表示不适用。

第 B 部分

根据第 133（3）条的规定，在 12 个月内已经接种口蹄疫疫苗的第三国或地区或其区域主管部门应提供的特殊条件

1. 来自无口蹄疫且已接种 A 型、O 型或 C 型口蹄疫疫苗的第三国或地区或其区域

原产地主管部门必须提供补充信息，以保证生鲜肉产品无口蹄疫病毒并符合以下要求：

（a）在原产地主管部门的监管下对饲养的牛类动物实施口蹄疫疫苗接种计划。

（b）生鲜肉产品是使用下列动物生产：

（ⅰ）牛、绵羊和山羊的来源场所，方圆 25 千米范围内，在动物送屠宰场前 60 天内，未报告发生口蹄疫或牛瘟。

或者

（ⅱ）对于除牛、绵羊、山羊和猪外，欧盟列出的其他有蹄类动物，其来源场所方圆 50 千米范围内，在动物送往屠宰场之日前 90 天内，未报告发生口蹄疫或牛瘟。

或者

（ⅲ）符合第 138 条规定的野生有蹄类动物。

（c）肉是从动物胴体上去骨分割的生鲜肉不包括下水，胴体符合下列要求：

（ⅰ）其中可触及的主要淋巴结已被去除。

（ⅱ）去骨前已在2℃以上温度下熟成至少24小时。

（ⅲ）熟成后去骨前利用电子检测仪对背最长肌中部进行检测，测得pH值小于6.0。

2. 来自无口蹄疫并已接种A型、O型或C型口蹄疫疫苗的，同时受其他特殊条件限制的第三国或地区或其区域

除第1点所列要求外，第三国或地区主管部门必须遵守有关疫苗接种计划的其他具体条款，以确保来自当地的生鲜肉产品中不含口蹄疫病毒。

3. 未接种疫苗的口蹄疫无疫区

3.1　SAT或ASIA 1型口蹄疫病毒株

如果鲜肉来源于未接种疫苗的无口蹄疫区域，且该无疫区域所在第三国或地区的其他区域已接种SAT或ASIA 1型口蹄疫（FMD）疫苗或上述两型口蹄疫仅限发生在该第三国或地区部分区域或邻近成员方或第三国，则此类生鲜肉产品来源的第三国或地区主管部门必须提供补充信息，以保证鲜肉产品不存在口蹄疫病毒并保证遵守以下动物卫生要求：

（a）生鲜肉是使用下列动物生产：

（ⅰ）在屠宰之日前12个月内，相关养殖动物的养殖场所方圆10千米范围内未报告发生口蹄疫或牛瘟。

或者

（ⅱ）符合第138条规定的野生有蹄类动物。

（b）肉类自屠宰之日起21天后方允许出口欧盟。

（c）肉是从动物胴体上去骨分割的生鲜肉不包括下水，胴体符合下列要求：

（ⅰ）其中可触及的主要淋巴结已被去除。

（ⅱ）去骨前已在2℃以上温度下熟成至少24小时。

3.2　A型、O型或C型口蹄疫病毒株

如果生鲜肉来源于未接种疫苗的无口蹄疫区域，且该无疫区域所在第三国或地区已接种A型、O型或C型口蹄疫，同时第三国或地区主管部门已针对第三国或地区的特定条件提供额外保证，以确保生鲜肉中不存在口蹄疫病毒，则来源的第三国或地区主管部门必须提供以下补充信息：

（a）保证适用于无疫区的口蹄疫监测计划已由来源的第三国或地区主管部门实施并监管，且结果证实不存在口蹄疫。

（b）保证遵守第1点中（b）和（c）规定的动物卫生要求。

附件XXVI　肉制品的风险消除处理

1. 按风险消除程度从大到小排列的肉制品处理措施

B＝在密封容器中热处理，热处理F_0值大于等于3。

C＝肉制品在热处理过程中，所有部位温度至少达到80℃。

D＝在使用肉或胃、膀胱和肠道生产肉制品、加工的膀胱和肠制品的过程中，所有部位温度至少达到70℃，在生产生火腿时，需要经过九个月以上的自然发酵与熟成处理，直至达到以下标准：

——aw值（水活度）不超过0.93；

——pH值不超过6.0。

D1＝加热去骨和脱脂的肉，使内部温度达到70℃或以上，并维持至少30分钟，达到

充分熟制。

E= “肉干”类产品经过处理需达到以下标准：

——aw 值（水活度）不超过 0.93；

——pH 值不超过 6.0。

F=进行加热处理，肉类中心温度至少达到 65℃，维持的时间应确保巴氏杀菌值（PU）大于等于 40。

2. 肠衣的风险消除处理

肠衣 1=在温度 20℃或以上的环境下，用氯化钠（NaCl）干盐或饱和盐水（aw<0.80）连续腌制 30 天或更长时间。

肠衣 2=在温度 20℃或以上的环境下，使用含有磷酸盐的混合盐或其饱和盐水（aw<0.80）腌制 30 天或更长时间，混合盐按重量比包括 86.5%的氯化钠（NaCl）、10.7%的磷酸氢钠（Na_2HPO_4）和 2.8%的磷酸钠（Na_3PO_4）。

肠衣 3=用氯化钠（NaCl）腌制 30 天。

肠衣 4=漂白。

肠衣 5=刮制后干燥处理。

附件XXVII 牛奶和奶制品的风险消除处理

	A	B
牛奶与奶制品的来源动物种类	*黄牛、绵羊、山羊、水牛和骆驼*	*黄牛、绵羊、山羊、水牛和骆驼以外物种*
第三国或地区动物卫生状况	**1. 在过去的 12 个月内不是口蹄疫无疫区的第三国或地区 2. 已接种口蹄疫疫苗的第三国或地区**	**所有国家或地区**
商业无菌处理，确保 Fo 值等于或大于 3	是	是
超高温（UHT）处理，温度不低于 135℃且持续时间适宜	是	是
对 pH 值大于等于 7.0 的牛奶进行两次高温短时巴氏杀菌处理（HTS），温度 72℃，时间 15 秒，适用时在加热处理后立即进行碱性磷酸酶的检测，检测结果合格	是	否
对 pH 值小于 7.0 的牛奶进行 HTST 处理	是	否
HTST 结合以下任一物理处理法： （ⅰ）将 pH 值降至 6.0 以下一小时；或者 （ⅱ）额外加热至温度等于或高于 72℃并结合干燥处理	是	否
否：处理方式不允许 是：处理方式可接受		

附件XXⅧ 蛋制品的风险消除处理

1. 蛋制品灭活高致病性禽流感病毒的处理措施

以下处理措施适用于对相关蛋制品进行高致病性禽流感病毒灭活：

蛋制品	处理	
	中心温度［单位：摄氏度（℃）］	处理时长［单位：秒（s）或小时（hr）］
蛋白液	55.6 ℃	870 s
	56.7 ℃	232 s
10%咸蛋黄	62.2 ℃	138 s
蛋白粉	67 ℃	20 hr
	54.4 ℃	50.4 hr
全蛋	60 ℃	188 s
	完全煮熟	
全蛋液	188 s	188 s
	94 s	94 s
	完全煮熟	

2. 蛋制品灭活新城疫病毒的处理措施

以下处理措施适用于对相关蛋制品进行新城疫病毒灭活：

蛋制品	处理	
	核心温度［单位：摄氏度（℃）］	处理时长［单位：秒（s）或小时（hr）］
蛋白液	55 ℃	2278 s
	57 ℃	986 s
	59 ℃	301 s
10%咸蛋黄	55 ℃	176 s
蛋白粉	57 ℃	50.4 hr
全蛋	55 ℃	2521 s
	57 ℃	1596 s
	59 ℃	674 s
	完全煮熟	

附件XXIX 根据欧洲议会和欧盟理事会（EU）2016/429法规第226条成员方针对某些动物疫病制定了官方控制措施，上述疫病的易感动物名单

疾病	易感物种
鲤春病毒血症（SVC）	胖头鱼（鳙）、金鱼（鲫）、黑鲫鱼（鲫）、草鱼（鲩）、鲤鱼和锦鲤（鲤）、银鲤（鲢）、鲇鱼（鲇）、丁鲷（鲷）、圆腹雅罗鱼（雅罗鱼）
锦鲤疱疹病毒病	详见欧盟委员会（EU）2018/1882实施细则附件表格第3栏
细菌性肾病（BKD）	科：鲑科

续表

疾病	易感物种
传染性胰脏坏死病（IPN）	溪鳟（*Salvelinus fontinalis*）、褐鳟（*Salmo trutta*）、大西洋鲑（*Salmo salar*）、太平洋鲑（*Oncorhynchus spp*）白鲑（*Coregonus lavaretus*）
鲑鱼甲病毒病感染（SAV）	大西洋鲑（Salmo saiar）、虹鳟鱼（Oncorhynchus mykiss）、褐鳟鱼（Salmo trutta）
三代虫感染（GS）	大西洋鲑（*Salmo salar*）、虹鳟鱼（*Oncorhynchus mykiss*）、北极红点鲑（*Salvelinus alpinus*）、美洲红点鲑（*Salvelinus fontinalis*）、茴鱼（*Thymallus thymallus*）、湖红点鲑（*Salvelinus namaycush*）、褐鳟（*Salmo trutta*）任何与易感物种接触过的物种也视为易感物种
牡蛎疱疹病毒 1 μvar（OsHV-1 μVar）	长牡蛎（Crassostrea gigas）

附件XXX 欧盟委员会（EU）2018/1882 实施细则附件表格第 4 栏所列物种被视为病媒的条件

疫病清单	病媒	欧盟委员会（EU）2018/1882 实施细则附件表格第 4 栏所列水生动物被视为病媒的条件
流行性造血器官坏死	如欧盟委员会（EU）2018/1882 实施细则附件表格第 4 栏所列	在所有情况下均视为传播流行性造血器官坏死病的病媒
病毒性出血性败血症		通过共居或供水与欧盟委员会（EU）2018/1882 实施细则附件表格第 3 栏所列物种接触时视为传播病毒性出血性败血症的病媒
传染性造血器官坏死病		通过共居或供水与欧盟委员会（EU）2018/1882 实施细则附件表格第 3 栏所列物种接触时视为传播传染性造血器官坏死病的病媒
感染高度多态区域（HPR）缺失型传染性鲑鱼贫血症病毒		未列出可传播传染性鲑鱼贫血症病毒的病媒
马可尼小囊虫感染		未列出可传播马可尼小囊虫的病媒
海水派琴虫感染		通过共居或供水与欧盟委员会（EU）2018/1882 实施细则附件表格第 3 栏所列物种接触时视为传播柏金丝症的病媒
牡蛎包纳米虫（*Bonamia ostreae*）感染		通过共居或供水与欧盟委员会（EU）2018/1882 实施细则附件表格第 3 栏所列物种接触时视为传播牡蛎包纳米虫的病媒
波纳米亚虫病感染		通过共居或供水与欧盟委员会（EU）2018/1882 实施细则附件表格第 3 栏所列物种接触时视为传播波纳米亚虫病的病媒
折光马尔太虫感染		通过共居或供水与欧盟委员会（EU）2018/1882 实施细则附件表格第 3 栏所列物种接触时视为传播折光马尔太虫的病媒
陶拉综合征病毒感染		通过共居或供水与欧盟委员会（EU）2018/1882 实施细则附件表格第 3 栏所列物种接触时视为传播陶拉综合征的病媒
黄头病毒感染		通过共居或供水与欧盟委员会（EU）2018/1882 实施细则附件表格第 3 栏所列物种接触时视为传播黄头病毒的病媒
白斑综合征病毒感染		通过共居或供水与欧盟委员会（EU）2018/1882 实施细则附件表格第 3 栏所列物种接触时视为传播白斑综合征病毒的病媒

欧盟委员会（EU）2021/404 实施细则①

2021 年 3 月 24 日

根据欧洲议会和欧盟理事会（EU）2016/429 法规制定允许动物、繁殖材料和动物源性产品进入欧盟的第三国或地区或其区域的名单

（本文及欧洲经济区）

（《欧盟官方公报》L 系列第 114 期，2012 年 3 月 31 日，第 1 页）

经下列文件修订：

官方公报

	编号	页数	日期
欧盟委员会（EU）2021/1703 授权法规（2021 年 7 月 13 日）	L 系列第 339 期	29	2021 年 9 月 24 日
2021 年 4 月 15 日欧盟委员会（EU）2021/634 执行法规	L 系列第 132 期	108	2021 年 4 月 19 日
2021 年 7 月 16 日欧盟委员会（EU）2021/1178 执行法规	L 系列第 256 期	63	2021 年 7 月 19 日
2021 年 8 月 10 日欧盟委员会（EU）2021/1329 执行法规	L 系列第 288 期	48	2021 年 8 月 11 日
2021 年 9 月 10 日欧盟委员会（EU）2021/1469 执行法规	L 系列第 321 期	21	2021 年 9 月 13 日

欧盟委员会（EU）2021/404 实施细则

2021 年 3 月 24 日

根据欧洲议会和欧盟理事会（EU）2016/429 法规制定允许动物、繁殖材料和动物源性产品进入欧盟的第三国或地区或其区域的名单。

（本文涉及欧洲经济区）

第 1 条　主题与范围

本法规规定了允许特定种类和类别动物、繁殖材料和动物源性产品进入欧盟的第三国或地区或其区域或水产养殖动物生物安全隔离区的名单，允许进入欧盟的相关动物及其产品属于（EU）2020/692 实施条例规定范围。本法规附件Ⅰ到ⅩⅫ制定了上述名单同时规定了名单应符合的一般要求。

本法规还规定了某些货物进入欧盟的特定条件和动物卫生保障条件，并规定了货物来源的第三国或地区使用的动物卫生证书范本。

第 2 条　定义

本法规适用（EU）2020/692 实施条例第 2 条规定的定义。

① 本文本纯属文档工具，不具有法律效力。相关法案的权威版本，包括其序言，为在《欧洲联盟官方公报》中发布并在 EUR-Lex 中提供的版本。这些官方文本可通过本文件中的链接直接访问。

第 3 条　允许动物、繁殖材料和动物源性产品进入欧盟的第三国或地区或其区域或生物安全隔离区名单

1. 主管部门只有在下列情况下，才允许属于（EU）2020/692 实施条例范围内规定种类或类别的动物、繁殖材料和动物源性产品等货物进入欧盟：货物来源的第三国或地区或其区域或生物安全隔离区列在允许相关特定种类和类别的动物、繁殖材料或动物源性产品进入欧盟的准入名单中，同时货物随附以下各附件第 1 部分表格中所列该种类和类别的货物所需的动物卫生证书：

（a）附件Ⅱ适用于有蹄类动物，但不包括：

（ⅰ）马类动物。

（ⅱ）发往封闭经营场所的有蹄类动物。

（b）附件Ⅲ适用于输往封闭经营场所的有蹄类动物。

（c）附件Ⅳ适用于马类动物。

（d）附件Ⅴ适用于家禽和家禽繁殖材料。

（e）附件Ⅵ适用于圈养鸟类和圈养鸟类的繁殖材料。

（f）附件Ⅶ适用于蜂王和熊蜂。

（g）附件Ⅷ适用于狗、猫和雪貂。

（h）附件Ⅸ适用于牛类动物的繁殖材料。

（i）附件Ⅹ适用于绵羊和山羊动物的繁殖材料。

（j）附件Ⅺ适用于猪类动物的繁殖材料。

（k）附件Ⅻ适用于马类动物的繁殖材料。

（l）附件Ⅷ适用于有蹄类动物的鲜肉。

（m）附件ⅩⅣ适用于家禽和野味禽的鲜肉。

（n）附件ⅩⅤ适用于有蹄类动物、家禽和野味禽的肉制品：

（ⅰ）第 1 部分 A 节，适用于使用没有达到消除风险的 A 类处理方式生产或使用消除风险的 B、C 或 D 类处理方式生产的肉制品［根据（EU）2020/692 实施条件附件ⅩⅩⅥ］。

（ⅱ）第 1 部分 B 节适用于有蹄类动物、家禽和野味禽的风干肉/肉干类产品。

（o）附件ⅩⅥ适用于肠衣。

（p）附件ⅩⅤ适用于奶、初乳及其制品和奶制品，以及不需要对口蹄疫进行特定风险消除处理的乳制品。

（q）附件ⅩⅧ适用于需要对口蹄疫进行特定风险消除处理的乳制品。

（r）附件ⅩⅨ适用于蛋和蛋制品。

（s）附件ⅩⅩ适用于个人使用的动物源性产品。

（t）附件ⅩⅪ适用于拟供水产养殖企业、放归野外或非人类直接食用的列入清单物种的水生动物，以及拟供人类食用的某些列入清单物种的水生动物和动物源性产品。

2. 主管部门应只允许来自附件ⅩⅫ第 1 部分表格中所列的第三国或地区或其区域的动物、繁殖材料和动物源性产品等货物进入欧盟，如果这些货物符合下述条件：

（a）该表第 3 栏所述种类和类别的动物、繁殖材料或动物源性产品等货物，且欧盟不是其最终目的地。

或者

（b）该表第 4 栏所述种类和类别的动物、繁殖材料或动物源性产品等货物，这些货物原产于欧盟，经过第三国或地区过境后返回欧盟。

第 4 条　动物、繁殖材料和动物源性产品进入欧盟的特定条件和动物卫生保障条件

成员方应只允许属于（EU）2020/692 实施条例范围内的货物进入欧盟，如果这些货物在适用情况下满足相关附件中针对特定种类和类别的动物、繁殖材料和动物源性产品的特定条件和动物卫生保障条件，以及满足针对第三国或地区或其区域或水产养殖动物生物安全隔离区的特定条件和动物卫生保障条件。

第 5 条　废除

下列法案自 2021 年 4 月 21 日起废除：

——欧盟委员会 2006/168/EC 决议；

——欧盟委员会 2008/636/EC 决议；

——欧盟委员会 2010/472/EU 决议；

——欧盟委员会 2011/630/EU 执行决议；

——欧盟委员会 2012/137/EU 执行决议；

——欧盟委员会（EU）2018/659 实施细则；

——欧盟委员会（EU）2019/294 执行决议；

——欧盟委员会 2000/585/EC 决议。

第 6 条　过渡性条款

根据以下法案授权进入欧盟并附有根据这些法案签发的适当证书的第三国或地区或其区域的动物、繁殖材料和动物源性产品等货物，应允许在 2022 年 3 月 15 日前进入欧盟，前提是其证书由根据这些法案授权的人员在 2022 年 1 月 15 日前签署：

——（EC）798/2008 法规；

——（EC）1251/2008 法规；

——（EU）206/2010 法规；

——（EU）605/2010 法规；

——（EU）139/2013 实施细则；

——（EU）2016/759 实施细则；

——（EU）2018/659 实施细则；

——2006/168/EC 决议；

——2007/777/EC 决议；

——2008/636/EC 决议；

——（EU）2010/472 决议；

——（EU）2011/630 决议；

——（EU）2012/137 执行决议；

——（EU）2019/294 执行决议。

2. 在第 1 款规定的证书中引用的条款，如果相应的法规被废除，应理解为引用了对应的替代条款，并且应结合适用的条款关联表理解。

第 7 条　生效和适用

本法规自其发布在《欧盟官方公报》后的第二十天生效。

本法规自 2021 年 4 月 21 日起适用。

本法规整体具有约束力，直接适用于所有成员方。

附件Ⅰ 附件Ⅱ至附件ⅩⅫ的一般规则

本附件规定了适用于附件Ⅱ至附件ⅩⅫ的下列一般规则：

（1）如果第3条所述货物进入欧盟的动物卫生要求在货物来源的第三国或地区的所有区域得到满足，则在第三国或地区的ISO代码后标注‘0’，表示适用于全部区域。

（2）如果第3条所述货物进入欧盟的动物卫生要求仅在货物来源的第三国或地区的某一区域得到满足，则在第三国或地区的ISO代码后标注“0”以外的其他数字，表示仅适用于该区域。

相关附件第2部分对这些区域进行了说明。

（3）本法规相关附件第1部分表格规定了第3条所述货物应随附的动物卫生证书，相关证书模板在下列法规中规定：

（a）欧盟委员会（EU）2021/403[①]实施细则附件Ⅱ。

（b）欧盟委员会（EU）2020/2235实施细则附件Ⅲ。

（c）欧盟委员会（EU）2020/2236实施细则附件Ⅱ。

（4）如果在相关附件第1部分的表格中注明有第4条要求的特定条件，在该附件的第3部分具体解释说明对应的特定条件。

（5）如果在相关附件第1部分的表格中注明有第4条要求的动物卫生保障条件，在该附件第4部分的表格中解释说明相关的动物卫生保障条件。

（6）附件Ⅱ至ⅩⅫ第1部分表格中所述的截止日期和开放日期是指欧盟规则中规定的适用于第3条所述货物从相关区域进入欧盟的具体时间限制。

（7）瑞士的动物卫生认证要求受《欧共体和瑞士联邦农产品贸易协定》的约束，该协议经欧盟理事会2002/309/EC决议和欧盟委员会2002年4月4日关于与瑞士联邦缔结七项协议的《科学和技术合作协定》的批准（《欧盟官方公报》L系列第114期，2002年4月30日，第1页）。

（8）根据本法规附件Ⅱ至附件ⅩⅪ，冰岛、新西兰和加拿大主管部门要求签发的动物卫生证书受欧盟和这些第三国或地区之间相关协定中规定的具体认证要求的约束。

（9）进入以色列系指以色列国，不适用于1967年6月5日之后归属以色列国管理的地理区域，即戈兰高地、加沙地带、东耶路撒冷和西岸的其他地区。

（10）塞尔维亚不包括目前根据联合国安全理事会1999年6月10日第1244号决议由国际管理的科索沃领土。

（11）科索沃这一名称不影响其地位立场，并符合联合国安全理事会第1244/1999号决议和国际法院关于科索沃独立宣言的意见。

（12）按照《关于大不列颠及北爱尔兰联合王国退出欧洲联盟和欧洲原子能共同体的协定》，特别是《爱尔兰/北爱尔兰议定书》第5（4）条和该议定书附件2，就附件Ⅱ至附件ⅩⅫ而言，凡提及英国的，不包括北爱尔兰。

---

① 2021年3月24日欧盟委员会（EU）2021/403规定了欧洲议会及欧盟理事会（EU）2016/429及（EU）2017/625关于若干类陆生动物及其生殖产品的货物进入欧盟及成员方之间运输的动物卫生证书模板及动物卫生/官方证明模板、有关该等证书官方认证及废除（EU）2010/470/决议的法规适用规则的执行法规（《欧盟官方公报》L系列第113期，2021年3月31日，第1页）。

附件Ⅱ　有蹄类动物（不包括马类动物和输往封闭场所有蹄类动物）

第1部分　第3（1）条（a）点规定的批准向欧盟出口有蹄类动物（不包括马类动物和输往封闭场所的有蹄类动物）的第三国或地区或其区域名单

ISO代码和名称（第三国或地区）	区域代码（在第2部分具体说明）	获准进入欧盟的动物种类	获准进入欧盟的动物类别	动物卫生证书	特定条件（在第3部分具体说明）	动物卫生保障条件（在第4部分具体说明）	停止日期	开始日期
1	2	3	4	5	6	7	8	9
CA加拿大	CA-0	牛类动物	继续饲养的动物①	BOV-X		SF-BTV		
		绵羊类和山羊类动物	继续饲养的动物①和准备屠宰的动物	OV/CAP-X、OV/CAP-Y		BRU、SF-BTV		
		猪类动物	继续饲养的动物①	SUI-X		ADV		
		骆驼类动物	继续饲养的动物①	CAM-CER		SF-BTV		
		其他有蹄类动物	继续饲养的动物①	RUM、RHINO、HIPPO		SF-BTV②		
CH瑞士	CH-0	遵守附件Ⅰ第7点所述协定						
CL智利	CL-0	牛类动物	继续饲养的动物①	BOV-X				
		绵羊类和山羊类动物	继续饲养的动物①	OV/CAP-X		BRU		
		猪类动物	继续饲养的动物①	SUI-X				
		骆驼类动物	继续饲养的动物①	CAM-CER				
		鹿科动物	继续饲养的动物①	CAM-CER				
		其他有蹄类动物	继续饲养的动物①	RUM、RHINO、HIPPO				

续表1

ISO代码和名称（第三国或地区）	区域代码（在第2部分具体说明）	获准进入欧盟的动物种类	获准进入欧盟的动物类别	动物卫生证书	特定条件（在第3部分具体说明）	动物卫生保障条件（在第4部分具体说明）	停止日期	开始日期
1	2	3	4	5	6	7	8	9
GB 英国	GB-1	牛类动物	继续饲养的动物①	BOV-X		BRU、EBL		
		绵羊类和山羊类动物	继续饲养的动物①和准备屠宰的动物	OV/CAP-X、OV/CAP-Y		BRU		
		猪类动物	继续饲养的动物①和准备屠宰的动物	SUI-X、SUI-Y		ADV		
		骆驼类动物	继续饲养的动物①	CAM-CER				
		鹿科动物	继续饲养的动物①	CAM-CER				
		其他有蹄类动物	继续饲养的动物①	RUM、RHINO、HIPPO				
	GB-2	牛类动物	继续饲养的动物①	BOV-X		TB、BRU、EBL		
		绵羊类和山羊类动物	继续饲养的动物①和准备屠宰的动物	OV/CAP-X、OV/CAP-Y		BRU		
		猪类动物	继续饲养的动物①和准备屠宰的动物	SUI-X、SUI-Y		ADV		
		骆驼类动物	继续饲养的动物①	CAM-CER				
		鹿科动物	继续饲养的动物①	CAM-CER				
		其他有蹄类动物	继续饲养的动物①	RUM、RHINO、HIPPO				

续表2

ISO 代码和名称（第三国或地区）	区域代码（在第 2 部分具体说明）	获准进入欧盟的动物种类	获准进入欧盟的动物类别	动物卫生证书	特定条件（在第 3 部分具体说明）	动物卫生保障条件（在第 4 部分具体说明）	停止日期	开始日期
1	2	3	4	5	6	7	8	9
GG 根西岛	GG-0	牛类动物	继续饲养的动物[①]	BOV-X				
		绵羊类和山羊类动物	继续饲养的动物[①]	OV/CAP-X		BRU		
		猪类动物	继续饲养的动物[①]	SUI-X		ADV		
		其他有蹄类动物	继续饲养的动物[①]	RUM、RHINO、HIPPO				
GL 格陵兰	GL-0	绵羊类和山羊类动物	继续饲养的动物[①]	OV/CAP-X				
		骆驼类动物	继续饲养的动物[①]	CAM-CER				
		鹿科动物	继续饲养的动物[①]	CER-X				
		其他有蹄类动物	继续饲养的动物[①]	RUM、RHINO、HIPPO				
IM 马恩岛	IM-0	牛类动物	继续饲养的动物[①]和准备屠宰的动物	BOV-X、BOV-Y		TB、BRU、EBL		
		绵羊类和山羊类动物	继续饲养的动物[①]和准备屠宰的动物	OV/CAP-X、OV/CAP-Y		BRU		

续表3

ISO 代码和名称（第三国或地区）	区域代码（在第 2 部分具体说明）	获准进入欧盟的动物种类	获准进入欧盟的动物类别	动物卫生证书	特定条件（在第 3 部分具体说明）	动物卫生保障条件（在第 4 部分具体说明）	停止日期	开始日期
1	2	3	4	5	6	7	8	9
IS 冰岛	IS-0	牛类动物	继续饲养的动物[①]和准备屠宰的动物	BOV-X、BOV-Y				
		绵羊类和山羊类动物	继续饲养的动物[①]和准备屠宰的动物	OV/CAP-X、OV/CAP-Y				
		猪类动物	继续饲养的动物[①]和准备屠宰的动物	SUI-X、SUI-Y	CSF			
		骆驼类动物	继续饲养的动物[①]和准备屠宰的动物	CAM-CER				
		鹿科动物	继续饲养的动物[①]和准备屠宰的动物	CAM-CER				
		其他有蹄类动物	继续饲养的动物[①]	RUM、RHINO、HIPPO				
JE 泽西岛	JE-0	牛类动物	继续饲养的动物[①]和准备屠宰的动物	BOV-X、BOV-Y		EBL		

续表4

ISO 代码和名称（第三国或地区）	区域代码（在第 2 部分具体说明）	获准进入欧盟的动物种类	获准进入欧盟的动物类别	动物卫生证书	特定条件（在第 3 部分具体说明）	动物卫生保障条件（在第 4 部分具体说明）	停止日期	开始日期
1	2	3	4	5	6	7	8	9
NZ 新西兰	NZ-0	牛类动物	继续饲养的动物①和准备屠宰的动物	BOV-X、BOV-Y		BRU、TB		
		绵羊类和山羊类动物	继续饲养的动物①和准备屠宰的动物	OV/CAP-X、OV/CAP-Y		BRU		
		猪类动物	继续饲养的动物①和准备屠宰的动物	SUI-X、SUI-Y				
		骆驼类动物	继续饲养的动物①和准备屠宰的动物	CAM-CER				
		鹿科动物	继续饲养的动物①和准备屠宰的动物	CAM-CER				
		其他有蹄类动物	继续饲养的动物①	RUM、RHINO、HIPPO				
US 美国	US-0	猪类动物	继续饲养的动物①	SUI-X				

注：①“继续饲养的动物”是指送往屠宰场以外的活畜饲养机构的动物。

②仅适用于根据（EU）2018/1882 实施细则（《欧盟官方公报》L 系列第 308 期，2018 年 12 月 4 日，第 21 页）列明的动物种类。

第 2 部分　第 1 部分表格第 2 栏注明的第三国或地区的相关地区说明

第三国或地区名称	区域代码	区域描述
英国	GB-1	英格兰和威尔士
	GB-2	苏格兰

第 3 部分　第 1 部分表格第 6 栏注明的特定条件

CSF	来自第 1 部分表格第 2 栏所述地区的猪类动物等货物，必须在发往欧盟前 30 天内进行古典猪瘟检测，且检测结果必须为阴性。

第 4 部分　第 1 部分表格第 7 栏注明的动物卫生保障条件

BRU	根据（EU）2020/692 实施条例第 10 条的规定，欧盟已经认可第 3 栏所述的第三国或地区或其区域内的特定种类动物不存在感染流产布鲁氏菌、羊布鲁氏菌和猪布鲁氏菌的情况
TB	根据（EU）2020/692 实施条例第 10 条的规定，欧盟已经认可第 3 栏所述的第三国或地区或其区域内的特定种类动物不存在感染结核分枝杆菌群（牛分枝杆菌、羊分枝杆菌、结核分枝杆菌）的情况。
BTV	根据（EU）2020/692 实施条例第 10 条的规定，欧盟已经认可第 3 栏所述的第三国或地区或其区域内的特定种类动物不存在感染蓝舌病病毒（血清型 1-24）的情况。
SF-BTV	根据（EU）2020/692 实施条例第 10 条的规定，欧盟已经认可第 3 栏所述的第三国或地区或其区域内的特定种类动物不存在感染蓝舌病病毒（血清型 1-24）的情况。
SF-EHD	根据（EU）2020/692 实施条例第 10 条的规定，欧盟已经认可第 3 栏所述的第三国或地区或其区域内的特定种类动物不存在感染流行性出血热病毒的情况。
EBL	根据（EU）2020/692 实施条例第 10 条的规定，欧盟已经认可第 3 栏所述的第三国或地区或其区域内的特定种类动物不存在牛地方流行性白血病患病的情况。
IBR	根据（EU）2020/692 实施条例第 10 条的规定，欧盟已经认可第 3 栏所述的第三国或地区或其区域内的特定种类动物不存在牛传染性鼻气管炎/传染性脓疱阴户阴道炎患病的情况。
BVD	根据（EU）2020/692 实施条例第 10 条的规定，欧盟已经认可第 3 栏所述的第三国或地区或其区域内的特定种类动物不存在牛病毒性腹泻患病的情况。
ADV	根据（EU）2020/692 实施条例第 10 条的规定，欧盟已经认认第 3 栏所述的第三国或地区或其区域内的特定种类动物不存在感染伪狂犬病病毒的情况。

附件Ⅲ　拟运往封闭场所的有蹄类动物

第1部分　第3（1）条（b）点规定批准向欧盟封闭场所出口有蹄类动物的第三国或地区或其区域名单

来自本部分表格中所列的所有第三国或地区的有蹄类动物（马类动物除外），允许其从根据（EU）2020/692实施条例第29条列明的封闭场所进入欧盟的封闭场所。

ISO代码和名称（第三国或地区）	区域代码（在第2部分具体说明）	动物卫生证书	特定条件（在第3部分具体说明）	动物卫生保障条件（在第4部分具体说明）
1	2	3	4	5
AL阿尔巴尼亚	AL-0	CONFINED-RUM、CONFINED-SUI、CONFINED-TRE、CONFINED-HIPPO		
AR阿根廷	AR-0	CONFINED-RUM、CONFINED-SUI、CONFINED-TRE、CONFINED-HIPPO		
AU澳大利亚	AU-0	CONFINED-RUM、CONFINED-SUI、CONFINED-TRE、CONFINED-HIPPO		
BA波斯尼亚和黑塞哥维那	BA-0	CONFINED-RUM、CONFINED-SUI、CONFINED-TRE、CONFINED-HIPPO		
BH巴林	BH-0	CONFINED-RUM、CONFINED-SUI、CONFINED-TRE、CONFINED-HIPPO		
BR巴西	BR-0	CONFINED-RUM、CONFINED-SUI、CONFINED-TRE、CONFINED-HIPPO		
BW博茨瓦纳	BW-0	CONFINED-RUM、CONFINED-SUI、CONFINED-TRE、CONFINED-HIPPO		
BY白俄罗斯	BY-0	CONFINED-RUM、CONFINED-SUI、CONFINED-TRE、CONFINED-HIPPO		
BZ伯利兹	BZ-0	CONFINED-RUM、CONFINED-SUI、CONFINED-TRE、CONFINED-HIPPO		
CA加拿大	CA-0	CONFINED-RUM、CONFINED-SUI、CONFINED-TRE、CONFINED-HIPPO		
CH瑞士	CH-0	遵守附件Ⅰ第7点所述协定		
CL智利	CL-0	CONFINED-RUM、CONFINED-SUI、CONFINED-TRE、CONFINED-HIPPO		
CN中国	CN-0	CONFINED-RUM、CONFINED-SUI、CONFINED-TRE、CONFINED-HIPPO		
CO哥伦比亚	CO-0	CONFINED-RUM、CONFINED-SUI、CONFINED-TRE、CONFINED-HIPPO		

续表1

ISO 代码和名称（第三国或地区）	区域代码（在第 2 部分具体说明）	动物卫生证书	特定条件（在第 3 部分具体说明）	动物卫生保障条件（在第 4 部分具体说明）
1	2	3	4	5
CR 哥斯达黎加	CR-0	CONFINED-RUM、CONFINED-SUI、CONFINED-TRE、CONFINED-HIPPO		
CU 古巴	CU-0	CONFINED-RUM、CONFINED-SUI、CONFINED-TRE、CONFINED-HIPPO		
DZ 阿尔及利亚	DZ-0	CONFINED-RUM、CONFINED-SUI、CONFINED-TRE、CONFINED-HIPPO		
ET 埃塞俄比亚	ET-0	CONFINED-RUM、CONFINED-SUI、CONFINED-TRE、CONFINED-HIPPO		
FK 马尔维纳斯群岛	FK-0	CONFINED-RUM、CONFINED-SUI、CONFINED-TRE、CONFINED-HIPPO		
GB 英国	GB-0	CONFINED-RUM、CONFINED-SUI、CONFINED-TRE、CONFINED-HIPPO		
GG 根西岛	GG-0	CONFINED-RUM、CONFINED-SUI、CONFINED-TRE、CONFINED-HIPPO		
GL 格陵兰	GL-0	CONFINED-RUM、CONFINED-SUI、CONFINED-TRE、CONFINED-HIPPO		
GT 危地马拉	GT-0	CONFINED-RUM、CONFINED-SUI、CONFINED-TRE、CONFINED-HIPPO		
HK 中国香港	HK-0	CONFINED-RUM、CONFINED-SUI、CONFINED-TRE、CONFINED-HIPPO		
HN 洪都拉斯	HN-0	CONFINED-RUM、CONFINED-SUI、CONFINED-TRE、CONFINED-HIPPO		
IL 以色列	IL-0	CONFINED-RUM、CONFINED-SUI、CONFINED-TRE、CONFINED-HIPPO		
IM 马恩岛	IM-0	CONFINED-RUM、CONFINED-SUI、CONFINED-TRE、CONFINED-HIPPO		
IN 印度	IN-0	CONFINED-RUM、CONFINED-SUI、CONFINED-TRE、CONFINED-HIPPO		
IS 冰岛	IS-0	CONFINED-RUM、CONFINED-SUI、CONFINED-TRE、CONFINED-HIPPO		
JE 泽西岛	JE-0	CONFINED-RUM、CONFINED-SUI、CONFINED-TRE、CONFINED-HIPPO		

续表2

ISO 代码和名称（第三国或地区）	区域代码（在第 2 部分具体说明）	动物卫生证书	特定条件（在第 3 部分具体说明）	动物卫生保障条件（在第 4 部分具体说明）
1	2	3	4	5
JP 日本	JP-0	CONFINED-RUM、CONFINED-SUI、CONFINED-TRE、CONFINED-HIPPO		
KE 肯尼亚	KE-0	CONFINED-RUM、CONFINED-SUI、CONFINED-TRE、CONFINED-HIPPO		
MA 摩洛哥	MA-0	CONFINED-RUM、CONFINED-SUI、CONFINED-TRE、CONFINED-HIPPO		
ME 黑山共和国	ME-0	CONFINED-RUM、CONFINED-SUI、CONFINED-TRE、CONFINED-HIPPO		
MG 马达加斯加	MG-0	CONFINED-RUM、CONFINED-SUI、CONFINED-TRE、CONFINED-HIPPO		
MK 北马其顿共和国	MK-0	CONFINED-RUM、CONFINED-SUI、CONFINED-TRE、CONFINED-HIPPO		
MU 毛里求斯	MU-0	CONFINED-RUM、CONFINED-SUI、CONFINED-TRE、CONFINED-HIPPO		
MX 墨西哥	MX-0	CONFINED-RUM、CONFINED-SUI、CONFINED-TRE、CONFINED-HIPPO		
NA 纳米比亚	NA-0	CONFINED-RUM、CONFINED-SUI、CONFINED-TRE、CONFINED-HIPPO		
NC 新喀里多尼亚	NC-0	CONFINED-RUM、CONFINED-SUI、CONFINED-TRE、CONFINED-HIPPO		
NI 尼加拉瓜	NI-0	CONFINED-RUM、CONFINED-SUI、CONFINED-TRE、CONFINED-HIPPO		
NZ 新西兰	NZ-0	CONFINED-RUM、CONFINED-SUI、CONFINED-TRE、CONFINED-HIPPO		
A 巴拿马	PA-0	CONFINED-RUM、CONFINED-SUI、CONFINED-TRE、CONFINED-HIPPO		
PY 巴拉圭	PY-0	CONFINED-RUM、CONFINED-SUI、CONFINED-TRE、CONFINED-HIPPO		
RS 塞尔维亚	RS-0	CONFINED-RUM、CONFINED-SUI、CONFINED-TRE、CONFINED-HIPPO		
RU 俄罗斯	RU-0	CONFINED-RUM、CONFINED-SUI、CONFINED-TRE、CONFINED-HIPPO		

续表3

ISO 代码和名称（第三国或地区）	区域代码（在第 2 部分具体说明）	动物卫生证书	特定条件（在第 3 部分具体说明）	动物卫生保障条件（在第 4 部分具体说明）
1	2	3	4	5
SG 新加坡	SG-0	CONFINED-RUM、CONFINED-SUI、CONFINED-TRE、CONFINED-HIPPO		
SV 萨尔瓦多	SV-0	CONFINED-RUM、CONFINED-SUI、CONFINED-TRE、CONFINED-HIPPO		
SZ 埃斯瓦蒂尼	SZ-0	CONFINED-RUM、CONFINED-SUI、CONFINED-TRE、CONFINED-HIPPO		
TH 泰国	TH-0	CONFINED-RUM、CONFINED-SUI、CONFINED-TRE、CONFINED-HIPPO		
TN 突尼斯	TN-0	CONFINED-RUM、CONFINED-SUI、CONFINED-TRE、CONFINED-HIPPO		
TR 土耳其	TR-0	CONFINED-RUM、CONFINED-SUI、CONFINED-TRE、CONFINED-HIPPO		
UA 乌克兰	UA-0	CONFINED-RUM、CONFINED-SUI、CONFINED-TRE、CONFINED-HIPPO		
US 美国	US-0	CONFINED-RUM、CONFINED-SUI、CONFINED-TRE、CONFINED-HIPPO		
UY 乌拉圭	UY-0	CONFINED-RUM、CONFINED-SUI、CONFINED-TRE、CONFINED-HIPPO		
ZA 南非	ZA-0	CONFINED-RUM、CONFINED-SUI、CONFINED-TRE、CONFINED-HIPPO		
ZW 津巴布韦	ZW-0	CONFINED-RUM、CONFINED-SUI、CONFINED-TRE、CONFINED-HIPPO		

第 2 部分　第 1 部分表格第 2 栏所述的第三国或地区的区域说明

无

第 3 部分　第 1 部分表格中第 4 栏注明的特定条件

无

第 4 部分　第 1 部分表格第 5 栏注明的动物卫生保障条件

适用附件Ⅱ第 4 部分表中规定的动物卫生保障条件。

附件Ⅳ　马属动物

第1部分　第3（1）条（c）点规定的批准向欧盟出口马属动物的第三国或地区或其区域名单

ISO代码和名称（第三国或地区）	附件Ⅱ第2部分所列区域	动物卫生分组	允许进入欧盟的类别	动物卫生证书	特定条件（在第3部分具体说明）	动物卫生保障条件（在第4部分具体说明）	停止日期	开始日期
1	2	3	4	5	6	7	8	9
AE 阿拉伯联合酋长国	AE-0	E	注册马匹	EQUI-X、EQUI-TRANSIT-X、EQUI-RE-ENTRY-30、EQUI-RE-ENTRY-90-COMP、EQUI-RE-ENTRY-90-RACE				
AR 阿根廷	AR-0	D	注册马匹；注册的马科动物；其他不用于屠宰的马科动物；供屠宰的马科动物	EQUI-X、EQUI-TRANSIT-X、EQUI-RE-ENTRY-30、EQUI-RE-ENTRY-90-COMP、EQUI-RE-ENTRY-90-RACE、EQUI-RE-ENTRY-30、EQUI-RE-ENTRY-90-COMP、EQUI-RE-ENTRY-90-RACE				
AU 澳大利亚	AU-0	A	注册马匹；注册的马科动物；其他不用于屠宰的马科动物；供屠宰的马科动物	EQUI-X、EQUI-TRANSIT-X、EQUI-RE-ENTRY-30、EQUI-RE-ENTRY-90-COMP、EQUI-RE-ENTRY-90-RACE、EQUI-RE-ENTRY-30、EQUI-RE-ENTRY-90-COMP、EQUI-RE-ENTRY-90-RACE				
BA 波斯尼亚和黑塞哥维那	BA-0	B	注册马匹	EQUI-X、EQUI-TRANSIT-X、EQUI-RE-ENTRY-30、EQUI-RE-ENTRY-90-COMP、EQUI-RE-ENTRY-90-RACE				
BB 巴巴多斯	BB-0	D	注册马匹	EQUI-X、EQUI-TRANSIT-X、EQUI-RE-ENTRY-30、EQUI-RE-ENTRY-90-COMP、EQUI-RE-ENTRY-90-RACE				

续表1

ISO 代码和名称（第三国或地区）	附件 II 第 2 部分所列区域	动物卫生分组	允许进入欧盟的类别	动物卫生证书	特定条件（在第 3 部分具体说明）	动物卫生保障条件（在第 4 部分具体说明）	停止日期	开始日期
1	2	3	4	5	6	7	8	9
BH 巴林	BH-0	D	注册马匹	EQUI-X、EQUI-TRANSIT-X、EQUI-RE-ENTRY-30、EQUI-RE-ENTRY-90-COMP、EQUI-RE-ENTRY-90-RACE				
BM 百慕大	BM-0	D	注册马匹	EQUI-X、EQUI-TRANSIT-X、EQUI-RE-ENTRY-30、EQUI-RE-ENTRY-90-COMP、EQUI-RE-ENTRY-90-RACE				
BO 玻利维亚	BO-0	D	注册马匹	EQUI-X、EQUI-TRANSIT-X、EQUI-RE-ENTRY-30、EQUI-RE-ENTRY-90-COMP、EQUI-RE-ENTRY-90-RACE				
BR 巴西	BR-1	D	注册马匹	EQUI-X、EQUI-TRANSIT-X、EQUI-RE-ENTRY-30、EQUI-RE-ENTRY-90-COMP、EQUI-RE-ENTRY-90-RACE				
BY 白俄罗斯	BY-0	B	注册马匹；注册的马科动物；其他不用于屠宰的马科动物；供屠宰的马科动物	EQUI-X、EQUI-TRANSIT-X、EQUI-RE-ENTRY-30、EQUI-RE-ENTRY-90-COMP、EQUI-RE-ENTRY-90-RACE、EQUI-RE-ENTRY-30、EQUI-RE-ENTRY-90-COMP、EQUI-RE-ENTRY-90-RACE				
CA 加拿大	CA-0	C	注册马匹；注册的马科动物；其他不用于屠宰的马科动物；供屠宰的马科动物	EQUI-X、EQUI-TRANSIT-X、EQUI-RE-ENTRY-30、EQUI-RE-ENTRY-90-COMP、EQUI-RE-ENTRY-90-RACE、EQUI-RE-ENTRY-30、EQUI-RE-ENTRY-90-COMP、EQUI-RE-ENTRY-90-RACE				

续表2

ISO 代码和名称（第三国或地区）	附件 II 第 2 部分所列区域	动物卫生分组	允许进入欧盟的类别	动物卫生证书	特定条件（在第 3 部分具体说明）	动物卫生保障条件（在第 4 部分具体说明）	停止日期	开始日期
1	2	3	4	5	6	7	8	9
CH 瑞士	CH-0	A	遵守附件 I 第 7 点所述协定					
CL 智利	CL-0	C	注册马匹；注册的记马科动物；其他不用于屠宰的马科动物；供屠宰的马科动物	EQUI-X、EQUI-TRANSIT-X、EQUI-RE-ENTRY-30、EQUI-RE-ENTRY-90-COMP、EQUI-RE-ENTRY-90-RACE、EQUI-RE-ENTRY-30、EQUI-RE-ENTRY-90-COMP、EQUI-RE-ENTRY-90-RACE				
CN 中国	CN-1	G	注册马匹	EQUI-X、EQUI-TRANSIT-X、EQUI-RE-ENTRY-30、EQUI-RE-ENTRY-90-COMP、EQUI-RE-ENTRY-90-RACE				
	CN-2	G	注册马匹	EQUI-RE-ENTRY-30、EQUI-RE-ENTRY-90-COMP				
CR 哥斯达黎加	CR-1	D	注册马匹	EQUI-RE-ENTRY-30、EQUI-RE-ENTRY-90-COMP、EQUI-RE-ENTRY-90-RACE				
CU 古巴	CU-0	D	注册马匹	EQUI-X、EQUI-TRANSIT-X、EQUI-RE-ENTRY-30、EQUI-RE-ENTRY-90-COMP、EQUI-RE-ENTRY-90-RACE				
DZ 阿尔及利亚	DZ-0	E	注册马匹；注册的马科动物；其他不用于屠宰的马科动物；供屠宰的马科动物	EQUI-X、EQUI-TRANSIT-X、EQUI-RE-ENTRY-30、EQUI-RE-ENTRY-90-COMP、EQUI-RE-ENTRY-90-RACE、EQUI-RE-ENTRY-30、EQUI-RE-ENTRY-90-COMP、EQUI-RE-ENTRY-90-RACE				

续表3

ISO 代码和名称（第三国或地区）	附件Ⅱ第 2 部分所列区域	动物卫生分组	允许进入欧盟的类别	动物卫生证书	特定条件（在第 3 部分具体说明）	动物卫生保障条件（在第 4 部分具体说明）	停止日期	开始日期
1	2	3	4	5	6	7	8	9
EG 埃及	EG-1	E	注册马匹	EQUI-X、EQUI-TRANSIT-X				
FK 马尔维纳斯群岛	FK-0	A	注册马匹；注册的马科动物；其他非屠宰的马类动物；	EQUI-X、EQUI-TRANSIT-X、EQUI-RE-ENTRY-30、EQUI-RE-ENTRY-90-COMP、EQUI-RE-ENTRY-90-RACE				
GB 英国	GB-0	A	注册马匹；注册的马科动物；其他不用于屠宰的马科动物；供屠宰的马科动物	EQUI-X、EQUI-TRANSIT-X、EQUI-RE-ENTRY-30、EQUI-RE-ENTRY-90-COMP、EQUI-RE-ENTRY-90-RACEEQUI-RE-ENTRY-30、EQUI-RE-ENTRY-90-COMP、EQUI-RE-ENTRY-90-RACE				
GG 根西岛	GG-0	A	注册马匹；注册的马科动物；其他非屠宰的马类动物；	EQUI-X、EQUI-TRANSIT-X、EQUI-RE-ENTRY-30、EQUI-RE-ENTRY-90-COMP、EQUI-RE-ENTRY-90-RACE				

续表4

ISO 代码和名称（第三国或地区）	附件 II 第 2 部分所列区域	动物卫生分组	允许进入欧盟的类别	动物卫生证书	特定条件（在第 3 部分具体说明）	动物卫生保障条件（在第 4 部分具体说明）	停止日期	开始日期
1	2	3	4	5	6	7	8	9
GL 格陵兰	GL–0	A	注册马匹；注册的马科动物；其他不用于屠宰的马科动物；供屠宰的马科动物	EQUI–X、EQUI–TRANSIT–X、EQUI–RE–ENTRY–30、EQUI–RE–ENTRY–90–COMP、EQUI–RE–ENTRY–90–RACE、EQUI–RE–ENTRY–30、EQUI–RE–ENTRY–90–COMP、EQUI–RE–ENTRY–90–RACE				
HK 中国香港	HK–0	G	注册马匹	EQUI–X、EQUI–TRANSIT–X、EQUI–RE–ENTRY–30、EQUI–RE–ENTRY–90–COMP、EQUI–RE–ENTRY–90–RACE				
IL 以色列	IL–0	E	注册马匹；注册的马科动物；其他不用于屠宰的马科动物；供屠宰的马科动物	EQUI–X、EQUI–TRANSIT–X、EQUI–RE–ENTRY–30、EQUI–RE–ENTRY–90–COMP、EQUI–RE–ENTRY–90–RACE、EQUI–RE–ENTRY–30、EQUI–RE–ENTRY–90–COMP、EQUI–RE–ENTRY–90–RACE				
IM 马恩岛	IM–0	A	注册马匹；注册的马科动物；其他非屠宰的马类动物	EQUI–X、EQUI–TRANSIT–X、EQUI–RE–ENTRY–30、EQUI–RE–ENTRY–90–COMP、EQUI–RE–ENTRY–90–RACE				

续表5

ISO 代码和名称（第三国或地区）	附件 II 第 2 部分所列区域	动物卫生分组	允许进入欧盟的类别	动物卫生证书	特定条件（在第 3 部分具体说明）	动物卫生保障条件（在第 4 部分具体说明）	停止日期	开始日期
1	2	3	4	5	6	7	8	9
IS 冰岛	IS-0	A	注册马匹；注册的马科动物；其他不用于屠宰的马科动物；供屠宰的马科动物	EQUI-X、EQUI-TRANSIT-X、EQUI-RE-ENTRY-30、EQUI-RE-ENTRY-90-COMP、EQUI-RE-ENTRY-90-RACE、EQUI-RE-ENTRY-30、EQUI-RE-ENTRY-90-COMP、EQUI-RE-ENTRY-90-RACE				
JE 泽西岛	JE-0	A	注册马匹；注册的马科动物；其他非屠宰的马类动物	EQUI-X、EQUI-TRANSIT-X、EQUI-RE-ENTRY-30、EQUI-RE-ENTRY-90-COMP、EQUI-RE-ENTRY-90-RACE				
JM 牙买加	JM-0	D	注册马匹	EQUI-X、EQUI-TRANSIT-X、EQUI-RE-ENTRY-30、EQUI-RE-ENTRY-90-COMP、EQUI-RE-ENTRY-90-RACE				
JO 约旦	JO-0	E	注册马匹	EQUI-X、EQUI-TRANSIT-X、EQUI-RE-ENTRY-30、EQUI-RE-ENTRY-90-COMP、EQUI-RE-ENTRY-90-RACE				
JP 日本	JP-0	G	注册马匹	EQUI-X、EQUI-TRANSIT-X、EQUI-RE-ENTRY-30、EQUI-RE-ENTRY-90-COMP、EQUI-RE-ENTRY-90-RACE				
KG 吉尔吉斯斯坦	KG-1	B	注册马匹	EQUI-X、EQUI-TRANSIT-X				
KR 韩国	KR-0	G	注册马匹	EQUI-X、EQUI-TRANSIT-X、EQUI-RE-ENTRY-30、EQUI-RE-ENTRY-90-COMP、EQUI-RE-ENTRY-90-RACE				

续表6

ISO 代码和名称（第三国或地区）	附件 II 第 2 部分所列区域	动物卫生分组	允许进入欧盟的类别	动物卫生证书	特定条件（在第 3 部分具体说明）	动物卫生保障条件（在第 4 部分具体说明）	停止日期	开始日期
1	2	3	4	5	6	7	8	9
KW 科威特	KW-0	E	注册马匹	EQUI-X、EQUI-TRANSIT-X、EQUI-RE-ENTRY-30、EQUI-RE-ENTRY-90-COMP、EQUI-RE-ENTRY-90-RACE			2019 年 11 月 28 日	2020 年 11 月 27 日（暂停后重启时间）
LB 黎巴嫩	LB-0	E	注册马匹	EQUI-X、EQUI-TRANSIT-X、EQUI-RE-ENTRY-30、EQUI-RE-ENTRY-90-COMP、EQUI-RE-ENTRY-90-RACE				
MA 摩洛哥	MA-0	E	注册马匹；注册的马科动物；其他不用于屠宰的马科动物；供屠宰的马科动物	EQUI-X、EQUI-TRANSIT-X、EQUI-RE-ENTRY-30、EQUI-RE-ENTRY-90-COMP、EQUI-RE-ENTRY-90-RACE、EQUI-RE-ENTRY-30、EQUI-RE-ENTRY-90-COMP、EQUI-RE-ENTRY-90-RACE				
ME 黑山共和国	ME-0	B	注册马匹；注册的马科动物；其他不用于屠宰的马科动物；供屠宰的马科动物	EQUI-X、EQUI-TRANSIT-X、EQUI-RE-ENTRY-30、EQUI-RE-ENTRY-90-COMP、EQUI-RE-ENTRY-90-RACE、EQUI-RE-ENTRY-30、EQUI-RE-ENTRY-90-COMP、EQUI-RE-ENTRY-90-RACE				

续表7

ISO 代码和名称（第三国或地区）	附件 II 第 2 部分所列区域	动物卫生分组	允许进入欧盟的类别	动物卫生证书	特定条件（在第 3 部分具体说明）	动物卫生保障条件（在第 4 部分具体说明）	停止日期	开始日期
1	2	3	4	5	6	7	8	9
MK 北马其顿共和国	MK-0	B	注册马匹；注册的马科动物；其他不用于屠宰的马科动物；供屠宰的马科动物	EQUI-X、EQUI-TRANSIT-X、EQUI-RE-ENTRY-30、EQUI-RE-ENTRY-90-COMP、EQUI-RE-ENTRY-90-RACEEQUI-RE-ENTRY-30、EQUI-RE-ENTRY-90-COMP、EQUI-RE-ENTRY-90-RACE				
MO 中国澳门	MO-0	G	注册马匹	EQUI-X、EQUI-TRANSIT-X、EQUI-RE-ENTRY-30、EQUI-RE-ENTRY-90-COMP、EQUI-RE-ENTRY-90-RACE				
MY 马来西亚	MY-1	E	注册马匹	EQUI-X、EQUI-TRANSIT-X、EQUI-RE-ENTRY-30、EQUI-RE-ENTRY-90-COMP、EQUI-RE-ENTRY-90-RACE			2020 年 9 月 7 日	
MU 毛里求斯	MU-0	E	注册马匹	EQUI-X、EQUI-TRANSIT-X				
MX 墨西哥	MX-1	C	注册马匹	EQUI-RE-ENTRY-30、EQUI-RE-ENTRY-90-COMP、EQUI-RE-ENTRY-90-RACE				
	MX-2	C	注册马匹；注册的马科动物；其他非屠宰的马类动物；	EQUI-X、EQUI-TRANSIT-X、EQUI-RE-ENTRY-30、EQUI-RE-ENTRY-90-COMP、EQUI-RE-ENTRY-90-RACE				

续表8

ISO 代码和名称（第三国或地区）	附件Ⅱ第2部分所列区域	动物卫生分组	允许进入欧盟的类别	动物卫生证书	特定条件（在第3部分具体说明）	动物卫生保障条件（在第4部分具体说明）	停止日期	开始日期
1	2	3	4	5	6	7	8	9
NZ 新西兰	NZ-0	A	注册马匹；注册的马科动物；其他不用于屠宰的马科动物；供屠宰的马科动物	EQUI-X、EQUI-TRANSIT-X、EQUI-RE-ENTRY-30、EQUI-RE-ENTRY-90-COMP、EQUI-RE-ENTRY-90-RACE、EQUI-RE-ENTRY-30、EQUI-RE-ENTRY-90-COMP、EQUI-RE-ENTRY-90-RACE				
OM 阿曼	OM-0	E	注册马匹	EQUI-X、EQUI-TRANSIT-X、EQUI-RE-ENTRY-30、EQUI-RE-ENTRY-90-COMP、EQUI-RE-ENTRY-90-RACE				
PE 秘鲁	PE-1	D	注册马匹	EQUI-X、EQUI-TRANSIT-X、EQUI-RE-ENTRY-30、EQUI-RE-ENTRY-90-COMP、EQUI-RE-ENTRY-90-RACE				
PM 圣皮埃尔和密克隆群岛	PM-0	A	注册马匹；注册的马科动物；其他不用于屠宰的马科动物；供屠宰的马科动物	EQUI-X、EQUI-TRANSIT-X、EQUI-Y、EQUI-TRANSIT-Y				

续表9

ISO 代码和名称（第三国或地区）	附件 II 第 2 部分所列区域	动物卫生分组	允许进入欧盟的类别	动物卫生证书	特定条件（在第 3 部分具体说明）	动物卫生保障条件（在第 4 部分具体说明）	停止日期	开始日期
1	2	3	4	5	6	7	8	9
PY 巴拉圭	PY-0	D	注册马匹；注册的马科动物；其他不用于屠宰的马科动物；供屠宰的马科动物	EQUI-X、EQUI-TRANSIT-X、EQUI-RE-ENTRY-30、EQUI-RE-ENTRY-90-COMP、EQUI-RE-ENTRY-90-RACE、EQUI-RE-ENTRY-30、EQUI-RE-ENTRY-90-COMP、EQUI-RE-ENTRY-90-RACE				
QA 卡塔尔	QA-0	E	注册马匹	EQUI-X、EQUI-TRANSIT-X、EQUI-RE-ENTRY-30、EQUI-RE-ENTRY-90-COMP、EQUI-RE-ENTRY-90-RACE				
RS 塞尔维亚	RS-0	B	注册马匹；注册的马科动物；其他不用于屠宰的马科动物；供屠宰的马科动物	EQUI-X、EQUI-TRANSIT-X、EQUI-RE-ENTRY-30、EQUI-RE-ENTRY-90-COMP、EQUI-RE-ENTRY-90-RACE、EQUI-RE-ENTRY-30、EQUI-RE-ENTRY-90-COMP、EQUI-RE-ENTRY-90-RACE				

续表10

ISO 代码和名称（第三国或地区）	附件Ⅱ第 2 部分所列区域	动物卫生分组	允许进入欧盟的类别	动物卫生证书	特定条件（在第 3 部分具体说明）	动物卫生保障条件（在第 4 部分具体说明）	停止日期	开始日期
1	2	3	4	5	6	7	8	9
RU 俄罗斯	RU-1	B	注册马匹；注册的马科动物；其他不用于屠宰的马科动物；供屠宰的马科动物	EQUI-X、EQUI-TRANSIT-X、EQUI-RE-ENTRY-30、EQUI-RE-ENTRY-90-COMP、EQUI-RE-ENTRY-90-RACE、EQUI-RE-ENTRY-30、EQUI-RE-ENTRY-90-COMP、EQUI-RE-ENTRY-90-RACE				
	RU-2	B	注册马匹；注册的马科动物；其他不用于屠宰的马科动物；供屠宰的马科动物	EQUI-X、EQUI-TRANSIT-X、EQUI-RE-ENTRY-30、EQUI-RE-ENTRY-90-COMP、EQUI-RE-ENTRY-90-RACE、EQUI-RE-ENTRY-30、EQUI-RE-ENTRY-90-COMP、EQUI-RE-ENTRY-90-RACE				
	RU-3	B	注册马匹；注册的马科动物；其他不用于屠宰的马科动物；供屠宰的马科动物	EQUI-X、EQUI-TRANSIT-X、EQUI-RE-ENTRY-30、EQUI-RE-ENTRY-90-COMP、EQUI-RE-ENTRY-90-RACE、EQUI-RE-ENTRY-30、EQUI-RE-ENTRY-90-COMP、EQUI-RE-ENTRY-90-RACE				
SA 沙特阿拉伯	SA-1	E	注册马匹	EQUI-X、EQUI-TRANSIT-X、EQUI-RE-ENTRY-30、EQUI-RE-ENTRY-90-COMP、EQUI-RE-ENTRY-90-RACE				

续表11

ISO 代码和名称（第三国或地区）	附件 II 第 2 部分所列区域	动物卫生分组	允许进入欧盟的类别	动物卫生证书	特定条件（在第 3 部分具体说明）	动物卫生保障条件（在第 4 部分具体说明）	停止日期	开始日期
1	2	3	4	5	6	7	8	9
SG 新加坡	SG-0	G	注册马匹	EQUI-X、EQUI-TRANSIT-X、EQUI-RE-ENTRY-30、EQUI-RE-ENTRY-90-COMP、EQUI-RE-ENTRY-90-RACE				
TH 泰国	TH-0	E	注册马匹	EQUI-X、EQUI-TRANSIT-X、EQUI-RE-ENTRY-30、EQUI-RE-ENTRY-90-COMP、EQUI-RE-ENTRY-90-RACE			2020 年 4 月 6 日	
TN 突尼斯	TN-0	E	注册马匹；注册的马科动物；其他不用于屠宰的马科动物；供屠宰的马科动物	EQUI-X、EQUI-TRANSIT-X、EQUI-RE-ENTRY-30、EQUI-RE-ENTRY-90-COMP、EQUI-RE-ENTRY-90-RACE、EQUI-RE-ENTRY-30、EQUI-RE-ENTRY-90-COMP、EQUI-RE-ENTRY-90-RACE				
TR 土耳其	TR-1	E	注册马匹	EQUI-X、EQUI-TRANSIT-X、EQUI-RE-ENTRY-30、EQUI-RE-ENTRY-90-COMP、EQUI-RE-ENTRY-90-RACE			2020 年 4 月	2020 年 11 月 27 日
UA 乌克兰	UA-0	B	注册马匹；注册的马科动物；其他不用于屠宰的马科动物；供屠宰的马科动物	EQUI-X、EQUI-TRANSIT-X、EQUI-RE-ENTRY-30、EQUI-RE-ENTRY-90-COMP、EQUI-RE-ENTRY-90-RACE、EQUI-RE-ENTRY-30、EQUI-RE-ENTRY-90-COMP、EQUI-RE-ENTRY-90-RACE				

续表12

ISO 代码和名称（第三国或地区）	附件Ⅱ第 2 部分所列区域	动物卫生分组	允许进入欧盟的类别	动物卫生证书	特定条件（在第 3 部分具体说明）	动物卫生保障条件（在第 4 部分具体说明）	停止日期	开始日期
1	2	3	4	5	6	7	8	9
US 美国	US-0	C	注册马匹；注册的马科动物；其他不用于屠宰的马科动物；供屠宰的马科动物	EQUI-X、EQUI-TRANSIT-X、EQUI-RE-ENTRY-30、EQUI-RE-ENTRY-90-COMP、EQUI-RE-ENTRY-90-RACE、EQUI-RE-ENTRY-30、EQUI-RE-ENTRY-90-COMP、EQUI-RE-ENTRY-90-RACE				
UY 乌拉圭	UY-0	D	注册马匹；注册的马科动物；其他不用于屠宰的马科动物；供屠宰的马科动物	EQUI-X、EQUI-TRANSIT-X、EQUI-RE-ENTRY-30、EQUI-RE-ENTRY-90-COMP、EQUI-RE-ENTRY-90-RACEEQUI-RE-ENTRY-30、EQUI-RE-ENTRY-90-COMP、EQUI-RE-ENTRY-90-RACE				
ZA 南非	ZA-1	F	注册马匹	EQUI-X、EQUI-TRANSIT-X	欧盟委员会 2008/698/EC 号决议		2011 年 5 月 3 日	

第 2 部分　第 1 部分表格第 2 栏所述的第三国或地区的区域说明（中国关境以外的略）

<table>
<tr><th>第三国或地区名称</th><th>区域代码</th><th>区域描述</th></tr>
<tr><td rowspan="2">中国</td><td>CN-1</td><td>广东省广州市从化区马匹无疫区，包括进出广州和香港机场的生物安全公路通道（详见下文）。
广东省内特定的马匹无疫区，划分如下：
核心区：从化区岭口镇瑞水村的马场，方圆 5 千米范围内由 105 国道的公路管制站管制。
监管区：核心区周边从化区所有行政区域，面积为 2009 平方千米。
保护区：
监管区周围下列连续行政区划的外部边界：
——白云区、从化区；
——广州市花都区；
——增城区；
——清远市清城区行政区划；
——佛冈县；
——新丰县；
——龙门县。
生物安全公路通道：连接马匹无疫区与广州和香港机场的公路网络系统，在该地区进行积极的疾病监测。
入境前检疫：主管部门指定的保护区内的检疫设施，用于来自中国其他地区的马科动物进入马匹无疫区。</td></tr>
<tr><td>CN-2</td><td>上海 2010 年世博会园区全球冠军巡回赛场馆及上海大都市区浦东新区北部、闵行区东部通往上海浦东国际机场的通道（详见下文）。
上海大都市区范围内区域划分：
西部边界：黄浦江北江口至大治河分岔处。
南部边界：从黄浦江分岔处至大治河东河口。
北部和东部边界：海岸线。</td></tr>
</table>

第 3 部分　第 1 部分表格第 6 栏所述的特定条件

无

第 4 部分　第 1 部分所列表格的第 7 栏所述的动物卫生保障条件

无

附件Ⅴ 家禽和家禽的繁殖材料

第1部分 第3（1）条（d）点规定的批准向欧盟出口家禽和家禽繁殖材料的第三国或地区或其区域名单

ISO代码和名称（第三国或地区）	第2部分所列区域	允许进入欧盟的类别	动物卫生证书	特定条件（在第3部分具体说明）	动物卫生保障条件（在第4部分具体说明）	停止日期	开始日期
1	2	3	4	5	6	7	8
AR 阿根廷	AR-0	无特定病原体蛋	SPF				
AU 澳大利亚	AU-0	无特定病原体蛋	SPF				
		育种家禽（不含平胸鸟类）和生殖家禽（不含平胸鸟类）	BPP	P1		2020年7月31日	2021年7月20日
		育种平胸鸟类和生殖平胸鸟类	BPR	C、P1		2020年7月31日	2021年7月20日
		日龄雏鸡（不含平胸鸟类）	DOC	P1		2020年7月31日	2021年7月20日
		平胸鸟类的日龄雏鸟	DOR	C、P1		2020年7月31日	2021年7月20日
		供屠宰的家禽（不含平胸鸟类）	SP	P1		2020年7月31日	2021年7月20日
		少于20只家禽（不含平胸鸟类）	POU-LT20	P1		2020年7月31日	2021年7月20日
		家禽的孵化蛋（不含平胸鸟类）	HEP	P1		2020年7月31日	2021年7月20日
		平胸鸟类的孵化蛋	HER	C、P1		2020年7月31日	2021年7月20日
		家禽的孵化蛋少于20个（不含平胸鸟类）	HE-LT20	P1		2020年7月31日	2021年7月20日
BR 巴西	BR-0	无特定病原体蛋	SPF				
	BR-1	育种平胸鸟类和生殖平胸鸟类	BPR	N			
		平胸鸟类的日龄雏鸟	DOR	N			
		供屠宰的平胸鸟类	SR	N			
		平胸鸟类的孵化蛋	HER	N			

续表1

ISO 代码和名称（第三国或地区）	第 2 部分所列区域	允许进入欧盟的类别	动物卫生证书	特定条件（在第 3 部分具体说明）	动物卫生保障条件（在第 4 部分具体说明）	停止日期	开始日期
1	2	3	4	5	6	7	8
BR 巴西	BR-2	育种家禽（不含平胸鸟类）和生殖家禽（不含平胸鸟类）	BPP	N			
		供屠宰的家禽（不含平胸鸟类）	SP	N			
		日龄雏鸡（不含平胸鸟类）	DOC	N			
		少于 20 只家禽（不含平胸鸟类）	POU-LT20	N			
		家禽的孵化蛋（不含平胸鸟类）	HEP	N			
		家禽的孵化蛋少于 20 个（不含平胸鸟类）	HE-LT20	N			
BW 博茨瓦纳	BW-0	育种平胸鸟类和生殖平胸鸟类	BPR		C		
		平胸鸟类的日龄雏鸟	DOR		C		
		无特定病原体蛋	SPF				
		平胸鸟类的孵化蛋	HER		C		
CA 加拿大	CA-0	无特定病原体蛋	SPF				
	CA-1	育种家禽（不含平胸鸟类）和生殖家禽（不含平胸鸟类）	BPP	N			
		育种平胸鸟类和生殖平胸鸟类	BPR	N			
		日龄雏鸡（不含平胸鸟类）	DOC	N			
		平胸鸟类的日龄雏鸟	DOR	N			
		供屠宰的家禽（不含平胸鸟类）	SP	N			
		供屠宰的平胸鸟类	SR	N			

续表2

ISO 代码和名称（第三国或地区）	第 2 部分所列区域	允许进入欧盟的类别	动物卫生证书	特定条件（在第 3 部分具体说明）	动物卫生保障条件（在第 4 部分具体说明）	停止日期	开始日期
1	2	3	4	5	6	7	8
CA 加拿大	CA-1	少于 20 只家禽（不含平胸鸟类）	POU-LT20	N			
		家禽的孵化蛋（不含平胸鸟类）	HEP	N			
		平胸鸟类的孵化蛋	HER	N			
		家禽的孵化蛋少于 20 个（不含平胸鸟类）	HE-LT20	N			
	CA-2	-	-				
CH 瑞士	CH-0	遵守附件 I 第 7 点所述协定					
CL 智利	CL-0	育种家禽（不含平胸鸟类）和生殖家禽（不含平胸鸟类）	BPP	N			
		育种平胸鸟类和生殖平胸鸟类	BPR	N			
		日龄雏鸡（不含平胸鸟类）	DOC	N			
		平胸鸟类的日龄雏鸟	DOR	N			
		供屠宰的家禽（不含平胸鸟类）	SP	N			
		供屠宰的平胸鸟类	SR	N			
		少于 20 只家禽（不含平胸鸟类）	POU-LT20	N			
		无特定病原体蛋	SPF				
		家禽的孵化蛋（不含平胸鸟类）	HEP	N			
		平胸鸟类的孵化蛋	HER	N			
		家禽的孵化蛋少于 20 个（不含平胸鸟类）	HE-LT20	N			

续表3

ISO 代码和名称（第三国或地区）	第 2 部分所列区域	允许进入欧盟的类别	动物卫生证书	特定条件（在第 3 部分具体说明）	动物卫生保障条件（在第 4 部分具体说明）	停止日期	开始日期
1	2	3	4	5	6	7	8
GB 英国	GB-0	无特定病原体蛋	SPF				
	GB-1	育种家禽（不含平胸鸟类）和生殖家禽（不含平胸鸟类）	BPP	N			
		育种平胸鸟类和生殖平胸鸟类	BPR	N			
		日龄雏鸡（不含平胸鸟类）	DOC	N			
		平胸鸟类的日龄雏鸟	DOR	N			
		供屠宰的家禽（不含平胸鸟类）	SP	N			
		供屠宰的平胸鸟类	SR	N			
		少于 20 只家禽（不含平胸鸟类）	POU-LT20	N			
		家禽的孵化蛋（不含平胸鸟类）	HEP	N			
		平胸鸟类的孵化蛋	HER	N			
		家禽的孵化蛋少于 20 个（不含平胸鸟类）	HE-LT20	N			
	GB-2						
	GB-2.1	育种家禽（不含平胸鸟类）和生殖家禽（不含平胸鸟类）	BPP	N、P1		2021 年 1 月 1 日	2021 年 1 月 6 日
		育种平胸鸟类和生殖平胸鸟类	BPR	N、P1		2021 年 1 月 1 日	2021 年 1 月 6 日
		日龄雏鸡（不含平胸鸟类）	DOC	N、P1		2021 年 1 月 1 日	2021 年 1 月 6 日
		平胸鸟类的日龄雏鸟	DOR	N、P1		2021 年 1 月 1 日	2021 年 1 月 6 日
		供屠宰的家禽（不含平胸鸟类）	SP	N、P1		2021 年 1 月 1 日	2021 年 1 月 6 日

续表4

ISO 代码和名称（第三国或地区）	第 2 部分所列区域	允许进入欧盟的类别	动物卫生证书	特定条件（在第 3 部分具体说明）	动物卫生保障条件（在第 4 部分具体说明）	停止日期	开始日期
1	2	3	4	5	6	7	8
GB 英国	GB-2. 1	供屠宰的平胸鸟类	SR	N、P1		2021 年 1 月 1 日	2021 年 1 月 6 日
		少于 20 只家禽（不含平胸鸟类）	POU-LT20	N、P1		2021 年 1 月 1 日	2021 年 1 月 6 日
		家禽的孵化蛋（不含平胸鸟类）	HEP	N、P1		2021 年 1 月 1 日	2021 年 1 月 6 日
		平胸鸟类的孵化蛋	HER	N、P1		2021 年 1 月 1 日	2021 年 1 月 6 日
		家禽的孵化蛋少于 20 个（不含平胸鸟类）	HE-LT20	N、P1		2021 年 1 月 1 日	2021 年 1 月 6 日
	GB-2. 2	育种家禽（不含平胸鸟类）和生殖家禽（不含平胸鸟类）	BPP	N、P1		2021 年 1 月 1 日	2021 年 1 月 8 日
		育种平胸鸟类和生殖平胸鸟类	BPR	N、P1		2021 年 1 月 1 日	2021 年 1 月 8 日
		日龄雏鸡（不含平胸鸟类）	DOC	N、P1		2021 年 1 月 1 日	2021 年 1 月 8 日
		平胸鸟类的日龄雏鸟	DOR	N、P1		2021 年 1 月 1 日	2021 年 1 月 8 日
		供屠宰的家禽（不含平胸鸟类）	SP	N、P1		2021 年 1 月 1 日	2021 年 1 月 8 日
		供屠宰的平胸鸟类	SR	N、P1		2021 年 1 月 1 日	2021 年 1 月 8 日
		少于 20 只家禽（不含平胸鸟类）	POU-LT20	N、P1		2021 年 1 月 1 日	2021 年 1 月 8 日
		家禽的孵化蛋（不含平胸鸟类）	HEP	N、P1		2021 年 1 月 1 日	2021 年 1 月 8 日
		平胸鸟类的孵化蛋	HER	N、P1		2021 年 1 月 1 日	2021 年 1 月 8 日
		家禽的孵化蛋少于 20 个（不含平胸鸟类）	HE-LT20	N、P1		2021 年 1 月 1 日	2021 年 1 月 8 日

续表5

ISO 代码和名称（第三国或地区）	第 2 部分所列区域	允许进入欧盟的类别	动物卫生证书	特定条件（在第 3 部分具体说明）	动物卫生保障条件（在第 4 部分具体说明）	停止日期	开始日期
1	2	3	4	5	6	7	8
GB 英国	GB-2. 3	育种家禽（不含平胸鸟类）和生殖家禽（不含平胸鸟类）	BPP	N、P1		2021 年 1 月 1 日	2021 年 1 月 10 日
		育种平胸鸟类和生殖平胸鸟类	BPR	N、P1		2021 年 1 月 1 日	2021 年 1 月 10 日
		日龄雏鸡（不含平胸鸟类）	DOC	N、P1		2021 年 1 月 1 日	2021 年 1 月 10 日
		平胸鸟类的日龄雏鸟	DOR	N、P1		2021 年 1 月 1 日	2021 年 1 月 10 日
		供屠宰的家禽（不含平胸鸟类）	SP	N、P1		2021 年 1 月 1 日	2021 年 1 月 10 日
		供屠宰的平胸鸟类	SR	N、P1		2021 年 1 月 1 日	2021 年 1 月 10 日
		少于 20 只家禽（不含平胸鸟类）	POU-LT20	N、P1		2021 年 1 月 1 日	2021 年 1 月 10 日
		家禽的孵化蛋（不含平胸鸟类）	HEP	N、P1		2021 年 1 月 1 日	2021 年 1 月 10 日
		平胸鸟类的孵化蛋	HER	N、P1		2021 年 1 月 1 日	2021 年 1 月 10 日
		家禽的孵化蛋少于 20 个（不含平胸鸟类）	HE-LT20	N、P1		2021 年 1 月 1 日	2021 年 1 月 10 日
	GB-2. 4	育种家禽（不含平胸鸟类）和生殖家禽（不含平胸鸟类）	BPP	N、P1		2021 年 1 月 1 日	2021 年 1 月 11 日
		育种平胸鸟类和生殖平胸鸟类	BPR	N、P1		2021 年 1 月 1 日	2021 年 1 月 11 日
		日龄雏鸡（不含平胸鸟类）	DOC	N、P1		2021 年 1 月 1 日	2021 年 1 月 11 日
		平胸鸟类的日龄雏鸟	DOR	N、P1		2021 年 1 月 1 日	2021 年 1 月 11 日
		供屠宰的家禽（不含平胸鸟类）	SP	N、P1		2021 年 1 月 1 日	2021 年 1 月 11 日
		供屠宰的平胸鸟类	SR	N、P1		2021 年 1 月 1 日	2021 年 1 月 11 日
		少于 20 只家禽（不含平胸鸟类）	POU-LT20	N、P1		2021 年 1 月 1 日	2021 年 1 月 11 日
		家禽的孵化蛋（不含平胸鸟类）	HEP	N、P1		2021 年 1 月 1 日	2021 年 1 月 11 日
		平胸鸟类的孵化蛋	HER	N、P1		2021 年 1 月 1 日	2021 年 1 月 11 日
		家禽的孵化蛋少于 20 个（不含平胸鸟类）	HE-LT20	N、P1		2021 年 1 月 1 日	2021 年 1 月 11 日

续表6

ISO 代码和名称（第三国或地区）	第 2 部分所列区域	允许进入欧盟的类别	动物卫生证书	特定条件（在第 3 部分具体说明）	动物卫生保障条件（在第 4 部分具体说明）	停止日期	开始日期
1	2	3	4	5	6	7	8
GB 英国	GB-2.5	育种家禽（不含平胸鸟类）和生殖家禽（不含平胸鸟类）	BPP	N、P1		2021 年 1 月 1 日	2021 年 1 月 17 日
		育种平胸鸟类和生殖平胸鸟类	BPR	N、P1		2021 年 1 月 1 日	2021 年 1 月 17 日
		日龄雏鸡（不含平胸鸟类）	DOC	N、P1		2021 年 1 月 1 日	2021 年 1 月 17 日
		平胸鸟类的日龄雏鸟	DOR	N、P1		2021 年 1 月 1 日	2021 年 1 月 17 日
		供屠宰的家禽（不含平胸鸟类）	SP	N、P1		2021 年 1 月 1 日	2021 年 1 月 17 日
		供屠宰的平胸鸟类	SR	N、P1		2021 年 1 月 1 日	2021 年 1 月 17 日
		少于 20 只家禽（不含平胸鸟类）	POU-LT20	N、P1		2021 年 1 月 1 日	2021 年 1 月 17 日
		家禽的孵化蛋（不含平胸鸟类）	HEP	N、P1		2021 年 1 月 1 日	2021 年 1 月 17 日
		平胸鸟类的孵化蛋	HER	N、P1		2021 年 1 月 1 日	2021 年 1 月 17 日
		家禽的孵化蛋少于 20 个（不含平胸鸟类）	HE-LT20	N、P1		2021 年 1 月 1 日	2021 年 1 月 17 日
	GB-2.6	育种家禽（不含平胸鸟类）和生殖家禽（不含平胸鸟类）	BPP	N、P1		2021 年 1 月 1 日	2021 年 1 月 19 日
		育种平胸鸟类和生殖平胸鸟类	BPR	N、P1		2021 年 1 月 1 日	2021 年 1 月 19 日
		日龄雏鸡（不含平胸鸟类）	DOC	N、P1		2021 年 1 月 1 日	2021 年 1 月 19 日
		平胸鸟类的日龄雏鸟	DOR	N、P1		2021 年 1 月 1 日	2021 年 1 月 19 日
		供屠宰的家禽（不含平胸鸟类）	SP	N、P1		2021 年 1 月 1 日	2021 年 1 月 19 日
		供屠宰的平胸鸟类	SR	N、P1		2021 年 1 月 1 日	2021 年 1 月 19 日
		少于 20 只家禽（不含平胸鸟类）	POU-LT20	N、P1		2021 年 1 月 1 日	2021 年 1 月 19 日
		家禽的孵化蛋（不含平胸鸟类）	HEP	N、P1		2021 年 1 月 1 日	2021 年 1 月 19 日
		平胸鸟类的孵化蛋	HER	N、P1		2021 年 1 月 1 日	2021 年 1 月 19 日
		家禽的孵化蛋少于 20 个（不含平胸鸟类）	HE-LT20	N、P1		2021 年 1 月 1 日	2021 年 1 月 19 日

续表7

ISO代码和名称（第三国或地区）	第2部分所列区域	允许进入欧盟的类别	动物卫生证书	特定条件（在第3部分具体说明）	动物卫生保障条件（在第4部分具体说明）	停止日期	开始日期
1	2	3	4	5	6	7	8
GB英国	GB-2.7	育种家禽（不含平胸鸟类）和生殖家禽（不含平胸鸟类）	BPP	N、P1		2021年1月1日	2021年1月20日
		育种平胸鸟类和生殖平胸鸟类	BPR	N、P1		2021年1月1日	2021年1月20日
		日龄雏鸡（不含平胸鸟类）	DOC	N、P1		2021年1月1日	2021年1月20日
		平胸鸟类的日龄雏鸟	DOR	N、P1		2021年1月1日	2021年1月20日
		供屠宰的家禽（不含平胸鸟类）	SP	N、P1		2021年1月1日	2021年1月20日
		供屠宰的平胸鸟类	SR	N、P1		2021年1月1日	2021年1月20日
		少于20只家禽（不含平胸鸟类）	POU-LT20	N、P1		2021年1月1日	2021年1月20日
		家禽的孵化蛋（不含平胸鸟类）	HEP	N、P1		2021年1月1日	2021年1月20日
		平胸鸟类的孵化蛋	HER	N、P1		2021年1月1日	2021年1月20日
		家禽的孵化蛋少于20个（不含平胸鸟类）	HE-LT20	N、P1		2021年1月1日	2021年1月20日
	GB-2.8	育种家禽（不含平胸鸟类）和生殖家禽（不含平胸鸟类）	BPP	N、P1		2021年1月1日	2021年1月20日
		育种平胸鸟类和生殖平胸鸟类	BPR	N、P1		2021年1月1日	2021年1月20日
		日龄雏鸡（不含平胸鸟类）	DOC	N、P1		2021年1月1日	2021年1月20日
		平胸鸟类的日龄雏鸟	DOR	N、P1		2021年1月1日	2021年1月20日
		供屠宰的家禽（不含平胸鸟类）	SP	N、P1		2021年1月1日	2021年1月20日
		供屠宰的平胸鸟类	SR	N、P1		2021年1月1日	2021年1月20日
		少于20只家禽（不含平胸鸟类）	POU-LT20	N、P1		2021年1月1日	2021年1月20日
		家禽的孵化蛋（不含平胸鸟类）	HEP	N、P1		2021年1月1日	2021年1月20日
		平胸鸟类的孵化蛋	HER	N、P1		2021年1月1日	2021年1月20日
		家禽的孵化蛋少于20个（不含平胸鸟类）	HE-LT20	N、P1		2021年1月1日	2021年1月20日

续表8

ISO 代码和名称（第三国或地区）	第 2 部分所列区域	允许进入欧盟的类别	动物卫生证书	特定条件（在第 3 部分具体说明）	动物卫生保障条件（在第 4 部分具体说明）	停止日期	开始日期
1	2	3	4	5	6	7	8
GB 英国	GB-2. 9	育种家禽（不含平胸鸟类）和生殖家禽（不含平胸鸟类）	BPP	N、P1		2021 年 1 月 1 日	2021 年 1 月 23 日
		育种平胸鸟类和生殖平胸鸟类	BPR	N、P1		2021 年 1 月 1 日	2021 年 1 月 23 日
		日龄雏鸡（不含平胸鸟类）	DOC	N、P1		2021 年 1 月 1 日	2021 年 1 月 23 日
		平胸鸟类的日龄雏鸟	DOR	N、P1		2021 年 1 月 1 日	2021 年 1 月 23 日
		供屠宰的家禽（不含平胸鸟类）	SP	N、P1		2021 年 1 月 1 日	2021 年 1 月 23 日
		供屠宰的平胸鸟类	SR	N、P1		2021 年 1 月 1 日	2021 年 1 月 23 日
		少于 20 只家禽（不含平胸鸟类）	POU-LT20	N、P1		2021 年 1 月 1 日	2021 年 1 月 23 日
		家禽的孵化蛋（不含平胸鸟类）	HEP	N、P1		2021 年 1 月 1 日	2021 年 1 月 23 日
		平胸鸟类的孵化蛋	HER	N、P1		2021 年 1 月 1 日	2021 年 1 月 23 日
		家禽的孵化蛋少于 20 个（不含平胸鸟类）	HE-LT20	N、P1		2021 年 1 月 1 日	2021 年 1 月 23 日
	GB-2. 10	育种家禽（不含平胸鸟类）和生殖家禽（不含平胸鸟类）	BPP	N、P1		2021 年 1 月 1 日	2021 年 1 月 28 日
		育种平胸鸟类和生殖平胸鸟类	BPR	N、P1		2021 年 1 月 1 日	2021 年 1 月 28 日
		日龄雏鸡（不含平胸鸟类）	DOC	N、P1		2021 年 1 月 1 日	2021 年 1 月 28 日
		平胸鸟类的日龄雏鸟	DOR	N、P1		2021 年 1 月 1 日	2021 年 1 月 28 日
		供屠宰的家禽（不含平胸鸟类）	SP	N、P1		2021 年 1 月 1 日	2021 年 1 月 28 日
		供屠宰的平胸鸟类	SR	N、P1		2021 年 1 月 1 日	2021 年 1 月 28 日
		少于 20 只家禽（不含平胸鸟类）	POU-LT20	N、P1		2021 年 1 月 1 日	2021 年 1 月 28 日
		家禽的孵化蛋（不含平胸鸟类）	HEP	N、P1		2021 年 1 月 1 日	2021 年 1 月 28 日
		平胸鸟类的孵化蛋	HER	N、P1		2021 年 1 月 1 日	2021 年 1 月 28 日
		家禽的孵化蛋少于 20 个（不含平胸鸟类）	HE-LT20	N、P1		2021 年 1 月 1 日	2021 年 1 月 28 日

续表9

ISO 代码和名称（第三国或地区）	第 2 部分所列区域	允许进入欧盟的类别	动物卫生证书	特定条件（在第 3 部分具体说明）	动物卫生保障条件（在第 4 部分具体说明）	停止日期	开始日期
1	2	3	4	5	6	7	8
GB 英国	GB-2. 11	育种家禽（不含平胸鸟类）和生殖家禽（不含平胸鸟类）	BPP	N、P1		2021 年 1 月 1 日	2021 年 2 月 7 日
		育种平胸鸟类和生殖平胸鸟类	BPR	N、P1		2021 年 1 月 1 日	2021 年 2 月 7 日
		日龄雏鸡（不含平胸鸟类）	DOC	N、P1		2021 年 1 月 1 日	2021 年 2 月 7 日
		平胸鸟类的日龄雏鸟	DOR	N、P1		2021 年 1 月 1 日	2021 年 2 月 7 日
		供屠宰的家禽（不含平胸鸟类）	SP	N、P1		2021 年 1 月 1 日	2021 年 2 月 7 日
		供屠宰的平胸鸟类	SR	N、P1		2021 年 1 月 1 日	2021 年 2 月 7 日
		少于 20 只家禽（不含平胸鸟类）	POU-LT20	N、P1		2021 年 1 月 1 日	2021 年 2 月 7 日
		家禽的孵化蛋（不含平胸鸟类）	HEP	N、P1		2021 年 1 月 1 日	2021 年 2 月 7 日
		平胸鸟类的孵化蛋	HER	N、P1		2021 年 1 月 1 日	2021 年 2 月 7 日
		家禽的孵化蛋少于 20 个（不含平胸鸟类）	HE-LT20	N、P1		2021 年 1 月 1 日	2021 年 2 月 7 日
	GB-2. 12	育种家禽（不含平胸鸟类）和生殖家禽（不含平胸鸟类）	BPP	N、P1		2021 年 1 月 1 日	2021 年 1 月 1 日
		育种平胸鸟类和生殖平胸鸟类	BPR	N、P1		2021 年 1 月 1 日	2021 年 1 月 1 日
		日龄雏鸡（不含平胸鸟类）	DOC	N、P1		2021 年 1 月 1 日	2021 年 1 月 1 日
		平胸鸟类的日龄雏鸟	DOR	N、P1		2021 年 1 月 1 日	2021 年 1 月 1 日
		供屠宰的家禽（不含平胸鸟类）	SP	N、P1		2021 年 1 月 1 日	2021 年 1 月 1 日
		供屠宰的平胸鸟类	SR	N、P1		2021 年 1 月 1 日	2021 年 1 月 1 日
		少于 20 只家禽（不含平胸鸟类）	POU-LT20	N、P1		2021 年 1 月 1 日	2021 年 1 月 1 日
		家禽的孵化蛋（不含平胸鸟类）	HEP	N、P1		2021 年 1 月 1 日	2021 年 1 月 1 日
		平胸鸟类的孵化蛋	HER	N、P1		2021 年 1 月 1 日	2021 年 1 月 1 日
		家禽的孵化蛋少于 20 个（不含平胸鸟类）	HE-LT20	N、P1		2021 年 1 月 1 日	2021 年 1 月 1 日

续表10

ISO 代码和名称（第三国或地区）	第 2 部分所列区域	允许进入欧盟的类别	动物卫生证书	特定条件（在第 3 部分具体说明）	动物卫生保障条件（在第 4 部分具体说明）	停止日期	开始日期
1	2	3	4	5	6	7	8
GB 英国	GB-2. 13	育种家禽（不含平胸鸟类）和生殖家禽（不含平胸鸟类）	BPP	N、P1		2021 年 1 月 27 日	2021 年 5 月 1 日
		育种平胸鸟类和生殖平胸鸟类	BPR	N、P1		2021 年 1 月 27 日	2021 年 5 月 1 日
		日龄雏鸡（不含平胸鸟类）	DOC	N、P1		2021 年 1 月 27 日	2021 年 5 月 1 日
		平胸鸟类的日龄雏鸟	DOR	N、P1		2021 年 1 月 27 日	2021 年 5 月 1 日
		供屠宰的家禽（不含平胸鸟类）	SP	N、P1		2021 年 1 月 27 日	2021 年 5 月 1 日
		供屠宰的平胸鸟类	SR	N、P1		2021 年 1 月 27 日	2021 年 5 月 1 日
		少于 20 只家禽（不含平胸鸟类）	POU-LT20	N、P1		2021 年 1 月 27 日	2021 年 5 月 1 日
		家禽的孵化蛋（不含平胸鸟类）	HEP	N、P1		2021 年 1 月 27 日	2021 年 5 月 1 日
		平胸鸟类的孵化蛋	HER	N、P1		2021 年 1 月 27 日	2021 年 5 月 1 日
		家禽的孵化蛋少于 20 个（不含平胸鸟类）	HE-LT20	N、P1		2021 年 1 月 27 日	2021 年 5 月 1 日
	GB-2. 14	育种家禽（不含平胸鸟类）和生殖家禽（不含平胸鸟类）	BPP	N、P1		2021 年 2 月 8 日	2021 年 5 月 10 日
		育种平胸鸟类和生殖平胸鸟类	BPR	N、P1		2021 年 2 月 8 日	2021 年 5 月 10 日
		日龄雏鸡（不含平胸鸟类）	DOC	N、P1		2021 年 2 月 8 日	2021 年 5 月 10 日
		平胸鸟类的日龄雏鸟	DOR	N、P1		2021 年 2 月 8 日	2021 年 5 月 10 日
		供屠宰的家禽（不含平胸鸟类）	SP	N、P1		2021 年 2 月 8 日	2021 年 5 月 10 日
		供屠宰的平胸鸟类	SR	N、P1		2021 年 2 月 8 日	2021 年 5 月 10 日
		少于 20 只家禽（不含平胸鸟类）	POU-LT20	N、P1		2021 年 2 月 8 日	2021 年 5 月 10 日
		家禽的孵化蛋（不含平胸鸟类）	HEP	N、P1		2021 年 2 月 8 日	2021 年 5 月 10 日
		平胸鸟类的孵化蛋	HER	N、P1		2021 年 2 月 8 日	2021 年 5 月 10 日
		家禽的孵化蛋少于 20 个（不含平胸鸟类）	HE-LT20	N、P1		2021 年 2 月 8 日	2021 年 5 月 10 日

续表11

ISO 代码和名称（第三国或地区）	第 2 部分所列区域	允许进入欧盟的类别	动物卫生证书	特定条件（在第 3 部分具体说明）	动物卫生保障条件（在第 4 部分具体说明）	停止日期	开始日期
1	2	3	4	5	6	7	8
GB 英国	GB-2. 15	育种家禽（不含平胸鸟类）和生殖家禽（不含平胸鸟类）	BPP	N、P1		2021 年 2 月 12 日	2021 年 5 月 19 日
		育种平胸鸟类和生殖平胸鸟类	BPR	N、P1		2021 年 2 月 12 日	2021 年 5 月 19 日
		日龄雏鸡（不含平胸鸟类）	DOC	N、P1		2021 年 2 月 12 日	2021 年 5 月 19 日
		平胸鸟类的日龄雏鸟	DOR	N、P1		2021 年 2 月 12 日	2021 年 5 月 19 日
		供屠宰的家禽（不含平胸鸟类）	SP	N、P1		2021 年 2 月 12 日	2021 年 5 月 19 日
		供屠宰的平胸鸟类	SR	N、P1		2021 年 2 月 12 日	2021 年 5 月 19 日
		少于 20 只家禽（不含平胸鸟类）	POU-LT20	N、P1		2021 年 2 月 12 日	2021 年 5 月 19 日
		家禽的孵化蛋（不含平胸鸟类）	HEP	N、P1		2021 年 2 月 12 日	2021 年 5 月 19 日
		平胸鸟类的孵化蛋	HER	N、P1		2021 年 2 月 12 日	2021 年 5 月 19 日
		家禽的孵化蛋少于 20 个（不含平胸鸟类）	HE-LT20	N、P1		2021 年 2 月 12 日	2021 年 5 月 19 日
	GB-2. 16	育种家禽（不含平胸鸟类）和生殖家禽（不含平胸鸟类）	BPP	N、P1		2021 年 3 月 29 日	2021 年 7 月 2 日
		育种平胸鸟类和生殖平胸鸟类	BPR	N、P1		2021 年 3 月 29 日	2021 年 7 月 2 日
		日龄雏鸡（不含平胸鸟类）	DOC	N、P1		2021 年 3 月 29 日	2021 年 7 月 2 日
		平胸鸟类的日龄雏鸟	DOR	N、P1		2021 年 3 月 29 日	2021 年 7 月 2 日
		供屠宰的家禽（不含平胸鸟类）	SP	N、P1		2021 年 3 月 29 日	2021 年 7 月 2 日
		供屠宰的平胸鸟类	SR	N、P1		2021 年 3 月 29 日	2021 年 7 月 2 日
		少于 20 只家禽（不含平胸鸟类）	POU-LT20	N、P1		2021 年 3 月 29 日	2021 年 7 月 2 日
		家禽的孵化蛋（不含平胸鸟类）	HEP	N、P1		2021 年 3 月 29 日	2021 年 7 月 2 日
		平胸鸟类的孵化蛋	HER	N、P1		2021 年 3 月 29 日	2021 年 7 月 2 日
		家禽的孵化蛋少于 20 个（不含平胸鸟类）	HE-LT20	N、P1		2021 年 3 月 29 日	2021 年 7 月 2 日

续表12

ISO 代码和名称（第三国或地区）	第 2 部分所列区域	允许进入欧盟的类别	动物卫生证书	特定条件（在第 3 部分具体说明）	动物卫生保障条件（在第 4 部分具体说明）	停止日期	开始日期
1	2	3	4	5	6	7	8
GG 根西岛	GG-0	育种家禽（不含平胸鸟类）和生殖家禽（不含平胸鸟类）	BPP	N			
		少于 20 只家禽（不含平胸鸟类）	POU-LT20	N			
GL 格陵兰	GL-0	无特定病原体蛋	SPF				
IL 以色列	IL-0	育种家禽（不含平胸鸟类）和生殖家禽（不含平胸鸟类）	BPP	P2		2017 年 1 月 28 日	
		育种平胸鸟类和生殖平胸鸟类	BPR	P2		2017 年 1 月 28 日	
		日龄雏鸡（不含平胸鸟类）	DOC	P2		2017 年 1 月 28 日	
		平胸鸟类的日龄雏鸟	DOR	P2		2017 年 1 月 28 日	
		供屠宰的家禽（不含平胸鸟类）	SP	P2		2015 年 4 月 18 日	
		少于 20 只家禽（不含平胸鸟类）	POU-LT20	P2		2017 年 1 月 28 日	
		无特定病原体蛋	SPF				
		家禽的孵化蛋（不含平胸鸟类）	HEP	P2		2017 年 1 月 28 日	
		平胸鸟类的孵化蛋	HER	P2		2017 年 1 月 28 日	
		家禽的孵化蛋少于 20 个（不含平胸鸟类）	HE-LT20	P2		2017 年 1 月 28 日	
IS 冰岛	IS-0	无特定病原体蛋	SPF				
MG 马达加斯加	MG-0	无特定病原体蛋	SPF				
MX 墨西哥	MX-0	无特定病原体蛋	SPF				

续表13

ISO 代码和名称（第三国或地区）	第 2 部分所列区域	允许进入欧盟的类别	动物卫生证书	特定条件（在第 3 部分具体说明）	动物卫生保障条件（在第 4 部分具体说明）	停止日期	开始日期
1	2	3	4	5	6	7	8
NA 纳米比亚	NA-0	育种平胸鸟类和生殖平胸鸟类	BPR		C		
		平胸鸟类的日龄雏鸟	DOR		C		
		无特定病原体蛋	SPF				
		平胸鸟类的孵化蛋	HER		C		
NZ 新西兰	NZ-0	育种家禽（不含平胸鸟类）和生殖家禽（不含平胸鸟类）	BPP				
		育种平胸鸟类和生殖平胸鸟类	BPR				
		日龄雏鸡（不含平胸鸟类）	DOC				
		平胸鸟类的日龄雏鸟	DOR				
		供屠宰的家禽（不含平胸鸟类）	SP				
		供屠宰的平胸鸟类	SR				
		少于 20 只家禽（不含平胸鸟类）	POU-LT20				
		无特定病原体蛋	SPF				
		家禽的孵化蛋（不含平胸鸟类）	HEP				
		平胸鸟类的孵化蛋	HER				
		家禽的孵化蛋少于 20 个（不含平胸鸟类）	HE-LT20				
PM 圣皮埃尔和密克隆群岛	PM-0	无特定病原体蛋	SPF				
TH 泰国	TH-0	无特定病原体蛋	SPF				

续表14

ISO 代码和名称（第三国或地区）	第 2 部分所列区域	允许进入欧盟的类别	动物卫生证书	特定条件（在第 3 部分具体说明）	动物卫生保障条件（在第 4 部分具体说明）	停止日期	开始日期
1	2	3	4	5	6	7	8
TN 突尼斯	TN-0	育种家禽（不含平胸鸟类）和生殖家禽（不含平胸鸟类）	BPP				
		育种平胸鸟类和生殖平胸鸟类	BPR				
		平胸鸟类的日龄雏鸟	DOR				
		少于 20 只家禽（不含平胸鸟类）	POU-LT20				
		无特定病原体蛋	SPF				
		平胸鸟类的孵化蛋	HER				
		家禽的孵化蛋少于 20 个（不含平胸鸟类）	HE-LT20				
TR 土耳其	TR-0	无特定病原体蛋	SPF				
US 美国	US-0	无特定病原体蛋	SPF				
	US-1	育种家禽（不含平胸鸟类）和生殖家禽（不含平胸鸟类）	BPP	N			
		育种平胸鸟类和生殖平胸鸟类	BPR	N			
		日龄雏鸡（不含平胸鸟类）	DOC	N			
		平胸鸟类的日龄雏鸟	DOR	N			
		供屠宰的家禽（不含平胸鸟类）	SP	N			
		供屠宰的平胸鸟类	SR	N			
		少于 20 只家禽（不含平胸鸟类）	POU-LT20	N			
		家禽的孵化蛋（不含平胸鸟类）	HEP	N			
		平胸鸟类的孵化蛋	HER	N			
		家禽的孵化蛋少于 20 个（不含平胸鸟类）	HE-LT20	N			

续表15

ISO 代码和名称（第三国或地区）	第 2 部分所列区域	允许进入欧盟的类别	动物卫生证书	特定条件（在第 3 部分具体说明）	动物卫生保障条件（在第 4 部分具体说明）	停止日期	开始日期
1	2	3	4	5	6	7	8
US 美国	US2						
	US-2.1	育种家禽（不含平胸鸟类）和生殖家禽（不含平胸鸟类）	BPP	N、P1		2017 年 3 月 4 日	2017 年 8 月 11 日
		育种平胸鸟类和生殖平胸鸟类	BPR	N、P1		2017 年 3 月 4 日	2017 年 8 月 11 日
		日龄雏鸡（不含平胸鸟类）	DOC	N、P1		2017 年 3 月 4 日	2017 年 8 月 11 日
		平胸鸟类的日龄雏鸟	DOR	N、P1		2017 年 3 月 4 日	2017 年 8 月 11 日
		供屠宰的家禽（不含平胸鸟类）	SP	N、P1		2017 年 3 月 4 日	2017 年 8 月 11 日
		供屠宰的平胸鸟类	SR	N、P1		2017 年 3 月 4 日	2017 年 8 月 11 日
		少于 20 只家禽（不含平胸鸟类）	POU-LT20	N、P1		2017 年 3 月 4 日	2017 年 8 月 11 日
		家禽的孵化蛋（不含平胸鸟类）	HEP	N、P1		2017 年 3 月 4 日	2017 年 8 月 11 日
		平胸鸟类的孵化蛋	HER	N、P1		2017 年 3 月 4 日	2017 年 8 月 11 日
		家禽的孵化蛋少于 20 个（不含平胸鸟类）	HE-LT20	N、P1		2017 年 3 月 4 日	2017 年 8 月 11 日
	US-2.2	育种家禽（不含平胸鸟类）和生殖家禽（不含平胸鸟类）	BPP	N、P1		2017 年 3 月 4 日	2017 年 8 月 11 日
		育种平胸鸟类和生殖平胸鸟类	BPR	N、P1		2017 年 3 月 4 日	2017 年 8 月 11 日
		日龄雏鸡（不含平胸鸟类）	DOC	N、P1		2017 年 3 月 4 日	2017 年 8 月 11 日
		平胸鸟类的日龄雏鸟	DOR	N、P1		2017 年 3 月 4 日	2017 年 8 月 11 日
		供屠宰的家禽（不含平胸鸟类）	SP	N、P1		2017 年 3 月 4 日	2017 年 8 月 11 日
		供屠宰的平胸鸟类	SR	N、P1		2017 年 3 月 4 日	2017 年 8 月 11 日
		少于 20 只家禽（不含平胸鸟类）	POU-LT20	N、P1		2017 年 3 月 4 日	2017 年 8 月 11 日
		家禽的孵化蛋（不含平胸鸟类）	HEP	N、P1		2017 年 3 月 4 日	2017 年 8 月 11 日
		平胸鸟类的孵化蛋	HER	N、P1		2017 年 3 月 4 日	2017 年 8 月 11 日
		家禽的孵化蛋少于 20 个（不含平胸鸟类）	HE-LT20	N、P1		2017 年 3 月 4 日	2017 年 8 月 11 日

续表16

ISO 代码和名称（第三国或地区）	第 2 部分所列区域	允许进入欧盟的类别	动物卫生证书	特定条件（在第 3 部分具体说明）	动物卫生保障条件（在第 4 部分具体说明）	停止日期	开始日期
1	2	3	4	5	6	7	8
US 美国	US-2. 3	育种家禽（不含平胸鸟类）和生殖家禽（不含平胸鸟类）	BPP	N、P1		2020 年 4 月 8 日	2020 年 8 月 5 日
		育种平胸鸟类和生殖平胸鸟类	BPR	N、P1		2020 年 4 月 8 日	2020 年 8 月 5 日
		日龄雏鸡（不含平胸鸟类）	DOC	N、P1		2020 年 4 月 8 日	2020 年 8 月 5 日
		平胸鸟类的日龄雏鸟	DOR	N、P1		2020 年 4 月 8 日	2020 年 8 月 5 日
		供屠宰的家禽（不含平胸鸟类）	SP	N、P1		2020 年 4 月 8 日	2020 年 8 月 5 日
		供屠宰的平胸鸟类	SR	N、P1		2020 年 4 月 8 日	2020 年 8 月 5 日
		少于 20 只家禽（不含平胸鸟类）	POU-LT20	N、P1		2020 年 4 月 8 日	2020 年 8 月 5 日
		家禽的孵化蛋（不含平胸鸟类）	HEP	N、P1		2020 年 4 月 8 日	2020 年 8 月 5 日
		平胸鸟类的孵化蛋	HER	N、P1		2020 年 4 月 8 日	2020 年 8 月 5 日
		家禽的孵化蛋少于 20 个（不含平胸鸟类）	HE-LT20	N、P1		2020 年 4 月 8 日	2020 年 8 月 5 日
UY 乌拉圭	UY-0	无特定病原体蛋	SPF				
ZA 南非	ZA-0	育种平胸鸟类和生殖平胸鸟类	BPR	P1	C	2011 年 4 月 9 日	
		平胸鸟类的日龄雏鸟	DOR	P1	C	2011 年 4 月 9 日	
		无特定病原体蛋	SPF				
		平胸鸟类的孵化蛋	HER	P1	C	2011 年 4 月 9 日	

第 2 部分　第 1 部分表格第 2 栏所述的第三国或地区的区域说明

无

第 3 部分　第 1 部分表格第 5 栏所述的特定条件

P1	由于与高致病性禽流感暴发有关的限制，暂停进入欧盟。
P2	由于与新城疫暴发有关的限制，暂停进入欧盟。
N	保证在第三国或地区或其区域有关新城疫病毒感染防控的法律法规与欧盟适用的法律法规等效。如果暴发了新城疫病毒感染，可继续批准第三国或地区或其区域向欧盟出口，而不改变第三国或地区或其区域的代码。但是，因新城疫暴发而受到有关第三国或地区主管部门官方限制的任何地区，均应禁止向欧盟出口。

第 4 部分　第 1 部分表格第 6 栏标注的动物卫生保障条件

A	开展高致病性禽流感疫苗接种的第三国或地区，主管部门已根据（EU）2020/692 实施条例第 141 条（c）点提供保证。
B	允许仅使用符合（EU）2020/692 实施条例附件XV第 1 点规定的一般标准的预防新城疫病毒感染疫苗的第三国或地区的主管部门已根据（EU）2020/692 实施条例第 37 条（e）点的规定，保证家禽符合（EU）2020/692 实施条例附件XV第 2 点规定的动物卫生要求。
C	允许向欧盟出口平胸鸟类，但是没有根据（EU）2020/692 实施条例第 39 条的规定应是无新城疫病毒感染的第三国或地区。主管部门已根据（EU）2020/692 实施条例第 37 条（d）（ⅱ）点的第二项规定，为相关商品提供了保证。

附件Ⅵ　圈养鸟类和圈养鸟类的繁殖材料

第 1 部分　第 3（1）条（e）点中规定的批准向欧盟出口圈养鸟类和圈养鸟类繁殖材料的第三国或地区或其区域名单

ISO 代码和名称（第三国或地区）	第 2 部分所列区域	允许进入欧盟的类别	动物卫生证书	特定条件（在第 3 部分具体说明）	动物卫生保障条件（在第 4 部分具体说明）	停止日期	开始日期
1	2	3	4	5	6	7	8
AR 阿根廷	AR-0	圈养禽类	CAPTIVE-BIRDS				
		圈养禽类的孵化蛋	HE-CAPTIVE-BIRDS				
AU 澳大利亚	AU-0	圈养禽类	CAPTIVE-BIRDS				
		圈养禽类的孵化蛋	HE-CAPTIVE-BIRDS				
BR 巴西	BR-0	-	-				
	BR-1	圈养禽类	CAPTIVE-BIRDS				
		圈养禽类的孵化蛋	HE-CAPTIVE-BIRDS				
CA 加拿大	CA-0	圈养禽类	CAPTIVE-BIRDS				
		圈养禽类的孵化蛋	HE-CAPTIVE-BIRDS				

续表

ISO 代码和名称（第三国或地区）	第 2 部分所列区域	允许进入欧盟的类别	动物卫生证书	特定条件（在第 3 部分具体说明）	动物卫生保障条件（在第 4 部分具体说明）	停止日期	开始日期
1	2	3	4	5	6	7	8
CH 瑞士	CH-0	遵守附件 I 第 7 点所述协定					
CL 智利	CL-0	圈养禽类	CAPTIVE-BIRDS				
		圈养禽类的孵化蛋	HE-CAPTIVE-BIRDS				
GB 英国	GB-0	圈养禽类	CAPTIVE-BIRDS				
		圈养禽类的孵化蛋	HE-CAPTIVE-BIRDS				
IL 以色列	IL-0	圈养禽类	CAPTIVE-BIRDS				
		圈养禽类的孵化蛋	HE-CAPTIVE-BIRDS				
NZ 新西兰	NZ-0	圈养禽类	CAPTIVE-BIRDS				
		圈养禽类的孵化蛋	HE-CAPTIVE-BIRDS				
PH 菲律宾	PH-0	-	-				
	PH-1	圈养禽类	CAPTIVE-BIRDS				
		圈养禽类的孵化蛋	HE-CAPTIVE-BIRDS				
TN 突尼斯	TN-0	圈养禽类	CAPTIVE-BIRDS				
		圈养禽类的孵化蛋	HE-CAPTIVE-BIRDS				
USA 美国	US-0	圈养禽类	CAPTIVE-BIRDS				
		圈养禽类的孵化蛋	HE-CAPTIVE-BIRDS				

第 2 部分　第 1 部分表格第 2 栏注明的第三国或地区的区域说明

无

第 3 部分　第 1 部分表格第 5 栏注明的具体条件

无

第 4 部分　第 1 部分表格第 6 栏注明的动物卫生保障条件

无

附件Ⅶ 蜂王和熊蜂

第1部分 第3（1）条（f）点中规定的批准向欧盟出口蜂王和熊蜂的第三国或地区或其区域名单

ISO代码和名称（第三国或地区）	区域代码（载于第2部分）	允许进入欧盟的类别	动物卫生证书	特定条件（在第3部分具体说明）	动物卫生保障条件（在第4部分具体说明）	停止日期	开始日期
1	2	3	4	5	6	7	8
AR 阿根廷	AR-0	蜂王和熊蜂	QUE、BBEE				
AU 澳大利亚	AU-0	蜂王和熊蜂	QUE、BBEE				
CA 加拿大	CA-0	蜂王和熊蜂	QUE、BBEE				
CH 瑞士	CH-0	遵守附件Ⅰ第7点所述协定					
CL 智利	CL-0	蜂王和熊蜂	QUE、BBEE				
CR 哥斯达黎加	CR-0	蜂王和熊蜂	QUE、BBEE				
GB 英国	GB-0	蜂王和熊蜂	QUE、BBEE				
GG 根西岛	GG-0	蜂王和熊蜂	QUE、BBEE				
IL 以色列	IL-0	蜂王和熊蜂	QUE、BBEE				
IM 马恩岛	IM-0	蜂王和熊蜂	QUE、BBEE				
JE 泽西岛	JE-0	蜂王和熊蜂	QUE、BBEE				
KE 肯尼亚	KE-0	蜂王和熊蜂	QUE、BBEE				
MA 摩洛哥	MA-0	蜂王和熊蜂	QUE、BBEE				
MK 北马其顿共和国	MK-0	蜂王和熊蜂	QUE、BBEE				
MX 墨西哥	MK-0	熊蜂	BBEE				
NC 新喀里多尼亚	NC-0	蜂王和熊蜂	QUE、BBEE				
NZ 新西兰	NZ-0	蜂王和熊蜂	QUE、BBEE				
RS 塞尔维亚	RS-0	蜂王和熊蜂	QUE、BBEE				
RU 俄罗斯	RU-0	蜂王和熊蜂	QUE、BEE				
TR 土耳其	TR-0	蜂王和熊蜂	QUE、BBEE				
UA 乌克兰	UA-0	蜂王和熊蜂	QUE、BBEE				
US 美国	US-0	熊蜂	BBEE				
ZA 南非	ZA-0	蜂王和熊蜂	QUE、BBEE				

第 2 部分　第 1 部分表格第 2 栏注明的第三国或地区的区域说明

无

第 3 部分　第 1 部分表格第 5 栏注明的具体条件

无

第 4 部分　第 1 部分表格第 6 栏注明的动物卫生保障条件

VRA	根据（EU）2020/692 实施条例第 10 条，欧盟已认可相关的第三国或地区或其区域无大蜂螨（Varroosis）疫情。

附件Ⅷ　狗、猫和雪貂

第 1 部分　第 3（1）条（g）点规定的批准向欧盟出口狗、猫和雪貂的第三国或地区或其区域名单

ISO 代码和名称（第三国或地区）	区域代码（载于第 2 部分）	获准进入欧盟的种类和类别	动物卫生证书	特定条件（在第 3 部分具体说明）	动物卫生保障条件（在第 4 部分具体说明）	停止日期	开始日期
1	2	3	4	5	6	7	8
AC 阿森松岛	AC-0	商业用途的狗、猫和雪貂	CANIS-FELIS-FERRETS				
AE 阿拉伯联合酋长国	AE-0	商业用途的狗、猫和雪貂	CANIS-FELIS-FERRETS				
AG 安提瓜和巴布达	AG-0	商业用途的狗、猫和雪貂	CANIS-FELIS-FERRETS				
AL 阿尔巴尼亚	AL-0	商业用途的狗、猫和雪貂	CANIS-FELIS-FERRETS	狂犬病抗体滴定试验			
AD 安道尔	AD-0	商业用途的狗、猫和雪貂	CANIS-FELIS-FERRETS				
AR 阿根廷	AR-0	商业用途的狗、猫和雪貂	CANIS-FELIS-FERRETS				
AU 澳大利亚	AU-0	商业用途的狗、猫和雪貂	CANIS-FELIS-FERRETS				
AW 阿鲁巴	AW-0	商业用途的狗、猫和雪貂	CANIS-FELIS-FERRETS				
BA 波斯尼亚和黑塞哥维那	BA-0	商业用途的狗、猫和雪貂	CANIS-FELIS-FERRETS				
BB 巴巴多斯	BB-0	商业用途的狗、猫和雪貂	CANIS-FELIS-FERRETS				

续表1

ISO 代码和名称（第三国或地区）	区域代码（载于第2部分）	获准进入欧盟的种类和类别	动物卫生证书	特定条件（在第3部分具体说明）	动物卫生保障条件（在第4部分具体说明）	停止日期	开始日期
1	2	3	4	5	6	7	8
BH 巴林	BH-0	商业用途的狗、猫和雪貂	CANIS-FELIS-FERRETS				
BM 百慕大	BM-0	商业用途的狗、猫和雪貂	CANIS-FELIS-FERRETS				
BQ 博内尔岛、圣尤斯特歇斯岛和萨巴岛	BQ-0	商业用途的狗、猫和雪貂	CANIS-FELIS-FERRETS				
BR 巴西	BR-0	商业用途的狗、猫和雪貂	CANIS-FELIS-FERRETS	狂犬病抗体滴定试验			
BW 博茨瓦纳	BW-0	商业用途的狗、猫和雪貂	CANIS-FELIS-FERRETS	狂犬病抗体滴定试验			
BY 白俄罗斯	BY-0	商业用途的狗、猫和雪貂	CANIS-FELIS-FERRETS				
BZ 伯利兹	BZ-0	商业用途的狗、猫和雪貂	CANIS-FELIS-FERRETS	狂犬病抗体滴定试验			
CA 加拿大	CA-0	商业用途的狗、猫和雪貂	CANIS-FELIS-FERRETS				
CH 瑞士	CH-0	遵守附件 I 第7点所述协定					
CL 智利	CL-0	商业用途的狗、猫和雪貂	CANIS-FELIS-FERRETS				
CN 中国	CN-0	商业用途的狗、猫和雪貂	CANIS-FELIS-FERRETS	狂犬病抗体滴定试验			
CO 哥伦比亚	CO-0	商业用途的狗、猫和雪貂	CANIS-FELIS-FERRETS	狂犬病抗体滴定试验			
CR 哥斯达黎加	CR-0	商业用途的狗、猫和雪貂	CANIS-FELIS-FERRETS	狂犬病抗体滴定试验			
CU 古巴	CU-0	商业用途的狗、猫和雪貂	CANIS-FELIS-FERRETS	狂犬病抗体滴定试验			
CW 库拉索岛	CW-0	商业用途的狗、猫和雪貂	CANIS-FELIS-FERRETS				

续表2

ISO 代码和名称（第三国或地区）	区域代码（载于第2部分）	获准进入欧盟的种类和类别	动物卫生证书	特定条件（在第3部分具体说明）	动物卫生保障条件（在第4部分具体说明）	停止日期	开始日期
1	2	3	4	5	6	7	8
DZ 阿尔及利亚	DZ-0	商业用途的狗、猫和雪貂	CANIS-FELIS-FERRETS	狂犬病抗体滴定试验			
ET 埃塞俄比亚	ET-0	商业用途的狗、猫和雪貂	CANIS-FELIS-FERRETS	狂犬病抗体滴定试验			
FJ 斐济共和国	FJ-0	商业用途的狗、猫和雪貂	CANIS-FELIS-FERRETS				
FK 马尔维纳斯群岛	FK-0	商业用途的狗、猫和雪貂	CANIS-FELIS-FERRETS				
FO 法罗群岛	FO-0	商业用途的狗、猫和雪貂	CANIS-FELIS-FERRETS				
GB 英国	GB-0	商业用途的狗、猫和雪貂	DOCAFE				
GG 根西岛	GG-0	商业用途的狗、猫和雪貂	DOCAFE				
GI 直布罗陀	GI-0	商业用途的狗、猫和雪貂	CANIS-FELIS-FERRETS				
GL 格陵兰	GL-0	商业用途的狗、猫和雪貂	CANIS-FELIS-FERRETS				
GT 危地马拉	GT-0	商业用途的狗、猫和雪貂	CANIS-FELIS-FERRETS	狂犬病抗体滴定试验			
HK 中国香港	HK-0	商业用途的狗、猫和雪貂	CANIS-FELIS-FERRETS				
HN 洪都拉斯	HN-0	商业用途的狗、猫和雪貂	CANIS-FELIS-FERRETS	狂犬病抗体滴定试验			
IL 以色列	IL-0	商业用途的狗、猫和雪貂	CANIS-FELIS-FERRETS	狂犬病抗体滴定试验			
IM 马恩岛	IM-0	商业用途的狗、猫和雪貂	DOCAFE				
IN 印度	IN-0	商业用途的狗、猫和雪貂	CANIS-FELIS-FERRETS	狂犬病抗体滴定试验			
IS 冰岛	IS-0	商业用途的狗、猫和雪貂	CANIS-FELIS-FERRETS				

续表3

ISO 代码和名称（第三国或地区）	区域代码（载于第2部分）	获准进入欧盟的种类和类别	动物卫生证书	特定条件（在第3部分具体说明）	动物卫生保障条件（在第4部分具体说明）	停止日期	开始日期
1	2	3	4	5	6	7	8
JE 泽西岛	JE-0	商业用途的狗、猫和雪貂	DOCAFE				
JM 牙买加	JM-0	商业用途的狗、猫和雪貂	CANIS-FELIS-FERRETS				
JP 日本	JP-0	商业用途的狗、猫和雪貂	CANIS-FELIS-FERRETS				
KE 肯尼亚	KE-0	商业用途的狗、猫和雪貂	CANIS-FELIS-FERRETS	狂犬病抗体滴定试验			
KN 圣基茨和尼维斯	KN-0	商业用途的狗、猫和雪貂	CANIS-FELIS-FERRETS				
KY 开曼群岛	KY-0	商业用途的狗、猫和雪貂	CANIS-FELIS-FERRETS				
LC 圣卢西亚	LC-0	商业用途的狗、猫和雪貂	CANIS-FELIS-FERRETS				
LI 列支敦士登	LI-0	商业用途的狗、猫和雪貂	CANIS-FELIS-FERRETS				
MA 摩洛哥	MA-0	商业用途的狗、猫和雪貂	CANIS-FELIS-FERRETS	狂犬病抗体滴定试验			
MC 摩纳哥	MC-0	商业用途的狗、猫和雪貂	CANIS-FELIS-FERRETS				
ME 黑山共和国	ME-0	商业用途的狗、猫和雪貂	CANIS-FELIS-FERRETS	狂犬病抗体滴定试验			
MG 马达加斯加	MG-0	商业用途的狗、猫和雪貂	CANIS-FELIS-FERRETS	狂犬病抗体滴定试验			
MK 北马其顿共和国	MK-0	商业用途的狗、猫和雪貂	CANIS-FELIS-FERRETS				
MS 蒙特塞拉特	MS-0	商业用途的狗、猫和雪貂	CANIS-FELIS-FERRETS				
MU 毛里求斯	MU-0	商业用途的狗、猫和雪貂	CANIS-FELIS-FERRETS				
MX 墨西哥	MX-0	商业用途的狗、猫和雪貂	CANIS-FELIS-FERRETS				

续表4

ISO 代码和名称（第三国或地区）	区域代码（载于第 2 部分）	获准进入欧盟的种类和类别	动物卫生证书	特定条件（在第 3 部分具体说明）	动物卫生保障条件（在第 4 部分具体说明）	停止日期	开始日期
1	2	3	4	5	6	7	8
MY 马来西亚	MY-0	商业用途的狗、猫和雪貂	CANIS-FELIS-FERRETS				
NA 纳米比亚	NA-0	商业用途的狗、猫和雪貂	CANIS-FELIS-FERRETS	狂犬病抗体滴定试验			
NC 新喀里多尼亚	NC-0	商业用途的狗、猫和雪貂	CANIS-FELIS-FERRETS				
NI 尼加拉瓜	NI-0	商业用途的狗、猫和雪貂	CANIS-FELIS-FERRETS	狂犬病抗体滴定试验			
NZ 新西兰	NZ-0	商业用途的狗、猫和雪貂	CANIS-FELIS-FERRETS				
PA 巴拿马	PA-0	商业用途的狗、猫和雪貂	CANIS-FELIS-FERRETS	狂犬病抗体滴定试验			
PF 法属波利尼西亚	PF-0	商业用途的狗、猫和雪貂	CANIS-FELIS-FERRETS				
PM 圣皮埃尔及密克龙	PM-0	商业用途的狗、猫和雪貂	CANIS-FELIS-FERRETS				
PY 巴拉圭	PY-0	商业用途的狗、猫和雪貂	CANIS-FELIS-FERRETS	狂犬病抗体滴定试验			
RS 塞尔维亚	RS-0	商业用途的狗、猫和雪貂	CANIS-FELIS-FERRETS	狂犬病抗体滴定试验			
RU 俄罗斯	RU-0	商业用途的狗、猫和雪貂	CANIS-FELIS-FERRETS				
SG 新加坡	SG-0	商业用途的狗、猫和雪貂	CANIS-FELIS-FERRETS				
SH 圣赫勒拿	SH-0	商业用途的狗、猫和雪貂	CANIS-FELIS-FERRETS				
SM 圣马力诺	SM-0	商业用途的狗、猫和雪貂	CANIS-FELIS-FERRETS				
SV 萨尔瓦多	SV-0	商业用途的狗、猫和雪貂	CANIS-FELIS-FERRETS	狂犬病抗体滴定试验			
SX 圣马丁岛	SX-0	商业用途的狗、猫和雪貂	CANIS-FELIS-FERRETS				

续表5

ISO 代码和名称（第三国或地区）	区域代码（载于第2部分）	获准进入欧盟的种类和类别	动物卫生证书	特定条件（在第3部分具体说明）	动物卫生保障条件（在第4部分具体说明）	停止日期	开始日期
1	2	3	4	5	6	7	8
SZ 埃斯瓦蒂尼	SZ-0	商业用途的狗、猫和雪貂	CANIS-FELIS-FERRETS	狂犬病抗体滴定试验			
TH 泰国	TH-0	商业用途的狗、猫和雪貂	CANIS-FELIS-FERRETS	狂犬病抗体滴定试验			
TN 突尼斯	TN-0	商业用途的狗、猫和雪貂	CANIS-FELIS-FERRETS	狂犬病抗体滴定试验			
TR 土耳其	TR-0	商业用途的狗、猫和雪貂	CANIS-FELIS-FERRETS	狂犬病抗体滴定试验			
TT 特立尼达和多巴哥	TT-0	商业用途的狗、猫和雪貂	CANIS-FELIS-FERRETS				
TW 中国台湾	TW-0	商业用途的狗、猫和雪貂	CANIS-FELIS-FERRETS				
UA 乌克兰	UA-0	商业用途的狗、猫和雪貂	CANIS-FELIS-FERRETS	狂犬病抗体滴定试验			
US 美国（包括美属萨摩亚、关岛、北马里亚纳群岛、波多黎各和美属维尔京群岛）	US-0	商业用途的狗、猫和雪貂	CANIS-FELIS FERRETS				
UY 乌拉圭	UY-0	商业用途的狗、猫和雪貂	CANIS-FELIS-FERRETS	狂犬病抗体滴定试验			
VA 梵蒂冈城国	VA-0	商业用途的狗、猫和雪貂	CANIS-FELIS-FERRETS				
VC 圣文森特和格林纳丁斯	VC-0	商业用途的狗、猫和雪貂	CANIS-FELIS-FERRETS				
VG 英属维尔京群岛	VG-0	商业用途的狗、猫和雪貂	CANIS-FELIS-FERRETS				
VU 瓦努阿图	VU-0	商业用途的狗、猫和雪貂	CANIS-FELIS-FERRETS				

续表6

ISO代码和名称（第三国或地区）	区域代码（载于第2部分）	获准进入欧盟的种类和类别	动物卫生证书	特定条件（在第3部分具体说明）	动物卫生保障条件（在第4部分具体说明）	停止日期	开始日期
1	2	3	4	5	6	7	8
WF 沃利斯和富图纳群岛	WF-0	商业用途的狗、猫和雪貂	CANIS-FELIS-FERRETS				
ZA 南非	ZA-0	商业用途的狗、猫和雪貂	CANIS-FELIS-FERRETS	狂犬病抗体滴定试验			
ZW 津巴布韦	ZW-0	商业用途的狗、猫和雪貂	CANIS-FELIS-FERRETS	狂犬病抗体滴定试验			

第2部分　第1部分表格第2栏注明的第三国或地区的区域说明

无

第3部分　第1部分表格第5栏注明的特定条件

狂犬病抗体滴定试验	根据（EU）2020/692实施条例附件XXI第1点，进入欧盟的托运动物必须经过有效的狂犬病抗体滴定试验。

第4部分　第1部分表格第6栏注明的动物卫生保障条件

ECH	根据（EU）2020/692实施条例第10条，欧盟已经认可第三国或地区或其区域无多房棘球绦虫感染。

附件Ⅸ　牛类动物的繁殖材料

第1部分　第3（1）条（h）点规定的批准向欧盟出口牛类动物繁殖材料的第三国或地区或其区域名单

ISO代码和名称（第三国或地区）	区域代码（在第2部分具体说明）	获准进入欧盟的繁殖材料类别	动物卫生证书	特定条件（在第3部分具体说明）	动物卫生保障条件（在第4部分具体说明）
1	2	3	4	5	6
AR 阿根廷	AR-0	卵母细胞和胚胎	BOV-OOCYTES-EMB-A-ENTRY、BOV-in-vivo-EMB-B-ENTRY、BOV-in-vitro-EMB-C-ENTRY、BOV-in-vitro-EMB-D-ENTRY、BOV-GP-PROCESSING-ENTRY、BOV-GP-STORAGE-ENTRY		

续表1

<table>
<tr><th>ISO 代码和名称（第三国或地区）</th><th>区域代码（在第 2 部分具体说明）</th><th>获准进入欧盟的繁殖材料类别</th><th>动物卫生证书</th><th>特定条件（在第 3 部分具体说明）</th><th>动物卫生保障条件（在第 4 部分具体说明）</th></tr>
<tr><td>1</td><td>2</td><td>3</td><td>4</td><td>5</td><td>6</td></tr>
<tr><td rowspan="2">AU 澳大利亚</td><td rowspan="2">AU-0</td><td>精液</td><td>BOV-SEM-A-ENTRY、
BOV-SEM-B-ENTRY、
BOV-SEM-C-ENTRY、
BOV-GP-PROCESSING-ENTRY、
BOV-GP-STORAGE-ENTRY</td><td></td><td>EHD-测试
BTV-测试</td></tr>
<tr><td>卵母细胞和胚胎</td><td>BOV-OOCYTES-EMB-A-ENTRY、
BOV-in-vivo-EMB-B-ENTRY、
BOV-in-vitro-EMB-C-ENTRY、
BOV-in-vitro-EMB-D-ENTRY、
BOV-GP-PROCESSING-ENTRY、
BOV-GP-STORAGE-ENTRY</td><td></td><td>EHD-测试
BTV-测试</td></tr>
<tr><td rowspan="2">CA 加拿大</td><td rowspan="2">CA-0</td><td>精液</td><td>欧盟委员会第 2005/290/EC 号决议</td><td></td><td>EHD-测试
BTV-测试</td></tr>
<tr><td>卵母细胞和胚胎</td><td>BOV-OOCYTES-EMB-A-ENTRY、
BOV-in-vivo-EMB-B-ENTRY、
BOV-in-vitro-EMB-C-ENTRY、
BOV-in-vitro-EMB-D-ENTRY、
BOV-GP-PROCESSING-ENTRY、
BOV-GP-STORAGE-ENTRY</td><td></td><td>EHD-测试
BTV-测试</td></tr>
<tr><td rowspan="2">CH 瑞士</td><td rowspan="2">CH-0</td><td>精液</td><td rowspan="2" colspan="2">遵守附件 I 第 7 点所述协定</td><td rowspan="2"></td></tr>
<tr><td>卵母细胞和胚胎</td></tr>
<tr><td>CL 智利</td><td>CL-0</td><td>精液</td><td>BOV-SEM-A-ENTRY、
BOV-SEM-B-ENTRY、
BOV-SEM-C-ENTRY、
BOV-GP-PROCESSING-ENTRY、
BOV-GP-STORAGE-ENTRY</td><td></td><td></td></tr>
</table>

续表2

ISO 代码和名称（第三国或地区）	区域代码（在第 2 部分具体说明）	获准进入欧盟的繁殖材料类别	动物卫生证书	特定条件（在第 3 部分具体说明）	动物卫生保障条件（在第 4 部分具体说明）
1	2	3	4	5	6
GB 英国	GB-0	精液	BOV-SEM-A-ENTRY、BOV-SEM-B-ENTRY、BOV-SEM-C-ENTRY、BOV-GP-PROCESSING-ENTRY、BOV-GP-STORAGE-ENTRY	2021 年 1 月 1 日前	
		卵母细胞和胚胎	BOV-OOCTYES-EMB-A-ENTRY、BOV-in-vivo-EMB-B-ENTRY、BOV-in-vitro-EMB-C-ENTRY、BOV-in-vitro-EMB-D-ENTRY、BOV-GP-PROCESSING-ENTRY、BOV-GP-STORAGE-ENTRY	2021 年 1 月 1 日前	
GG 根西岛	GG-0	精液	BOV-SEM-A-ENTRY、BOV-SEM-B-ENTRY、BOV-SEM-C-ENTRY、BOV-GP-PROCESSING-ENTRY、BOV-GP-STORAGE-ENTRY	2021 年 1 月 1 日前	
		卵母细胞和胚胎	BOV-OOCTYES-EMB-A-ENTRY、BOV-in-vivo-EMB-B-ENTRY、BOV-in-vitro-EMB-C-ENTRY、BOV-in-vitro-EMB-D-ENTRY、BOV-GP-PROCESSING-ENTRY、BOV-GP-STORAGE-ENTRY	2021 年 1 月 1 日前	
GL 格陵兰	GL-0	精液	BOV-SEM-A-ENTRY、BOV-SEM-B-ENTRY、BOV-SEM-C-ENTRY、BOV-GP-PROCESSING-ENTRY、BOV-GP-STORAGE-ENTRY		
IL 以色列	IL-0	卵母细胞和胚胎	BOV-OOCYTES-EMB-A-ENTRY、BOV-in-vivo-EMB-B-ENTRY、BOV-in-vitro-EMB-C-ENTRY、BOV-in-vitro-EMB-D-ENTRY、BOV-GP-PROCESSING-ENTRY、BOV-GP-STORAGE-ENTRY		
IS 冰岛	IS-0	精液	BOV-SEM-A-ENTRY、BOV-SEM-B-ENTRY、BOV-SEM-C-ENTRY、BOV-GP-PROCESSING-ENTRY、BOV-GP-STORAGE-ENTRY		

续表3

ISO 代码和名称（第三国或地区）	区域代码（在第 2 部分具体说明）	获准进入欧盟的繁殖材料类别	动物卫生证书	特定条件（在第 3 部分具体说明）	动物卫生保障条件（在第 4 部分具体说明）
1	2	3	4	5	6
IM 马恩岛	IM-0	精液	BOV-SEM-A-ENTRY、 BOV-SEM-B-ENTRY、 BOV-SEM-C-ENTRY、 BOV-GP-PROCESSING-ENTRY、 BOV-GP-STORAGE-ENTRY	2021 年 1 月 1 日前	
		卵母细胞和胚胎	BOV-OOCTYES-EMB-A-ENTRY、 BOV-in-vivo-EMB-B-ENTRY、 BOV-in-vitro-EMB-C-ENTRY、 BOV-in-vitro-EMB-D-ENTRY、 BOV-GP-PROCESSING-ENTRY、 BOV-GP-STORAGE-ENTRY	2021 年 1 月 1 日前	
JE 泽西岛	JE-0	精液	BOV-SEM-A-ENTRY、 BOV-SEM-B-ENTRY、 BOV-SEM-C-ENTRY、 BOV-GP-PROCESSING-ENTRY、 BOV-GP-STORAGE-ENTRY	2021 年 1 月 1 日前	
		卵母细胞和胚胎	BOV-OOCTYES-EMB-A-ENTRY、 BOV-in-vivo-EMB-B-ENTRY、 BOV-in-vitro-EMB-C-ENTRY、 BOV-in-vitro-EMB-D-ENTRY、 BOV-GP-PROCESSING-ENTRY、 BOV-GP-STORAGE-ENTRY	2021 年 1 月 1 日前	
MK 北马其顿共和国	MK-0	卵母细胞和胚胎	BOV-OOCYTES-EMB-A-ENTRY、 BOV-in-vivo-EMB-B-ENTRY、 BOV-in-vitro-EMB-C-ENTRY、 BOV-in-vitro-EMB-D-ENTRY、 BOV-GP-PROCESSING-ENTRY、 BOV-GP-STORAGE-ENTRY		
NZ 新西兰	NZ-0	精液	BOV-SEM-A-ENTRY、 BOV-SEM-B-ENTRY、 BOV-SEM-C-ENTRY、 BOV-GP-PROCESSING-ENTRY、 BOV-GP-STORAGE-ENTRY		
		卵母细胞和胚胎	附件Ⅳ 欧盟委员会 2003/56/EC 号决议、 BOV-OOCYTES-EMB-A-ENTRY、 BOV-in-vitro-EMB-C-ENTRY、 BOV-in-vitro-EMB-D-ENTRY、 BOV-GP-PROCESSING-ENTRY、 BOV-GP-STORAGE-ENTRY		

续表4

ISO 代码和名称（第三国或地区）	区域代码（在第2部分具体说明）	获准进入欧盟的繁殖材料类别	动物卫生证书	特定条件（在第3部分具体说明）	动物卫生保障条件（在第4部分具体说明）
1	2	3	4	5	6
PM 圣皮埃尔及密克龙	PM-0	精液	BOV-SEM-A-ENTRY、 BOV-SEM-B-ENTRY、 BOV-SEM-C-ENTRY、 BOV-GP-PROCESSING-ENTRY、 BOV-GP-STORAGE-ENTRY		
US 美国	US-0	精液	BOV-SEM-A-ENTRY、 BOV-SEM-B-ENTRY、 BOV-SEM-C-ENTRY、 BOV-GP-PROCESSING-ENTRY、 BOV-GP-STORAGE-ENTRY		EHD-测试 BTV-测试
		卵母细胞和胚胎	BOV-OOCYTES-EMB-A-ENTRY、 BOV-in-vivo-EMB-B-ENTRY、 BOV-in-vitro-EMB-C-ENTRY、 BOV-in-vitro-EMB-D-ENTRY、 BOV-GP-PROCESSING-ENTRY、 BOV-GP-STORAGE-ENTRY		EHD-测试 BTV-测试

第 2 部分　第 1 部分表格第 2 栏注明的第三国或地区的区域说明

无

第 3 部分　第 1 部分表格第 5 栏注明的具体条件

2021 年 1 月 1 日前	第 1 部分表格第 2 栏中注明的区域在 2021 年 1 月 1 日前收集或生产、加工和储存的精液、卵母细胞和胚胎在出口欧盟时使用欧盟委员会（EU）2021/403 实施细则（＊）附件 I 第 24、25、27、28 和 29 章中规定的证书模板。

注：（＊）2021 年 3 月 24 日欧盟委员会（EU）2021/403 实施细则是欧洲议会及欧盟理事会（EU）2016/429 及（EU）2017/625 法规的实施细则，制定了某些类别的陆生动物及其繁殖材料进入欧盟及在成员方之间流通时随附的动物卫生证书模板及动物卫生/官方证明模板，同时也规定了上述证书或证明的官方签发要求，并废除了（EU）2010/470 决议（《欧盟官方公报》L 系列第 113 期，2021 年 3 月 31 日，第 1 页）。

第 4 部分　第 1 部分表格第 6 栏注明的动物卫生保障条件

EHD-测试	精液、体外培养的胚胎和卵母细胞等货物，强制性检测流行性出血热病毒感染。
BTV-测试	精液、体外培养的胚胎和卵母细胞等货物，强制性检测蓝舌病病毒感染。

附件X 绵羊和山羊的繁殖材料

第1部分 第3（1）条（i）点规定的批准向欧盟出口绵羊和山羊繁殖材料的第三国或地区或其区域名单

ISO代码和名称（第三国或地区）	区域代码（在第2部分具体说明）	获准进入欧盟的繁殖材料类别	动物卫生证书	特定条件（在第3部分具体说明）	动物卫生保障条件（在第4部分具体说明）
1	2	3	4	5	6
AU 澳大利亚	AU-0	精液	OV/CAP-SEM-A-ENTRY、 OV/CAP-SEM-B-ENTRY、 OV/CAP-GP-PROCESSING-ENTRY、 OV/CAP-GP-STORAGE-ENTRY		EHD-测试 BTV-测试
		卵母细胞和胚胎	OV/CAP-OOCYTES-EMB-A-ENTRY、 OV/CAP-OOCYTES-EMB-ENTRY、 OV/CAP-GP-PROCESSING-ENTRY、 OV/CAP-GP-STORAGE-ENTRY		EHD-测试 BTV-测试
CA 加拿大	CA-0	精液	OV/CAP-SEM-A-ENTRY、 OV/CAP-SEM-B-ENTRY、 OV/CAP-GP-PROCESSING-ENTRY、 OV/CAP-GP-STORAGE-ENTRY		EHD-测试 BTV-测试
		卵母细胞和胚胎	OV/CAP-OOCYTES-EMB-A-ENTRY、 OV/CAP-OOCYTES-EMB-ENTRY、 OV/CAP-GP-PROCESSING-ENTRY、 OV/CAP-GP-STORAGE-ENTRY		EHD-测试 BTV-测试
CH 瑞士	CH-0	精液 卵母细胞和胚胎	遵守附件I第7点所述协定		
CL 智利	CL-0	精液	OV/CAP-SEM-A-ENTR、 OV/CAP-SEM-B-ENTRY、 OV/CAP-GP-PROCESSING-ENTRY、 OV/CAP-GP-STORAGE-ENTRY		
		卵母细胞和胚胎	OV/CAP-OOCYTES-EMB-A-ENTRY、 OV/CAP-OOCYTES-EMB-ENTRY、 OV/CAP-GP-PROCESSING-ENTRY、 OV/CAP-GP-STORAGE-ENTRY		

续表1

ISO 代码和名称（第三国或地区）	区域代码（在第 2 部分具体说明）	获准进入欧盟的繁殖材料类别	动物卫生证书	特定条件（在第 3 部分具体说明）	动物卫生保障条件（在第 4 部分具体说明）
1	2	3	4	5	6
GB 英国	GB-0	精液	OV/CAP-SEM-A-ENTRY、OV/CAP-SEM-B-ENTRY、OV/CAP-GP-PROCESSING-ENTRY、OV/CAP-GP-STORAGE-ENTRY	2021 年 1 月 1 日前	
		卵母细胞和胚胎	OV/CAP-OOCTYES-EMB-A-ENTRY、OV/CAP-OOCTYES-EMB-B-ENTRY、OV/CAP-GP-PROCESSING-ENTRY、OV/CAP-GP-STORAGE-ENTRY	2021 年 1 月 1 日前	
GG 根西岛	GG-0	精液	OV/CAP-SEM-A-ENTRY、OV/CAP-SEM-B-ENTRY、OV/CAP-GP-PROCESSING-ENTRY、OV/CAP-GP-STORAGE-ENTRY	2021 年 1 月 1 日前	
		卵母细胞和胚胎	OV/CAP-OOCTYES-EMB-A-ENTRY、OV/CAP-OOCTYES-EMB-B-ENTRY、OV/CAP-GP-PROCESSING-ENTRY、OV/CAP-GP-STORAGE-ENTRY	2021 年 1 月 1 日前	
GL 格陵兰	GL-0	精液	OV/CAP-SEM-A-ENTRY、OV/CAP-SEM-B-ENTRY、OV/CAP-GP-PROCESSING-ENTRY、OV/CAP-GP-STORAGE-ENTRY		
		卵母细胞和胚胎	OV/CAP-OOCYTES-EMB-A-ENTRY、OV/CAP-OOCYTES-EMB-ENTRY、OV/CAP-GP-PROCESSING-ENTRY、OV/CAP-GP-STORAGE-ENTRY		
IM 马恩岛	IM-0	精液	OV/CAP-SEM-A-ENTRY、OV/CAP-SEM-B-ENTRY、OV/CAP-GP-PROCESSING-ENTRY、OV/CAP-GP-STORAGE-ENTRY	2021 年 1 月 1 日前	
		卵母细胞和胚胎	OV/CAP-OOCTYES-EMB-A-ENTRY、OV/CAP-OOCTYES-EMB-B-ENTRY、OV/CAP-GP-PROCESSING-ENTRY、OV/CAP-GP-STORAGE-ENTRY	2021 年 1 月 1 日前	

续表2

ISO 代码和名称（第三国或地区）	区域代码（在第 2 部分具体说明）	获准进入欧盟的繁殖材料类别	动物卫生证书	特定条件（在第 3 部分具体说明）	动物卫生保障条件（在第 4 部分具体说明）
1	2	3	4	5	6
IS 冰岛	IS-0	精液	OV/CAP-SEM-A-ENTRY、OV/CAP-SEM-B-ENTRY、OV/CAP-GP-PROCESSING-ENTRY、OV/CAP-GP-STORAGE-ENTRY		
		卵母细胞和胚胎	OV/CAP-OOCYTES-EMB-A-ENTRY、OV/CAP-OOCYTES-EMB-ENTRY、OV/CAP-GP-PROCESSING-ENTRY、OV/CAP-GP-STORAGE-ENTRY		
JE 泽西岛	JE-0	精液	OV/CAP-SEM-A-ENTRY、OV/CAP-SEM-B-ENTRY、OV/CAP-GP-PROCESSING-ENTRY、OV/CAP-GP-STORAGE-ENTRY	2021 年 1 月 1 日前	
		卵母细胞和胚胎	OV/CAP-OOCTYES-EMB-A-ENTRY、OV/CAP-OOCTYES-EMB-B-ENTRY、OV/CAP-GP-PROCESSING-ENTRY、OV/CAP-GP-STORAGE-ENTRY	2021 年 1 月 1 日前	
NZ 新西兰	NZ-0	精液	OV/CAP-SEM-A-ENTRY、OV/CAP-SEM-B-ENTRY、OV/CAP-GP-PROCESSING-ENTRY、OV/CAP-GP-STORAGE-ENTRY		
		卵母细胞和胚胎	OV/CAP-OOCYTES-EMB-A-ENTRY、OV/CAP-OOCYTES-EMB-ENTRY、OV/CAP-GP-PROCESSING-ENTRY、OV/CAP-GP-STORAGE-ENTRY		
PM 圣皮埃尔及密克龙	PM-0	精液	OV/CAP-SEM-A-ENTRY、OV/CAP-SEM-B-ENTRY、OV/CAP-GP-PROCESSING-ENTRY、OV/CAP-GP-STORAGE-ENTRY		
		卵母细胞和胚胎	OV/CAP-OOCYTES-EMB-A-ENTRY、OV/CAP-OOCYTES-EMB-ENTRY、OV/CAP-GP-PROCESSING-ENTRY、OV/CAP-GP-STORAGE-ENTRY		

续表3

ISO代码和名称（第三国或地区）	区域代码（在第2部分具体说明）	获准进入欧盟的繁殖材料类别	动物卫生证书	特定条件（在第3部分具体说明）	动物卫生保障条件（在第4部分具体说明）
1	2	3	4	5	6
US 美国	US-0	精液	OV/CAP-SEM-A-ENTRY、 OV/CAP-SEM-B-ENTRY、 OV/CAP-GP-PROCESSING-ENTRY、 OV/CAP-GP-STORAGE-ENTRY		EHD-测试 BTV-测试
		卵母细胞和胚胎	OV/CAP-OOCYTES-EMB-A-ENTRY、 OV/CAP-OOCYTES-EMB-ENTRY、 OV/CAP-GP-PROCESSING-ENTRY、 OV/CAP-GP-STORAGE-ENTRY		EHD-测试 BTV-测试

第2部分　第1部分表格第2栏注明的第三国或地区的区域说明

无

第3部分　第1部分表格第5栏所述的具体条件

2021年1月1日前	第1部分表格第2栏中注明的区域在2021年1月1日前收集或生产、加工和储存的精液、卵母细胞和胚胎在出口欧盟时使用欧盟委员会（EU）2021/403实施细则附件Ⅰ第31章和第32章，以及第34章至第37章规定的证书模板。

第4部分　第1部分表格第6栏注明的动物卫生保障条件

EHD-测试	强制性检测流行性出血热病毒感染。
BTV-测试	强制性检测蓝舌病病毒感染。

附件XI 猪类动物的繁殖材料

第1部分 第3（1）条（j）点规定的批准向欧盟出口猪类动物繁殖材料的第三国或地区或其区域名单

ISO代码和名称（第三国或地区）	区域代码（在第2部分具体说明）	获准进入欧盟的繁殖材料类别	动物卫生证书	特定条件（在第3部分具体说明）	动物卫生保障条件（在第4部分具体说明）
1	2	3	4	5	6
CA 加拿大	CA-0	精液	POR-SEM-A-ENTRY、 POR-SEM-B-ENTRY、 POR-GP-PROCESSING-ENTRY、 POR-GP-STORAGE-ENTRY		
		卵母细胞和胚胎	POR-OOCYTES-EMB-ENTRY、 POR-GP-PROCESSING-ENTRY、 POR-GP-STORAGE-ENTRY		
CH 瑞士	CH-0	精液	遵守附件Ⅰ第7点所述协定		
		卵母细胞和胚胎			
GB 英国	GB-0	精液	POR-SEM-A-ENTRY、 POR-SEM-B-ENTRY、 POR-GP-PROCESSING-ENTRY、 POR-GP-STORAGE-ENTRY	2021年1月1日前	
		卵母细胞和胚胎	POR-OOCTYES-EMB-ENTRY、 POR-GP-PROCESSING-ENTRY、 POR-GP-STORAGE-ENTRY	2021年1月1日前	
GG 根西岛	GG-0	精液	POR-SEM-A-ENTRY、 POR-SEM-B-ENTRY、 POR-GP-PROCESSING-ENTRY、 POR-GP-STORAGE-ENTRY	2021年1月1日前	
		卵母细胞和胚胎	POR-OOCTYES-EMB-ENTRY、 POR-GP-PROCESSING-ENTRY、 POR-GP-STORAGE-ENTRY	2021年1月1日前	
IM 马恩岛	IM-0	精液	POR-SEM-A-ENTRY、 POR-SEM-B-ENTRY、 POR-GP-PROCESSING-ENTRY、 POR-GP-STORAGE-ENTRY	2021年1月1日前	
		卵母细胞和胚胎	POR-OOCTYES-EMB-ENTRY、 POR-GP-PROCESSING-ENTRY、 POR-GP-STORAGE-ENTRY	2021年1月1日前	

续表

ISO 代码和名称（第三国或地区）	区域代码（在第 2 部分具体说明）	获准进入欧盟的繁殖材料类别	动物卫生证书	特定条件（在第 3 部分具体说明）	动物卫生保障条件（在第 4 部分具体说明）
1	2	3	4	5	6
JE 泽西岛	JE-0	精液	POR-SEM-A-ENTRY、 POR-SEM-B-ENTRY、 POR-GP-PROCESSING-ENTRY、 POR-GP-STORAGE-ENTRY	2021 年 1 月 1 日前	
		卵母细胞和胚胎	POR-OOCTYES-EMB-ENTRY、 POR-GP-PROCESSING-ENTRY、 POR-GP-STORAGE-ENTRY	2021 年 1 月 1 日前	
NZ 新西兰	NZ-0	精液	POR-SEM-A-ENTRY、 POR-SEM-B-ENTRY、 POR-GP-PROCESSING-ENTRY、 POR-GP-STORAGE-ENTRY		
		卵母细胞和胚胎	POR-OOCYTES-EMB-ENTRY、 POR-GP-PROCESSING-ENTRY、 POR-GP-STORAGE-ENTRY		
US 美国	US-0	精液	POR-SEM-A-ENTRY、 POR-SEM-B-ENTRY、 POR-GP-PROCESSING-ENTRY、 POR-GP-STORAGE-ENTRY		
		卵母细胞和胚胎	POR-OOCYTES-EMB-ENTRY、 POR-GP-PROCESSING-ENTRY、 POR-GP-STORAGE-ENTRY		

第 2 部分　第 1 部分表格第 2 栏注明的第三国或地区的区域说明

无

第 3 部分　第 1 部分表格第 5 栏注明的特定条件

2021 年 1 月 1 日前	第 1 部分表格第 2 栏中注明的区域在 2021 年 1 月 1 日前收集或生产、加工和储存的精液、卵母细胞和胚胎在出口欧盟时使用欧盟委员会（EU）2021/403 实施细则附件 I 第 39 章和第 41 章至第 44 章规定的证书模板。

第 4 部分　第 1 部分表格第 6 栏注明的动物卫生保障条件

无

附件Ⅻ 马类动物的繁殖材料

第1部分 第3（1）条（k）点规定的批准向欧盟出口马类动物繁殖材料的第三国或地区或其区域名单

ISO代码和名称（第三国或地区）	区域代码（在第2部分具体说明）	繁殖材料获准进入欧盟的马类动物类别	获准进入欧盟的繁殖材料类别	动物卫生证书	特定条件（在第3部分具体说明）	动物卫生保障条件（在第4部分具体说明）
1	2	3	4	5	6	7
AE 阿拉伯联合酋长国	AE-0	注册马匹	精液	EQUI-SEMEN-A-ENTRY、EQUI-SEMEN-B-ENTRY、EQUI-SEMEN-C-ENTRY、EQUI-SEMEN-D-ENTRY、EQUI-GP-PROCESSING-ENTRY、EQUI-GP-STORAGE-ENTRY		
			卵母细胞和胚胎	EQUI-OOCYTES-EMB-A-ENTRY、EQUI-OOCYTES-EMB-B-ENTRY、EQUI-OOCYTES-EMB-C-ENTRY、EQUI-GP-PROCESSING-ENTRY、EQUI-GP-STORAGE-ENTRY		
AR 阿根廷	AR-0	注册马匹	精液	EQUI-SEMEN-A-ENTRY、EQUI-SEMEN-B-ENTRY、EQUI-SEMEN-C-ENTRY、EQUI-SEMEN-D-ENTRY、EQUI-GP-PROCESSING-ENTRY、EQUI-GP-STORAGE-ENTRY		
			卵母细胞和胚胎	EQUI-OOCYTES-EMB-A-ENTRY、EQUI-OOCYTES-EMB-B-ENTRY、EQUI-OOCYTES-EMB-C-ENTRY、EQUI-GP-PROCESSING-ENTRY、EQUI-GP-STORAGE-ENTRY		
		注册的马科动物	精液	EQUI-SEMEN-A-ENTRY、EQUI-SEMEN-B-ENTRY、EQUI-SEMEN-C-ENTRY、EQUI-SEMEN-D-ENTRY、EQUI-GP-PROCESSING-ENTRY、EQUI-GP-STORAGE-ENTRY		
			卵母细胞和胚胎	EQUI-OOCYTES-EMB-A-ENTRY、EQUI-OOCYTES-EMB-B-ENTRY、EQUI-OOCYTES-EMB-C-ENTRY、EQUI-GP-PROCESSING-ENTRY、EQUI-GP-STORAGE-ENTRY		

续表1

ISO 代码和名称（第三国或地区）	区域代码（在第 2 部分具体说明）	繁殖材料获准进入欧盟的马类动物类别	获准进入欧盟的繁殖材料类别	动物卫生证书	特定条件（在第 3 部分具体说明）	动物卫生保障条件（在第 4 部分具体说明）
1	2	3	4	5	6	7
AR 阿根廷	AR-0	其他非宰杀的马类动物	精液	EQUI-SEMEN-A-ENTRY、EQUI-SEMEN-B-ENTRY、EQUI-SEMEN-C-ENTRY、EQUI-SEMEN-D-ENTRY、EQUI-GP-PROCESSING-ENTRY、EQUI-GP-STORAGE-ENTRY		
			卵母细胞和胚胎	EQUI-OOCYTES-EMB-A-ENTRY、EQUI-OOCYTES-EMB-B-ENTRY、EQUI-OOCYTES-EMB-C-ENTRY、EQUI-GP-PROCESSING-ENTRY、EQUI-GP-STORAGE-ENTRY		
AU 澳大利亚	AU-0	注册马匹	精液	EQUI-SEMEN-A-ENTRY、EQUI-SEMEN-B-ENTRY、EQUI-SEMEN-C-ENTRY、EQUI-SEMEN-D-ENTRY、EQUI-GP-PROCESSING-ENTRY、EQUI-GP-STORAGE-ENTRY		
			卵母细胞和胚胎	EQUI-OOCYTES-EMB-A-ENTRY、EQUI-OOCYTES-EMB-B-ENTRY、EQUI-OOCYTES-EMB-C-ENTRY、EQUI-GP-PROCESSING-ENTRY、EQUI-GP-STORAGE-ENTRY		
		注册的马科动物	精液	EQUI-SEMEN-A-ENTRY、EQUI-SEMEN-B-ENTRY、EQUI-SEMEN-C-ENTRY、EQUI-SEMEN-D-ENTRY、EQUI-GP-PROCESSING-ENTRY、EQUI-GP-STORAGE-ENTRY		
			卵母细胞和胚胎	EQUI-OOCYTES-EMB-A-ENTRY、EQUI-OOCYTES-EMB-B-ENTRY、EQUI-OOCYTES-EMB-C-ENTRY、EQUI-GP-PROCESSING-ENTRY、EQUI-GP-STORAGE-ENTRY		
		其他非宰杀的马类动物	精液	EQUI-SEMEN-A-ENTRY、EQUI-SEMEN-B-ENTRY、EQUI-SEMEN-C-ENTRY、EQUI-SEMEN-D-ENTRY、EQUI-GP-PROCESSING-ENTRY、EQUI-GP-STORAGE-ENTRY		
			卵母细胞和胚胎	EQUI-OOCYTES-EMB-A-ENTRY、EQUI-OOCYTES-EMB-B-ENTRY、EQUI-OOCYTES-EMB-C-ENTRY、EQUI-GP-PROCESSING-ENTRY、EQUI-GP-STORAGE-ENTRY		

续表2

<table>
<tr><th>ISO代码和名称（第三国或地区）</th><th>区域代码（在第2部分具体说明）</th><th>繁殖材料获准进入欧盟的马类动物类别</th><th>获准进入欧盟的繁殖材料类别</th><th>动物卫生证书</th><th>特定条件（在第3部分具体说明）</th><th>动物卫生保障条件（在第4部分具体说明）</th></tr>
<tr><td>1</td><td>2</td><td>3</td><td>4</td><td>5</td><td>6</td><td>7</td></tr>
<tr><td rowspan="3">CA 加拿大</td><td rowspan="3">CA-0</td><td>注册马匹</td><td>精液</td><td>EQUI-SEMEN-A-ENTRY、
EQUI-SEMEN-B-ENTRY、
EQUI-SEMEN-C-ENTRY、
EQUI-SEMEN-D-ENTRY、
EQUI-GP-PROCESSING-ENTRY、
EQUI-GP-STORAGE-ENTRY</td><td></td><td></td></tr>
<tr><td>注册的马科动物</td><td>精液</td><td>EQUI-SEMEN-A-ENTRY、
EQUI-SEMEN-B-ENTRY、
EQUI-SEMEN-C-ENTRY、
EQUI-SEMEN-D-ENTRY、
EQUI-GP-PROCESSING-ENTRY、
EQUI-GP-STORAGE-ENTRY</td><td></td><td></td></tr>
<tr><td>其他非宰杀的马类动物</td><td>精液</td><td>EQUI-SEMEN-A-ENTRY、
EQUI-SEMEN-B-ENTRY、
EQUI-SEMEN-C-ENTRY、
EQUI-SEMEN-D-ENTRY、
EQUI-GP-PROCESSING-ENTRY、
EQUI-GP-STORAGE-ENTRY</td><td></td><td></td></tr>
<tr><td>CH 瑞士</td><td>CH-0</td><td>全部类别</td><td>全部类别</td><td colspan="2">遵守附件Ⅰ第7点所述协定</td><td></td></tr>
<tr><td rowspan="2">GB 英国</td><td rowspan="2">GB-0</td><td rowspan="2">注册马匹</td><td>精液</td><td>EQUI-SEMEN-A-ENTRY、
EQUI-SEMEN-B-ENTRY、
EQUI-SEMEN-C-ENTRY、
EQUI-SEMEN-D-ENTRY、
EQUI-GP-PROCESSING-ENTRY、
EQUI-GP-STORAGE-ENTRY</td><td>2021年1月1日前</td><td></td></tr>
<tr><td>卵母细胞和胚胎</td><td>EQUI-OOCTYES-EMB-A-ENTRY、
EQUI-OOCTYES-EMB-B-ENTRY、
EQUI-OOCTYES-EMB-C-ENTRY、
EQUI-GP-PROCESSING-ENTRY、
EQUI-GP-STORAGE-ENTRY</td><td>2021年1月1日前</td><td></td></tr>
</table>

续表3

ISO 代码和名称（第三国或地区）	区域代码（在第 2 部分具体说明）	繁殖材料获准进入欧盟的马类动物类别	获准进入欧盟的繁殖材料类别	动物卫生证书	特定条件（在第 3 部分具体说明）	动物卫生保障条件（在第 4 部分具体说明）
1	2	3	4	5	6	7
GB 英国	GB-0	注册马匹	精液	EQUI-SEMEN-A-ENTRY、EQUI-SEMEN-B-ENTRY、EQUI-SEMEN-C-ENTRY、EQUI-SEMEN-D-ENTRY、EQUI-GP-PROCESSING-ENTRY、EQUI-GP-STORAGE-ENTRY	2021 年 1 月 1 日前	
			卵母细胞和胚胎	EQUI-OOCTYES-EMB-A-ENTRY、EQUI-OOCTYES-EMB-B-ENTRY、EQUI-OOCTYES-EMB-C-ENTRY、EQUI-GP-PROCESSING-ENTRY、EQUI-GP-STORAGE-ENTRY	2021 年 1 月 1 日前	
		其他非宰杀的马类动物	精液	EQUI-SEMEN-A-ENTRY、EQUI-SEMEN-B-ENTRY、EQUI-SEMEN-C-ENTRY、EQUI-SEMEN-D-ENTRY、EQUI-GP-PROCESSING-ENTRY、EQUI-GP-STORAGE-ENTRY	2021 年 1 月 1 日前	
			卵母细胞和胚胎	EQUI-OOCTYES-EMB-A-ENTRY、EQUI-OOCTYES-EMB-B-ENTRY、EQUI-OOCTYES-EMB-C-ENTRY、EQUI-GP-PROCESSING-ENTRY、EQUI-GP-STORAGE-ENTRY	2021 年 1 月 1 日前	

续表4

ISO 代码和名称（第三国或地区）	区域代码（在第 2 部分具体说明）	繁殖材料获准进入欧盟的马类动物类别	获准进入欧盟的繁殖材料类别	动物卫生证书	特定条件（在第 3 部分具体说明）	动物卫生保障条件（在第 4 部分具体说明）
1	2	3	4	5	6	7
GG 根西岛	GG-0	注册马匹	精液	EQUI-SEMEN-A-ENTRY、 EQUI-SEMEN-B-ENTRY、 EQUI-SEMEN-C-ENTRY、 EQUI-SEMEN-D-ENTRY、 EQUI-GP-PROCESSING-ENTRY、 EQUI-GP-STORAGE-ENTRY	2021 年 1 月 1 日前	
			卵母细胞和胚胎	EQUI-OOCTYES-EMB-A-ENTRY、 EQUI-OOCTYES-EMB-B-ENTRY、 EQUI-OOCTYES-EMB-C-ENTRY、 EQUI-GP-PROCESSING-ENTRY、 EQUI-GP-STORAGE-ENTRY	2021 年 1 月 1 日前	
		注册的马科动物	精液	EQUI-SEMEN-A-ENTRY、 EQUI-SEMEN-B-ENTRY、 EQUI-SEMEN-C-ENTRY、 EQUI-SEMEN-D-ENTRY、 EQUI-GP-PROCESSING-ENTRY、 EQUI-GP-STORAGE-ENTRY	2021 年 1 月 1 日前	
			卵母细胞和胚胎	EQUI-OOCTYES-EMB-A-ENTRY、 EQUI-OOCTYES-EMB-B-ENTRY、 EQUI-OOCTYES-EMB-C-ENTRY、 EQUI-GP-PROCESSING-ENTRY、 EQUI-GP-STORAGE-ENTRY	2021 年 1 月 1 日前	
		其他非宰杀的马类动物	精液	EQUI-SEMEN-A-ENTRY、 EQUI-SEMEN-B-ENTRY、 EQUI-SEMEN-C-ENTRY、 EQUI-SEMEN-D-ENTRY、 EQUI-GP-PROCESSING-ENTRY、 EQUI-GP-STORAGE-ENTRY	2021 年 1 月 1 日前	
			卵母细胞和胚胎	EQUI-OOCTYES-EMB-A-ENTRY、 EQUI-OOCTYES-EMB-B-ENTRY、 EQUI-OOCTYES-EMB-C-ENTRY、 EQUI-GP-PROCESSING-ENTRY、 EQUI-GP-STORAGE-ENTRY	2021 年 1 月 1 日前	

续表5

ISO 代码和名称（第三国或地区）	区域代码（在第 2 部分具体说明）	繁殖材料获准进入欧盟的马类动物类别	获准进入欧盟的繁殖材料类别	动物卫生证书	特定条件（在第 3 部分具体说明）	动物卫生保障条件（在第 4 部分具体说明）
1	2	3	4	5	6	7
IL 以色列	IL-0	注册马匹	精液	EQUI-SEMEN-A-ENTRY、EQUI-SEMEN-B-ENTRY、EQUI-SEMEN-C-ENTRY、EQUI-SEMEN-D-ENTRY、EQUI-GP-PROCESSING-ENTRY、EQUI-GP-STORAGE-ENTRY		
		注册的马科动物	精液	EQUI-SEMEN-A-ENTRY、EQUI-SEMEN-B-ENTRY、EQUI-SEMEN-C-ENTRY、EQUI-SEMEN-D-ENTRY、EQUI-GP-PROCESSING-ENTRY、EQUI-GP-STORAGE-ENTRY		
IM 马恩岛	IM-0	注册马匹	精液	EQUI-SEMEN-A-ENTRY、EQUI-SEMEN-B-ENTRY、EQUI-SEMEN-C-ENTRY、EQUI-SEMEN-D-ENTRY、EQUI-GP-PROCESSING-ENTRY、EQUI-GP-STORAGE-ENTRY	2021 年 1 月 1 日前	
			卵母细胞和胚胎	EQUI-OOCTYES-EMB-A-ENTRY、EQUI-OOCTYES-EMB-B-ENTRY、EQUI-OOCTYES-EMB-C-ENTRY、EQUI-GP-PROCESSING-ENTRY、EQUI-GP-STORAGE-ENTRY	2021 年 1 月 1 日前	
		注册的马科动物	精液	EQUI-SEMEN-A-ENTRY、EQUI-SEMEN-B-ENTRY、EQUI-SEMEN-C-ENTRY、EQUI-SEMEN-D-ENTRY、EQUI-GP-PROCESSING-ENTRY、EQUI-GP-STORAGE-ENTRY	2021 年 1 月 1 日前	
			卵母细胞和胚胎	EQUI-OOCTYES-EMB-A-ENTRY、EQUI-OOCTYES-EMB-B-ENTRY、EQUI-OOCTYES-EMB-C-ENTRY、EQUI-GP-PROCESSING-ENTRY、EQUI-GP-STORAGE-ENTRY	2021 年 1 月 1 日前	

续表6

ISO 代码和名称（第三国或地区）	区域代码（在第2部分具体说明）	繁殖材料获准进入欧盟的马类动物类别	获准进入欧盟的繁殖材料类别	动物卫生证书	特定条件（在第3部分具体说明）	动物卫生保障条件（在第4部分具体说明）
1	2	3	4	5	6	7
IM 马恩岛	IM-0	其他非宰杀的马类动物	精液	EQUI-SEMEN-A-ENTRY、EQUI-SEMEN-B-ENTRY、EQUI-SEMEN-C-ENTRY、EQUI-SEMEN-D-ENTRY、EQUI-GP-PROCESSING-ENTRY、EQUI-GP-STORAGE-ENTRY	2021 年 1 月 1 日前	
			卵母细胞和胚胎	EQUI-OOCTYES-EMB-A-ENTRY、EQUI-OOCTYES-EMB-B-ENTRY、EQUI-OOCTYES-EMB-C-ENTRY、EQUI-GP-PROCESSING-ENTRY、EQUI-GP-STORAGE-ENTRY	2021 年 1 月 1 日前	
IS 冰岛	IS-0	注册马匹	精液	EQUI-SEMEN-A-ENTRY、EQUI-SEMEN-B-ENTRY、EQUI-SEMEN-C-ENTRY、EQUI-SEMEN-D-ENTRY、EQUI-GP-PROCESSING-ENTRY、EQUI-GP-STORAGE-ENTRY		
		注册的马科动物	精液	EQUI-SEMEN-A-ENTRY、EQUI-SEMEN-B-ENTRY、EQUI-SEMEN-C-ENTRY、EQUI-SEMEN-D-ENTRY、EQUI-GP-PROCESSING-ENTRY、EQUI-GP-STORAGE-ENTRY		
		其他非宰杀的马类动物	精液	EQUI-SEMEN-A-ENTRY、EQUI-SEMEN-B-ENTRY、EQUI-SEMEN-C-ENTRY、EQUI-SEMEN-D-ENTRY、EQUI-GP-PROCESSING-ENTRY、EQUI-GP-STORAGE-ENTRY		

续表7

ISO代码和名称（第三国或地区）	区域代码（在第2部分具体说明）	繁殖材料获准进入欧盟的马类动物类别	获准进入欧盟的繁殖材料类别	动物卫生证书	特定条件（在第3部分具体说明）	动物卫生保障条件（在第4部分具体说明）
1	2	3	4	5	6	7
JE 泽西岛	JE-0	注册马匹	精液	EQUI-SEMEN-A-ENTRY、EQUI-SEMEN-B-ENTRY、EQUI-SEMEN-C-ENTRY、EQUI-SEMEN-D-ENTRY、EQUI-GP-PROCESSING-ENTRY、EQUI-GP-STORAGE-ENTRY	2021年1月1日前	
			卵母细胞和胚胎	EQUI-OOCTYES-EMB-A-ENTRY、EQUI-OOCTYES-EMB-B-ENTRY、EQUI-OOCTYES-EMB-C-ENTRY、EQUI-GP-PROCESSING-ENTRY、EQUI-GP-STORAGE-ENTRY	2021年1月1日前	
		注册的马科动物	精液	EQUI-SEMEN-A-ENTRY、EQUI-SEMEN-B-ENTRY、EQUI-SEMEN-C-ENTRY、EQUI-SEMEN-D-ENTRY、EQUI-GP-PROCESSING-ENTRY、EQUI-GP-STORAGE-ENTRY	2021年1月1日前	
			卵母细胞和胚胎	EQUI-OOCTYES-EMB-A-ENTRY、EQUI-OOCTYES-EMB-B-ENTRY、EQUI-OOCTYES-EMB-C-ENTRY、EQUI-GP-PROCESSING-ENTRY、EQUI-GP-STORAGE-ENTRY	2021年1月1日前	
		其他非宰杀的马类动物	精液	EQUI-SEMEN-A-ENTRY、EQUI-SEMEN-B-ENTRY、EQUI-SEMEN-C-ENTRY、EQUI-SEMEN-D-ENTRY、EQUI-GP-PROCESSING-ENTRY、EQUI-GP-STORAGE-ENTRY	2021年1月1日前	
			卵母细胞和胚胎	EQUI-OOCTYES-EMB-A-ENTRY、EQUI-OOCTYES-EMB-B-ENTRY、EQUI-OOCTYES-EMB-C-ENTRY、EQUI-GP-PROCESSING-ENTRY、EQUI-GP-STORAGE-ENTRY	2021年1月1日前	

续表8

ISO 代码和名称（第三国或地区）	区域代码（在第 2 部分具体说明）	繁殖材料获准进入欧盟的马类动物类别	获准进入欧盟的繁殖材料类别	动物卫生证书	特定条件（在第 3 部分具体说明）	动物卫生保障条件（在第 4 部分具体说明）
1	2	3	4	5	6	7
MA 摩洛哥	MA-0	注册马匹	精液	EQUI-SEMEN-A-ENTRY、EQUI-SEMEN-B-ENTRY、EQUI-SEMEN-C-ENTRY、EQUI-SEMEN-D-ENTRY、EQUI-GP-PROCESSING-ENTRY、EQUI-GP-STORAGE-ENTRY		
		注册的马科动物	精液	EQUI-SEMEN-A-ENTRY、EQUI-SEMEN-B-ENTRY、EQUI-SEMEN-C-ENTRY、EQUI-SEMEN-D-ENTRY、EQUI-GP-PROCESSING-ENTRY、EQUI-GP-STORAGE-ENTRY		
		其他非宰杀的马类动物	精液	EQUI-SEMEN-A-ENTRY、EQUI-SEMEN-B-ENTRY、EQUI-SEMEN-C-ENTRY、EQUI-SEMEN-D-ENTRY、EQUI-GP-PROCESSING-ENTRY、EQUI-GP-STORAGE-ENTRY		
QA 卡塔尔	QA-0	注册马匹	精液	EQUI-SEMEN-A-ENTRY、EQUI-SEMEN-B-ENTRY、EQUI-SEMEN-C-ENTRY、EQUI-SEMEN-D-ENTRY、EQUI-GP-PROCESSING-ENTRY、EQUI-GP-STORAGE-ENTRY		
SA 沙特阿拉伯	SA-1	注册马匹	精液	EQUI-SEMEN-A-ENTRY、EQUI-SEMEN-B-ENTRY、EQUI-SEMEN-C-ENTRY、EQUI-SEMEN-D-ENTRY、EQUI-GP-PROCESSING-ENTRY、EQUI-GP-STORAGE-ENTRY		

续表9

ISO 代码和名称（第三国或地区）	区域代码（在第2部分具体说明）	繁殖材料获准进入欧盟的马类动物类别	获准进入欧盟的繁殖材料类别	动物卫生证书	特定条件（在第3部分具体说明）	动物卫生保障条件（在第4部分具体说明）
1	2	3	4	5	6	7
UA 乌克兰	UA-0	注册马匹	精液	EQUI-SEMEN-A-ENTRY、EQUI-SEMEN-B-ENTRY、EQUI-SEMEN-C-ENTRY、EQUI-SEMEN-D-ENTRY、EQUI-GP-PROCESSING-ENTRY、EQUI-GP-STORAGE-ENTRY		
		注册的马科动物	精液	EQUI-SEMEN-A-ENTRY、EQUI-SEMEN-B-ENTRY、EQUI-SEMEN-C-ENTRY、EQUI-SEMEN-D-ENTRY、EQUI-GP-PROCESSING-ENTRY、EQUI-GP-STORAGE-ENTRY		
		其他非宰杀的马类动物	精液	EQUI-SEMEN-A-ENTRY、EQUI-SEMEN-B-ENTRY、EQUI-SEMEN-C-ENTRY、EQUI-SEMEN-D-ENTRY、EQUI-GP-PROCESSING-ENTRY、EQUI-GP-STORAGE-ENTRY		
US 美国	US-0	注册马匹	精液	EQUI-SEMEN-A-ENTRY、EQUI-SEMEN-B-ENTRY、EQUI-SEMEN-C-ENTRY、EQUI-SEMEN-D-ENTRY、EQUI-GP-PROCESSING-ENTRY、EQUI-GP-STORAGE-ENTRY		
			卵母细胞和胚胎	EQUI-OOCYTES-EMB-A-ENTRY、EQUI-OOCYTES-EMB-B-ENTRY、EQUI-OOCYTES-EMB-C-ENTRY、EQUI-GP-PROCESSING-ENTRY、EQUI-GP-STORAGE-ENTRY		
		注册的马科动物	精液	EQUI-SEMEN-A-ENTRY、EQUI-SEMEN-B-ENTRY、EQUI-SEMEN-C-ENTRY、EQUI-SEMEN-D-ENTRY、EQUI-GP-PROCESSING-ENTRY、EQUI-GP-STORAGE-ENTRY		

续表10

ISO代码和名称（第三国或地区）	区域代码（在第2部分具体说明）	繁殖材料获准进入欧盟的马类动物类别	获准进入欧盟的繁殖材料类别	动物卫生证书	特定条件（在第3部分具体说明）	动物卫生保障条件（在第4部分具体说明）
1	2	3	4	5	6	7
US 美国	US-0	注册的马科动物	卵母细胞和胚胎	EQUI-OOCYTES-EMB-A-ENTRY、EQUI-OOCYTES-EMB-B-ENTRY、EQUI-OOCYTES-EMB-C-ENTRY、EQUI-GP-PROCESSING-ENTRY、EQUI-GP-STORAGE-ENTRY		
		其他非宰杀的马类动物	精液	EQUI-SEMEN-A-ENTRY、EQUI-SEMEN-B-ENTRY、EQUI-SEMEN-C-ENTRY、EQUI-SEMEN-D-ENTRY、EQUI-GP-PROCESSING-ENTRY、EQUI-GP-STORAGE-ENTRY		
			卵母细胞和胚胎	EQUI-OOCYTES-EMB-A-ENTRY、EQUI-OOCYTES-EMB-B-ENTRY、EQUI-OOCYTES-EMB-C-ENTRY、EQUI-GP-PROCESSING-ENTRY、EQUI-GP-STORAGE-ENTRY		
UY 乌拉圭	UY-0	注册马匹	精液	EQUI-SEMEN-A-ENTRY、EQUI-SEMEN-B-ENTRY、EQUI-SEMEN-C-ENTRY、EQUI-SEMEN-D-ENTRY、EQUI-GP-PROCESSING-ENTRY、EQUI-GP-STORAGE-ENTRY		
		注册的马科动物	精液	EQUI-SEMEN-A-ENTRY、EQUI-SEMEN-B-ENTRY、EQUI-SEMEN-C-ENTRY、EQUI-SEMEN-D-ENTRY、EQUI-GP-PROCESSING-ENTRY、EQUI-GP-STORAGE-ENTRY		
		其他非宰杀的马类动物	精液	EQUI-SEMEN-A-ENTRY、EQUI-SEMEN-B-ENTRY、EQUI-SEMEN-C-ENTRY、EQUI-SEMEN-D-ENTRY、EQUI-GP-PROCESSING-ENTRY、EQUI-GP-STORAGE-ENTRY		

第 2 部分　第 1 部分表格第 2 栏注明的第三国或地区的区域说明

适用附件Ⅳ第 2 部分表格中的描述。

第 3 部分　第 1 部分表格第 6 栏注明的特定条件

2021 年 1 月 1 日前	第 1 部分表格第 2 栏中注明的区域在 2021 年 1 月 1 日前收集或生产、加工和储存的精液、卵母细胞和胚胎在出口欧盟时使用欧盟委员会（EU）2021/403 实施细则附件 I 第 46 章至第 48 章，以及第 50 章至第 54 章规定的证书模板。

第 4 部分　第 1 部分表格第 7 栏注明的动物卫生保障条件

无

附件Ⅷ　有蹄类动物的生鲜肉

第 1 部分　第 3（1）条（1）点中规定的批准向欧盟出口有蹄类动物鲜肉的第三国或地区或其区域名单

ISO 代码和名称（第三国或地区）	区域代码（在第 2 部分具体说明）	获准鲜肉进入欧盟的动物种类	动物卫生证书	特定条件（在第 3 部分具体说明）	动物卫生保障条件（在第 4 部分具体说明）	停止日期	开始日期
1	2	3	4	5	6	7	8
AR 阿根廷	AR-1	牛类动物	BOV	熟成、pH 值、去骨、无下水			2010 年 8 月 1 日
		养殖的野味有蹄类动物	RUF				
		野生的野味有蹄类动物	RUW				
	AR-2	牛类动物	BOV、RUM-MSM				2010 年 8 月 1 日
		绵羊类和山羊类动物	OVI、RUM-MSM				
		养殖的野味有蹄类动物	RUF、RUM-MSM				
		野生的野味有蹄类动物	RUW				
	AR-3	牛类动物	BOV	熟成、pH 值、去骨、无下水			2016 年 7 月 1 日
		养殖的野味有蹄类动物	RUF				
		野生的野味有蹄类动物	RUW				
	AR-4	牛类动物	BOV、RUM-MSM				
		绵羊类和山羊类动物	OVI、RUM-MSM				
		养殖的野味有蹄类动物	RUF、RUM-MSM				
		野生的野味有蹄类动物	RUW				

续表1

ISO 代码和名称（第三国或地区）	区域代码（在第 2 部分具体说明）	获准鲜肉进入欧盟的动物种类	动物卫生证书	特定条件（在第 3 部分具体说明）	动物卫生保障条件（在第 4 部分具体说明）	停止日期	开始日期
1	2	3	4	5	6	7	8
AU 澳大利亚	AU-0	牛类动物	BOV、RUM-MSM				
		绵羊类和山羊类动物	OVI、RUM-MSM				
		猪类动物	POR、SUI-MSM				
		养殖的野味有蹄类动物	RUF、SUF、RUM-MSM、SUI-MSM				
		野生的野味有蹄类动物	RUW、SUW				
BR 巴西	BR-1	牛类动物	BOV	熟成、pH 值、去骨、可控的疫苗接种计划、无下水、外加可追溯性			2008 年 12 月 1 日
	BR-2	牛类动物	BOV	熟成、pH 值、去骨、无下水、外加可追溯性			
	BR-3	牛类动物	BOV	熟成、pH 值、去骨、可控的疫苗接种计划、无下水、外加可追溯性			
	BR-4	牛类动物	BOV	熟成、pH 值、去骨、可控的疫苗接种计划、无下水、外加可追溯性			

续表2

<table>
<tr><th>ISO代码和名称（第三国或地区）</th><th>区域代码（在第2部分具体说明）</th><th>获准鲜肉进入欧盟的动物种类</th><th>动物卫生证书</th><th>特定条件（在第3部分具体说明）</th><th>动物卫生保障条件（在第4部分具体说明）</th><th>停止日期</th><th>开始日期</th></tr>
<tr><td>1</td><td>2</td><td>3</td><td>4</td><td>5</td><td>6</td><td>7</td><td>8</td></tr>
<tr><td rowspan="17">BW 博茨瓦纳</td><td rowspan="4">BW-1</td><td>牛类动物</td><td>BOV</td><td rowspan="4">熟成、去骨、无下水</td><td></td><td rowspan="4">2011年5月11日</td><td rowspan="4">2012年6月26日</td></tr>
<tr><td>绵羊类和山羊类动物</td><td>OVI</td><td></td></tr>
<tr><td>养殖的野味有蹄类动物</td><td>RUF</td><td></td></tr>
<tr><td>野生的野味有蹄类动物</td><td>RUW</td><td></td></tr>
<tr><td rowspan="4">BW-2</td><td>牛类动物</td><td>BOV</td><td rowspan="4">熟成、去骨、无下水</td><td></td><td></td><td rowspan="4">2002年3月7日</td></tr>
<tr><td>绵羊类和山羊类动物</td><td>OVI</td><td></td><td></td></tr>
<tr><td>养殖的野味有蹄类动物</td><td>RUF</td><td></td><td></td></tr>
<tr><td>野生的野味有蹄类动物</td><td>RUW</td><td></td><td></td></tr>
<tr><td rowspan="4">BW-3</td><td>牛类动物</td><td>BOV</td><td rowspan="4">熟成、去骨、无下水</td><td></td><td rowspan="4">2008年10月20日</td><td rowspan="4">2009年1月20日</td></tr>
<tr><td>绵羊类和山羊类动物</td><td>OVI</td><td></td></tr>
<tr><td>养殖的野味有蹄类动物</td><td>RUF</td><td></td></tr>
<tr><td>野生的野味有蹄类动物</td><td>RUW</td><td></td></tr>
<tr><td>BW-4</td><td>牛类动物</td><td>BOV</td><td>熟成、去骨、无下水</td><td></td><td>2013年5月28日</td><td>2011年2月18日</td></tr>
<tr><td rowspan="4">BW-5</td><td>牛类动物</td><td>BOV</td><td rowspan="4">熟成、去骨、无下水</td><td></td><td rowspan="4">2013年5月28日</td><td rowspan="4">2016年8月18日</td></tr>
<tr><td>绵羊类和山羊类动物</td><td>OVI</td><td></td></tr>
<tr><td>养殖的野味有蹄类动物</td><td>RUF</td><td></td></tr>
<tr><td>野生的野味有蹄类动物</td><td>RUW</td><td></td></tr>
<tr><td>BZ 伯利兹</td><td>BZ-0</td><td>牛类动物</td><td>BOV、RUM-MSM</td><td></td><td></td><td></td><td></td></tr>
<tr><td rowspan="6">CA 加拿大</td><td rowspan="6">CA-0</td><td>牛类动物</td><td>BOV、RUM-MSM</td><td></td><td></td><td></td><td></td></tr>
<tr><td>绵羊类和山羊类动物</td><td>OVI、RUM-MSM</td><td></td><td></td><td></td><td></td></tr>
<tr><td>猪类动物</td><td>POR、SUI-MSM</td><td></td><td></td><td></td><td></td></tr>
<tr><td>养殖的野味有蹄类动物</td><td>RUF、SUF、RUM-MSM、SUI-MSM</td><td></td><td></td><td></td><td></td></tr>
<tr><td>野生的野味有蹄类动物</td><td>RUW、SUW</td><td></td><td></td><td></td><td></td></tr>
<tr><td></td><td></td><td></td><td></td><td></td><td></td></tr>
<tr><td>CH 瑞士</td><td>CH-0</td><td>全部</td><td colspan="2">遵守附件Ⅰ第7点所述协定</td><td></td><td></td><td></td></tr>
</table>

续表3

ISO代码和名称（第三国或地区）	区域代码（在第2部分具体说明）	获准鲜肉进入欧盟的动物种类	动物卫生证书	特定条件（在第3部分具体说明）	动物卫生保障条件（在第4部分具体说明）	停止日期	开始日期
1	2	3	4	5	6	7	8
CL 智利	CL-0	牛类动物	BOV、RUM-MSM				
		绵羊类和山羊类动物	OVI、RUM-MSM				
		猪类动物	POR、SUI-MSM				
		养殖的野味有蹄类动物	RUF、SUF、RUM-MSM、SUI-MSM				
		野生的野味有蹄类动物	RUW				
CR 哥斯达黎加	CR-0	牛类动物	BOV、RUM-MSM				
CU 古巴	CU-0	牛类动物	BOV、RUM-MSM				
FK 马尔维纳斯群岛	FK-0	牛类动物	BOV、RUM-MSM				
		绵羊类和山羊类动物	OVI、RUM-MSM				
GB 英国	GB-0	牛类动物	BOV、RUM-MSM				
		绵羊类和山羊类动物	OVI、RUM-MSM				
		猪类动物	POR、SUI-MSM				
		养殖的野味有蹄类动物	RUF、SUF、RUM-MSM、SUI-MSM				
		野生的野味有蹄类动物	RUW、SUW				
GL 格陵兰	GL-0	牛类动物	BOV、RUM-MSM				
		绵羊类和山羊类动物	OVI、RUM-MSM				
		养殖的野味有蹄类动物	RUF、RUM-MSM				
		野生的野味有蹄类动物	RUW				
GT 危地马拉	GT-0	牛类动物	BOV、RUM-MSM				
HN 洪都拉斯	HN-0	牛类动物	BOV、RUM-MSM				
IM 马恩岛	IM-0	牛类动物	BOV、RUM-MSM				
		绵羊类和山羊类动物	OVI、RUM-MSM				
		猪类动物	POR、SUI-MSM				

续表4

ISO 代码和名称（第三国或地区）	区域代码（在第 2 部分具体说明）	获准鲜肉进入欧盟的动物种类	动物卫生证书	特定条件（在第 3 部分具体说明）	动物卫生保障条件（在第 4 部分具体说明）	停止日期	开始日期
1	2	3	4	5	6	7	8
JP 日本	JP-0	牛类动物	BOV、RUM-MSM				2013 年 3 月 28 日
ME 黑山共和国	ME-0	牛类动物	BOV、RUM-MSM				
		绵羊类和山羊类动物	OVI、RUM-MSM				
MK 北马其顿共和国	MK-0	牛类动物	BOV、RUM-MSM				
		绵羊类和山羊类动物	OVI、RUM-MSM				
MX 墨西哥	MX-0	牛类动物	BOV、RUM-MSM				
NA 纳米比亚	NA-1	牛类动物	BOV	熟成、去骨、无下水	集散中心		
		绵羊类和山羊类动物	OVI				
		养殖的野味有蹄类动物	RUF				
		野生的野味有蹄类动物	RUW				
NC 新喀里多尼亚	NC-0	牛类动物	BOV、RUM-MSM				
		养殖的野味有蹄类动物	RUF、RUM-MSM				
		野生的野味有蹄类动物	RUW				
NZ 新西兰	NZ-0	牛类动物	BOV、RUM-MSM				
		绵羊类和山羊类动物	OVI、RUM-MSM				
		猪类动物	POR、SUI-MSM				
		养殖的野味有蹄类动物	RUF、SUF、RUM-MSM、SUI-MSM				
		野生的野味有蹄类动物	RUW、SUW				
PA 巴拿马	PA-0	牛类动物	BOV、RUM-MSM				
PY 巴拉圭	PY-0	牛类动物	BOV	熟成、pH 值、去骨			2015 年 4 月 17 日
RS 塞尔维亚	RS-0	牛类动物	BOV、RUM-MSM				
		绵羊类和山羊类动物	OVI、RUM-MSM				

续表5

<table>
<tr><th>ISO 代码和名称（第三国或地区）</th><th>区域代码（在第 2 部分具体说明）</th><th>获准鲜肉进入欧盟的动物种类</th><th>动物卫生证书</th><th>特定条件（在第 3 部分具体说明）</th><th>动物卫生保障条件（在第 4 部分具体说明）</th><th>停止日期</th><th>开始日期</th></tr>
<tr><td>1</td><td>2</td><td>3</td><td>4</td><td>5</td><td>6</td><td>7</td><td>8</td></tr>
<tr><td>RU 俄罗斯</td><td>RU-1</td><td>养殖的野味有蹄类动物</td><td>RUF</td><td></td><td></td><td></td><td></td></tr>
<tr><td rowspan="6">SZ 埃斯瓦蒂尼</td><td rowspan="3">SZ-1</td><td>牛类动物</td><td>BOV</td><td rowspan="6">熟成、去骨、无下水</td><td></td><td rowspan="6"></td><td></td></tr>
<tr><td>养殖的野味有蹄类动物</td><td>RUF</td><td></td><td></td></tr>
<tr><td>野生的野味有蹄类动物</td><td>RUW</td><td></td><td></td></tr>
<tr><td rowspan="3">SZ-2</td><td>牛类动物</td><td>BOV</td><td></td><td rowspan="3">2003 年 8 月 4 日</td></tr>
<tr><td>养殖的野味有蹄类动物</td><td>RUF</td><td></td></tr>
<tr><td>野生的野味有蹄类动物</td><td>RUW</td><td></td></tr>
<tr><td rowspan="5">US 美国</td><td rowspan="5">US-0</td><td>牛类动物</td><td>BOV、RUM-MSM</td><td></td><td></td><td></td><td></td></tr>
<tr><td>绵羊类和山羊类动物</td><td>OVI、RUM-MSM</td><td></td><td></td><td></td><td></td></tr>
<tr><td>猪类动物</td><td>POR、SUI-MSM</td><td></td><td></td><td></td><td></td></tr>
<tr><td>养殖的野味有蹄类动物</td><td>RUF、SUF、RUM-MSM、SUI-MSM</td><td rowspan="2"></td><td></td><td></td><td></td></tr>
<tr><td>野生的野味有蹄类动物</td><td>RUW、SUW</td><td></td><td></td><td></td></tr>
<tr><td rowspan="2">UY 乌拉圭</td><td rowspan="2">UY-0</td><td>牛类动物</td><td>BOV</td><td rowspan="2">熟成、去骨、无下水</td><td>集散中心</td><td></td><td>2001 年 11 月 1 日</td></tr>
<tr><td>绵羊类和山羊类动物</td><td>OVI</td><td></td><td></td><td></td></tr>
</table>

第 2 部分　第 1 部分表格第 2 栏注明的第三国或地区的区域说明

无

第 3 部分　第 1 部分表格第 5 栏注明的特定条件

熟成、pH 值、去骨	对于采用 A 型、O 型或 C 型血清的口蹄疫疫苗接种计划的区域，应适用（EU）2020/692 实施条例附件XXV第 B 部分第 1（c）点规定的关于生鲜肉（不包括下水）熟成、pH 值测量和去骨的条件。
熟成、去骨	对于未采用口蹄疫疫苗的地区，应适用（EU）2020/692 实施条例附件XXV第 B 部分第 3.1（c）点规定的关于生鲜肉（不包括下水）熟成和去骨的条件。
无下水	下水不得获准进入欧盟，但牛类动物的膈肌和咬肌除外。
可控的疫苗接种计划	在该地区进行的口蹄疫疫苗接种计划必须由主管部门监督，这种监督必须包括通过定期的血清学监测来控制疫苗接种计划的效果，该监测应表明动物体内有足够的抗体水平，并证明该地区没有口蹄疫病毒传播。

续表

未进行疫苗接种	该区未进行任何口蹄疫疫苗接种，第三国或地区的主管部门必须实施定期的血清学监测，以证明该地区没有口蹄疫病毒传播。
外加可追溯性	1. 用于生产生鲜肉的动物必须在牛类动物原产地识别和认证系统中进行识别和登记。 2. 用于生产生鲜肉的动物应来自第三国或地区主管部门批准的注册养殖场所，在批准注册前相关主管部门应开展注册前审核，审核结果合格，同时审核报告应输入官方监管信息管理系统（IMSOC）中，同时主管部门应定期进行审核和检查，以确保持续符合（EU）2020/692 实施条例规定的相关要求。 3. 主管部门应定期审核和更新批准的注册养殖场所名单，为方便欧盟委员会了解相关信息，应公布批准的注册养殖场所名单。

第 4 部分　第 1 部分表格第 6 栏注明的动物卫生保障条件

集散中心	为牛类动物、绵羊和山羊动物从原产地到屠宰场的运输提供了保障，允许它们在直接运往屠宰场之前通过一个集散中心。

附件XIV　家禽和野味禽的鲜肉

第 1 部分　第 3（1）条（m）点规定的批准向欧盟出口家禽和野味禽生鲜肉的第三国或地区或其区域名单

ISO 代码和名称（第三国或地区）	区域代码（在第 2 部分具体说明）	获准进入欧盟的生鲜肉种类	动物卫生证书	特定条件（在第 3 部分具体说明）	额外保证（在第 4 部分具体说明）	停止日期	开始日期
1	2	3	4	5	6	7	8
AR 阿根廷	AR-0	除平胸鸟类外的家禽生鲜肉	POU				
		平胸鸟类的生鲜肉	RAT				
		野味禽的生鲜肉	GBM				
AU 澳大利亚	AU-0	除平胸鸟类外的家禽生鲜肉	POU		B	2020 年 7 月 31 日	2021 年 7 月 20 日
		平胸鸟类的生鲜肉	RAT		C	2020 年 7 月 31 日	2021 年 7 月 20 日
BA 波斯尼亚和黑塞哥维那	BA-0	除平胸鸟类外的家禽生鲜肉	POU				

续表1

ISO代码和名称（第三国或地区）	区域代码（在第2部分具体说明）	获准进入欧盟的生鲜肉种类	动物卫生证书	特定条件（在第3部分具体说明）	额外保证（在第4部分具体说明）	停止日期	开始日期
1	2	3	4	5	6	7	8
BR 巴西	BR-0	-	-				
	BR-1	除平胸鸟类外的家禽生鲜肉	POU	N			
		野味禽的生鲜肉	GBM				
	BR-2	平胸鸟类的生鲜肉	RAT	N			
BW 博茨瓦纳	BW-0	平胸鸟类的生鲜肉	RAT		C		
CA 加拿大	CA-0	-	-				
	CA-1	除平胸鸟类外的家禽生鲜肉	POU	N			
		平胸鸟类的生鲜肉	RAT	N			
		野味禽的生鲜肉	GBM				
	CA-2	-	-				
CH 瑞士	CH-0	遵守附件Ⅰ第7点所述协定					
CL 智利	CL-0	除平胸鸟类外的家禽生鲜肉	POU	N			
		平胸鸟类的生鲜肉	RAT	N			
		野味禽的生鲜肉	GBM				
CN 中国	CN-0	-	-				
	CN-1	除平胸鸟类外的家禽生鲜肉	POU	P1	B	2004年2月6日	

续表2

ISO 代码和名称（第三国或地区）	区域代码（在第2部分具体说明）	获准进入欧盟的生鲜肉种类	动物卫生证书	特定条件（在第3部分具体说明）	额外保证（在第4部分具体说明）	停止日期	开始日期
1	2	3	4	5	6	7	8
GB 英国	GB-0	-	-				
	GB-1	除平胸鸟类外的家禽生鲜肉	POU	N			
		平胸鸟类的生鲜肉	RAT	N			
		野味禽的生鲜肉	GBM				
	GB-2						
	GB-2.1	除平胸鸟类外的家禽生鲜肉	POU	N、P1		2021年1月1日	2021年1月6日
		平胸鸟类的生鲜肉	RAT	N、P1		2021年1月1日	2021年1月6日
		野味禽的生鲜肉	GBM	P1		2021年1月1日	2021年1月6日
	GB-2.2	除平胸鸟类外的家禽生鲜肉	POU	N、P1		2021年1月1日	2021年1月8日
		平胸鸟类的生鲜肉	RAT	N、P1		2021年1月1日	2021年1月8日
		野味禽的生鲜肉	GBM	P1		2021年1月1日	2021年1月8日
	GB-2.3	除平胸鸟类外的家禽生鲜肉	POU	N、P1		2021年1月1日	2021年1月10日
		平胸鸟类的生鲜肉	RAT	N、P1		2021年1月1日	2021年1月10日
		野味禽的生鲜肉	GBM	P1		2021年1月1日	2021年1月10日
	GB-2.4	除平胸鸟类外的家禽生鲜肉	POU	N、P1		2021年1月1日	2021年1月11日
		平胸鸟类的生鲜肉	RAT	N、P1		2021年1月1日	2021年1月11日
		野味禽的生鲜肉	GBM	P1		2021年1月1日	2021年1月11日

续表3

ISO 代码和名称（第三国或地区）	区域代码（在第 2 部分具体说明）	获准进入欧盟的生鲜肉种类	动物卫生证书	特定条件（在第 3 部分具体说明）	额外保证（在第 4 部分具体说明）	停止日期	开始日期
1	2	3	4	5	6	7	8
GB 英国	GB-2. 5	除平胸鸟类外的家禽生鲜肉	POU	N、P1		2021 年 1 月 1 日	2021 年 1 月 17 日
		平胸鸟类的生鲜肉	RAT	N、P1		2021 年 1 月 1 日	2021 年 1 月 17 日
		野味禽的生鲜肉	GBM	P1		2021 年 1 月 1 日	2021 年 1 月 17 日
	GB-2. 6	除平胸鸟类外的家禽生鲜肉	POU	N、P1		2021 年 1 月 1 日	2021 年 1 月 19 日
		平胸鸟类的生鲜肉	RAT	N、P1		2021 年 1 月 1 日	2021 年 1 月 19 日
		野味禽的生鲜肉	GBM	P1		2021 年 1 月 1 日	2021 年 1 月 19 日
	GB-2. 7	除平胸鸟类外的家禽生鲜肉	POU	N、P1		2021 年 1 月 1 日	2021 年 1 月 20 日
		平胸鸟类的生鲜肉	RAT	N、P1		2021 年 1 月 1 日	2021 年 1 月 20 日
		野味禽的生鲜肉	GBM	P1		2021 年 1 月 1 日	2021 年 1 月 20 日
	GB-2. 8	除平胸鸟类外的家禽生鲜肉	POU	N、P1		2021 年 1 月 1 日	2021 年 1 月 20 日
		平胸鸟类的生鲜肉	RAT	N、P1		2021 年 1 月 1 日	2021 年 1 月 20 日
		野味禽的生鲜肉	GBM	P1		2021 年 1 月 1 日	2021 年 1 月 20 日
	GB-2. 9	除平胸鸟类外的家禽生鲜肉	POU	N、P1		2021 年 1 月 1 日	2021 年 1 月 23 日
		平胸鸟类的生鲜肉	RAT	N、P1		2021 年 1 月 1 日	2021 年 1 月 23 日
		野味禽的生鲜肉	GBM	P1		2021 年 1 月 1 日	2021 年 1 月 23 日

续表4

ISO 代码和名称（第三国或地区）	区域代码（在第 2 部分具体说明）	获准进入欧盟的生鲜肉种类	动物卫生证书	特定条件（在第 3 部分具体说明）	额外保证（在第 4 部分具体说明）	停止日期	开始日期
1	2	3	4	5	6	7	8
GB 英国	GB-2. 10	除平胸鸟类外的家禽生鲜肉	POU	N、P1		2021 年 1 月 1 日	2021 年 1 月 28 日
		平胸鸟类的生鲜肉	RAT	N、P1		2021 年 1 月 1 日	2021 年 1 月 28 日
		野味禽的生鲜肉	GBM	P1		2021 年 1 月 1 日	2021 年 1 月 28 日
	GB-2. 11	除平胸鸟类外的家禽生鲜肉	POU	N、P1		2021 年 1 月 1 日	2021 年 2 月 7 日
		平胸鸟类的生鲜肉	RAT	N、P1		2021 年 1 月 1 日	2021 年 2 月 7 日
		野味禽的生鲜肉	GBM	P1		2021 年 1 月 1 日	2021 年 2 月 7 日
	GB-2. 12	除平胸鸟类外的家禽生鲜肉	POU	N、P1		2021 年 1 月 1 日	2021 年 1 月 1 日
		平胸鸟类的生鲜肉	RAT	N、P1		2021 年 1 月 1 日	2021 年 1 月 1 日
		野味禽的生鲜肉	GBM	P1		2021 年 1 月 1 日	2021 年 1 月 1 日
	GB-2. 13	除平胸鸟类外的家禽生鲜肉	POU	N、P1		2021 年 1 月 27 日	2021 年 5 月 1 日
		平胸鸟类的生鲜肉	RAT	N、P1		2021 年 1 月 27 日	2021 年 5 月 1 日
		野味禽的生鲜肉	GBM	P1		2021 年 1 月 27 日	2021 年 5 月 1 日
	GB-2. 14	除平胸鸟类外的家禽生鲜肉	POU	N、P1		2021 年 2 月 8 日	2021 年 5 月 10 日
		平胸鸟类的生鲜肉	RAT	N、P1		2021 年 2 月 8 日	2021 年 5 月 10 日
		野味禽的生鲜肉	GBM	P1		2021 年 2 月 8 日	2021 年 5 月 10 日

续表5

ISO 代码和名称（第三国或地区）	区域代码（在第2部分具体说明）	获准进入欧盟的生鲜肉种类	动物卫生证书	特定条件（在第3部分具体说明）	额外保证（在第4部分具体说明）	停止日期	开始日期
1	2	3	4	5	6	7	8
GB 英国	GB-2.15	除平胸鸟类外的家禽生鲜肉	POU	N、P1		2021年2月12日	2021年5月19日
		平胸鸟类的生鲜肉	RAT	N、P1		2021年2月12日	2021年5月19日
		野味禽的生鲜肉	GBM	P1		2021年2月12日	2021年5月19日
	GB-2.16	除平胸鸟类外的家禽生鲜肉	POU	N、P1		2021年3月29日	2021年7月2日
		平胸鸟类的生鲜肉	RAT	N、P1		2021年3月29日	2021年7月2日
		野味禽的生鲜肉	GBM	P1		2021年3月29日	2021年7月2日
GL 格陵兰	GL-0	野味禽的生鲜肉	GBM				
IL 以色列	IL-0	平胸鸟类的生鲜肉	RAT	P2		2017年1月28日	
		野味禽的生鲜肉	GBM	P2		2015年4月18日	
	IL-1	除平胸鸟类外的家禽生鲜肉	POU	N、P1		2019年4月24日	
	IL-2	除平胸鸟类外的家禽生鲜肉	POU	P2		2017年1月21日	
JP 日本	JP-0	除平胸鸟类外的家禽生鲜肉	POU	P1		2020年11月5日	
MG 马达加斯加	MG-0	野味禽的生鲜肉	GBM				
MK 北马其顿共和国	MK-0	除平胸鸟类外的家禽生鲜肉	POU	P2		2020年4月22日	
NA 纳米比亚	NA-0	平胸鸟类的生鲜肉	RAT		C		

续表6

ISO 代码和名称（第三国或地区）	区域代码（在第 2 部分具体说明）	获准进入欧盟的生鲜肉种类	动物卫生证书	特定条件（在第 3 部分具体说明）	额外保证（在第 4 部分具体说明）	停止日期	开始日期
1	2	3	4	5	6	7	8
NZ 新西兰	NZ-0	除平胸鸟类外的家禽生鲜肉	POU				
		平胸鸟类的生鲜肉	RAT				
		野味禽的生鲜肉	GBM				
RU 俄罗斯	RU-0	除平胸鸟类外的家禽生鲜肉	POU	P1		2016 年 11 月 17 日	
				P2		2019 年 1 月 28 日	
TH 泰国	TH-0	除平胸鸟类外的家禽生鲜肉	POU				2012 年 7 月 1 日
		平胸鸟类的生鲜肉	RAT				2012 年 7 月 1 日
		野味禽的生鲜肉	GBM				2012 年 7 月 1 日
TN 突尼斯	TN-0	除平胸鸟类外的家禽生鲜肉	POU				
		平胸鸟类的生鲜肉	RAT				
		野味禽的生鲜肉	GBM				
UA 乌克兰	UA-0	–	–				
	UA-1	除平胸鸟类外的家禽生鲜肉	POU				
		平胸鸟类的生鲜肉	RAT				
		野味禽的生鲜肉	GBM				
	UA-2						
	UA-2. 1	除平胸鸟类外的家禽生鲜肉	POU	P1		2016 年 11 月 30 日	2020 年 3 月 8 日
		平胸鸟类的生鲜肉	RAT	P1		2016 年 11 月 30 日	2020 年 3 月 8 日
		野味禽的生鲜肉	GBM	P1		2016 年 11 月 30 日	2020 年 3 月 8 日

续表7

ISO代码和名称（第三国或地区）	区域代码（在第2部分具体说明）	获准进入欧盟的生鲜肉种类	动物卫生证书	特定条件（在第3部分具体说明）	额外保证（在第4部分具体说明）	停止日期	开始日期
1	2	3	4	5	6	7	8
UA乌克兰	UA-2.2	除平胸鸟类外的家禽生鲜肉	POU	P1		2017年1月4日	2020年3月8日
		平胸鸟类的生鲜肉	RAT	P1		2017年1月4日	2020年3月8日
		野味禽的生鲜肉	GBM	P1		2017年1月4日	2020年3月8日
	UA-2.3	除平胸鸟类外的家禽生鲜肉	POU	P1		2017年1月4日	2020年3月8日
		平胸鸟类的生鲜肉	RAT	P1		2017年1月4日	2020年3月8日
		野味禽的生鲜肉	GBM	P1		2017年1月4日	2020年3月8日
	UA-2.4	除平胸鸟类外的家禽生鲜肉	POU	P1		2020年1月19日	2021年3月20日
		平胸鸟类的生鲜肉	RAT	P1		2020年1月19日	2021年3月20日
		野味禽的生鲜肉	GBM	P1		2020年1月19日	2021年3月20日
	UA-2.5	除平胸鸟类外的家禽生鲜肉	POU	P1		2020年12月4日	
		平胸鸟类的生鲜肉	RAT	P1		2020年12月4日	
		野味禽的生鲜肉	GBM	P1		2020年12月4日	
	UA-2.6	除平胸鸟类外的家禽生鲜肉	POU	P1		2020年12月24日	
		平胸鸟类的生鲜肉	RAT	P1		2020年12月24日	
		野味禽的生鲜肉	GBM	P1		2020年12月24日	

续表8

ISO 代码和名称（第三国或地区）	区域代码（在第2部分具体说明）	获准进入欧盟的生鲜肉种类	动物卫生证书	特定条件（在第3部分具体说明）	额外保证（在第4部分具体说明）	停止日期	开始日期
1	2	3	4	5	6	7	8
UA 乌克兰	UA-2.7	除平胸鸟类外的家禽生鲜肉	POU	P1		2020 年 12 月 27 日	
		平胸鸟类的生鲜肉	RAT	P1		2020 年 12 月 27 日	
		野味禽的生鲜肉	GBM	P1		2020 年 12 月 27 日	
	UA-2.8	除平胸鸟类外的家禽生鲜肉	POU	P1		2020 年 12 月 29 日	
		平胸鸟类的生鲜肉	RAT	P1		2020 年 12 月 29 日	
		野味禽的生鲜肉	GBM	P1		2020 年 12 月 29 日	
	UA-2.9	除平胸鸟类外的家禽生鲜肉	POU	P1		2021 年 1 月 18 日	
		平胸鸟类的生鲜肉	RAT	P1		2021 年 1 月 18 日	
		野味禽的生鲜肉	GBM	P1		2021 年 1 月 18 日	
	UA-2.10	除平胸鸟类外的家禽生鲜肉	POU	P1		2021 年 2 月 3 日	
		平胸鸟类的生鲜肉	RAT	P1		2021 年 2 月 3 日	
		野味禽的生鲜肉	GBM	P1		2021 年 2 月 3 日	
US 美国	US-0	-	-				
	US-1	除平胸鸟类外的家禽生鲜肉	POU	N			
		平胸鸟类的生鲜肉	RAT	N			
		野味禽的生鲜肉	GBM				
	US-2						

续表9

ISO 代码和名称（第三国或地区）	区域代码（在第 2 部分具体说明）	获准进入欧盟的生鲜肉种类	动物卫生证书	特定条件（在第 3 部分具体说明）	额外保证（在第 4 部分具体说明）	停止日期	开始日期
1	2	3	4	5	6	7	8
US 美国	US-2.1	除平胸鸟类外的家禽生鲜肉	POU	N、P1		2017 年 3 月 4 日	2017 年 8 月 11 日
		平胸鸟类的生鲜肉	RAT	N、P1		2017 年 3 月 4 日	2017 年 8 月 11 日
		野味禽的生鲜肉	GBM	P1		2017 年 3 月 4 日	2017 年 8 月 11 日
	US-2.2	除平胸鸟类外的家禽生鲜肉	POU	N、P1		2017 年 3 月 4 日	2017 年 8 月 11 日
		平胸鸟类的生鲜肉	RAT	N、P1		2017 年 3 月 4 日	2017 年 8 月 11 日
		野味禽的生鲜肉	GBM	P1		2017 年 3 月 4 日	2017 年 8 月 11 日
	US-2.3	除平胸鸟类外的家禽生鲜肉	POU	N、P1		2020 年 4 月 8 日	2020 年 8 月 5 日
		平胸鸟类的生鲜肉	RAT	N、P1		2020 年 4 月 8 日	2020 年 8 月 5 日
		野禽的生鲜肉	GBM	P1		2020 年 4 月 8 日	2020 年 8 月 5 日
UY 乌拉圭	UY-0	平胸鸟类的生鲜肉	RAT				
ZA 南非	ZA-0	平胸鸟类的生鲜肉	RAT	P1	C	2017 年 6 月 22 日	
ZW 津巴布韦	ZW-0	平胸鸟类的生鲜肉	RAT	P1	C	2017 年 6 月 1 日	

第 2 部分 第 1 部分表格第 2 栏注明的第三国或地区的区域说明（中国关境以外的略）

第三国或地区名称	区域代码	区域描述
中国	CN-1	山东省

第 3 部分　第 1 部分表格第 5 栏注明的特定条件

P1	由于出现高致病性禽流感实施了限制措施，暂停出口欧盟。
P2	由于出现新城疫病毒感染实施了限制措施，暂停出口欧盟。
N	已保证第三国或地区或其区域实施的控制新城疫病毒感染的法规与欧盟适用的法规等效。在发生新城疫病毒感染的情况下，可批准从第三国或地区或其区域继续出口欧盟，而不改变第三国或地区或其区域的代码。但是因动物疫病暴发而受到有关第三国或地区主管部门官方限制的任何地区，均应禁止出口欧盟。

第 4 部分　第 1 部分表格第 6 栏注明的动物卫生保障条件

A	实施高致病性禽流感疫苗接种，同时主管部门已根据（EU）2020/692 实施条例第 141 条（c）点提供保证的第三国或地区。
B	未禁止使用仅符合（EU）2020/692 号实施条例附件XV第 1 点规定的一般标准的预防新城疫病毒感染的疫苗，同时主管部门已根据（EU）2020/692 实施条例第 141 条（e）点的规定，保证家禽鲜肉符合（EU）2020/692 实施条例附件XV第 3 点规定的动物卫生要求的第三国或地区。
C	根据（EU）2020/692 实施条例第 39 条的规定，欧盟没有认可为新城疫非疫区的、平胸鸟类可出口欧盟的、主管部门已根据（EU）2020/692 实施条例第 141 条（d）（ⅱ）点的第二项规定，为相关商品提供了保证的第三国或地区。

附件XV　有蹄类动物、家禽和野畜禽的肉制品

第 1 部分　第 3（1）条（n）点规定的批准向欧盟出口有蹄类动物、家禽和野畜禽肉制品的第三国或地区或其区域名单

A 节

针对相关动物种类，批准向欧盟出口使用未达到风险消除的 A 类①加工方式。

【参见表末注释】或 B、C 或 D 类［根据（EU）2020/692 实施条例附件XXVI的规定）加工方式生产的加工肉制品的第三国或地区或其区域名单。

① A 类是指 B、C 或 D 风险消除处理措施［根据（EU）2020/692 号实施条例附件XXVI］以外的其他加工方式。

ISO 代码和名称（第三国或地区）	区域（在第 2 部分具体说明）	用于生产加工肉制品的动物种类（参照第 2 条中规定的定义）											特定条件（在第 3 部分具体说明）
		牛类动物	绵羊类和山羊类动物	猪类动物	养殖的野味有蹄类动物（猪类动物除外）	养殖的野味猪类动物（家养的猪类动物除外）	野生的野味有蹄类动物（猪类动物除外）	野生的野味猪类动物（家养的猪类动物除外）	平胸鸟类以外的家禽	平胸鸟类	野生的野味禽类	动物卫生证书	
1	2	3	4	5	6	7	8	9	10	11	12	13	14
AR 阿根廷	AR-0	C	C	C	C	C	C	C	A	A	D	MPNT（*）MPST	
	AR-1	C	C	C	C	C	C	C	A	A	D	MPNT（*）MPST	
	AR-2	A	A	C	A	A	C	C	A	A	D	MPNT（*）MPST	
AU 澳大利亚	AU-0	A	A	A	A	A	A	A	D	D	D	MPNT（*）MPST	
BA 波斯尼亚和黑塞哥维那	BA-0	未批准	未批准	未批准	A	未批准	未批准	未批准	A	未批准	未批准	MPNT（*）MPST	
BH 巴林	BH-0	B	B	B	B	B	C	C	未批准	未批准	未批准	MPST	
BR 巴西	BR-0	未批准	未批准	未批准	未批准	未批准	未批准	未批准	D	D	D	MPST	
	BR-1	未批准	未批准	未批准	未批准	未批准	未批准	未批准	D	A	A	MPNT（*）MPST	
	BR-2	C	C	C	C	C	C	未批准	D	D	D	MPST	
	BR-3	未批准	未批准	未批准	未批准	未批准	未批准	未批准	A	D	D	MPNT（*）MPST	
	BR-4	B	未批准	未批准	B	未批准	未批准	未批准	D	D	D	MPST	

续表1

ISO 代码和名称（第三国或地区）	区域（在第 2 部分具体说明）	用于生产加工肉制品的动物种类（参照第 2 条中规定的定义）											特定条件（在第 3 部分具体说明）
		牛类动物	绵羊类和山羊类动物	猪类动物	养殖的野味有蹄类动物（猪类动物除外）	养殖的野味猪类动物（家养的猪类动物除外）	野生的野味有蹄类动物（猪类动物除外）	野生的野味猪类动物（家养的猪类动物除外）	平胸鸟类以外的家禽	平胸鸟类	野生的野味禽类	动物卫生证书	
1	**2**	**3**	**4**	**5**	**6**	**7**	**8**	**9**	**10**	**11**	**12**	**13**	**14**
BW 博茨瓦纳	BW-0	B	B	B	B	B	B	B	未批准	A	未批准	MPNT（＊）MPST	
BY 白俄罗斯	BY-0	C	C	C	C	C	C	C	未批准	未批准	未批准	MPST	
CA 加拿大	CA-0	A	A	A	A	A	A	A	未批准	未批准	未批准	MPNT（＊）MPST	
	CA-1	A	A	A	A	A	A	A	A	A	A	MPNT（＊）MPST	
	CA-2	A	A	A	A	A	A	A	D	D	D	MPNT（＊）MPST	
CH 瑞士	CH-0	遵守附件 I 第 7 点所述协定											
CL 智利	CL-0	A	A	A	A	A	B	B	A	A	A	MPNT（＊）MPST	
CN 中国	CN-0	B	B	B	B	B	B	B	B	B	B	MPST	
	CN-1	B	B	B	B	B	B	B	D	B	B	MPST	
CO 哥伦比亚	CO-0	B	B	B	B	B	B	B	未批准	A	未批准	MPNT（＊）MPST	
ET 埃塞俄比亚	ET-0	B	B	B	B	B	B	B	未批准	未批准	未批准	MPST	

续表2

ISO代码和名称（第三国或地区）	区域（在第2部分具体说明）	用于生产加工肉制品的动物种类（参照第2条中规定的定义）											
		牛类动物	绵羊类和山羊类动物	猪类动物	养殖的野味有蹄类动物（猪类动物除外）	养殖的野味猪类动物（家养的猪类动物除外）	野生的野味有蹄类动物（猪类动物除外）	野生的野味猪类动物（家养的猪类动物除外）	平胸鸟类以外的家禽	平胸鸟类	野生的野味禽类	动物卫生证书	特定条件（在第3部分具体说明）
1	2	3	4	5	6	7	8	9	10	11	12	13	14
GB 英国									未批准	未批准	未批准		
	GB-0	A	A	A	A	A	A	A	未批准	未批准	未批准	MPNT＊＊ MPST	
	GB-1	A	A	A	A	A	A	A	A	A	A	MPNT＊＊ MPST	
	GB-2	A	A	A	A	A	A	A	D	D	D	MPNT＊＊ MPST	
GG 根西岛	GG-0	未批准	未批准	未批准	未批准	未批准	未批准	未批准	未批准	未批准	未批准		
GL 格陵兰	GL-0	未批准	未批准	未批准	未批准	未批准	未批准	未批准	未批准	未批准	A	MPNT（＊）MPST	
HK 中国香港	HK-0	B	B	B	B	B	B	B	D	D	未批准	MPST	
IL 以色列	IL-0	B	B	B	B	B	B	B	D	D	D	MPST	
IM 马恩岛	IM-0	未批准	A	未批准	未批准	未批准	未批准	未批准	未批准	未批准	未批准	MPNT＊＊ MPST	
IN 印度	IN-0	B	B	B	B	B	B	B	未批准	未批准	未批准	MPST	
JE 泽西岛	JE-0	未批准	未批准	未批准	未批准	未批准	未批准	未批准	未批准	未批准	未批准		
JP 日本	JP-0	A	未批准	B	A	B	未批准	未批准	D	未批准	未批准	MPNT（＊）MPST	
KE 肯尼亚	KE-0	B	B	B	B	B	B	B	未批准	未批准	未批准	MPST	
KR 韩国	KR-0	未批准	未批准	未批准	未批准	未批准	未批准	未批准	D	D	D	MPST	

续表3

ISO 代码和名称（第三国或地区）	区域（在第 2 部分具体说明）	用于生产加工肉制品的动物种类（参照第 2 条中规定的定义）										动物卫生证书	特定条件（在第 3 部分具体说明）
		牛类动物	绵羊类和山羊类动物	猪类动物	养殖的野味有蹄类动物（猪类动物除外）	养殖的野味猪类动物（家养的猪类动物除外）	野生的野味有蹄类动物（猪类动物除外）	野生的野味猪类动物（家养的猪类动物除外）	平胸鸟类以外的家禽	平胸鸟类	野生的野味禽类		
1	2	3	4	5	6	7	8	9	10	11	12	13	14
MA 摩洛哥	MA-0	B	B	B	B	B	B	B	未批准	未批准	未批准	MPST	
ME 黑山共和国	ME-0	A	A	D	A	D	D	D	D	D	未批准	MPNT（*）MPST	
MG 马达加斯加	MG-0	B	B	B	B	B	B	B	D	D	D	MPST	
MK 北马其顿共和国	MK-0	A	A	B	A	B	B	B	A	未批准	未批准	MPNT（*）MPST	
MU 毛里求斯	MU-0	B	B	B	B	B	B	B	未批准	未批准	未批准	MPST	
MX 墨西哥	MX-0	A	D	D	A	D	D	D	D	D	D	MPNT（*）MPST	
MY 马来西亚	MY-0	未批准	未批准	未批准	未批准	未批准	未批准	未批准	未批准	未批准	未批准		
	MY-1	未批准	未批准	未批准	未批准	未批准	未批准	未批准	D	D	D	MPST	
NA 纳米比亚	NA-0	B	B	B	B	B	B	B	D	A	D	MPNT（*）MPST	
NC 新喀里多尼亚	NC-0	A	未批准	未批准	A	未批准	A	未批准	未批准	未批准	未批准	MPNT（*）MPST	

续表4

ISO代码和名称（第三国或地区）	区域（在第2部分具体说明）	用于生产加工肉制品的动物种类（参照第2条中规定的定义）										动物卫生证书	特定条件（在第3部分具体说明）
		牛类动物	绵羊类和山羊类动物	猪类动物	养殖的野味有蹄类动物（猪类动物除外）	养殖的野味猪类动物（家养的猪类动物除外）	野生的野味有蹄类动物（猪类动物除外）	野生的野味猪类动物（家养的猪类动物除外）	平胸鸟类以外的家禽	平胸鸟类	野生的野味禽类		
1	2	3	4	5	6	7	8	9	10	11	12	13	14
NZ 新西兰	NZ-0	A	A	A	A	A	A	A	A	A	A	MPNT（*）MPST	
PM 圣皮埃尔及密克龙	PM-0	未批准	未批准	未批准	未批准	未批准	未批准	未批准	D	未批准	未批准	MPST	
PY 巴拉圭	PY-0	C	C	C	C	C	C	C	未批准	未批准	未批准	MPST	
RS 塞尔维亚	RS-0	A	A	D	A	D	D	D	D	D	未批准	MPNT（*）MPST	
RU 俄罗斯	RU-0	未批准	未批准	未批准	未批准	未批准	C	C	D	未批准	未批准	MPST	
	RU-2	C或D1	C或D1	C或D1	C或DI1	C或D1	未批准	未批准	未批准	未批准	未批准	MPST	
SG 新加坡	SG-0	B	B	B	B	B	B	B	D	D	未批准	MPST	
SZ 埃斯瓦蒂尼	SZ-0	B	B	B	B	B	B	B	未批准	未批准	未批准	MPST	
TH 泰国	TH-0	B	B	B	B	B	B	B	A	A	D	MPNT（*）MPST	
TN 突尼斯	TN-0	C	C	B	C	B	B	B	A	A	D	MPNT（*）MPST	
TR 土耳其	TR-0	未批准	未批准	未批准	未批准	未批准	未批准	未批准	D	D	D	MPST	

续表5

ISO代码和名称（第三国或地区）	区域（在第2部分具体说明）	用于生产加工肉制品的动物种类（参照第2条中规定的定义）										动物卫生证书	特定条件（在第3部分具体说明）
		牛类动物	绵羊类和山羊类动物	猪类动物	养殖的野味有蹄类动物（猪类动物除外）	养殖的野味猪类动物（家养的猪类动物除外）	野生的野味有蹄类动物（猪类动物除外）	野生的野味猪类动物（家养的猪类动物除外）	平胸鸟类以外的家禽	平胸鸟类	野生的野味禽类		
1	**2**	**3**	**4**	**5**	**6**	**7**	**8**	**9**	**10**	**11**	**12**	**13**	**14**
UA 乌克兰	UA-0	未批准	未批准	未批准	未批准	未批准	未批准	未批准	未批准	未批准	未批准	MPST	
	UA-1	未批准	未批准	未批准	未批准	未批准	未批准	未批准	A	A	A	MPNT（*）MPST	
	UA-2	未批准	未批准	未批准	未批准	未批准	未批准	未批准	D	D	D	MPST	
US 美国	US-0	A	A	A	A	A	A	A	未批准	未批准	未批准	MPNT（*）MPST	
	US-1	A	A	A	A	A	A	A	A	A	A	MPNT（*）MPST	
	US-2	A	A	A	A	A	A	A	D	D	D	MPNT（*）MPST	
UY 乌拉圭	UY-0	C	C	B	C	B	未批准	未批准	D	A	D	MPNT（*）MPST	
XK 科索沃	XK-0	未批准	未批准	未批准	未批准	未批准	未批准	未批准	C或D	未批准	未批准		1
ZA 南非	ZA-0	C	C	C	C	C	C	C	D	D	D	MPST	
ZW 津巴布韦	ZW-0	C	C	B	C	B	B	B	D	D	D	MPST	

注：（*）仅适用于指定处理A类的商品。

B 节

针对相关动物种类，批准向欧盟出口根据（EU）2020/692 实施条例附件XXVI要求生产的加工肉制品（风干肉/肉干类产品）的第三国或地区或其区域名单

ISO 代码和名称（第三国或地区）	区域（在第 2 部分具体说明）	用于生产加工肉制品的动物种类											特定条件（在第 3 部分具体说明）
		牛类动物	绵羊类和山羊类动物	猪类动物	养殖的野味有蹄类动物（猪类动物除外）	养殖的野味猪类动物（家养的猪类动物除外）	野生的野味有蹄类动物（猪类动物除外）	野生的野味猪类动物（家养的猪类动物除外）	平胸鸟类以外的家禽	平胸鸟类	野生的野味禽类	动物卫生证书	
1	2	3	4	5	6	7	8	9	10	11	12	13	14
AR 阿根廷	AR-0	F	F	未批准	未批准	未批准	未批准	未批准	未批准	未批准	未批准	MPST	
BR 巴西	BR-2	E 或 F	未批准	未批准	未批准	未批准	未批准	未批准	未批准	未批准	未批准	MPST	
NA 纳米比亚	NA-0	未批准	未批准	未批准	未批准	未批准	未批准	未批准	E	E	E	MPST	
	NA-1	E	E	未批准	未批准	未批准	未批准	未批准	E	E	E	MPST	
UY 乌拉圭	UY-0	E	未批准	未批准	未批准	未批准	未批准	未批准	未批准	未批准	未批准	MPST	
ZA 南非	ZA-0	未批准	未批准	未批准	未批准	未批准	未批准	未批准	D	D	D	MPST	
ZW 津巴布韦	ZW-0	未批准	未批准	未批准	未批准	未批准	未批准	未批准	D	D	D	MPST	

第 2 部分　第 1 部分表格第 2 栏注明的第三国或地区的区域说明（中国关境以外的略）

第三国或地区名称	区域代码	区域描述
中国	CN-1	山东省

第 3 部分　第 1 部分表格第 14 栏注明的特定条件

1	批准使用从欧盟成员方或其他允许向欧盟出口生鲜禽肉的第三国或地区或其区域进口的禽肉原料，生产出口欧盟禽肉制品的第三国或地区或其区域。

附件XVI　肠　衣

第 1 部分　第 3（1）条（o）点规定的批准向欧盟出口的肠衣的第三国或地区或其区域名单

ISO 代码和名称（第三国或地区）	区域代码（在第 2 部分具体说明）	出口欧盟肠衣来源动物种类	动物卫生证书	特定条件（在第 3 部分具体说明）	动物卫生保障条件（在第 4 部分具体说明）
1	2	3	4	5	6
AL 阿尔巴尼亚	AL-0	有蹄类动物和家禽	CAS		
AR 阿根廷	AR-0	有蹄类动物和家禽	CAS		
AU 澳大利亚	AU-0	有蹄类动物和家禽	CAS		
BR 巴西	BR-0	有蹄类动物和家禽	CAS		
BY 白俄罗斯	BY-0	有蹄类动物和家禽	CAS		
CA 加拿大	CA-0	有蹄类动物和家禽	CAS		
CH 瑞士	CH-0	遵守附件 I 第 7 点所述协定			
CL 智利	CL-0	有蹄类动物和家禽	CAS		
CN 中国	CN-0	有蹄类动物和家禽	CAS		
CO 哥伦比亚	CO-0	有蹄类动物和家禽	CAS		
EG 埃及	EG-0	有蹄类动物和家禽	CAS		
GB 英国	GB-0	有蹄类动物和家禽	CAS		
GG 根西岛	GG-0	有蹄类动物和家禽	CAS		
IM 马恩岛	IM-0	有蹄类动物和家禽	CAS		
IN 印度	IN-0	有蹄类动物和家禽	CAS		
IR 伊朗	IR-0	有蹄类动物和家禽	CAS		
JE 泽西岛	JE-0	有蹄类动物和家禽	CAS		
JP 日本	JP-0	有蹄类动物和家禽	CAS		
LB 黎巴嫩	LB-0	有蹄类动物和家禽	CAS		
MA 摩洛哥	MA-0	有蹄类动物和家禽	CAS		

续表

ISO 代码和名称（第三国或地区）	区域代码（在第 2 部分具体说明）	出口欧盟肠衣来源动物种类	动物卫生证书	特定条件（在第 3 部分具体说明）	动物卫生保障条件（在第 4 部分具体说明）
1	**2**	**3**	**4**	**5**	**6**
NZ 新西兰	NZ-0	有蹄类动物和家禽	CAS		
PK 巴基斯坦	PK-0	有蹄类动物和家禽	CAS		
PY 巴拉圭	PY-0	有蹄类动物和家禽	CAS		
RS 塞尔维亚	RS-0	有蹄类动物和家禽	CAS		
RU 俄罗斯	RU-0	有蹄类动物和家禽	CAS		
TN 突尼斯	TN-0	有蹄类动物和家禽	CAS		
TR 土耳其	TR-0	有蹄类动物和家禽	CAS		
UA 乌克兰	UA-0	有蹄类动物和家禽	CAS		
US 美国	US-0	有蹄类动物和家禽	CAS		
UY 乌拉圭	UY-0	有蹄类动物和家禽	CAS		

第 2 部分　第 1 部分表格第 2 栏注明的第三国或地区的区域说明

无

第 3 部分　第 1 部分表格第 5 栏注明的特定条件

无

第 4 部分　第 1 部分表格第 6 栏注明的动物卫生保障条件

无

附件ⅩⅦ　奶、初乳、初乳制品、奶制品、不需要对口蹄疫进行特定风险消除处理的奶制品

第 1 部分　第 3（1）条（p）点规定的批准向欧盟出口奶、初乳、初乳制品、奶制品和不需要对口蹄疫进行特定风险消除处理奶制品的第三国或地区或其区域名单

根据（EU）2020/692 实施条例第 156 条，批准本部分表格中规定的所有第三国或地区或其区域向欧盟出口奶、初乳、初乳制品、奶制品和不需要对口蹄疫进行特定风险消除处理的奶制品。

ISO 代码和名称（第三国或地区）	区域代码（在第 2 部分具体说明）	出口欧盟原奶和初乳来源动物种类	适用证书	特定条件（在第 3 部分具体说明）	动物卫生保障条件（在第 4 部分具体说明）	停止日期	开始日期
1	2	3	4	5	6	7	8
AU 澳大利亚	AU-0	有蹄类动物	MILK-RM、MILK-RMP/NT、COLOSTRUM、COLOSTRUM-BP、DAIRY-PRODUCTS-PT				
BA 波斯尼亚和黑塞哥维那	BA-0	有蹄类动物	MILK-RM、MILK-RMP/NT、COLOSTRUM、COLOSTRUM-BP、DAIRY-PRODUCTS-PT				
CA 加拿大	CA-0	有蹄类动物	MILK-RM、MILK-RMP/NT、COLOSTRUM、COLOSTRUM-BP、DAIRY-PRODUCTS-PT				
CH 瑞士	CH-0	遵守附件 I 第 7 点所述协定					
CL 智利	CL-0	有蹄类动物	MILK-RM、MILK-RMP/NT、COLOSTRUM、COLOSTRUM-BP、DAIRY-PRODUCTS-PT				
GB 英国	GB-0	有蹄类动物	MILK-RM、MILK-RMP/NT、COLOSTRUM、COLOSTRUM-BP、DAIRY-PRODUCTS-PT				
GG 根西岛	GE-0	有蹄类动物	MILK-RM、MILK-RMP/NT、COLOSTRUM、COLOSTRUM-BP、DAIRY-PRODUCTS-PT				
GL 格陵兰	GL-0	有蹄类动物	MILK-RM、MILK-RMP/NT、COLOSTRUM、COLOSTRUM-BP、DAIRY-PRODUCTS-PT				

续表

ISO 代码和名称（第三国或地区）	区域代码（在第 2 部分具体说明）	出口欧盟原奶和初乳来源动物种类	适用证书	特定条件（在第 3 部分具体说明）	动物卫生保障条件（在第 4 部分具体说明）	停止日期	开始日期
1	2	3	4	5	6	7	8
JE 泽西岛	JE-0	有蹄类动物	MILK-RM、MILK-RMP/NT、COLOSTRUM、COLOSTRUM-BP、DAIRY-PRODUCTS-PT				
JP 日本	JP-0	有蹄类动物	MILK-RM、MILK-RMP/NT、COLOSTRUM、COLOSTRUM-BP、DAIRY-PRODUCTS-PT				
MK 北马其顿共和国	MK-0	有蹄类动物	MILK-RM、MILK-RMP/NT、COLOSTRUM、COLOSTRUM-BP、DAIRY-PRODUCTS-PT				
NZ 新西兰	NZ-0	有蹄类动物	MILK-RM、MILK-RMP/NT、COLOSTRUM、COLOSTRUM-BP、DAIRY-PRODUCTS-PT				
RS 塞尔维亚	RS-0	有蹄类动物	MILK-RM、MILK-RMP/NT、COLOSTRUM、COLOSTRUM-BP、DAIRY-PRODUCTS-PT				
US 美国	US-0	有蹄类动物	MILK-RM、MILK-RMP/NT、COLOSTRUM、COLOSTRUM-BP、DAIRY-PRODUCTS-PT				

第 2 部分　第 1 部分表格第 2 栏注明的第三国或地区的区域说明

无

第 3 部分　第 1 部分表格第 6 栏注明的特定条件

无

第 4 部分　第 1 部分表格第 7 栏注明的动物卫生保障条件

无

附件XVIII　需要对口蹄疫进行特定风险消除处理的奶制品

第 1 部分　第 3（1）条（q）点规定的批准向欧盟出口需要对口蹄疫进行特定风险消除处理奶制品的第三国或地区或其区域名单

根据（EU）2020/692 实施条例第 157 条和附件XXVII，批准本清单中规定的所有第三国或地区或其区域向欧盟出口针对口蹄疫实施了特定风险消除处理的奶制品。

ISO 代码和名称（第三国或地区）	区域代码（在第 2 部分具体说明）	出口欧盟原奶和初乳来源动物种类	动物卫生证书	特定条件（在第 3 部分具体说明）
1	2	3	4	5
AE 阿拉伯联合酋长国的迪拜酋长国	AE-0	骆驼类动物	DAIRY-PRODUCTS-ST	
AL 阿尔巴尼亚	AL-0	有蹄类动物	DAIRY-PRODUCTS-ST	
AR 阿根廷	AR-0	有蹄类动物	DAIRY-PRODUCTS-ST	
BH 巴林	BH-0	有蹄类动物	DAIRY-PRODUCTS-ST	
BR 巴西	BR-0	有蹄类动物	DAIRY-PRODUCTS-ST	
BW 博茨瓦纳	BW-0	有蹄类动物	DAIRY-PRODUCTS-ST	
BY 白俄罗斯	BY-0	有蹄类动物	DAIRY-PRODUCTS-ST	
BZ 伯利兹	BZ-0	有蹄类动物	DAIRY-PRODUCTS-ST	
CN 中国	CN-0	有蹄类动物	DAIRY-PRODUCTS-ST	
CO 哥伦比亚	CO-0	有蹄类动物	DAIRY-PRODUCTS-ST	
CR 哥斯达黎加	CR-0	有蹄类动物	DAIRY-PRODUCTS-ST	
CU 古巴	CU-0	有蹄类动物	DAIRY-PRODUCTS-ST	
DZ 阿尔及利亚	DZ-0	有蹄类动物	DAIRY-PRODUCTS-ST	
ET 埃塞俄比亚	ET-0	有蹄类动物	DAIRY-PRODUCTS-ST	
GT 危地马拉	GT-0	有蹄类动物	DAIRY-PRODUCTS-ST	
HK 中国香港	HK-0	有蹄类动物	DAIRY-PRODUCTS-ST	
HN 洪都拉斯	HN-0	有蹄类动物	DAIRY-PRODUCTS-ST	
IL 以色列	IL-0	有蹄类动物	DAIRY-PRODUCTS-ST	
IN 印度	IN-0	有蹄类动物	DAIRY-PRODUCTS-ST	
KE 肯尼亚	KE-0	有蹄类动物	DAIRY-PRODUCTS-ST	

续表

ISO 代码和名称（第三国或地区）	区域代码（在第 2 部分具体说明）	出口欧盟原奶和初乳来源动物种类	动物卫生证书	特定条件（在第 3 部分具体说明）
1	2	3	4	5
MA 摩洛哥	MA-0	有蹄类动物	DAIRY-PRODUCTS-ST	
MD 摩尔多瓦	MD-0	有蹄类动物	DAIRY-PRODUCTS-ST	
MG 马达加斯加	MG-0	有蹄类动物	DAIRY-PRODUCTS-ST	
MR 毛里塔尼亚	MR-0	有蹄类动物	DAIRY-PRODUCTS-ST	
MU 毛里求斯	MU-0	有蹄类动物	DAIRY-PRODUCTS-ST	
MX 墨西哥	MX-0	有蹄类动物	DAIRY-PRODUCTS-ST	
NA 纳米比亚	NA-0	有蹄类动物	DAIRY-PRODUCTS-ST	
NI 尼加拉瓜	NI-0	有蹄类动物	DAIRY-PRODUCTS-ST	
PA 巴拿马	PA-0	有蹄类动物	DAIRY-PRODUCTS-ST	
PY 巴拉圭	PY-0	有蹄类动物	DAIRY-PRODUCTS-ST	
RU 俄罗斯	RU-0	有蹄类动物	DAIRY-PRODUCTS-ST	
SG 新加坡	SG-0	有蹄类动物	DAIRY-PRODUCTS-ST	
SV 萨尔瓦多	SV-0	有蹄类动物	DAIRY-PRODUCTS-ST	
SZ 埃斯瓦蒂尼	SZ-0	有蹄类动物	DAIRY-PRODUCTS-ST	
TH 泰国	TH-0	有蹄类动物	DAIRY-PRODUCTS-ST	
TN 突尼斯	TN-0	有蹄类动物	DAIRY-PRODUCTS-ST	
TR 土耳其	TR-0	有蹄类动物	DAIRY-PRODUCTS-ST	
UA 乌克兰	UA-0	有蹄类动物	DAIRY-PRODUCTS-ST	
UY 乌拉圭	UY-0	有蹄类动物	DAIRY-PRODUCTS-ST	
ZA 南非	ZA-0	有蹄类动物	DAIRY-PRODUCTS-ST	
ZW 津巴布韦	ZW-0	有蹄类动物	DAIRY-PRODUCTS-ST	

第 2 部分　第 1 部分表格第 2 栏注明的第三国或地区的区域说明

无

第 3 部分　第 1 部分表格第 5 栏注明的特定条件

无

附件XIX　蛋及蛋制品

第1部分　第3（1）条（r）点规定的批准向欧盟出口蛋及蛋制品的第三国或地区或其区域名单

ISO代码和名称（第三国或地区）	区域代码（在第2部分具体说明）	获准进入欧盟的产品类别	动物卫生证书	特定条件（在第3部分具体说明）	动物卫生保障条件（在第4部分具体说明）	停止日期	开始日期
1	2	3	4	5	6	7	8
AL 阿尔巴尼亚	AL-0	蛋	E				
		蛋制品	EP				
AR 阿根廷	AR-0	蛋	E				
		蛋制品	EP				
AU 澳大利亚	AU-0	蛋	E				
		蛋制品	EP				
BA 波斯尼亚和黑塞哥维那	BA-0	蛋	E				
		蛋制品	EP				
BR 巴西	BR-0	–	–				
	BR-1	蛋	E				
		蛋制品	EP				
BW 博茨瓦纳	BW-0	蛋	E				
		蛋制品	EP				
CA 加拿大	CA-0	蛋	E				
		蛋制品	EP				
CH 瑞士	CH-0	遵守附件Ⅰ第7点所述协定					
CL 智利	CL-0	蛋	E				
		蛋制品	EP				
CN 中国	CN-0	蛋制品	EP				
	CN-1	蛋	E	P1		2004年2月6日	
GB 英国	GB-0	蛋	E				
		蛋制品	EP				
GL 格陵兰	GL-0	蛋制品	EP				
HK 中国香港	HK-0	蛋制品	EP				

续表1

ISO 代码和名称（第三国或地区）	区域代码（在第 2 部分具体说明）	获准进入欧盟的产品类别	动物卫生证书	特定条件（在第 3 部分具体说明）	动物卫生保障条件（在第 4 部分具体说明）	停止日期	开始日期
1	2	3	4	5	6	7	8
IL 以色列	IL-0	蛋	E	P2		2017 年 1 月 28 日	
		蛋制品	EP				
IN 印度	IN-0	蛋制品	EP				
JP 日本	JP-0	蛋	E				
		蛋制品	EP				
KR 韩国	KR-0	蛋	E				
		蛋制品	EP				
MD 摩尔多瓦	MD-0	蛋制品	EP				
ME 黑山共和国	ME-0	蛋制品	EP				
MG 马达加斯加	MG-0	蛋	E				
		蛋制品	EP				
MY 马来西亚	MY-0	–	–				
	MY-1	蛋	E				
		蛋制品	EP				
MK 北马其顿共和国	MK-0	蛋	E				
		蛋制品	EP				
MX 墨西哥	MX-0	蛋制品	EP				2016 年 2 月 5 日
NA 纳米比亚	NA-0	蛋	E				
		蛋制品	EP				
NC 新喀里多尼亚	NC-0	蛋制品	EP				
NZ 新西兰	NZ-0	蛋	E				
		蛋制品	EP				
RS 塞尔维亚	RS-0	蛋制品	EP				
RU 俄罗斯	RU-0	蛋	E				
		蛋制品	EP				
SG 新加坡	SG-0	蛋制品	EP				

续表2

ISO 代码和名称（第三国或地区）	区域代码（在第 2 部分具体说明）	获准进入欧盟的产品类别	动物卫生证书	特定条件（在第 3 部分具体说明）	动物卫生保障条件（在第 4 部分具体说明）	停止日期	开始日期
1	2	3	4	5	6	7	8
TH 泰国	TH-0	蛋	E				2012 年 7 月 1 日
		蛋制品	EP				
TN 突尼斯	TN-0	蛋	E				
		蛋制品	EP				
TR 土耳其	TR-0	蛋	E				
		蛋制品	EP				
UA 乌克兰	UA-0	蛋	E				
		蛋制品	EP				
US 美国	US-0	蛋	E				
		蛋制品	EP				
UY 乌拉圭	UY-0	蛋	E				
		蛋制品	EP				
ZA 南非	ZA-0	蛋	E				
		蛋制品	EP				
ZW 津巴布韦	ZW-0	蛋	E				
		蛋制品	EP				

第 2 部分　第 1 部分表格第 2 栏注明的第三国或地区的区域说明（中国关境以外的略）

第三国或区域名称	区域代码	区域描述
中国	CN-1	山东省

第 3 部分　第 1 部分表格第 5 栏注明的特定条件

P1	由于出现高致病性禽流感实施限制措施，暂停出口欧盟。
P2	由于出现新城疫暴病毒感染实施限制措施，暂停出口欧盟。

第 4 部分　第 1 部分表格第 6 栏注明的动物卫生保障条件

无

附件XX 供个人使用的动物源性产品

第1部分 第3（1）条（s）点规定的批准向欧盟出口供个人使用动物源性产品的第三国或地区名单

本清单所列的所有第三国或地区属于（EU）2020/692实施条例第165条规定的供个人使用的动物源性产品豁免实施动物卫生要求的范围。

ISO代码和名称（第三国或地区）	最大数量（供个人随身使用的动物源性产品）
AD 安道尔	无最大数量
CH 瑞士	无最大数量
FO 法罗群岛	10千克
GL 格陵兰岛	10千克
LI 列支敦士登	无最大数量
SM 圣马力诺	无最大数量

附件XXI 水生动物

第1部分 第3（1）条（t）点规定的批准向欧盟出口相关活水生动物的第三国或地区或其区域名单

ISO代码和名称（第三国或地区）	区域或生物安全隔离区域代码（在第2部分具体说明）	批准向欧盟出口的水生动物种类和类别			动物卫生证书	特定条件（在第3部分具体说明）	动物卫生保障条件（在第4部分具体说明）	停止日期	开始日期
		鱼类	软体动物	甲壳类动物					
1	2	3	4	5	6	7	8	9	10
AU 澳大利亚	AU-0	所有规定的种类			AQUA-ENTRY-ESTAB/RELEASE/OTHER				
					FISH-CRUST-HC	A			
BR 巴西	BR-0	鲤科规定的种类			AQUA-ENTRY-ESTAB/RELEASE/OTHER				
					FISH-CRUST-HC	A			
CA 加拿大	CA-0	除（EU）2020/692法规附件XXX中规定的病毒性出血性败血症的易感动物或病媒动物外，所有规定的动物种类			AQUA-ENTRY-ESTAB/RELEASE/OTHER				
					FISH-CRUST-HC	A			

续表1

ISO 代码和名称（第三国或地区）	区域或生物安全隔离区域代码（在第 2 部分具体说明）	批准向欧盟出口的水生动物种类和类别			动物卫生证书	特定条件（在第 3 部分具体说明）	动物卫生保障条件（在第 4 部分具体说明）	停止日期	开始日期
		鱼类	软体动物	甲壳类动物					
1	2	3	4	5	6	7	8	9	10
CA 加拿大	CA-1				AQUA-ENTRY-ESTAB/RELEASE/OTHER				
					FISH-CRUST-HC	A			
	CA-2				AQUA-ENTRY-ESTAB/RELEASE/OTHER				
					FISH-CRUST-HC	A			
	CA-3				AQUA-ENTRY-ESTAB/RELEASE/OTHER				
					FISH-CRUST-HC	A			
	CA-4				AQUA-ENTRY-ESTAB/RELEASE/OTHER				
					FISH-CRUST-HC	A			
	CA-5				AQUA-ENTRY-ESTAB/RELEASE/OTHER				
					FISH-CRUST-HC	A			

续表2

ISO 代码和名称（第三国或地区）	区域或生物安全隔离区域代码（在第 2 部分具体说明）	批准向欧盟出口的水生动物种类和类别			动物卫生证书	特定条件（在第 3 部分具体说明）	动物卫生保障条件（在第 4 部分具体说明）	停止日期	开始日期
		鱼类	软体动物	甲壳类动物					
1	2	3	4	5	6	7	8	9	10
CA 加拿大	CA-6				AQUA-ENTRY-ESTAB/RELEASE/OTHER				
					FISH-CRUST-HC	A			
	CA-7				AQUA-ENTRY-ESTAB/RELEASE/OTHER				
					FISH-CRUST-HC	A			
	CA-8				AQUA-ENTRY-ESTAB/RELEASE/OTHER				
					FISH-CRUST-HC	A			
	CA-9				AQUA-ENTRY-ESTAB/RELEASE/OTHER				
					FISH-CRUST-HC				
	CA-10				AQUA-ENTRY-ESTAB/RELEASE/OTHER				
					FISH-CRUST-HC	A			

续表3

ISO 代码和名称（第三国或地区）	区域或生物安全隔离区域代码（在第 2 部分具体说明）	批准向欧盟出口的水生动物种类和类别			动物卫生证书	特定条件（在第 3 部分具体说明）	动物卫生保障条件（在第 4 部分具体说明）	停止日期	开始日期
		鱼类	软体动物	甲壳类动物					
1	**2**	**3**	**4**	**5**	**6**	**7**	**8**	**9**	**10**
CA 加拿大	CA-11				AQUA-ENTRY-ESTAB/RELEASE/OTHER				
					FISH-CRUST-HC	A			
	CA-12				AQUA-ENTRY-ESTAB/RELEASE/OTHER				
					FISH-CRUST-HC	A			
CH 瑞士	CH-0	遵守附件 I 第 7 点所述协定							
CL 智利	CL-0	所有规定的种类			AQUA-ENTRY-ESTAB/RELEASE/OTHER				
					FISH-CRUST-HC	A			
CN 中国	CN-0	鲤科所有规定的种类			AQUA-ENTRY-ESTAB/RELEASE/OTHER				
					FISH-CRUST-HC	A			
CO 哥伦比亚	CO-0	鲤科所有规定的种类			AQUA-ENTRY-ESTAB/RELEASE/OTHER				
					FISH-CRUST-HC	A			

续表4

ISO 代码和名称（第三国或地区）	区域或生物安全隔离区域代码（在第2部分具体说明）	批准向欧盟出口的水生动物种类和类别			动物卫生证书	特定条件（在第3部分具体说明）	动物卫生保障条件（在第4部分具体说明）	停止日期	开始日期
		鱼类	软体动物	甲壳类动物					
1	2	3	4	5	6	7	8	9	10
CG 刚果（布）	CG-0	鲤科所有规定的种类			AQUA-ENTRY-ESTAB/RELEASE/OTHER				
					FISH-CRUST-HC	A			
CK 库克群岛	CK-0		用于封闭式观赏的规定种类	用于封闭式观赏的规定种类	AQUA-ENTRY-ESTAB/RELEASE/OTHER				
GB 英国	GB-0	所有规定的种类			AQUA-ENTRY-ESTAB/RELEASE/OTHER				
					FISH-CRUST-HC	A			
					MOL-HC	B			
GG 根西岛	GG-0	所有规定的种类			AQUA-ENTRY-ESTAB/RELEASE/OTHER				
					FISH-CRUST-HC	A			
					MOL-HC	B			
HK 中国香港	HK-0	鲤科所有规定的种类			AQUA-ENTRY-ESTAB/RELEASE/OTHER				
					FISH-CRUST-HC	A			

续表5

ISO代码和名称（第三国或地区）	区域或生物安全隔离区域代码（在第2部分具体说明）	批准向欧盟出口的水生动物种类和类别			动物卫生证书	特定条件（在第3部分具体说明）	动物卫生保障条件（在第4部分具体说明）	停止日期	开始日期
		鱼类	软体动物	甲壳类动物					
1	**2**	**3**	**4**	**5**	**6**	**7**	**8**	**9**	**10**
ID 印度尼西亚	ID-0	所有规定的种类			AQUA-ENTRY-ESTAB/RELEASE/OTHER				
					FISH-CRUST-HC	A			
IL 以色列	IL-0	所有规定的种类			AQUA-ENTRY-ESTAB/RELEASE/OTHER				
					FISH-CRUST-HC	A			
IM 马恩岛	IM-0	所有规定的鱼类种类			AQUA-ENTRY-ESTAB/RELEASE/OTHER				
					FISH-CRUST-HC	A			
JE 泽西岛	JE-0	所有规定的种类			AQUA-ENTRY-ESTAB/RELEASE/OTHER				
					FISH-CRUST-HC	A			
					MOL-HC	B			
JM 牙买加	JM-0	鲤科所有规定的种类			AQUA-ENTRY-ESTAB/RELEASE/OTHER				
					FISH-CRUST-HC	A			

续表6

ISO代码和名称（第三国或地区）	区域或生物安全隔离区域代码（在第2部分具体说明）	批准向欧盟出口的水生动物种类和类别			动物卫生证书	特定条件（在第3部分具体说明）	动物卫生保障条件（在第4部分具体说明）	停止日期	开始日期
		鱼类	软体动物	甲壳类动物					
1	2	3	4	5	6	7	8	9	10
JP 日本	JP-0	鲤科所有规定的种类			AQUA-ENTRY-ESTAB/RELEASE/OTHER				
					FISH-CRUST-HC	A			
KI 基里巴斯	KI-0		用于封闭式观赏的规定种类	用于封闭式观赏的规定种类	AQUA-ENTRY-ESTAB/RELEASE/OTHER				
LK 斯里兰卡	LK-0	鲤科所有规定的种类			AQUA-ENTRY-ESTAB/RELEASE/OTHER				
					FISH-CRUST-HC	A			
MH 马绍尔群岛	MH-0		用于封闭式观赏的规定种类	用于封闭式观赏的规定种类	AQUA-ENTRY-ESTAB/RELEASE/OTHER				
MK 北马其顿共和国	MK-0	鲤科所有规定的种类			AQUA-ENTRY-ESTAB/RELEASE/OTHER				
					FISH-CRUST-HC	A			
MY 马来西亚	MY-1	鲤科所有规定的种类			AQUA-ENTRY-ESTAB/RELEASE/OTHER				
					FISH-CRUST-HC	A			

续表7

ISO 代码和名称（第三国或地区）	区域或生物安全隔离区域代码（在第2部分具体说明）	批准向欧盟出口的水生动物种类和类别			动物卫生证书	特定条件（在第3部分具体说明）	动物卫生保障条件（在第4部分具体说明）	停止日期	开始日期
		鱼类	软体动物	甲壳类动物					
1	2	3	4	5	6	7	8	9	10
NR 瑙鲁	NR-0		用于封闭式观赏的规定种类	用于封闭式观赏的规定种类	AQUA-ENTRY-ESTAB/RELEASE/OTHER				
NU 纽埃	NU-0		用于封闭式观赏的规定种类	用于封闭式观赏的规定种类	AQUA-ENTRY-ESTAB/RELEASE/OTHER				
NZ 新西兰	NZ-0	所有规定的种类			AQUA-ENTRY-ESTAB/RELEASE/OTHER				
					FISH-CRUST-HC	A			
PF 法属波利尼西亚	PF-0		用于封闭式观赏的规定种类	用于封闭式观赏的规定种类	AQUA-ENTRY-ESTAB/RELEASE/OTHER				
PG 巴布亚新几内亚	PG-0		用于封闭式观赏的规定种类	用于封闭式观赏的规定种类	AQUA-ENTRY-ESTAB/RELEASE/OTHER				
PN 皮特凯恩岛	PN-0		用于封闭式观赏的规定种类	用于封闭式观赏的规定种类	AQUA-ENTRY-ESTAB/RELEASE/OTHER				
PW 帕劳	PW-0		用于封闭式观赏的规定种类	用于封闭式观赏的规定种类	AQUA-ENTRY-ESTAB/RELEASE/OTHER				

续表8

ISO 代码和名称（第三国或地区）	区域或生物安全隔离区域代码（在第2部分具体说明）	批准向欧盟出口的水生动物种类和类别			动物卫生证书	特定条件（在第3部分具体说明）	动物卫生保障条件（在第4部分具体说明）	停止日期	开始日期
		鱼类	软体动物	甲壳类动物					
1	2	3	4	5	6	7	8	9	10
RU 俄罗斯	RU-0	所有规定的种类			AQUA-ENTRY-ESTAB/RELEASE/OTHER				
					FISH-CRUST-HC	A			
SB 所罗门群岛	SB-0		用于封闭式观赏的规定种类	用于封闭式观赏的规定种类	AQUA-ENTRY-ESTAB/RELEASE/OTHER				
SG 新加坡	SG-0	鲤科所有规定的种类			AQUA-ENTRY-ESTAB/RELEASE/OTHER				
					FISH-CRUST-HC	A			
ZA 南非	ZA-0	所有规定的种类			AQUA-ENTRY-ESTAB/RELEASE/OTHER				
					FISH-CRUST-HC	A			
TW 中国台湾	TW-0	鲤科所有规定的种类			AQUA-ENTRY-ESTAB/RELEASE/OTHER				
					FISH-CRUST-HC	A			
TH 泰国	TH-0	所有规定的种类			AQUA-ENTRY-ESTAB/RELEASE/OTHER				
					FISH-CRUST-HC	A			

续表9

ISO 代码和名称（第三国或地区）	区域或生物安全隔离区域代码（在第 2 部分具体说明）	批准向欧盟出口的水生动物种类和类别			动物卫生证书	特定条件（在第 3 部分具体说明）	动物卫生保障条件（在第 4 部分具体说明）	停止日期	开始日期
		鱼类	软体动物	甲壳类动物					
1	2	3	4	5	6	7	8	9	10
TR 土耳其	TR-0	所有规定的种类			AQUA-ENTRY-ESTAB/RELEASE/OTHER				
					FISH-CRUST-HC	A			
TK 托克劳群岛	TK-0		用于封闭式观赏的规定种类	用于封闭式观赏的规定种类	AQUA-ENTRY-ESTAB/RELEASE/OTHER				
TO 汤加	TO-0		用于封闭式观赏的规定种类	用于封闭式观赏的规定种类	AQUA-ENTRY-ESTAB/RELEASE/OTHER				
TV 图瓦卢	TV-0		用于封闭式观赏的规定种类	用于封闭式观赏的规定种类	AQUA-ENTRY-ESTAB/RELEASE/OTHER				
US 美国①	US-0	所有规定的种类		所有列名物种	AQUA-ENTRY-ESTAB/RELEASE/OTHER				
					FISH-CRUST-HC	A			

续表10

ISO 代码和名称（第三国或地区）	区域或生物安全隔离区域代码（在第 2 部分具体说明）	批准向欧盟出口的水生动物种类和类别			动物卫生证书	特定条件（在第 3 部分具体说明）	动物卫生保障条件（在第 4 部分具体说明）	停止日期	开始日期
		鱼类	软体动物	甲壳类动物					
1	2	3	4	5	6	7	8	9	10
US 美国①	US-1	除（EU）2020/692 法规附件XXX中规定的病毒性出血性败血症的易感动物或病媒动物外，所有规定的动物种类			AQUA-ENTRY-ESTAB/RELEASE/OTHER				
					FISH-CRUST-HC	A			
	US-2	所有规定的种类	所有规定的种类		AQUA-ENTRY-ESTAB/RELEASE/OTHER				
					FISH-CRUST-HC	A			
					MOL-HC	B			
	US-3	所有规定的种类	所有规定的种类		AQUA-ENTRY-ESTAB/RELEASE/OTHER				
					FISH-CRUST-HC	A			
					MOL-HC	B			

续表11

ISO代码和名称（第三国或地区）	区域或生物安全隔离区域代码（在第2部分具体说明）	批准向欧盟出口的水生动物种类和类别			动物卫生证书	特定条件（在第3部分具体说明）	动物卫生保障条件（在第4部分具体说明）	停止日期	开始日期
		鱼类	软体动物	甲壳类动物					
1	2	3	4	5	6	7	8	9	10
US 美国①	US-4	所有规定的种类	所有规定的种类		AQUA-ENTRY-ESTAB/RELEASE/OTHER				
					FISH-CRUST-HC	A			
					MOL-HC	B			
	US-5	所有规定的种类	所有规定的种类		AQUA-ENTRY-ESTAB/RELEASE/OTHER				
					FISH-CRUST-HC	A			
					MOL-HC	B			
WF 沃利斯和富图纳群岛	WF-0		用于封闭式观赏的规定种类	用于封闭式观赏的规定种类	AQUA-ENTRY-ESTAB/RELEASE/OTHER				
WS 萨摩亚	WS-0		用于封闭式观赏的规定种类	用于封闭式观赏的规定种类	AQUA-ENTRY-ESTAB/RELEASE/OTHER				

注：①表示包括波多黎各、美属维尔京群岛、美属萨摩亚、关岛和北马里亚纳群岛。

第 2 部分　第 1 部分表格第 2 栏注明的第三国或地区的区域说明

无

第 3 部分　第 1 部分表格第 7 栏注明的具体条件

A	适用 FISH-CRUST-HC 官方证书模板第Ⅱ.2.4 部分的水生动物和水生动物制品（不包括活水生动物制品）必须来自本附件第 1 部分第 2 栏所列的国家或地区或其区域或生物安全隔离区。在所有情况下，适用本要求时，不影响（EU）2021/405 实施细则（＊）的实施。
B	适用 FISH-CRUST-HC 官方证书模板第Ⅱ.2.4 部分的水生动物和水生动物制品（不包括活水生动物制品）必须来自本附件第 1 部分第 2 栏所列的国家或地区或其区域或生物安全隔离区。在所有情况下，适用本要求时，不影响（EU）2021/405 实施细则的实施。 本官方证书仅用于出口欧盟的，符合欧洲议会及欧盟理事会 853/2004/EC 法规（＊＊）附件Ⅲ第五章第七节，以及欧盟委员会 2073/2005/EC 法规（＊＊＊）附件Ⅰ第 1.17 点和 1.25 点第一章规定标准的、供人类消费的活水生动物。

注：（＊）2021 年 3 月 24 日欧盟委员会（EU）2021/405 实施细则，根据欧洲议会和欧盟理事会（EU）2017/625 法规规定了若干供人类食用的动物和商品获准进入欧盟的第三国或地区名单（《欧盟官方公报》L 系列第 114 期，2021 年 3 月 31 日，第 118 页）。

（＊＊）2004 年 4 月 29 日欧洲议会及欧盟理事会 853/2004/EC 规定了动物来源食品具体卫生规则的法规（《欧盟官方公报》L 系列第 139 期，2004 年 4 月 30 日，第 55 页）。

（＊＊＊）2005 年 11 月 15 日欧盟委员会 2073/2005/EC 关于食品微生物学标准的法规（《欧盟官方公报》L 系列第 338 期，2005 年 12 月 22 日，第 1 页）。

第 4 部分　第 1 部分表格第 8 栏注明的动物卫生保障条件

无

附件XXII 在欧盟中转的货物进入欧盟和源于欧盟的退运货物进入欧盟

第 1 部分 第 3 条第 2 款规定的允许在欧盟中转动物、繁殖材料和动物源性产品的第三国或地区或其区域名单和允许退运来自欧盟的动物、繁殖材料和动物源性产品的第三国或地区或其区域名单

ISO 代码和名称（第三国或地区）	区域（在第 2 部分具体说明）	原产于第 1 栏所述的第三国或地区，允许通过欧盟过境到欧盟以外目的地的商品	经由第 1 栏所述的第三国或地区过境后，获准重新进入欧盟的商品	动物卫生证书	特定条件（在第 3 部分具体说明）	动物卫生保障条件（在第 4 部分具体说明）	开始日期
1	2	3	4	5	6	7	8
BA 波斯尼亚和黑塞哥维那	BA-0	牛类动物的生鲜肉		BOV	从波斯尼亚和黑塞哥维那经保加利亚到土耳其		
		有蹄类动物的生鲜肉		BOV、OV/CAP、POR	从波斯尼亚和黑塞哥维那经克罗地亚到其他第三国或地区		
		除平胸鸟类外的家禽生鲜肉、平胸鸟类的生鲜肉、野味禽的生鲜肉、蛋、蛋制品、无特定病原体蛋		POU、RAT、GBM、E、EP、SPF	从波斯尼亚和黑塞哥维那经克罗地亚到其他第三国或地区		
		肉制品		MPST	从波斯尼亚和黑塞哥维那经克罗地亚到其他第三国或地区		
		牛类动物和养殖的野味肉制品（不包括猪类动物）		MPST	从波斯尼亚和黑塞哥维那到欧盟		
		奶、奶制品、初乳和以初乳为原料的产品		MILK-RM、MILK-RMP/ NT、COLOSTRUM、COLOSTRUM-BP、DAIRY-PRODUCTS-FT	从波斯尼亚和黑塞哥维那经克罗地亚到其他第三国或地区		

续表1

ISO 代码和名称（第三国或地区）	区域（在第2部分具体说明）	原产于第1栏所述的第三国或地区，允许通过欧盟过境到欧盟以外目的地的商品	经由第1栏所述的第三国或地区过境后，获准重新进入欧盟的商品	动物卫生证书	特定条件（在第3部分具体说明）	动物卫生保障条件（在第4部分具体说明）	开始日期
1	2	3	4	5	6	7	8
BY 白俄罗斯		家禽生鲜肉、蛋类和蛋制品		POU、E、EP	从白俄罗斯经由立陶宛到加里宁格勒		
GB 英国	GB-0	欧盟委员会（EU）2020/692 实施条例（＊）范围内的动物和繁殖材料		欧盟内部流动的证书模板	从成员方经英国或其王室属地到其他成员方		
			（EU）2020/2235 法规第8条至第29条规定的证书涵盖的动物源性产品和若干商品	STORAGE-TC-PAO	原产于欧盟，运输至第三国或地区并在卸货、储存和重装后运回欧盟的货物		
GG 根西岛	GG-0	（EU）2020/692 实施条例范围内的动物和繁殖材料		欧盟内部流动的证书模板	从成员方经英国或其王室属地到其他成员方		
			（EU）2020/2235 法规第8条至第29条规定的证书涵盖的动物源性产品和若干商品	STORAGE-TC-PAO	原产于欧盟，运输至第三国或地区并在卸货、储存和重装后运回欧盟的货物		

续表2

ISO代码和名称（第三国或地区）	区域（在第2部分具体说明）	原产于第1栏所述的第三国或地区，允许通过欧盟过境到欧盟以外目的地的商品	经由第1栏所述的第三国或地区过境后，获准重新进入欧盟的商品	动物卫生证书	特定条件（在第3部分具体说明）	动物卫生保障条件（在第4部分具体说明）	开始日期
1	2	3	4	5	6	7	8
IM 马恩岛	IM-0	（EU）2020/692实施条例范围内的动物和繁殖材料		欧盟内部流通的证书模板	从成员方经英国或其王室属地到其他成员方		
			（EU）2020/2235法规第8条第至第29条规定的证书涵盖的动物源性产品和若干商品	STORAGE-TC-PAO	原产于欧盟，运输至第三国或地区并在卸货、储存和重装后运回欧盟的货物		
JE 泽西岛	JE-0	（EU）2020/692实施条例范围内的动物和繁殖材料		欧盟内部流通的证书模板	从成员方经英国或其王室属地到其他成员方		
			（EU）2020/2235法规第8条至第29条规定的证书涵盖的动物源性产品和若干商品	STORAGE-TC-PAO	原产于欧盟，运输至第三国或地区并在卸货、储存和重装后运回欧盟的货物		
ME 黑山共和国			绵羊类和山羊类动物	OV/CAP-INTRA-Y	来自欧盟内部，在欧盟境内直接屠宰		
			牛类动物	BOV-INTRA-X	来自欧盟内部，在欧盟境内育肥		
MK 北马其顿共和国			绵羊类和山羊类动物	OV/CAP-INTRA-Y	来自欧盟内部，在欧盟境内直接屠宰		
			牛类动物	BOV-INTRA-X	来自欧盟内部，在欧盟境内育肥		

续表3

ISO 代码和名称（第三国或地区）	区域（在第2部分具体说明）	原产于第1栏所述的第三国或地区，允许通过欧盟过境到欧盟以外目的地的商品	经由第1栏所述的第三国或地区过境后，获准重新进入欧盟的商品	动物卫生证书	特定条件（在第3部分具体说明）	动物卫生保障条件（在第4部分具体说明）	开始日期
1	2	3	4	5	6	7	8
RS 塞尔维亚			绵羊类和山羊类动物	OV/CAP-INTRA-Y	来自欧盟内部，在欧盟境内直接屠宰		
			牛类动物	BOV-INTRA-X	来自欧盟内部，在欧盟境内育肥		
RU 俄罗斯	RU-2	牛类动物		BOV-X	从加里宁格勒经立陶宛到俄罗斯大陆		
	RU-0	饲养和野生有蹄类动物的生鲜肉和肉制品		无须动物卫生证书	在俄罗斯境内流转		
	RU-0	家禽鲜肉，包括平胸鸟类野生野味禽类鲜肉、蛋和蛋制品、SPF 蛋、家禽肉制品		无须动物卫生证书	在俄罗斯境内流转		
	RU-0	水生动物及其动物源性产品		无须动物卫生证书	水生——在俄罗斯境内流转		
	RU-1	牛类动物、绵羊和山羊动物、猪类动物、包括猪类动物在内的养殖的野味有蹄类动物的肉制品		MPST	从俄罗斯通过欧盟到其他第三国或地区		
SG 新加坡	SG-0		新鲜肉类	NZ-TRANSIT-SG	从新西兰经新加坡到欧盟		

（*）2020 年 1 月 30 日欧盟委员会（EU）2020/692 授权法规，补充欧洲议会及欧盟理事会（EU）2016/429 关于某些动物、生殖产品和动物源性产品进入欧盟的规则以及货物进入后移动和处理的法规（《欧盟官方公报》L 系列第 174 期，2020 年 6 月 3 日，第 379 页）。

第 2 部分　第 1 部分表格第 2 栏注明的第三国或地区的区域说明

无

第 3 部分　第 1 部分表格第 6 栏注明的特定条件

从波斯尼亚和黑塞哥维那经保加利亚到土耳其	授权仅适用于第 1 部分表格第 3 栏中所述的商品，这些商品原产于波斯尼亚和黑塞哥维那，并通过欧盟经保加利亚转运至土耳其。
从波斯尼亚和黑塞哥维那经克罗地亚到其他第三国或地区	授权仅适用于第 1 部分表格第 3 栏中所述的商品，这些商品原产于波斯尼亚和黑塞哥维那，并在通过克罗地亚转运后送至第三国或地区目的地。
从波斯尼亚和黑塞哥维那到欧盟	授权仅适用于第 1 部分表格第 3 栏中所述的商品，这些商品原产于波斯尼亚和黑塞哥维那，并在通过欧盟转运后送至第三国或地区目的地。
从白俄罗斯经由立陶宛到加里宁格勒	授权仅适用于第 1 部分表格第 3 栏中所述的商品，这些商品原产于白俄罗斯，并经立陶宛过境后运往加里宁格勒。
来自欧盟内部，在欧盟境内直接屠宰	授权仅适用于第 1 部分表格第 4 栏中所述动物物种的货物，这些货物原产于某一成员方，并经该表第 2 栏中所述的第三国或地区的区域过境后运往另一个成员方。在以下条件下，这些货物可以重新进入欧盟进行屠宰： ——将动物立即运送至目的地的屠宰场，并在到达欧盟之日起的五天内进行屠宰。
来自欧盟内部，在欧盟境内育肥	授权仅适用于第 1 部分表格所述动物物种的货物，这些货物原产于某一成员方，并经该表第 2 栏中所述的第三国或地区的区域过境后运往另一个成员方。只有在以下条件下，这些货物才可以重新进入欧盟，以便在欧盟的场所进行育肥： ——目的地场所由主管部门预先指定； ——除非是为了立即屠宰，否则不得将托运动物从目的地场所转移； ——只要该托运动物在该场所饲养，那么活体动物进出目的地场所的所有活动都需在主管部门的监管下进行。
从加里宁格勒经立陶宛到俄罗斯大陆	授权仅适用于第 1 部分表格第 3 栏中所述动物物种的货物（以便进一步保存），这些货物原产于俄罗斯加里宁格勒地区并将运往欧盟以外目的地。在以下条件下，这些货物可以经立陶宛过境： ——动物由立陶宛主管部门加盖序列号印章，并将动物装入公路车辆的集装箱中进行运输。
在俄罗斯境内流转	授权仅适用于第 1 部分所列表格第 3 栏中所述动物物种的货物，这些货物在俄罗斯境内流转。在以下条件下，这些货物可以经拉脱维亚、立陶宛或波兰过境： ——货物由拉脱维亚、立陶宛或波兰的主管部门加盖序列号印章。
从成员方经英国或其王室属地到其他成员方	在（EU）2020/692 实施条例范围内的、源自成员方并经英国或其皇家属地过境进入欧盟的动物和生殖产品，应获准进入欧盟，前提条件是其须根据欧盟委员会（EU）2020/2236（＊），以及（EU）2021/403 在动物和生殖产品在欧盟境内流转的执行法规附带证书。

续表

原产于欧盟，运输至第三国或地区并在卸货、储存和重装后运回欧盟的货物	第4栏第1部分中所述、原产于欧盟并运至第2部第1部分中所述地区并在卸货、存储及转运该第三国或地区之后运回欧盟的商品应获准进入欧盟，前提条件是除出口至第三国或地区或附带的单证之外，其须附带（EU）2020/2235执行法规规定的模板证书“STOR-AGE-TC-PAO”。
水生——在俄罗斯境内流转	授权仅适用于第1部分表格第3栏中所述的商品，这些商品在俄罗斯境内流转。在以下条件下，这些货物可以经拉脱维亚、立陶宛或波兰过境： ——欧盟内部不进行换水。
从俄罗斯通过欧盟到其他第三国或地区	授权仅适用于第1部分表格第3栏中所述物种的肉制品货物；肉制品必须按照（EU）2020/692实施条例附件XXIII的规定进行风险缓解处理C类。
从新西兰经新加坡到欧盟	授权仅适用于第1部分表格第4栏中所述的商品货物，这些货物原产于新西兰并经新加坡过境，并在进入欧盟之前进行卸载、可能储存和重新装载。

注：（*）2020年12月16日欧盟委员会（EU）2020/2236、对欧洲议会及欧盟理事会（EU）2016/429，以及（EU）2017/625关于水生动物及来源于水生动物的若干产品货物进入欧盟并在欧盟境内流转的模板动物卫生证书、关于该等证书官方认证及废除（EC）1251/2008法规的执行法规（《欧盟官方公报》L系列第442期，2020年12月30日，第410页）。

第4部分　第1部分表格第7栏注明的动物卫生保障条件

无

欧盟委员会（EU）2019/625实施条例①

2019年3月4日

补充欧洲议会和欧盟理事会（EU）2017/625法规，制定欧盟进口供人类消费动物及其产品的要求

(本文涉及欧洲经济区)

(《欧盟官方公报》L系列第131期，2019年5月17日，第18页)

经下列文件修订：

官方公报

	编号	页数	日期
2021年2月1日欧盟委员会（EU）2021/573授权法规	L系列第120期	6	2021年4月8日

① 本文本纯属文档工具，不具有法律效力。相关法案的权威版本，包括其序言，为在《欧洲联盟官方公报》中发布并在EUR-Lex中提供的版本。

经下列文件更正：

勘误表，《欧盟官方公报》L 系列第 176 期，2020 年 6 月 5 日，第 15 页［（EU）2019/625 号］。

欧盟委员会（EU）2019/625 实施条例

2019 年 3 月 4 日

补充欧洲议会和欧盟理事会（EU）2017/625 法规，制定欧盟进口供人类消费动物及其产品的要求。

（本文涉及欧洲经济区）

第 1 条　主题与范围

1. 本法规补充了（EU）2017/625 法规，制定了第三国或地区向欧盟出口供人类食用动物及其产品应符合的要求，以确保这些货物符合（EU）2017/625 法规第 1（2）（a）条所述规则中的相关要求，或符合至少公认与之等效的要求。

2. 第 1 款所述要求包括：

（a）向欧盟出口需符合下列要求的动物及其产品范围：

（ⅰ）此类动物和商品应来自根据（EU）2017/625 法规第 126（2）（a）条规定批准的第三国或地区。

（ⅱ）此类动物和商品应从符合以下要求的企业装运、生产或制备：符合（EU）2017/625 法规第 126（1）条所述的适用要求，或至少公认与之等效的要求，并且被列入根据（EU）2017/625 法规第 127（3）（e）条（ⅱ）和（ⅲ）制定和更新的清单上。

（ⅲ）根据（EU）2017/625 法规第 126（2）（c）条规定，每批动物及商品必须附有官方证书、官方证明或任何其他能够证明符合（EU）2017/625 法规第 1（2）（a）条所述规则的证据，如企业证明等。

（b）根据（EU）2017/625 法规第 127（2）条批准并列入清单的第三国或地区向欧盟出口特定动物和商品的入境要求。

（c）来自第三国的特定动物和商品货物应从符合以下要求的企业装运、生产或制备：符合（EU）2017/625 法规第 126（1）条所述的适用要求，或至少公认与之等效的要求，并且被列入根据（EU）2017/625 法规第 127（3）（c）条（ⅱ）和（ⅲ）制定和更新的清单上。

（d）除（EU）2017/625 法规第 126 条规定的要求外，对下列特定商品投入欧盟市场制定的入境要求：

（ⅰ）生鲜肉、碎肉、预制肉、肉制品、机械分离肉，以及用于生产明胶和胶原蛋白的原料。

（ⅱ）活体双壳贝类、棘皮动物、被囊动物和海洋腹足动物。

（ⅲ）水产品。

（ⅳ）复合产品。

（ⅴ）活蜗牛。

（e）对于特定动物和商品入境欧盟时应随附的官方证书、官方认明和私人证明的额外要求。

3. 本法规不适用于：

(a) 不用于人类食用的动物和商品。但对于在入境欧盟时尚未决定目的地的此类动物和商品，本法规依然适用。

(b) 仅通过欧盟转运，不投放欧盟市场的供人类食用的动物和商品。

(c) 供人类消费的、用作产品分析和质量测试但不投放市场的商品。

第2条 定义

在本法规中，以下定义适用：

(1)“等效”是指等同于（EC）852/2004法规第2（1）(e) 条中的定义。

(2)“投放市场”是指按照（EC）178/2002法规第3条第（8）点的定义投放市场。

(3)“企业”是指（EC）852/2004法规第2（1）(c) 条定义的企业。

(4)“企业证明”是指由进口食品经营商签署的证明。

(5)“鲜肉”是指853/2004/EC法规附件Ⅰ第1.10点所定义的生鲜肉。

(6)“碎肉”是指（EC）853/204法规附件Ⅰ第1.13点中定义的碎肉。

(7)“预制肉”是指853/2004/EC法规附件Ⅰ第1.15点中定义的预制肉。

(8)“肉制品”是指853/2004/EC法规附件Ⅰ第7.1点中定义的肉制品。

(9)“机械分离肉”是指853/2004/EC法规附件Ⅰ第1.14点中定义的机械分离肉。

(10)“明胶”是指853/2004/EC法规附件Ⅰ第7.7点中定义的明胶。

(11)“胶原蛋白”是指853/2004/EC法规附件Ⅰ第7.8点中定义的胶原蛋白。

(12)“双壳贝类”是指853/2004/EC法规附件Ⅰ第2.1点中定义的双壳贝类。

(13)“水产品”是指853/2004/EC法规附件Ⅰ第3.1点所定义的水产品。

(14)“复合产品”是指同时含有植物源性产品和动物源性加工产品的食品。

(14) (a)“蜗牛”是指853/2004/EC规则附件Ⅰ第6.2点中定义的蜗牛，以及任何其他供人类食用的大蜗牛科、嗜石螺科或缚紧螺科的物种。

(15)“爬行动物”是指属于以下物种的动物：美国短吻鳄、澳洲淡水鳄、尼罗鳄、湾鳄、蓝斑蜥蜴、网纹蟒、缅甸蟒或中华鳖。

(16)“爬行动物肉”是指在适用的情况下，根据（EU）2015/2283法规授权、并列入欧盟委员会（EU）2017/2470执行法规[①]的养殖爬行动物的可食用部分（未加工或加工）。

(17)“昆虫”是指在适用的情况下，根据（EU）2015/2283法规授权、并列入欧盟委员会（EU）2017/2470执行法规的由昆虫或其部分组成、分离或生产的食品，包括任何供人类食用的昆虫生命体。

(18)“芽苗菜”是指欧盟委员会（EU）208/2013执行法规[②]第2条第（a）点中定义的芽苗菜。

---

① 2017年12月20日，欧盟委员会（EU）2017/2470，根据欧洲议会及欧盟理事会（EU）2015/2283关于创新食品的法规设立创新食品清单的执行法规（《欧盟官方公报》L系列第351期，2017年12月30日，第72页）。

② 2013年3月11日，欧盟委员会（EU）208/2013关于芽苗菜与生产芽苗菜种子的可追溯性要求的执行法规（《欧盟官方公报》L系列第68期，2013年3月12日，第16页）。

（19）“初级生产”是指（EC）178/2002 法规第 3 条第（17）点中定义的初级生产。

（20）“屠宰场”是指 853/2004/EC 法规附件Ⅰ第 1.16 点中定义的屠宰场。

（21）“野味加工企业”是指 853/2004/EC 法规附件Ⅰ第 1.18 点中定义的野味加工企业。

（22）“分割企业”是指 853/2004/EC 法规附件Ⅰ第 1.17 点所定义的分割企业。

（23）“生产区”是指 853/2004/EC 法规附件Ⅰ第 2.5 点所定义的生产区。

（24）“加工船”是指 853/2004/EC 法规附件Ⅰ第 3.2 点中定义的加工船。

（25）“冷冻船”是指 853/2004/EC 法规附件Ⅰ第 3.3 点中定义的冷冻船。

（26）“冷藏运输船”是指在冷藏条件下储存和运输托盘装运货物或散装货物的船只。

（27）“食品经营商”是指（EC）178/2002 法规第 3 条第（3）点中定义的食品经营商。

第 3 条　需要从根据（EU）2017/625 法规第 126（2）（a）条批准的第三国或地区进口的动物及产品

以下供人类食用的动物及其产品只能从（EU）2019/626 实施细则第 3 条至第 22 条规定的第三国或地区进口：

（a）动物源性产品，包括供人类食用的爬行动物肉和死亡的完整昆虫、部分昆虫或经加工昆虫，其合并名称编码（“CN 编码”）在第 2 章至第 5 章、第 15 章、第 16 章，其协调制度编码（HS 编码）位于（EEC）2658/87 号法规附件Ⅰ第二部分品目 1702、1806、2102、2103、2105、2106、2202、2301、2822、2932、3001、3002、3501、3502、3503、3504、3507、3913、4101、4102、4103、4110 和 9602 项下。

（b）（EEC）2658/87 法规附件Ⅰ第二部分 CN 编码 0106 49 00 所指的活体昆虫。

（c）（EEC）2658/87 法规附件Ⅰ第二部分 CN 编码 0307 60 00 所指的活蜗牛。

第 4 条　第三国或地区特定动物及产品向欧盟出口的附加要求

除（EU）2017/625 法规第 127（3）条规定的要求外，欧盟委员会应确认第三国或地区针对本法第 3 条规定的动物及其产品制定实施的要求是否与欧盟相关要求等效，只有制定实施了等效要求的第三国或地区，欧盟委员会才考虑将该国或地区列入根据（EU）2017/625 法规第 126（2）（a）规定制定的清单中：

（a）第三国或地区关于以下方面的法规：

（ⅰ）动物源性食品生产加工。

（ⅱ）兽医药用产品的使用，包括关于其禁用或授权、分销、投放市场相关的规则，以及管理和检查相关的规则。

（ⅲ）饲料的制备和使用，包括添加剂的使用程序、药用饲料的制备和使用，以及饲料专用原料和最终产品的卫生质量。

（b）出口欧盟动物源性产品生产、加工、储存和装运的卫生条件。

（c）对来自第三国或地区的动物源性产品的任何销售经验，以及入境欧盟的官方管控成果。

（d）针对根据（EU）2017/625 法规第 127（2）条规定已批准向欧盟出口其他动物或产品的第三国或地区，欧盟实施现场审核的结果，尤其是对主管部门的评估结果和该主管部门根据欧盟委员会审核后提出任何建议而采取的整改措施。

（e）欧盟委员会批准的人畜共患病监控方案的制定、实施和沟通（如适用）。

(f) 欧盟委员会根据指令 96/23/EC 批准的残留监控方案的制定、实施和沟通（如适用）。

第 5 条　第三国或地区特定产品出口欧盟的企业要求

1. 出口欧盟的下列产品，必须来自欧盟批准的企业，欧盟根据（EU）2017/625 法规第 127（3）（e）条（ⅱ）和（ⅲ）规定制定和更新企业清单：

(a) 853/2004/EC 法规附件Ⅲ规定了相关要求，且 CN 编码在第 2 章至第 5 章、第 15 章、第 16 章中，协调制度编码（HS 编码）位于（EEC）2658/87 法规附件Ⅰ第二部分品目 2102、2103、2105、2106、2202、2301、2822、2932、3001、3002、3501、3502、3503、3504、3507、3913、4101、4102、4103 和 4110 项下的动物源性产品。

(b) 以下协调制度编码（HS 编码）所指的芽苗菜：0704 90、0706 90、0708 10、0708 20、0708 90 或 1214 90 [（EEC）2658/87 法规附件Ⅰ第二部分]。

2. 本条第 1 款所指的企业可被列入（EU）2017/625 号法规第 127（3）（e）条规定的清单，但前提是第三国或地区除提供（EU）2017/625 法规第 127（3）（e）条（ⅱ）和（ⅳ）规定的保证外，还须提供以下保证：

(a) 动物源性产品生产企业及其原料生产企业均应符合（EU）2017/625 法规第 126（1）条所述的适用规定，特别是 853/2004/EC 法规中的规定，或至少与上述规定等效的规定。

(b) 在适用的条件下，企业仅使用从欧盟成员方或其他国家或地区进口的原料，同时出口原料的国家或地区根据指令 96/23/EC 向欧盟提交了相关产品的残留监控计划并获得欧盟批准。

(c) 如果企业未能满足相关欧盟要求或公认至少与之等效的要求，主管部门有权阻止企业向欧盟进行出口。

3. 欧盟委员会应向成员方提供第三国或地区根据（EU）2017/625 法规第 127（3）（e）条（ⅲ）规定，提交和更新的企业名单，并在欧盟官方网站上公布企业清单。

4. 欧盟公布第 1 款规定的企业名单后，在出口方主管部门根据欧盟相关要求签发出口欧盟产品随附官方证书的前提下，成员方应允许第 1 款所述货物进入欧盟。

第 6 条　不受第 5（1）条所列要求约束的企业

第 5 条中规定的要求不适用于仅从事下列活动的企业：

(a) 初级生产。

(b) 运输业务。

(c) 动物源性产品常温储存。

(d) 生产 853/2004/EC 法规附件Ⅲ第ⅩⅥ部分规定的，（EEC）2658/87 法规附件Ⅰ第二部分 CN 编码 2833、ex 3913、2930、ex 2932、3507 或 3503 项下的高度精炼产品，包括硫酸软骨素、透明质酸、其他水解软骨产品、壳聚糖、葡萄糖胺、凝乳酶、鱼胶和氨基酸等。

第 7 条　对生鲜肉、碎肉、预制肉、肉制品、机械分离肉，以及生产明胶和胶原蛋白所需原料的货物要求

出口欧盟的下列动物源性产品，使用的原料必须来自欧盟根据（EU）2017/625 法规第 127（3）（e）条规定批准并列入名单的屠宰场、野味加工企业、分割企业和水产品加工企业：

（a）生鲜肉。

（b）碎肉。

（c）预制肉。

（d）肉制品和机械分离肉，不包括欧盟委员会（EU）2020/692① 实施条例第 2 条第 45 条中定义的肠衣。

（e）853/2004/EC 法规附件Ⅲ第ⅩⅣ部分第一章第 4（a）点和第 XV 部分第一章第 4（a）点规定的生产明胶和胶原蛋白所需的原料。

第 8 条　对活体双壳贝类、棘皮动物、被囊动物、海洋腹足动物的货物要求

1. 尽管有第 6 条的规定，向欧盟出口的、CN 编码列于（EEC）2658/87 法规附件Ⅰ第二部分品目 0307 项下的活体双壳贝类、棘皮动物、被囊动物、海洋腹足动物只能有来自第三国或地区主管部门根据（EU）2017/625 法规第 127（3）（e）条制定并由欧盟委员会发布的生产区。

2. 下列产品可从第三国或地区主管机关未根据（EU）2017/625 法规第 18（6）条进行分类的生产区入境欧盟：

（a）扇贝科产品。除非根据（EU）2019/627 实施细则第 57 条规定的官方监测计划得出的数据，主管机关能够对 853/2004/EC 法规附件Ⅲ第Ⅶ节第 IX 章第（2）点列出的渔场进行分类。

（b）不属于滤食动物的海洋腹足动物和海参纲动物。

第 9 条　生产区名单

1. 在第三国或地区主管部门制定第 8（1）条所述名单之前，应重点考虑第三国或地区主管部门提供的保证，是否确保符合（EU）2019/627 实施细则第 52 条规定的生产区分类和监管要求。

在制定上述名单之前，欧盟委员会应进行一次现场审核。

2. 一旦第 8（1）条所述清单制定完成，并且第三国或地区主管机关对其负责的产区的管控提供了充分保证时，在现有清单（根据第 5 条制定的）中增加新的产区之前，欧盟委员会无须进行现场管审核。

第 10 条　对水产品的特殊要求

向欧盟出口的 CN 编码列于（EEC）2658/87 法规附件Ⅰ第二部分品目 0301、0302、0303、0304、0305、0306、0307、0308、1504、1516、1603、1604、1605 或 2106 项下的水产品，必须在欧盟批准的陆上加工厂、加工或冷冻船、冷藏运输船中生产、加工、制备、储存和运输，欧盟根据（EU）2017/625 法规第 127（3）（e）条规定制定、更新和公布批准的陆上加工厂、加工或冷冻船和冷藏运输船名单。

第 11 条

1. 船只可列入（EU）2017/625 法规第 127（3）（e）条（ⅱ）提及的企业名单，但前提是，船只所属国（船旗国）主管部门应和船只所属国授权的负责检查有关船只的其他国家或地区主管部门向欧盟委员会提交一份联合声明，说明下列四项要求均已得到满足：

---

① 2020 年 1 月 30 日，欧盟委员会（EU）2020/692 实施条例，补充了欧洲议会及欧盟理事会（EU）2016/429 关于某些动物、生发产品和动物源产品进入欧盟的规则，以及货物进入欧盟后的运输和处理的法规（《欧盟官方公报》L 系列第 174 期，2020 年 6 月 3 日，第 379 页）。

（a）船只所属国和授权负责检查船只的国家或地区都在欧盟根据（EU）2017/625 法规第 127（3）条制定和公布的名单中，名单中的国家或地区均可向欧盟出口水产品。

（b）有关船舶运往欧盟市场的所有水产品均直接在负责检查有关船只的第三国或地区（由船只所属国主管部门授权）上岸。

（c）受委托的主管部门已检查了船只并宣布其符合相关欧盟要求。

（d）受委托的主管部门宣布将定期检查船只，以确保其持续符合适用欧盟要求。

2. 船只可列入（EU）2017/625 法规第 127（3）条规定的企业名单，但前提是，船只所属国（船旗国）主管部门机关应和负责检查有关船只的欧盟成员方主管部门（由上述船只所属国主管部门授权）向欧盟委员会提交一份联合声明，说明下列三项要求均已得到满足：

（a）相关船舶运往欧盟市场的所有水产品均直接在该欧盟成员方上岸。

（b）该欧盟成员方的主管部门已检查了船只并宣布其符合相关欧盟要求。

（c）该欧盟成员方的主管部门宣布将定期检查船只，以确保其持续符合适用欧盟要求。

3. 当进入欧盟的水产品直接来自悬挂第三国或地区旗帜的加工船、冷冻船、冷藏运输船时欧盟委员会（EU）2019/628 实施细则①第 13（3）条规定的官方证书可由船长签署。

第 12 条　复合食品要求

1.（EEC）2658/87 法规附件Ⅰ第二部分品目 1517、1518、1601 00、1602、1603 00、1604、1605、1702、1704、1806、1901、1902、1905、2001、2004、2005、2103、2104、2105 00、2106、2202、2208 项下 CN 编码中所述的复合食品货物可获批投放欧盟市场，但前提是，此类复合食品中所有的加工动物源性成分都必须来自根据本法第 5 条批准的第三国或地区生产企业或欧盟成员方的生产企业。

2. 在欧盟委员会制定批准向欧盟出口复合食品的第三国或地区名单之前，只要遵守以下规则，来自第三国或地区的复合食品货物即可进入欧盟：

（a）对于第 1 款中所述，需在控温条件下运输或储存（冷藏）的复合食品，生产国应是欧盟批准的可以向欧盟出口复合食品中所含的各种动物源性加工成分的国家或地区。批准向欧盟出口动物源性加工成分的法规依据包括欧盟委员会 2007/777/EC 决议，欧盟委员会（EU）605/2010 法规，欧盟委员会 2006/766/EC 决议，欧盟委员会（EC）798/2008 法规，以及 2011/163/EU 决议，欧盟制定公布的名单中授权其向欧盟出口成品中所含的各种动物源性加工产品的第三国或地区。

（b）对于第 1 款中所述，无须在控温条件下运输或储存的（常温）、含有任意量加工肉类成分的复合食品，生产国应是根据欧盟委员会 2007/777/EC 决议和欧盟委员会 2011/163/EU 决议批准向欧盟出口复合食品中所含肉制品的第三国或地区。

（c）对于第 1 款中所述，无须在控温条件下运输或储存（常温）、含有肉类以外其他的在 853/2004/EC 法规附件Ⅲ规定了相关要求的动物源性加工成分的复合食品，生产国应是根据“欧盟动物及公共卫生要求”批准向欧盟出口肉类产品、乳制品、初乳制品、水产

---

① 2019 年 4 月 8 日，欧盟委员会（EU）2019/628 关于若干动物与商品官方证书模板，并对有关这些证书模板的（EC）2074/2005 法规及（EU）2016/759 执行法规进行修订的执行法规（《欧盟官方公报》L 系列第 68 期，2013 年 3 月 12 日，第 101 页）。

品或蛋制品的第三国或地区。根据欧盟委员会 2007/777/EC 决议、欧盟委员会（EU）605/2010 法规、欧盟委员会 2006/766/EC 决议，以及欧盟委员会（EC）798/2008 法规，该类复合食品的生产国家或地区应至少有一种上述动物源性产品获得批准向欧盟出口，同时上述动物源性产品还应根据指令 96/23/EC 通过的“残留监控计划”列入欧盟委员会 2011/163/EU 决议的附件中。

第 13 条　官方证书

1. 只有在货物附有官方证书的情况下，下列产品才能进入欧盟：

（a）CN 编码在第 2 章至第 5 章、第 15 章、第 16 章中，协调制度编码（HS 编码）位于（EEC）2658/87 号法规附件Ⅰ第二部分品目 1506、1521、1601、1602、1603、1604、1605、2102、2103、2105、2106、2202、2301、2932、3001、3002、3501、3502、3503、3504、3507、3913、4101、4102、4103、4110 和 9602 项下的供人食用的动物源性产品。

（b）（EEC）2658/87 法规附件Ⅰ第二部分 CN 编码 01064900 所指的活体昆虫。

（c）（EEC）2658/87 法规附件Ⅰ第二部分中协调制度编码（HS 编码）0704 90、0706 90、0708 10、0708 20、0708 90、0713 10、0713 33、0712 34、0712 35、0713 39、0713 40、0713 50、0713 60、0713 90、0910 99、1201 10、1201 90、1207 50、1207 99、1209 10、1209 21、1209 91 或 1214 90 中所述芽苗菜及用于生产芽苗菜的种子。

（d）（EEC）2658/87 法规附件Ⅰ第二部分 CN 编码 03076000 中所述的活蜗牛。

（e）第 12（2）条（a）和（b）中所述复合食品，不包括常温保存含有 853/2004/EC 法规附件Ⅲ第ⅩⅥ部分中所述明胶、胶原蛋白或高度精炼产品等其他肉制品的复合食品。

2. 第 1 款所述的官方证书应证明产品符合以下要求：

（a）（EC）178/2002 法规、852/2004/EC 法规和 853/2004/EC 法规中的要求，或被认为等效于这些要求的规定。

（b）本法规中规定的入境欧盟的任何具体要求。

3. 第 1 款中所述官方证书可能包括欧盟有关公共卫生及动物卫生事务的其他法规所要求的详细信息。

4. 第 1（c）款中所述芽苗菜和用于生产芽苗菜的种子应随附官方证书，证书应随附至官方证书中注明的目的地。如果货物分批运输，则每批货物都应附有官方证书的副本。

第 14 条　企业证明

1. 第 12（2）（b）条和第 12（2）（c）条规定的复合食品应随附由进口食品经营者缮制和签署的、确认托运货物符合（EU）2017/625 法规第 126（2）条中所述适用要求的企业证明。其中第 12（2）（b）条规定的复合食品不包括含肉制品成分的复合食品，但是包括含有 853/2004/EC 法规附件Ⅲ第ⅩⅥ部分中所述的明胶、胶原蛋白或高度精炼产品成分的复合食品。

2. 对于根据（EU）2017/625 法规第 48（h）条规定，免于入境官方检查的复合食品，可放宽第 1 款所述规定，其企业证明可在投放市场时随附。

3. 第 1 款所述的企业证明应确保货物的可追溯性，并应包括：

（a）相关进口货物的发货人和收货人信息。

（b）复合食品中包含的植物源性产品和加工的动物源性成分清单，根据复合食品制造过程中此类产品的使用记录，按重量降序排列。

（c）853/2004/EC 法规第 4（2）条规定的，进口食品经营商注明的复合食品中所含动物源性加工产品的生产企业注册号。

4. 第 1 款所述的企业证明应证明：

（a）生产复合食品的第三国或地区至少被欧盟列入以下任意一种动物源性产品的准入名单中：

（ⅰ）肉制品。

（ⅱ）乳制品或初乳制品。

（ⅲ）水产品。

（ⅳ）蛋制品。

（b）生产复合食品的企业符合与（EC）852/2004 法规要求等效的卫生标准。

（c）该复合食品无须在控温条件下储存或运输（常温保存和运输）。

（d）复合食品中包含的动物源性加工产品应来自批准向欧盟出口该类动物源性加工产品的第三国或地区，或来自欧盟成员方，动物源性加工产品的生产企业应是欧盟批准的企业。

（e）复合食品中使用的动物源性加工产品至少已根据欧盟委员会 2007/777/EC 决议和欧盟委员会（EU）605/2010 法规进行了处理，简要描述产品所经历的任何处理过程及其应用的温度。

第 15 条　生效

本法规应于在《欧盟官方公报》发布后的第二十天生效。

自 2019 年 12 月 14 日起开始实施。然而，第 12 条和第（14）条（1）和（2）中规定的要求应从 2021 年 4 月 21 日起适用。

本法规整体具有约束力，直接适用于所有成员方。

欧盟委员会（EU）2021/405 实施细则[①]

2021 年 3 月 24 日

根据欧洲议会与欧盟理事会（EU）2017/625 法规，规定了允许向欧盟出口某些供人类食用的动物和商品的第三国或地区名单。

（本文涉及欧洲经济区）

（《欧盟官方公报》L 系列第 114 期，2021 年 3 月 31 日，第 118 页）

经下列文件修订：

官方公报

	编号	页数	日期
2021 年 4 月 14 日欧盟委员会（EU）2021/606 执行法规	L 系列第 129 期	65	2021 年 4 月 15 日
2021 年 8 月 10 日欧盟委员会（EU）2021/1327 执行法规	L 系列第 288 期	28	2021 年 8 月 11 日

① 本文本纯属文档工具，不具有法律效力。相关法案的权威版本，包括其序言，为在《欧洲联盟官方公报》中发布并在 EUR-Lex 中提供的版本。

欧盟委员会（EU）2021/405 实施细则

2021 年 3 月 24 日

根据欧洲议会与欧盟理事会（EU）2017/625 法规，规定了允许向欧盟出口某些供人类食用的动物和商品的第三国或地区名单。

（本文涉及欧洲经济区）

第 1 条 主题与范围

本法规根据（EU）2017/625 法规第 126（2）（a）条要求，规定了允许向欧盟出口某些供人类食用的动物和商品的第三国或地区名单。

第 2 条 定义

就本法规而言，下列定义适用：

（1）“生鲜肉”是指 853/2004/EC 法规附件Ⅰ第 1.10 点所定义的生鲜肉。

（2）“预制肉”是指 853/2004/EC 法规附件Ⅰ第 1.15 点中定义的预制肉。

（3）“养殖奇蹄动物”是指马、驴及其杂交品种的动物。

（4）“野生奇蹄动物”是指斑马亚属的动物。

（5）“内脏”是指 853/2004/EC 法规附件Ⅰ第 1.11 点中定义的内脏。

（6）“肉类”是指 853/2004/EC 法规附件Ⅰ第 1.1 点中定义的肉类。

（7）“碎肉”是指 853/2004/EC 法规附件Ⅰ第 1.13 点中定义的碎肉。

（8）“家禽”是指 853/2004/EC 法规附件Ⅰ第 1.3 点定义的家禽。

（9）“野兔”是指非人类饲养的兔和野兔。

（10）“野生的野味动物”是指 853/2004/EC 法规附件Ⅰ第 1.5 点中定义的野生的野味动物。

（11）“养殖的野味动物”是指 853/2004/EC 法规附件Ⅰ第 1.6 点中定义的养殖的野味动物。

（12）“蛋”是指 853/2004/EC 法规附件Ⅰ第 5.1 点定义的蛋类。

（13）“蛋制品”是指 853/2004/EC 法规附件Ⅰ第 7.3 点定义的蛋制品。

（14）“肉制品”是指 853/2004/EC 法规附件Ⅰ第 7.1 点中定义的肉制品。

（15）“经处理的胃、膀胱和肠”是指 853/2004/EC 法规附件Ⅰ第 7.9 点定义的经处理的胃、膀胱和肠。

（16）“肠衣”是指（EU）2020/692 实施条例第 2 条第二款第（45）点定义的肠衣。

（17）“提炼的动物脂肪”是指 853/2004/EC 法规附件Ⅰ第 7.5 点定义的提炼的动物脂肪。

（18）“脂渣”是指 853/2004/EC 法规附件Ⅰ第 7.6 点定义的脂渣。

（19）“双壳贝类”是指 853/2004/EC 法规附件Ⅰ第 2.1 点中定义的双壳贝类。

（20）“水产品”是指 853/2004/EC 法规附件Ⅰ第 3.1 点所定义的水产品。

（21）“原奶”是指 853/2004/EC 法规附件Ⅰ第 4.1 点中定义的原奶。

（22）“奶制品”是指 853/2004/EC 法规附件Ⅰ第 7.2 点所定义的奶制品。

（23）“初乳”是指 853/2004/EC 法规附件Ⅲ第Ⅸ节第 1 点定义的初乳。

（24）“初乳制品”是指853/2004/EC法规附件Ⅲ第Ⅸ节第2点所定义的初乳制品。

（25）“蛙腿”是指853/2004/EC法规附件Ⅰ第6.1点定义的蛙腿，以及蛙科侧褶蛙属、叉舌蛙科大头蛙属、陆蛙属和虎纹蛙属等其他蛙类的腿。

（26）“蜗牛”是指853/2004/EC法规附件Ⅰ第6.2点中定义的蜗牛，以及大蜗牛科、嗜石螺科或缚紧螺科等其他蜗牛。

（27）“明胶”是指853/2004/EC法规附件Ⅰ第7.7点中定义的明胶。

（28）“胶原蛋白”是指853/2004/EC法规附件Ⅰ第7.8点中定义的胶原蛋白。

（29）“蜂蜜”是指欧洲议会与欧盟理事会（EU）1308/2013法规[①]附件Ⅱ第Ⅸ部分第1点定义的蜂蜜。

（30）“蜂产品”是指（EU）1308/2013法规附件Ⅱ第Ⅸ章第2点定义的蜂产品。

（31）“爬行动物肉”是指（EU）2019/625实施条例第2条第（16）点定义的爬行动物肉。

（32）“昆虫”是指（EU）2019/625实施条例第2条第（17）点定义的昆虫。

（33）“日龄雏鸡”是指（EU）2020/692实施条例第2条第（19）点定义的日龄雏鸡。

（34）“孵化蛋”是指（EU）2016/429法规第4条第（44）点定义的孵化蛋。

（35）“育种用家禽”是指（EU）2020/692实施条例第2条第（17）点定义的育种用家禽。

（36）“生产性家禽”是指（EU）2020/692实施条例第2条第（18）点定义的生产性家禽。

（37）“供屠宰动物”是指（EU）2020/692实施条例第2条第（13）点定义的供屠宰动物。

第3条　批准向欧盟出口有蹄类动物（奇蹄动物除外）鲜肉和预制肉等货物的第三国或地区名单

只有根据（EU）2021/404实施细则附件Ⅷ批准的，同时在2011/163/EU决议列明的第三国或地区，才能允许向欧盟出口供人类食用的有蹄类动物（奇蹄动物除外）生鲜肉和预制肉等货物。

第4条　批准向欧盟出口养殖奇蹄动物生鲜肉（碎肉除外）和预制肉等货物的第三国或地区名单

供人类食用的养殖奇蹄动物的生鲜肉（碎肉除外）和预制肉等货物，只有来自附件Ⅰ所列的第三国或地区的，才能允许进入欧盟。

第5条　批准向欧盟出口野生奇蹄动物生鲜肉（内脏和碎肉除外）和预制肉等货物的第三国或地区名单

供人类食用的野生奇蹄动物的生鲜肉（内脏和碎肉除外）和预制肉等货物，只有来自附件Ⅱ所列的第三国或地区的，才能允许进入欧盟。

---

① 2013年12月17日欧洲议会及欧洲理事会（EU）1308/2013设立农产品市场公共组织及废除欧洲理事会（EEC）922/72、（EEC）234/79、（EC）1037/2001，以及（EC）1234/2007法规的法规（《欧盟官方公报》L系列第347期，2013年12月20日，第671页）。

第 6 条 批准向欧盟出口家禽、平胸鸟类和野生的野味禽类等动物生鲜肉，以及家禽预制肉等货物的第三国或地区名单

1. 只有根据（EU）2021/404 实施细则附件XIV批准的，同时在（EU）2011/163 决议列明的第三国或地区，才能允许向欧盟出口供人类食用的家禽、平胸鸟类和野生的野味禽类等动物生鲜肉，以及家禽预制肉等货物。

2. 附件Ⅲ所列第三国或地区的未去毛去脏供人类食用的野生野味禽类生鲜肉，只有用飞机运输的，才能允许进入欧盟。

第 7 条 批准向欧盟出口蛋和蛋制品等货物的第三国或地区名单

1. 只有根据（EU）2021/404 实施细则附件XIX批准的，同时在（EU）2011/163 决议附件表格“蛋类”栏中列明的第三国或地区，才允许向欧盟出口供人类食用的蛋和蛋制品等货物。

2. 用于市场销售的符合欧盟委员会（EC）589/2008 法规①第 2 条规定的“A”级蛋，只有来自附件Ⅳ所列第三国或地区的，才能获准入境欧盟，以便根据欧洲议会与欧盟理事会（EC）2160/2003 法规②第 10（6）条，符合沙门氏菌防控的要求。

第 8 条 批准向欧盟出口养殖兔鲜肉（不包括内脏）、野兔鲜肉（不包括内脏）或未去皮去脏野兔的第三国或地区名单

只有在附件Ⅴ列明的第三国或地区，才能向欧盟出口供人类食用的养殖兔生鲜肉（不包括内脏）、野兔生鲜肉（不包括内脏）或未去皮去脏的野兔等货物。

第 9 条 批准向欧盟出口除有蹄类动物和兔类动物之外的野生陆生哺乳动物鲜肉（不包括内脏）的第三国或地区名单

只有附件Ⅵ所列的第三国或地区，才能向欧盟出口除有蹄类动物和兔类动物外的，供人类食用的野生陆生哺乳动物生鲜肉。

第 10 条 批准向欧盟出口肉制品的第三国或地区名单，包括提炼的动物脂肪、脂渣、肉膏、经处理的胃、膀胱和肠（不包括肠衣）

只有在附件Ⅶ列明的第三国或地区，才能向欧盟出口供人类食用的兔类、奇蹄动物和野生陆生哺乳动物（有蹄类动物和兔类动物除外）的肉制品货物，包括提炼的动物脂肪、脂渣、肉膏、经处理的胃、膀胱和肠（不包括肠衣）。

除第 1 款所述的肉制品货物外，供人类食用的其他动物的肉制品货物，包括提炼的动物脂肪、脂渣、肉膏、经处理的胃、膀胱和肠（肠衣除外），只有根据（EU）2021/404 号实施细则附件XV批准的，同时在（EU）2011/163 决议中列明的第三国或地区，才能向欧盟出口。

第 11 条 批准向欧盟出口肠衣货物的第三国或地区名单

只有根据（EU）2021/404 实施细则附件XVI批准的，同时在（EU）2011/163 决议附件表格“肠衣”栏列明的第三国或地区，才能向欧盟出口肠衣货物。

---

① 2008 年 6 月 23 日欧盟委员会（EC）589/2008 制定了蛋产品销售标准［（EC）1234/2007 号法规］的详细规范和要求（《欧盟官方公报》L 系列第 163 期，2008 年 6 月 24 日，第 6 页）。

② 2003 年 11 月 17 日欧洲议会及欧洲理事会（EC）2160/2003 关于控制沙门氏菌和其他特定的食源性人畜共患病病原体的法规（《欧盟官方公报》L 系列第 325 期，2003 年 12 月 12 日，第 1 页）。

第 12 条　批准向欧盟出口鲜活、冷藏、冷冻或加工的双壳贝类、棘皮动物、被囊动物和海洋腹足动物等货物的第三国或地区名单

只有在附件Ⅷ中列明的第三国或地区，才能向欧盟出口供人类食用的鲜活、冷藏、冷冻或加工的双壳贝类、棘皮动物、被囊动物和海洋腹足动物等货物。然而，名单以外的第三国或地区，可以向欧盟出口供人类食用的扇贝闭壳肌，但不包括养殖的扇贝，闭壳肌应与内脏和生殖腺完全分离。

第 13 条　批准向欧盟出口某些水产品货物的第三国或地区名单

供人类食用的水产品货物只有来自附件Ⅸ所列第三国或地区时，才允许进入境欧盟。本条不适用于第 12 条所涉及的动物和商品货物。

第 14 条　批准向欧盟出口奇蹄动物原奶、初乳、初乳制品及奶制品等货物的第三国或地区名单

供人类食用的奇蹄动物原奶、初乳、初乳制品及奶制品等货物，只有来自附件Ⅹ所列第三国或地区，才允许进入境欧盟。

第 15 条　批准向欧盟出口无须针对口蹄疫实施特定风险消除处理的原奶、初乳、初乳制品和奶制品等货物的第三国或地区名单

只有根据（EU）2021/404 实施细则附件ⅩⅦ批准的，同时在（EU）2011/163 决议附件表格“奶”栏列明的第三国或地区，才能向欧盟出口供人类食用的，并且无须针对口蹄疫实施特定风险消除处理的原奶、初乳、初乳制品及奶制品等货物。

第 16 条　批准向欧盟出口需针对口蹄疫实施特定风险消除处理的奶制品的第三国或地区名单

只有根据（EU）2021/404 实施细则附件ⅩⅧ批准，同时在（EU）2011/163 决议附件表格“奶”栏列明的第三国或地区，才能向欧盟出口供人类食用，并且需针对口蹄疫实施特定风险消除处理的奶制品。

第 17 条　批准向欧盟出口蛙腿和蜗牛等货物的第三国或地区名单

供人类食用的蛙腿和蜗牛等货物，只有来自附件Ⅺ所列的第三国或地区，才允许进入境欧盟。

第 18 条　批准向欧盟出口明胶和胶原蛋白等货物的第三国或地区名单

1. 只有在附件Ⅻ中列明的第三国或地区，才能向欧盟出口使用牛、绵羊、山羊、猪和奇蹄动物提炼生产的供人类食用的明胶和胶原蛋白等货物。

2. 只有在附件Ⅷ中列明的第三国或地区，才能向欧盟出口使用家禽提炼生产的供人类食用的明胶和胶原蛋白等货物。

3. 只有在附件Ⅸ中列明的第三国或地区，才能向欧盟出口使用水产品提炼生产的供人类食用的明胶和胶原蛋白等货物。

4. 只有在附件Ⅴ中列明的第三国或地区，才能向欧盟出口使用兔类动物提炼生产的供人类食用的明胶和胶原蛋白等货物。

5. 只有在附件Ⅵ中列明的第三国或地区，才能向欧盟出口使用野生陆生哺乳动物（有蹄类动物和兔类动物除外）提炼生产的供人类食用的明胶和胶原蛋白等货物。

第 19 条　批准向欧盟出口明胶和胶原蛋白生产原料的第三国或地区名单

1. 只有根据（EU）2021/404 实施条例附件Ⅷ批准向欧盟出口相关有蹄类动物生鲜肉的第三国或地区，才能向欧盟出口用于生产供人类食用明胶和胶原蛋白的牛、绵羊、山羊、猪类动物原料。

2. 只有在附件Ⅰ或附件Ⅱ中分别列为允许向欧盟出口养殖奇蹄动物生鲜肉或野生奇蹄动物生鲜肉的第三国或地区，才能向欧盟出口用于生产供人类食用明胶和胶原蛋白的奇蹄动物原料。

3. 只有根据（EU）2021/404实施细则附件XIV批准向欧盟出口相关禽类生鲜肉的第三国或地区，才能向欧盟出口用于生产供人类食用明胶和胶原蛋白的禽类动物原料。

4. 只有在附件IX中列明的第三国或地区，才能向欧盟出口用于生产供人类食用明胶和胶原蛋白的水产品原料。

5. 只有在附件V中列明的第三国或地区，才能向欧盟出口用于生产供人类食用明胶和胶原蛋白的兔类动物原料。

6. 只有在附件VI中列明的第三国或地区，才能向欧盟出口用于生产供人类食用明胶和胶原蛋白的野生陆生哺乳动物原料，不包括有蹄类动物和兔类动物。

第20条　批准向欧盟出口明胶和胶原蛋白经处理生产原料的第三国或地区名单

1. 只有在附件XII中列明的第三国或地区，才能向欧盟出口用于生产供人类食用明胶和胶原蛋白的，经处理的牛、绵羊、山羊、猪和奇蹄动物原料。

2. 只有在附件VIII中列明的第三国或地区，才能向欧盟出口用于生产供人类食用明胶和胶原蛋白的，经处理的禽类原料。

3. 只有在附件IX中列明的第三国或地区，才能向欧盟出口用于生产供人类食用明胶和胶原蛋白的，经处理的水产品原料。

4. 只有在附件V中列明的第三国或地区，才能向欧盟出口用于生产供人类食用明胶和胶原蛋白的，经处理的兔类动物原料。

5. 只有在附件VI中列明的第三国或地区，才能向欧盟出口用于生产供人类食用明胶和胶原蛋白的，经处理的野生陆生哺乳动物（有蹄类动物和兔类动物除外）原料。

6. 只有根据本法规第19条规定，批准向欧盟出口相关产品的第三国或地区，才能向欧盟出口（EC）第853/2004法规附件III第XIV节第Ⅰ章第4（b）条（iii）规定的用于明胶和胶原蛋白生产的，经处理的原料。

第21条　批准向欧盟出口蜂蜜和其他蜂产品等货物的第三国或地区名单

只有在2011/163/EU决议附件表格“蜂蜜”栏列明的第三国或地区，才能向欧盟出口蜂蜜和其他蜂产品。

第22条　批准向欧盟出口某些高度精炼产品的第三国或地区名单

供人类食用的高度精炼的硫酸软骨素、透明质酸、其他水解软骨产品、壳聚糖、氨基葡萄糖、凝乳酶、鱼胶和氨基酸货物，只有来自以下第三国或地区的，才允许进入欧盟：

（a）如果是使用有蹄类动物原料生产的高度精炼产品，应来自附件XII所列的第三国或地区；

（b）如果是使用水产品原料生产的高度精炼产品，应来自附件IX所列的第三国或地区；

（c）如果是使用家禽原料生产的高度精炼产品，应来自附件VIII所列的第三国或地区。

第23条　批准向欧盟出口爬行动物肉的第三国或地区名单

供人类食用的爬行动物肉货物，只有来自附件XIV所列的第三国或地区时，才允许进入欧盟。

第 24 条　批准向欧盟出口昆虫的第三国或地区名单

供人类食用的昆虫货物，只有原产自附件XV所列的第三国或地区，并从这些国家或地区出口时，才允许进入境欧盟。

第 25 条　批准向欧盟出口其他动物源性产品的第三国或地区名单

第 3 条至第 24 条规定以外的，供人类食用的其他动物源性产品，只有来自以下第三国或地区时，才允许进入欧盟：

（a）如果是使用养殖有蹄类动物，不包括养殖奇蹄动物生产的动物源性产品，应来自根据（EU）2021/404 实施细则附件Ⅷ，批准向欧盟出口相关养殖有蹄类动物生鲜肉的，并且适用时在 2011/163/EU 决议列明的第三国或地区。

（b）如果是使用养殖的奇蹄动物生产的动物源性产品，应来自附件Ⅰ所列的第三国或地区。

（c）如果是使用禽类动物生产的动物源性产品，应来自根据（EU）2021/404 实施细则附件XIV，批准向欧盟出口禽类生鲜肉的，并且适用时在（EU）2011/163 决议列明的第三国或地区。

（d）如果是使用水产品生产的动物源性产品，应来自附件IX所列的第三国或地区。

（e）如果是使用兔类动物生产的动物源性产品，应来自附件Ⅴ所列的第三国或地区。

（f）如果是使用野生陆生哺乳动物，不包括有蹄类动物和兔类动物生产的动物源性产品，应来自附件Ⅵ所列的第三国或地区。

（g）如果是使用多种动物生产的动物源性产品，应来自本条（a）点至（e）点规定的，针对每种动物批准的第三国或地区。

第 26 条　批准向欧盟出口原鸡、火鸡活禽及其孵化蛋的第三国或地区名单

不影响根据（EU）2021/404 实施细则附件Ⅴ动物卫生要求制定的名单，原鸡、火鸡活禽及其孵化蛋应来自附件XVI所列的第三国或地区。

单批货物低于 20 个单位的活家禽（不包括平胸鸟）及其孵化蛋和日龄雏禽，如果根据（EC）2160/2003 法规第 1（3）条规定，仅用于家庭自用的活禽养殖或由生产商直接供应少量初级产品，则不适用第 1 款规定的名单要求。

第 27 条　废除

废除（EU）2019/626 实施细则。

已废除实施细则引用的内容应解释为本法规引用的内容，并结合附件XVII中的条款关联表进行理解。

第 28 条　生效和适用

本法规自其发布在《欧盟官方公报》后第二十天生效。

本法规自 2021 年 4 月 21 日起适用。

本法规整体具有约束力，直接适用于所有成员方。

附件Ⅰ 第4条、第19（2）条和第25（b）条规定的，批准向欧盟出口养殖奇蹄动物生鲜肉（不包括碎肉）及其预制肉制品（调理肉制品）的第三国或地区名单

ISO代码	第三国或地区	备注
AR	阿根廷	
AU	澳大利亚	
BR	巴西	
CA	加拿大	
CH	瑞士①	
GB	英国②	
NZ	新西兰	
UY	乌拉圭	

注：①根据1999年6月21日《欧洲共同体与瑞士联邦关于农产品贸易协定》（《欧盟官方公报》L系列第114期，2002年4月30日，第132页）。

②根据《大不列颠及北爱尔兰联合王国退出欧洲联盟和欧洲原子能共同体协定》，特别是《关于爱尔兰/北爱尔兰的议定书》第5（4）条以及该议定书的附件Ⅱ，本附件中提及的英国不包括北爱尔兰。

附件Ⅱ 第5条和第19（2）条规定的，批准向欧盟出口野生奇蹄动物生鲜肉（内脏和碎肉除外）及其预制肉制品（调理肉制品）的第三国或地区名单

ISO代码	第三国或地区	备注
NA	纳米比亚	仅限野生的野味动物
ZA	南非	仅限野生的野味动物

附件Ⅲ 第6（2）条规定的，批准向欧盟仅能空运出口用于人类食用未去毛去脏的野生野味鸟类的第三国或地区名单

ISO代码	第三国或地区	备注
AR	阿根廷	
BR	巴西	
CA	加拿大	
CL	智利	
IL	以色列①	
NZ	新西兰	
TH	泰国	
TN	突尼斯	
US	美国	

注：①以下应理解为以色列国，不包括自1967年6月起处于以色列管理下的领土，即戈兰高地、加

沙地带、东耶路撒冷和约旦河西岸地区的其他地区。

附件Ⅳ 第7（2）条规定的，批准向欧盟出口市场销售“A”级蛋的第三国或地区名单

ISO 代码	第三国或地区	备注
CH	瑞士①	
GB	英国②	
JP	日本	
MK	北马其顿	
UA	乌克兰	

注：①根据1999年6月21日《欧洲共同体与瑞士联邦关于农产品贸易协定》（《欧盟官方公报》L系列第114期，2002年4月30日，第132页）。

②根据《大不列颠及北爱尔兰联合王国退出欧洲联盟和欧洲原子能共同体协定》，特别是《关于爱尔兰/北爱尔兰的议定书》第5（4）条以及该议定书的附件Ⅱ，本附件中提及的英国不包括北爱尔兰。

附件Ⅴ 第8条、第18（4）条、第19（5）条、第20（4）条和第25（e）条规定的，批准向欧盟出口养殖兔生鲜肉（不包括内脏）、野兔生鲜肉（不包括内脏）、未去皮去脏的野兔等货物的第三国或地区名单

ISO 代码	第三国或地区	备注
AR	阿根廷	
AU	澳大利亚	仅限野生兔
CA	加拿大	
CH	瑞士①	
CL	智利	仅限野生兔
CN	中国	仅限养殖兔
GB	英国②	
MK	北马其顿	仅限野生兔
NZ	新西兰	仅限野生兔
RS	塞尔维亚	仅限野生兔
SG	新加坡③	仅限野生兔
TN	突尼斯	仅限野生兔
UA	乌克兰	仅限养殖兔
US	美国	
UY	乌拉圭	仅限野生兔
ZA	南非	仅限野生兔

注：①根据1999年6月21日《欧洲共同体与瑞士联邦关于农产品贸易协定》（《欧盟官方公报》L系列第114期，2002年4月30日，第132页）。

②根据《大不列颠及北爱尔兰联合王国退出欧洲联盟和欧洲原子能共同体协定》，特别是《关于爱尔兰/北爱尔兰的议定书》第5（4）条以及该议定书的附件Ⅱ，本附件中提及的英国不包括北爱尔兰。

③仅限源自新西兰、运往欧盟、在新加坡卸载（无论是否进行储存）并在经新加坡过境期间在经批准的场所内重新装载的生鲜肉货物。

附件Ⅵ 第9条、第18（5）条、第19（6）条、第20（5）条和第25（f）条规定的，批准向欧盟出口除有蹄类动物和兔类动物外的野生陆生哺乳动物鲜肉（不含内脏）的第三国或地区名单

ISO代码	第三国或地区	备注
AU	澳大利亚	
CA	加拿大	
GB	英国①	
GL	格陵兰	仅限养殖动物
NZ	新西兰	

注：①根据《大不列颠及北爱尔兰联合王国退出欧洲联盟和欧洲原子能共同体协定》，特别是《关于爱尔兰/北爱尔兰的议定书》第5（4）条以及该议定书的附件Ⅱ，在本附件中提及的英国不包括北爱尔兰。

附件Ⅶ 第10条第1款规定的，批准向欧盟出口兔类、奇蹄动物和野生陆生哺乳动物肉制品（有蹄类动物和兔类动物除外），包括提炼的动物脂肪、脂渣、肉膏、处理的胃、膀胱和肠（肠衣除外）的第三国或地区名单

ISO代码	第三国或地区	养殖奇蹄动物	养殖兔	野生奇蹄动物	野生兔（兔和野兔）	野生的陆生哺乳动物（有蹄类动物和兔类动物除外）
AR	阿根廷	A	A	NA	A	NA
AU	澳大利亚	A	NA	NA	A	A
BR	巴西	A	NA	NA	NA	NA
CA	加拿大	A	A	NA	A	A
CH	瑞士①					
CL	智利	NA	NA	NA	A	NA
CN	中国	NA	A	NA	NA	NA
GB	英国②	A	A	A	A	A
GL	格陵兰	NA	NA	NA	NA	A（仅限养殖的野味动物）
MK	北马其顿	NA	NA	NA	A	NA
NZ	新西兰	A	NA	NA	A	A
RS	塞尔维亚	NA	NA	NA	A	NA
TN	突尼斯	NA	NA	NA	A	NA
UA	乌克兰	NA	A	NA	NA	NA

续表

ISO代码	第三国或地区	养殖奇蹄动物	养殖兔	野生奇蹄动物	野生兔(兔和野兔)	野生的陆生哺乳动物(有蹄类动物和兔类动物除外)
US	美国	NA	A	NA	A	NA
UY	乌拉圭	A	NA	NA	A	NA
ZA	南非	NA	NA	A(仅限野生动物)	A	NA

注:①根据1999年6月21日《欧洲共同体与瑞士联邦关于农产品贸易协定》(《欧盟官方公报》L系列第114期,2002年4月30日,第132页)。

②根据《大不列颠及北爱尔兰联合王国退出欧洲联盟和欧洲原子能共同体协定》,特别是《关于爱尔兰/北爱尔兰的议定书》第5(4)条以及该议定书的附件Ⅱ,在本附件中提及的英国不包括北爱尔兰。

表中所用代码的解释:

A(即非特定处理)表示获准入境。无须进行特定处理,但此类肉制品的肉必须经过处理,使其切面显示不再具有生鲜肉的特征,所使用的生鲜肉也必须满足适用于生鲜肉入境欧盟的动物卫生规则。NA表示未获准入境。

附件Ⅷ 第12条规定的,批准向欧盟出口鲜活、冷藏、冷冻或加工的双壳贝类、棘皮动物、被囊动物和海洋腹足动物的第三国或地区名单

ISO代码	第三国或地区	备注
AU	澳大利亚	
CA	加拿大	
CH	瑞士[①]	
CL	智利	
GB	英国[②]	
GG	根西岛	仅限野生捕捞
GL	格陵兰	仅限野生捕捞
IM	马恩岛	
JE	泽西岛	仅限野生捕捞
JM	牙买加	仅限野生捕捞的海洋腹足动物
JP	日本	仅限冷冻或经加工的双壳贝类、棘皮动物、被囊动物和海洋腹足动物
KR	韩国	仅限冷冻或经加工的双壳贝类、棘皮动物、被囊动物和海洋腹足动物

续表

ISO 代码	第三国或地区	备注
MA	摩洛哥	加工的鸟蛤（*Acanthocardia tuberculatum*）应随附：（a）根据欧盟委员会（EU）2020/2235 实施细则[③]附件Ⅲ第 32 章规定的范本 MOL-AT，附有额外的卫生证明；（b）检测结果，证明软体动物不含生物测定法可检测到的麻痹性贝类毒素（PSP）水平。
NZ	新西兰	
PE	秘鲁	仅限水产养殖的去内脏的扇贝科（扇贝）
TH	泰国	仅限冷冻或经加工的双壳贝类、棘皮动物、被囊动物和海洋腹足动物
TN	突尼斯	
TR	土耳其	
US	美国	华盛顿州和马萨诸塞州
UY	乌拉圭	
VN	越南	仅限冷冻或经加工的双壳贝类、棘皮动物、被囊动物和海洋腹足动物

注：①根据 1999 年 6 月 21 日《欧洲共同体与瑞士联邦关于农产品贸易协定》（《欧盟官方公报》L 系列第 114 期，2002 年 4 月 30 日，第 132 页）。

②根据《大不列颠及北爱尔兰联合王国退出欧洲联盟和欧洲原子能共同体协定》，特别是《关于爱尔兰/北爱尔兰的议定书》第 5（4）条以及该议定书的附件Ⅱ，在本附件中提及的英国不包括北爱尔兰。

③2020 年 12 月 16 日的欧盟委员会（EU）2020/2235 执行法规规定了（EU）2016/429 法规及欧洲议会与欧盟理事会（EU）2017/625 法规在动物卫生证书范本、官方证书范本、动物卫生/官方证书范本、某些类别动物和商品的货物入境欧盟以及在欧盟境内的运输、有关此类证书的官方认证方面的适用，废除了（EC）599/2004 法规、（EU）636/2014 执行法规、（EU）2019/628 执行法规、指令 98/68/EC、2000/572/EC 决议、2003/779/EC 决议和 2007/240/EC 决议（《欧盟官方公报》L 系列第 442 期，2020 年 12 月 30 日，第 1 页）。

附件Ⅸ 第 13 条、第 18（3）条、第 19（4）条、第 20（3）条、第 22（b）条和第 25（d）条规定的，批准向欧盟出口某些水产品货物的第三国或地区名单

ISO 代码	第三国或地区	备注
AE	阿拉伯联合酋长国	养殖水产品：原料仅限来自欧盟成员方或欧盟批准向其出口相关原料的第三国或地区
AG	安提瓜和巴布达	仅限野生捕捞的活龙虾
AL	阿尔巴尼亚	不包括养殖的甲壳类动物
AM	亚美尼亚	仅限活野生小龙虾、热加工非养殖小龙虾和冷冻非养殖小龙虾
AO	安哥拉	仅限野生捕捞
AR	阿根廷	

续表1

ISO 代码	第三国或地区	备注
AU	澳大利亚	
AZ	阿塞拜疆	仅限野生捕捞的鱼子酱
BA	波斯尼亚和黑塞哥维那	不包括养殖的甲壳类动物
BD	孟加拉国	
BJ	贝宁	仅限野生捕捞
BN	文莱	仅限水产养殖产品
BQ	博内尔岛、圣尤斯特歇斯岛、萨巴岛	仅限野生捕捞
BR	巴西	
BS	巴哈马	仅限野生捕捞
BY	白俄罗斯	
BZ	伯利兹	仅限野生捕捞
CA	加拿大	
CG	刚果（布）	仅限野生捕捞 仅限野生捕捞、在海上捕获、冷冻并包装在最终包装中的水产品
CH	瑞士①	
CI	科特迪瓦	仅限野生捕捞
CL	智利	
CN	中国	
CO	哥伦比亚	
CR	哥斯达黎加	
CU	古巴	
CV	佛得角	仅限野生捕捞
CW	库拉索	仅限野生捕捞
DZ	阿尔及利亚	仅限野生捕捞
EC	厄瓜多尔	
EG	埃及	仅限野生捕捞
ER	厄立特里亚	仅限野生捕捞
FJ	斐济	仅限野生捕捞
FK	马尔维纳斯群岛	不包括水产养殖甲壳类动物
GA	加蓬	仅限野生捕捞
GB	英国②	

续表2

ISO 代码	第三国或地区	备注
GD	格林纳达	仅限野生捕捞
GE	格鲁吉亚	仅限野生捕捞
GG	根西岛	仅限野生捕捞
GH	加纳	仅限野生捕捞
GL	格陵兰	仅限野生捕捞
GM	冈比亚	仅限野生捕捞
GN	几内亚	仅限野生捕捞 仅限野生捕捞。仅限未经过任何预制或加工的鱼类，不包括去头、去内脏、冷藏或冷冻处理。
GT	危地马拉	不包括水产养殖的有鳍鱼类
GY	圭亚那	仅限野生捕捞
HK	中国香港	仅限野生捕捞
HN	洪都拉斯	
ID	印度尼西亚	
IL	以色列[③]	
IM	马恩岛	
IN	印度	
IR	伊朗	不包括水产养殖的有鳍鱼类
JE	泽西岛	仅限野生捕捞
JM	牙买加	仅限野生捕捞
JP	日本	
KE	肯尼亚	
KI	基里巴斯	仅限野生捕捞
KR	韩国	
KZ	哈萨克斯坦	仅限野生捕捞
LK	斯里兰卡	
MA	摩洛哥	不包括水产养殖甲壳类动物
MD	摩尔多瓦	仅限鱼子酱
ME	黑山共和国	不包括水产养殖甲壳类动物
MG	马达加斯加	
MK	北马其顿	
MM	缅甸	
MR	毛里塔尼亚	仅限野生捕捞

续表3

ISO 代码	第三国或地区	备注
MU	毛里求斯	
MV	马尔代夫	仅限野生捕捞
MX	墨西哥	
MY	马来西亚	
MZ	莫桑比克	不包括水产养殖的有鳍鱼类
NA	纳米比亚	仅限野生捕捞
NC	新喀里多尼亚	不包括水产养殖的有鳍鱼类
NG	尼日利亚	不包括水产养殖的有鳍鱼类
NI	尼加拉瓜	不包括水产养殖的有鳍鱼类
NZ	新西兰	
OM	阿曼	不包括水产养殖甲壳类动物
PA	巴拿马	
PE	秘鲁	
PF	法属波利尼西亚	仅限野生捕捞
PG	巴布亚新几内亚	仅限野生捕捞
PH	菲律宾	
PM	圣皮埃尔和密克隆群岛	仅限野生捕捞
PK	巴基斯坦	仅限野生捕捞
RS	塞尔维亚	
RU	俄罗斯	仅限野生捕捞
SA	沙特阿拉伯	
SB	所罗门群岛	仅限野生捕捞
SC	塞舌尔	仅限野生捕捞
SG	新加坡	
SH	圣赫勒拿岛（不包括特里斯坦达库尼亚岛和阿森松岛）	仅限野生捕捞
	特里斯坦达库尼亚（不包括圣赫勒拿岛和阿森松岛）	仅限野生龙虾（新鲜或冷冻）
SN	塞内加尔	仅限野生捕捞

续表4

ISO 代码	第三国或地区	备注
SR	苏里南	仅限野生捕捞
SV	萨尔瓦多	仅限野生捕捞
SX	圣马丁	仅限野生捕捞
TH	泰国	
TN	突尼斯	不包括水产养殖甲壳类动物
TR	土耳其	
TW	中国台湾	
TZ	坦桑尼亚	不包括水产养殖的有鳍鱼类
UA	乌克兰	不包括水产养殖甲壳类动物
UG	乌干达	
US	美国	
UY	乌拉圭	
VE	委内瑞拉	
VN	越南	
YE	也门	仅限野生捕捞
ZA	南非	仅限野生捕捞
ZW	津巴布韦	仅限野生捕捞

注：①根据 1999 年 6 月 21 日《欧洲共同体与瑞士联邦关于农产品贸易协定》（《欧盟官方公报》L 系列第 114 期，2002 年 4 月 30 日，第 132 页）。

②根据《大不列颠及北爱尔兰联合王国退出欧洲联盟和欧洲原子能共同体协定》，特别是《关于爱尔兰/北爱尔兰的议定书》第 5（4）条以及该议定书的附件Ⅱ，在本附件中提及的英国不包括北爱尔兰。

③以下应理解为以色列国，不包括自 1967 年 6 月起处于以色列管理下的领土，即戈兰高地、加沙地带、东耶路撒冷和约旦河西岸地区的其他地区。

附件X　第 14 条规定的，批准向欧盟出口奇蹄动物原奶、初乳、初乳制品及奶制品的第三国或地区名单

ISO 代码	第三国或地区	备注
AU	澳大利亚	
BA	波斯尼亚和黑塞哥维那	
CA	加拿大	
CH	瑞士①	
GB	英国②	
GG	根西岛	

续表

ISO 代码	第三国或地区	备注
IM	马恩岛	
JE	泽西岛	
JP	日本	
ME	黑山共和国	
NZ	新西兰	
US	美国	

注：①根据 1999 年 6 月 21 日《欧洲共同体与瑞士联邦关于农产品贸易协定》(《欧盟官方公报》L 系列第 114 期，2002 年 4 月 30 日，第 132 页)。

②根据《大不列颠及北爱尔兰联合王国退出欧洲联盟和欧洲原子能共同体协定》，特别是《关于爱尔兰/北爱尔兰的议定书》第 5（4）条以及该议定书的附件Ⅱ，在本附件中提及的英国不包括北爱尔兰。

附件Ⅺ　第 17 条规定的，批准向欧盟出口蛙腿和蜗牛等货物的第三国或地区名单

ISO 代码	第三国或地区	备注
AL	阿尔巴尼亚	
AM	亚美尼亚	仅限蜗牛
AU	澳大利亚	
AZ	阿塞拜疆	
BA	波斯尼亚和黑塞哥维那	仅限蜗牛
BR	巴西	仅限蛙腿
BY	白俄罗斯	仅限蜗牛
CA	加拿大	仅限蜗牛
CH	瑞士①	
CI	科特迪瓦	仅限蜗牛
CL	智利	仅限蜗牛
CN	中国	
DZ	阿尔及利亚	仅限蜗牛
EG	埃及	仅限蛙腿
GB	英国②	
GG	根西岛	
GH	加纳	仅限蜗牛
ID	印度尼西亚	
IM	马恩岛	
IN	印度	仅限蛙腿

续表

ISO 代码	第三国或地区	备注
JE	泽西岛	
MA	摩洛哥	仅限蜗牛
MD	摩尔多瓦	仅限蜗牛
MK	北马其顿	仅限蜗牛
NG	尼日利亚	仅限蜗牛
NZ	新西兰	仅限蜗牛
PE	秘鲁	仅限蜗牛
RS	塞尔维亚	仅限蜗牛
TH	泰国	仅限蜗牛
TN	突尼斯	仅限蜗牛
TR	土耳其	
UA	乌克兰	仅限蜗牛
US	美国	仅限蜗牛
VN	越南	
ZA	南非	仅限蜗牛

注：①根据 1999 年 6 月 21 日《欧洲共同体与瑞士联邦关于农产品贸易协定》(《欧盟官方公报》L 系列第 114 期，2002 年 4 月 30 日，第 132 页)。

②根据《大不列颠及北爱尔兰联合王国退出欧洲联盟和欧洲原子能共同体协定》，特别是《关于爱尔兰/北爱尔兰的议定书》第 5（4）条以及该议定书的附件Ⅱ，在本附件中提及的英国不包括北爱尔兰。

附件Ⅻ　第 18（1）条、第 20（1）条和第 22（a）条规定的，批准向欧盟出口使用牛、绵羊、山羊、猪和奇蹄动物原料生产的明胶和胶原蛋白等货物的第三国或地区名单

ISO 代码	第三国或地区	备注
AL	阿尔巴尼亚	
AR	阿根廷	
AU	澳大利亚	
BA	波斯尼亚和黑塞哥维那	
BH	巴林	
BR	巴西	
BW	博茨瓦纳	
BY	白俄罗斯	
BZ	伯利兹	

续表

ISO 代码	第三国或地区	备注
CA	加拿大	
CH	瑞士①	
CL	智利	
CN	中国	
CO	哥伦比亚	
CR	哥斯达黎加	
CU	古巴	
DZ	阿尔及利亚	
ET	埃塞俄比亚	
FK	马尔维纳斯群岛	
GB	英国②	
GG	根西岛	
GL	格陵兰	
GT	危地马拉	
HK	中国香港	
HN	洪都拉斯	
IL	以色列③	
IM	马恩岛	
IN	印度	
JE	泽西岛	
JP	日本	
KE	肯尼亚	
KR	韩国	
MA	摩洛哥	
ME	黑山共和国	
MG	马达加斯加	
MK	北马其顿	
MU	毛里求斯	
MX	墨西哥	
MY	马来西亚	
NA	纳米比亚	

续表

ISO 代码	第三国或地区	备注
NC	新喀里多尼亚	
NI	尼加拉瓜	
NZ	新西兰	
PA	巴拿马	
PK	巴基斯坦	
PY	巴拉圭	
RS	塞尔维亚	
RU	俄罗斯	
SG	新加坡	
SV	萨尔瓦多	
SZ	斯威士兰	
TH	泰国	
TN	突尼斯	
TR	土耳其	
TW	中国台湾	
UA	乌克兰	
US	美国	
UY	乌拉圭	
ZA	南非	
ZW	津巴布韦	

注：①根据 1999 年 6 月 21 日《欧洲共同体与瑞士联邦关于农产品贸易协定》（《欧盟官方公报》L 系列第 114 期，2002 年 4 月 30 日，第 132 页）。

②根据《大不列颠及北爱尔兰联合王国退出欧洲联盟和欧洲原子能共同体协定》，特别是《关于爱尔兰/北爱尔兰的议定书》第 5（4）条以及该议定书的附件Ⅱ，在本附件中提及的英国不包括北爱尔兰。

③以下应理解为以色列国，不包括自 1967 年 6 月起处于以色列管理下的领土，即戈兰高地、加沙地带、东耶路撒冷和约旦河西岸地区的其他地区。

附件Ⅷ　第18（2）条、第20（2）条和第22（c）条规定的，批准向欧盟出口使用禽类原料生产的明胶和胶原蛋白等货物的第三国或地区名单

ISO 代码	第三国或地区	备注
AL	阿尔巴尼亚	
AR	阿根廷	
AU	澳大利亚	
BA	波斯尼亚和黑塞哥维那	
BR	巴西	
BW	博茨瓦纳	
BY	白俄罗斯	
CA	加拿大	
CH	瑞士①	
CL	智利	
CN	中国	
GB	英国②	
GG	根西岛	
GL	格陵兰	
HK	中国香港	
IL	以色列③	
IN	印度	
JP	日本	
KR	韩国	
MD	摩尔多瓦	
ME	黑山共和国	
MG	马达加斯加	
MY	马来西亚	
MK	北马其顿	
MX	墨西哥	
NA	纳米比亚	
NC	新喀里多尼亚	
NZ	新西兰	
PM	圣皮埃尔和密克隆群岛	
RS	塞尔维亚	
RU	俄罗斯	
SG	新加坡	
TH	泰国	

续表

ISO 代码	第三国或地区	备注
TN	突尼斯	
TR	土耳其	
TW	中国台湾	
UA	乌克兰	
US	美国	
UY	乌拉圭	
ZA	南非	
ZW	津巴布韦	

注：①根据 1999 年 6 月 21 日《欧洲共同体与瑞士联邦关于农产品贸易协定》（《欧盟官方公报》L 系列第 114 期，2002 年 4 月 30 日，第 132 页）。

②根据《大不列颠及北爱尔兰联合王国退出欧洲联盟和欧洲原子能共同体协定》，特别是《关于爱尔兰/北爱尔兰的议定书》第 5（4）条以及该议定书的附件Ⅱ，在本附件中提及的英国不包括北爱尔兰。

③以下应理解为以色列国，不包括自 1967 年 6 月起处于以色列管理下的领土，即戈兰高地、加沙地带、东耶路撒冷和约旦河西岸地区的其他地区。

附件XIV　第 23 条规定的，批准向欧盟出口爬行动物肉的第三国或地区名单

ISO 代码	第三国或地区	备注
CH	瑞士	
BW	博茨瓦纳	
VN	越南	
ZA	南非	
ZW	津巴布韦	

附件XV　第 24 条规定的，批准向欧盟出口昆虫的第三国或地区名单

ISO 代码	第三国或地区	备注
CA	加拿大	
CH	瑞士	
GB	英国①	
KR	韩国	
TH	泰国	
VN	越南	

注：①根据《大不列颠及北爱尔兰联合王国退出欧洲联盟和欧洲原子能共同体协定》，特别是《关于爱尔兰/北爱尔兰的议定书》第 5（4）条以及该议定书的附件Ⅱ，在本附件中提及的英国不包括北爱尔兰。

附件XVI 第26（1）条规定的，批准向欧盟出口原鸡活禽及其孵化蛋和火鸡活禽及其孵化蛋等货物的第三国或地区名单

ISO代码	第三国或地区	备注	
		原鸡（*Gallus gallus*）	火鸡
BR	巴西	DOC、HEP	–
CA	加拿大	BPP（＊）、DOC（＊）、HEP	BPP（＊）、DOC、HEP
CH	瑞士①		
GB	英国②	BPP、DOC、HEP	BPP、DOC、HEP
GG	根西岛	BPP	BPP
IL	以色列③	DOC、HEP	DOC、HEP
US	美国	BPP（＊）、DOC、HEP	DOC、HEP

注：①根据1999年6月21日《欧洲共同体与瑞士联邦关于农产品贸易协定》（《欧盟官方公报》L系列第114期，2002年4月30日，第132页）。

②根据《大不列颠及北爱尔兰联合王国退出欧洲联盟和欧洲原子能共同体协定》，特别是《关于爱尔兰/北爱尔兰的议定书》第5（4）条以及该议定书的附件Ⅱ，在本附件中提及的英国不包括北爱尔兰。

③以下应理解为以色列国，不包括自1967年6月起处于以色列管理下的领土，即戈兰高地、加沙地带、东耶路撒冷和约旦河西岸地区的其他地区。

表中所用代码的解释：

（＊）表示仅用于育种。

BPP表示育种或生产家禽。

DOC表示日龄雏鸡。

HEP表示孵化蛋。

附件XVII 第27（2）条规定的条款关联表

（EU）2019/626法规	本法规
第1条	第1条
第2条	第2条
第3条	第3条、第4条、第5条
第4条	第6条和第7条
第5条	第8条和第9条
第6条	第10条
第7条	第11条
第8条	第12条
第9条	第13条
第10条	第15条和第16条
第11条	第17条

续表

(EU) 2019/626 法规	本法规
第 12 条	第 17 条
第 13 条	第 10 条
第 14 条	第 18 条
第 15 条	第 19 条
第 16 条	第 20 条
第 17 条	第 21 条
第 18 条	第 22 条
第 19 条	第 23 条
第 20 条	第 24 条
第 21 条	第 25 条
第 22 条	–
第 23 条	第 27 条
第 24 条	–
第 25 条	第 28 条
附件Ⅰ	附件Ⅷ
附件Ⅱ	附件Ⅸ
附件Ⅲ	附件Ⅺ
附件Ⅲa	附件ⅩⅤ
附件Ⅳ	–

欧盟委员会决议[①]

2002 年 12 月 20 日

关于对从中国进口的动物源性产品的特定保护措施

[根据第 C（2002）5377 文件通知]

（本文涉及欧洲经济区）

（2002/994/EC）

（《欧盟官方公报》L 系列第 348 期，2002 年 12 月 21 日，第 154 页）

经下列文件修订：

① 本文件纯属文档工具。欧盟委员会决议 2002/994/EC。

官方公报

	编号	页数	日期
2003年1月30日欧盟委员会2003/72/EC决议	L系列第26期	84	2003年1月31日
2004年8月26日欧盟委员会2004/621/EC决议	L系列第279期	44	2004年8月28日
2005年7月22日欧盟委员会2005/573/EC决议	L系列第193期	41	2005年7月23日
2008年6月17日欧盟委员会2008/463/EC决议	L系列第160期	34	2008年6月19日
2008年7月30日欧盟委员会2008/639/EC决议	L系列第207期	30	2008年8月5日
2009年10月29日欧盟委员会2009/799/EC决议	L系列第285期	42	2009年10月31日
2012年8月20日欧盟委员会2012/482/EU执行决议	L系列第226期	5	2012年8月22日
欧盟委员会2015年7月1日（EU）2015/1068执行决议	L系列第174期	30	2015年7月3日

欧洲共同体委员会：

考虑到《建立欧洲经济共同体条约》。

考虑到欧盟理事会1997年12月18日指令97/78/EC规定了对从第三国或地区进入欧盟的产品进行兽医检查的原则①，特别是其中第22（1）条。

鉴于：

（1）根据指令97/78/EC，如果有任何可能对动物或人类健康构成严重风险的原因出现或正在蔓延，必须对从第三国或地区进口的某些产品采取必要的措施。

（2）1995年10月25日，欧盟理事会指令95/53/EC（经欧洲议会和欧盟理事会第2001/46/EC号指令②最新修订）确定了进行动物营养官方检验的原则③，如果任何可能对动物或人类健康构成严重危险的原因出现或正在蔓延，则必须对从第三国或地区进口且计划用于动物营养的某些产品采取必要措施。

（3）根据欧盟理事会1996年4月29日关于活体动物及动物产品中特定物质及残留物的监测措施，以及废除85/358/EEC、指令86/469/EEC，以及89/187/EEC、91/664/EEC决议④的指令96/23/EC，应对动物和动物源性初级产品的生产过程实施监测，以检测活体动物及其粪便、体液和组织中，以及动物产品、动物饲料和饮用水中是否存在某些残留物和物质。

（4）在从中国进口的某些水产养殖动物和水产品中检测到氯霉素后，欧盟委员会通过了2001年9月9日关于对来自中国和越南⑤的供人类食用的某些水产品和水产养殖动物采取若干保护措施的2001/699/EC决议，经第2002/770/EC决议⑥修订。此外，在对中国进行视察访问期间，发现中国在兽药监管，以及活体动物和动物产品残留物控制系统方面存在缺陷，随后欧盟委员会通过了2002年1月30日关于对从中国进口的动物源性产品采取

① 《欧盟官方公报》L系列第24期，1998年1月30日，第9页。

② 《欧盟官方公报》L系列第265期，1995年11月8日，第17页。

③ 《欧盟官方公报》L系列第234期，2001年9月1日，第55页。

④ 《欧盟官方公报》L系列第125期，1996年5月23日，第10页。

⑤ 《欧盟官方公报》L系列第251期，2001年1月20日，第11页。

⑥ 《欧盟官方公报》L系列第265期，2002年10月3日，第16页。

特定保护措施的第2002/69/EC决议[①]，经欧盟委员会2002/933/EC决议[②]进行了最新修订。

（5）2002/69/EC决议规定，应根据中国主管机关提供的信息、成员方对抵达欧共体边境检查站的货物进行加强监测和测试的结果，以及必要时根据欧共体专家的现场视察访问结果进行审查。中国相关部门提供的信息和成员方检查的有利结果允许授权进口特定的动物源性产品，因此对第2002/69/EC决议进行了几次修改。

（6）鉴于中国相关部门提供的信息，批准进口中国残留物监测计划获批的动物源性产品种类。

（7）对于某些其他类别的动物源性产品，有必要根据成员方检查的结果维持根据2002/69/EC决议建立的监测机制。对货物进行试验的频率应取决于观察到的风险水平。

（8）通过水产养殖以外的其他方式获得的水产品不涉及上述风险，因此应免受监测。然而，对于鳗鱼和虾来说，暂时不可能区分是养殖的还是野生的（在大西洋捕获的虾除外）；因此，除后一类甲壳类动物外，应继续禁止进口上述产品。

（9）2001/669/EC决议所规定的监测对中国产品持续一个过渡期，而随后的2002/770/EC决议中则对越南产品删除了这一规定。

（10）因此，应在本决议中更新和合并2002/69/EC决议中的规定，并相应废除2001/669/EC、2002/69/EC决议。

（11）本决议规定的各类措施符合食物链和动物健康常务委员会的意见。

通过了本决议：

第1条

本决议适用于所有从中国进口且计划用于人类食用或动物饲料的动物源性产品。

第2条

1. 成员方应禁止进口第1条所述的产品。

2. 如果成员方放宽执行第1款的规定，应根据适用于相关产品的具体动物与公共卫生条件，允许进口本决议附件列出的产品，同时进口附件第二部分中所列产品时还应符合第3条的规定。

第3条

成员方应授权进口附件第二部分所列产品的货物，并附上中国主管部门的声明，说明每批货物在发货前均进行了化学物质检测，以确保有关产品不会对动物或人体健康构成危险。化学物质检测尤其应检测附件第二部分所列的所有产品中是否含有氯霉素和硝基呋喃及其代谢产物。另外，附件第二部分所列养殖水产品还应检测是否含有孔雀石绿和结晶紫及其代谢产物。这些化学测试的结果应包含在该声明中。

第5条

成员方应修改其适用于贸易的措施，使其符合本决议的规定。并应立即将此类修改告知欧盟委员会。

第6条

本决议应根据中国主管部门提供的资料和保证进行评审，如有必要，还应根据欧盟专

① 《欧盟官方公报》L系列第30期，2002年1月3日，第50页。

② 《欧盟官方公报》L系列第324期，2002年11月29日，第71页。

家实地考察的结果进行评审。

第 7 条

废除 2001/699/EC 决议和 2002/69/EC 决议。

第 8 条

本决议应自 2002 年 12 月 24 日起适用。

第 9 条

本决议适用于各成员方。

附　件

第一部分　欧盟批准进口，无须按第 3 条规定提供声明的供人类食用或动物饲料使用的动物源性产品清单

1. 水产品，但以下种类除外：

（1）水产养殖的。

（2）去壳和/或加工过的虾。

（3）通过捕鱼作业在天然淡水水域中捕获的属克氏原螯虾种的小龙虾。

2. 明胶。

3. 受欧洲议会和欧盟理事会（EC）1069/2009 法规[①]监管的宠物食物。

4. 受欧洲议会及欧盟理事会（EC）1333/2008 法规[②]监管的、用作食品添加剂的物质。

5. 受欧洲议会及欧盟理事会 2002/46/EC 指令[③]监管的、用作或在食品补充剂中使用的物质。

6. 受欧盟委员会（EU）68/2013 法规[④]监管的、作为饲料原料的硫酸软骨素和氨基葡萄糖。

7. 受欧洲议会及欧盟理事会（EC）1831/2003 法规[⑤]监管的、用作饲料添加剂的 L-半胱氨酸和 L-胱氨酸。

第二部分　欧盟批准进口，需要按第 3 条规定提供声明的供人类食用或动物饲料使用的动物源性产品清单

1. 养殖水产品。

2. 去壳和/或加工过的虾。

---

① 2009 年 10 月 21 日，欧洲议会及欧盟理事会（EC）1069/2009 关于非供人类消费的动物副产品和衍生产品健康的法规，并废除了（EC）1774/2002《动物副产品法规》（《欧盟官方公报》L 系列第 300 期，2009 年 11 月 14 日，第 1 页）。

② 2008 年 12 月 16 日，欧洲议会及欧盟理事会（EC）1333/2008 关于食品添加剂的法规（《欧盟官方公报》L 系列第 354 期，2008 年 12 月 31 日，第 16 页）。

③ 2002 年 6 月 10 日，欧洲议会及欧盟理事会 2002/46/EC 关于成员方有关食品补充剂的法律近似化的指令（《欧盟官方公报》L 系列第 183 期，2002 年 7 月 12 日，第 51 页）。

④ 2013 年 1 月 16 日，欧盟委员会（EU）68/2013 关于饲料原料目录的法规（《欧盟官方公报》L 系列第 29 期，2013 年 1 月 30 日，第 1 页）。

⑤ 2003 年 9 月 22 日，欧洲议会及欧盟理事会（EC）1831/2003 关于动物营养添加剂的法规（《欧盟官方公报》L 系列第 268 期，2003 年 10 月 18 日，第 29 页）。

3. 通过捕捞作业在天然淡水水域中捕捞到的克氏原螯虾种类的小龙虾。
4. 肠衣。
5. 兔肉。
6. 蜂蜜。
7. 蜂王浆。
8. 家禽产品。
9. 蛋及蛋制品。
10. 蜂胶和蜂花粉。

附录 2

输欧盟肉类企业质量安全管理体系案例

第一部分　前提方案

欧盟 852/2004/EC 法规规定了食品生产加工企业必须遵守的基本卫生要求，853/2004/EC 法规规定了动物源性食品应遵守的特殊卫生要求。欧盟将这些要求称为前提方案（Prerequisite Program，PRP）。前提方案是指在实施 HACCP 计划前和实施过程中，采取的预防性措施和应达到的条件。在食品链的不同环节可以有不同的称谓，例如 GAP（良好农业规范）、GMP（良好操作规范）、GHP（良好卫生规范）、GVP（良好兽医规范）、GPP（良好生产规范）、GTP（良好交易规范）等，前提方案和不合格产品的追溯和召回共同构成了实施 HACCP 体系的基础。企业制订的前提方案包括，但不限于下列内容：

1　目的

为确保与本公司产品加工过程有关的厂区环境、厂房及设施、设备卫生管理、原料采购、产品存储过程等方面符合食品安全卫生要求，制定本良好卫生规范。

2　范围

适用于本公司产品加工全过程的管理。

3　相关职责

3.1　生产车间负责本程序实施落实

3.2　质检科负责本程序的实施监督

4　工作程序

4.1　场所及周边环境

4.1.1　公司选址建厂时，应根据《食品安全国家标准　食品生产通用卫生规范》（GB 14881—2013）相关要求，选择工厂地址。

4.1.2　新工厂的厂址选择和建设，按照所在地环境法规的要求，遵循“三同时”原则：即环保设施与主体工程同时设计、同时施工、同时验收。

4.1.3　厂区建筑物的防火措施，以及消防设施的管理，符合《中华人民共和国消防法》及《建筑防火通用规范》（GB 55037—2022）。

4.1.4　厂区周围无有害废弃物，以及粉尘、有害气体、放射性物质和其他扩散性污染源，无虫害大量滋生的潜在场所。

4.1.5　厂区周边环境应保持清洁，地面不得有严重积水、泥泞、污秽等，道路、空地应采用混凝土及其他硬质材料铺设，防止扬尘和积水。

4.1.6　工厂的生产区和生活区应分开设置。

4.1.7　厂区建有与生产能力相适应的符合卫生要求的原料、辅料、化学物品、包装物料储存的仓库。

4.1.8　厂区主要道路做硬化（如混凝土、沥青或其他硬质材料）处理，路面平整易清洗，不积水。

4.1.9　厂区排水系统应保持顺畅，不应有严重积水、渗漏、淤泥或污秽。

4.1.10　厂区绿化应与生产车间保持适当距离，植被定期维护，以防虫害滋生。

4.2　场所设计、建造、布局和操作流程

4.2.1　厂房和车间布局设计遵循以下原则

①满足生产工艺的要求；

②满足生产操作的要求；

③满足设备安装、检修的要求；

④满足厂房建筑的要求；

⑤满足节约建设投资的要求；

⑥满足安全、卫生和防腐蚀的要求；

⑦满足生产发展的要求。

4.2.1.1　车间根据产品加工工艺的卫生操作要求进行布局，分为生区、熟区，各区之间实施物理隔离，设立不同的进出口通道，避免生产中发生交叉污染。

4.2.1.2　生产区域的布局顺应工艺流程，避免了生产流程的迂回往返。

4.2.1.3　生产区域只布置必要的生产设备，设备与设备之间具有一定的间隙便于开展生产、清洁检查、维护工作。

4.2.1.4　公司化验室位于生产车间外部，与生产加工区域之间无通联区域，化验室制定并实施微生物实验室管理制度，以防止其对人体和产品、环境造成危害及污染。

4.2.1.5　车间的面积和空间与生产能力相适应，便于设备安置、清洁消毒、物料储存及人员操作。

4.2.2　内部结构和材质规范

4.2.2.1　车间内部结构及材质选用原则：

①建筑结构需满足承重、易于清洁消毒维护的要求；

②满足食品生产加工的要求；

③能经受产品及清洁消毒用清洗消毒剂的侵蚀。

4.2.2.2　车间顶棚材质及卫生管理要求：

①加工车间顶棚使用无毒、无味、易于观察清洁状况的不锈钢材料，整个车间顶棚没有涂料使用；

②车间顶棚的 PVC 材料光滑坚固，全部无钉安装，没有霉菌滋生条件和异物脱落风险。PVC 材料具备防火功能；

③车间供水管道全部位于食品操作案台的下方。位于上方的蒸气管道和空调管道，全部实施保温处理；

④每日班后的清洁活动，各班组应该使用专用工具对车间天棚进行清洁，消除冷凝水和污染物。

4.2.2.3　车间墙壁材质及卫生管理要求：

①厂房与车间建筑物墙体全部为砖混实体结构，具备防透风、防渗漏、防腐蚀和防鼠的功能；

②加工车间内墙壁全部贴了瓷砖，墙面装饰物应与实体墙之间不得含有夹缝或夹层；

③墙壁、隔断和地面交界处的结构呈漫弯形或有一定的坡度，便于卫生清洁。

4.2.2.4　车间门窗材质及卫生管理要求：

①加工车间门窗应使用不透水、坚固不变形的铝合金材料，门窗玻璃应全部加贴防爆

膜；

②为防止室内外温差而产生结露，室内不同洁净度的房间之间的门窗缝隙要密封，门缝、门与地面之间缝隙的大小能够防止鼠类，以及其他害虫进入生产储存区域；

③清洁作业区对外出入口安装设有自动关闭设施的门，门开方向为自清洁区到一般作业区的单开方向，若是手动门，则应培训员工在出入时及时关闭；

④车间内的门窗等处使用玻璃处优先选用不易破碎的有机玻璃，若使用普通玻璃，应粘贴防爆膜或采取其他有效的控制措施；

⑤车间窗户有内窗台的，应设计成45°的光滑斜面，避免灰尘积存、堆积杂物，并且易于清洁，可开启的窗户应装有易于清洁的防蚊蝇窗纱。

4.2.2.5 车间地面材质及卫生管理要求：

①加工车间地面应使用坚固、耐腐蚀、不渗透的材料建造，地面应保持1%~2%坡度以防积水；

②室内排水沟均应为明沟排水，废水流向自清洁区到一般作业区。沟底为圆弧形便于卫生清理，明沟终点设沉渣坑，除渣后的废水进入设有U形、P形、S形存有水弯的水封排水管道排出清洁区。

4.2.3 设施

4.2.3.1 供、排水设施管理

4.2.3.1.1 供水设施管理

4.2.3.1.1.1 公司生产用水由莱西市自来水公司提供，水质符合《生活饮用水卫生标准》（GB 5749—2022）的标准。水压、流量等能满足正常生产所需。生产作业场所应有储水设备及提供热水的设施。供水系统有防虹吸和回流现象的设施，并有供水网络图。

4.2.3.1.1.2 储水设备、与水直接接触的供水管道、器具等应使用无毒、无异味、防腐的材料。供水设施出入口应有安全卫生设施，防止动物及其他有害物质进入。

4.2.3.1.2 排水设施管理

4.2.3.1.2.1 本公司排水设施全部采用地下密闭管道，排水管道预设了大于1%的坡度，保证排水畅通。

4.2.3.1.2.2 排水系统应实施雨、污分离，生产污水管道直接与污水处理站相连，雨水管道直接与城市排水管网相连。

4.2.3.1.2.3 排水系统出口应安装带U形、P形、S形存有水弯的地漏等装置，地漏入口需按照滤网，以防止固体废弃物进入及浊气溢出。排水系统出口末端与污水处理站相连，虫鼠害无法进入。

4.2.3.1.2.4 室内排水全部为明沟排水，应由清洁区流向非清洁区，排水沟设计了大于1%的坡度防止污水逆流。

4.2.3.3 清洁消毒设施管理

4.2.3.3.1 车间配备卫生清洁及消毒的专用设施设备应放置在专用区域，设备种类和数量应能满足生产需求。

4.2.3.3.2 车间禁止使用竹木制品及含有易脱落部件的卫生清洁用具，避免造成异物混入的风险。

4.2.3.3.3 车间卫生清洁专用工器具，只限车间内使用，禁止带出车间。

4.2.3.3.4 各类水池应使用不透水材料（如不锈钢、陶瓷等）制成，不易积垢，易于清洁，并以明显标识标明其用途。

4.2.3.4 个人卫生设施和卫生间

4.2.3.4.1 洗手设施

4.2.3.4.1.1 在车间对外总出进口、厕所、加工场所内设置足够数量的洗手及干手、消毒设施。

4.2.3.4.1.2 在清洁作业区进口应设置鞋靴消毒池。

4.2.3.4.1.3 水龙头宜采用脚踏式、肘动式、感应式等非手触动式开关。宜设置热水器，提供温水。

4.2.3.4.1.4 洗手设施附近配备洗手液（皂）、消毒液、擦手纸、干手器等。洗手设施附近应有洗手方法标识。

4.2.3.4.1.5 洗手设施的排水设有防止逆流、有害生物侵入及臭味产生的装置。

4.2.3.4.2 卫生间

4.2.3.4.2.1 为车间员工提供的厕所宜与车间主体相连接，并设置洗手消毒设施，厕所应与车间相隔离；厕所外门不得开向清洁作业区，能自动关闭；厕所应采用冲水式，地面、便池易清洗、不积垢；厕所应安装有效的排气装置，适当照明；厕所排污管道应与车间排水管道分设，且有可靠的防臭水封。

4.2.3.4.2.2 厕所应设置独立的排风装置；与外界直接相通的窗户设有易拆洗、不易生锈的防蝇纱网。

4.2.3.4.2.3 应在出口附近设置洗手设施，洗手设施符合4.2.3.4.1条款的要求。

4.2.3.4.2.4 排污管道与食品处理区排水管道分设，且设置有防臭气水封。排污口位于产品加工区域外。

4.2.3.4.3 更衣区

4.2.3.4.3.1 更衣室应靠近生产车间，从更衣室进入生产操作间不得经过任何污染源。

4.2.3.4.3.2 设有足够大的更衣空间、足够数量的更衣设施（如更衣柜、挂钩、衣架等）。

4.2.3.5 照明设施

4.2.3.5.1 厂房车间内应有充足的自然采光或人工照明，光泽和亮度应能满足生产和操作需要；光源应使产品呈现真实的颜色。工作场所照度220以上，检验台照度540勒克斯以上，其他区域照度110勒克斯以上。

4.2.3.5.2 安装在产品正上方的照明灯应有防护装置，避免照明灯爆裂后污染食品。

4.2.3.6 通风设施

4.2.3.6.1 密闭车间应采用机械负压通风方式，同一密闭空间内的空气流动方向，应自工序末端到首端方向。

4.2.3.6.2 产生大量蒸汽的设备上方，设置机械排风排汽装置，并做好凝结水的引泄。

4.2.3.6.3 排风机安装在车间顶棚下方位置，进风口应安装在接近地面位置，便于空气流通及水蒸气的排出。

4.2.3.6.4 车间外围在进气口位置附近100米范围内禁止设置垃圾桶等易产生污染的设施。

4.2.3.6.5　进气口需安装海绵或无纺布材质滤网，防止灰尘等细小颗粒杂质进入车间。滤网需在车间每次停产休班时拆下清洗。

4.2.3.6.6　车间进、排气口需安装金属材质纱网，防止虫鼠害的侵入。

4.2.3.6.7　非密闭要求的车间可通过开关窗户达到通风换气的目的，但窗户需按安装密闭的纱网，并保证纱网的完好性。

4.3　**库存管理**

4.3.1　生产车间应设置与生产能力和产品储存要求相适应的原辅料仓库和成品库。同一仓库内存储性质不同物品时，应有隔离措施。

4.3.2　仓库应采用无毒、坚固的材料建造，防止原辅料和成品受到污染。

4.3.3　仓库设有挡鼠板、防鸟网等设施，防止飞鸟、老鼠进入。

4.3.4　仓库内存放物品与墙壁、地面应保持适当的距离和空气流通，并利于物品搬运。

4.3.5　公司应设置存放有毒有害物品的专储区。该专储区应远离生产车间、仓库和人员较多场所。

4.3.6　产品堆垛应离地 10 厘米，离墙及排管 30 厘米，垛与垛之间留适宜通道，便于产品转运车辆行驶。

4.3.7　经验收不合格品，暂存库房待处理期间，应单独存放，并有明确标识。

4.3.8　冷冻库应视使用情况定期除霜，一般储存库每月除霜一次，使库内结霜少，确保制冷效果。

4.3.9　冷库门应密封良好，门上装上风幕，开门时风幕启动，以减少冷气外流，人员进出或产品进出应随手关门。

4.3.10　冷库内无人作业时，应将全部灯关闭，部分区域无人作业的，该区域灯不开。

4.3.11　冰鲜产品贮存库温度保持在 0℃～4℃，冷冻产品贮藏库温度应保持在－18℃以下，制冷机房操作员工应时刻关注库温变化，发现库温超标时应启动制冷机组降温。

4.3.12　常温贮藏库应定期通风，保持室内空气清新，降低因贮藏环境不佳导致的产品霉变风险。

4.3.13　产品出库以先进先出和有效期优先为原则，安排产品出库顺序。

4.3.14　定期检查库存产品的质量和卫生情况，及时清理变质或超过保质期的库存产品。

4.4　**空气和水质**

4.4.1　空气管理

车间内应定期通风换气，保持空气清新，为员工提供舒适工作环境。

4.4.2　水的安全管理

4.4.2.1　水源

公司的生产用水由自来水公司统一提供，水质无污染，符合《生活饮用水卫生标准》（GB 5749—2022）。

4.4.2.2　供水

4.4.2.2.1　生产车间建立全厂的供水、排水网络图，明确供水系统及排水系统的管线走向，生产、饮用供水水管及污水管各采用密封管道输送和排放，各成独立系统，不存在交叉污染。

4.4.2.2.2 本公司供水、储水设施采用无毒、无污染、易清洗材料。供水、储水能力与本公司生产加工能力相适应。

4.4.2.2.3 所有出水的水龙头都带有真空阻断功能，可有效防止水的倒流，以防供水管道进入污物。

4.4.2.2.4 对供水设施设备定期检查、维护，确保加工用水满足卫生清洁要求。

4.4.2.3 监测频率

4.4.2.3.1 安全质量员应每天监视水质的感官指标。应每天在上班前对车间生产用水的透明度、色泽、气味、杂质情况进行检查，经检测水质符合要求才能开工生产。水质不符合要求应报告设备部，检查供水设备，直至消除水质污染的问题所在。

4.4.2.3.2 水质的全项卫生检测，至少每年一次，由安全质量部取样委托当地具备水质检测资质的单位实施检测。如有不符合项目，由安全质量部协助设备部调查原因，制定相关的纠正措施。

4.5 包装材料

4.5.1 食品包装的设计和材料应能在正常的贮存、运输、销售条件下最大限度地保护食品的安全性和食品品质。

4.5.2 使用的包装材料或气体不应含有有毒有害物质，在规定的储存和使用条件下，不应对食品安全和宜食用性构成威胁。

4.5.3 任何可重复使用的包装都应适当耐用，易于清洁，必要时能够进行消毒。

4.6 废弃物管理

4.6.1 固态废弃物管理

4.6.1.1 产品生产加工区域可能产生废弃物的地点，应设置废弃物存放容器。废弃物存放容器应有明显的标识。

4.6.1.2 废弃物存放容器应配有盖子，防止有害生物侵入、不良气味或污水溢出，废弃物存放容器的内壁光滑，易于清洁。

4.6.1.3 废弃物应分类放置、及时清理，不得溢出存放容器。废弃物的存放容器应及时清洁，必要时进行消毒。

4.6.2 液态废弃物管理

4.6.2.1 废水排放地沟加不锈钢篦子，下水道每日清扫，保持排水畅通，无淤积现象。

4.6.2.2 生产污水经密闭下水道汇集排放到公司污水处理站统一处理，达标后排放。

4.7 设备与维护

4.7.1 设备管理

4.7.1.1 生产设备

4.7.1.1.1 生产设备一般要求

①应配备与产品加工能力相适应的生产设备，并按工艺流程有序排列，避免引起交叉污染。

②生产设备满足产品的安全性和稳定性要求。应尽量降低设备带来的危害风险。安装时按工艺流程顺序排列，防止不同区域间的交叉污染。

4.7.1.1.2 生产设备材质要求：

所有与产品有直接接触的设备、工器具应使用化学物质稳定、无毒、无味耐腐蚀、不生锈、易于清洗消毒、表面光滑而且防吸附、坚固的材料制作，不得使用竹木工器具及棉麻制品。

4.7.1.1.3 生产设备设计要求：

①用水、用蒸汽的生产设备，易潮、易湿、易黏附的部件，其内壁应采用不生锈材料或不锈钢材料制作。以利于卫生清理，防止交叉污染。

②用于传送产品或产品原料的管道、滑槽、挂钩、水池等设备应焊接牢固内壁光滑，其内壁不得有裂缝、棱角、毛刺、瘤点等。

③用于称量、盛放、转运食品或食品原料的设备设施，应光滑、坚固、易清洗、不生锈。以防止不同品种的交叉污染。

④提升、转运、搅拌设备的固定螺丝，其固定方法必须坚固耐久。每天有防脱落检查，以防螺丝脱落造成产品杂质污染。

⑤设备安装时，应不留空隙地固定在地面或墙壁上，或在安装时与地面和墙壁留出大于60厘米的间隙，便于维护和清洁。

4.7.1.2 监控设备

4.7.1.2.1 应配备能满足原料、在制品、成品的日常质量、卫生检验的检验设备。

4.7.1.2.2 检验用的仪器、设备，必须定期检定，及时维修，确保检验数据准确。

4.7.1.2.3 对涉及贸易结算、安全防护、环境监测、实验检测精度的监视和测量资源，需按法定检定周期送有检定资质部门实施检定，取得合格的检定证书后在检定周期内使用。

4.7.2 设备维护

4.7.2.1 设备大修计划

4.7.2.1.1 生产车间应每年一次编制设施、设备的大修计划，提前报总经理批准，按策划的日期组织实施。

4.7.2.1.2 大修计划应停两天以上，便于对所有设施、设备实施全面检修。

4.7.2.1.3 经总经理批准的大修计划，应至少提前1个月通知现场公司各部门，确定停产日期。

4.7.2.1.4 设备大修的主要任务和工作内容，包括但不限于：

①列出所有设施、设备的检查项目并分工实施。

②首先检查设备各控制部位、各线路及用电设备的性能、完整性。

③检查各类型设备的机械状况情况。

④设备所有润滑部位的润滑情况。

⑤所有设备转动部位是否灵敏有效，且应处于最佳状态。

⑥各传送部位的涨紧情况是否适当。

⑦各类设备的间隙进行检查调整。

⑧各供水供汽的管道各闸阀是否控制有效，关闭自如。

⑨对所有设备设施检查后，在确保无误的情况下进行全部试车运转。

⑩对所有设施、设备进行试车整体良好，无有任何异常情况下交班投入正常使用。

4.7.2.2 设备中修计划

4.7.2.2.1 生产车间应每半年一次编制设施。设备的中修计划，提前报总经理批准，按策划的日期组织实施。

4.7.2.2.2 设备中修计划应停产一天以上，对所有生产设备实施全面检修。

4.7.2.2.3 经总经理批准的中修计划，应至少提前1个星期通知各部门，确定停产日期。

4.7.2.2.4 设备中修的主要任务和工作内容，包括但不限于：

①确定关键的操作设备首先纳入修理计划，并上报。

②对关键设备整机或部分检修，测试其性能指标。

③对关键设备的摩擦部位、传动部位进行测量其配合间隙使用情况。

④更换关键设备易损的小配件实施更换。

⑤对关键设备润滑油更换。

⑥对关键设备及其附属设施的拆装检查。

⑦做好中修工作记录，作为大修计划的制定依据。

4.7.2.3 设备小修计划

4.7.2.3.1 设备的小修计划应每月一次。

4.7.2.3.2 设备小修计划应利用夜间空闲时间实施。

4.7.2.3.3 设备小修由保全工和操作工合作完成，检修内容包括：

①检查设备的运行状态。

②各台机械的分支连接进行解体检查。

③对于转动配合间隙超标准的，应进行更换组装。

④对于磨损超标准的部位进行修理，要基本上达到原有技术标准。

⑤对防水、漏油的机械配合间隙都应更换达到原有标准。

4.7.2.4 设备日常检修保养

每班次下班后或连续工作12小时后，应进行下列保养和检查：

①按规程进行异物清除，保持设备清洁完整。

②检查各传动部位的工作状况和整机的完整性是否有卡滞、锈蚀与紧固情况。

③按规程进行加油、润滑、保养和检查。

④检查设备高速传动部位的紧、涨的情况。

⑤各润滑部位按规定加注铀基脂，不要过多或过少。

⑥检查各运转部位的间隙，必要时进行调整。

⑦检查各仪表的工作情况，必要时进行高速或更换。

⑧检查整机性能进行高速和保养。

4.7.2.5 设备使用、维护和保养原则

4.7.2.5.1 运行维护与计划检查并重，以防为主的原则。设备使用、配件更换、计划修理都十分重要，要很好的重视和结合起来。

4.7.2.5.2 维护与修理结合的原则，防重于修。专人使用操作和专业修理并重的原则，才能达到延长使用寿命，发挥设备最佳效能。

4.7.2.5.3 勤俭节约、修旧利废的原则，在设备修理中时刻讲究经济效益，应在保证质量的情况下，推广通过焊补、铆接、配改等办法，修旧利废。

4.7.2.5.4 更换配件应由专业技术部门核查批准，不得随便更换处理，原则应实施交旧领新制度。

4.7.2.5.5 车间设备改造应有计划和申请及改造分析，经领导批复才能进行施工，不能随心所欲，今天改明天拆。

4.7.2.5.6 发生较大故障和损坏，应进行责任分析和鉴定，正常磨损、违章造成、超期保养和失职造成、瞎指挥等明确处理后再进行检修或更换。

4.7.2.5.7 对于一切建筑设施、固定工具等，应有使用年限和界线，对于不足年限和造成损坏等，应有管理单位责任赔偿后方可进行修复。

4.7.2.5.8 增添设备和设施应有领导批复的签呈，应符合固定资产处理程序，应提前提报计划和工作安排。

4.7.3 安全设施管理

4.7.3.1 厂房内电源必须有接地线和漏电保护系统，不同电压的插座必须明确标示。

4.7.3.2 高湿度环境使用的电源插座应具有防水功能。

4.7.3.3 防火、防爆及消防设施的设置应满足消防法规要求。

4.7.3.4 必要时，在适当且明显的场所设置急救器材。

4.8 产品污染风险隔离

4.8.1 微生物污染控制

4.8.1.1 车间内部空间布局防交叉污染

车间内部的空间根据工艺要求、清洁度高低划分为不同区域，各区域之间应具物理隔开，区域之间门开向应遵循从高清洁区向低清洁区的单方向开闭，车间内下水道流向也应是从高清洁区向低清洁区的流向。

4.8.1.2 防人员交叉污染措施

4.8.1.2.1 不同加工车间的人员分别穿戴不同颜色的工作服、工作帽以示区别。不同车间的加工人员不得交叉流动。

4.8.1.2.2 不同车间员工分别设有出入口和更衣室，各车间人员必须按规定的出入口进出车间。由生产车间设立监督员检查，并建立个人卫生检查记录。

4.8.1.2.3 加工人员工作服应由洗衣房统一清洗消毒，员工不得将工作服带回宿舍。不同车间的工作服应分别清洗消毒，不得交叉混洗。

4.8.1.2.4 生产加工人员若有手部受伤，必须调离接触食品的工作岗位，直至伤口痊愈，以防止受伤部位对食品造成交叉污染。

4.8.1.2.5 生产期间加工人员接触了非食品接触类的工器具，应立即洗手消毒，以防止交叉污染。

4.8.1.2.6 不同车间人员禁止跨区域流动。车间管理人员、外来参观人员的行走路线只能从清洁区走向次清洁区，不得逆行。再次进入清洁区时必须经重新更换工作服并洗手消毒。

4.8.1.2.7 生产期间员工进出卫生间，或有事外出车间，必须更换工作服、工作靴，返回时必须经重新洗手消毒。

4.8.1.3 防不合格品交叉污染措施

4.8.1.3.1 原料、辅料入库前按比例抽样检查，对检验结果不合格样品对应的原料、辅料批次实施挂牌标识、隔离存放，防止误用。

4.8.1.3.2 原料、辅料前处理工序挑拣出的不合格原料、辅料，集中收集、单独存放，防止误用。

4.8.1.3.3　产品加工期间产生的不合格品，依据《潜在不安全产品处置程序》处理，防止混入正常产品。

4.8.1.3.4　产品换装处退回实施返工的变形、破袋、脏污等不合格产品，必须在专用车间内返工，由专人负责处理，不得与正常产品混杂。

4.8.1.4　防工器具交叉污染措施

4.8.1.4.1　不同清洁程度的车间内部区域，生产使用的刀具、周转筐、方形盘、转运车辆等，各区专用，不得交叉混用。

4.8.1.4.2　每班次生产结束后，各类工器具应统一收缴，由消毒班实施彻底清洗消毒后存放，防止工器具不清洁而造成微生物繁殖而互相污染。

4.8.2　物理污染控制

4.8.2.1　生产设备异物控制

4.8.2.1.1　生产车间应设立专职的生产设备维护员，每天对生产设备实施检修和维护，发现设备出现松脱、裂缝、生锈等应及时作出修复处理。

4.8.2.1.2　大型生产设备的操作员必须是专业技术熟练、经设备部培训考核合格的员工，防止因人员操作不当而发生设备损坏污染食品。

4.8.2.1.3　大型生产设备的操作人员，每班次开工前应对设备进行目视检查，必要时拆开设备检查，发现问题及时通知设备维修人员排除。

4.8.2.1.4　生产期间发生设备故障，维修人员进入车间，由卫生消毒员负责检查带入车间的工具、零部件，并建立设备维护保养记录。

4.8.2.1.5　维修设备时，由相关班组的人员对产品进行防护转移，班组长全程跟踪维修过程。维修人员不得随意扩大活动范围。

4.8.2.1.6　设备维修完毕，调试正常，设备操作人员操作无异常，维修人员对带入的工器具及零部件进行现场清点，清点无误后跟踪维修的班组长通知消毒人员对设备及其周围环境进行清洗消毒。

4.8.2.2　玻璃及易碎工器具的控制

4.8.2.2.1　加工车间任何工序禁止使用玻璃、搪瓷、陶瓷、竹木、丝织物等易碎易断裂的工器具。直接测量肉温的温度计禁止使用玻璃探头的温度计。

4.8.2.2.2　加工车间、包装物料库、冷冻冷藏库的所有照明灯，由设备部负责加装防护罩，防止爆裂造成玻璃碎片污染。

4.8.2.2.3　车间墙壁上的塑料开关，必须坚固完整。由质检科及消毒人员随时监督，发现破损、松动，立即报告设备部实施更换。

4.8.2.2.4　加工区域的玻璃门窗、玻璃钟表、玻璃柜等，由安全质量部查清数量，由设备负责加贴防爆膜进行防护。以防玻璃爆裂造成杂质污染。

4.8.2.2.5　车间墙面的瓷砖，凡易发生碰撞的拐角、与产品接触的部位、与操作案面接触的部位，由质检科提出要求，设备部加设不锈钢防护措施，以防陶瓷碎片污染。

4.8.2.2.6　车间各类塑料周转筐、盛肉盒必须坚固，并保持完整。由安全质量部及消毒人员随时监督，发生断裂、破损的，应立即剔除不得使用。

4.8.2.2.7　化验室人员在进入车间取样用的玻璃器皿（如试管、培养皿等）培养皿必须使用塑料的，必须用合适的容器盛放。车间入口处由消毒人员检查数量及是否完整，并做好记录。

4.8.2.3 个人易碎物品的控制

4.8.2.3.1 进入车间的人员严禁携带玻璃茶杯、陶瓷茶杯、玻璃饰物等任何易碎物品。由各车间入口消毒人员负责检查，并建立进出车间人员登记表。

4.8.2.3.2 加工人员如有佩戴眼镜（玻璃、树脂、隐形）的，在进、出车间时均要接受消毒人员的检查，确保眼镜的玻璃片完好。每天由安全质量员进行检查核实一次。

4.8.2.3.3 加工人员的工作服、工作帽、围裙等严禁使用任何塑料、玻璃制成的扣子。工作服破损由洗衣工实施修补。发现员工私自钉扣的，必须责令更换。

4.8.2.3.4 车间管理人员因工作需要所使用的圆珠笔、标尺、板夹、笔记本等物品，必须完整、无破损，并且颜色鲜艳。并在进、出车间时接受检查。

4.8.2.4 防头发污染控制

4.8.2.4.1 车间入口设立专职卫生检查员，凡进入车间人员必须由卫生检查员逐一检查工作服着装、发罩、帽子佩戴情况，任何进入车间的人员头发不得外露。

4.8.2.4.2 如果车间入口安装了风淋设施，应在员工进入通道时能自动开启，消除工作服表面的头发等异物。

4.8.2.4.3 没有风淋设施的，应卫生检查人员使用粘发器或透明胶带，对进车间人员的工作服表面可能黏附的头发实施清理，卫生消毒人员负责监督。

4.8.2.4.4 生产加工期间，安全质量人员、班组长应随时对本班组人员的着装、头发进行检查，发现头发外露或服装不整，应责令该人员到车间外纠整。

4.8.2.5 塑料碎片、手套等异物控制

4.8.2.5.1 车间员工佩戴乳胶手套，应使用不同肉质颜色的彩色手套，并由专人建立发放检查记录，每日核对数量及有无缺损。

4.8.2.5.2 车间每天重复使用的冷冻袋、冷冻间隔纸等，应使用不同肉质颜色的彩色塑料纸，并保持完整。

4.8.2.5.3 车间内发生返工或解冻产品，任何人不得剪、撕产品包装袋，应用剪刀划开，以防止产生塑料碎片污染产品。

4.8.2.6 易松脱易碎部位的检查

4.8.2.6.1 生产车间应指定检查人员，每天对车间易松脱及易碎部位实施检查，并建立易松脱及易碎部位巡检记录。

4.8.2.6.2 设备易松脱部位的检查，应包括各类设备中带有传动、转动、振动、晃动的连接部位或焊接部位，发现断裂、松动，应立即报告设备部修复。

4.8.2.6.3 易碎部位的检查，还包括各类设备外壳、支架、附件等有易碎部件，各车间塑料周转筐、盛肉盒、灯罩、开关等易碎部件。

4.8.2.6.4 生产设备操作人员于每天班次生产结束后，对设备实施卫生清理时应检查连接部位的紧固螺丝，发现松动立即报告实施修复。

4.8.2.6.5 生产加工过程中，各车间班组长、安全质量人员应监视检查各工序使用的刀、剪，以及各类周转筐，发现破损、断裂应责令更换。

4.8.2.7 防冷凝水污染控制

4.8.2.7.1 位于食品操作案台上方的蒸汽管道和空调风管道，应实施保温处理，防止冷凝水产生。

4.8.2.7.2 加工车间入口及车间内部各通道口均建立塑料门帘，防止冷、热空气互

相流通，以减少冷凝水产生。

4.8.2.7.3 生产车间负责监督车间空调设备运行，使车间温度和湿度符合法规要求，防止车间天花板顶棚产生的冷凝水。

4.8.2.7.4 每日的班后卫生清洁活动应包括车间天花板的清洁，防止天花板顶棚脏污和冷凝水积聚。

4.8.3 化学污染控制

4.8.3.1 生产设备所使用的与食品可能有接触的润滑剂，均应使用食品级的润滑油，以防对食品造成潜在危害污染。

4.8.3.2 为避免混淆食品级润滑油与非食品级润滑油，设备部应对润滑油桶、加油枪予以区分并加贴标识，食品级润滑油瓶身以及加油枪均贴上“食品级”字样。

4.8.3.3 设备加油润滑必须由专职人员负责实施。除非不得已，不得在正常加工期间拆卸机器润滑。

4.8.3.4 每次对车间设备实施润滑后，由润滑人员应负责清理现场，无任何遗留残物，消毒人员应对相关设备实施消毒。

4.8.3.5 加工车间生产现场不得存放清洗剂、消毒剂原液等化学物品。

4.8.3.6 生产设备出现故障时应立即关机，清理干净机器内产品，防止润滑油等其他掺杂物滴到食品表面造成污染。

4.8.3.7 化学品贮存方面，分类管理，专库或专柜存放，专人保管，容器在非使用状态下保持密封状态，应有醒目的标识予以区分不同类别化学品，有效期明显。

4.8.3.8 人员培训方面，化学物品管理员、配制或使用人应经培训，熟知特性和使用、记录等要求。

4.9 清洁消毒

4.9.1 厂区环境卫生管理

4.9.1.1 厂区及邻近厂区的区域，应保持清洁。厂区内道路、地面养护良好，无破损，无严重积水，不扬尘。

4.9.1.2 厂区内草木要定期修剪，保持环境整洁。禁止堆放杂物及不必要的器材，以防止有害动物滋生。

4.9.1.3 排水系统应保持通畅，不得有污泥淤积，废弃物应做妥善处理。

4.9.1.4 应控制有害（有毒）气体、废水、废弃物、噪声等对环境产生有害影响。

4.9.1.5 废弃物放置场所不得有不良气味或有害（有毒）气体溢出，防止有害动物的滋生。

4.9.1.6 厂区除虫、灭害按本文件的防虫检查记录和防鼠检查记录执行。

4.9.2 厂房设施卫生管理

4.9.2.1 应建立厂房设施维修保养制度，并按规定对厂房设施进行维护、保养和检修，确保厂房卫生状况良好。

4.9.2.2 厂房内各项设施应随时保持清洁，及时维修、更新，厂房屋顶、吊顶及墙壁有破损时，应及时维修，地面不得有破损或积水。

4.9.2.3 灯具及其配管的表面，应定期清洁。

4.9.2.4 生产作业场所，应采取措施（如纱窗、气幕、栅栏、诱虫灯等）防止有害动物侵入。

4.9.2.5　厂房内除虫、灭害按本文件的防虫检查记录和防鼠检查记录执行。

4.9.2.6　包装材料或其他物品需现领现用。管制作业区不得堆放非即用物品、包装材料或其他不必要的物品。生产车间严禁存放有毒物品。供车间内部使用的清洁消毒用品，应设专区或专柜存放，并明确标示，有专人负责管理。

4.9.3　机械设备卫生管理

4.9.3.1　每班次生产开工前，各班组应对设备、工器具进行卫生检查，确保各类设备内壁、表面清洁才能使用。

4.9.3.2　生产车间应设立专职的消毒班，生产期间对设备表面、台面、器具、人员实施更换、清洁和消毒。

4.9.3.3　每班次生产完毕，各班组应对自己使用的设备、工器具进行清洁。设备内壁要通过冲刷、拆卸等方法清理干净；小的工器具必须用刷子清理。

4.9.3.4　生产完毕后，大型生产设备如浸烫、脱毛、预冷等大型生产设备应放掉废水，清洗、消毒并保持其表面干燥。

4.9.3.5　生产完毕后，各案组所使用的周转筐、盛肉盒、冷冻盘等容器类工具，清洗消毒后必须倒立放置。

4.9.2.6　每天生产完毕，品管部应检查所有产品接触面的卫生状况，做到卫生清洁、摆放整齐后离开，并每天建立卫生检查记录。

4.9.4　车间内各类设施、设备及工器具卫生清理

4.9.4.1　每日工作结束，车间内非直接接触产品的地面、墙壁、设施设备等的卫生清理：清水冲洗目视可见残留物质→洗涤剂去除油污→清水冲洗。待车间停产公休时，除实施上述卫生清理步骤，还需进行消毒处理（50~100ppm 次氯酸钠喷雾或 200ppm 过氧乙酸）。

4.9.4.2　每日工作结束，车间内直接接触产品的设备、工器具卫生清理：清水冲洗目视可见残留物质→洗涤剂去除油污→清水冲洗→50~100ppm 次氯酸钠喷雾消毒维持 10~15 秒→清水冲洗。

4.9.4.3　车间及更衣室，每日班后开启臭氧发生器，消毒两个小时。

4.10　虫害控制

4.10.1　基本要求

4.10.1.1　有害生物防治应遵循物理防治（如粘鼠板、灭蝇灯等）优先，化学防治（滞留喷洒等）有条件使用的原则，保障食品安全和人身安全。

4.10.1.2　产品贮藏场所的墙壁、地板无缝隙，天花板修葺完整。所有管道（供水、排水、供热、燃气、空调等）与外界或天花板连接处应封闭，所有管、线穿越而产生的孔洞，选用水泥、不锈钢隔板、钢丝封堵材料、防火泥等封堵，孔洞填充牢固，无缝隙。使用水封式地漏。

4.10.1.3　所有线槽、配电箱（柜）封闭良好。

4.10.1.4　人员、货物进出通道应设有防鼠板，门的缝隙应小于 6 毫米。

4.10.2　设施设备的使用与维护

4.10.2.1　灭蝇灯

4.10.2.1.1　产品加工及贮藏区域入口宜安装粘捕式灭蝇灯。使用电击式灭蝇灯的，灭蝇灯不得悬挂在贮存区域的上方，防止电击后的虫害碎屑污染食品。

4.10.2.1.2　应根据产品加工场所的布局、面积及灭蝇灯使用技术要求，确定灭蝇灯的安装位置和数量。

4.10.2.2　鼠类诱捕设施

4.10.2.2.1　贮藏区域场所内应使用粘鼠板、捕鼠笼、机械式捕鼠器等装置，不得使用杀鼠剂。

4.10.2.2.2　贮藏区域场所外可使用抗干预型鼠饵站，鼠饵站和鼠饵必须固定安装。

4.10.2.3　排水管道出水口

排水管道出水口安装的篦子宜使用金属材料制成，篦子缝隙间距或网眼应小于 10 毫米。

4.10.2.4　通风口

与外界直接相通的通风口、换气窗外，应加装不小于 16 目的防虫筛网。

4.10.2.5　防蝇帘及风幕机

4.10.2.5.1　使用防蝇胶帘的，防蝇胶帘应覆盖整个门框，底部离地距离小于 2 厘米，相邻胶帘条的重叠部分不少于 2 厘米。

4.10.2.5.2　使用风幕机的，风幕应完整覆盖出入通道。

4.10.3　虫鼠害防治过程要求

4.10.3.1　收取货物时，应检查运输工具和货物包装是否有有害生物活动迹象（如鼠粪、鼠咬痕等鼠迹，蟑尸、蟑粪、卵鞘等蟑迹），防止有害生物入侵。

4.10.3.2　定期检查食品库房或食品贮存区域、固定设施设备背面及其他阴暗、潮湿区域是否存在有害生物活动迹象。发现有害生物，应尽快将其杀灭，并查找和消除其来源途径。

4.10.3.3　防制过程中应采取有效措施，防止食品、食品接触面及包装材料等受到污染。

4.10.4　卫生杀虫剂和杀鼠剂的管理

4.10.4.1　卫生杀虫剂和杀鼠剂的选择

4.10.4.1.1　选择的卫生杀虫剂和杀鼠剂，标签信息应齐全（农药登记证、农药生产许可证、农药标准）并在有效期内。不得将不同的卫生杀虫剂制剂混配。

4.10.4.1.2　鼓励使用低毒或微毒的卫生杀虫剂和杀鼠剂。

4.10.4.2　卫生杀虫剂和杀鼠剂的使用要求

4.10.4.2.1　使用卫生杀虫剂和杀鼠剂的人员应经过有害生物防治专业培训。

4.10.4.2.2　应针对不同的作业环境，选择适宜的种类和剂型，并严格根据卫生杀虫剂和杀鼠剂的技术要求确定使用剂量和位置，设置警示标识。

4.10.4.3　卫生杀虫剂和杀鼠剂的存放要求

不得在化学药品库房以外的任何区域存放卫生杀虫剂和杀鼠剂产品。应设置单独、固定的卫生杀虫剂和杀鼠剂产品存放场所，存放场所具备防火防盗通风条件，由专人负责。

4.11　员工卫生

4.11.1　员工卫生设施管理

建有与加工车间相连接的更衣室，卫生间在室外，卫生间应保持良好维护保养状态；更衣室、卫生间由专人负责清洗消毒，每日对更衣室、卫生间的卫生情况进行监督检查。卫生间设施齐全，通风良好、干燥、清洁，水冲式，污水排放畅通。

4.11.2　入厕程序

更换工作服→换上便鞋→入厕→更衣→清水洗手→皂液洗手→冲洗→手部消毒→冲洗→干手。

4.11.3　更衣程序

进入作业区域的工作人员应穿戴洁净的工作服、工作帽和水鞋，工作人员严禁染指甲和化妆，并按良好的工作服穿戴程序进行穿戴：换上拖鞋→戴内帽（发网）→戴外帽→口罩→换衣→水鞋。

4.11.4　洗手消毒程序

4.11.4.1　从业人员在工作前，应洗净手部。

4.11.4.2　出现下列情形时，应重新洗净手部：

①清理环境卫生、接触化学物品或不洁物品后。

②咳嗽、打喷嚏及擤鼻涕后。

③使用卫生间、吸烟等可能会污染手部的活动后。

4.11.4.3　严格执行洗手消毒程序，确保下列情况下彻底洗手消毒：

①班前。

②入厕后。

③饭后、吸烟后。

④接触头发、嘴巴或鼻子后。

⑤接触废物、垃圾、脏的器具后。

⑥对着手打喷嚏或咳嗽后。

⑦任何原因离开工作区返回后。

4.11.4.4　每次进入作业区域时由卫生监督员负责对工人的洗手、消毒程序进行监督检查，并每日对车间的洗手消毒设施进行监督检查。

4.11.4.5　洗手消毒设施位于车间入口处及加工区域周围，洗手消毒设施为脚踏或自动感应式开关，并设有皂液器，消毒液、干手设施。

4.11.4.6　洗手消毒流程：清洗→皂液洗手（刷指甲）→冲洗皂液→清水冲洗→手干→50~100ppm 次氯酸钠消毒液浸泡 10~15 秒→清水冲洗→干手。

4.11.5　人员卫生

4.11.5.1　从业人员应保持良好的个人卫生。

4.11.5.2　从业人员不得留长指甲、涂指甲油。工作时，应穿清洁的工作服，不得披散头发，佩戴的手表、手镯、手链、手串、戒指、耳环等饰物不得外露。

4.11.5.3　产品和产品处理区内的从业人员不宜化妆，应戴清洁的工作帽，工作帽应能将头发全部遮盖住。

4.11.5.4　进入产品处理区的非从业人员，应符合从业人员卫生要求。

4.12　工作服管理

4.12.1　工作服应定点存放，定期清洗更换。

4.12.2　从业人员使用卫生间前，应更换工作服。

4.12.3　工作服受到污染后，应及时更换。

4.12.4　清洁操作区与其他操作区从业人员的工作服应有明显的颜色或标识区分。

4.13 **员工健康**

4.13.1 从事产品生产加工人员应取得健康证明后方可上岗，并每年进行健康检查取得健康证明，必要时应进行临时健康检查。

4.13.2 食品安全管理人员应每天对从业人员上岗前的健康状况进行检查。患有发热、腹泻、咽部炎症等病症及皮肤有伤口或感染的从业人员，应主动向食品安全管理人员等报告，暂停从事接触直接食品的工作，必要时进行临时健康检查，待查明原因并将有碍食品安全的疾病治愈后方可重新上岗。

4.13.3 手部有伤口的从业人员，使用的创可贴宜颜色鲜明，并及时更换。佩戴一次性手套后，可从事非接触直接入口食品的工作。

4.13.4 患有霍乱、细菌性和阿米巴性痢疾、伤寒和副伤寒、病毒性肝炎（甲型、戊型）、活动性肺结核、化脓性或者渗出性皮肤病等官方机构规定的有碍食品安全疾病的人员，不得从事接触直接入口食品的工作。

4.14 **场所巡检**

4.14.1 加工现场巡视内容

①加工现场卫生保持情况；

②加工从业人员健康状况、着装卫生保持情况；

③预防物理危害污染所采取的措施落实情况；

④预防微生物危害污染所采取的措施落实情况；

⑤预防化学危害污染所采取的措施落实情况；

⑥库房现场管理情况。

4.14.2 办公区域巡检内容

①办公区保持地面干净整洁、无杂物；

②文件类别都标识清楚；

③公告栏、宣传栏表面是否干净整洁；

④公告栏、宣传栏版面和信息是否更新及时。

4.14.3 安全消防巡检内容

①消防设备符合使用标准，良好的待用状态；

②安全设备是否合理布置、指示清楚；

③应急指示灯是否完好无损；

④有无灯管破损；

⑤有无水管破损。

4.14.4 公司环境巡检内容

①道路清扫干净无灰尘；

②地面无积水、裂缝、无尘土；

③周围无杂物、垃圾堆积；

④各区域标识清晰完整；

⑤各处的防鼠害设施有效；

⑥无老鼠活动迹象。

4.15 **返工**

4.15.1 返工品的存放、处置和使用应保持产品的质量、安全和可追溯，并符合相关法律法规要求。

4.15.2　应清晰识别和（或）标识返工品以确保可追溯。应保留返工品的可追溯记录。

4.15.3　应记录返工品的分类和原因（如产品名称、生产日期、班次、生产线和保质期）。

4.16　**运输存储**

4.16.1　产品搬运管理

4.16.1.1　搬运产品时使用合格的设备和工位器具，搬运人员应轻拿轻放，避免磕碰、损伤产品。

4.16.1.2　在搬运过程中，产品应堆放整齐、稳定可靠。

4.16.1.3　搬运过程中，要保证产品的标识完整无损。搬运人员要十分注意保护各类产品标识的清晰、完整、使产品状态得到有效的控制。发货人在搬运前应检查标识是否完好。若发现无标识或标识模糊不清、遗失、损坏，要通知有关人员按产品的标识和可追溯性控制程序的要求进行恢复。

4.16.1.4　因搬运不当，造成产品跌落时，搬运人员应通知质检科重新检验，合格后方可入库、交付，对出现的不合格品则按不合格控制程序处理。

4.16.1.5　生产车间应对产品搬运所需工器具的使用状态进行控制，并经常进行检查。对有损坏的搬运设备、器具应及时进行修理或添置。暂时不用的工位器具存放在指定区域。

4.16.1.6　搬运过程中要注意安全。严禁野蛮搬运。

16.2.2　产品贮存

16.2.2.1　公司应指定贮存场地、仓库，以防止产品在使用或交付前受到损坏或变质。仓库员按规定的时间间隔检查库存品质量状况，以便及时发现变质情况。

16.2.2.2　仓库员根据“验收单”上的合格品数量核对无误后，办理入库手续。根据产品的不同类型、不同要求，贮存在相应的地点，对入库的物资和产品，仓库员要及时整理，按不同型号、规格、名称进行分类贮存并标示。

16.2.2.3　仓库员根据产品管理要求建立台账，做到账、物、卡一致，对各类产品的“实物入库凭单”“实物出库凭单”等有关资料要妥善保管。

16.2.2.4　各类产品在发放时，要根据仓库现有的条件，遵循先进先出原则，防止超期贮存。

16.2.2.5　产品贮存应提供适宜的条件，保证产品处于防潮、防霉、防变质的贮存环境中。仓库内不应有损坏产品的酸、碱类、易燃、易爆等腐蚀性物品或危险品存在。

4.16.3　产品运输车辆管理

4.16.3.1　产品的发货运输主要是由顾客带车提货。顾客有委托的，本公司销售部负责代其联系专职物流运输车辆送货运输。

4.16.3.2　出口部代为联系的产品承运商运输产品之前，必须由销售部与其建立书面合同，约定产品运输的质量保证要求。

4.16.3.3　运输本公司产品的车辆，不得进入畜禽养殖场及其他有生物污染的区域。

4.16.3.4　运输本公司产品，车辆必须清洁卫生，同车不得运输其他物品。装车前保管员检查车厢卫生，确保无外来杂质或污染物才能装车。

4.16.3.5 应安排冷藏车用于冷冻待销售产品的配送。

4.16.3.6 冷藏、冷冻待销售产品装车前应开启冷藏车制冷机组，将车厢温度降至0℃以下，方可安排装载产品。

4.16.3.7 产品码入车厢时，产品包装箱与箱内前板间距不小于10厘米，与后板、侧板、底板间距不小于5厘米。产品码放高度不得超过制冷机组出风口下沿，确保气流正常循环和温度分布均匀。

4.16.3.8 冷藏货物装车完毕，关闭冷藏车车厢门，启动冷藏车制冷机组，冷藏产品运输车辆车厢温度降至0℃~4℃，冷冻产品运输车辆车厢温度待温度降至-15℃以下，监装员确认合格后，开始启运。

4.16.3.9 冷藏车到达目的地后，第一时间与收货方联系，打开车门，开始卸货作业。卸货期间，冷藏车制冷机组应一直处于启动状态。

4.17 **来访者管理**

4.17.1 来访者包括非本公司人员和本公司非仓储配送区域工作人员。

4.17.2 非本公司人员进入公司的许可，参照本公司食品安全防护计划执行。

4.17.3 来访者如需进入生产加工区域，需获得生产车间经理或安全质量经理批准后，方可进入。

4.17.4 来访者进入生产加工区域的个人卫生要求，按照本公司生产加工区域工作人员的要求执行。

4.17.5 来访者进入生产加工区域后，需由生产车间经理指定的专人陪同，按照规定的参观路线行走。

4.18 **培训**

培训相关要求按本公司人力资源管理控制程序执行。

5 **相关文件**

无

6 **记录**

个人卫生检查记录（略）

进出车间登记表（略）

设备维护保养计划（略）

设备维修记录（略）

化学品领用发入记录（略）

防虫检查记录（略）

防鼠检查记录（略）

第二部分 HACCP计划案例

1. 前言

本HACCP计划主要针对的是本公司生产的禽肉熟制品。

HACCP（危害分析和关键控制点）是一种食品安全预防控制体系，食品生产企业利用HACCP体系对影响产品的各种危害因子进行评估，通过对产品的危害分析，确定关键控制点，实施对危害因子的有效控制，使食品危害能防止或消除，或降低至可接受水平。其目的是确保产品的安全性，并能用稳健方式生产的产品是安全的。

在《食品安全和质量手册》、良好操作规范卫生要求等基础上，本 HACCP 计划共包含了产品描述、生产流程图及说明、危害分析以及 HACCP 计划表等几大方面的内容。通过进行危害分析，识别和评价在预期的消费方式下的食品安全危害，加以控制，最终将危害消除或降低到可接受的水平。

2. HACCP 文件颁布令

为了向客户提供安全卫生、健康营养的食品，根据 CAC《危害分析和关键控制点（HACCP）体系及其应用准则》、CAC《食品卫生通则》、《中华人民共和国食品安全法》、《中华人民共和国食品安全法实施条例》、《食品安全国家标准　食品生产通用卫生规范》（GB 14881—2013）、危害分析与关键控制点（HACCP）体系认证要求（V1.0）、《危害分析与关键控制点（HACCP）　体系食品生产企业通用要求》（GB/T 27341—2009）、BRC《食品安全全球标准》、《危害分析与关键控制点（HACCP）体系》及相关的法律法规、标准的要求，结合本公司的实际，特制定本文件。

本公司 HACC 体系范围：禽肉熟制品产品，包括生产、采购、生产、包装、贮运、销售的全过程。主要场所为本公司。

本文件是作为公司禽肉熟制品安全卫生控制能力的证明和第三方体系认证的依据。它是本公司禽肉熟制品生产体系运行的安全准则。

现予正式颁布第 7.0 版并从 2022 年 1 月 1 日起实施，凡本公司员工必须认真遵照执行。

总经理签字：

日期：2022 年 1 月 1 日

3. HACCP 食品安全小组成员名单

序号	姓名	职务	文化程度	职责
1				
2				
3				
4				
5				
6				
7				
8				
9				
10				
11				
12				
13				
14				

4. **产品描述**

禽肉熟制品主要使用鸡肉为原料，配以各种调味料，经过预加工、加热、速冻、包装、冷冻贮存等工序制作完成。根据产品的特性，需在-18℃以下冷冻保存。

由于禽肉熟制品的特殊性质，具体的产品配料及规格、包装等，在产品工艺单中进行具体的说明。

4-1　原料肉

名称	鸡肉
类别	原料
成分	鸡肉（腿肉、胸肉、小胸、鸡皮、鸡腿等）
执行标准	《食品安全国家标准　鲜（冻）畜禽产品》(GB 2707—2016)
重要的特性（化学、生物、物理）	肌肉组织致密且有弹性，手指按压的凹陷可恢复原状。表皮和肌肉切面有光泽，具有禽类品种应有的色泽。具有禽类品种应有的气味，无异味。体表洁净，无残留毛根、黄皮和杂质，无伤斑、淤血、炎症及其他病变。无致病菌残存，无禁用药物残留。理化及卫生要求应符合相应的标准（GB 2707—2016）
来源	来自集团内部出口备案屠宰场宰杀加工
生产包装储藏运输方式	屠宰、分割加工，内包装使用塑料 PE 袋包装，外包装使用纸箱或塑料盒装，在-18℃以下或 0℃~4℃冷冻调运
交付方式	供应商送货上门
接收要求	供货商在合格供应商清单内；资质齐全；感官及实验室检测符合要求
接收方式	由质检员对资质证件进行验收，同时进行感官检查，检验合格后接收
使用方式	冰鲜鸡肉到拆袋后，直接投入使用。冷冻鸡肉需解冻后，投入使用

4-2　水

名称	水
类别	辅料
成分	H_2O
执行标准	《生活饮用水卫生标准》(GB 5749—2022)
重要的特性（化学、生物、物理）	无色、无味的液体。不得有异味、异臭，无外来杂质，其各项指标符合《生活饮用水卫生标准》(GB 5749—2022)
来源	自来水公司
生产包装储藏运输方式	自来水公司通过对原水沉淀、净化、消毒后，通过市政自来水管网输送到工厂自来水管网
交付方式	自来水管网运输至工厂
接收要求	每日班前进行余氯及感官检查
接收方式	总进水阀门控制
使用方式	生产车间直接打开水龙头使用

4-3　**辅料**

具体辅料描述见附件1。

4-3　**食品添加剂**

具体辅料描述略。

4-4　**产品接触材料**

名称	**塑料袋**
类别	内包材
成分	高密度聚乙烯、低密度聚乙烯、茂金属、油墨
执行标准	《食品安全国家标准　食品接触用塑料材料及制品》（GB 4806.7—2016）
重要的特性（化学、生物、物理）	食品级、色泽正常、无异物、无异味。理化及卫生要求应符合相应的国家标准
来源	经评估合格的供应商
生产包装储藏运输方式	吹塑、印刷后使用塑料袋或纸箱盛放，干燥的环境储藏、运输
交付方式	供货商送货上门
接收要求	供货商在合格供应商清单内；资质齐全；感官检验符合要求
接收方式	由质检员对资质证件进行验收，同时进行感官检查，检验合格后接收
使用方式	臭氧消毒后使用

名称	**纸箱**
类别	外包材
成分	原纸、油墨、玉米淀粉
执行标准	《运输包装用单瓦楞纸箱和双瓦楞纸箱》（GB/T 6543—2008）
重要的特性（化学、生物、物理）	食品级、色泽正常、无异物、无异味。理化及卫生要求应符合相应的国家标准
来源	经评估合格的供应商
生产包装储藏运输方式	原纸经烘干、开裁、黏合、印刷、成型后扎捆，干燥的环境储藏、运输
交付方式	供货商送货上门
接收要求	供货商在合格供应商清单内。资质齐全。感官检验符合要求
接收方式	由质检员对资质证件进行验收，同时进行感官检查，检验合格后接收
使用方式	直接投入使用

4-5 化学品

具体化学品描述略。

4-6 终产品描述

名称	禽肉熟制品
类别	成品
成分	鸡肉、水、辅料、食品添加剂
执行标准	《食品安全国家标准 速冻面米与调制食品》（GB 19295—2021）、《速冻调制食品》（SB 10379）、进口方（日本、欧盟等）相关法规
重要的特性（化学、生物、物理）	具有该品种产品应有的自然色泽、滋味及特有气味，外观形态符合要求。无异味，无杂质存在。产品中心温度应在-18℃以下。符合国家法律法规、标准及客户要求，致病菌、兽残及其他有害物质在标准范围之内，所有有害健康的鸡肉产品不能流入市场。 微生物指标： 欧盟： 菌落总数：< 1.0×104 CFU/g 大肠菌群：< 10 CFU/g 大肠杆菌：< 10 CFU/g 沙门氏菌：未检出 /25 g 金黄色葡萄球菌：未检出/25 g 日本： 菌落总数：< 3.0×103 CFU/g 大肠菌群：未检出 大肠杆菌：未检出 沙门氏菌：未检出 /25 g 金黄色葡萄球菌：未检出/25 g 单核细胞增生李斯特氏菌：未检出/25 g（欧盟产品） 理化指标： 硝基呋喃代谢物：未检出 氯霉素：未检出 具体客户或进口国（地区）有特殊要求的，按客户或进口国（地区）要求加工。
加工方式	原、辅料验收→检验→配料→滚揉→加热→速冻→装袋→金属探测→X 光机检测→装箱→储藏→运输
包装储藏运输方式	产品使用塑料袋包装、封口后装入纸箱，箱外用透明胶带封实，送入-18℃成品库中储藏，发货时装入制冷集装箱或冷链车运输
交付方式	国内客户到厂装货，出口产品报关后船运
销售方式	国内：加工厂、中央厨房、快餐店或超市 出口：日本或欧盟等国（地区），主要供中央厨房、配餐公司、快餐店或超市
标识	国内产品：符合《食品安全国家标准 预包装食品标签通则》（GB 7718—2011）要求。 出口产品：产品原材料名称、成分表、净含量、原产地、出口代码、保质期等符合进口方标签法规要求

5. 确定产品预期用途

产品名称	禽肉熟制品
顾客对终产品的消费或使用期望，法规及相关标准要求	产品感官符合要求，相关指标符合《食品安全国家标准　速冻面米与调制食品》（GB 19295—2021）、《速冻调制食品》（SB 10379）、进口国（地区）（日本、欧盟等）相关法规要求
产品的预期用途	食用
产品储藏条件	-18℃以下存放
保质期限	18 个月
食用方法	解冻后加热食用
预期的顾客对象	普通消费者，过敏体质根据标签信息食用
直接消费终产品对易伤害群体的适用性	可能导致对过敏体质消毒的伤害
产品非预期（但极可能出现）的食用或使用方式	过敏体质消费者未根据标签提示食用

6. 工艺流程图

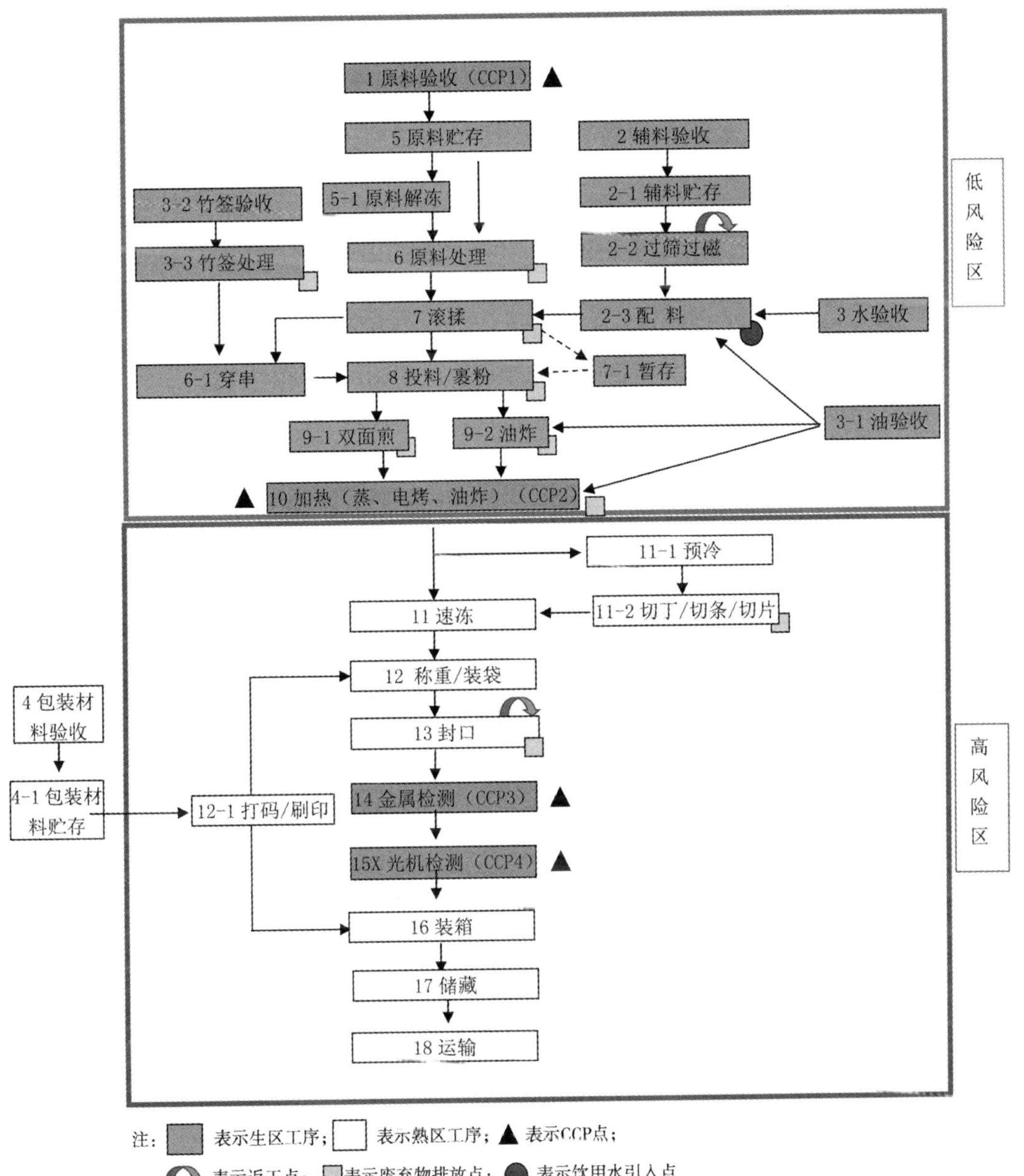

工艺说明：

1　原料验收：原料肉所用毛鸡必须来自出口备案养殖场，经青岛海关注册屠宰场宰杀，且具有《供熟食原料出厂检验合格单》，表明符合中国及进口方的用药规定。

2　辅料验收：辅料来自经评估合格的供应商，具有辅料第三方检测合格报告或自检合格报告或承诺书，同时进行感官检验，如项目不相符则应拒收。

2-1　辅料贮存：经验收合格的辅料存放于辅料库中，过敏原与非过敏原分开库房存放，悬挂产品出入库标识牌。

2-2　过筛过磁：将辅料放过振动筛进行过筛，清除杂质异物，同时使用磁力棒或磁力锥过磁，清除金属异物。

2-3 配料：根据产品的工艺要求，使用电子秤将辅料/添加剂按要求的比例进行称重，注意过敏原与非过敏原辅料分开区域存放，人员用具分开使用。每次配料时由配料人员、班长、质检员共同确认。

3 水验收：工厂生产用水和制冰用水均来自自来水公司。每日班前由质检员对水进行余氯测试及感官检查，化验室检测一次水质微生物指标。

3-1 油验收：大豆色拉油来自经评估合格的供应商，具有辅料第三方检测合格报告或自检合格报告或承诺书，同时进行感官检验及实验室检测，如项目不相符则应拒收。

4. 包装材料验收：内外包装来自经评估合格的供应商，内包装必须是食品级材质，外包装必须严格按照工艺要求，如不符合拒收。

4-1 包装材料贮存：经验收合格的内外包装，整齐地码放在包装材料库，内外包材分开存放，包装材料库要求干燥，并悬挂标识牌，标识牌内容清晰、准确。

5 原料贮存：经验收合格的鸡肉原料存放在原料库内，冷冻产品放在-18℃以下原料库中，冰鲜产品放在0℃～4℃原料库内。所有产品按种类码放整齐，悬挂标识牌，标识牌内容清晰、准确。原料肉的使用必须按照先进先出的原则。冰鲜产品在原料库存放不超过48小时。

5-1 原料解冻：冷冻原料肉使用之前进行解冻，将原料在解冻间中摆放均匀，原料解冻间的环境温度控制在5℃～10℃，解冻后原料肉表面温度控制在4℃以下，解冻时间不超过17小时。

6 原料处理：按照工艺要求对原料肉进行处理，切块或片切等，同时检验员逐块检验，要求无异物、尺寸重量符合要求。

7 滚揉：将配制好的辅料与原料放滚揉机内进行混合。按照工艺单要求使用滚揉机或上浆机将浆料与原料进行混合。

7-1 暂存：滚揉后产品如不能立即进行加工，则放在静置间内暂存，保持静置间内环境温度不超过4℃，暂存时间不超过两小时。

8 投料/裹粉：按照工艺要求将产品投入油炸机中。有裹粉要求的产品按照工艺要求的手工裹粉，禁止出现露肉现象。

9-1 双面煎：将产品均匀摆放在双面煎设备中，使用产品两边均出现要求的颜色，不得出现烤煳情况。

9-2 油炸：有一次油炸工艺要求的产品（固定产品形状），根据工艺油炸，设置好油温和油炸时间，产品色泽与工艺要求一致。

10 加热：

蒸柜加热（蒸汽蒸）：专人连续监控蒸柜温度和产品中心温度（75℃保持1分钟），操作人员每柜记录相应温度和时间，同时抽取架子车上、中、下、左、右五个位置的大块产品测试温度进行检测，并进行切检。质检员每柜验证操作人员的操作，并查看温度和时间是否符合要求，进行切检。

蒸烤机蒸：使用蒸烤机进行加热，设置蒸气蒸模式，专人连续监控蒸烤机环境温度（前区、后区）和时间，生产前、生产结束时及生产过程每小时记录一次温度和时间，同时由熟区测温人员检测产品中心温度，每小时记录10块的产品温度。质检员每两小时验证监控人员操作。

蒸烤机电烤：加工出口欧盟或国内产品时，使用蒸烤机进行加热，设置热风模式，专人连续监控蒸烤机环境温度（前区、后区）和时间，生产前、生产结束时及生产过程每小时记录一次温度和时间，同时由熟区测温人员检测产品中心温度，每小时记录 10 块的产品温度。质检员每两小时验证监控人员操作。

11 速冻：产品出蒸柜或蒸烤机后，通过网带或直接将产品传送至速冻机，传送时间不超过 90 秒。速冻机温度保持在-35℃以下，速冻时间根据工艺要求，速冻后产品中心温度达到-18℃以下。

11-1 预冷：产品出蒸柜或蒸烤机后，通过网带传送至速冻机，速冻机温度保持在-28℃以下，速冻时间控制在 30 分钟之内，预冷后产品中心温度达到-2℃～4℃，便于机器切割。

11-2 切丁/切条/切片：根据产品工艺要求，调整切条机的宽度和厚度，通过传送带将产品输送至切条机，对预冷后大胸进行切条，切条时间控制在 30 秒之内，切成条状的产品在 60 秒内进入下一速冻机。

12 称重装袋：根据客户要求按不同规格、重量，将产品装入袋中。

12-1 打码/刷印：根据工艺要求，在袋或箱上刷印当天生产日期或根据当天生产日期推算的赏味期限。每次操作之前由班长、质检员进行确认，防止出现生产日期标识错误的情况。

13 封口：根据产品加工工艺要求调整真空度和热合时间，确保产品封口良好。

14 金属检测：产品逐袋通过金检机，班前、结束时及班中每隔 30 分钟对金检机灵敏度测试一次。产品需通过两遍金检机。

设置金检机参数：Feφ<1.0 毫米，Susφ<1.5 毫米，NoFeφ<1.5 毫米。

15 X 光机检测：产品逐袋通过 X 光机，班前、结束时及班中每隔 30 分钟对 X 光机灵敏度测试一次。

设置 X 光机参数：Sus304（球）φ<1.0 毫米，Sus304（线）<0.4×5 毫米，瓷 φ<4.0 毫米，玻璃 φ<4.0 毫米。

16 装箱：按不同规格、重量将装袋后产品装入相应的外箱，外箱要求清洁，无污染，标识清晰、准确。

17 储藏：-18℃以下的冷冻库存放，要求批次清楚，垛与垛之间留有间距，利于冷气均匀分布。

18 运输：使用带制冷的车辆运输，运输车辆必须干净卫生，运输过程中车厢温度在-18℃以下。

经 HACCP 食品安全小组成员集体研究讨论，现场确认以上流程图及工艺符合工厂实际生产情况。工艺流程图确认参加人员：

姓名	签名	日期	姓名	签名	日期

危害程度的确定和危害评估：

1. 食品安全小组根据危害发生的可能性指数（L）和危害后果的严重性指数（S）对识别出来的危害进行评价，以确定危害是不是显著危害，以及危害是否需要进行控制。

2. 严重性指数（S）：危害一旦发生顾客及组织不可接受的等级描述。通常危害的严重性指数与其危害程度直接对应，公司将危害的程度分为无危害、轻微危害、中度危害、严重危害、灾难性危害；对应的严重性指数（S）分别为S1、S2、S3、S4、S5。

3. 可能性指数（L）：可确定的危害发生的频次或是概率的级别描述。危害发生的可能性除了与其真实发生的频次或是概率相关，也与识别危害发生的能力相关。公司将危害发生的可能性分别定性为频繁发生、经常发生、偶然发生、很少发生、不可能发生；对应的可能性指数（L）分别为L5、L4、L3、L2、L1。

严重性指数 / 可能性指数	S1	S2	S3	S4	S5
L1	P1	P1	P2	P3	P4
L2	P1	P2	P2	P3	P4
L3	P2	P2	P3	P4	P4
L4	P3	P3	P4	P4	P5
L5	P4	P4	P4	P5	P5

4. 风险值（P）：食品危害的风险与危害发生的可能性及严重性相关，公司用风险值（P）描述危害的风险程度，即食品暴露于特定危害时对健康产生不良影响的概率（可能性指数L）与影响的程度（严重性指数S）形成的函数。

不同风险的危害需要组织给予不同的重视程度，公司对不同风险的程度的食品危害采取了相应的对策与措施，如下表：

风险值	P5	P4	P3	P2	P1
容许程度	绝不容许	重大的	中度的	可容许的	可忽略的
对策与措施	CCP或操作性前提计划控制	CCP或操作性前提计划控制	前提计划控制	前提计划控制	前提计划控制

7. 危害分析工作单

公司名称：本公司　　产品名称：禽肉熟制品

公司地址：　　销售和贮存方法：-18℃以下冷冻贮存

预期用途和消费者：解冻加热后食用，过敏体质消费者慎用

加工步骤	食品安全危害	风险等级评估			危害是否显著	对第3栏的判定提出依据	应用什么措施来防止危害	关键控制点
		S	L	P				
1 原料验收	生物的危害：微生物污染	S2	L2	P2	否	1. 在加工过程中，加热处理及正确的加热后快速速冻和控制加热后环境卫生可消除此危害； 2. 供应商提供的供熟食原料出厂检验合格单。		否
	化学和辐射污染的危害：违禁添加物；原料经辐照后进行使用的危害	S5	L4	P5	是	原料肉的兽药残留、疫病、重金属不符合生产方或进口方规定的标准	供应商提供供熟食原料出厂检验合格单	CCP1
	物理的危害	S3	L2	P2	否	通过后道金属探测工序和X光机工序可消除此危害		否
	过敏原的危害	S3	L2	P2	否	在包装/标识工序用产品的名称、成分进行标识		否
	蓄意污染产品的危害：人为故意对产品造成污染的危害	S4	L2	P3	否	1. 必须是来自公司自属备案的合格养殖场及屠宰场； 2. 原料验收过程及卸车过程要对包装的完整性进行确认，合格后接收。		否
	欺诈的危害：用病死鸡肉替代鸡肉；以次充好	S4	L2	P3	否	1. 必须是来自公司自属备案的合格养殖场及屠宰场，掺假的风险很小； 2. 以往未出现掺假或冒牌的鸡肉原料； 3. 保证原材料的状态，每批进行感官确认。		否

续表1

加工步骤	食品安全危害	风险等级评估			危害是否显著	对第 3 栏的判定提出依据	应用什么措施来防止危害	关键控制点
		S	L	P				
2 辅料验收	生物的危害：微生物污染	S3	L2	P2	否	1. 工厂出具的合格厂检单； 2. 熟制品加热后可消除此种危害。		否
	化学和辐射污染的危害：违禁添加物；辅料经辐照后进行使用的危害	S3	L2	P2	否	1. 辅料必须来自经评估合格的供应商； 2. 辅料必须具备第三方检测合格报告或自检合格报告或承诺书，保证各项检测指标均合格。		否
	物理的危害：金属、玻璃、陶瓷等残留	S3	L2	P2	否	通过后道金属探测工序和 X 光机工序可消除此危害		否
	过敏原的危害	S3	L2	P2	否	在包装/标识工序用产品的名称、成分进行标识		否
	蓄意污染产品的危害：人为故意对产品造成污染的危害	S4	L2	P3	否	1. 必须是来自经评估合格的供应商； 2. 辅料验收过程及卸车过程要对包装的完整性进行确认，合格后接收。		否
	欺诈的危害：冒牌或故意或有意掺假；以次充好	S4	L2	P3	否	1. 辅料必须来自经评估合格的供应商； 2. 辅料必须具备第三方检测合格报告或自检合格报告/承诺书，保证各项检测指标均合格； 3. 以往未出现辅料掺假或冒牌的相关报道； 4. 保证辅料进厂时的状态，每批进行感官确认。		否

续表2

加工步骤	食品安全危害	风险等级评估			危害是否显著	对第 3 栏的判定提出依据	应用什么措施来防止危害	关键控制点
		S	L	P				
2－1 辅料贮存	生物的危害：无							
	化学和辐射污染的危害：无							
	物理的危害：无							
	过敏原的危害：含过敏原成分和不含过敏原成分的辅料交叉污染	S3	L1	P2	否	含过敏原成分的辅料和不含过敏原成分的辅料分开储藏，不会产生交叉污染。		否
	蓄意污染产品的危害：人为故意对产品造成污染的危害	S4	L2	P3	否	1. 辅料贮存场所禁止存放与工作无关的物品； 2. 辅料贮存场所均有监控； 3. 管理人员、品管人员生产过程中对员工操作进行监管。		否
	欺诈的危害：无							
2－2 过筛过磁	生物的危害：无							
	化学和辐射污染的危害：无							
	物理的危害：金属污染	S3	L2	P2	否	通过后道金属探测工序和 X 光机工序可消除此危害。		否
	过敏原的危害：含过敏原成分和不含过敏原成分的辅料交叉污染	S3	L1	P2	否	含过敏原成分的辅料和不含过敏原成分的辅料分房间过筛过磁，不会产生交叉污染。		否
	蓄意污染产品的危害：人为故意对产品造成污染的危害	S4	L2	P3	否	1. 员工进车间时禁止带入与工作无关的物品； 2. 车间关键岗位有监控验证，对产品的加工流程做好食品防护； 3. 每份辅料必须经过过筛、过磁后方可使用； 4. 管理人员、品管人员生产过程中对员工操作进行监管。		否
	欺诈的危害：无							

续表3

加工步骤	食品安全危害	风险等级评估			危害是否显著	对第3栏的判定提出依据	应用什么措施来防止危害	关键控制点
		S	L	P				
2－3 配料	生物的危害：大肠杆菌等污染	S2	L2	P2	否			
	化学和辐射污染的危害：食品添加剂超量	S4	L1	P3	否	1. 产品在工艺制定时对食品添加剂的含量要求符合生产方标准及进口标准限值； 2. 操作人员配料时严格按照执行产品工艺及SOP； 3. 质检员在生产开始前、结束时，生产过程中每2小时对配料准确性进行确认。		否
	物理的危害：金属碎片污染	S3	L2	P2	否	通过后道金属探测工序和X光机工序可消除此危害		否
	过敏原的危害：含过敏原成分和不含过敏原成分的辅料交叉污染	S3	L2	P2	否	1. 在包装/标识工序用产品的名称、成分进行标识； 2. 含过敏原成分的辅料和不含过敏原成分的辅料分房间进行配料，不会产生交叉污染。		否
	蓄意污染产品的危害：人为故意对产品造成污染的危害	S4	L2	P3	否	1. 员工进车间时禁止带入与工作无关的物品； 2. 车间关键岗位有监控验证，对产品的加工流程做好食品防护； 3. 每份辅料在配制之前必须经过过筛、过磁方可使用； 4. 管理人员、品管人员生产过程中对员工操作进行监管。		否
	欺诈的危害：无							

续表4

加工步骤	食品安全危害	风险等级评估			危害是否显著	对第 3 栏的判定提出依据	应用什么措施来防止危害	关键控制点
		S	L	P				
3 水验收	生物的危害：致病菌大肠杆菌超标	S3	L1	P2	否	通过 SSOP 控制。		
	化学和辐射污染的危害：违禁添加物	S3	L1	P2	否	通过 SSOP 控制。		
	物理的危害：无							
	过敏原的危害：无							
	蓄意污染产品的危害：人为故意对产品造成污染的危害	S4	L2	P3	否	1. 公司使用的自来水为自来水厂统一供水； 2. 配料室区域有监控，对使用的水全程监控； 3. 管理人员、品管人员生产过程中对员工操作进行监管。		否
	欺诈的危害：无							

续表5

加工步骤	食品安全危害	风险等级评估			危害是否显著	对第 3 栏的判定提出依据	应用什么措施来防止危害	关键控制点
		S	L	P				
3－1 油验收	生物的危害：微生物污染	S3	L2	P2	否	1. 工厂出具的合格厂检单； 2. 熟制品加热后可消除此种危害。		否
	化学和辐射污染的危害：违禁添加物；辅料经辐照后进行使用的危害	S3	L2	P2	否	1. 来自经评估合格的供应商； 2. 必须具备第三方检测合格报告或自检合格报告或承诺书，保证各项检测指标均合格。		否
	物理的危害：金属、玻璃、陶瓷等残留	S3	L2	P2	否	1. 加工过程中使用过筛过磁和过磁工序； 2. 通过后道金属探测工序和 X 光机工序可消除此危害。		否
	过敏原的危害：无							
	蓄意污染产品的危害：人为故意对产品造成污染的危害	S4	L2	P3	否	1. 必须来自经评估合格的供应商； 2. 在验收过程及卸车过程要对包装的完整性进行确认，合格后接收。		否
	欺诈的危害：冒牌或故意/有意掺假；以次充好	S4	L2	P3	否	1. 必须来自经评估合格的供应商； 2. 必须具备第三方检测合格报告或自检合格报告或承诺书，保证各项检测指标均合格； 3. 该产品以往未出现掺假或冒牌的情况。		否

续表6

加工步骤	食品安全危害	风险等级评估			危害是否显著	对第3栏的判定提出依据	应用什么措施来防止危害	关键控制点
		S	L	P				
3－2竹签验收	生物的危害：霉菌的繁殖	S3	L2	P2	否	后序的竹签处理工序可消除此危害。		
	化学的危害：二氧化硫的污染	S3	L1	P2	否	通过SSOP控制及化验室检测可以消除此危害。		
	物理的危害	S3	L2	P2	否	通过后续的竹签处理以及金属探测工序、X光机工序可消除此危害。		否
	过敏原的危害	S3	L2	P2	否	1. 要求厂家出具相关证明或者提供检测报告； 2. 通过SSOP控制及化验室检测可以消除此危害。		否
	蓄意污染产品的危害：人为故意对产品造成污染的危害	S4	L2	P3	否	1. 必须来自经评估合格的供应商； 2. 在验收过程及卸车过程要对包装的完整性进行确认，合格后接收。		否
	欺诈的危害：冒牌或故意或有意掺假；以次充好	S4	L2	P3	否	1. 必须来自经评估合格的供应商； 2. 必须具备第三方检测合格报告或自检合格报告或承诺书，保证各项检测指标均合格； 3. 要求厂家出具相关证明；以往未出现掺假或冒牌的该产品。		否

续表7

加工步骤	食品安全危害	风险等级评估			危害是否显著	对第3栏的判定提出依据	应用什么措施来防止危害	关键控制点
		S	L	P				
3－3 竹签处理	生物的危害：霉菌的繁殖	S3	L2	P2	否	漂烫处理工序可消除此危害。		
	化学的危害：无							
	物理的危害：无							
	过敏原的危害：无							
	蓄意污染产品的危害：人为故意对产品造成污染的危害	S4	L2	P3	否	1. 员工进车间时禁止带入与工作无关的物品； 2. 车间关键岗位有监控验证，对产品的加工流程做好食品防护； 3. 管理人员、品管人员生产过程中对员工操作进行监管。		否
	欺诈的危害：无							
4 包装材料验收	生物的危害：微生物污染	S1	L1	P1	否	通过长期监控未发生此危害。		
	化学和辐射污染的危害：违禁添加物	S3	L1	P2	否	供应商提供资质证明和食品包装材料合格证明。		
	物理的危害：异物	S3	L1	P2	否	记录表明过去几年来没有发生过外来杂物污染。		
	过敏原的危害：无							
	蓄意污染产品的危害：人为故意对产品造成污染的危害	S4	L2	P3	否	1. 必须是来自有资质的合格供应商； 2. 原料验收过程及卸车过程要对包装的完整性进行确认，合格后接收。		否
	欺诈的危害：使用再生料加工包装袋	S4	L2	P3	否	1. 包装来自公司自属的包装材料厂，掺假的风险很小； 2. 保证原材料的状态，每批进行感官确认； 3. 每季度对包装袋进行外部检测，有检测报告支持。		否

续表8

加工步骤	食品安全危害	风险等级评估			危害是否显著	对第3栏的判定提出依据	应用什么措施来防止危害	关键控制点
		S	L	P				
4－1包装材料贮存	生物的危害：微生物的污染	S1	L1	P1	否	通过长期监控未发生此危害，且内包装进车间前进行臭氧杀菌		
	化学和辐射污染的危害：无							
	物理的危害：无							
	过敏原的危害：无							
	蓄意污染产品的危害：人为故意对产品造成污染的危害	S4	L2	P3	否	1. 员工进车间时禁止带入与工作无关的物品； 2. 车间关键岗位有监控验证，对产品的加工流程做好食品防护； 3. 管理人员、品管人员生产过程中对员工操作进行监管。		否
	欺诈的危害：无							
5原料贮存	生物的危害：致病菌沙门氏菌、大肠杆菌等繁殖	S3	L1	P2	否	冻品原料库温度在-18℃以下不可能发生。		
	化学和辐射污染的危害：无							
	物理的危害：无							
	过敏原的危害：无							
	蓄意污染产品的危害：人为故意对产品造成污染的危害	S4	L2	P3	否	1. 员工进车间时禁止带入与工作无关的物品； 2. 车间关键岗位有监控验证，对产品的加工流程做好食品防护； 3. 管理人员、品管人员生产过程中对员工操作进行监管。		否
	欺诈的危害：无							

续表9

加工步骤	食品安全危害	风险等级评估			危害是否显著	对第3栏的判定提出依据	应用什么措施来防止危害	关键控制点
		S	L	P				
5－1 原料解冻	生物的危害：致病菌沙门氏菌、大肠杆菌等繁殖	S3	L1	P2	否	原料解冻后温度在0℃～4℃，能够抑制致病菌的繁殖。		否
	化学和辐射污染的危害：无							
	物理的危害：无							
	过敏原的危害：无							
	蓄意污染产品的危害：人为故意对产品造成污染的危害	S4	L2	P3	否	1. 员工进车间时禁止带入与工作无关的物品； 2. 车间关键岗位有监控验证，对产品的加工流程做好食品防护； 3. 管理人员、品管人员生产过程中对员工操作进行监管。		否
	欺诈的危害：无							
6 原料处理	生物的危害：致病菌沙门氏菌、大肠杆菌等污染	S3	L1	P2	否	通过后续的加热工序可消除此危害。		否
	化学和辐射污染的危害：无							
	物理的危害：金属混入	S3	L2	P2	否	通过后道金属探测工序和X光机工序可消除此危害。		否
	过敏原的危害：无							
	蓄意污染产品的危害：人为故意对产品造成污染的危害	S4	L2	P3	否	1. 员工进车间时禁止带入与工作无关的物品； 2. 车间关键岗位有监控验证，对产品的加工流程做好食品防护； 3. 管理人员、品管人员生产过程中对员工操作进行监管。		否
	欺诈的危害：无							

续表10

加工步骤	食品安全危害	风险等级评估			危害是否显著	对第 3 栏的判定提出依据	应用什么措施来防止危害	关键控制点
		S	L	P				
7 滚揉	生物的危害：金黄色葡萄球菌等污染	S2	L1	P1	否	控制滚揉温度不超过 4℃，滚揉时间不超过 80 分钟的条件下没有发生的可能。		
	化学和辐射污染的危害：无							
	物理的危害：金属碎片污染	S3	L2	P2	否	通过后道金属探测工序和 X 光机工序可消除此危害。		否
	过敏原的危害：含过敏原成分和不含过敏原成分的辅料交叉污染	S3	L1	P2	否	1. 生产线有效区分，不会造成交叉污染； 2. 加工不同产品时进行彻底的清洗，不会造成交叉污染。		
	蓄意污染产品的危害：人为故意对产品造成污染的危害	S4	L2	P3	否	1. 员工进车间时禁止带入与工作无关的物品； 2. 车间关键岗位有监控验证，对产品的加工流程做好食品防护； 3. 管理人员、品管人员生产过程中对员工操作进行监管。		否
	欺诈的危害：无							
8 投料/裹粉	生物的危害：金黄色葡萄球菌等污染	S2	L1	P1	否	良好的卫生条件和加工，环境温度不超过 4℃，加工时间控制在两个小时之内，以往没有发生污染金葡菌的记录同时环境温度抑制金葡菌的繁殖。		
	化学和辐射污染的危害：无							
	物理的危害：金属碎片的污染	S3	L2	P2	否	通过后道金属探测工序和 X 光机工序可消除此危害。		否
	过敏原的危害：无							
	蓄意污染产品的危害：人为故意对产品造成污染的危害	S4	L2	P3	否	1. 员工进车间时禁止带入与工作无关的物品； 2. 车间关键岗位有监控验证，对产品的加工流程做好食品防护； 3. 管理人员、品管人员生产过程中对员工操作进行监管。		否
	欺诈的危害：无							

续表11

加工步骤	食品安全危害	风险等级评估			危害是否显著	对第3栏的判定提出依据	应用什么措施来防止危害	关键控制点
		S	L	P				
9－1双面煎	生物的危害：致病菌大肠杆菌、金黄色葡萄球菌等残存	S2	L2	P2	否	通过后续的热风烘烤工序可将致病菌杀死。		否
	化学和辐射污染的危害：传送带清洁不到位造成煳渣可能产生苯并芘	S2	L2	P2	否	按照工艺要求设置温度以及时间。		否
	物理的危害：金属碎片的污染	S3	L2	P2	否	设备运行规程中可能有塑料或金属等异物产生		否
	过敏原的危害：含过敏原成分和不含过敏原成分的辅料交叉污染	S3	L1	P2	否	1. 生产线有效区分，不会造成交叉污染； 2. 加工不同产品时进行彻底的清洗，不会造成交叉污染。		
	蓄意污染产品的危害：人为故意对产品造成污染的危害	S4	L2	P3	否	1. 员工进车间时禁止带入与工作无关的物品； 2. 车间关键岗位有监控验证，对产品的加工流程做好食品防护； 3. 管理人员、品管人员生产过程中对员工操作进行监管。		否
	欺诈的危害：无							

续表12

加工步骤	食品安全危害	风险等级评估			危害是否显著	对第 3 栏的判定提出依据	应用什么措施来防止危害	关键控制点
		S	L	P				
9－2油炸	生物的危害：致病菌大肠杆菌、金黄色葡萄球菌等残存	S2	L2	P2	否	通过后续的热风烘烤工序可将致病菌杀死。		否
	化学和辐射污染的危害：油炸过程中酸价、过氧化值超标，可能产生苯并芘和极性物质超标	S2	L2	P2	否	1. 生产过程中每两小时检测一次酸价，接近临界值添加新油； 2. 根据自检自控计划定期取样检测酸价和过氧化值； 3. 按照工艺要求设置油温以及油炸时间。		否
	物理的危害：金属碎片的污染	S3	L2	P2	否	通过 SSOP 和后续的金检机及 X 光机检测可消除此危害		否
	过敏原的危害：含过敏原成分和不含过敏原成分的辅料交叉污染	S3	L1	P2	否	1. 生产线有效区分，不会造成交叉污染； 2. 加工不同产品时进行彻底的清洗，不会造成交叉污染。		
	蓄意污染产品的危害：人为故意对产品造成污染的危害	S4	L2	P3	否	1. 员工进车间时禁止带入与工作无关的物品； 2. 车间关键岗位有监控验证，对产品的加工流程做好食品防护； 3. 管理人员、品管人员生产过程中对员工操作进行监管。		否
	欺诈的危害：无							

续表13

加工步骤	食品安全危害	风险等级评估			危害是否显著	对第3栏的判定提出依据	应用什么措施来防止危害	关键控制点
		S	L	P				
10 加热（蒸、烤、油炸）	生物的危害：致病菌沙门氏菌、大肠杆菌、金黄色葡萄球菌等残存	S5	L4	P5	是	加热处理不当可导致致病菌存活或繁殖。	通过控制蒸烤机的设置时间与环境温度，关键限值环境温度控制产品加热处理，出蒸烤机专人测试产品中心温度，确保产品中心温度在75℃以上，并保持1分钟以上。	CCP2
	化学和辐射污染的危害：电烤机传送带清洁不到位而残留的煳渣可能产生苯并芘	S2	L2	P2	否	按照工艺要求设置温度以及时间。		否
	物理的危害：金属碎片的污染	4	2	3	否	通过SSOP和后续的金检机及X光机检测可消除此危害。		否
	过敏原的危害：含过敏原成分和不含过敏原成分的辅料交叉污染	S3	L1	P2	否	1. 生产线有效区分，不会造成交叉污染； 2. 加工不同产品时进行彻底的清洗，不会造成交叉污染。		
	蓄意污染产品的危害：人为故意对产品造成污染的危害	S4	L2	P3	否	1. 员工进车间时禁止带入与工作无关的物品； 2. 车间关键岗位有监控验证，对产品的加工流程做好食品防护； 3. 管理人员、品管人员生产过程中对员工操作进行监管。		否
	欺诈的危害：无							

续表14

加工步骤	食品安全危害	风险等级评估			危害是否显著	对第3栏的判定提出依据	应用什么措施来防止危害	关键控制点
		S	L	P				
11 速冻	生物的危害：李斯特氏菌的污染、产气荚膜梭菌等致病菌繁殖、污染	S3	L1	P2	否	1. 在冷却过程中，产品中心温度不能在54.4℃降至26.7℃之间保持1.5小时，也不能在由26.7℃降至4.4℃期间保持5小时以上。通过快速冷冻可有效控制致病菌的生长。产品从加热设备出来到进入速冻的传送时间小于5分钟，产品在速冻环境温度-35℃以下，速冻时间60分钟内快速速冻，产品中心温度降至-18℃以下，可以有效避免产气荚膜梭菌等繁殖、污染； 2. 通过SSOP控制环境卫生和执行严格的李斯特氏菌监控计划，可以防止李斯特氏菌繁殖，确保产品安全。		
	化学和辐射污染的危害：无							
	物理的危害：金属碎片的污染	S4	L2	P3	否	通过SSOP和后续的金检机及X光机检测可消除此危害。		否
	过敏原的危害：含过敏原成分和不含过敏原成分的辅料交叉污染	S3	L1	P2	否	1. 生产线有效区分，不会造成交叉污染； 2. 加工不同产品时进行彻底的清洗，不会造成交叉污染。		
	蓄意污染产品的危害：人为故意对产品造成污染的危害	S4	L2	P3	否	1. 员工进车间时禁止带入与工作无关的物品； 2. 车间关键岗位有监控验证，对产品的加工流程做好食品防护； 3. 管理人员、品管人员生产过程中对员工操作进行监管。		否
	欺诈的危害：无							

续表15

加工步骤	食品安全危害	风险等级评估			危害是否显著	对第3栏的判定提出依据	应用什么措施来防止危害	关键控制点
		S	L	P				
11－1预冷	生物的危害：李斯特氏菌的污染、产气荚膜梭菌等致病菌繁殖、污染	S3	L1	P2	否	1. 在冷却过程中，产品中心温度不能在由54.4℃降至26.7℃期间保持1.5小时，也不能在由26.7℃降至4.4℃期间保持5小时以上。通过快速冷冻可有效控制致病菌的生长。产品从加热设备出来到进入速冻的传送时间小于5分钟，产品在速冻环境温度－28℃以下，速冻时间30分钟内快速速冻，产品中心温度降为－2℃～4℃，可以有效避免产气荚膜梭菌等繁殖、污染； 2. 通过SSOP控制环境卫生和执行严格的李斯特氏菌监控计划，可以防止李斯特氏菌繁殖，确保产品安全。		
	化学和辐射污染的危害：无							
	物理的危害：金属碎片的污染	S4	L2	P3	否	通过SSOP和后续的金检机及X光机检测可消除此危害。		否
	过敏原的危害：含过敏原成分和不含过敏原成分的辅料交叉污染	S3	L1	P2	否	1. 生产线有效区分，不会造成交叉污染； 2. 加工不同产品时进行彻底的清洗，不会造成交叉污染。		
	蓄意污染产品的危害：人为故意对产品造成污染的危害	S4	L2	P3	否	1. 员工进车间间禁止带入与工作无关的物品； 2. 车间关键岗位有监控验证，对产品的加工流程做好食品防护； 3. 管理人员、品管人员生产过程中对员工操作进行监管。		否
	欺诈的危害：无							

续表16

加工步骤	食品安全危害	风险等级评估			危害是否显著	对第 3 栏的判定提出依据	应用什么措施来防止危害	关键控制点
		S	L	P				
11-2 切丁/切条/切片	生物的危害：李斯特氏菌的污染、产气荚膜梭菌、肉毒杆菌等致病菌繁殖、污染	S3	L1	P2	否	1. 在使用切条/切丁机对产品进行切条/切丁的过程中，产品从出预冷用速冻机到切条/切丁时间，产品中心温度保持在-2℃~4℃，从预冷用速冻机出来传送至切条/切丁过程时间小于 60 秒，切条/切丁后产品在 10 秒之内进入下一速冻机，可以有效避免产气荚膜梭菌、肉毒杆菌等繁殖、污染； 2. 切条/切丁过程中裸露产品的控制，通过 SSOP 控制环境卫生和执行严格的李斯特氏菌监控计划，可以防止李斯特氏菌繁殖，确保产品安全。		
	化学和辐射污染的危害：无							
	物理的危害：金属碎片的污染	S4	L2	P3	否	通过 SSOP 和后续的金检机及 X 光机检测可消除此危害。		否
	过敏原的危害：含过敏原成分和不含过敏原成分的辅料交叉污染	S3	L1	P2	否	1. 生产线有效区分，不会造成交叉污染； 2. 加工不同产品时进行彻底的清洗，不会造成交叉污染。		
	蓄意污染产品的危害：人为故意对产品造成污染的危害	S4	L2	P3	否	1. 员工进车间时禁止带入与工作无关的物品； 2. 车间关键岗位有监控验证，对产品的加工流程做好食品防护； 3. 管理人员、品管人员生产过程中对员工操作进行监管。		否
	欺诈的危害：无							

续表17

加工步骤	食品安全危害	风险等级评估			危害是否显著	对第3栏的判定提出依据	应用什么措施来防止危害	关键控制点
		S	L	P				
12 称重/装袋	生物的危害：致病菌李斯特氏菌等污染	S3	L1	P2	否	通过SSOP控制环境卫生和严格的李斯特氏菌监控计划的实施来控制。		
	化学和辐射污染的危害：无							
	物理的危害：金属碎片的污染	S4	L2	P3	否	通过SSOP和后续的金检机及X光机检测可消除此危害。		否
	过敏原的危害：含过敏原成分和不含过敏原成分的辅料交叉污染	S3	L1	P2	否	1. 生产线有效区分，不会造成交叉污染； 2. 加工不同产品时进行彻底的清洗，不会造成交叉污染。		
	蓄意污染产品的危害：人为故意对产品造成污染的危害	S4	L2	P3	否	1. 员工进车间时禁止带入与工作无关的物品； 2. 车间关键岗位有监控验证，对产品的加工流程做好食品防护； 3. 管理人员、品管人员生产过程中对员工操作进行监管。		否
	欺诈的危害：无							
12-1 打码/刷印	生物的危害：致病菌李斯特氏菌等污染	S3	L1	P2	否	通过SSOP控制环境卫生和严格的李斯特氏菌监控计划的实施来控制。		
	化学和辐射污染的危害：无							
	物理的危害：无							
	过敏原的危害：含过敏原成分和不含过敏原成分的辅料交叉污染	S3	L1	P2	否	1. 生产线有效区分，不会造成交叉污染； 2. 加工不同产品时进行彻底的清洗，不会造成交叉污染。		
	蓄意污染产品的危害：人为故意对产品造成污染的危害	S4	L2	P3	否	1. 员工进车间时禁止带入与工作无关的物品； 2. 车间关键岗位有监控验证，对产品的加工流程做好食品防护； 3. 管理人员、品管人员生产过程中对员工操作进行监管。		否
	欺诈的危害：无							

续表18

加工步骤	食品安全危害	风险等级评估			危害是否显著	对第3栏的判定提出依据	应用什么措施来防止危害	关键控制点
		S	L	P				
13 封口	生物的危害：致病菌李斯特氏菌等污染	S3	L1	P2	否	通过 SSOP 控制环境卫生。		
	化学和辐射污染的危害：无							
	物理的危害：无							
	过敏原的危害：含过敏原成分和不含过敏原成分的辅料交叉污染	S3	L1	P2	否	1. 生产线有效区分，不会造成交叉污染； 2. 加工不同产品时进行彻底的清洗，不会造成交叉污染。		
	蓄意污染产品的危害：人为故意对产品造成污染的危害	S4	L2	P3	否	1. 员工进车间时禁止带入与工作无关的物品； 2. 车间关键岗位有监控验证，对产品的加工流程做好食品防护； 3. 管理人员、品管人员生产过程中对员工操作进行监管。		否
	欺诈的危害：无							
14 金属检测	生物的危害：无							
	化学和辐射污染的危害：无							
	物理的危害：金属碎片污染	S5	L4	P5	是	原、辅料本身及其预处理过程中可能会导致金属污染。	金属探测器探测可消除此危害。	CCP3P
	过敏原的危害：无							
	蓄意污染产品的危害：人为故意对产品造成污染的危害	S4	L2	P3	否	1. 员工进车间时禁止带入与工作无关的物品； 2. 车间关键岗位有监控验证，对产品的加工流程做好食品防护； 3. 管理人员、品管人员生产过程中对员工操作进行监管。		否
	欺诈的危害：无							

续表19

加工步骤	食品安全危害	风险等级评估			危害是否显著	对第3栏的判定提出依据	应用什么措施来防止危害	关键控制点
		S	L	P				
15 X光机检测	生物的危害：无							
	化学和辐射污染的危害：无							
	物理的危害：玻璃、陶瓷等污染	S5	L4	P5	是	原、辅料本身及其预处理过程中可能会导致玻璃、陶瓷等污染。	X光机探测可消除此危害。	CCP4P
	过敏原的危害：无							
	蓄意污染产品的危害：人为故意对产品造成污染的危害	S4	L2	P3	否	1. 员工进车间时禁止带入与工作无关的物品； 2. 车间关键岗位有监控验证，对产品的加工流程做好食品防护； 3. 管理人员、品管人员生产过程中对员工操作进行监管。		否
	欺诈的危害：无							
16 装箱	生物的危害：无							
	化学和辐射污染的危害：无							
	物理的危害：无							
	过敏原的危害：含过敏原成分和不含过敏原成分的辅料交叉污染	S3	L1	P2	否	1. 生产线有效区分，不会造成交叉污染； 2. 加工不同产品时进行彻底的清洗，不会造成交叉污染。		
	蓄意污染产品的危害：人为故意对产品造成污染的危害	S4	L2	P3	否	1. 员工进车间时禁止带入与工作无关的物品； 2. 车间关键岗位有监控验证，对产品的加工流程做好食品防护； 3. 管理人员、品管人员生产过程中对员工操作进行监管。		否
	欺诈的危害：无							

续表20

加工步骤	食品安全危害	风险等级评估			危害是否显著	对第3栏的判定提出依据	应用什么措施来防止危害	关键控制点
		S	L	P				
17 储藏	生物的危害：致病菌李斯特氏菌等繁殖	S3	L1	P2	否	控制冷库温度保持在−18℃以下，此温度以下致病菌不可能滋生。		
	化学和辐射污染的危害：无							
	物理的危害：无							
	过敏原的危害：含过敏原成分和不含过敏原成分的辅料交叉污染	S3	L1	P2	否	储存区域有效区分，含过敏原产品与非过敏原产品分开储存，单独标识，不会造成交叉污染。		
	蓄意污染产品的危害：人为故意对产品造成污染的危害	S4	L2	P3	否	1. 员工进车间时禁止带入与工作无关的物品； 2. 车间关键岗位有监控验证，对产品的加工流程做好食品防护； 3. 管理人员、品管人员生产过程中对员工操作进行监管。		否
	欺诈的危害：无							

续表21

加工步骤	食品安全危害	风险等级评估			危害是否显著	对第 3 栏的判定提出依据	应用什么措施来防止危害	关键控制点
		S	L	P				
18 运输	生物的危害：致病菌李斯特氏菌等繁殖	S3	L1	P2	否	控制集装箱温度保持在-18℃以下，此温度以下致病菌不可能滋生。		
	化学和辐射污染的危害：无							
	物理的危害：无							
	过敏原的危害：含过敏原成分和不含过敏原成分的辅料交叉污染	S3	L1	P2	否	1. 运输有效区分，含过敏原产品与非过敏原产品单独分开运输，不会造成交叉污染； 2. 运输车辆卫生管理，严格按照交货验证及发货程序执行，防止交叉污染。		
	蓄意污染产品的危害：人为故意对产品造成污染的危害	S4	L2	P3	否	1. 产品装货过程有监控验证，对产品的加工流程做好食品防护； 2. 发货完毕由监装员、库房管理人员、运输司机共同确认集装箱门关闭上锁。将铅封打在集装箱上，运到客户手中之前铅封禁止打开。		否
	欺诈的危害：无							

8. HACCP 计划表

公司名称：本公司　　　　产品名称：禽肉熟制品

公司地址：　　　　销售和贮存方法：-18℃以下冷冻贮存

预期用途和消费者：解冻加热后食用，过敏体质消费者慎用

关键控制点	显著危害	关键限值	监控				纠偏	HACCP 记录	验证程序
			对象	方法	频率	责任人			
原料验收 CCP1C	兽药残留	1. 原料肉所用的毛鸡必须来自青岛海关备案养殖场，经青岛海关备案屠宰场宰杀、加工； 2. 具有供熟食原料出厂检验合格单，表明符合中国及进口国的用药规定。	供熟食原料出厂检验合格单	查看	每批原料	检验员	1. 拒收不属于青岛海关备案养殖场，经青岛海关备案屠宰场宰杀生产的原料； 2. 拒收没有供熟食原料出厂检验合格单的原料。 3. 质量主管会同屠宰场分析原因并采取措施防止再次发生。	原料验收记录表； 纠偏行动记录表	1. 质量主管每天对相关记录进行审核； 2. 质量主管每周一次现场观察检验员原料验收的操作过程，并查看供应商的供熟食原料出厂检验合格单； 3. 每日对成品抽测兽药残留。

续表 1

关键控制点	显著危害	关键限值	监控				纠偏	HACCP 记录	验证程序
			对象	方法	频率	责任人			
加热 CCP2B	致病菌：大肠杆菌、沙门氏菌等残存	蒸烤机/油炸机环境温度：满足要求； 加热时间：满足要求； 加热后产品中心温度大于 75℃ 并保持 1 分钟以上。	加热设备的加热温度、加热时间、产品中心温度	查看显示器、温度计测试	连续监控，生产开始前、生产结束时各记录一次，生产期间每小时记录一次	设备操作员	1. 质检员隔离并扣留所有受影响的产品，对相关产品进行评估，并提出处理建议； 2. 由维修人员查明温度或时间不符合原因对设备进行调整；设备监控人员查明温度或时间不符合原因对温度或时间的参数进行调整。 3. 由操作人员操作设备，确认温度和时间回到关键限值。 4. 由质量主管验证纠偏结果，分析原因并采取措施防止再次发生。	蒸烤机/油炸机工作记录表； 加热产品中心温度记录表； 温度计校准记录； 时间显示器校准记录； 纠偏行动记录表	1. 质检员每两小时现场观察设备操作员记录和监控活动的执行情况，并查看温度和时间是否符合要求； 2. 质检员每两小时现场观察测温人员记录和监控活动的执行情况，并查看温度是否符合要求，对产品切开检查； 3. 质检员每次生产前校准当日使用的温度计和设备显示温度，保证误差在±1℃以内，每周验证显示器时间； 4. 化验室每日对成品进行微生物检测。

续表 2

关键控制点	显著危害	关键限值	监控				纠偏	HACCP 记录	验证程序
			对象	方法	频率	责任人			
金属检测 CCP3P	金属碎片	产品中不得含有 Feφ≥1.0 毫米，Susφ≥1.5 毫米，NoFeφ≥1.5 毫米的金属碎片	金属碎片	金属探测器测试	每袋产品	设备操作员	1. 发现金属探测器不灵敏，立即停止生产，查明原因并采取措施消除隐患； 2. 重新调整使金属探测器检测精度符合要求并检测正常； 3. 隔离或扣留所有受影响的产品，对产品进行评估，同时再次进行检测； 4. 由质量主管验证纠偏结果，分析原因并采取措施防止再次发生。	金属探测器试验测试表； 产品金属探测/X 光探测情况记录表； 纠偏行动记录	1. 操作员生产开始前及生产结束、更换产品品种时对金属探测器进行校准测试，生产过程中每 30 分钟对金属探测器进行校准测试，并做好记录； 2. 质检员每小时现场观察金属探测器操作人员操作和记录情况，并验证金属探测器灵敏度； 3. 质量主管每天复查记录，并签字确认。
X 光机检测 CCP4P	金属、陶瓷、玻璃	产品中不得含有 Sus304（球）φ≥1.0 毫米，Sus304（线）≥0.4×5 毫米，陶瓷 φ≥4.0 毫米，玻璃 φ≥4.0 毫米的异物	金属碎片、陶瓷、玻璃	X 光机探测仪测试	每袋产品	设备操作员	1. 发现 X 光机探测器不灵敏，查明原因并采取措施消除隐患； 2. 重新调整使 X 光机探测器检测精度符合要求并检测正常； 3. 立即停止生产，隔离或扣留所有受影响的产品，对产品进行评估，同时再次进行检测； 4. 由质量主管验证纠偏结果，分析原因并采取措施防止再次发生。	X 光探测器试验测试表； 产品金属探测/X 光探测情况记录表； 纠偏行动记录	1. 操作员生产开始前及生产结束、更换产品品种时对 X 光机探测器进行校准测试，生产过程中每 30 分钟对 X 光机探测器进行校准测试，并做好记录； 2. 质检员每小时现场观察 X 光机探测器操作人员操作和记录情况，并验证 X 光机探测器灵敏度； 3. 质量主管每天复查记录，并签字确认。

编制：　　　　审核：　　　　批准：　　　　日期：2022 年 1 月 1 日

9. HACCP 计划确认验证程序

（1）目的

为保证 HACCP 计划能有效控制可能发生的食品安全危害及 HACCP 计划被有效地实施，特制定本计划。

（2）HACCP 计划的确认

（a）确认步骤：参照美国食品和药物管理局强制性的海产品 HACCP 法规中的 21 CFR -123 的要求，对 HACCP 计划基本原理做科学和技术上的复查，获取确保 HACCP 行之有效（当计划被有效地贯彻执行后，足以控制那些可能出现的、能影响食品安全的危害）的证据，获取能表明计划所有要素都有科学的基础的客观依据。

（b）确认对象：危害分析与关键控制点的确定、关键限值、监控计划、纠偏措施、记录保存、验证活动。

（c）确认频率：

①最初的确认——HACCP 计划执行前；

②HACCP 计划实施后每年一次；

③当有因素证明确认是必要时，下述情况可以导致采取确认行动。

——原材料或原材料供应商改变时；

——成分或配方的变化；

——产品或加工的改变；

——关键控制点重复出现偏差；

——新的销售或消费者处理行为；

——验证数据出现相反结果时；

——有关危害或控制手段的新信息；

——生产中的观察。

（3）关键控制点的验证

（a）关键控制点的验证由 HACCP 食品安全小组成员及生产部领导负责执行。

（b）关键控制点的验证活动：

①监控设备的校准；

②校准记录的复查；

③关键控制点控制记录及纠偏记录的复查。

（c）频率：

①监控设备严格按照设备维护保养计划进行；

②校准记录的复查应在记录产生一周内进行；

③关键控制点控制记录及纠偏记录的复查应按要求的频率完成。

（4）HACCP 系统验证

（a）频率：HACCP 系统的验证频率为至少每年一次，或系统发生故障，或当加工原料发生改变、加工工艺发生改变、重复出现偏差、合同要求改变、员工或管理人员发生变动等情况时，需要重新进行验证。

（b）现场观察内容：

①检查产品说明和生产流程图的准确性；

②检查关键控制点是否按 HACCP 计划被监控；

③检查关键控制点工艺操作是否在 CL 内进行；

④检查记录是否准确地和按计划要求的时间间隔来完成。

（5）记录复查

（a）监控活动在 HACCP 计划规定的位置执行；

（b）监控活动按 HACCP 计划规定的频率执行；

（c）当监控表明发生了与 CL 值偏差时，执行了纠偏行动；

（d）设备仪器按 HACCP 计划中规定的频率进行校准。

以上验证工作由 HACCP 食品安全小组执行，并出具报告。

（6）成品微生物、药物残留检验

由化验室对最终产品每批次进行抽样检测微生物及药物残留，确定产品微生物、药物残留是否得以控制。

10. HACCP 计划确认报告

我厂 HACCP 计划是由我厂 HACCP 小组制定的，制定该计划的理论依据是美国联邦食品、药品、化妆品及肉、禽、蛋卫生汇编第 417 部分《危害分析与关键控制点（HACCP）体系》，CAC《食品卫生通则》，《出口食品生产企业安全卫生要求》等法规。

（1）产品说明和生产流程图的确认

HACCP 小组通过对禽肉熟制品制品说明及生产流程图与实际生产过程的对比，确认完全符合实际生产过程。

（2）显著危害的确认

HACCP 小组通过对热加工熟肉制品生产过程的危害分析，认为可能存在的危害有生物危害（致病菌残存）、化学危害（药物残留、超标或禁用的添加剂）、物理危害（使用工器具、设备等造成的金属碎片混入）、过敏原的危害（部分辅料可能含有过敏原成分）。

（a）生物危害有可能发生。

接收的原料肉很容易被致病菌污染。因为在原料的屠宰加工过程中，沙门氏菌、大肠杆菌等致病菌都有可能污染原料肉。个别细菌存在通过加热不能彻底杀灭的隐患。因此病原体残存是显著危害。

（b）化学危害有可能发生。

在肉鸡的饲养中，为了防止肉鸡被病原体感染或为了治疗疾病，会对鸡只进行药物预防或用药治病，这就会导致鸡体中可能会有药物残留。而药物残留如果过高或使用违禁药物，将直接影响到消费者的健康。因此，原料肉中的药物残留是显著危害。

（c）物理危害可能存在。

原料及产品在生产过程中，所使用的工器具、生产设备，有可能产生金属碎片，原料及加工过程中，因墙面、地面等残缺产生的玻璃、陶瓷、石子对消费者造成伤害。所以金属碎片、玻璃、陶瓷、石子是显著危害。

（3）关键控制点的确认

经过危害分析确定了热加工熟肉制品可能存在生物性、化学性、物理性、过敏原危害，我们采用“危害分析工作单”的方法来确定关键控制点。

（a）CCP1：原料存在的化学危害如药物残留、超标或禁用的化学物质都是在后续工序中无法消除的，只能在接收时进行控制，因此，原料验收是 CCP1。

（b）CCP2：蒸汽蒸/油炸/热风烘烤工序是利用高温加热及保持一定的时间来消除原

料和辅料带来的生物危害。在此工序之后，再没有工序可以控制致病菌残存，因此，蒸汽蒸/油炸/热风烘烤工序是 CCP2。

（c）CCP3：金属碎片只有通过金属探测器工序可以完全控制，因此，金属探测工序是 CCP3。

（d）CCP4：玻璃、陶瓷等异物只有通过 X 光机探测工序可以完全控制，因此，X 光机探测工序是 CCP4。

（4）CL 的确认

（a）CCP1：

原料验收：根据《鲜、冻禽产品》（GB 16869—2005）、中华人民共和国国家质量监督检验检疫总局（以下简称“国家质检总局”）、中华人民共和国对外贸易经济合作部公告 2002 年第 37 号出口禽肉《禁用药物名录》、中华人民共和国农业部公告第 193 号、中华人民共和国农业部公告第 235 号、中华人民共和国农业部公告第 265 号及进口国对于兽药残留的要求，要求来确定 CL 值：原料肉所用毛鸡必须来自青岛海关备案养殖场，经青岛海关备案屠宰场宰杀、加工，具有供熟食原料出厂检验合格单。

（b）CCP2：

确定根据国家质检总局《对美出口禽肉检验检疫和监督工作手册》，日本《热加工处理禽肉及其产品卫生要求》，并通过对产品加热中心温度跟踪监测进行确定 CCP2 的 CL 值：油炸类/蒸汽蒸/热风烘烤类产品加热时间及加热温度根据具体产品而定。

（c）CCP3：

制定依据是依照 FDA 健康危险评估部规定为存在长度为 0. 3″（7 毫米）到 1. 0″（25 毫米）硬或尖的异物采取相应措施（参见 FDA 综合政策指导#555. 425）及客户的要求。确定 CL 值：Feϕ≥1. 0 毫米；Susϕ≥1. 5 毫米；NoFeϕ≥1. 5 毫米）。

（d）CCP4：

制定依据是依照 FDA 健康危险评估部规定为存在长度为 0. 3″（7 毫米）到 1. 0″（25 毫米）硬或尖的异物采取相应措施（参见 FDA 综合政策指导#555. 425）及客户的要求，确认 CL 值：Sus304（球）ϕ≥1. 0 毫米；Sus304（线）≥0. 4×5 毫米；瓷 ϕ≥4. 0 毫米；玻璃 ϕ≥4. 0 毫米。

（5）监控程序的确认

（a）CCP1：由于原料均来自本公司自属青岛海关备案养殖场并经我司经青岛海关备案的屠宰场宰杀加工，因此我们由质量主管对每批原料复查供熟食原料出厂检验合格单。

（b）CCP2：

蒸烤机、油炸机、蒸煮机操作：连续监控加热温度及时间，并用手持温度计对产品的中心温度进行检测验证。

蒸柜操作：每柜产品监控加热温度和产品中心温度，并用手持温度计对产品的中心温度进行检测验证。

（c）CCP3：操作人员每半小时或更换一种产品及在使用前、使用结束时用标准牌测试且将每袋产品都要通过金检机。

（d）CCP4：操作人员每半小时或更换一种产品及在使用前、使用结束时用标准牌测试且将每袋产品都要通过 X 光机。

(6) 纠偏行动的确认

纠偏行动是当关键控制点偏离了 CL 时所采取的措施，其中包括：

(a) 查明偏离的原因。

(b) 采取纠偏措施，使关键控制点回到关键限值。

(c) 隔离并评估产品：

对 CCP1，偏离了 CL 即原料不符合验收标准的，对此采取拒收。

对 CCP2，偏离了 CL 即加热不充分产品进行二次加热，加热充分后降级处理。

对 CCP3，偏离了 CL 即呈金属反应的产品做好标识后放入冰箱或速冻库，上锁管理。

对 CCP4，偏离了 CL 即呈异物反应的产品做好标识后放入冰箱或速冻库，上锁管理。

(d) 制定预防措施，防止偏离再次发生：

对 CCP1，由屠宰场控制原料，质量主管会同屠宰场分析原因并采取措施防止再次发生。

对 CCP2，由维修人员查明温度或时间不符合原因对设备进行调整；设备监控人员查明温度或时间不符合原因对温度或时间的参数进行调整，由质量主管验证纠偏结果，分析原因并采取措施防止再次发生。

对 CCP3，加强操作人员的培训，严格按照 SOP 中规定的程序进行操作，由质量主管验证纠偏结果，分析原因并采取措施防止再次发生。

对 CCP4，加强操作人员的培训，严格按照 SOP 中规定的程序进行操作，由质量主管验证纠偏结果，分析原因并采取措施防止再次发生。

(7) 记录保持程序的确认

我公司在 HACCP 计划中按美国联邦食品、药品、化妆品及肉、禽、蛋卫生汇编第 417 部分《危害分析与关键控制点（HACCP）体系》的要求对每个关键控制点设有监控记录、纠偏记录和验证记录。监控记录内容有：表头、工厂名称、产品描述、产品预期用途、CL、监控数据、纠偏措施、监控人、日期、复查人和日期。验证记录除表头等信息外，还有验证频率、验证人、审核人。根据《出口食品生产企业安全卫生要求》的规定记录保存两年。

(8) 验证程序的确认

根据 HACCP 的验证原理，需要本企业执行的验证有三个要素，即确认、关键控制点的验证、HACCP 体系的验证。据此我们做出了验证计划，对这三个要素的验证、频率、内容、执行者、程序等进行了详细的规定，以提供计划的置信水平。

确认人员：

姓名	签名	日期	姓名	签名	日期

11. 修改控制页

序号	修改位置	修改内容	修改日期	修改人

附件 1：辅料危害分析

加工步骤	食品安全危害	风险等级评估			危害是否显著	对第 3 栏的判定提出依据	应用什么措施来防止危害	关键控制点
		S	L	P				
味精	生物的危害：微生物污染	S3	L1	P2	否	1. 工厂出具的合格厂检单； 2. 熟制品加热后可消除此种危害。		否
	化学和辐射污染的危害：违禁添加物；辅料经辐照后进行使用的危害	S3	L2	P2	否	1. 味精必须来自经评估合格的供应商； 2. 味精必须具备第三方检测合格报告或自检合格报告或承诺书，保证各项检测指标均合格。		否
	物理的危害：金属、玻璃、陶瓷等残留	S3	L2	P2	否	通过后道金属探测工序和 X 光机工序可消除此危害。		否
	过敏原的危害：无							
	蓄意污染产品的危害：人为故意对产品造成污染的危害	S4	L1	P2	否	1. 味精必须来自经评估合格的供应商； 2 味精在验收过程及卸车过程要对包装的完整性进行确认，合格后接收。		否
	欺诈的危害：冒牌或故意/有意掺假；以次充好	S4	L1	P2	否	1. 味精必须来自经评估合格的供应商； 2. 味精必须具备第三方检测合格报告或自检合格报告或承诺书，保证各项检测指标均合格； 3. 以往未出现掺假或冒牌的味精。		否

续表

加工步骤	食品安全危害	风险等级评估			危害是否显著	对第 3 栏的判定提出依据	应用什么措施来防止危害	关键控制点
		S	L	P				
卵白粉	生物的危害：无							
	化学和辐射污染的危害：违禁添加物；辅料经辐照后进行使用的危害	S3	L2	P2	否	1. 卵白粉可能含有违禁添加物、重金属超标能够造成人类身体疾病或中毒必须来自经评估合格的供应商； 2. 卵白粉可能含有违禁添加物、重金属超标能够造成人类身体疾病或中毒必须具备第三方检测合格报告或自检合格报告或承诺书，保证各项检测指标均合格。		否
	物理的危害：金属、玻璃、陶瓷等残留	S3	L2	P2	否	1. 加工过程中使用过筛过磁和过磁工序； 2. 通过后道金属探测工序和 X 光机工序可消除此危害。		否
	过敏原的危害	S3	L1	P2	否	在包装/标识工序用产品的名称、成分进行标识。		否
	蓄意污染产品的危害：人为故意对产品造成污染的危害	S4	L1	P2	否	1. 必须来自经评估合格的供应商； 2. 卵白粉可能含有违禁添加物、重金属超标能够造成人类身体疾病或中毒在验收过程及卸车过程要对包装的完整性进行确认，合格后接收。		否
	欺诈的危害：冒牌或故意或有意掺假；以次充好	S4	L1	P2	否	1. 必须来自经评估合格的供应商； 2. 必须具备第三方检测合格报告或自检合格报告或承诺书，保证各项检测指标均合格； 3. 以往未出现掺假或冒牌的该产品。		否